전통 예절의 법전

의 례
(儀 禮)

池載熙
李止漢 解譯

자유문고

'의례(儀禮)'란 어떤 책인가?

'의례(儀禮)'와 '주례(周禮)'와 '예기(禮記)'를 합하여 통상적으로 삼례(三禮)라고 한다. 삼례(三禮) 중에서 의례를 제일 으뜸으로 친다. 그것은 의례(儀禮)는 예의 근본이고 주례는 예의 말단이고 예기는 의례의 기문(記文)이기 때문이다.

'의례'는 본래 57권이며, 삼례 가운데 이 세상에 나온 지 가장 오래되었다고 한다. 의례는 관혼상제(冠婚喪祭)를 비롯하여 중국 고대사회의 전통적 사회의식을 자세히 기록한 책으로 종교학적, 사회학적 면모를 들여다볼 수 있는 매우 귀중한 사료이다.

'예기(禮記)' 14편의 명당위(明堂位)를 보면 '옛날에 주공(周公)이 성왕(成王)을 도와 섭정(攝政)한 지 6년 만에 제후들을 명당(明堂)에 모아 조회하고 예(禮)를 제정하고 음악을 만들어 천하가 크게 감복했다.'라고 했는데 이 말은 '의례(儀禮)'의 기록과 서로 비슷하여, 의례를 주공이 기록했다는 근거가 되기도 한다.

이 말을 인용하여 수(隋)나라의 육덕명(陸德明)과 당(唐)나라의 공영달(孔穎達)이나 가공언(賈公彦) 등의 학자들이 논하기를 "의례는 곧 주공(周公)이 지은 예이다."라고 말했다.

본래 한(漢)나라 초기에는, 의례가 진(秦)나라의 분서갱유(焚書坑儒)를 겪고 17편이 잔존했으나 분실되었다. 당시에는 오히려 의례라는 이름이 없었다.

문헌상으로는 서한(西漢)시대에 의례를 최초로 전수한 자가 있는데 그는 고당생(高堂生)이라 했다. 고당생은 본래 노(魯)나라의 서생(徐生)에게 배워서 소분(蕭奮)에게 전하고 소분은 맹경(孟卿)에게 전하고 맹경은 후창(后蒼)에게 전하고 후창은 대덕(戴德)·대성(戴聖) 형제와 경보(慶普)에게 전했다고 했다.

또 한서(漢書) 예문지(藝文志)의 설명에 보면 "고당생(高堂生)이 '사례(士禮)' 17편을 전했다."라고 했는데 이것이 오늘날의 의례와 똑같은 것으로 보이나 실제로 똑같은 것이었는지는 확인할 길이 없다. 그 밖의 여러 설이 허다하나 그것들을 다 기록하기는 너무 많다.

단, 한나라 시대에는 '의례(儀禮)'가 금문의례(今文儀禮)와 고문의례(古文儀禮)의 두 가지가 있었다.

금문의례는 서한(西漢)의 초부터 노(魯)나라 지역을 토대로 한 민간 유자(儒者)들이 서로 주고받아 전수한 것을 하간헌왕(河間獻王)이 발굴하여 헌상한 것이다. 이것은 진(秦)나라와 한(漢)나라의 전쟁으로 망실되었다. 지방의 유자(儒者)들에 의해 예서체로 필사되어서 금문의례라고 했는데 총 17편이며 편목은 현재의 의례와 동일하다.

고문의례는 한서(漢書) 예문지(藝文志)에 언급되어 있는 예고경(禮古經) 56권을 말하는데, 한무제(漢武帝) 때 처음 알려졌으며 전체 편 중에서 17편만 금문의례와 편명이 동일하고 그 나머지 39편은 내용이 대동소이하나 금문의례에는 없는 것들이었다. 그 글씨가 선진(先秦) 시대에 유행한 전서(篆書)로 쓰여져 있어서 고문의례라고 하였다.

이 '금문의례'와 '고문의례'는 한나라 시대에는 큰 논쟁을 일으켰으나 정현(鄭玄)에 이르러서 집대성하여 지금의 '의례(儀禮)'로 고착되었다.

정현이 금문의례와 고문의례를 집대성할 수 있었던 것은 금문의례와 고문의례에 정통한 식견을 가지고 있었기 때문이었다. 정현은 세 명의 스승에게 예학을 전수받았다.

당대에 금문학의 명유(名儒)였던 경조(京兆) 땅의 제오원선(第五元先)과 고문학의 명유였던 장공조(張恭祖)와 관중(關中)의 석학(碩學) 마융(馬融)에게서 금문학과 고문학을 배워 금문과 고문을 두루 통달하게 된 것이다.

그러므로 정현 이후에는 금문과 고문의 우열을 논하는 논란이 없어졌으며 지금의 의례로 통합되어 그 이름이 전해지게 되었다. 이후에는 의례의 왈가왈부는 점점 사라지고 주석의 점진적 발전으로 이어졌다.

그후 당(唐)나라 가공언(賈公彦)의 '의례주소(儀禮注疏)'와 송(宋)나라 이여규(李如圭)의 '의례집해(儀禮集解)'와 원(元)나라 오계공(敖繼公)의 '의례집해(儀禮集解)'와 청(淸)나라 장이기(張爾歧)의 '의례정주구독(儀禮鄭注句讀)'과 그 밖의 여러 저서들이 있으나 청나라 호배휘(胡培翬)의 '의례정의(儀禮正義)'가 뛰어나다 할 수 있다.

본래 '의례(儀禮)'는 총 49편이었다. 이것이 17편으로 정현에 의하여 삭감된 것이다. 이 17편을 자세히 분석해 보면 사례(士禮)에 속하는 것으로는 사관례편(士冠禮篇)과 사혼례편(士昏禮篇)과 사상견례편(士相見禮篇)과 향사례편(鄕射禮篇)과 상복편(喪服篇)과 사상례편(士喪禮篇)과 기석편(旣夕篇)과 사우례편(士虞禮篇)의 8편이다. 경대부례(卿大夫禮)는 향음주례편(鄕飮酒禮篇)과 소뢰궤식편(少牢饋食篇)과 유사편(有司篇)의 3편이다. 나머지 6편은 공(公)인 제후나 천자가 행하는 예이다.

이러한 것을 볼 때 당시 사(士)의 신분이란 관리로 진출하게 되면 반드시 대부(大夫)가 되고 경(卿)이 될 수 있는 것으로, 의례(儀禮)에 있는 의식은 사(士)로써는 반드시 숙지(熟知)해야 하는 필수적인 예였다는 것을 알 수 있다.

이러한 것으로 통하여 볼 때 당시 사(士)의 계급이 차지하는 비중이 얼마나 큰 것이었는지 알 수 있다. 지금 고시에 합격하여 높은 관직에 오르는 길이 곧 옛날 사(士)의 신분인 것이다.

'예기(禮記)'는 이 '의례(儀禮)'의 기문(記文)이라고 보는데, 예기의 내용을 보면 모든 것이 설명하는 방식으로 되어 있으므로 일반적으로 '예기(禮記)'는 '의례(儀禮)'를 설명한 기문(記文)으로 여기는 것이다.

의례 서(儀禮序)

사사로이 듣기로는 "도(道)는 본래 속이 비어서 말로 설명하지 않으면 나타낼 방법이 없다. 그를 주석한 말들은 미묘(微妙)하여 해석하지 않으면 능히 그 이치를 깨달을 수가 없다."라고 했다.

이를 알리기 위해서는, 성인(聖人)의 말씀이 곡진하고 일이 밑바탕이 되어서 주석이 이루어지는 것이다.

주례(周禮)나 의례(儀禮)에 이르러서는 근원의 발단은 하나의 이치에서 시작되어 처음과 끝이 있게 되었다. 이에 나누어 두 개의 부(部)가 되었다.

이것들이 함께 하여 주(周)나라의 주공(周公)이 섭정(攝政)하던 시기의 태평(太平)한 치세(治世)의 글들이다.

주례(周禮)는 말(末)이 되고 의례(儀禮)는 본(本 : 근본)이 된다. 본(本)은 밝히기가 어렵고 말(末)은 간편하고 깨닫기가 쉽다.

이러한 까닭으로 주례(周禮)는 주석을 낸 자가 많지만 의례(儀禮)는 주석을 낸 자가 정현(鄭玄) 한 사람일 뿐이다.

의례의 장(章)의 소(疏)를 위한 자는 두 집안이 있다. 황경(黃慶)이란 사람은 제(齊)나라의 큰 덕(德)을 갖춘 사람이었고 이맹철(李孟悊)이란 사람은 수(隋)나라에서 이르는 큰 선비였다.

황경은 큰 것만 들고 작은 것을 간략하게 하여 주소(注疏)가 빠져서 산에 오르면 먼 곳만 바라보고 가까운 곳을 알지 못하는 것과 같았다.

이맹철은 작은 것만 들고 큰 것은 간략하게 하여 경(經)의 주석이 점점 주밀해져 방 안에 들어와 가까운 것만 바라보고 먼 곳을 살피지 못하는 것과 같았다.

두 집안의 소(疏)에는 서로 단점을 가다듬어야 할 것들이 있다.
당시에 높이던 이맹철의 것을 먼저 알아본다. 우선 사관례(士冠禮)를 안찰해보면 세 개의 관으로 치포관(緇布冠)과 피변(皮弁)과 작변(爵弁)이 있다. 이미 관례한 뒤에는 현관(玄冠)을 쓰고 임금을 알현한다고 했는데 이것으로 보면 네 종류의 관이 있는 것이다.

그러므로 기문(記文)을 기록한 사람이 아래에 치포관(緇布冠)과 위모(委貌)와 주변(周弁)을 나열하여 경문의 네 종류를 해석한 것이라 하였다.

경문(經文)과 기문(記文)은 모두 천자(天子)의 관법(冠法)에는 없는 것들인데 이맹철이 위모(委貌)와 변(弁)을 말하여 모두가 천자가 처음 관례할 때의 관이라고 하였으니 이것이 이맹철의 오류인 것이다.

상복(喪服) 1편은 흉례(凶禮)의 필수이다. 이러한 이유로 남(南)과 북(北)의 두 집안에서 장(章)의 소(疏)가 매우 많았다. 이때에는 황경(黃慶)이 입안한 것들에 의지하였다.

이때 정현(鄭玄)이 상복(喪服)의 주석을 달면서 '예기(禮記)' 단궁(檀弓)편을 인용하여 이르기를 "질(絰 : 首絰과 要絰)은 실질을 말하는 것이며 효자(孝子)에게 충실(忠實)한 마음이 있음을 밝힌 것이다. 그러므로 이러한 복(服)을 제정하였다."라고 하였으니 질(絰)의 제작은 마음의 밝은 것을 나타낸 것이리라.

그러나 황경이 망령되게 이르기를 "최복(衰服)은 마음을 표현한 것이고 질(絰 : 首絰과 要絰)은 머리를 표현한 것이다."라고 하면서 황경이 공적으로 정현의 주석이 잘못되었다고 하였으니 이것은 황경이 잘못 본 것들이다.

황경과 이맹철의 훈(訓)에는 대략 그 한 가지만 언급한 것에서도 나머지를 족히 알아볼 수 있을 것이다.

지금 선유(先儒)들이 길을 잃었고 후학들이 손쉽게 도배질하고 있다. 그러므로 모두가 천한 마음으로 마음대로 재단하여, 이 소(疏)를 감히 욕심대로 오로지하지 못했다.

여러 가문(家門)으로써 근본을 삼아서 좋은 것만 골라서 따랐고 겸하여 나의 뜻을 보탰다.

또 이어서 사문조교(四門助敎)인 이현식(李玄植)과 옳고 그른 것들을 자세하게 의논하고 여러 사람들의 의견이 이미 정해진 것들로 취하였다.

이로써 모든 것을, 존경하는 선비들이나 부푼 꿈을 안은 뛰어난 준재들에게도 베풀게 되었다.

다행히 검은 티가 있는 것 같은 구(玖 : 옥돌)를 취하더라도 기롱당하는 일은 없으리라!

당(唐)의 조산대부(朝散大夫) 태학박사(太學博士) 홍문관학사(弘文館學士) 신(臣) 가공언(賈公彦)이 쓰다.

※ 가공언(賈公彦) : 당(唐)나라 낙주(洛州)의 영년현(永年縣) 사람이다. 당나라 고종(高宗) 때 태학박사(太學博士)를 지냈다. 저서에는 의례의소(儀禮義疏) 40권과 주례의소(周禮義疏) 50권 등이 있다. 생몰 연대는 미상(未詳).

차 례

제6편 연례(燕禮第六) / 193

제7편 대사의(大射儀第七) / 227

의례(儀禮)

제1편 사관례(士冠禮第一)

고대에 귀족 남자가 만 20세가 되면 관을 쓰는 예식을 올려서 성년 (成年)의 표시를 했다.

정현(鄭玄)이 이르기를 "동자(童子)가 직책을 맡아서 사(士)의 지위에 있으면서 나이 20세가 되면 관(冠)을 쓴다. 주인(主人)이 현 관(玄冠)에 조복을 하면 이는 제후(諸侯)에게 벼슬한 것이다. 천자 (天子)의 사(士)는 조복에 피변(皮弁)을 하고 소적(素積 : 흰색 주 름옷)을 입는다. 옛날 사(士)·농(農)·공(工)·상(商)의 네 등급이 있던 세상에서는 사(士)의 자식은 항상 사(士)가 되었다."라고 했다.

사(士)는 고대에 경(卿)과 대부(大夫) 밑에 있는 하나의 관직(官 職) 명칭이기도 하다.

1. 사관례(士冠禮)를 시작할 때는…

사(士)가 관을 쓰는 예이다.

신주(神主)가 모셔져 있는 사당문(祠堂門 : 禰廟門) 앞에서 좋 은 날을 점친다.

주인(主人)은 현관(玄冠)을 쓰고 조복(朝服)을 입고 치대(緇 帶)를 두르고 소필(素韠)을 갖추고 사당문의 동쪽에 자리하여 서면(西面)하고 선다.

유사(有司)는 주인(主人)과 똑같은 예복을 갖추고 사당문의 서쪽에 위치하여 동면하는데 북쪽을 위로 삼는다.

시초점을 칠 점대와 자리와 패(卦 : 爻)를 기록할 것들은 모두 서숙(西塾 : 사당문 밖의 서쪽문 옆방)에 진열하여 둔다.

돗자리를 문 중앙에 펴 놓는데 문지방(기둥)의 서쪽에 문지방의 바깥쪽으로 서면하게 한다.

점치는 사람이 점대(시초)를 잡고 점대통의 위에서 점대를 뽑아 두 손으로 잡고 앞으로 나아가 주인에게 명을 받는다.

재(宰 : 有司)는 주인의 오른쪽에서 조금 물러나 주인이 명령하는 것을 보좌한다. 점치는 사람이 허락하는 답을 하고 오른쪽으로 돌아서 곧바로 점치는 자리에 나아가 자리에 앉아 서쪽을 바라본다. 괘를 그리는 자는 왼쪽에 있는다.

점치는 일을 마치면 점에서 얻은 괘(卦)를 판에 써서 주인에게 가지고 가서 주인에게 보인다.

주인이 점에서 얻어진 내용을 받아 읽어보고 점친 사람에게 돌려준다. 점친 사람이 그것을 받아 제자리로 돌아와 동면(東面)하고 나머지 점을 끝마친다. 주인에게 나아가 좋은 점괘가 나온 결과를 보고한다.

만약 불길한 점괘가 나왔으면 10일 후에 점을 다시 치는데 방식은 처음 점칠 때와 똑같이 한다.

점치는 의식이 끝나면 점친 곳의 돗자리를 철수한다.

종인(宗人)이 점치는 일을 모두 마쳤다고 알린다.

士冠禮 : ◗筮于廟門[1] 主人[2]玄冠 朝服[3]緇帶素韠[4] 卽位于門東 西面 有司[5]如主人服 卽位于西方 東面北上 筮與席[6] 所卦者 具饌于西塾[7] 布席于門中 闑西閾外[8]西面 筮人執筴 抽上韇[9]兼執之[10] 進受命于主人 宰[11]自右少退[12] 贊命[13] 筮人許諾 右還卽席坐西面 卦者在左[14] 卒筮 書卦[15] 執以示主人 主人受眡反之 筮人還東面 旅占[16]卒進告吉 若不吉 則筮遠日[17] 如初儀 徹筮席 宗人[18]告事畢

1) 筮于廟門(서우묘문) : 사당문 앞에서 점을 치다. 관례를 올리려면 어느 날이 좋은지 역(易)으로 물어본다. 관례 올리는 날을 사당문 앞에서 점치는 것은 성인(成人)의 예로써 자손을 일으킨다는 뜻이 있다. 묘(廟)는 예묘(禰廟 : 아버지의 사당)이다. 문에서 점을 치고 당(堂)에서 하지 않는 이유는 시초의

신령이 사당의 신령을 꺼리기 때문이라고 했다. 서(筮)는 점대이며 시초(蓍草)이다.

2) 主人(주인) : 관례(冠禮) 올리는 자의 아버지나 형을 말한다. 옛날의 대가족 제도에서는 아버지가 일찍 죽으면 형이 가장이 되어 집안을 이끌었으므로 부형(父兄)이라 했다. 곧 예를 주관하는 주재자이다.

3) 玄冠朝服(현관조복) : 현관은 위모(委貌)인데 검은 명주로 만든 관이며 사(士)나 대부(大夫)가 평소에 항상 쓰는 예관(禮冠)이다. 조복은 조회할 때 입는 옷이며 15승(升)의 베옷으로 흰 아랫도리이다. 여기서 조복의 색을 표시하지 않는 것은 관과 치마가 동일색이라 했다.

4) 緇帶素韠(치대소필) : 치대는 검은 비단으로 만든 띠. 사대(士帶)는 넓이가 2치인데 두 번 두르면 4치이고 길이는 3자이다. 소필은 흰 가죽으로 만든 슬갑으로, 곧 무릎 가리개이다. 길이가 3자, 위의 넓이는 1자, 아래의 넓이는 2자이고 그 목은 5치이고 어깨쪽의 띠 넓이는 2치라고 했다.

5) 有司(유사) : 주인(主人)의 일을 맡아 실제 업무를 주관하는 가신(家臣)이다. 지금의 보좌관이나 비서의 역할이다.

6) 筮與席(서여석) : 서는 길흉(吉凶)을 묻는 것으로 시초(蓍草)이다. 석은 돗자리로, 곧 벌려져 있는 돗자리.

7) 所卦者具饌于西塾(소괘자구찬우서숙) : 뽑은 괘들을 함께 서숙에 진열하다. 소괘자는 괘와 효(爻)를 그리거나 계산한 것. 곧 땅바닥에 효(爻)를 그려 기록하는 도구들. 구(具)는 함께. 찬(饌)은 진열하다. 서숙은 문밖의 서당(西堂)이다.

8) 闑西閾外(얼서역외) : 문지방 서쪽에서 문지방 밖으로 한다. 얼은 문궐(門橜)이고 역은 곤(閫)이다. 얼(闑)은 고문(古文)에 얼(槷)로 되어 있고, 역(閾)은 고문에 축(蹙)자로 되어 있다.

9) 上韇(상독) : 시초를 담은 통의 윗부분. 곧 시초 점대를 넣어 둔 통을 뜻함.

10) 兼執之(겸집지) : 함께 시초통을 잡는다. 겸은 병(幷)의 뜻.

11) 宰(재) : 유사(有司)이며 사관례(士冠禮)를 주재하여 행사를 감독하고 담당하는 관리.

12) 少退(소퇴) : 약간 물러나다. 곧 주인보다 한 발 뒤로 물러나다.

13) 贊命(찬명) : 명령을 돕다. 주인을 도와 점치는 이유를 고하다. 명은 고하다.

14) 卦者在左(괘자재좌) : 점괘를 그리는 자는 왼쪽에 있는다.

15) 卒筮書卦(졸서서괘) : 점치는 것을 끝마치면 괘를 그리고 기록하다의 뜻.

16) 旅占(여점) : 여는 중(衆)의 뜻이다. 그 밖의 여러 가지 일을 점치는 것. 고
문(古文)에 여는 여(臚)로 되어 있다고 했다. 여는 벌려 놓다의 뜻.

17) 遠日(원일) : 10일 후를 뜻한다.

18) 宗人(종인) : 유사(有司)이며 예를 주관하는 사람. 집사(執事)이다.

2. 주인(主人)이 빈(賓)들에게 알리다

주인(主人)이 빈(賓 : 초청받은 자)이나 친지들에게 알린다. 빈
(賓)들은 예로써 한 번 사양하고 허락한다.

주인은 두 번 절하고 빈(賓)들은 답배(答拜)한다. 주인이 물러
나 돌아가면 빈들은 절하고 전송한다.

관례를 치르기 3일 전에는 빈(賓 : 관례를 정중히 거행할 사람. 正
賓)을 점쳐서 뽑는데 관례(冠禮)의 날을 점쳐서 택일하는 의식
과 동일하게 한다.

이에 선택된 빈(賓)에게 알린다. 빈(賓)은 주인의 예복과 똑같
은 예복을 입고 문 밖의 왼쪽으로 나가서 서면(西面)하고 주인
에게 재배(再拜)한다. 주인은 동면(東面)하고 답배(答拜)한다.
이에 빈(賓)으로 선택된 일을 알려 주인이 빈에게 허락을 받는데
빈이 허락하면 주인이 재배하고 빈은 답배(答拜)한다. 주인이 물
러가면 빈(賓)은 절하고 전송한다.

찬관자(贊冠者 : 선택된 빈을 도와 관례를 거행하는 사람) 한 사람
을 추천하는 의식도 빈(賓)을 요청하는 방식과 같이 한다.

그 다음 날 저녁에 사당문 밖에서 미리 시간을 정하는 의식을
한다. 주인은 문의 동쪽에 서고 형제들은 그 남쪽에서 약간 뒤로
물러나 서면(西面)하는데 북쪽을 위로 삼아서 선다.

유사(有司)는 모두 똑같은 조복(朝服)을 입고 서쪽으로 서는
데 동쪽을 바라보고 북쪽을 위로 삼는다.

인도하는 사람〔擯者〕이 기약된 관례시간을 청하여 물으면 재

(宰)가 말하기를 "아침이 밝아올 때 행사를 거행합니다."라고 알려준다. 빈자(擯者)가 형제들이나 관련 유사(有司)에게 이를 통보한다. 모든 통보가 끝나면 종인(宗人)이 통보가 끝났다고 아뢴다.

빈자(擯者)는 내빈으로 참석할 빈가(賓家)로 가서 관례를 올리는 기약된 시간을 알려 준다.

❶主人戒賓[1] 賓禮辭[2]許 主人再拜 賓答拜 主人退[3] 賓拜送[4] ❶前期三日[5] 筮賓[6] 如求日之儀 ❶乃宿賓[7] 賓如主人服 出門左 西面再拜 主人東面答拜 乃宿贊 賓許[8] 主人再拜 賓答拜 主人退 賓拜送 宿贊冠者[9]一人 亦如之 ❶厥明夕[10] 爲期于廟門之外 主人立于門東 兄弟在其南 少退 西面北上 有司皆如宿服[11] 立于西方 東面北上 擯者[12]請期 宰告曰 質明行事[13] 告兄弟及有司 告事畢 擯者 告期于賓之家

1) 戒賓(계빈) : 빈객(賓客)에게 알리다. 빈은 주인의 친구이며 관직이 동일한 사람이다. 옛날에 길한 일이 있으면 어진 이를 초빙하여 함께 즐기고 흉한 일이 있으면 어진 이와 함께 슬퍼했다. 자식의 관례는 길한 일이므로 친구들을 불러서 함께 즐겼다.

2) 禮辭(예사) : 한 번 사양하고 허락한 것. 고례(古禮)는 초청하면 한번 사양하고 허락하는데 이것을 일사(一辭)의 예라 한다. 두 번 사양하고 허락하는 예를 고사(固辭)라 하고 세 번 사양하는 것을 종사(終辭)라 하여 불허라 한다.

3) 退(퇴) : 거(去)의 뜻이나 귀(歸)의 뜻이다.

4) 拜送(배송) : 정중히 절을 올리고 전송하다.

5) 前期三日(전기삼일) : 관례를 행하기로 한 날의 3일 전.

6) 筮賓(서빈) : 관례에 참여하는 손님 중에서 관례를 공경히 치를 수 있는 정빈(正賓)을 뽑는 일을 점치다.

7) 宿賓(숙빈) : 점을 쳐서 관례에 관을 씌워 주는 정빈(正賓)을 선발하고, 선발된 빈(賓)에게 알려 주는 것. 곧 서빈(筮賓)에서 선정된 사람이다. 숙은 진(進)이다. 일반 빈(賓)에게 알리는 것은 계(戒)라 하고, 선발된 빈에게는 재차 알리는 것을 숙(宿)이라 한다.

8) 宿賓賓許(숙빈빈허) : 빈으로 선발된 사람을 주인이 상견(相見)하고 그 선발된 빈의 허락을 받는 것.

9) 宿贊冠者(숙찬관자) : 빈의 일을 도와 줄 사람에게 알리다. 찬관자에게는 서빈(筮賓)한 다음 날 알린다.

10) 厥明夕(궐명석) : 그 다음 날 저녁의 뜻.

11) 宿服(숙복) : 조복(朝服).

12) 擯者(빈자) : 주인의 예를 돕고 행사에 참여하는 손님을 인도하는 사람. 유사(有司) 가운데에서 뽑아 일을 맡긴다. 주인의 입장에서는 빈자(擯者)이고 빈(賓)의 입장에서는 개(介)이다.

13) 質明行事(질명행사) : 질명은 날이 밝으려고 할 때의 새벽을 가리킨다. 행사는 식을 거행하는 것. 곧 '내일 아침 하늘이 밝아올 때 식을 거행한다고 알리다.'의 뜻. 질은 정(正)의 뜻이라 했다.

3. 의복과 관(冠)의 차림새

일찍 일어나 씻는 곳을 설치한다. 동쪽 처마 끝과 마주하는 곳에 두는데 남북의 거리는 당(堂)의 깊이 만큼 한다.

물은 씻는 곳의 동쪽에 놓아 둔다.

예복은 방 안의 서쪽 보루 아래에 진열하는데 옷깃이 동쪽으로 가게 하고 북쪽을 위로 한다. 작변복(爵弁服)에는 분홍빛의 아랫도리와 순의(純衣)와 검은 띠와 꼭두서니빛의 매겹(韎韐)으로 한다.

피변복(皮弁服)에는 백색의 아랫도리와 검은 띠와 흰 슬갑을 하고 현단(玄端)에는 검은 아랫도리와 누런 아랫도리와 잡색의 아랫도리가 다 가능하다. 또 검정색의 띠와 참새색깔의 슬갑을 한다.

치포관(緇布冠)을 쓰는 데 필요한 규항(頍項)과, 규항에 이어져 있는 청색 끈과, 넓이와 길이가 6자인 검은 머리싸개 헝겊과, 피변(皮弁)의 비녀와 작변(爵弁)의 비녀와, 검은색 실로 짜고 분홍색으로 가장자리를 치장한 인끈을 상자 안에 함께 넣어 둔다. 머리빗은 대바구니에 넣어 둔다.

부들로 만든 돗자리 2장을 남쪽에 깔아 둔다.

특별히 단술단지 한 동이를 의복이 있는 북쪽에 놓아 둔다. 대광주리에 국자와 큰 술잔과 뿔로 만든 수저와 마른 포(脯)와 육장을 담아 놓고 남쪽을 위로 한다.

작변(爵弁)과 피변(皮弁)과 치포관(緇布冠)은 각각 하나씩 관을 넣는 상자에 담는다. 유사(有司)가 각각 가지고 서쪽 대(臺)의 남쪽에서 기다리는데 남면하여 동쪽을 위로 삼는다.

◑夙興[1] 設洗直于東榮[2] 南北以堂[3]深 水在洗東 陳服于房中西墉[4]下 東領[5]北上 爵弁服[6] 纁裳純衣[7] 緇帶韎韐[8] 皮弁服[9] 素積[10] 緇帶素韠[11] 玄端 玄裳黃裳雜裳[12]可也 緇帶 爵韠[13] 緇布冠[14]缺項[15] 靑組纓屬于缺[16] 緇纚[17]廣終幅長六尺 皮弁笄爵弁笄 緇組紘[18]纁邊[19] 同篋[20] 櫛實于簞[21] 蒲筵[22]二在南 側尊一甒醴[23] 在服北 有篚實勺觶角柶 脯醢[24]南上 爵弁皮弁緇布冠 各一匴[25] 執以待于西坫南[26] 南面東上 賓升則東面

1) 夙興(숙흥) : 아침 일찍 일어나다의 뜻.
2) 設洗直于東榮(설세직우동영) : 씻는 곳을 동쪽 처마끝과 마주하는 곳에 설치하다. 세(洗)는 씻는 곳. 손씻는 물을 담는 그릇을 놓아 둔다는 말이기도 하다. 사(士)는 철(鐵)로 만든 대야를 사용하였다.
3) 堂(당) : 정당(正堂)이다. 여기서는 마루의 높이를 말한다. '예기' 예기(禮器)편에 천자(天子)의 당은 아홉 자[九尺]. 제후의 당은 일곱 자. 대부의 당은 다섯 자, 사(士)의 당은 세 자라고 했다.
4) 西墉(서용) : 서쪽의 담이며 보루이다. 방과 실(室)을 구분해 놓는 담벽이다.
5) 東領(동령) : 옷의 깃을 동쪽으로 하다. 영은 옷깃, 곧 동정을 뜻한다.
6) 爵弁服(작변복) : 대부(大夫)나 사(士)가 임금을 도와서 제사를 지낼 때 쓰고 입는 예복이다. 작변은 머리에 쓰는 관의 일종이다.
7) 纁裳純衣(훈상순의) : 분홍색의 아랫도리에 누이지 않은 순일한 윗도리이다. 훈은 훈(熏)과 통한다. 훈은 홍색을 세 번 물들였을 때 나오는 색이다. 순의는 누이지 않은 실로 짠 옷으로 가장자리를 댄 옷이다. 오직 순의만 실로 짜고 다른 것들은 다 베를 연결하여 만든다.
8) 緇帶韎韐(치대매겹) : 치대는 검은 천으로 만든 띠. 매겹은 가죽으로 만든 슬갑(膝甲).
9) 皮弁服(피변복) : 천자(天子)가 제후에게 조회를 받거나 제후가 고삭(告朔)

할 때 입던 옷. 흰색 비단으로 만들어 호의(縞衣)라고도 한다. 피변은 흰 사
슴가죽으로 만든 관이라고 했다.

10) 素積(소적) : 흰색으로 만든 아랫도리. 곧 물들이지 않은 명주를 뜻한다.

11) 素韠(소필) : 하얀 가죽으로 만든 슬갑.

12) 玄端玄裳黃裳雜裳(현단현상황상잡상) : 현단은 제후가 입는 검은 베로 만
든 예복(禮服). 현상은 상사(上士)가 입는 예복. 황상은 중사(中士)가 입는
예복. 잡상은 하사(下士)가 입는 예복이다.

13) 爵韠(작필) : 참새색깔의 슬갑이다.

14) 緇布冠(치포관) : 검은 베로 만들고 비녀나 끈이 없는 관이다. 대신 규항(頍
項) 같은 치장이 있어 목의 중앙 모퉁이에서 4번 묶어서 관을 고정시킨다.

15) 缺項(결항) : 규항(頍項)의 잘못이다. 규는 일종의 장식이다. 치포관에는 비
녀가 없으므로 규로 머리를 둘러 목덜미 가운데에서 묶어 관의 네 귀퉁이에
연결하여 관에 고정시켰다.

16) 靑組纓屬于缺(청조영속우결) : 푸른색 끈을 규항(頍項)의 양 곁에 연결하
여 관의 끈으로 삼는다. 규항과 이어져 있는 청색 갓끈.

17) 緇纚(치사) : 검은 천으로, 머리를 싸는 헝겊의 일종.

18) 緇組紘(치조굉) : 검은색 실로 짠 인끈.

19) 纁邊(훈변) : 검은색 끈의 양쪽 옆을 분홍색으로 치장한 것.

20) 篋(협) : 대오리로 엮어 만든 장방형의 상자.

21) 櫛實于簞(즐실우단) : 머리빗을 상자에 채우다. 담다. 단은 물건을 넣어 두
는 상자로 대를 엮어 만든 것.

22) 蒲筵(포연) : 부들로 만든 돗자리.

23) 側尊一甒醴(측준일무례) : 특별히 하나의 단술단지를 잔과 함께 놓아 두다
의 뜻. 이 말은 현주(玄酒 : 물)는 없다는 뜻이다. 측(側)은 특(特)이다.

24) 有篚實勺觶角柶脯醢(유비실작치각사포해) : 대광주리에 술국자와 큰 술잔
과 뿔수저와 마른 포와 육장을 담아 놓다. 비는 대로 엮어 만든 광주리. 작은
술을 뜨는 국자. 치는 3되 들이 술사발. 각사는 뿔로 만든 수저. 포는 말린 고
기. 해는 절인 음식.

25) 一匴(일산) : 하나의 관(冠)상자. 관을 담아 두는 상자이며 대나무로 만들
었다. 고문(古文)에는 산은 찬(籑)으로 되어 있다. 치포관을 넣어 둔다.

26) 執以待于西坫南(집이대우서점남) : 유사가 가지고 서쪽 대(臺)의 남쪽에
   서 기다리다. 집(執)은 유사(有司)를 뜻한다. 점은 흙을 쌓아 만든 대를 뜻
   하는데 당(堂)의 동서(東西) 귀퉁이에 각각 하나씩 있다.

4. 관을 쓰는 사람은 남면한다

주인(主人)은 현단(玄端)을 입고 참새색깔의 슬갑을 차고 동
쪽 섬돌 아래에 서서 동서(東序)를 마주하고 서면(西面)한다.

형제나 여러 친척들은 모두 검은색 옷을 입고 씻는 곳의 동쪽
에 서서 서면하는데 북쪽을 위로 한다.

안내자는 현단(玄端)을 입고 동숙(東塾 : 동쪽 옆방)을 등지고
서 있는다.

장차 관을 쓸 사람은 채의(采衣)를 입고 상투를 틀고 방 안에
서 남면(南面)하고 서 있는다.

빈(賓)은 주인과 똑같은 옷을 입고, 빈을 돕는 사람[贊冠者]은
현단(玄端)을 입고 따르며 외문(外門 : 大門) 밖에 서 있는다.

행사를 안내하는 자가 문 밖으로 나와서 빈(賓)에게 안으로 들
어가도록 고한다. 주인이 대문의 왼쪽으로 나와서 맞이하되 서면
하고 재배한다. 빈(賓)이 답배(答拜)한다.

주인이 빈(賓)을 돕는 찬자(贊者)에게 읍(揖)하고, 빈과 더불
어 마주하여 읍(揖)하고, 먼저 대문 안으로 들어간다.

매번 굽어지는 곳이 있을 때마다 서로 마주보며 읍한다. 묘문
(廟門) 앞에 이르러서는 읍하고 들어가는데 세 번 읍하고, 섬돌
에 이르면 세 번 사양한다.

주인이 당에 올라 동서(東序)의 끝에 서서 서면(西面)하면 빈
(賓)은 서서(西序)에서 동면(東面)하고 선다.

빈을 돕는 사람이 씻는 곳의 서쪽에서 손을 씻고 당에 올라 방
안에 서서 서면하는데 남쪽을 위로 한다.

주인을 돕는 사람이 동서(東序)에서 약간 북쪽으로 자리를 깔
고 서면하여 선다. 장차 관을 쓰는 사람은 방 안에서 나와 남면

(南面)하여 선다.

빈(賓)을 돕는 자가 머리를 싸는 헝겊과 비녀와 빗 등을 자리의 남쪽 끝에 벌려 놓는다. 빈(賓)이 장차 관례를 올릴 자와 마주하고 읍한다. 장차 관례를 올릴 자는 곧바로 자리로 나아가서 앉는다. 보조하는 자는 또한 자리에 앉아서 관을 쓸 자의 머리를 빗질하고 머리싸는 헝겊으로 싸맨다.

빈(賓)이 당(堂)에서 내려오면 주인도 또한 내려온다. 빈이 말을 하면 주인이 답변한다. 빈이 손씻는 일을 다 마치면 한 번 읍하고 한 번 사양한 뒤에 당에 오른다. 주인도 올라와서 다시 처음의 위치로 돌아간다.

빈(賓)이 자리 앞에 앉아서 머리를 싸맨 헝겊을 정돈해 주고 일어난다. 서쪽 계단으로 한 계단 내려간다.

관(冠)을 가지고 있는 자는 한 계단 올라서 동면(東面)하고 빈(賓)에게 관을 준다. 빈은 오른손으로 관 뒤의 끝을 잡고 왼손으로는 앞을 잡고 날개를 편 듯이 나아가 축하하고 앉기를 처음과 같이 한다.

이에 관을 씌워 주고 일어나서 제 위치로 돌아가면 빈을 돕는 자가 관끈을 매 준다.

관을 쓴 자가 일어나면 빈(賓)이 읍하여 예를 행한다.

관을 쓴 사람은 방 안으로 들어가 현단(玄端)을 입고 참새색깔의 슬갑을 차고 방을 나와서 남면하고 선다. 빈이 읍하고 자리로 나아가 앉는다. 빈을 돕는 자가 빗질하고 비녀를 꽂아 준다.

빈이 손을 씻고 머리싸개 헝겊을 정돈하기를 처음과 같이 한다.

이번에는 두 계단을 내려가서 피변(皮弁)을 받는데 오른손으로 관의 뒤쪽 끝을 잡고 왼손으로 관의 앞쪽 끝을 잡아서 나아가 축사를 하는데 처음 관을 씌워 줄 때와 똑같이 하고 다시 제 위치로 돌아간다. 관례를 돕는 자가 피변의 양쪽 끈을 걸어준다.

관을 쓴 자가 일어나면 빈은 일어나서 마주하고 읍한다.

관을 쓴 사람은 방으로 들어가서 소적(素積)을 입고 흰 슬갑을 차고 용모를 단정히 하고 방을 나와서 남면하고 선다.

　이번에는 빈이 세 계단을 내려와 작변(爵弁)을 받아서 관을 쓰
는 자의 머리에 씌워 준다. 분홍빛 아랫도리를 입고 가죽슬갑을
차며 그 밖의 것은 피변(皮弁)을 씌우는 의식과 같다. 관례를 돕
는 자는 피변(皮弁)과 치포관 및 빗과 돗자리를 거두어서 방 안
으로 들어간다.

◐主人玄端[1]爵韠 立于阼階[2]下 直東序[3] 西面 兄弟畢袗玄[4] 立于洗
東 西面北上 擯者玄端 負東塾[5] 將冠者采衣[6] 紒[7]在房中南面 ◐賓
如主人服 贊者玄端從之 立于外門之外[8] 擯者告[9] 主人迎出門左[10]
西面再拜 賓答拜 主人揖[11]贊者 與賓揖 先入 每曲揖[12] 至于廟門 揖
入 三揖至于階三讓[13] 主人升 立于序端西面 賓西序 東面 ◐贊者 盥
于洗西 升[14]立于房中 西面南上 主人之贊者 筵于東序[15]少北西面 將
冠者出房南面 贊者奠[16]纚笄櫛于筵南端 賓揖將冠者 將冠者卽筵坐
贊者坐 櫛設纚 賓降 主人降 賓辭 主人對 賓盥卒 壹揖 壹讓升 主人
升 復初位 賓筵前坐 正纚興 降西階一等 執冠者升一等 東面授賓 賓
右手執項[17] 左手執前 進容[18] 乃祝 坐如初 乃冠興 復位 贊者卒 冠者
興 賓揖之 適房 服玄端爵韠 出房南面 賓揖之 卽筵坐 櫛設笄 賓盥
正纚如初 降二等 受皮弁 右執項 左執前 進祝 加之如初 復位 贊者
卒紘[19] 興 賓揖之 適房 服素積素韠 容[20] 出房南面 賓降三等[21] 受爵
弁加之 服纁裳 韎韐 其他[22]如加皮弁之儀 徹[23]皮弁冠櫛筵入于房

1) 玄端(현단) : 사(士)가 사당에 입고 들어가는 예복.

2) 阼階(조계) : 동쪽 섬돌. 곧 주인이 빈객에게 답배의 잔을 올리는 곳이다.

3) 東序(동서) : 당(堂)의 장벽(牆壁)을 뜻한다. 당(堂)의 동쪽 장(牆)을 동서
　(東序), 당의 서쪽 벽을 서서(西序)라고 한다.

4) 兄弟畢袗玄(형제필진현) : 형제는 주인의 형제와 친척들이다. 곧 형제나 친
　척들은 모두 다 검은옷을 입는다는 뜻. 진(袗)은 동(同)의 뜻.

5) 東塾(동숙) : 문 안의 동당(東堂)이다. 곧 당(堂) 가운데에서 동쪽을 뜻함.

6) 采衣(채의) : 관례를 올리지 않은 자의 의복이며 동자의 절도를 나타낸다.

7) 紒(계) : 상투 짜다. 상투를 틀어서 올리다의 뜻. 관을 쓰지 않은 자는 이를 총
　각(總角)이라고도 한다.

8) 外門之外(외문지외) : 대문 밖이다.

9) 擯者告(빈자고) : 안내자가 식의 거행을 알리고 어디로 오라고 청하다.

10) 左(좌) : 동쪽을 뜻한다. 나갈 때 동쪽을 왼쪽으로 삼으면 들어올 때는 동쪽이 오른쪽이 된다.

11) 揖(읍) : 두 손을 맞잡고 허리를 45도 구부리고 맞잡은 손을 들어서 가슴까지 올렸다 내리는 행동으로, 예의 한 가지.

12) 每曲揖(매곡읍) : 주(周)나라의 종묘제도는 좌묘(左廟)와 우침(右寢)이다. 이에 대문에 들어서면 동쪽으로 꺾여져야 사당에 이를 수 있다. 외문(外門)으로 들어 동쪽으로 꺾어 들어가면 바로 사당의 문 앞에 이르고 다시 북쪽으로 꺾어들면 사당의 문을 들어서는 것이며 이때 매번 꺾어질 때마다 빈객과 주인이 서로 마주하고 읍을 행한다는 뜻이다.

13) 三揖至于階三讓(삼읍지우계삼양) : 3번 읍하고 섬돌에 이르러 3번 사양하다.

14) 盥于洗西升(관우세서승) : 씻는 곳의 서쪽에서 손을 씻고 서쪽 계단을 통해 당으로 올라간다는 뜻. 고문(古文)에 관은 완(浣)으로 되어 있다.

15) 東序(동서) : 주인의 위치이다.

16) 奠(전) : 머무르게 하다.

17) 項(항) : 관의 뒤쪽, 곧 관의 목이라는 곳이다.

18) 進容(진용) : 새가 날개를 편 것처럼 양 어깨를 펴고 씩씩하게 나아가는 것.

19) 卒紘(졸굉) : 끈을 관의 양쪽 비녀 끝에 매어 놓는 것을 끝마친 상태.

20) 容(용) : 용모를 갖추다의 뜻.

21) 降三等(강삼등) : 세 계단을 내려오다의 뜻.

22) 其他(기타) : 그 밖의 다른 것.

23) 徹(철) : 관을 씌우는 일을 돕는 자이며 주인쪽의 보좌인이 예와 상관된 모든 도구를 철거한다는 뜻.

5. 관 씌우는 일을 마치면

주인측 진행 보조자가 연회석을 실문(室門 : 戶) 서쪽에 깔아 놓되 남쪽으로 향하게 한다.

일을 보좌하는 자가 방 안에서 잔을 씻어 특별히 단술을 따라서 숟가락을 올려놓는데 엎어 놓되 머리가 앞으로 가게 한다.

빈(賓)이 읍(揖)하면 관(冠)을 쓴 자는 연회석으로 나아가 연회석의 서쪽에서 남면(南面)을 한다. 빈(賓)이 호(戶 : 室門)의 동쪽에서 단술을 받아 올려놓은 숟가락을 손잡이가 앞으로 가게 하고 연회석 앞으로 나아가 북면(北面)한다.

관을 쓴 사람은 연회석 서쪽에서 절을 올리고 단술이 들어 있는 치(觶)를 받는다. 이때 빈(賓)은 동면(東面)하고 답배(答拜)한다. 관례를 돕는 자는 마른 포와 절인 육장을 놓아 둔다.

관을 쓴 사람은 연회석으로 나아가 앉아서 왼손에 치를 잡고 오른손으로 포와 육장을 제사 지낸다. 큰 수저로 단술을 떠서 세 번 제사를 지내고 일어서서 연회석 제일 말단으로 가 앉아서 단술의 맛을 본다. 큰 수저를 치(觶)에 꽂고 일어나 연회석으로 내려가 앉아서 치를 내려놓고 절한다. 다시 치를 들고 일어나면 빈(賓)이 답배(答拜)한다.

관을 쓴 사람이 치를 왼쪽에 올려놓고 연회석으로 내려가 북면하고 앉아서 마른 포를 취한다. 이에 서쪽 계단으로 내려가 안방이 있는 동쪽 벽으로 가서 북면(北面)하고 어머니를 배알한다.

어머니는 아들과 맞절을 하고 자식이 전송의 인사를 올리면 어머니는 또 절을 한다.

빈(賓)이 내려와서 서서(西序)에 마주하고 동면(東面)하면 주인(主人)이 내려와서 다시 처음의 위치(계단에 이르러 사양하고 오르던 위치)로 돌아간다.

관을 쓴 사람이 서쪽 계단의 동쪽에 서서 남면하면 빈(賓)이 자(字)를 지어 준다. 관을 쓴 사람은 그에 응한다.

빈이 나가면 주인이 사당문 밖까지 전송하고 단술의 예로써 마시기를 청하면 빈이 예로써 한 차례 사양하고 허락한다. 빈은 차(次 : 임시 대기소)로 나아간다.

◐筵于戶西[1] 南面 贊者洗[2] 于房中 側酌[3] 醴 加柶覆之 面葉[4] 賓揖冠者就筵 筵西南面 賓受醴于戶東[5] 加柶面枋[6] 筵前北面 冠者筵西拜[7]

受觶 賓東面答拜[8] 薦脯醢 冠者卽筵坐 左執觶 右祭脯醢[9] 以柶祭醴
三[10]興 筵末坐啐醴[11] 建柶[12]興 降筵 坐奠觶 拜執觶興 賓答拜 ◗冠者
奠觶于薦東[13] 降筵北面 坐取脯 降自西階 適東壁[14] 北面見于母 母拜
受 子拜送 母又拜 ◗賓降 直西序東面 主人降 復初位[15] 冠者立于西
階東南面 賓字之[16] 冠者對[17] ◗賓出 主人送于廟門外 請醴賓[18] 賓禮
辭許 賓就次[19]

1) 筵于戶西(연우호서) : 호의 서쪽에 연회 자리를 펴다. 실문(室門)의 서쪽이다.

2) 洗(세) : 작(爵)을 씻다의 뜻.

3) 側酌(측작) : 술을 따라서 안주가 없이 술잔만 올리는 것이다.

4) 面葉(면엽) : 숟가락 머리를 앞으로 하다. 면은 전(前)의 뜻. 엽은 사대단(柶
大端)이다. 고문(古文)에 엽은 엽(擖)이라 했다.

5) 戶東(호동) : 실호(室戶)의 동쪽이다.

6) 面枋(면방) : 방은 병(柄)이라 했다. 곧 손잡이를 앞으로 하다의 뜻.

7) 筵西拜(연서배) : 남면(南面)하고 절을 하는 것이다.

8) 賓東面答拜(빈동면답배) : 빈(賓)이 돌아와 서서(西序)의 위치에서 답배를
한다. 동면(東面)하는 이유는 성인(成人)과 함께 예를 행하는 것을 밝히면
서 주인에게 답하는 것과는 다른 것임을 밝힌 것이다.

9) 右祭脯醢(우제포해) : 오른손에 포와 육장을 들고 제사를 지내다. 그 이유는
불명(不明)하다.

10) 以柶祭醴三(이사제례삼) : 큰 숟가락으로 단술을 세 번 떠서 제사를 지내
다. 그 이유는 불명하다.

11) 啐醴(쵀례) : 단술을 맛보다.

12) 建柶(건사) : 큰 숟가락을 단술 속에 꽂아 놓다.

13) 薦東(천동) : 왼쪽에 놓는 것이다. 왼쪽은 언제나 동쪽이다. 대저 술잔을 놓
는데 장차 들 것은 오른쪽에 놓고 들지 않을 것은 왼쪽에 놓는다.

14) 適東壁(적동벽) : 집 동쪽의 작은 문으로 나가는 것이다. 곧 동쪽에는 위문
(闈門)이 있는데 이 곳으로 나가면 어머니가 거처하는 곳이 있고 어머니는
사당으로 들어오려면 이 문을 통과하게 된다.

15) 初位(초위) : 처음 주인이 빈(賓)을 안내하여 계단에 올라 서로 읍하고 사
양하며 오르던 위치이다.

16) 字之(자지) : 관을 쓴 자의 자(字)를 짓다. 곧 아버지가 지어 준 이름 외에
    이때부터는 자(字)를 사용한다. 사(士)의 신분에서만 행해지던 예이다.

17) 對(대) : 응하다. 곧 자(字)를 받고 그 자를 쓴다는 뜻.

18) 請醴賓(청례빈) : 의식이 끝나면 단술로써 빈의 노고에 대해 위로하며 함께
    마시기를 청하는 것이다. 예(醴)는 예(禮)라고 했다.

19) 就次(취차) : 빈이 대문 밖에 있는 옷을 갈아입는 곳으로 나아가다. 취는 나
    아가다의 뜻. 차는 집안에 큰일이 있을 때 장막을 치고 대자리를 깔아서 임시
    로 만들어 놓은 곳으로 다음 예를 행하기 전까지 기다리기도 하고 옷매무새
    를 가다듬기도 하는 곳이다.

6. 관을 쓰고 친척을 방문한다

관을 쓴 자는 여러 친척들을 찾아뵙는다. 친척들은 관을 쓴 자
에게 두 번 절하고 관을 쓴 자는 답배를 올린다. 관 쓰는 일을 도
와 준 자를 뵐 때는 서면(西面)하여 절하는데 그 의식은 여러 친
척들에게 행할 때와 같이 한다.

또 침문(寢門)으로 들어가 고모나 누나를 뵙는데 그 예는 어머
니를 뵐 때의 예와 동일하게 한다.

찾아뵙는 일이 끝나면 예복으로 바꿔 입는다. 현관(玄冠)에 현
단(玄端)을 입고 작필(爵韠)을 하고 예물을 올려서 임금을 알현
한다. 또 예물을 가지고 경대부(卿大夫)와 향선생(鄕先生)을 찾
아뵙는다.

이에 단술을 대접하는 예를 행하는데 빈(賓)에게 일헌(壹獻)의
예로써 하고 주인이 빈에게 속백(束帛)과 사슴가죽 2장을 올린다.

여러 손님들이 다 연회에 참여한다. 관례를 도운 자는 빈(賓)
의 개(介)가 된다. 빈(賓)이 나가면 주인이 외문(外門) 밖에서
전송하고 두 번 절한다. 돌아가는 빈(賓)들에게 행사에 쓰인 고
기를 싸서 보낸다.

❶冠者見于兄弟[1] 兄弟再拜 冠者答拜 見贊者 西面拜 亦如之 入[2]

見姑姊 如見母 ❶乃易服³⁾ 服玄冠玄端爵韠 奠摯⁴⁾見于君 遂以摯見
于卿大夫鄕先生⁵⁾ ❶乃醴賓以壹獻之禮⁶⁾ 主人酬⁷⁾賓 束帛儷皮⁸⁾ 贊
者皆與⁹⁾ 贊冠者爲介¹⁰⁾ 賓出 主人送于外門外 再拜 歸賓俎¹¹⁾

1) 兄弟(형제) : 옛날의 대가족제도에서는 일가친척의 개념으로 쓰였다.

2) 入(입) : 침문(寢門)으로 들어가다. 사당은 침문 밖에 있다.

3) 易服(역복) : 옷을 갈아입다. 옷을 갈아입는 것은 조회하는 일이 아니므로 조
   회의 복을 입지 않는다.

4) 奠摯(전지) : 예물을 올리다. 예물은 꿩이다.

5) 卿大夫鄕先生(경대부향선생) : 경대부(卿大夫)는 경대부로 나이가 연로하
   여 관직에서 물러나 향에 머물러 있는 자를 뜻한다. 향선생은 고을에 있는 나
   이 많고 학덕 있는 자이다. 경대부는 다른 본에는 향(鄕)으로 되어 있기도 한
   데 향대부는 주(周)나라 시대의 관직명이다.

6) 壹獻之禮(일헌지례) : 주인이 단술을 따라 빈(賓)에게 올리는 것을 말한다.

7) 酬(수) : 주인이 빈에게 술을 올리고 예물도 함께 주는 것이다. 후의(厚意)
   를 나타냄.

8) 束帛儷皮(속백려피) : 속백은 비단 묶음의 예물, 여피는 사슴가죽 2장을 뜻함.

9) 贊者皆與(찬자개여) : 찬자는 중빈(衆賓)을 뜻한다. 개여는 술을 마시는데
   모든 빈객이 함께 참여한다는 뜻. 음주하는 예에서는 어진 이를 빈(賓)으로
   받들고 그 다음은 개(介)가 된다.

10) 介(개) : 빈(賓)이 거동하는 일을 보조하는 역할을 한다. 곧 빈의 보좌관.

11) 俎(조) : 도마. 고기를 저미거나 썰 때 쓰이는 도구.

7. 술로써 관례를 치를 때

만약 예(醴 : 단술)로써 아니하면 술을 사용하여 제사를 지낸
다. 잔들은 방호(房戶)의 사이에 두고 2개의 술단지를 놓아 두는
데 받침대에 올려놓는다. 현주(玄酒)는 서쪽에 있게 하고 술국자
를 더하는데 손잡이가 남쪽으로 가게 한다.

씻는 곳 옆에는 술국자와 술잔 등을 채운 대광주리를 서쪽에 두
는데 남쪽을 따라 북쪽이 위가 되게 한다.

처음 치포관을 쓸 때는 포와 육장을 사용하여 제사를 지낸다. 빈(賓)은 당에서 내려와 광주리에서 작(爵)을 취한다. 사양하고 내려가는 예는 예례 때와 같이 한다. 빈이 씻기를 끝마치면 당(堂)에 올라 스스로 술을 따른다.

관을 쓴 사람이 절하고 받으면 빈이 답배하는 예는 단술로 하는 예와 같이 한다.

관을 쓴 자는 연회석으로 가 앉아서 왼손에 작을 잡고 오른손으로 포와 육장을 제사 지내고 술을 제사 지낸다. 이에 일어나 연회석의 말단에 앉아 술을 맛보고 연회석에서 내려와 절하면 빈(賓)이 답배한다.

관을 쓴 자는 작을 왼쪽으로 옮겨 놓고 연회석의 서쪽에 선다. 진열한 것과 작을 거두고 연회석과 술잔들은 거두지 않는다.

피변(皮弁)을 쓰는 데는 처음의 의식과 같다. 재초(再醮)에는 술을 흔들어서 정돈시키고 그 밖의 것들은 다 처음과 같다.

작변(爵弁)을 쓰는 예는 처음 의식과 같다. 삼초(三醮)에는 절조(折俎)에 마른고기가 있고 맛을 본다. 그 밖의 것은 처음과 같다.

관을 쓴 사람이 북면하고 포(脯)를 가지고 어머니를 알현한다.

만약 죽인 희생이면 수퇘지 한 마리로 한다. 희생을 도마 위에 올려서 반쪽으로 가르고 삶아 익혀서 세발솥에 담고 허파를 갈라 솥에 담는다. 솥 위에 들막대기를 걸치고 솥뚜껑을 놓는다.

처음 초례(醮禮)를 행하는 것은 처음과 같이 한다.

두 번째의 초례는 2개의 두(豆 : 제기)에는 아욱김치와 달팽이 젓을 담고 2개의 변(籩 : 제기)에는 밤과 포를 담는다.

세 번째 초례(醮禮)에는 술을 흔들어서 정돈시키고 두 번째 초례의 예와 동일하게 한다.

도마를 준비하여 제사 지내는 예는 모두 처음과 같이 하고 희생의 허파로 제사 지낸다. 초례의 행사를 끝마치면 변의 제기에서 포(脯)를 취하여 들고 당(堂) 아래로 내려와 처음과 같이 한다.

❶若不醴¹⁾則醮用酒²⁾ 尊于房戶之間³⁾ 兩甒有禁⁴⁾ 玄酒⁵⁾在西 加勺

南枋 洗有篚[6]在西南順[7] 始加[8] 醮用脯醢 賓降 取爵[9]于篚 辭降如
初[10] 卒洗 升酌 冠者拜受 賓答拜如初 冠者升筵坐 左執爵 右祭脯
醢 祭酒 興 筵末坐 啐酒 降筵拜 賓答拜 冠者奠爵于薦東 立于筵西
徹薦爵 筵尊不徹[11] 加皮弁如初儀 再醮攝酒[12] 其他皆如初 加爵弁
如初儀 三醮 有乾肉折俎[13] 嚌之 其他如初 北面取脯 見于母 ◑若
殺則特豚[14] 載合升 離肺[15]實于鼎 設扃鼏[16] 始醮如初 再醮 兩豆 葵
菹蠃醢[17] 兩邊[18] 栗脯 三醮 攝酒如再醮 加俎 嚌之[19]皆如初 嚌肺 卒
醮 取邊脯以降如初

1) 若不醴(약불례) : 예로써 아니함과 같다. 곧 단술로 하지 않는다는 뜻. 국가
   는 국가 나름대로의 습속이 있어서 단술로 예를 행하지 않는다는 뜻. 예는 예
   (禮)가 되어야 한다고 했다.

2) 醮用酒(초용주) : 술을 따라 올리는 예이다. 예례(醴禮)는 주고 받고 하는데
   비해 초례는 부어만 주고 주거니받거니 하지 않는 것이다.

3) 房戶之間(방호지간) : 동쪽과 서쪽 사이를 말한다. 곧 방은 동쪽이고 실호
   (室戶)는 서쪽에 있으므로 뜻한 것이다.

4) 禁(금) : 술잔을 받치는 받침대라고 했다.

5) 玄酒(현주) : 물. 곧 새로운 물이다.

6) 洗有篚(세유비) : 동쪽 처마 끝과 마주한 곳에 세워진 세(洗 : 씻는 곳)에서
   씻어서 대광주리에 담다의 뜻.

7) 南順(남순) : 남쪽을 따르다. 북쪽을 위쪽으로 삼다의 뜻.

8) 始加(시가) : 처음 치포관을 쓸 때라는 뜻. 곧 첫 번째 관을 쓸 때 한 번의 초
   례를 행하다.

9) 爵(작) : 술잔이며 예기(禮器)의 하나이다.

10) 辭降如初(사강여초) : 사양하고 내려가는 일을 처음과 같이 한다. 곧 처음
    관례 때의 형태와 같다는 뜻.

11) 筵尊不徹(연준불철) : 연회석과 잔들은 거두어들이지 않는다. 곧 다시 예를
    행해야 하므로 편리를 도모하기 위하여 그대로 놓아 둔다.

12) 攝酒(섭주) : 섭은 섭(聶)이나 요(撓)의 뜻이 있다. 술병에 들어 있는 술을
    흔들어서 잘 섞어놓는 것을 뜻한다. 섭은 정돈하다의 뜻이 있다고 했다.

13) 乾肉折俎(건육절조) : 건육은 희생 돼지의 포(脯)이다. 절조는 그 희생의

몸체를 쪼개기 위하여 사용하는 도마. 또는 쪼갠 몸체를 올리는 도마.

14) 殺則特豚(살즉특돈) : 살은 희생을 죽이는 것. 특돈은 희생에 쓰이는 한 마리의 돼지.

15) 載合升離肺(재합승이폐) : 재는 도마 위에 희생이 올려지는 것. 합은 삶아져서 도마에 오른 것을 합하여 진설한 것. 승은 발이 없는 솥에서 삶은 고기를 세발솥인 정(鼎)에 담는 것. 이는 할(割)과 같다. 이폐는 폐를 가르다.

16) 扃羃(경멱) : 경은 세발솥을 들때 양쪽 구멍에 가로질러 끼는 들막대기이다. 멱은 뚜껑으로, 꽉 닫는다는 뜻이 있다. 금문(今文)에 경은 현(鉉)으로 되어 있고 고문(古文)에 멱은 밀(密)로 되어 있다. 아래에도 같다.

17) 葵菹蠃醢(규저라해) : 아욱절임과 달팽이젓.

18) 籩(변) : 대오리를 엮어서 만든 과일을 담는 제기. 변에는 두(豆)가 함께 하는데 두는 나무로 만든 제기.

19) 加俎嚌之(가조제지) : 도마 위에 올려서 제사를 지내다. 제(嚌)는 제(祭)의 뜻이라 했다.

8. 고아(孤兒)가 관을 쓰게 되면

만약 관을 쓰는 자가 고아(孤兒)이면 백부(伯父)나 숙부(叔父)나 그 밖의 친척 사촌형들이, 알리고 초청하는 일을 맡아서 한다.

관을 쓰는 날에는 관을 쓰는 주인인 본인이 상투를 틀고 빈객(賓客)을 맞이한다. 절을 하고 읍을 하고 사양하며 서단(序端)에 서 있는 일 들을, 모두 관례를 주관하는 주인과 똑같이 하며 동쪽 계단에서 예를 행한다.

대저 절할 때에는 동쪽 섬돌 위에서 북면하고 한다. 빈(賓)은 또한 서쪽 섬돌 위에서 북면하고 답례한다.

만약 죽인 희생이면 솥에서 들어올려 문 밖에 진열하고 동숙(東塾)과 마주하여 북면(北面)한다.

만약 관을 쓰는 사람이 서자(庶子)라면 방 밖의 술잔이 있는 동쪽에서 남면하여 관을 쓰고 다시 초례(醮禮)를 거행한다.

관을 쓰는 사람이 어머니가 없으면 사람을 시켜서 서쪽 계단 아래에서 어머니를 대신하여 포(脯)를 받도록 한다.

●若孤子¹⁾則父兄戒宿 冠之日 主人紒而迎賓 拜揖讓 立于序端 皆
如冠主²⁾ 禮于阼 凡拜 北面于阼階上 賓亦北面于西階上答拜 若殺
則舉鼎陳于門外 直東塾北面 ●若庶子³⁾ 則冠于房外⁴⁾ 南面 遂醮焉
●冠者母不在 則使人受脯于西階下

1) 孤子(고자) : 아버지가 일찍 돌아가신 아들이라는 뜻.
2) 冠主(관주) : 관을 쓰는 사람의 친아버지이거나 종형(宗兄) 등을 뜻한다.
3) 庶子(서자) : 옛날에는 적자(嫡子) 외에는 모두 서자(庶子)라고 했다. 지금
   은 정실부인이 아닌 첩에게서 태어난 자를 서자라 한다.
4) 房外(방외) : 동쪽을 높이기 위한 것이다. 동쪽 섬돌에서 하지 않는 이유는
   대를 잇지 않기 때문이다.

9. 관례의 초청과 축사(祝辭)

빈(賓)에게 고한다.

"아무개의 아들 아무개가 있는데 장차 치포관(緇布冠)을 그 머
리에 씌우려 합니다. 오셔서 오자(吾子 : 친밀의 뜻으로 그대)의 가
르침을 주시기 바랍니다."

빈(賓)이 대답한다.

"아무개인 나는 민첩하지 못하여 능히 함께 일을 하지 못하고
오자(吾子 : 그대)를 욕되게 할까 두려워서 감히 사양합니다."

주인이 말한다.

"아무개는 오히려 오자(吾子 : 그대)에게 끝까지 가르침을 원
하는 바입니다."

빈이 허락하며 답한다.

"오자(吾子 : 그대)의 거듭된 명이 있으니 아무개는 감히 따르
지 않을 수 있겠습니까?"

선택된 빈에게는 주인이 나아가서 말한다.

"아무개는 장차 치포관을 아무개의 머리에 씌우려 하니 오자

(吾子 : 그대)께서는 장차 왕림하시어 관 씌워 주는 예를 거행해 주시기 바랍니다."

빈(賓)이 대답한다.

"아무개가 감히 일찍 일어나 가지 않을 수 있겠습니까?"

처음으로 치포관을 씌우고 난 다음에 축사를 한다.

"아름다운 달의 상서로운 날에 처음으로 머리에 치포관을 썼으니 그대의 어릴 적 마음을 버리고 그대의 성덕(成德)을 따라서 장수하고 오직 상서로워서, 그대의 큰 복을 크게 하라."

두 번째로 피변(皮弁)을 씌우고는 축사를 한다.

"아름다운 달의 좋은 때에 그대가 피변을 썼으니 그대의 위엄 있는 행동을 공경히 하고 그대의 덕을 삼가, 눈썹이 희고 길어져 만년까지 살면서 길이 요원하게 복을 받으라."

세 번째로 작변(爵弁)을 씌우고는 축사를 한다.

"이 좋은 해에 이 아름다운 달에 그대에게 모든 관을 씌웠는데 형제가 함께 있어서 그 덕을 이루게 하였으니, 얼굴에 검버섯이 피어나도록 다함이 없어 하늘의 경사를 누리리라."

예례(醴禮)를 행하고 알려 말한다.

"맛좋은 단술이 오직 후하고 아름다운 육포와 육장이 아름다운 향기를 뿜으니 절을 올리고 받아서 제사를 올리되 그대에게 상서로움이 정해지게 하라. 하늘의 경사를 이어 받고 오래도록 살아 잊혀지지 않으리라."

또 초례(醮禮)를 마치고 일러 말한다.

"맛좋은 술이 이미 잘 익었고 아름다운 육포와 육장에 정성을 드린 때에 처음으로 머리에 관을 씌웠는데 형제들이 함께 하였으니 효도와 우애를 제때에 행하면 길이 이에 보전하리라."

두 번째 초례(醮禮)를 마치고 말을 한다.

"맛좋은 술이 이미 걸러지고 아름답게 올리는 것은 오직 육포(肉脯)이니 이에 그대에게 관 씌우는 일을 거행했는데 예의에 질서가 있도다. 이 아름다운 술잔을 가지고 제사를 모셨으니 하늘이 복을 잇게 할 것이다."

세 번째 초례를 마치고 알려 말한다.

"맛좋은 술이 향기롭고 변(籩)과 두(豆)에 음식이 진열되어 있다. 그대의 관 쓰는 일을 마치고 안주로 도마에 올라서 썰어지니 하늘의 경사로움을 이어서 복을 무궁하게 받으리라."

관 씌우는 예가 끝나고 자(字)를 지어 주며 말한다.

"예의가 이미 갖추어져서 아름다운 달과 좋은 날에 밝게 그대의 자(字)를 고하니 이에 자(字)가 매우 아름답도다. 뛰어난 선비에게 적당한 것으로 크고 또 크게 하였으니 길이 보호를 받으리라. 큰아버지 아무개와 중부(仲父) 아무개와 숙부(叔父) 아무개와 계부(季父) 아무개라고 이르는 것은 오직 당연한 바이다."

◗戒賓曰 某有子某[1] 將加布[2]于其首 願吾子[3]之敎之也 賓對曰 某不敏 恐不能共事 以病[4]吾子 敢辭 主人曰 某猶願吾子之終敎之也 賓對曰 吾子重有命 某敢不從[5] 宿[6]曰 某將加布于某之首 吾子將涖之 敢宿 賓對[7]曰 某敢不夙興 始加[8] 祝曰 令月吉日 始加元服[9] 棄爾幼志 順爾成德 壽考惟祺 介爾景福[10] 再加[11]曰 吉月令辰 乃申爾服[12] 敬爾威儀 淑愼爾德 眉壽萬年 永受胡福[13] 三加[14]曰 以歲之正 以月之令 咸加爾服[15] 兄弟具在 以成厥德 黃耇無疆[16] 受天之慶 醴辭曰 甘醴惟厚 嘉薦令芳[17] 拜受祭之 以定爾祥 承天之休 壽考不忘[18] 醮辭曰 旨酒旣淸 嘉薦亶[19]時 始加元服 兄弟具來 孝友時格 永乃保之 再醮曰 旨酒旣湑 嘉薦伊脯 乃申爾服 禮儀有序 祭此嘉爵 承天之祜 三醮曰 旨酒令芳 籩豆有楚[20] 咸加爾服 肴升折俎 承天之慶 受福無疆 字辭[21]曰 禮儀旣備 令月吉日 昭告爾字 爰字孔嘉[22] 髦士攸宜 宜之于假 永受保之 曰伯某甫[23] 仲叔季 唯其所當

1) 某有子某(모유자모) : 아무개의 아들 아무개가 있다의 뜻. 곧 홍길동의 아들 개똥이의 뜻과 같다.

2) 加布(가포) : 치포관(緇布冠)을 쓰다의 뜻.

3) 吾子(오자) : 그대. 나의 아들이라는 뜻으로 동년배(同年輩)를 부를 때 친근함을 표시하기 위한 말.

4) 病(병) : 욕보이다.

5) 某敢不從(모감부종) : 아무개가 감히 따르지 않겠습니까? 곧 명령에 따른다
   는 뜻. 허락하다.

6) 宿(숙) : 진(進)이다. 관례를 거행할 어진 사람을 점쳐서 선발된 빈(賓)에게
   고하기 위해 나아가는 것을 말한다.

7) 對(대) : 금문(今文)에는 대(對)자가 없다고 했다.

8) 始加(시가) : 처음 관을 씌우다. 곧 치포관을 씌우고 난 뒤라는 뜻.

9) 元服(원복) : 관(冠)을 뜻한다. 원은 수(首)의 뜻.

10) 介爾景福(개이경복) : 너의 큰 복을 크게 하다. 개와 경은 다 크다의 뜻.

11) 再加(재가) : 피변(皮弁)을 쓰고 난 뒤라는 뜻.

12) 申爾服(신이복) : 너의 옷을 거듭 입히다. 곧 두 번째의 관을 씌우다의 뜻.

13) 胡福(호복) : 원대한 복을 뜻한다.

14) 三加(삼가) : 작변(爵弁)을 쓴 것을 뜻한다. 세 번째의 관을 쓴 것.

15) 咸加爾服(함가이복) : 너의 관을 모두 씌우다. 세 번째 관까지 모든 관을 씌
    운 것을 말한다.

16) 黃耈無疆(황구무강) : 나이가 많이 들어 얼굴이 누렇고 검버섯이 피어나도
    건강하여 생명을 다함이 없다. 곧 만수무강의 뜻.

17) 嘉薦令芳(가천령방) : 아름다운 육포와 육장. 아름다운 향이 나는 과일을
    뜻한다고도 했다.

18) 壽考不忘(수고불망) : 오래도록 장수하여 잊지 않다. 오래 오래 살아서 잊
    혀지지 않다의 뜻.

19) 亶(단) : 진실하다.

20) 楚(초) : 진열하다.

21) 字辭(자사) : 사람의 이름 외에 자(字)를 지어 주고 축사를 하는 것.

22) 爰字孔嘉(원자공가) : 이에 자(字)가 매우 아름답다.

23) 甫(보) : 보(父)의 뜻이고 대부(大夫)의 미칭(美稱)이다.

10. 관례 때 신는 신발

신발은 여름에는 칡으로 만든 신을 사용한다.

현단(玄端)에는 검은 신을 신고 신발코의 장식과 신발 가장자

리를 청색으로 가선을 두른다. 가선을 두른 넓이는 1치로 한다.

휜색의 아랫도리에는 흰 신발을 신는데 대합조개를 붓고 신발
코와 가장자리를 검은색으로 두른다. 가선 두르는 넓이는 1치로
한다.

작변(爵弁)에는 분홍색 신발을 신는다. 신발코와 가를 두르는
장식은 검은색으로 한다. 가선을 두른 넓이는 1치로 한다.

겨울에는 가죽으로 된 신발을 신는 것이 좋다. 성기게 짠 신발
은 신지 않는다.

●屨[1] 夏用葛[2] 玄端黑屨 靑絇繶純[3] 純博寸[4] 素積白屨 以魁柎之[5]
緇絇繶純 純博寸 爵弁纁屨[6] 黑絇繶純 純博寸 冬 皮屨可也 不
屨繐屨[7]

1) 屨(구) : 홑가죽으로 된 신발이다. 일설에는 짚신이나 미투리라고 했다.

2) 葛(갈) : 칡으로 짠 신을 뜻함.

3) 絇繶純(구억준) : 구는 신코의 장식이다. 억은 신발의 양쪽 가장자리에 선을
   두른 것이다. 준은 가선을 두르는 것.

4) 純博寸(준박촌) : 가선을 두른 넓이가 1치라는 뜻.

5) 魁柎之(괴부지) : 괴는 대합조개이다. 부는 쏟아 붓다. 액체를 따르다이다. 곧
   대합조개를 무늬로 장식한다는 뜻.

6) 纁屨(훈구) : 분홍빛의 신발.

7) 繐屨(세구) : 올이 가늘고 성기게 짠 신발. 상사(喪事)때 신는 신발.

■ 사관례(士冠禮)의 의의(意義)

가. 관을 쓸 때마다 더욱 높아진다

관례의 의의는, 처음 관을 쓸 때는 검은 베로 만든 치포관(緇布
冠)으로 한다.

태고(太古) 때에는 흰 베(布)로 관을 만들어 썼는데 재계할 때

에는 검은 관을 썼다.

갓끈을 길게 늘어뜨린 것에 대해 공자(孔子)는 "나는 아직 그것에 대해 들어보지 못했다. 관례가 끝나면 없애는 것이 좋겠다." 라고 하였다.

적자(適子)가 동쪽 계단에서 관례를 하는 것은 집안의 대(代)를 잇는 것을 나타낸 것이다. 객위(客位)에서 초례(醮禮)를 행하는 것은 관을 씀으로써 성인(成人)이 되었다는 것이다.

3번의 관을 쓸 때마다 더욱 높아지는 것은 그 뜻을 더욱 깨우치라는 것이요, 관례를 하고 자(字)를 짓는 것은 그의 이름을 존경하기 때문이다.

위모(委貌)는 주(周)나라의 도(道)요, 장보(章甫)는 은(殷)나라의 도(道)요, 모퇴(毋追)는 하후(夏后)씨의 도(道)이다.

주(周)나라에서 쓰던 두 번째 관을 피변(皮弁)이라 하고 은(殷)나라에서는 후(冔)라고 하였으며 하(夏)나라에서는 수(收)라고 하였다. 하(夏)와 은(殷)과 주(周)의 삼대(三代)가 함께 사슴가죽으로 만들고 흰색으로 옷을 만들었다.

대부(大夫)는 관례가 없고 그 혼례만 있었는데 옛날에는 나이 50세가 넘은 후에야 관작을 받아 대부가 되었으니 어찌 대부가 관례가 있었겠는가?

공작이나 후작에게 관례가 있게 된 것은 하(夏)나라의 말엽(末葉)이었다.

천자(天子)의 원자(元子 : 태자)도 그의 신분은 사(士)와 같으니, 천하에서 태어나면서부터 귀한 사람은 없다는 것이다.

대를 이어 제후가 되는 것은 앞서간 제후의 어진 행실을 본받기 때문이고, 관작을 사람에게 주는 것은 덕의 차등에 의해서이다.

죽은 자에게 시호(諡號)를 내리는 것이 사(士)에게까지 미치게 된 것은 지금 세상의 일이다. 옛날에 살아서 관작이 없으면 죽어서도 시호를 받지 못했다.

記[1] : ○冠義 始冠 緇布之冠也 大古[2]冠布[3] 齊則緇之 其緌也 孔子[4]

曰 吾未之聞也 冠而敝之可也 ○ 適子冠于阼 以著代[5]也 醮于客
位[6] 加有成[7]也 三加彌尊[8] 諭其志[9]也 冠而字之 敬其名也 ○委貌[10]
周道也 章甫[11] 殷道也 毋追[12] 夏后氏之道也 周弁[13] 殷冔[14] 夏收[15]
三王共皮弁素積 ○ 無大夫冠禮 而有其昏禮 古者五十而后爵[16] 何
大夫冠禮之有 公侯[17]之有冠禮也 夏之末造也 天子之元子[18] 猶士也
天下無生而貴者也 繼世以立諸侯 象賢[19]也 以官爵人 德之殺[20]也
死而謚[21] 今也 古者生無爵 死無謚

1) 記(기) : 예기(禮記)의 제11편 교특생(郊特牲) 안에 들어 있는 내용이다. 이
   기(記)는 의례 17권 중에서 사상견례(士相見禮), 대사례(大射禮), 소뢰궤
   식례(少牢饋食禮), 유사(有司)편을 제외한 13편에 다 붙어 있는데 예기에
   서 발췌하여 붙인 내용이다.

2) 大古(대고) : 태고(太古)이다. 먼 옛날의 뜻.

3) 冠布(관포) : 흰 관을 뜻한다.

4) 孔子(공자) : 유가(儒家)의 시조이며 춘추시대(春秋時代)의 노(魯)나라 창
   평현(昌平縣) 곡부(曲阜) 사람이며 이름은 구(丘), 자는 중니(仲尼)이다.
   처음에 노나라에서 사구(司寇) 벼슬을 하다 사직하고 주류천하하여 도를 행
   하려 했으나 어느 나라에서도 써 주지 않아 다시 노나라로 돌아와 3천 여 제
   자를 가르치고 시(詩), 서(書), 예(禮), 악(樂), 역(易), 춘추(春秋) 등의 육
   경(六經)을 산술(刪述)하였다.

5) 著代(저대) : 대(代)를 나타내다. 곧 대를 이어가다의 뜻.

6) 醮于客位(초우객위) : 손님의 자리에서 초례를 하다. 초례는 하(夏)나라와
   은(殷)나라의 예이다.

7) 有成(유성) : 이루는 것이 있다. 곧 성덕(成德)을 뜻한다.

8) 三加彌尊(삼가미존) : 세 번의 관을 써서 더욱 존귀해지다. 곧 치포관보다는
   피변이 한 급 위이고 피변보다는 작변이 한 급 위로써 점점 존귀해진다는 뜻.

9) 諭其志(유기지) : 그 덕이 진보하기를 바라는 것이다.

10) 委貌(위모) : 관(冠)의 이름이다. 주(周)나라 시대의 관이다. 편안하고 용
    모가 안정되다의 뜻도 있다.

11) 章甫(장보) : 장보(章父)라고도 한다. 은(殷)나라 시대의 관이며 밝은 대
    장부를 표명한 것이다.

12) 毋追(모퇴) : 하(夏)나라 시대의 관 이름이다.

13) 周弁(주변) : 주(周)나라 시대의 관인 작변(爵弁)를 뜻한다.

14) 殷冔(은후) : 은(殷)나라 시대의 관인 장보(章甫)를 뜻한다.

15) 夏收(하수) : 하(夏)나라 시대의 관인 모퇴(毋追)를 뜻한다.

16) 五十而后爵(오십이후작) : 옛날 상고시대에는 50세가 되어야 관직에 나아 갔으며 대부(大夫)가 될 수 있었다.

17) 公侯(공후) : 공후백자남(公侯伯子男)의 다섯 등급으로 나뉜 제후들의 서열을 말한다.

18) 元子(원자) : 세자(世子)의 뜻.

19) 象賢(상현) : 어진 사람의 덕을 본받다.

20) 殺(쇄) : 감소시키다의 뜻.

21) 謚(시) : 생전의 공덕을 칭송하여 죽은 사람에게 내리는 칭호 곧 시호를 내리다. 시호는 노(魯)나라 장공(莊公)부터 비롯되었다.

제2편 사혼례(士昏禮第二)

　사(士)의 신분인 사람이 아내를 맞이하기 위하여 장가드는 예절이다. 어두운 때를 택하여 인연하는 것을 이름한 것이다. 반드시 어두운 때에 하는 이유는 어두우면 양(陽)은 가고 음(陰)이 오므로 이것을 취하여 혼례(昏禮)라고 하였다.

I. 혼인(昏姻)하는 예절의 시작

　혼인(昏姻)하는 예이다.

　중매인으로 하여금 신부집과 통하게 한다. 폐백을 보내는데 기러기를 사용한다. 여자측 주인은 호서(戶西)에 자리를 깔고 서쪽을 위로 삼으며 궤(几)는 오른쪽에 놓는다.

　남자측 일을 맡은 사람이 현단(玄端)을 입고 이른다.

　빈자(擯者 : 有司. 佐禮者)가 문 밖으로 나가 어떤 일로 왔는지 묻고는 들어와 주인에게 고한다. 주인이 빈(賓)과 동일한 의복을 입고 대문 밖으로 나가서 맞이하는데 주인은 두 번 절하고 빈(賓)은 답배하지 않는다. 서로 읍(揖)하고 문 안으로 들어간다.

　사당문에 이르러 서로 읍하고 들어가는데 세 번 읍한다. 계단에 이르면 세 번 사양한다. 주인이 빈(賓)과 함께 당에 올라가 서면(西面)하면, 빈(賓)이 서쪽 계단으로 올라가 기둥 아래에 이르러 동면(東面)하고 명령을 전한다.

　주인이 동쪽 계단의 위에서 북면(北面)하고 재배한다. 두 기둥 사이에서 기러기를 주는데 남면한다. 빈(賓)이 당에서 내려와 나가면 주인이 당에서 내려와 늙은 가신에게 기러기를 건네 준다.
빈자(擯者)가 따라 나와서 남은 일이 있는지 묻는다. 빈(賓)이
기러기를 들고 청하여 여자의 이름을 묻는다. 주인이 허락하면 빈
이 문 안으로 들어와 기러기를 주고 처음에 하던 예와 똑같이 한다.

昏禮 : ◑下達[1] 納采用鴈[2] 主人[3]筵于戶西[4]西上 右几 使者[5]玄端至
擯者[6]出請事[7] 入告 主人如賓服 迎于門外[8]再拜 賓不答拜 揖入 至于
廟門 揖入 三揖[9]至于階 三讓 主人以賓升西面 賓升西階 當阿[10] 東
面致命 主人阼階上北面再拜 授于楹間[11]南面 賓降出 主人降 授老
鴈[12] ◑擯者出請[13] 賓執鴈 請問名[14] 主人許 賓入 授 如初禮[15]

1) 下達(하달) : 달은 통(通)과 같다. 장차 혼인을 하려면 신랑측에서 중매인을
   보내 신부의 집과 내왕하여 통하게 한다는 뜻.
2) 納采用鴈(납채용안) : 폐백은 기러기를 사용한다. 혼인을 청하는 예물. 기러
   기는 왕래하는 뜻이 깃들어 있으므로 청혼에 사용한다.
3) 主人(주인) : 여자측 주인으로 신부의 아버지.
4) 戶西(호서) : 높은 곳으로, 선조의 사당의 서쪽을 말한다. 그 예를 예묘(禰
   廟)에서 받는다.
5) 使者(사자) : 신랑측 사람. 신랑측 사신.
6) 擯者(빈자) : 유사(有司)이며 예를 돕는 사람.
7) 請事(청사) : 청은 문(問)과 같다. 일을 묻다.
8) 門外(문외) : 대문 밖을 뜻한다.
9) 三揖(삼읍) : 사당문에 이르기까지 3번 굽어지는데 굽어질 때마다 읍하는 것.
10) 當阿(당아) : 기둥에 당도하다. 아는 동(棟)과 같다.
11) 授于楹間(수우영간) : 두 기둥 사이에서 기러기를 주다. 이는 양가의 남녀
    가 그 절개를 합하여 하나가 된다는 뜻이다.
12) 授老鴈(수로안) : 늙은 가신에게 기러기를 건네 주다. 노(老)는 존경할 만
    한 사람.
13) 擯者出請(빈자출청) : 유사(有司)는 일이 있거나 없거나 그냥 의무적으로
    밖으로 나가서 빈객에게 물어보는 것이다.
14) 問名(문명) : 신랑측 사신이 신부의 이름을 묻는다. 그 이름을 물어서, 혼인

을 하면 길한지 흉한지를 점친다.

15) 禮(예) : 고문(古文)에는 예(醴)로 되어 있다.

2. 주인이 빈(賓)을 단술로 대접한다

빈자(擯者)가 나와서 물으면 빈(賓)이 일이 끝났다고 고한다. 빈자(擯者)가 안으로 들어가 주인에게 고하고 다시 나와서 빈에게 단술을 함께 할 것을 청한다.

빈(賓)은 예로써 사양하고 허락한다. 주인이 안궤를 물리치고 연회석을 다시 차리는데 동쪽을 위로 삼는다.

특별히 술잔과 단술 한 동이를 방 안에 놓는다.

주인이 사당문 밖에서 빈(賓)을 영접한다. 문으로 들어오며 읍하고 사양하는 예를 처음과 똑같이 한다. 빈과 주인이 당으로 오른다. 주인이 북면(北面)하고 재배하면 빈(賓)은 서쪽 계단 위에서 북면하고 답배한다.

주인이 궤(几)를 털고 궤의 다리를 잡아서 빈에게 주는데 절하고 보낸다. 빈(賓)이 궤를 받고 피한다. 북면하여 앉을 수 있도록 설치하고 왼쪽의 서쪽 계단 위에서 답배한다.

찬자(贊者 : 행사를 돕는 자)가 단술을 붓고 뿔숟가락을 얹는데 머리가 앞으로 가도록 하고 방에서 나온다.

주인이 단술이 들어 있는 잔을 받아 뿔숟가락의 자루가 앞을 향하도록 올려놓고 연회석 앞의 서쪽으로 나가 북면(北面)한다. 빈(賓)이 절하고 단술이 들어 있는 잔을 받아 제자리로 돌아온다.

주인이 동쪽 계단의 위쪽에서 절하고 전송한다.

찬자(贊者)가 육포와 육장을 올린다. 빈이 연회석의 자리로 나아가 왼손에 치(觶)를 잡고 육포와 육장으로 제사를 지낸다. 큰 숟가락으로 단술을 떠서 3번 제사를 지낸다. 서쪽 계단 위에서 북면하고 앉아 단술을 맛보고 숟가락을 술단지에 꽂아 놓고 일어섰다 다시 자리에 앉아서 치를 진열하고 드디어 절한다.

주인이 답배(答拜)한다. 빈(賓)이 연회석으로 나아가 치를 변

(籩)과 두(豆)의 왼쪽에 내려놓고 연회석으로 내려와서 북면하고 앉아 포(脯)를 취하면 주인이 사양하고 몸소 철거한다.

빈이 내려와 포를 사신에게 주고 나간다. 주인이 문 밖에서 두 번 절하고 전송한다.

◑擯者出請 賓告事畢 入告 出請醴賓[1] 賓禮辭[2]許 主人徹几[3]改筵 東上 側尊甒醴于房中 主人迎賓于廟門外 揖讓如初升 主人北面再 拜 賓西階上北面答拜 主人拂几[4] 授校[5] 拜送 賓以几辟[6] 北面設于 坐 左之西階上答拜 贊者酌醴 加角柶[7]面葉 出于房 主人受醴 面枋[8] 筵前西北面 賓拜受醴 復位 主人阼階上拜送 贊者薦[9]脯醢 賓卽[10]筵 坐 左執觶 祭脯醢 以柶祭醴三 西階上北面坐 啐醴 建柶 興 坐 奠觶[11] 遂拜 主人答拜 賓卽筵 奠于薦左[12] 降筵 北面坐取脯[13] 主人辭[14] 賓 降 授人脯[15]出 主人送于門外再拜

1) 醴賓(예빈) : 예는 예(禮)가 맞다. 예빈(禮賓)은 두터이 하고자 함이다.

2) 禮辭(예사) : 한 번 사양하는 것이다.

3) 几(궤) : 앉을 때 몸을 기대는 기구.

4) 拂几(불궤) : 손님을 위하여 궤를 새롭게 하기 위해 털어서 권하는 것.

5) 校(교) : 궤의 다리를 뜻한다.

6) 几辟(궤피) : 머뭇거리다. 한번 뒤로 물러나다의 뜻.

7) 角柶(각사) : 뿔숟가락.

8) 枋(방) : 병(柄)의 뜻이다. 손잡이.

9) 薦(천) : 진(進)의 뜻이다.

10) 卽(즉) : 취(就)와 같다.

11) 建柶興坐奠觶(건사흥좌전치) : 건(建)은 삽(扱)과 같아서 끼우다의 뜻. 흥은 일어나다. 전은 멈추다.

12) 薦左(천좌) : 변두(籩豆)의 동쪽이라 했다.

13) 坐取脯(좌취포) : 앉아서 포를 취하다. 주인이 준 것이므로 존중하여 장차 돌아갈 때 가지고 가 복명(復命)하기 위한 것이다.

14) 主人辭(주인사) : 손님을 위하여 빈이 직접 철거하는 것을 사양한다.

15) 人脯(인포) : 인은 사신이다. 곧 사신에게 포를 주다. 신랑측 사자.

3. 납길(納吉)과 납징(納徵)과 청기(請期)

혼인하는 것이 좋다고 신부집에 통보하는 납길(納吉)에는 기러기를 사용하는데 납채(納采)의 예와 동일하게 한다.

납징(納徵)에는 검은색과 분홍색의 비단 다섯 필과 사슴가죽 두 장을 예물로 보내는데 납길(納吉)의 예와 같이 행한다.

청기(請期)할 때에는 기러기를 예물로 사용한다. 주인이 사양하면 빈(賓)이 허락하여 기약한 날짜를 알리는데 그 예는 납징(納徵)의 예와 같게 한다.

신부를 맞아들이는 날에는, 그 날 처음 황혼이 들 무렵 세발솥 3개를 침문(寢門) 밖의 동쪽에 진열하는데 북면(北面)하여 북쪽을 위로 삼는다.

세발솥을 채우는데 수퇘지 한 마리를 반쪽으로 나누어 합하여 발굽을 제거하고 솥 안에 넣는다. 이때 거폐(擧肺)와 등뼈 2개, 제폐(祭肺) 2개, 물고기 14마리와 통째로 말린 토끼고기포 한 마리분을 올린다. 구멍에 가까운 뒤넓적다리는 담지 않는다. 이상은 다 삶아 익힌 것으로 한다. 세발솥에 들막대기와 솥뚜껑을 설치한다.

씻는 곳은 동쪽 계단의 동남쪽에 설치한다.

방 안에 차리는 것들은 식초와 된장이 각각 1두(一豆)씩이고 절인 음식과 육장이 4두(豆)인데 모두 보로 덮어 놓는다.

찰기장과 메기장 4대(敦 : 제기)를 두는데 다 덮어 놓는다.

간하지 않고 고깃국을 끓여 부엌에 둔다. 술잔은 실(室)의 안 북쪽 벽 아래에 놓아 두는데 술잔 받침대를 둔다.

현주(玄酒 : 물)는 서쪽에 놓아 두고 거친 베로 덮개를 만들어 덮는다. 술을 뜨는 국자는 손잡이가 남쪽으로 가도록 한다. 방 안의 문짝 동쪽에 술잔을 놓아 두고 현주(玄酒)는 놓지 않는다. 대광주리는 남쪽에 놓는데 그 안에는 4개의 작(爵)과 합환주잔을 담아 놓는다.

●納吉[1] 用鴈 如納采禮 ●納徵[2] 玄纁束帛儷皮 如納吉禮 ●請期[3]
用鴈 主人辭 賓許告期 如納徵禮 ●期初昏 陳三鼎[4]于寢門外東方
北面北上 其實特豚 合升[5] 去蹄[6] 擧肺脊二[7] 祭肺二 魚十有四 腊一
肫[8] 髀不升[9] 皆飪[10] 設扃鼏 設洗于阼階東南 饌于房中 醯醬[11]二豆
菹醢四豆 兼巾之 黍稷四敦[12] 皆蓋 大羹湆在爨[13] 尊于室中北墉下
有禁 玄酒在西 絺羃 加勺皆南枋 尊于房戶之東 無玄酒 篚在南 實
四爵 合졸[14]

1) 納吉(납길) : 주(周)나라 시대의 혼례에서 '육례(六禮)의 하나이다. 신랑집
   에서 신부가 길한지 흉한지를 점쳐서 최고 좋다고 판단이 나오면 하인을 보
   내 여자의 집에 통고하는 일.

2) 納徵(납징) : 주나라 시대의 혼례에서 육례의 하나이다. 납길한 후에 정혼을
   한 표시로 신랑집에서 신부집에 보내는 예물. 납폐(納幣)이다. 징은 성(成)
   의 뜻이다.

3) 請期(청기) : 혼인 날짜를 청하고 혼인 날짜를 통고하는 것.

4) 三鼎(삼정) : 발이 세 개 달린 솥이 3개이다.

5) 升(승) : 수돼지 한 마리, 물고기 14마리, 토끼 한 마리 분을 솥에 넣는 것.

6) 去蹄(거제) : 발톱과 발을 잘라내다의 뜻.

7) 擧肺脊二(거폐척이) : 거폐와 척추. 거폐는 폐를 가른 것. 폐는 기의 주체이
   고 척추는 몸체의 기둥이다. 먹을 때 제일 먼저 먹는다는 것을 의미한다. 두
   개를 거론한 것은 부부가 각각 하나씩이라는 뜻이 있다.

8) 腊一肫(석일순) : 토끼를 말려 포로 만든 것. 일순은 전체라는 뜻.

9) 髀不升(비불승) : 구멍에 가까운 뒤넓적다리는 천하게 여겨 올리지 않는다.

10) 飪(임) : 익힌 것을 뜻한다.

11) 醯醬(혜장) : 혜는 지금의 식초와 같다. 장은 된장이나 간장의 뜻. 다 조미
    료의 일종.

12) 黍稷四敦(서직사대) : 찰기장과 메기장을 4개의 대(敦)에 채워 놓는다. 대
    (敦)는 기장을 담는 제기이다.

13) 大羹湆在爨(대갱읍재찬) : 간하지 않은 고깃국을 끓여 부엌에 두다. 곧 준
    비를 완료해 놓다. 대갱은 국인데 일종의 탕(湯)인 것 같다. 간하지 않고 채
    소도 넣지 않은 것이라 했다. 읍은 즙(汁)이라 했다.

14) 습졸(합근) : 합환주를 뜻한다. 합환주를 마심으로써 부부가 된다. 합근은
표주박을 반으로 갈라 그 속을 파내고 술잔으로 쓰는 것이다. 옛날의 결혼식
에는 이 표주박 잔으로 부부가 각각 술을 따라서 바꾸어 마시고 합방했다. 이
는 표주박의 잔이 합치면 하나의 표주박이 되는 것처럼 부부는 일심동체가
되어서 백년해로하라는 뜻에서 유래한 것이다.

4. 신랑이 장가드는 예

주인(主人 : 신랑)은 작변(爵弁)을 쓰고 분홍빛 아랫도리에 검
은 가선을 두른 윗도리를 입는다.

수행하는 자들은 모두 현단(玄端)을 입는다. 검게 칠한 묵거
(墨車 : 士의 수레)를 타고 두 대의 수레가 뒤를 따른다. 수행하는
사람들이 말 앞에서 촛불을 밝혀 잡는다.

신부의 수레는 신랑의 수레와 같은데 휘장이 둘러 있다.

신랑의 수레 대열이 신부집 문 밖에 이르면 주인(신부 아버지)
이 문의 서쪽에 연회석을 마련하는데 서쪽을 위로 하여 깔아 놓
는다. 궤(几)는 오른쪽에 놓는다.

신부는 머리를 가다듬고 실로 짠 순의(純衣)에 분홍색 가선을
두른 옷을 입고 방 가운데에서 남면(南面)하고 서 있는다.

신부의 스승이 머리를 싸는 헝겊과 비녀와 소의(綃衣)를 들고
신부의 오른쪽에 서 있는다.

시집가지 않은 조카나 아우들은 모두 동일한 검은 옷을 입고 머
리싸개를 하고 비녀를 꽂고 경보(頴補 : 禪補)를 입고 그 뒤에 서
있는다.

주인은 현단(玄端)을 입고 대문 밖으로 나와 서면(西面)하여
재배(再拜)하고 맞이한다.

빈(賓 : 신랑)은 동면(東面)하고 답배(答拜)한다.

주인(신부 아버지)이 신랑에게 읍하고 문 안으로 들어간다. 신
랑은 기러기를 들고 뒤따라 들어가는데 사당문에 이르기까지 읍
하고 들어간다. 사당문의 굽이마다 읍하여 세 번의 읍을 하면 당

의 계단에 이른다.

　세 번 사양하고 주인이 당 위에 올라가 서면(西面)하고 선다. 신랑이 당 위에 올라가 북면하고 서서 기러기를 내려놓고, 재배하고 머리를 조아린다. 다시 신랑이 당에서 내려와 문밖으로 나간다. 이 때 신부가 뒤따르는데 서쪽 계단으로 내려온다. 주인이 당에서 내려오지 않고 보낸다.

　사위가 신부의 수레에 올라가서 수레를 끌어 수레를 끄는 고삐의 끈을 신부의 스승에게 준다. 신부의 스승은 사양하면서 고삐의 끈을 받지 않는다.

　신부가 궤(几)를 밟고 수레에 올라타면 신부의 스승이 햇볕이나 먼지를 막는 휘장을 둘러 준다.

　이에 말을 몰아서 행한다. 말을 모는 사람이 대신하여 수레를 몬다.

　신랑은 자신이 타고 온 수레에 먼저 타고 문 밖에서 기다린다.

●主人[1]爵弁 纁裳緇袘[2] 從者畢玄端 乘墨車[3] 從車二乘[4] 執燭前馬 婦車亦如之 有袗[5] 至于門外 主人[6]筵于戶西西上 右几 女次[7] 純衣纁袡[8] 立于房中南面 姆纚笄宵衣[9] 在其右 女從者[10]畢袗[11]玄 纚笄被頴袡[12] 在其後 主人玄端迎于門外 西面再拜 賓[13]東面答拜 主人揖入 賓執鴈從 至于廟門 揖入三揖 至于階三讓 主人升西面 賓升 北面奠鴈 再拜稽首 降出 婦從降自西階 主人不降送 壻御婦車 授綏[14] 姆辭不受 婦乘以几[15] 姆加景[16] 乃驅 御者代[17] 壻乘其車先 俟于門外[18]

1) 主人(주인) : 사위(신랑)를 뜻한다. 곧 사위는 신부의 주인이라는 뜻.

2) 緇袘(치이) : 검은색으로 가선을 두르다.

3) 墨車(묵거) : 칠거(漆車)이다. 사(士)가 타는 수레이다.

4) 二乘(이승) : 수레의 단위는 승(乘)이다. 수레 2대를 뜻함.

5) 袗(첨) : 휘장을 뜻한다.

6) 主人(주인) : 신부측 주인. 곧 신부의 아버지.

7) 次(차) : 머리를 꾸미다. 곧 머리를 손질하여 꾸미다의 뜻.

8) 純衣纁袡(순의훈염) : 순의는 실로 짠 옷이고, 훈염은 분홍빛으로 가선을 두

른 것이다. 특별한 옷이라는 뜻도 있다.

9) 姆纚笄宵衣(무사계소의) : 여자 스승이 머리싸개 헝겊으로 머리를 감싸 비녀를 꽂아 주고 소의(綃衣)를 입히다. 무는 일설에 유모라고도 했다. 소의는 부인의 예복이다. 사계는 여자의 머리꾸미개이다.

10) 女從者(여종자) : 여동생이나 조카 등의 성년이 된 여자들을 말하며 이들은 시집가는 여자를 따라갔다.

11) 袗(진) : 동(同)의 뜻이다. 동일하다.

12) 襘紣(경보) : 반은 검은색으로 하고 반은 흰색으로 하여, 자루 없는 도끼 모양의 수를 놓은 옷이다. 경은 홑옷이란 뜻이다.

13) 賓(빈) : 사위(신랑)를 뜻한다.

14) 授綏(수수) : 말을 끄는 고삐의 끈을 주다의 뜻.

15) 婦乘以几(부승이궤) : 신부가 수레를 탈 때는 궤를 밟고 타다. 안전하게 타기 위해서이다.

16) 景(경) : 길을 갈 때 밝은 천으로 먼지나 바람을 막아주는 것을 뜻한다. 휘장의 일종이다. 금문(今文)에는 경(憬)으로 되어 있다.

17) 御者代(어자대) : 수레를 신랑이 이끌어 수레바퀴가 세 번을 회전하면 수레를 운전하는 사람에게 대신하게 한다는 뜻.

18) 壻乘其車先俟于門外(서승기거선사우문외) : 사위가 대문 밖에 있는 수레에 먼저 타고 문 밖에서 신부의 수레를 기다려 수레가 도착하면 앞에서 이끈다는 뜻이다. 이는 남자는 앞에서 이끌고 여자는 남자를 따른다는 것을 나타내기 위한 것인데 이러한 것은 강유(剛柔)의 도를 뜻하는 것이다. 강유의 뜻이 이로부터 시작되었으며 신랑집에 들어가기 전부터 남자는 강(剛)하고 신부는 유(柔)한 이치를 가르치는 뜻도 있다.

5. 신부가 신랑집에 도착하면…

신부가 신랑집에 이르면 주인(신랑)이 신부에게 읍하고 문 안으로 들도록 청한다.

침문(寢門)에 이르면 신랑이 신부에게 읍하여 들어가도록 청하고 서쪽 계단을 통해 당에 오른다.

신부를 따라온 여자들은 실(室)의 서남쪽 모퉁이에 연회석을 편다. 신랑이 실(室) 안으로 들어가 좌석에 앉는다. 신부는 술잔의 서쪽에서 남면한다. 신부측에서 따라온 자들과 신랑측 시종들이 바꾸어 맞이하여, 신부도 손을 씻고 신랑도 손을 씻게 하여 처음으로 정이 가까워지도록 한다. (신부측은 따라온 여인들이 신랑에게 물을 따라 주어 손을 씻게 하고 신랑측 시종들은 신부에게 물을 따라 주어 손을 씻게 하여 서로의 정이 싹트게 한다는 뜻.)

행사를 돕는 자가 술그릇 위를 덮고 있는 보를 걷어 낸다. 발이 셋 달린 솥을 드는 자는 손을 씻고 문 밖으로 나와서 솥뚜껑을 열고 세발솥을 들고 안으로 들어와 동쪽 계단의 남쪽에서 서면하여 북쪽을 위로 삼아서 진열한다. 숟가락과 도마를 가진 자들도 함께 따라 들어와 숟가락과 도마를 진열한다. 솥 속의 내용물들은 북면하게 하고 도마를 가진 사람을 기다린다.

수저를 가진 자는 들어온 길과 정반대의 길로 나가서 다시 문의 동쪽에 위치하여 북면하되 서쪽을 위로 하여 서 있는다.

행사를 담당하는 자는 자리 앞에 장(醬)을 놓는다. 절임과 젓 종류는 장의 북쪽에 놓아 둔다. 도마를 담당한 사람을 들어오게 하여 절임과 젓 종류를 놓아 둔 동쪽에 설치하게 한다. 손질한 물고기는 진열하고 말린 토끼고기는 도마 위 북쪽에 진열한다.

행사를 담당한 자가 찰기장이 든 대(敦)를 장(醬)의 동쪽에 진열하고 메기장이 들어있는 대(敦)는 그 동쪽에 둔다. 고깃국은 장의 남쪽에 진설한다. 이와 대면하는 곳의 동쪽에 신부용의 장(醬)을 진열한다. 절임과 젓 종류는 그 남쪽에 놓아서 북쪽을 위로 삼고 찰기장이 들어 있는 대는 토끼고기포가 있는 북쪽에 진열하고 그 서쪽에는 메기장이 들어 있는 대를 놓고 고깃국은 장(醬)의 북쪽에 놓는다.

신랑측 시종이 신랑의 맞은편에 신부의 자리를 마련한다.

행사를 돕는 자가 대(敦)의 뚜껑을 열어서 남쪽에 놓고 신부의 대를 열어 뚜껑을 북쪽에 놓는다.

행사를 돕는 자가 모든 것이 완비되었다고 고한다. 신랑이 신부

에게 읍을 하고 맞은편의 연회석으로 나갈 것을 청하여 함께 앉
아서 함께 제사를 지낸다. 절임과 젓 종류를 올려서 제사하고 찰
기장과 메기장과 폐(肺)를 올려 제사를 지낸다.

행사를 돕는 자가 찰기장을 자리로 옮기고 허파와 등뼈를 신랑
과 신부에게 준다. 찰기장밥을 다 먹되 고깃국과 장(醬)을 이용
하는데 다 제사를 거행하고 폐를 들어 제사 지낸 후에 이를 먹는
다. 숟가락으로 세 번 떠 먹으면 식사가 끝났음을 알린다.

행사를 돕는 자가 작(爵)을 씻어 술을 부어서 주인인 신랑에게
입가심하게 한다. 신랑은 절하고 이를 받는다. 행사를 돕는 자는
실(室) 안에서 북면하고 답배한다.

신부에게도 술을 부어 주어서 신랑과 똑같이 입가심하게 한다.
신랑과 신부가 함께 제사를 지내면 행사를 돕는 자가 간(肝)을
들고 따라와 술안주를 삼게 한다. 모두 진제(振祭)를 지내고 이
에 간을 맛보고 모두를 조두(俎豆)에 올려놓는다.

잔을 비우고 모두 절한다. 행사를 돕는 자가 이에 답배(答拜)
하고 작(爵)을 받아서 다시 술을 부어 두 번째로 신랑과 신부에
게 주어 입가심하게 하는데 처음과 같이 한다.

이때는 따르는 안주가 없다. 세 번째의 입가심에는 합환주잔을
사용하는데 또한 처음과 같이 한다. 이때도 안주는 없다.

행사를 돕는 자가 작(爵 : 술그릇)을 씻어서 실(室) 밖에 있는
술단지에서 술을 따라 실(室) 안으로 들어가, 서북쪽을 바라보고
작을 내려놓고 절한다. 모두 답배한다. 행사를 돕는 자가 자리에
앉아서 제사를 지내고 술잔의 술을 마시고 한 번 절한다. 이에 모
두가 답배한다. 그리고 일어난다.

신랑이 실(室)에서 나가면 신부는 제자리로 돌아간다. 이에 방
안에 있는 음식들을 철수시키고 실에 다시 진설하는데 술그릇은
놓지 않는다.

주인(신랑)이 방 안에서 예복을 벗어 신부를 따라온 시종들에
게 건네 준다. 신부가 실(室)에서 예복을 벗으면 신랑측 시종들
이 받는다. 신부의 스승(유모)은 신부에게 수건을 준다.

신랑측 시종이 요를 방의 서남쪽 아랫목에 펴 놓는다. 신부측 시종들은 신랑의 자리를 펴서 동쪽에 있게 하고 양쪽에 모두 베개를 놓아 두는데 발쪽이 북쪽으로 가게 한다.

신랑이 들어와 몸소 신부의 머리에 치장된 장식끈들을 풀어준다. 이에 촛불을 끈다.

신부측 수행인들은 신랑이 먹다 남은 음식을 먹고 신랑측 시중드는 이들은 신부가 먹다 남은 음식을 먹는다.

행사를 돕는 자가 방 밖에 두었던 술그릇에 술을 부어서 양쪽의 시중드는 사람들에게 입가심하게 한다.

신부측 시중드는 사람들은 방 밖에서 시중드는데 부르는 소리가 충분히 들릴 수 있는 위치에 있는다.

◐婦至 主人揖婦以入 及寢門 揖入 升自西階[1] 媵[2]布席于奧 夫入于室卽席 婦尊西南面 媵御[3]沃盥交[4] ◐贊者徹尊冪 擧者[5]盥出 除冪 擧鼎入 陳于阼階南西面北上 匕俎從設[6] 北面載 執而俟 朼者逆退 復位于門東北面西上 贊者設醬于席前 菹醢在其北 俎入設于豆東[7] 魚次[8] 腊特于俎北 贊設黍于醬東 稷在其東 設涪于醬南 設對醬[9]于東 菹醢在其南北上 設黍于腊北 其西稷 設涪于醬北 御布對席 贊啓會[10]卻[11]于敦南 對敦于北 贊告具 揖婦卽對筵 皆坐 皆祭 祭薦黍稷肺 贊爾[12]黍 授肺脊 皆食以涪醬 皆祭擧食擧也 三飯卒食[13] ◐贊洗爵酳 酳[14]主人 主人拜受 贊戶內北面答拜 酳婦亦如之 皆祭 贊以肝從 皆振祭[15] 嚌肝[16] 皆實于菹[17]豆 卒爵[18]皆拜 贊答拜 受爵 再酳如初 無從[19] 三酳用卺 亦如之 贊洗爵酳于戶外尊 入戶西北面奠爵拜 皆答拜 坐祭卒爵拜 皆答拜 興 ◐主人出 婦復位[20] 乃徹于房中 如設于室 尊否[21] ◐主人說[22]服于房 媵受 婦說服于室 御受 姆授巾[23] 御衽于奧[24] 媵衽良[25]席在東 皆有枕北止[26] 主人入 親說婦之纓[27] 燭出[28] 媵餕[29]主人之餘 御餕婦餘 贊酳外尊[30] 酳之 媵侍于戶外 呼則聞[31]

1) 升自西階(승자서계) : 서쪽 계단으로 오르는 이유는 신부가 들어오는 것을 안내하기 위해서이다.

2) 媵(잉) : 신부를 따라온 사람들이다. 곧 신부측에서 시중들기 위해 따라온 사

람들. 신부를 따라온 신부의 조카나 동생을 말하기도 한다.

3) 御(어) : 아(訝)와 같고 신랑측에서 신부를 맞아들여 시중드는 사람들. 곧 사위를 따르는 사람들이다.

4) 沃盥交(옥관교) : 물을 세숫대야에 따라서 손이나 얼굴을 씻게 하는데 신부측은 신랑에게 하고 신랑측에서는 신부에게 하는 것을 뜻한다.

5) 擧者(거자) : 세 발 달린 솥을 들고 옮기는 사람. 솥을 가져다 놓은 사람이다.

6) 匕俎從設(비조종설) : 숟가락을 가진 사람과 도마를 가진 사람이 따라 들어와 세발솥 속에 들어 있는 희생의 몸체를 도마 위에 올려놓는 것을 뜻한다.

7) 豆東(두동) : 절임이나 젓갈 종류가 들어 있는 접시의 동쪽을 뜻한다.

8) 魚次(어차) : 물고기를 정돈하여 놓는다는 뜻.

9) 對醬(대장) : 신부의 장을 뜻한다.

10) 啓會(계회) : 뚜껑을 열다.

11) 卻(격) : 격(綌)과 같다. 우러르다.

12) 爾(이) : 옮기다의 뜻.

13) 三飯卒食(삼반졸식) : 세 번 숟가락으로 밥을 뜨고 먹는 것을 마치다. 곧 친히 함께 식사하는 형태를 나타내어 친함을 보이는 것이다.

14) 酳(윤) : 입안을 헹구어 입가심하는 것.

15) 振祭(진제) : 제사 의식 중의 하나. 원래 진제는 군사를 진작시키는 제사인데 여기에서 왜 진제를 하는지 의문이다.

16) 肝(간) : 구운 간이라 했다. 이 간을 술안주로 먹어서 속이 편안해지도록 한다고 했다.

17) 菹(저) : 조(俎)의 오자라 했다.

18) 卒爵(졸작) : 술잔을 다 마시다. 곧 잔을 비우다의 뜻.

19) 無從(무종) : 따라 나오는 안주가 없다.

20) 復位(복위) : 위치로 돌아오다. 곧 술잔이 있는 서남쪽의 위치로 돌아오다.

21) 尊否(준부) : 술잔은 놓지 않는다. 밖에 술잔이 따로 있기 때문이다.

22) 說(탈) : 옷을 벗다의 뜻.

23) 授巾(수건) : 수건을 주는 것은 스스로를 청결하게 하라는 뜻이다.

24) 衽于奧(임우오) : 요를 아랫목에 펴다.

25) 良(양) : 신랑을 존경하여 칭하는 말.

26) 北止(북지) : 북쪽으로 발을 향하게 하다의 뜻.

27) 纚(영) : 신부의 머리장식을 한 끈을 뜻한다. 오색으로 되어 있는데 들은 바
가 없다고 했다.

28) 燭出(촉출) : 촛불을 내가다. 곧 혼례가 끝나고 누워 잠을 잔다는 뜻.

29) 餕(준) : 먹다 남은 음식들. 신랑과 신부가 먹다 남긴 잔칫상의 음식들.

30) 外尊(외준) : 방문 밖 동쪽에 준비해 둔 잔들.

31) 侍于戶外呼則聞(시우호외호즉문) : 방 밖에, 부르면 들리는 곳에서 금방 갈
수 있도록 대기하고 있다는 뜻. 시(侍)는 금문에는 대(待)로 되어 있다.

6. 혼인한 다음 날에는…

아침 일찍 자리에서 일어나, 신부는 목욕하고 머리를 싸매 비녀
를 꽂고 소의(宵衣)를 입고 시부모를 배알하기 위하여 기다린다.

날이 밝으려 할 때 돕는 사람이 신부를 안내하여 시아버지와 시
어머니를 배알하게 한다. 동쪽 계단에 자리를 깔고 시아버지가 그
자리에 앉는다. 방 밖에 자리를 펴고 남면하여 시어머니가 그 자
리로 나아간다.

신부는 손에 대추와 밤이 들어 있는 대바구니를 가지고 문 안
으로 들어가 서쪽 계단으로 올라서 동면(東面)하고 절을 올린다.
대추와 밤이 들어 있는 대바구니를 자리에 놓는다.

시아버지가 자리에 앉아서 대추와 밤 바구니를 어루만지고 일
어나서 답배(答拜)한다. 신부는 제자리로 돌아와 절한다.

계단으로 내려가 말린 고기가 들어있는 대바구니를 유사에게
받아서 앞으로 나아가 북면(北面)하여 절한다. 말린 고기가 들어
있는 대바구니를 자리에 내려놓는다.

시어머니는 앉아서 들어 보이고 일어나서 절하고, 말린 고기가
들어 있는 대바구니를 유사(有司)에게 준다.

◑夙興[1] 婦沐浴 纚笄宵衣[2]以俟見[3] 質明[4] 贊見婦于舅姑 席于阼
舅卽席 席于房外[5] 南面 姑卽席 婦執笄[6]棗栗 自門入 升自西階 進

拜⁷⁾ 奠于席 舅坐撫之 興答拜 婦還⁸⁾ 又拜 降階受笲段脩⁹⁾ 升進北面
拜 奠于席 姑坐擧以興拜 授人¹⁰⁾

1) 夙興(숙흥) : 아침 일찍 일어나다. 곧 새벽을 뜻한다.

2) 宵衣(소의) : 신부가 날이 새기 전에 일어나 입는 예복.

3) 俟見(사견) : 시부모를 기다렸다가 배알하는 일이다. 옛날에는 명사(命士)
   이상의 직급일 때 아들이 15세 이상이면 아버지와 아들이 집을 따로 했다.

4) 質明(질명) : 훤히 날이 새다. 아침.

5) 房外(방외) : 방 밖 문의 서쪽을 뜻한다.

6) 笲(번) : 대나무로 엮은 대바구니이며 대추나 밤을 넣은 예물 바구니.

7) 進拜(진배) : 동면하여 나아가 절을 올리다.

8) 還(환) : 먼저 절하던 곳으로 돌아오다의 뜻.

9) 段脩(단수) : 얇게 저며 말린 고기. 예물의 일종이다.

10) 授人(수인) : 유사(有司)에게 주다.

7. 신부가 첫날을 맞이하면

신부의 예를 돕는 자가 방의 호(戶)와 유(牖) 사이에 자리를
편다. 특별히 술잔과 단술단지 한 동이를 방안에 놓아둔다. 신부
는 바르고 단정한 자세를 취하고 연회석의 서쪽에 있는다.

신부의 예를 돕는 사람이 단술을 잔에 부어 숟가락을 얹어서 숟
가락의 손잡이가 앞을 향하도록 하고 방 안에서 나가 연회석의 앞
에서 북면한다.

신부가 동쪽을 바라보고 절하고 잔을 받는다. 신부의 예를 돕는
자가 서쪽 계단 위에서 북면하여 절하고 전송한다. 신부가 또다
시 절하면 예를 돕는 사람은 육포와 육장을 올린다.

신부가 연회석으로 오르면 왼손에 치(觶)를 잡고 오른손으로
육포와 육장을 제사 지낸다. 숟가락으로 단술을 세 번 떠서 제사
지낸다. 신부가 연회석에서 내려와 동면하고 앉아서 단술을 숟
가락으로 맛본다. 숟가락을 술잔에 꽂아 놓고 일어나 절한다.

예를 돕는 자가 답배한다. 신부는 이에 또 절을 한다. 육포와 육

장이 있는 동쪽에 단술을 놓고 북면하고 앉아서 육포를 취한다. 이를 들고 당에서 내려와 문 밖으로 나와 신부측 사람에게 육포를 나누어 준다.

●贊醴婦[1] 席于戶牖[2]間 側尊甒醴于房中 婦疑立[3]于席西 贊者酌醴 加柶面枋 出房 席前北面 婦東面拜受 贊西階上北面拜送 婦又拜 薦脯醢 婦升席 左執觶 右祭脯醢 以柶祭醴三 降席東面坐啐醴 建柶興拜 贊答拜 婦又拜 奠于薦東[4] 北面坐 取脯降出 授人[5]于門外

1) 醴婦(예부) : 예부(禮婦)이다. 새로운 며느리로서 며느리의 도리를 새로이 이룰 수 있도록 후대한다는 뜻이다.

2) 戶牖(호유) : 실호(室戶)는 서쪽, 유(牖)는 동남쪽에 위치한다.

3) 疑立(의립) : 바르고 단정한 자세를 취하다.

4) 奠于薦東(전우천동) : 연회석에 올라서 놓여 있는 육포를 취하여 당 아래로 내려가 나가서 신부를 따라온 사람들에게 주고, 또 몸소 철거할 수 있게 하고, 또 예를 차릴 수 있는 영광도 함께 주는 것이다.

5) 授人(수인) : 신부측 사람들에게 주다. 옛날에는 따라오는 여인이 많았다.

8. 시아버지와 시어머니를 모시는 방법

시아버지와 시어머니가 방 안으로 들어가면 신부는 시아버지와 시어머니가 세수를 마치기를 기다려 음식을 올린다.

세발솥에서 건져낸 수돼지 한 마리를 도마 위에 올려놓는데 오른쪽 반쪽은 시아버지의 도마 위에 놓고 왼쪽 반쪽은 시어머니의 도마 위에 놓는다. 물고기나 말린 토끼고기나 기장은 내놓지 않고 모두 남쪽을 위로 삼아 놓아 둔다.

그 밖의 음식들은 신부를 맞아들일 때의 예절과 똑같이 한다. 신부가 시부모를 도와 음식을 올리는 제사를 마치고 음식 먹는 일이 끝나면 한 번 입가심하도록 시부모에게 술을 드리는데 안주는 없다. 신부는 북쪽 담 아래에 자리를 펴고 시부모께서 드신 음식을 치우고 다시 자리를 깔고 앞서 진열하던 순서와 같이 새로 음식을 진열하는데 서쪽을 위로 삼는다.

신부가 먹다 남은 음식을 먹으려 하면 시아버지가 사양하다가 장(醬)을 바꾸게 한다.

신부는 또 시어머니가 먹다 남은 음식을 먹는다.

신랑측 시종이, 신부가 두(豆)에 담긴 메기장과 폐와 거폐(擧肺)와 등뼈를 제사하는 것을 돕는다. 이에 다 먹고 나면 시어머니가 신부에게 입가심하도록 술을 주는데 신부는 절을 올리고 받는다. 시어머니는 절하고 보낸다.

신부는 앉아서 제사 지내고 잔을 비운다. 시어머니가 잔을 받아서 아래에 내려놓는다. 신부가 음식을 방 안에서 치우는데 신부를 따라온 사람들과 신랑측 시종들이 남은 음식을 먹는다.

이때 시어머니가 술을 주어 입가심하게 한다. 비록 여자 동생이 없더라도 신부측의 시종들이 먼저 먹게 한다. 이에 서로 더불어 신부측 시종들은 시아버지가 남긴 음식을 먹고 신랑측 시종들은 시어머니가 남긴 음식을 먹는다.

시아버지와 시어머니가 일헌(一獻)의 예로써 신부를 함께 대접한다. 시아버지는 남쪽 뜰에 놓여 있는 씻는 곳에서 잔을 씻고 시어머니는 북쪽 뜰에 놓여 있는 씻는 곳에서 잔을 씻어 잔에 술을 부어서 놓아 두었다가 한 잔씩 들게 한다. 시아버지와 시어머니가 먼저 서쪽 계단을 통해 내려간다. 신부는 동쪽 계단으로 내려간다.

유사(有司)가 신부를 위한 도마에 올려 있는 희생 고기를 돌아가는 신부측 사람들에게 싸서 보내며 신부의 친정 부모에게 신부를 맞이한 예의 상황을 알리도록 한다.

시아버지가 또 돌아가는 신부측 사람들을 위해 일헌(一獻)의 예로써 그들을 접대하고 위로한다. 이에 비단 묶음도 딸려 보낸다.

시어머니는 돌아가는 신부측 사람들을 접대하고 위로한 뒤 비단 묶음을 딸려 보낸다. 만약 나라가 다르면 그 밖에 돌아가는 다른 장부(丈夫)들에게도 비단 묶음을 주어 보낸다.

◗舅姑入于室 婦盥 饋[1] 特豚合升 側載[2] 無魚腊 無稷 立南上 其
他[3]如取女[4]禮 婦贊成祭 卒食一酳 無從[5] 席于北墉下[6] 婦徹 設席
前 如初西上 婦餕[7] 舅辭易醬[8] 婦餕姑之饌 御贊祭豆黍肺擧肺脊 乃
食卒 姑酳之 婦拜受 姑拜送 坐祭卒爵 姑受奠之 婦徹于房中 媵御
餕 姑酳之 雖無娣[9] 媵先[10] 於是與始飯之錯[11] ◗舅姑共饗[12]婦以一
獻[13]之禮 舅洗于南洗 姑洗于北洗 奠酬 舅姑先降自西階 婦降自阼
階 歸婦俎于婦氏人[14] ◗舅饗送者以一獻之禮[15] 酬以束錦 姑饗婦人
送者[16] 酬以束錦 若異邦[17] 則贈[18]丈夫送者以束錦

1) 饋(궤) : 윗사람에게 음식을 전하는 것. 곧 올리는 일.

2) 側載(측재) : 희생의 반쪽(오른쪽)은 시아버지 도마 위에 올리고 반쪽(왼쪽)
   은 시어머니 도마 위에 올린다는 뜻.

3) 其他(기타) : 장이나 국과 젓갈류의 음식들.

4) 女(여) : 며느리의 뜻.

5) 無從(무종) : 따르는 안주가 없다는 뜻.

6) 北墉下(북용하) : 실중(室中)의 담 아래.

7) 餕(준) : 그 자리의 시부모가 먹다 남은 밥을 뜻한다.

8) 易醬(역장) : 장을 바꾸다. 찍어 먹었었기 때문에 혐오스러움을 줄까봐 바꾸
   게 한다는 뜻.

9) 娣(제) : 여동생의 뜻.

10) 媵先(잉선) : 여동생이 없으면 조카가 먼저 한다는 뜻.

11) 飯之錯(반지착) : 시아버지가 먹다 남은 밥은 며느리가 먹고 남은 것은 며
    느리를 시중드는 사람들이 먹으며 시어머니가 먹다 남은 밥은 신랑측의 심부
    름꾼들이 먹는다는 뜻.

12) 共饗(공향) : 술과 밥을 함께 위로 삼아 접대하는 것을 뜻한다.

13) 一獻(일헌) : 한 번 올리다. 곧 한 번 접대하다.

14) 婦氏人(부씨인) : 신부측에서 따로 신랑집에 와 예를 돕는 사람들.

15) 束錦(속금) : 비단 다섯 필을 한 묶음으로 한 것.

16) 送者(송자) : 신부측에서 보내, 일을 돕는 유사(有司).

17) 異邦(이방) : 나라가 다른 사람들의 혼례라는 뜻.

18) 贈(증) : 보내다의 뜻.

9. 시부모가 이미 돌아가셨을 때의 혼인

만약 시부모가 이미 사망했을 때 혼례를 치렀다면 신부가 시집온 지 3개월 후에 시부모의 사당에서 광주리에 나물 종류의 채소를 담아 놓고 제사를 지낸다.

사당의 서남쪽 귀퉁이에 시아버지를 위한 자리를 깔고 동면하게 하며 궤는 오른쪽에 놓는다. 또 사당 안 북쪽에 시어머니를 위한 자리를 깔아 놓는데 남쪽을 향하게 한다.

축관(祝官)이 손씻는 일을 마치면 신부가 문 밖에서 손을 씻는다. 신부가 제물이 들어 있는 폐백 상자를 잡고 서 있으면 축관이 신부를 인도하여 실(室) 안으로 들어간다.

축관이 신부의 성씨를 일컬어 고한다.

"모씨(某氏 : 아무개)가 새며느리로 들어와, 감히 향기로운 나물을 가지고 와 시아버지 모자(某子 : 아무개)께 올리나이다."

신부가 땅에 엎드려 절하고 나서 머리를 숙이고 앉아 나물을 궤의 동쪽 자리 위에 올린다. 다시 제자리로 돌아와서 또 절을 올리고 처음과 같이 한다.

신부가 당에서 내려와 폐백 상자를 가지고 실(室)로 들어간다. 축관이 고하여 말한다.

"모씨(某氏 : 아무개)가 감히 새며느리로 들어와 시어머니 모씨(某氏 : 아무개)께 고하나이다."

이에 나물이 담긴 바구니를 자리에 올리는데 처음의 예와 똑같이 한다. 신부가 나가면 축관이 격자창과 문을 닫는다.

늙은 사람들이 신부에게 안방에서 단술을 접대하는데 남면하여서 시부모가 신부를 대접하는 예와 똑같이 한다.

신랑이 신부의 집으로 돌아가는 장부들을 위하여 위로하는 연회를 베푸는데 시부모가 신부를 접대하는 예절과 똑같이 한다.

●若舅姑既沒[1] 則婦入三月 乃奠菜[2] 席于廟奧[3] 東面 右几 席于北

方南面 祝[4]盥 婦盥于門外 婦執笲菜 祝帥[5] 婦以入[6] 祝告稱婦之姓
曰 某氏[7]來婦[8] 敢奠嘉菜于皇舅[9]某子 婦拜扱地[10]坐 奠菜于几東席
上 還又拜如初 婦降堂 取笲菜入 祝曰 某氏來婦 敢告于皇姑[11]某氏
奠菜于席 如初禮 婦出 祝闔牖戶 老[12]醴婦于房中 南面 如舅姑醴婦
之禮 壻饗婦送者丈夫婦人 如舅姑饗禮

1) 沒(몰) : 돌아가다. 곧 죽다.

2) 奠菜(전채) : 광주리에 나물을 담아서 제사를 지낸다.

3) 廟奧(묘오) : 묘는 아버지와 어머니의 사당이며 며느리에게는 시아버지와 시
   어머니이다. 오는 북쪽 담 아래의 뜻이다.

4) 祝(축) : 축관(祝官)을 뜻한다.

5) 帥(솔) : 거느리다의 뜻.

6) 入(입) : 실(室)로 들어가다.

7) 某氏(모씨) : 아무개라는 뜻.

8) 來婦(내부) : 며느리로 들어오다의 뜻.

9) 皇舅(황구) : 돌아가신 시아버지의 뜻.

10) 扱地(삽지) : 손을 땅에 짚고 머리를 숙이다. 곧 계수(稽首)의 뜻.

11) 皇姑(황고) : 돌아가신 시어머니의 뜻.

12) 老(노) : 가족에서 나이가 많은 사람이라는 뜻. 늙은이.

■ 사혼례(士昏禮)의 의의

가. 사혼례(士昏禮) 행사의 의의

사혼례(士昏禮)는 행사(行事)를 행하는데 반드시 어두운 저
녁과 이른 새벽 시간을 이용한다.

모든 것을 아버지의 사당 안에서 받는데 말할 때는 정중하게 한
다고 "폐백이 좋지 않습니다."라고 하거나 "욕되게 오셨습니다."
라는 말을 사용하는 일이 없도록 한다.

폐백을 드리는 데는 죽은 짐승을 사용하지 않고, 두 장의 사슴

가죽이나 비단 묶음은 반드시 잘 손질된 것으로 한다.

양념하여 말린 포는 반드시 신선한 것을 사용하고 물고기는 붕어를 사용하는데 반드시 형체가 온전한 좋은 안줏감이어야 한다.

여자가 시집갈 것을 허락한 경우에는 비녀를 꽂는 예를 행하도록 하는데 이때부터 자(字)를 쓴다.

시집가기 전에 할아버지의 사당이 아직 헐리지 않았으면 궁궐에서 3개월 동안 교육시키고 이미 할아버지의 사당이 헐렸으면 종실에서 3개월 동안 교육시킨다.

문명(問名)이란 주인이 양쪽 기둥 사이에서 기러기를 받은 후에 동쪽 계단으로 돌아가 서면(西面)하고 마주하여 서서 빈(賓)에게 여자의 이름을 알리는 것이다. 빈은 이름을 듣고는 이에 내려오는 것이다.

제례(祭醴)란 단술로 제사 지내는 예법인데 처음에 숟가락으로 단술을 떠서 한 번 제사를 지내고는 숟가락을 잔에 꽂아 두고, 두 번째 제사에서 다시 숟가락으로 떠서 제사를 지내고 끝나면 똑같이 잔에 숟가락을 꽂아 두는 것이다.

빈(賓)은 오른손으로 육포(肉脯)를 쥐고 왼손으로 받든다. 이에 말린 고기를 가지고 돌아가 주인(사위)에게, 문명(問名)하고 납길(納吉)하고 납징(納徵)하고 청기(請期)한 사연을 보고한다.

납징(納徵)에서 사슴가죽을 잡은 사람은 사슴가죽을 꺾어 들어 무늬 있는 쪽이 안으로 가게 하고 왼손으로 앞다리 두 개를 잡고 오른손으로 뒷다리 두 개를 잡으며 머리는 왼쪽으로 가게 한다. 가죽을 든 사람이 뒤를 따라 들어가는데 서쪽을 위로 삼아서 뜰을 세 등분으로 나누었을 때 3분의 1 되는 곳의 남쪽에 서 있다.

빈(賓)이 명령을 전할 때에는 밖의 발을 풀어서 무늬 있는 쪽이 보이도록 열어 놓는다. 주인이 폐백받을 때 담당하는 사(士)로서 가죽을 받는 사람은 동쪽으로 해서 가죽을 가진 사람의 뒤쪽에서 나와 왼쪽에 서서 가죽을 받는다. 받는 일이 이루어지면 앉아서, 사슴가죽을 꺾여 있는 상태로 놓아 둔다. 이에 오던 길과 반대 방향으로 물러나서 동쪽 벽으로 간다.

記：○士昏禮 凡行事必用昏昕¹⁾ 受諸禰廟 辭無不腆無辱²⁾ 摯³⁾不用
死 皮帛必可制 腊必用鮮 魚用鮒 必殽全⁴⁾ ○女子許嫁⁵⁾ 笄而醴之
稱字⁶⁾ 祖廟⁷⁾未毀 敎于公宮⁸⁾三月 若祖廟已毀 則敎于宗室⁹⁾ ○問名
主人受鴈 還 西面對 賓受命乃降 祭醴 始扱¹⁰⁾壹祭 又扱再祭 賓右
取脯 左奉之 乃歸 執以反命¹¹⁾ ○納徵 執皮 攝之¹²⁾內文 兼執足 左
首 隨入西上 參分庭一在南 賓致命 釋外足見文 主人受幣 士¹³⁾受皮
者自東出于後 自左受 遂坐攝皮 逆退適東壁

1) 用昏昕(용혼흔) : 저녁때와 새벽녘을 이용하다. 어두운 때는 신랑이 이용하
   고 새벽은 사신이 이용한다.

2) 辭無不腆無辱(사무부전무욕) : 말을 할 때에는 부전(不腆)이 없고 욕(辱)
   되다는 말이 없어야 한다. 곧 빈(賓)은 폐백을 주면서 폐백이 좋지 않다는 말
   을 하지 않고, 주인은 빈에게 오느라고 욕되었다는 말을 하지 않는다는 뜻.

3) 摯(지) : 기러기이다.

4) 殽全(효전) : 안주는 온전한 것이어야 한다. 형체가 상해서는 안 된다는 뜻.

5) 許嫁(허가) : 이미 납징(納徵)의 예를 받은 것을 뜻한다.

6) 笄而醴之稱字(계이례지칭자) : 비녀를 꽂는 의식을 행하고 자(字)를 지어
   주어 자를 부르다.

7) 祖廟(조묘) : 고조(高祖)가 임금이 된 자를 뜻한다고 했다.

8) 公宮(공궁) : 궁궐을 뜻한다. 곧 임금이 살고 있는 집을 뜻한다.

9) 宗室(종실) : 종가(宗家)를 뜻한다.

10) 扱(흡) : 숟가락으로 단술을 뜨는 것을 뜻한다.

11) 反命(반명) : 주인에게 갔다 온 경위를 알리는 것. 문명(問名)에서 납길(納
    吉)하고 납징(納徵)하고 청기(請期)한 내용을 신랑에게 보고하는 것.

12) 攝之(섭지) : 절반으로 꺾어서 드는 것을 뜻한다.

13) 士(사) : 중사(中士)나 하사(下士)이며 임금의 명을 받지 않은 자이다.

　나. 신랑이 친영(親迎)으로 신부를 맞이할 때

　신부의 아버지가 신부를 위한 단술을 차려놓고 신부를 맞으러
오는 신랑(사위)을 기다리는데 신부의 어머니는 방 밖에서 남면

(南面)하여 서고 신부는 어머니의 왼쪽으로 해서 방문을 나온다.

신부의 아버지는 서면하고 훈계하는데 "반드시 바르게 살아야 한다. 이 옷과 이 비녀를 영원히 잊지 마라."라고 한다.

신부의 어머니는 서쪽 계단 위에서 훈계의 말을 하고 계단 아래로 내려오지는 않는다.

신부가 궤(几)를 밟고 수레에 오르는데 수행하는 두 사람이 앉아서 양쪽에서 서로 마주하고 궤를 잡아준다.

신부가 침문(寢門)에 들어서면 예를 돕는 자가 술잔을 덮은 덮개를 걸어 내고 현주(玄酒 : 물)를 세 번 술잔에 붓는다. 남은 물은 당(堂) 아래 계단 사이에 버리고 국자를 잔 위에 얹는다.

폐백 상자는 밖은 검은색이고 속은 분홍색인 보자기를 덮어 교(橋)에 올려놓는다. 시아버지가 답배하고 나면 담당 관리가 폐백 상자를 치운다.

신부를 위한 단술의 예와 위로하는 예를 행하는 자리에는 음식을 방에서 올린다.

신부를 위로하는 잔치에는 시어머니가 육포와 육장을 직접 가져다 놓는다. 신부를 위한 씻는 곳은 북당(北堂)에 마련하는데 실(室)의 동쪽 모퉁이와 마주한 곳이다. 대광주리는 동쪽에 두는데 손을 씻을 때는 북면하고 한다.

신부가 시아버지의 잔에 술을 따를 때는 다시 새 잔으로 바꾸어서 스스로 올린다. 시아버지가 신부를 위해 잔을 씻으면 감히 씻는 것을 사양하지 못한다. 시아버지가 당에서 내려오면 방에서 피하고 감히 잔을 씻는 것을 사양하지 못한다. 무릇 시어머니가 신부집으로 돌아가는 부인(婦人)들을 위로하는 연회에서는 방에서 씻는 곳으로 내려가지 않는 것이다.

신부는 시집온 지 3개월이 된 후에야 시집의 제사를 도울 수 있다.

서자(庶子)의 신부는 시부모가 직접 단술을 따라주지 않고 사람을 시켜서 술을 따라주게 하는데 단술이 아닌 일반 술을 따라주게 한다. 서자의 신부는 시부모에게 식사를 올리는 예를 행하지 못한다.

○父醴女而俟迎者[1] 母南面于房外 女出于母左 父西面戒之[2] 必有
正焉 若衣若笄 母戒諸西階上 不降 ○婦乘以几 從者二人 坐持几相
對 婦入寢門 贊者徹尊冪 酌玄酒三屬[3]于尊 棄餘水于堂下階間 加勺
○笄 緇被[4]纁裏 加于橋[5] 舅答拜 宰徹笄 ○婦席薦饌于房 ○饗婦[6]
姑薦焉 婦洗在北堂 直室東隅 篚在東 北面盥 婦酢舅 更爵[7]自薦 不
敢辭洗[8] 舅降 則辟于房 不敢拜洗 凡婦人相饗無降 ○婦入三月 然
後祭行 ○庶婦[9]則使人醮之[10] 婦不饋

1) 父醴女而俟迎者(부례녀이사영자) : 신부가 순의(純衣)로 갈아입으면, 신부
   의 아버지가 단술을 방 안에 차려서 신랑이 친영(親迎)하러 오는 것을 기다
   린다는 뜻.
2) 戒之(계지) : 훈계의 말을 하다. 곧 바르게 살라는 뜻.
3) 屬(촉) : 쏟다의 뜻.
4) 被(피) : 표(表)와 같다.
5) 橋(교) : 금문(今文)에는 호(鎬)로 되어 있다. 호는 음식을 데우는 그릇의 뜻.
6) 饗婦(향부) : 시아버지와 시어머니가 함께 신부를 대접하다의 뜻인데, 시아
   버지는 술잔을 주고 시어머니는 육포와 육장을 준다.
7) 更爵(경작) : 술잔을 바꾸다. 앞에 신부가 시아버지에게 잔을 올렸으므로 같
   은 잔을 쓰지 못하고 잔을 바꾸어서 쓰는 것이다. 남녀의 분별을 위한 것이다.
8) 不敢辭洗(불감사세) : 며느리가 마시는 잔을 시아버지가 씻어 주는데 어찌
   감히 사양하겠는가? 곧 사양하지 못한다는 뜻.
9) 庶婦(서부) : 서자(庶子)의 신부이다. 맏며느리 이외의 며느리.
10) 使人醮之(사인초지) : 사람을 시켜서 초례를 치르다의 뜻. 서자의 신부에게
    는 단술로써 하지 않고 술로써 한다. 이는 적부(適婦 : 맏며느리)와 한 격이
    낮은 예를 나타내는 것이다.

다. 혼인을 청하는 말
신랑측 일을 돕는 자가 신부측에 혼사(昏辭)를 말한다.
"오자(吾子)께서 은혜로움이 있어 영애를 우리 집안의 아무개
의 아내로 짝을 지어 주시니, 아무개는 선인(先人)들의 예법에

따라 아무개인 저를 시켜서 납채(納采)의 예를 청하였습니다."

신부의 아버지가 대답한다.

"아무개의 자식은 어리석고 우매한데 또 능히 교육시키지 못하였습니다. 오자(吾子)께서 며느리로 뽑혔다고 명하시니 아무개는 감히 사양하지 못하겠습니다."

사자(使者)가 명령을 전달하여 말한다.

"감히 납채(納采)를 행하나이다."

신부의 이름을 물으면서 말한다.

"아무개가 이미 명을 받아서 장차의 일을 점치려 합니다. 감히 영애의 이름이 무엇이며 씨(氏)는 어떤 씨인지를 묻습니다."

신부의 아버지가 대답한다.

"사자(使者)께서 명령이 있고 또 알맞게 뽑히게 되었으니 아무개가 감히 사양할 수 있겠습니까?"

빈(賓)에게 단술을 접대할 때 말한다.

"그대가 까닭이 있어 아무개의 집에 이르렀습니다. 아무개는 선인(先人)의 예법을 따라 단술을 청하여 대접하려 하니 따르십시오"

사자(使者)가 대답하여 말한다.

"아무개는 이미 맡은 바 일을 마쳤으니 감히 사양하겠습니다."

주인이 다시 말한다.

"선인(先人)의 예로써 감히 진실되게 청하는 것입니다."

빈이 말한다.

"아무개는 사양했는데 허락을 받지 못했으니 감히 따르지 않겠나이까?"

납길(納吉)에서 사자(使者)가 말한다.

"오자(吾子)께서 영애의 이름을 알려 주셔서 아무개는 모든 점을 쳐보았습니다. 점괘에 이르기를 '길하다'라고 합니다. 이에 아무개로 하여금 감히 고하도록 했습니다."

신부의 아버지가 말한다.

"아무개의 자식은 제대로 교육받지 못하여 오직 그 집안의 일을 감당하지 못할까 두렵습니다. 그대께서 좋은 괘를 얻으셔서 나와 함께하게 해 주시니 아무개가 감히 사양할 수 있겠습니까?"

납징(納徵)에서 사자가 말한다.

"오자(吾子)께서 아름다운 명을 내려 집안의 아무개를 배필로 주셨습니다. 아무개는 선인(先人)의 예를 갖추고 사슴가죽 두 장과 속백(束帛)을 갖추어 아무개를 시켜서 납징을 청하나이다."

이어서 말을 전한다.

"아무개는 감히 납징(納徵)하나이다."

신부 아버지가 대답한다.

"오자(吾子)께서는 먼저 예법에 따라서 아무개에게 막중한 예를 주시니 아무개는 감히 사양하지 못하겠습니다. 감히 명을 잇지 않을 수 있겠습니까?"

청기(請期)에서 말한다.

"오자(吾子)께서 명을 내려 주시고 아무개는 이미 명을 받아서 시행했습니다. 오직 앞일을 삼족(三族)들이 헤아리지 못하여 아무개를 보내서 길일(吉日)을 청하나이다."

신부 아버지가 대답한다.

"아무개는 이미 앞서 명을 받들었으니 이번에도 오직 명을 받들겠습니다."

사자가 다시 말한다.

"아무개가 저에게 명령하기를 오자(吾子)의 명을 받들라고 했습니다."

신부 아버지가 대답한다.

"아무개는 진실로 오직 명을 받을 뿐입니다."

사자가 말한다.

"아무개는 아무개로 하여금 명을 받들라고 했는데 오자(吾子)께서 허락하지 않으시니 아무개는 감히 신부를 맞이할 기일을 고하지 않을 수 있겠습니까?"

사자가 "모일(某日) 모시(某時)"라고 말한다.

신부 아버지가 대답한다.

"아무개가 감히 공경히 기다리지 않겠습니까?"

대저 사자가 돌아와 보고할 때에는 이렇게 말한다.

"아무개가 이미 장차의 일을 얻었습니다. 감히 어포를 가지고 예로써 고합니다."

주인(主人)이 대답한다.

"명을 들었습니다."

아버지가 아들에게 초례(醮禮)하면서 명한다.

"가서 너를 도와줄 아내를 맞이하여 우리 집안의 모든 일을 잇도록 하라! 아내를 거느리는데 공경히 하도록 힘쓰고 아내로 하여금 어머니의 뒤를 잇게 하여 여자가 떳떳함이 있게 하라!"

아들이 말한다.

"그렇게 하겠습니다. 오직 이를 감당하지 못할까 두렵습니다. 감히 이 명을 잊지 않겠습니다."

신랑이 도착하면 식을 안내하는 자가 무슨 일인가를 묻는다.

신랑이 대답한다.

"오자(吾子)가 아무개에게 명하여 이에 초혼(初昏)을 치르는데 아무개로 하여금 행하게 했으니 청컨대 명을 받들고자 합니다."

혼례를 안내하는 자가 말한다.

"아무개가 진실로 공경히 준비하여 기다리고 있습니다."

아버지는 딸을 보내면서 훈계를 한다.

"삼가고 공경하여 새벽부터 밤까지 시부모의 명을 어기는 일이 없도록 하라."

어머니가 딸의 예복 띠를 매 주고 수건을 묶어 주면서 말한다.

"노력하고 공경하여 새벽부터 밤까지 집안 일을 어기는 일이 없도록 하라."

서모(庶母)들은 문 안까지 이르러 수건 등이 들어 있는 주머니를 주고 아버지와 어머니의 훈계를 다시 한 번 반복하여 신부에게 명한다.

"공경하고 공순하게 모든 것을 듣고 너의 아버지와 어머니의 말씀을 높여서 새벽부터 저녁 늦게까지 허물이 없게 하라. 어머니께서 매 주신 띠와 이 주머니를 볼 때마다 명심하라."

사위가 신부의 스승에게 인끈을 주면 신부의 스승은 사양하고 말한다.

"가르치는 일을 다하지 못해 더불어 예를 행하기에 부족합니다."

종자(宗子)가 아버지가 돌아가셨으면 어머니가 사자를 보내 명한다. 양친(兩親)이 다 돌아가셨으면 자신이 직접 명을 내려 사자를 보낸다. 지자(支子)들은 그 종자(宗子)의 이름으로 사신을 보낸다. 종자와 같은 어머니의 소생이면 그 형의 이름으로 사신을 보낸다.

○昏辭[1]曰 吾子[2]有惠貺室某也[3] 某[4]有先人之禮 使某也請納采 對曰 某之子惷愚[5] 又弗能敎 吾子命之 某不敢辭 致命曰 敢納采 問名曰 某旣受命 將加諸卜 敢請女爲誰氏[6] 對曰 吾子有命 且以備數而擇之[7] 某不敢辭 醴曰 子爲事故 至於某之室 某有先人之禮 請醴從者[8] 對曰 某旣得將事矣敢辭 先人之禮 敢固以請 某辭不得命 敢不從也 納吉曰 吾子有貺命[9] 某加諸卜 占曰吉 使某也敢告 對曰 某之子不敎 唯恐弗堪 子有吉 我與[10]在 某不敢辭 納徵曰 吾子有嘉命 貺室某也 某有先人之禮 儷皮束帛 使某也請納徵 致命曰 某敢納徵 對曰 吾子順先典 貺某重禮 某不敢辭 敢不承命 請期曰 吾子有賜命 某旣申受命矣 惟是三族[11]之不虞[12] 使某也請吉日 對曰 某旣前受命矣 唯命是聽 曰某[13]命某聽命于吾子 對曰 某固唯命是聽 使者曰 某使某受命 吾子不許 某敢不告期 曰某日 對曰 某敢不敬須 凡使者歸 反命曰 某旣得將事矣 敢以禮告[14] 主人曰 聞命矣 父醮子命之曰 往迎爾相 承我宗事[15] 勖[16]帥以敬 先妣之嗣[17] 若[17]則有常 子曰 諾 唯恐弗堪 不敢忘命 賓[18]至 擯者請 對曰 吾子命某 以玆初昏 使某將[19]請承命 對曰 某固敬具以須 父送女命之曰 戒之敬之 夙夜毋違命 母施衿結帨[20]曰 勉之敬之 夙夜無違宮事 庶母[21]及門內施鞶[22] 申之以父母之命 命之曰 敬恭聽宗爾父母之言 夙夜無愆 視諸衿鞶 壻授綏姆[23]辭曰 未敎 不足與爲禮也 ○宗子[24]無父 母命之[25] 親皆沒 己躬命之[26] 支子[27]則稱其宗[28] 弟稱其兄[29]

1) 昏辭(혼사) : 빈자(擯者)가 일을 청하고 고하고 하는 말을 뜻한다.

2) 吾子(오자) : 여자의 아버지.

3) 貺室某也(황실모야) : 아무개에게 아내를 주다. 실(室)은 아내의 뜻. 황은 주다. 모는 사위를 말한다.

4) 某(모) : 사위의 아버지를 뜻한다.

5) 憃愚(송우) : 바보 같고 어리석다. 겸손의 말.

6) 女爲誰氏(여위수씨) : 여자가 어떤 분의 자손입니까의 뜻.

7) 備數而擇之(비수이택지) : 수를 갖추어서 선택되다. 알맞게 선택되다의 뜻.

8) 從者(종자) : 따르겠다의 뜻.

9) 貺命(황명) : 사명(賜命)과 같고 여자의 이름을 알려 주다의 뜻.

10) 與(여) : 겸(兼)과 같다.

11) 三族(삼족) : 아버지 형제·나의 형제·자식들의 형제를 말한다고 했다.

12) 虞(우) : 헤아리다.

13) 曰某(왈모) : 사위의 아버지 이름.

14) 禮告(예고) : 고례(告禮)이며 어포를 잡고 예를 올리다.

15) 宗事(종사) : 종묘(宗廟)의 일.

16) 勖(욱) : 힘쓰다.

17) 若(야) : 여(女)와 같다.

18) 賓(빈) : 사위를 뜻한다.

19) 將(장) : 행하다.

20) 帨(세) : 차는 수건을 뜻함.

21) 庶母(서모) : 아버지의 첩들이다.

22) 鞶(반) : 수건 따위를 넣는 작은 주머니.

23) 姆(무) : 신부의 스승이나 유모 또는 보모의 뜻. 신부의 교육자.

24) 宗子(종자) : 적장자(嫡長子)이다.

25) 母命之(모명지) : 어머니가 사신을 보낸다는 뜻.

26) 己躬命之(기궁명지) : 자신이 직접 사신을 보낸다는 뜻.

27) 支子(지자) : 여러 형제들. 곧 서자(庶子)들.

28) 稱其宗(칭기종) : 그 종자의 이름으로 알리다.

29) 弟稱其兄(제칭기형) : 적자(嫡子)의 형제가 장가들게 되면 사신을 보낼 때 적자의 이름으로 보낸다는 뜻.

라. 친영(親迎)하지 못했다면

만약 혼례에서 신랑이 일이 있어 친히 맞이하지 못했으면 신부로 들어온 지 3개월이 된 후에 신랑이 신부의 부모를 찾아뵙고 인사말을 한다.

"아무개가 외혼인(外昏姻)을 하기 위해 뵙기를 청합니다."

주인이 대답하여 말한다.

"아무개가 외혼인을 하는 날을 얻었으나 아무개의 자식이 아직 제사에 참여하여 일을 돕지 못하여 이로써 감히 보지 못하였노라! 이제 오자(吾子)가 욕을 보면서 오자(吾子)의 집으로 오는 것을 청하니 아무개는 장차 달려가 보고자 하노라!"

대답하여 말한다.

"아무개는 다른 까닭이 없으므로 족히 써 명을 욕되게 하지 않겠습니다. 끝으로 뵙기를 청하는 것입니다."

주인이 대답한다.

"아무개는 혼인의 관계를 맺고 있으니 감히 고사(固辭)하지 못하고 감히 따르지 않겠는가."

주인이 침문의 좌측을 통해 나와서 서면(西面)하면 사위가 대문으로 들어와 동면(東面)하여 예물을 내려놓고 재배하고 나간다.

일을 돕는 자가 예물을 가지고 나가서 받으라고 청한다.

사위가 한 번 예로 사양하고 허락하여 예물을 받고 들어온다. 주인이 재배하고 예물을 받으면 사위는 재배하고 보내는 예를 행하고 문 밖으로 나간다.

이에 장모를 뵌다. 장모는 왼쪽 문짝을 닫고 그 안에 서 있는다.

사위는 문 밖에 서서 동면한다. 장모가 사위에게 한 번 절하면 사위는 두 번 절을 올린다. 장모가 또 절을 하면 사위는 물러간다.

주인이 사위에게 단술을 마시라고 청한다. 그리고 읍하고 사양하며 함께 안으로 들어간다. 이에 일헌(一獻)의 예로써 단술을 사위에게 대접한다. 장모가 말린 육포를 놓는다. 술을 따라 주는데 폐백은 없다.

　사위가 문을 나가면 주인은 전송하면서 두 번 절한다.

○若不親迎 則婦入三月 然後壻見曰 某以得爲外昏姻[1] 請覿[2] 主
人[3]對曰 某以得爲外昏姻之數 某之子未得濯摡[4]于祭祀 是以未敢
見 今吾子辱[5] 請吾子之就宮 某將走見[6] 對曰 某以非他故 不足以
辱命 請終賜見 對曰 某以得爲昏姻之故 不敢固辭 敢不從 主人出
門[7]左西面 壻入門[8]東面 奠摯[9]再拜出 擯者以摯出 請受 壻禮辭許
受摯 入 主人再拜受 壻再拜送出 見主婦 主婦[10]闔扉[11]立于其內 壻
立于門外東面 主婦一拜[12] 壻答再拜 主婦又拜 壻出 主人請醴 及[13]
揖讓入 醴以一獻之禮 主婦薦 奠酬無幣[14] 壻出 主人送再拜

1) 昏姻(혼인) : 여자는 혼이고 남자는 인이라 함. 남녀가 합해 혼인(昏姻)이다.

2) 覿(적) : 보다. 뵙다의 뜻.

3) 主人(주인) : 신부의 아버지를 지칭한다.

4) 濯摡(탁개) : 씻고 닦다. 제사에서 제기를 씻고 닦다. 곧 제사를 돕는 일이다.

5) 辱(욕) : 욕되다. 남에게 넘치는 호의(好意)를 받아서 이를 욕되게 하였다는
　　뜻으로, 대단히 죄송한 동시에 영광스럽다는 겸사의 말. 흰 것으로써 검게 만
　　드는 것을 욕보이다라고 한다.

6) 某將走見(모장주견) : 아무개가 장차 달려가 보고자 하다. 곧 장인이 달려가
　　딸을 보고자 한다는 뜻.

7) 出門(출문) : 내문(內門)으로 나가다.

8) 入門(입문) : 대문(大門)으로 들어오다.

9) 摯(지) : 꿩을 뜻한다.

10) 主婦(주부) : 주인의 부인. 곧 장모를 뜻한다.

11) 闔扉(합비) : 내문(內門)의 동쪽 부분이다. 부인은 밖에 일이 없으므로 내
　　문에서 사위의 인사를 받는다.

12) 主婦一拜(주부일배) : 장모가 먼저 사위에게 절하는 것은 장모는 여자이므
　　로 사위와 협배례(俠拜禮)를 행한다고 했다.

13) 及(급) : 함께 하다.

14) 無幣(무폐) : 사위는 빈객이라도 일반 빈객과 다르므로 폐백이 없이 한다.

제3편 사상견례(士相見禮第三)

사(士)가 서로 만나 보고 친목을 도모하는 예이다.

정현(鄭玄)은 "사(士)가 직위(職位)로써 서로 친하게 하고 처음으로 폐백을 받들고 서로 상면(相面)하는 예(禮)이다."라고 했다.

I. 사(士)가 서로 만나 보는 예절

사(士)가 서로 만나 보는 예절이다.

예물은 겨울에는 꿩을 사용하고 여름에는 꿩을 말린 포(脯)를 사용한다.

빈(賓)이 꿩의 머리가 왼쪽으로 향하게 하여 받들고 말한다.

"아무개가 뵙기를 원했으나 오랫동안 말미암아 통할 수가 없었습니다. 아무개께서 명령하셨으니 아무개가 뵐 수 있도록 명령하여 주십시오."

이에 주인이 대답한다.

"아무개 선생께서 아무개를 만나라고 명하시니, 오자(吾子)는 욕되더라도 오자(吾子)의 집으로 나아갈 수 있도록 청하시면 아무개는 장차 달려가서 뵙겠습니다."

빈(賓)이 대답하여 말한다.

"아무개는 족히 명을 욕되게 하지 않을 것입니다. 끝까지 은혜롭게 뵙기를 청합니다."

주인이 대답한다.

"아무개는 감히 위의를 갖추지 못했으나 굳이 오자(吾子)의 집으로 나아가도록 청하시면 아무개는 장차 달려가 뵙겠습니다."

빈(賓)이 대답한다.

"아무개가 감히 위의를 갖추지 못했으나 굳이 청하겠습니다."

주인이 대답한다.

"아무개는 두 번을 사양하여 명을 얻지 못하였으니 장차 달려가서 뵙겠습니다. 오자(吾子)께서 예물을 가지고 왔다고 들었는데 감히 예물을 사양하겠습니다."

빈(賓)이 대답한다.

"아무개는 예물로써 하지 않는다면 감히 뵙지 못하겠습니다."

주인이 대답한다.

"아무개가 족히 예절을 익히지 못하여 감히 다시 한 번 사양하겠습니다."

빈(賓)이 대답한다.

"아무개는 예물에 의지하지 않고는 감히 뵙지를 못하겠으니 두 번 청하는 것입니다."

주인이 대답한다.

"아무개는 두 번을 사양했는데 명을 얻지 못했으니 감히 공경히 따르지 않겠습니까?"

이에 대문 밖까지 나와 맞이하고 재배한다. 빈(賓)이 답하여 재배(再拜)를 올린다. 주인이 빈(賓)에게 읍하고 문의 동쪽을 통하여 안으로 들어간다. 빈은 두 손으로 예물인 꿩을 받들고 문의 서쪽을 통하여 안으로 들어간다.

주인이 재배하고 예물을 받으면 빈이 재배하고 예물을 보내고는 문을 나온다. 주인이 만나기를 청하면 빈은 되돌아와 만나 보고 물러간다. 주인이 빈을 문 밖까지 전송하고 재배한다.

士[1]相見之禮 : ●摯[2] 冬用雉 夏用腒[3] 左頭奉之[4]曰 某也願見 無由達[5] 某子[6]以命[7]命某見 主人對曰 某子命某見 吾子有[8]辱 請吾子之就家也 某將走[9]見 賓對曰 某不足以辱命[10] 請終賜見 主人對曰 某不敢爲儀 固請吾子之就家也 某將走見 賓對曰 某不敢爲儀[11] 固[12]

以請 主人對曰 某也固辭不得命[13] 將走[14]見 聞吾子稱[15]摰 敢辭摯
賓對曰 某不以摯不敢見 主人對曰 某不足以習禮[16] 敢固辭 賓對曰
某也不依于摯[17]不敢見 固以請 主人對曰 某也固辭不得命 敢不敬從
出迎于門外再拜 賓答再拜 主人揖 入門右[18] 賓奉摯 入門左[19] 主人
再拜受 賓再拜送摯出 主人請見[20] 賓反見[21]退 主人送于門外 再拜

1) 士(사) : 관직으로, 경(卿)과 대부(大夫) 아래의 관직이다. 곧 천자(天子)나
   제후에게 벼슬하는 관직의 명칭이며 대부(大夫)의 아래이고 서인(庶人)의
   위이다. 사의 예물은 꿩을 사용한다. 사(士)의 예물로 꿩을 사용하는 이유는
   지조가 굳어서 변하지 않는 것을 취하고 사귀는데 때가 있고 분별에 질서가
   있기 때문이라고 했다.

2) 摰(지) : 폐백이며 예물의 일종이다.

3) 腒(거) : 꿩을 말려서 포로 만든 것.

4) 左頭奉之(좌두봉지) : 폐백으로 가져가는 꿩을 받드는데 꿩의 머리가 횡으
   로 왼쪽을 향하게 한다는 뜻.

5) 無由達(무유달) : 말미암아 통함이 없다. 곧 오래 전부터 알지 못하고 지내
   다의 뜻. 오랫동안 인연이 없어서 통하지 못했다. 오래전부터 말미암을 사람
   이 없어서 서로 통하지 못했다.

6) 某子(모자) : 지금 인연을 맺고자 하는 사람이, 상대방에게 의사를 전달하기
   위해 내세우는 중간 소개인의 성명이다.

7) 以命(이명) : 만나 보고자 하는 사람의 의사를 전달한다는 뜻.

8) 有(유) : 또의 뜻. 우(又)와 같다.

9) 走(주) : 금문(今文)에는 이 글자가 없다. 주는 가다의 뜻.

10) 命(명) : 선생이 집에 가 계시면 찾아뵙도록 하겠다는 뜻이 있다.

11) 不敢爲儀(불감위의) : 감히 외모에 위의를 갖추지 못하였더라도 충심으로
    가 뵙고자 한다.

12) 固(고) : 고문(古文)에는 고이청(固以請)으로 씌어 있다.

13) 不得命(부득명) : 허락하는 명을 얻지 못하다의 뜻.

14) 走(주) : 출(出)의 뜻이다.

15) 稱(칭) : 들다. 거(擧)의 뜻이다.

16) 不足以習禮(부족이습례) : 족히 써 익숙한 예로써는 불가하다. 겸사이다.

17) 不依于摯(불의우지) : 폐백에 의지하지 않으면의 뜻. 곧 폐백을 써야 한다는 뜻. 금문(今文)에는 없다.

18) 右(우) : 오른쪽으로 나아가다.

19) 左(좌) : 왼쪽으로 나아가다.

20) 請見(청견) : 청하여 보다. 곧 폐백을 주고 손님이 물러가면 주인이 다시 한번 들어오라고 청하다.

21) 賓反見(빈반견) : 손님이 되돌아가 보면 반드시 연례(燕禮)가 있다.

2. 주인이 다시 만나기를 청할 때

주인이 다시 만나려고 할 때에는 빈(賓)이 가지고 온 예물을 가지고 가서 말한다.

"얼마 전에 오자(吾子)께서 욕되게도 아무개를 보러 오셔서 저는 뵈었습니다. 청컨대 이 예물을 명을 전하는 사람에게 돌아가도록 해 주십시오"

주인이 대답한다.

"아무개는 이미 선생을 만나 보았습니다. 감히 사양하겠습니다."

이에 빈(賓)이 대답한다.

"아무개가 감히 선생님을 뵙고자 하는 것이 아니라 이 예물을 명을 전하는 사람에게 돌려주기를 청하는 것입니다."

주인이 대답한다.

"아무개는 이미 선생을 만나 보았습니다. 감히 또다시 사양합니다."

이에 빈(賓)이 대답한다.

"아무개는 감히 이러한 것을 듣지 못했습니다. 또다시 청하니, 명을 전하는 자에게 돌려주고자 합니다."

주인이 대답한다.

"아무개는 두 번이나 사양했는데도 명을 얻지 못했습니다. 감히 따르지 않겠습니까?"

빈(賓)이 예물을 받들고 안으로 들어가면 주인이 재배하고 받

는다. 빈이 재배하고 예물을 보낸 다음 물러나간다. 주인이 문 밖
에서 전송하며 재배(再拜)한다.

◗主人復見之[1]以其摯[2]曰 曏者[3]吾子辱 使某見 請還摯于將命者[4]
主人對曰 某也旣得見矣 敢辭 賓對曰 某也非敢求見 請還摯于將命
者 主人對曰 某也旣得見矣 敢固辭 賓對曰 某不敢以聞[5] 固以請于
將命者 主人對曰 某也固辭不得命 敢不從 賓奉摯入 主人再拜受 賓
再拜送摯出 主人送于門外再拜

1) 復見之(부견지) : 주인이 찾아왔던 빈(賓)의 집을 찾아가서 만나다의 뜻. 예
   (禮)는 오고 가는 것을 숭상하는 것이다.
2) 其摯(기지) : 그 폐백. 곧 얼마 전에 찾아온 손님이 가지고 온 예물을 뜻한다.
3) 曏者(향자) : 접때. 전에. 얼마 전의 일. 낭(曩)과 같다.
4) 將命者(장명자) : 명을 전하는 사람을 뜻한다. 곧 왕래의 다리를 놓은 사람.
   중개인의 뜻.
5) 某不敢以聞(모불감이문) : 아무개는 감히 듣지 못했다. 곧 이렇게까지 사양
   하는 예는 듣지 못했다는 뜻.

3. 사(士)가 대부(大夫)를 만나는 예절

사(士)가 대부(大夫)를 만나 보는 예절에는 그 폐백을 세 번 사
양한다. 빈(賓)이 안으로 들어오면 한 번 절하여 욕되게 찾아온 데
대해 예를 행한다. 빈이 물러간다고 하면 전송하고 재배한다.

만약 일찍이 신하였던 사람이면 예로써 그 폐백을 사양하고 말
한다.

"아무개가 사양했는데도 명을 얻지 못했으니 감히 고사(固辭)
치 못하겠습니다."

빈(賓)이 들어와서 폐백을 벌려 놓고 재배하면 주인이 일배(壹
拜)로써 답한다.

빈이 나가면 빈자(擯者 : 접대를 돕는 사람)에게 문 밖으로 나가
서 빈이 가져온 폐백을 돌려주게 하는데 이때 말한다.

"아무개께서 아무개로 하여금 폐백을 돌려드리라고 했습니다."

빈이 대답하여 말한다.

"아무개가 이미 선생을 만나 보았으니 감히 사양하겠습니다."

빈자(擯者)가 말한다.

"아무개께서 아무개에게 명하여 '아무개는 감히 위의를 차리지 못하겠습니다.'라고, 감히 청하였습니다."

빈이 대답한다.

"아무개는 부자(夫子)의 미천한 가신이었습니다. 족히 예를 행할 만하지 않습니다. 감히 또 사양하겠습니다."

빈자(擯者)가 대답한다.

"아무개는 아무개로 하여금 '감히 위의를 차릴 수가 없습니다.'라고 진실로 청하도록 하였습니다."

빈이 대답한다.

"아무개가 두 번 사양했는데도 명을 얻지 못했습니다. 감히 따르지 않겠습니까?"

두 번 절하고 받는다.

◑士見于大夫 終辭其摯[1] 于其入也 一拜[2]其辱也 賓退 送再拜[3]
◑若嘗爲臣者 則禮辭其摯[4] 曰 某也辭不得命 不敢固辭 賓入奠摯[5]
再拜 主人答壹拜 賓出 使擯者還其摯[6]于門外 曰 某也使某還摯 賓
對曰 某也旣得見矣 敢辭 擯者對曰 某也命某 某非敢爲儀也 敢以
請 賓對曰 某也夫子之賤私[7] 不足以踐[8]禮 敢固辭 擯者對曰 某也
使某 不敢爲儀也 固以請 賓對曰 某固辭不得命 敢不從 再拜受

1) 終辭其摯(종사기지): 끝까지 그 폐백을 사양하다. 사(士)가 가지고 온 폐백을 끝까지 사양하다의 뜻.

2) 一拜(일배): 정례(正禮)이다. 본래 주인이었기 때문에 사(士)라도 최소한의 예만 행한다.

3) 再拜(재배): 손님을 보내는 예를 행하기 때문이다.

4) 禮辭其摯(예사기지): 예로써 사양하고 그 폐백을 받다. 곧 손님의 예로써 한번 사양하고 예물을 받다.

5) 奠摯(전지) : 폐백을 땅에 내려놓다. 곧 신분의 차이가 있기 때문에 직접 예
물을 드리지 못하고 땅에 진설하여 놓는 것이다.

6) 還其摯(환기지) : 그 예물을 돌려주다의 뜻.

7) 夫子之賤私(부자지천사) : 부자는 옛 주인을 높여 부르는 말. 천사는 사사로
운 가신이라는 뜻이다.

8) 踐(천) : 행하다의 뜻.

4. 하대부(下大夫)가 서로 만나는 예

하대부(下大夫)끼리 서로 만나 볼 때에는 기러기를 폐백으로
사용한다.

꾸미는 것은 베로 기러기를 싸고 발은 노끈으로 묶는다. 기러기
를 잡는 예절은 꿩을 잡는 예절과 같이 한다.

상대부(上大夫)끼리 서로 만나 볼 때에는 염소를 폐백으로 쓴
다. 염소를 꾸미는 것은 베로 하고 네 발을 앞쪽으로 묶어서 머리
가 왼쪽으로 가게 한다. 염소를 잡는 예절은 새끼 사슴을 잡는 예
절과 똑같이 한다.

그 밖의 예절은 사(士)가 서로 만나 볼 때의 예절과 같이 한다.

●下大夫¹⁾相見以鴈²⁾ 飾之以布³⁾ 維之以索⁴⁾ 如執雉 上大夫⁵⁾相見以
羔⁶⁾ 飾之以布 四維⁷⁾之結于面⁸⁾ 左頭 如麛執之⁹⁾ 如士相見之禮

1) 下大夫(하대부) : 상사(上士)에서 곧바로 대부에 올라 대부(大夫) 가운데
가장 낮은 직급. 대부에는 상대부(上大夫), 중대부(中大夫), 하대부(下大
夫)의 세 직급이 있다.

2) 鴈(안) : 기러기. 기러기를 폐백으로 쓰는 이유는 기러기는 때를 알아서 취하
고, 나는 데도 항상 줄을 지어서 날기 때문이다.

3) 飾之以布(식지이포) : 베로써 옷을 만들어서 입히는 것이다. 곧 천으로 감싸
다의 뜻.

4) 維之以索(유지이색) : 노끈으로 발을 매다. 작은 노끈으로 기러기의 두 발을
묶는다.

5) 上大夫(상대부) : 대부 중에서 제일 높은 직급이다. 곧 경(卿)의 지위이다.

6) 羔(고) : 염소이다. 염소를 폐백으로 쓰는 이유는 염소는 우두머리를 따라서 무리를 이루는데 당을 만들지 않기 때문이다.

7) 四維(사유) : 네 발을 묶다의 뜻.

8) 面(면) : 앞이라는 뜻이다.

9) 如麛執之(여미집지) : 사슴 새끼를 폐백으로 쓸 때 잡는 것과 똑같이 하다. 사슴 새끼를 폐백으로 쓸 때는 머리는 왼쪽으로 가게 하고 왼손으로 앞발을 잡고 오른손으로는 뒷발을 잡는다고 했다.

5. 임금을 만나 보는 예절

처음으로 임금을 만나 볼 때에는 예물을 가지고 임금의 처소에 이르러 용모를 더욱 공경히 하여 조급한 듯해야 한다.

서인(庶人)이 임금을 만나 볼 때에는 주춤거리지 말고 나아가고 물러나는 것을 신속하게 해야 한다.

사(士)와 대부는 예물을 내려놓고 재배하고 머리를 조아린다. 임금은 일배(一拜)로써 답한다.

만약 다른 나라의 사람이 찾아와 뵈올 때에는, 임금은 빈자(擯者)를 시켜 자에게 그 예물을 돌려주면서 말하게 한다.

"과군(寡君)이 아무개로 하여금 그대의 예물을 돌려주라고 하였습니다."

빈(賓)이 대답한다.

"임금께서는 그 외신(外臣)을 두셨으니 신하는 감히 사양하지 못하겠습니다."

이에 재배하고 머리를 조아린 후 예물을 받는다.

무릇 연회에서 임금을 만나 볼 때에는 반드시 임금이 남면(南面)한 정면(북면)에서 뵈어야 한다. 만약 임금이 남면하고 있지 않다면 그 방위에 따라 바르게 대처해야 한다. 임금이 어느 곳을 향하고 있는지 불분명할 때에는 비스듬하게 서서 임금을 배알해야 한다.

임금이 당 위에 있다면 당으로 올라가 뵈어야 한다. 당에 오를 때에는 정해진 계단이 없으니, 임금이 있는 곳에서 가장 가까운 계단을 통해 올라가는 것이다.

❶始見于君 執摯至下¹⁾ 容彌蹙²⁾ 庶人³⁾見于君 不爲容⁴⁾ 進退走⁵⁾ 士大夫則奠摯 再拜稽首 君答壹拜⁶⁾ ❶若他邦之人⁷⁾ 則使擯者還 其摯 曰 寡君使某還摯 賓對曰 君不有其外臣 臣不敢辭 再拜稽首 受 ❶凡燕⁸⁾見于君 必辯⁹⁾君之南面 若不得則正方 不疑君 君在堂 升 見¹⁰⁾無方階 辯君所在

1) 至下(지하) : 임금이 머무는 처소에 이르다.

2) 容彌蹙(용미축) : 얼굴을 더욱 위축시키다. 곧 용모를 더욱 공손하게 하고 황송해서 어쩔 줄 몰라하는 모습을 뜻한다.

3) 庶人(서인) : 평민(平民) 또는 서민(庶民)과 같다. 아무런 벼슬이 없는 일반 백성이다.

4) 不爲容(불위용) : 기거동작을 하지 않다. 곧 사(士)나 대부(大夫)처럼 행동하지 않는다는 뜻.

5) 進退走(진퇴주) : 나아가고 물러나는데 신속하게 하다. 서인(庶人)은 직책이 없기 때문에 행동이 자유롭지 못하다는 뜻.

6) 君答壹拜(군답일배) : 임금은 한 번 절하다. 곧 신분이 높아서 손님의 예절이 아니고 신하의 예로 대하기 때문에 한 번 절을 한다. 단 서인(庶人)에게는 답하지 않는다.

7) 他邦之人(타방지인) : 다른 나라의 사람이 임금을 뵐 때의 예절을 뜻한다.

8) 燕(연) : 연회의 뜻. 연(宴)과 같다. 임금이 빈(賓)에게 베푸는 음주례(飮酒禮)를 뜻한다. 연(燕)에는 네 등급이 있다. 첫째는 제후가 특별한 일이 없을 때는 연례(宴禮)를 거행하고 둘째는 경(卿)이나 대부(大夫)가 왕사(王事)로 수고한 일이 있으면 위로의 연을 베풀고, 셋째는 경이나 대부가 빙문(聘問)하러 오면 폐백을 돌려주면서 연을 베풀고, 넷째는 사방의 나라에서 온 빙객(聘客)들에게 폐백을 돌려주면서 연을 베푼다.

9) 辯(변) : 정(正)과 같다.

10) 升見(승견) : 당(堂)에 올라서 임금을 보는 것이다. 임금이 동쪽 계단과 가

까운 곳에 있으면 동쪽 계단으로 오르고 임금이 서쪽 계단과 가까운 곳에 있
으면 서쪽 계단으로 오른다는 뜻.

6. 임금과 대화를 나눌 때는

대저 임금과 대화할 때에는 임금의 질문에 대한 대답이 아니라
면 임금이 편안하게 앉은 뒤에 할 말을 한다.

임금과 함께 대화할 때에는 임금이 신하를 부리는 예에 대하여
말한다. 경대부(卿大夫)와 말할 때에는 임금을 섬기는 일에 대하
여 말한다. 늙은이와 더불어 말할 때에는 제자들을 부리는 예에
대하여 말한다. 어린아이와 더불어 대화할 때에는 아버지에게 효
도하고 형제간에 우애하는 것에 대하여 말한다. 여러 사람과 더
불어 대화할 때에는 충성과 신의와 자애로움과 선(善)에 대하여
말한다. 관직에 있는 사람과 더불어 대화할 때에는 충성하고 신
의를 지키는 것에 대하여 말한다.

경대부와 더불어 말할 때의 예는, 처음 말할 때는 상대방의 얼
굴을 보고 중간에는 상대방의 가슴을 보고 끝낼 때는 다시 얼굴
을 보아야 한다.

말을 끝내고는 용모를 고치지 않아서 시종일관하게 변동이 없
어야 한다. 그 자리에 함께 있는 여러 경대부에게도 이와 같이 해
야 한다.

아버지와 대화할 때에는 눈놀리는 것이 위로는 얼굴 위로 오르
지 않아야 하고 아래로는 띠 아래로 내려가지 않아야 한다.

만약 말을 하지 않으면서 서 있을 때에는 상대방의 발을 보아
야 하고 앉아 있을 때에는 상대방의 무릎을 보아야 하는 것이다.

대저 군자(君子)를 모시고 앉아 있을 때, 군자가 하품하거나 기
지개를 하거나 현재 시간의 빠르고 늦음을 묻거나 음식이 다 차
려졌다고 고하거나 자리를 옮기거나 하여 피로한 기색이 보이면
이만 물러가겠다고 하는 것이 옳은 것이다.

밤에 군자를 모시고 앉아 있을 때에, 밤 시간을 묻거나 반찬에

훈채가 들어 있는 음식을 찾으면 물러갈 것을 청하는 것이 옳다.

◐凡言¹⁾非對也 妥²⁾而後傳言³⁾ 與君言 言使臣 與大人⁴⁾言 言事君 與
老者言 言使弟子 與幼者言 言孝弟于父兄 與衆言 言忠信慈祥⁵⁾ 與
居官者⁶⁾言 言忠信 ◐凡與大人言 始視面⁷⁾ 中視抱⁸⁾ 卒視面⁹⁾ 毋改¹⁰⁾
衆皆若是¹¹⁾ 若父¹²⁾則遊目 毋¹³⁾上于面 毋下于帶 若不言 立則視足
坐則視膝 ◐凡侍坐于君子¹⁴⁾ 君子欠伸¹⁵⁾ 問日之早晏 以食具告 改
居¹⁶⁾ 則請退可也 夜侍坐 問夜 膳葷¹⁷⁾ 請退可也

1) 凡言(범언) : 자신이 임금에게 말하는 것을 뜻한다.

2) 妥(타) : 편안하게 앉다의 뜻. 고문(古文)에는 수(綏)로 되어 있다.

3) 傳言(전언) : 말을 하다. 곧 진언(進言)이나 출언(出言)의 뜻이다.

4) 大人(대인) : 경대부(卿大夫)이다.

5) 祥(상) : 선(善)의 뜻이다. 좋은 것.

6) 居官者(거관자) : 사(士) 이하의 관직에 있는 사람들을 말한다.

7) 始視面(시시면) : 처음 말을 시작할 때에는 상대방의 얼굴을 보고 지금 말을
해도 되는지를 살펴보는 것이다.

8) 中視抱(중시포) : 중간에는 상대방의 가슴을 본다. 곧 상대방이 생각할 여유
를 주고 또 상대방을 공경하기 위한 것이기도 하다.

9) 卒視面(졸시면) : 말을 마치고 나서 다시 얼굴을 보다. 곧 상대방이 자신의
말을 받아들이는지 아닌지를 살펴본다는 뜻.

10) 毋改(무개) : 말을 마친 후에는 말을 할 때와 같이 행동이 통일되어 있어야
지 말을 끝내고 자세를 누그러뜨려서는 안 된다는 뜻.

11) 衆皆若是(중개약시) : 중은 여러 경대부를 뜻한다. 여러 경대부들에게도 이
와 같이 하다의 뜻.

12) 父(부) : 금문(今文)에 보(甫)자로 되어 있다.

13) 毋(무) : 고문(古文)에는 무(無)자로 되어 있다.

14) 君子(군자) : 경(卿)과 대부(大夫)나 그 밖의 나라의 현자(賢者)들.

15) 欠伸(흠신) : 하품을 하거나 기지개를 켜는 것. 신은 고문(古文)에 신(信)
자로 되어 있다.

16) 改居(개거) : 있는 곳을 옮기다. 자리를 옮기다. 자리를 바꾸다.

17) 膳葷(선훈) : 훈채를 뜻한다. 훈채가 들어 있는 음식을 청할 때라는 뜻. 파,
    생강, 마늘 등의 음식이다.

7. 임금이 음식을 내려 주면

만약 임금이 음식을 하사할 때, 임금이 음식을 제사 지내면 신
하가 먼저 밥을 먹어보고, 두루 맛보고 마셔본 후에 기다린다.

임금이 먹으라는 명령이 있은 연후에야 식사를 한다.

만약 임금의 음식을 맛보는 선재(膳宰)가 있다면 임금이 식사
하기를 기다린 후에 식사를 한다.

만약 임금이 술을 하사하였다면 자리에서 내려와 재배하고 머
리를 조아리고 술잔을 받는다. 술잔을 받고 자리로 올라와서 그 술
을 제사 지내고 술잔을 다 비운 후에 기다렸다가, 임금이 술잔을
다 비운 연후에 자신의 빈 술잔을 찬자(贊者)에게 주는 것이다.

임금이 있는 좌석에서 물러나올 때에는 당 아래로 내려와 쭈그
리고 앉아서 신발을 취하여, 고개를 숙이고 뒷걸음질쳐서 후미진
곳에 이른 후에 신발을 신는다.

임금이 신하를 위하여 일어나면 곧바로 말한다.

"임금께서는 일어나실 필요가 없으신데 일어나셨으니 신은 감
히 사양하지 못하겠습니다."

임금이 만약 당까지 내려와 전송한다면 감히 돌아보고 사양하
지 못하며 곧바로 문 밖으로 나가야 한다.

대부(大夫)가 모시고 앉았다가 물러날 것을 고하였는데 임금
이 당 아래까지 내려와 전송하면 대부는 문 앞에 이르러 세 번을
사양한다.

◗若君賜之食¹⁾ 則君祭先飯²⁾ 徧嘗膳³⁾ 飮而俟⁴⁾ 君命之食 然後食 若
有將食者⁵⁾ 則俟君之食 然後食 若君賜之爵⁶⁾ 則下席再拜稽首 受爵
升席祭 卒爵而俟 君卒爵 然後授虛爵 ◗退⁷⁾ 坐取屨 隱辟⁸⁾而后屨
君爲之興 則曰 君無爲興 臣不敢辭 君若降送之 則不敢顧辭 遂出

大夫則辭 退下[9]比及門 三辭

1) 若君賜之食(약군사지식) : 만약 임금이 음식을 하사하면의 뜻.

2) 先飯(선반) : 먼저 밥을 맛보다의 뜻.

3) 徧嘗膳(편상선) : 두루 두루 반찬을 맛보다의 뜻.

4) 飮而俟(음이사) : 마셔서 맛본 후에 기다린다의 뜻.

5) 若有將食者(약유장식자) : 장은 진(進)과 같다. 만약 임금의 음식을 맛보는 직책인 선재(膳宰)가 있다면의 뜻.

6) 若君賜之爵(약군사지작) : 만약 임금이 술잔에 술을 부어 준다면의 뜻.

7) 退(퇴) : 물러간다고 하다의 뜻.

8) 隱辟(은벽) : 고개를 숙이고 뒷걸음질쳐서 잘 보이지 않는 곳으로 가는 것.

9) 下(하) : 강(降)의 뜻이다.

8. 관직을 그만 둔 사람이 찾아와 청하면

만약 경대부(卿大夫)를 지내고 관직을 물러난 자나 경대부의 높은 관직에 있는 사람이 보기를 청하면 곧 사양한다.

사양했으나 명을 얻지 못했으면 곧바로 말한다.

"아무개가 만나 뵐 수 없는 분이기에 사양했으나 명을 얻지 못했으니 장차 밖으로 달려가 뵙겠습니다."

이에 문을 나와서 먼저 절을 올린다.

임금의 명을 받지 않고 타국에 사신으로 가면 과대부(寡大夫)라고 일컫지 않는다.

대부(大夫)나 사(士)가 임금의 명을 받들어 외국에 사신으로 가면 그 나라의 빈자(擯者)에게 과군지로(寡君之老)라고 일컫는다.

대저 폐백을 가진 자는 신중하게 하고 달리지 않으며 용모에는 공경하고 움츠린 듯한 행동으로 위의를 삼는다.

옥(玉)을 가진 자는 오직 신중하게 하고 발뒤꿈치를 끌며 조심 조심 나아간다.

대저 신하가 임금에게 스스로를 칭할 때 사(士)와 대부(大夫)는 이르기를 '하신(下臣)' 이라 한다.

관직에서 물러나 나라 안에 있는 자는 이르기를 '시정의 신(市井之臣)'이라고 한다.

야(野)에 살고 있다면 이르기를 '초모의 신(草茅之臣)'이라고 한다.

서인(庶人)은 이르기를 '자초의 신(刺草之臣)'이라고 이른다.

다른 나라 사람이라면 '외신(外臣)'이라고 한다.

◖若先生異爵者[1] 請見之則辭[2] 辭不得命則曰 某無以見 辭不得命
將走[3]見 先見之[4] ◖非以君命使 則不稱寡 大夫 士則曰寡君之老
◖凡執幣者不趨[5] 容彌蹙以爲儀 執玉者則唯舒武[6] 擧前曳踵[7] ◖凡
自稱于君 士大夫則曰 下臣 宅[8]者在邦則曰 市井之臣 在野則曰 草
茅[9]之臣 庶人則曰 刺草之臣 他國之人則曰 外臣

1) 先生異爵者(선생이작자) : 선생은 나이가 들어 벼슬을 바치고 물러난 자이
   다. 이작은 작위가 다른 사람이라는 뜻으로 현재 경(卿)이나 대부의 지위에
   있는 사람을 말한다.

2) 辭(사) : 지위가 높은 사람이 찾아왔기 때문에 예를 사양하다.

3) 走(주) : 나가다. 밖으로 나가다.

4) 先見之(선견지) : 나가서 먼저 절을 올리다.

5) 不趨(불추) : 달려가지 않고 신중하게 행동하다.

6) 唯舒武(유서무) : 옥그릇을 더욱 신중하게 다루다. 무는 적(迹)의 뜻이다. 곧
   발자취의 뜻.

7) 擧前曳踵(거전예종) : 발의 앞을 들고 뒤꿈치를 끌며 가다의 뜻.

8) 宅(택) : 집안에 있는 사람이라는 뜻. 곧 벼슬을 바친 자.

9) 茅(모) : 고문(古文)에는 묘(苗)자로 되어 있다.

제4편 향음주례(鄕飮酒禮第四)

주(周)나라 시대에 향교(鄕校)의 우등생을 중앙 정부에 천거했다. 이때 향대부(鄕大夫)가 주인이 되어 송별연을 베풀어 주는 예이다.

정현(鄭玄)은 말하기를 "제후(諸侯)의 향대부가 3년마다 크게 비교하여 장차 어진 이를 권하는 것이다. 능숙한 자는 임금이 예로써 빈(賓)으로 대접하여 음주(飮酒)의 예를 함께 한다."라고 했다.

1. 향음주(鄕飮酒)의 예법

향(鄕)에서 술을 마시는 예법이다.

주인(主人)이 선생(先生 : 致仕者)에게 나아가서 빈(賓)과 개(介)를 상의하여 정한다.

주인이 빈(賓)으로 뽑힌 사람에게 알리면 빈은 밖으로 나가서 절하고 직접 방문한 데 대해 사양한다. 주인이 답배하면서 빈으로 나와 줄 것을 청한다. 빈은 한 번 사양하고 허락한다.

주인이 두 번 절하면 빈이 답배(答拜)한다. 주인이 물러간다고 하면 빈이 직접 찾아와 준 데 대해 감사의 절을 올린다.

주인이 개(介)를 청하는 의식도 또한 이와 같이 한다.

이에 빈(賓)과 주인과 개(介)를 위한 연회석을 편다. 중빈(衆賓)의 자리는 모두 따로 깔아 놓아 이어지지 않도록 한다. 술그릇 두 병은 방문 사이에 놓아 두는데 받침대를 놓아 두며 현주(玄酒 : 물)는 서쪽에 놓아 둔다. 대광주리는 술병 받침대의 남쪽에 설치하는데 동쪽으로 향하게 한다. 두 개의 술병 위에 술국자 하나씩을 올려놓는다.

　동쪽 계단의 동남쪽에 씻는 곳을 설치한다. 씻는 곳의 위치는 남북의 거리가 당의 깊이와 같게 하고 동서쪽으로는 동쪽 처마 끝과 마주하게 한다. 물은 씻는 곳의 동쪽에 둔다. 대광주리는 씻는 곳의 서쪽에 두는데 남쪽으로 펴 놓는다.

鄕飮酒之禮[1] : ◗主人[2]就先生[3]而謀賓介[4] ◗主人戒賓[5] 賓拜辱[6] 主人答拜 乃請[7]賓 賓禮辭[8]許 主人再拜 賓答拜 主人退[9] 賓拜辱 介亦如之 ◗乃席[10]賓主人介[11] 衆賓之席[12] 皆不屬焉[13] 尊兩壺于房戶間 斯禁[14] 有玄酒[15]在西 設篚于禁南東肆[16] 加二勺于兩壺 設洗于阼階東南 南北以堂深 東西當東榮[17] 水在洗東 篚在洗西 南肆[18]

1) 鄕飮酒之禮(향음주지례) : 중국의 주(周)나라 시대에 향(鄕)에서 향대부(鄕大夫)가 인재를 추천하여 중앙 정부에 천거할 때 술잔치를 열어서 전별연을 베풀었던 일.

2) 主人(주인) : 제후(諸侯)의 향대부(鄕大夫)를 뜻한다.

3) 先生(선생) : 향(鄕)에 있는 치사자(致仕者)이다. 곧 나이가 들어 벼슬에서 물러나 향에서 지내는 사람.

4) 賓介(빈개) : 향(鄕)의 처사(處士)와 현자(賢者)를 뜻한다. 빈은 정빈(正賓)이고 개(介)는 빈의 예를 돕는 자인데. 향(鄕) 안의 처사(處士)나 어진 이 중에서 뽑는다.

5) 戒賓(계빈) : 빈에게 알리다. 곧 통보하다.

6) 拜辱(배욕) : 스스로 굴욕스럽게 나가서 절하여 자신의 문에 도착하는 것. 주인이 욕되게도 지체를 낮추어 자신의 집에 이른 것에 대해 빈이 직접 대문 밖으로 나가 절하여 맞는 것. 굴욕되게 스스로를 낮추어 찾아준 데 대한 인사.

7) 請(청) : 자신이 찾아온 이유를 말하다.

8) 禮辭(예사) : 한 번 사양하다. 두 번 사양하지 않는 것은 본래 나아갈 뜻이 있었다는 뜻.

9) 退(퇴) : 가다. 곧 물러가다의 뜻.

10) 席(석) : 자리를 깔다.

11) 賓主人介(빈주인개) : 빈의 자리는 격자창 앞에 하여 남면하고 주인의 자리

는 동쪽 계단 위에서 서면하고 개석(介席)은 서쪽 계단 위에 동면하게 한다.

12) 衆賓之席(중빈지석) : 정빈(正賓)의 서쪽에 중빈(衆賓)의 자리를 깔아 놓다.

13) 不屬焉(불속언) : 따로 따로 떨어뜨려서 깔아 놓다. 연속되지 않다의 뜻. 곧
    덕이 서로 같지 않기 때문에 구별하여 놓다.

14) 斯禁(사금) : 술잔을 받치는 받침대이다.

15) 玄酒(현주) : 물. 서쪽 위에 놓는다.

16) 肆(사) : 진열하여 놓다. 펴 놓다의 뜻.

17) 榮(영) : 처마 끝이다. 곧 동쪽의 처마 끝을 뜻한다.

18) 南肆(남사) : 남쪽으로 펴 놓다의 뜻.

2. 빈(賓)과 중빈(衆賓)이 모두 따른다

고깃국이 끓여지면 주인이 빈(賓)들을 부른다.

빈은 주인이 지체를 낮추어 불러준 데 대해 배욕(拜辱)하고 주
인은 빈에게 답하여 절한다. 주인이 돌아가면 빈이 배욕(拜辱)하
는데 개(介)를 부르는 것도 이와 같은 예로써 한다. 이에 빈(賓 :
정빈)과 중빈(衆賓)이 모두 주인을 따른다.

주인의 예를 돕는 한 사람의 상(相)이 향학(鄕學)의 대문 밖
에서 빈을 맞이하여 빈에게 두 번 절한다. 빈이 답하여 절한다. 개
(介)에게도 절하면 개(介) 또한 답하여 절한다. 중빈(衆賓)에게
는 읍(揖)한다.

주인이 여러 빈에게 읍하고 먼저 문 안으로 들어간다. 빈은 개
에게 염(厭)하고 문의 왼쪽으로 들어간다. 개(介)가 중빈(衆賓)
에게 염하고 들어가면 중빈은 모두 문의 왼쪽으로 들어가 북쪽을
위로 삼는다.

주인이 빈(賓)과 더불어 세 번 읍하면서 계단에 이른다. 세 번
사양하고 주인이 먼저 오르면 빈도 따라서 당에 오른다. 주인이
동쪽 계단의 위쪽인 상인방에 당도하여 북면하고 재배한다. 빈이
서쪽 계단 위쪽인 상인방에 당도하여 북면하고 답배(答拜)한다.

◐羹定[1] 主人速賓[2] 賓拜辱 主人答拜 還[3] 賓拜辱 介亦如之[4] 賓及
衆賓皆從[5]之 ◐主人一相[6] 迎于門外 再拜賓 賓答拜 拜介 介答拜
揖衆賓 主人揖[7]先入 賓厭介[8] 入門左 介厭衆賓 入 衆賓皆[9]入門左
北上 主人與賓三揖[10] 至于階 三讓 主人升 賓升 主人阼階上當楣[11]
北面再拜 賓西階上當楣 北面答拜

1) 羹定(갱정) : 고기를 넣어서 끓인 국. 갱은 국이고 정은 끓이다. 익히다의 뜻.
2) 速賓(속빈) : 손님을 오라고 하다. 곧 손님을 부르다.
3) 還(환) : 물러나다.
4) 介亦如之(개역여지) : 개(介)를 부르는 예도 또한 똑같이 한다는 뜻.
5) 從(종) : 수(隨)의 뜻이다.
6) 一相(일상) : 한 사람의 상(相)이다. 주인의 관리이다. 곧 주인의 행사를 안
   내하고 보좌하고 명을 전달하는 사람.
7) 主人揖(주인읍) : 주인이 빈에게 읍하다. 읍은 손을 앞으로 밀쳐 올리는 것.
8) 賓厭介(빈염개) : 빈이 개(介)에게 염하다. 염은 손을 몸으로 당기는 것이다.
   일설에는 장읍(長揖)이라고도 했다.
9) 皆(개) : 금문의례에는 읍(揖)으로 되어 있다.
10) 三揖(삼읍) : 장차 나아갈 때 읍하고 잔치 자리에 당도하여 읍하고 표석 앞
   에서 읍하는 것. 곧 장진읍(將進揖), 당진읍(當陳揖), 당비읍(當碑揖)이다.
11) 楣(미) : 문 위에 가로 댄 상인방을 뜻한다.

3. 주인이 빈에게 술잔을 올리는 예

주인(主人)이 자리에 앉아 대광주리에서 작(爵)을 꺼내 씻는
곳으로 내려와 씻으면 빈(賓)도 따라서 내려온다.

주인이 자리에 앉아서 작을 계단 앞에 내려놓고 빈이 내려온 것
에 대해 사양의 말을 하면 빈도 사양하는 말로 답한다.

주인이 앉아서 작을 취하여 일어선다. 씻는 곳에 이르러 남면하
고 앉아서 작을 대광주리 아래에 내려놓고 손을 씻고 술잔도 씻
는다. 빈이 앞으로 나아가 동북면하고 서서 주인이 손수 씻는 것
에 대해 사의를 표한다. 주인이 자리에 앉아서 작을 대광주리 안

에 넣어 두고 일어나서 빈에게 답례한다. 이에 빈이 제자리로 돌아가서 서서(西序)와 마주하고 동면하여 선다.

주인이 자리에 앉아서 작을 취하면 씻을 물을 부어 주는 사람이 서북쪽을 바라보고 서서 물을 부어 주어서 주인이 작을 씻도록 한다. 작을 다 씻으면 주인이 빈과 마주하여 한 번 읍하고 한 번 사양한 뒤에 당으로 오른다.

빈(賓)이 주인이 손수 작을 씻은 노고에 감사하여 절한다. 주인이 자리에 앉아 술잔을 내려놓고 한 번 절하고 당에서 내려와 손을 씻는다. 빈이 당에서 내려오려 하면 주인이 사양한다. 빈이 주인에게 답하고 제자리로 돌아가 서서(西序)를 마주하고 서 있는다.

주인이 손을 다 씻으면 빈과 서로 읍하고 사양한 뒤에 당에 오른다. 빈은 서쪽 계단 위에서 위엄 있게 서 있는다. 주인이 자리에 앉아 작을 취하여 술을 가득 부어 빈의 자리 앞으로 나아가 서북면하고 서서 빈에게 작을 드린다.

빈이 서쪽 계단 위에서 주인에게 감사의 절을 하면 주인이 조금 뒤로 물러난다. 빈이 앞으로 나아가 술잔을 받으면 본래의 위치로 돌아간다. 주인이 동쪽 계단 위에서 절하고 술잔을 보내면 빈이 조금 뒤로 물러난다.

유사(有司)가 육포와 육장을 올리면 빈이 자리로 오르는데 서쪽으로부터 한다. 이에 유사가 절조(折俎)를 설치한다.

주인이 동쪽 계단에서 동쪽으로 위엄을 갖추고 서 있는다. 빈이 자리에 앉아서 왼손으로 작을 잡고 육포와 육장으로 제사를 지낸다. 작을 육포와 육장의 서쪽에 놓고 일어난다.

오른손으로 허파를 잡고 왼손으로 그 밑부분을 잡고서 자리에 앉는다. 비틀지 않고 오른손으로 허파의 끝을 잘라서 제사를 지낸다. 왼손을 높이 들어 허파를 맛보고 일어난다. 허파를 도마 위에 올린다. 자리에 앉아 손을 씻고 드디어 술을 제사 지내고 일어난다. 좌석의 끝에 앉아서 술을 맛본다. 자리로 내려와 앉아서 작을 땅에 내려놓고 절한다.

술맛이 좋다고 말하고 작을 들고 일어난다. 주인이 동쪽 계단

위에서 빈에게 답배한다. 빈이 서쪽 계단 위에서 북면하여 앉아
서 술잔을 다 비우고 일어난다. 다시 자리에 앉아 작을 땅에 내려
놓고 드디어 절한다. 이에 술잔을 잡고 일어선다. 주인이 동쪽 계
단 위에서 빈에게 답배한다.

◑主人坐取爵于篚 降洗 賓降[1] 主人坐 奠爵于階前 辭[2] 賓對[3] 主人
坐取爵興 適洗南面坐 奠[4]爵于篚下 盥洗[5] 賓進[6] 東北面辭洗 主人
坐 奠爵于篚 興對 賓復位 當西序[7]東面 主人坐取爵 沃洗者[8]西北面
卒洗 主人壹[9]揖壹讓升 賓拜洗 主人坐 奠爵 遂拜 降盥[10] 賓降 主人
辭 賓對 復位 當西序 卒盥 揖讓升 賓西階上疑立[11] 主人坐取爵實之
賓之席前 西北面獻[12]賓 賓西階上拜 主人少退[13] 賓進受爵以復位[14]
主人阼階上拜送爵 賓少退 薦[15]脯醢 賓升[16]席自西方 乃設折俎[17] 主
人阼階東疑立 賓坐 左執爵 祭脯醢 奠爵于薦西興 右手取肺 卻左手
執本[18]坐 弗繚[19] 右絶末以祭 尚左手嚌之興 加于俎 坐挩[20]手 遂祭酒
興 席末坐 啐酒 降席[21]坐奠爵 拜告旨[22] 執爵興 主人阼階上答拜 賓
西階上北面坐 卒爵 興 坐奠爵 遂拜 執爵興 主人阼階上答拜

1) 賓降(빈강) : 주인이 잔을 씻기 위해 내려오면 빈이 뒤를 따라 내려오는 것.

2) 辭(사) : 사양하다. 주인이 당연히 자신의 일인데 빈이 따라 내려온 것에 대
해 사양의 말을 하는 것이다. 똑같은 일을 양(讓)이라 하고 일이 다른 것을
사(辭)라 한다고 했다.

3) 賓對(빈대) : 빈이 답하다.

4) 奠(전) : 금문(今文)에는 이 글자가 없다.

5) 盥洗(관세) : 손을 씻고 술잔을 씻다.

6) 賓進(빈진) : 빈이 나아가다. 곧 주인을 따라가서 주인이 수고하는 데 대한
정을 표시하는 것.

7) 西序(서서) : 정당(正堂)의 동서 양쪽에 있는 담벽을 뜻한다.

8) 沃洗者(옥세자) : 씻을 물을 따르는 자. 주인에게 소속된 관리.

9) 壹(일) : 고문(古文)에 일(一)로 되어 있다.

10) 盥(관) : 손의 더러운 것만 씻다.

11) 疑立(의립) : 위의를 갖추고 똑바로 서 있는 것이다.

12) 獻(헌) : 진(進)이다. 술을 빈에게 나아가게 하다. 술을 빈에게 주다.

13) 少退(소퇴) : 조금 뒤로 물러나다.

14) 復位(복위) : 서쪽 계단 위의 위치를 뜻한다.

15) 薦(천) : 나아가게 하다. 올리다의 뜻. 곧 주인의 유사(有司)가 올리다의 뜻.

16) 升(승) : 아래에서 오르다. 곧 중석(中席)으로 오르다.

17) 折俎(절조) : 희생의 몸체를 갈라서 도마 위에 놓은 것이다.

18) 本(본) : 허파의 밑바닥쪽.

19) 繚(요) : 비틀다의 뜻. 일설에는 요제(繚祭)라고 했다.

20) 挩(세) : 씻다. 닦다.

21) 降席(강석) : 자리의 서쪽이다.

22) 告旨(고지) : 맛있다고 고하다. 지(旨)는 미(美)이다.

4. 빈이 주인에게 술을 올리는 예

빈(賓)이 내려와서 작을 씻으면 주인이 따라 내려온다. 빈이 앉아서 작을 내려놓고 일어나 사양하는 말을 한다. 이에 주인이 답하여 말한다. 빈이 앉아서 작을 가지고 씻는 곳의 남쪽으로 가서 북면하고 선다. 주인이 동쪽 계단의 동쪽에서 남면하고 서서 작을 씻는 수고에 대해 사양하는 말을 한다.

빈이 앉아서 작을 대광주리에 넣고 일어나 답한다. 주인은 다시 동쪽 계단의 동쪽에서 서쪽을 보고 서 있는다. 빈은 동북쪽을 보고 서서 손을 씻은 후 앉아서 작을 꺼내 씻는다. 씻는 일을 마치면 주인이 빈에게 술을 올릴 때와 같이 읍하고 사양하며 당으로 오른다.

주인이 잔을 씻어 준 것에 대해 사례의 절을 하면 빈이 주인에게 답하여 절하고 일어나서 내려가 손을 씻는 일을, 주인이 빈에게 예를 할 때와 똑같이 한다. 빈이 작에 술을 채워 주인의 자리 앞에서 동남쪽을 향하고 주인에게 작을 올린다. 주인이 동쪽 계단 위에서 절하면 빈은 조금 뒤로 물러난다.

주인이 앞으로 나와서 작을 받고 자신의 위치로 돌아간다. 빈이 서쪽 계단 위에서 절하고 작을 보낸다. 유사가 육포와 육장을 주

인의 앞에 올린다. 주인이 자리에 오르는 것을 북쪽으로부터 한
다. 유사가 절조(折俎)를 주인 앞에 설치한다. 육포와 육장을 제
사하고 술을 제사하는 예는 빈이 행한 것과 같이 한다. 주인은 술
맛이 좋다고 하지 않는다.

주인이 좌석 앞에서 동쪽 계단 위로 가 북면하고 앉아서 술잔
을 다 비우고 일어났다가 다시 앉아서 작을 내려놓는다. 한 번 절
하고 다시 작을 잡고 일어난다. 빈이 서쪽 계단 위에서 답배한다.

주인이 앉아서 잔을 동서쪽의 끄트머리에 놓고 동쪽 계단 위에
서 북면하여 재배하고는 작에 술을 가득 채워 놓는다. 빈이 서쪽
계단 위에서 답배한다.

◑賓降洗 主人降[1] 賓坐奠爵[2] 興辭 主人對 賓坐取爵 適洗南北面
主人阼階東 南面辭洗 賓坐奠爵于篚 興對 主人復阼階東西面 賓東
北面盥 坐取爵 卒洗 揖讓如初升 主人拜洗 賓答拜 興降盥 如主人
禮 賓實爵 主人之席前 東南面酢主人 主人阼階上拜 賓少退 主人
進受爵 復位 賓西階上拜送爵 薦脯醢 主人升席自北方 設折俎 祭
如賓禮 不告旨[3] 自席前適阼階上 北面坐 卒爵 興 坐奠爵 遂拜 執
爵興 賓西階上答拜 主人坐奠爵于序端[4] 阼階上北面再拜崇酒[5] 賓
西階上答拜

1) 賓降洗主人降(빈강세주인강) : 빈이 내려와 씻으면 주인도 따라서 내려오
   다. 곧 장차 주인에게 술을 올리려 하는 절차이다. 강이란 동쪽 계단의 동서
   면으로 내려와 서다의 뜻.
2) 賓坐奠爵(빈좌전작) : 빈이 서쪽 계단 앞에 앉아서 작을 땅에 놓다의 뜻.
3) 不告旨(불고지) : 술이 자신의 것이기 때문에 맛있다고 하지 않는다.
4) 序端(서단) : 동서(東序)의 끄트머리.
5) 崇酒(숭주) : 술을 가득 채우다의 뜻.

5. 치(觶)를 사용하는 법

주인(主人)이 앉아 대광주리에서 치(觶 : 술잔)를 꺼내 씻는

곳으로 내려와 씻는다. 빈이 주인을 따라서 내려오면 주인이 내려온 것에 대해 사양한다. 빈은 주인이 씻는 것에 대하여 사양의 말을 하지 않고 서서(西序)와 마주하여 동쪽을 바라보고 선다. 주인이 치를 다 씻으면 빈이 주인과 서로 읍하고 사양하고 당에 오른다. 빈이 서쪽 계단 위에서 위엄을 갖추고 단정히 서 있는다.

주인이 치에 술을 가득 채워서 빈에게 돌리고 동쪽 계단 위에서 북면하고 앉아서 치를 내려놓고 한 번 절한다. 이에 치를 들고 일어나면 빈이 서쪽 계단 위에서 답배한다. 주인이 자리에 앉아서 술을 제사 지낸다. 제사 지낸 술을 마시고 잔을 다 비운 후에 일어난다. 다시 앉아서 치를 내려놓고 한 번 절하고 치를 들고 일어난다. 빈은 서쪽 계단 위에서 주인에게 답배(答拜)한다.

주인이 당에서 내려와 치를 씻으면 빈이 따라 내려와서 사양의 말을 하는데 술을 올리는 예와 똑같이 한다. 이에 다시 당으로 오르는데 잔을 씻은 수고에 대한 감사의 절을 하지 않는다.

빈이 서쪽 계단 위에 서 있는다. 주인이 치에 술을 가득 채워서 빈의 좌석 앞으로 나와 북면하면 빈이 서쪽 계단 위에서 주인에게 절한다. 이때 주인은 조금 뒤로 물러난다. 빈이 절을 끝내면 주인이 나아가 앉아서 치를 육포와 육장이 있는 곳의 서쪽에 내려놓는다. 빈이 감사의 인사를 하고 자리에 앉아서 치를 취하여 제자리로 돌아간다. 주인이 동쪽 계단 위에서 절하고 치를 보낸다. 빈이 북면하고 앉아서 육포와 육장의 동쪽에 치를 내려놓고 제자리로 돌아간다.

◑主人坐取觶于篚 降洗 賓降 主人辭降 賓不辭洗[1] 立當西序東面 卒洗 揖讓升 賓西階上疑立 主人實觶酬[2] 賓 阼階上北面坐奠觶 遂拜 執觶興 賓西階上答拜 坐祭 遂飲卒觶興 坐奠觶 遂拜 執觶興 賓西階上答拜 主人降洗 賓降辭 如獻禮 升 不拜洗 賓西階上立 主人實觶 賓之席前北面 賓西階上拜 主人少退 卒拜 進坐奠觶于薦西 賓辭 坐取觶 復位 主人阼階上拜送 賓北面坐 奠觶于薦東 復位

1) 賓不辭洗(빈불사세) : 빈이 씻는데 대하여 사례의 말을 하지 않다. 곧 주인

이 자작하므로 감사의 표시를 하지 않는 것이다.

2) 酬(수) : 술을 권하다. 잔을 돌리다의 뜻.

6. 개(介)에게 술을 권하는 예

주인이 빈(賓)에게 읍하고 당(堂)에서 내려오면 빈(賓)도 따라서 내려와 서쪽 계단에 서는데 서서(西序)와 마주한 곳에서 동면하고 서 있는다.

주인이 개(介)에게 읍하고 사양한 후에 당으로 올라가 절하는 예를 빈에게 행한 예와 똑같이 한다.

주인이 앉아 동서(東序)의 끝에서 작(爵)을 가져와 당에서 내려가 씻는다. 개(介)도 따라 내려온다. 주인이 개(介)가 따라 내려오는 것을 사양하고, 개(介)가 주인이 잔을 씻는 것을 사양하는 일을 빈이 예를 차리는 것과 똑같이 한다. 개(介)가 당(堂)에 올라가서는 주인이 술잔을 씻은 일에 대해 감사의 인사를 하지 않고 개(介)는 서쪽 계단 위에 서 있는다.

주인이 작에 술을 가득 부어서 개(介)의 좌석 앞으로 가 서남면하고 개(介)에게 술잔을 드린다. 개가 서쪽 계단 위에서 북면하고 주인에게 절하면 주인은 조금 뒤로 물러난다. 개(介)가 앞으로 나아가 북면하여 작을 받고 자신의 위치로 되돌아간다.

주인이 개(介)의 우측에서 북면하고 절하여 술잔을 보낸다. 이때 개(介)는 조금 뒤로 물러난다. 주인은 서쪽 계단의 동쪽에 서 있는다. 유사(有司)가 육포와 육장을 올린다. 개(介)가 북쪽으로부터 자리에 오른다. 유사(有司)가 절조(折俎)를 설치한다.

개(介)가 빈(賓)이 하던 예와 똑같이 제사를 지낸다. 단 허파를 맛보지 않고 술도 맛보지 않고 술맛이 좋다고도 하지 않는다. 남쪽으로부터 자리에서 내려가 북면하여 앉아서 술잔을 비우고 일어난다. 다시 앉아서 술잔을 땅에 내려놓고 한 번 절한다. 작을 잡고 일어나면 주인이 개(介)의 오른쪽에서 답배한다.

◐主人揖降 賓降 立于階西¹⁾ 當序東面 主人以介揖讓升拜 如賓禮
主人坐取爵于東序端 降洗 介降 主人辭降 介辭洗 如賓禮 升 不拜
洗 介西階上立²⁾ 主人實爵 介之席前西南面獻介 介西階上北面³⁾拜
主人少退 介進北面受爵 復位 主人介右北面拜送爵⁴⁾ 介少退 主人
立于西階東 薦脯醢 介升席自北方 設折俎 祭如賓禮 不嚌肺 不啐
酒⁵⁾ 不告旨 自南方降席 北面坐 卒爵 興 坐奠爵 遂拜 執爵興 主人
介右答拜

1) 賓降立于階西(빈강립우계서) : 빈이 내려와서 계단의 서쪽 서서(西序)와 마
   주하는 곳에 서 있는다는 뜻.
2) 介西階上立(개서계상립) : 개(介)가 서쪽 계단 위에서 위의를 갖추고 서 있
   다의 뜻. 의(疑)자가 빠진 것은 성문(省文)이라 했다.
3) 北面(북면) : 금문(今文)에는 이 글자가 없다.
4) 主人介右北面拜送爵(주인개우북면배송작) : 주인이 개의 오른쪽에서 북면
   하고 절하여 작을 보내다. 개는 빈보다 신분이 한 등급 낮기 때문에 이렇게
   하는 것이다.
5) 不嚌肺不啐酒(부제폐불채주) : 허파를 맛보지 않고 술을 맛보지 않는다. 곧
   빈보다 한 등급이 낮아서 허파나 술을 맛보지 못하는 것이다.

7. 개(介)가 주인에게 술을 올리는 예

　개(介)가 당에서 내려와 술잔을 씻는다. 주인이 다시 동쪽 계
단으로 당에서 따라 내려와 사양하는 말을 하는데 그 예법은 빈
이 주인에게 술을 따르는 때와 똑같이 한다.
　개가 술잔을 다 씻으면 주인도 손을 씻는다. 개가 읍하고 사양하
고 당으로 올라 두 기둥의 사이인 전면에서 주인에게 작을 준다.
　개는 서쪽 계단 위에서 위의를 갖추고 서 있는다. 주인이 작에
술을 가득 채워 서쪽 계단 위에서 돌린다. 주인이 개(介)의 오른
쪽에 앉아서 술잔을 땅에 놓는다. 이에 한 번 절하고 작을 잡고 일
어난다. 개가 답배를 올린다.
　주인이 앉아서 술을 제사 지내고 드디어 술을 마시는데 잔을 완

전히 비우고 일어난다. 다시 자리에 앉아 술잔을 내려놓고 한 번
절하고 술잔을 잡고 일어난다. 개(介)가 답배한다. 주인이 앉아
서 작을 서쪽 기둥의 남쪽에 놓고 개의 우측에서 재배하고 술을
채운다. 개가 답배한다. 주인이 다시 동쪽 계단으로 돌아와서 읍
하고 내려오면 개가 내려와서 빈(賓)의 남쪽에 선다.

◑介降洗 主人復阼階 降辭如初 卒洗 主人盥[1] 介揖讓升 授主人爵
于兩楹之間 介西階上立 主人實爵 酢于西階上 介右坐奠爵 遂拜 執
爵興 介答拜 主人坐祭 遂飮卒爵 興 坐奠爵 遂拜 執爵興 介答拜 主
人坐奠爵于西楹南[2] 介右再拜崇酒 介答拜 主人復阼階 揖降 介降
立于賓南

1) 盥(관) : 개(介)에게 술을 따라 주기 위한 것이다.
2) 奠爵于西楹南(전작우서영남) : 술잔을 서쪽 기둥의 남쪽에 놓는다는 것은
   중빈(衆賓)에게 술잔을 올리는 것이라 했다.

8. 중빈(衆賓)에게 술을 올리는 예

주인이 서남쪽을 보고 중빈(衆賓)에게 세 번 절하면 중빈이 모
두 답하여 한 번 절한다.

주인이 읍하고 당에 올라가 앉아서 서쪽 두 기둥 아래에서 작
을 취하여 가지고 내려와 작을 씻는다. 다시 당 위로 올라가서 작
에 술을 채우고 서쪽 계단 위에서 중빈(衆賓)에게 드린다. 중빈
에서 제일 나이가 많은 세 사람이 당에 올라서 절하고 작을 받으
면 주인이 절하고 작을 보낸다.

세 사람이 앉아서 제사를 지내고 일어서서 술을 마시고 잔을 다
비우는데 절은 하지 않는다. 이미 다 마신 작을 주인에게 주고 당
에서 내려와 제자리로 돌아간다.

그 밖의 중빈(衆賓)들은 잔을 받으면 절하지 않고 술잔을 받으
면 앉아서 제사를 지내고 서서 술을 마신다. 중빈 중에서 세 사람
은 각각 한 사람씩 잔을 받으면 그 자리에 유사가 육포와 육장을

올린다. 중빈에게 두루 육포와 육장을 가져다 준다.

　주인이 작을 들고 당에서 내려와 대광주리에 넣는다.

◗主人西南面三拜[1] 衆賓 衆賓皆答壹拜[2] 主人揖升 坐取爵于西楹下
降洗 升實爵 于西階上獻衆賓 衆賓之長升 拜受者三人[3] 主人拜送
坐祭 立飮 不拜旣爵[4] 授主人爵 降復位 衆賓獻 則不拜受爵 坐祭 立
飮 每一人[5]獻 則薦諸其席 衆賓辯[6]有脯醢 主人以爵降 奠于篚[7]

1) 三拜(삼배) : 주인이 종합적으로 한 번에 여러 사람에게 예를 표하는 형식.

2) 壹拜(일배) : 중빈이 일배를 올리는 것은 낮은 신분으로 일일이 다 갖추지 못
　함을 뜻한다. 곧 천한 신분으로서 예를 동일하게 하지 못하는 것이다.

3) 三人(삼인) : 중빈 중에서 제일 나이가 많은 대표격인 세 사람을 뜻한다.

4) 旣爵(기작) : 졸작(卒爵)과 같다.

5) 每一人(매일인) : 중빈 중에서 제일 나이가 많은 세 사람을 뜻한다.

6) 辯(편) : 편(偏)과 같다. 금문(今文)에는 편(偏)으로 되어 있다. 뒤에도 같다.

7) 奠于篚(전우비) : 대광주리에 넣어 두다. 그 행사에는 다시 쓰지 않는다는 뜻.

9. 모두가 좌석으로 오르는 예

　주인이 읍하고 사양한 후 당으로 오른다. 빈(賓)은 개(介)에게
염(厭)하고 당으로 오른다. 개는 중빈(衆賓)에게 염(厭)하고 당
으로 오른다. 중빈은 차례대로 당으로 올라 좌석으로 나아간다.

　주인의 일을 관장하는 유사(有司)가 치(觶)를 씻어서 당으로
올라와 치를 들어 빈(賓) 앞에 내려놓는다〔擧觶〕. 유사가 치에 술
을 가득 채워서 서쪽 계단 위에 앉아 치를 내려놓고는 한 번 절을
올리고 치를 잡고 일어난다. 빈(賓)이 자리의 끝에서 답배한다.

　치를 잡고 일어난 사람이 앉아서 술을 제사 지낸 후 그 술을 마
시고 치를 완전히 비운 후에 일어난다. 다시 앉아서 치를 땅에 내
려놓고 절을 한 번 하고 치를 들고 일어나면 빈이 답배한다.

　치를 들고 있는 사람이 당에서 내려와 치를 씻고 당으로 올라
서 치에 술을 가득 채워서 서쪽 계단 위에 서 있으면 빈이 절한다.

치를 들고 있는 사람이 빈의 앞으로 나아가 앉아서 치를 육포와 육장이 있는 서쪽에 놓는다. 빈이 사양하고 앉아서 받고 치를 들고 일어난다.

거치자(舉觶者)가 서쪽 계단 위에서 절하고 치를 보낸다. 빈이 자리에 앉아서 치를 육포와 육장이 있는 서쪽에 놓는다. 거치자(舉觶者)가 당에서 내려온다.

◐揖讓升 賓厭[1] 介升 介厭衆賓升 衆賓序[2]升卽[3]席 一人[4]洗升 舉觶[5]于賓 實觶 西階上坐 奠觶 遂拜 執觶興 賓席末答拜 坐祭 遂飮卒觶興 坐奠觶 遂拜 執觶興 賓答拜 降洗 升實觶 立于西階上 賓拜進坐 奠觶于薦西 賓辭 坐受以興 舉觶者[6]西階上拜送 賓坐 奠觶于其所[7] 舉觶者降

1) 厭(염) : 인수(引手)를 염이라 했다. 금문에는 다 읍(揖)자로 되어 있다.

2) 序(서) : 차례이다. 차(次)와 같다.

3) 卽(즉) : 취(就)와 같다.

4) 一人(일인) : 주인의 아전이다. 곧 말단의 벼슬아치. 유사(有司)이기도 하다.

5) 舉觶(거치) : 치를 바치다. 거(舉)는 여러 사람이 술을 주고받는 발단이 되는 것이다. 거치는 주지 않고 빈 앞에 놓는 것이다.

6) 舉觶者(거치자) : 술잔인 치를 손님들에게 내려놓는 일을 하는 사람.

7) 其所(기소) : 육포와 육장이 있는 곳을 뜻한다.

10. 악공(樂工)은 4명이다

당(堂)의 옆에 자리를 설치하는데 동쪽을 위로 삼는다. 악공(樂工)이 4명으로 2명은 큰 거문고를 타는데 큰 거문고가 먼저 앞에 한다. 악공을 안내하는 상(相)이 2명이다.

모두 왼손으로 큰 거문고를 드는데 머리쪽이 뒤로 가게 하여 큰 거문고의 아래 구멍을 받쳐 들고 줄은 안으로 가게 한다. 오른손으로는 악공을 돕는다.

악정(樂正)이 먼저 당(堂)에 올라서 서쪽 계단의 동쪽에 선다.

악공(樂工)들이 들어와 서쪽 계단을 통해 당으로 올라서 북면하고 앉는다. 악공을 돕는 상(相)이 동면하고 앉아서 드디어 큰 거문고를 악공에게 주고 당에서 내려온다.

악공과 노래 부르는 사람이 시경(詩經)에 있는 녹명(鹿鳴)과 사모(四牡)와 황황자화(皇皇者華)를 연주하고 노래 부른다.

연주와 노래가 끝나면 주인(主人)이 악공(樂工)들에게 술을 드린다. 악공들은 큰 거문고를 왼쪽으로 내려놓고 악공 중에서 나이 많은 한 사람이 주인에게 절하고 일어나지 않은 채 술잔을 받는다. 주인이 동쪽 계단 위에서 절하고 작을 보낸다. 유사(有司)가 육포와 육장을 악공들 앞에 가져다 놓는다. 악공을 보조하는 사람에게 술과 육포와 육장으로 제사 지내는 것을 돕게 한다. 제사가 끝나면 악공이 술을 마시는데 잔을 다 비워도 절을 하지 않고 주인에게 작을 준다. 그 여타의 악공들도 잔을 받고 절하지 않는다.

술잔을 받아서 술을 제사 지낸 후 마신다. 모든 악공에게 두루 육포와 육장을 가져다 놓는데 제사는 지내지 않는다.

대사(大師)가 있으면 그를 위하여 술잔을 씻어서 준다. 빈(賓)과 개(介)가 주인을 따라 당에서 내려오면 주인이 사양하고 내려온다. 악공들은 주인이 잔 씻는 것을 사양하지 않는다.

생황[笙]을 부는 악공이 들어와 당 아래에 하고 경(磬)을 치는 악공의 남쪽에 자리하여 북면하고 선다. 생황을 부는 악공이 남해(南陔)와 백화(白華)와 화서(華黍)의 세 곡을 연주한다.

주인이 서쪽 계단 위에서 생황을 부는 악공에게 술을 드린다. 생황을 부는 사람 중에서 나이가 제일 많은 사람이 주인에게 절하고 계단 끝까지만 오르고 당에는 오르지 않는다. 이에 주인에게 작을 받으면 주인이 절하고 작을 보낸다. 악공이 계단 앞에 앉아서 술과 육포와 육장을 제사 지내고 일어나 술을 마시는데 다 마시고 나서 절은 하지 않는다. 빈 작은 위로 올라서 주인에게 건네 준다.

그 밖의 생황을 부는 모든 사람들이 절을 하지 않고 작을 받으며 앉아서 술을 제사하고 일어서서 마신다. 그 밖의 생황을 부는 모든 사람에게 다 육포와 육장을 두루 올리는데 제사는 지내지 않는다.

이에 교대로 연주하고 노래하는데 어리(魚麗)를 노래 부르고 유경(由庚)을 생황으로 연주한다. 남유가어(南有嘉魚)를 노래 부르고 숭구(崇丘)를 생황으로 연주한다. 남산유대(南山有臺)를 노래 부르고 유의(由儀)를 생황으로 연주한다.

이에 합동으로 연주할 때에는 거문고와 생황과 경쇠와 노래를 함께 한다. 합동으로 연주하는 곡명은 주남(周南)의 관저(關雎)와 갈담(葛覃)과 권이(卷耳)이고, 소남(召南)의 작소(鵲巢)와 채번(采蘩)과 채빈(采蘋) 등이다.

연주를 마치면 악공(樂工)이 악정(樂正)에게 고하여 말하기를 "정가(正歌)가 다 연주되었습니다." 라고 한다.

악정이 빈에게 고하기를 똑같이 한 후에 이에 당에서 내려온다.

◐設席于堂廉¹⁾東上 工四人²⁾ 二瑟³⁾ 瑟先⁴⁾ 相者⁵⁾二人 皆左何瑟⁶⁾ 後首 挎越⁷⁾ 內弦 右手相⁸⁾ 樂正⁹⁾先升 立于西階東 工入 升自西階 北面坐 相者東面坐 遂授瑟 乃降 工歌 鹿鳴 四牡 皇皇者華¹⁰⁾ 卒歌 主人獻工 工左瑟 一人¹¹⁾拜 不興受爵 主人阼階上拜送爵 薦脯醢 使人相祭¹²⁾ 工飲 不拜旣爵 授主人爵 衆工則不拜受爵 祭飲 辯有脯醢 不祭 大師¹³⁾則爲之洗 賓介降 主人辭降 工¹⁴⁾不辭洗 笙¹⁵⁾入堂下 磬南北面立 樂 南陔 白華 華黍¹⁶⁾ 主人獻之于西階上 一人¹⁷⁾拜 盡階 不升堂 受爵 主人拜送爵 階前坐祭 立飲 不拜旣爵 升授主人爵 衆笙¹⁸⁾則不拜 受爵 坐祭 立飲 辯有脯醢 不祭 乃間¹⁹⁾歌魚麗²⁰⁾ 笙由庚²¹⁾ 歌南有嘉魚²²⁾ 笙崇丘²³⁾ 歌南山有臺²⁴⁾ 笙由儀²⁵⁾ 乃合樂²⁶⁾ 周南 關雎 葛覃 卷耳²⁷⁾ 召南 鵲巢 采蘩 采蘋²⁸⁾ 工告于樂正曰 正歌備²⁹⁾ 樂正告于賓 乃降

1) 堂廉(당렴) : 당의 옆이다. 곧 측변(側邊)을 염(廉)이라 한다고 했다.
2) 工四人(공사인) : 악공(樂工) 네 사람을 뜻한다. 두 사람은 큰 거문고를 타고 두 사람은 노래를 부른다.
3) 二瑟(이슬) : 두 사람이 큰 거문고를 탄다는 뜻이다. 큰 거문고는 고대 중국에서 중요한 현악기의 하나이다. 모양이 중국의 옛 거문고와 같은데 옛 거문고에 비해 약간 크고 줄이 많다. 전체 길이는 7척 2치이고 27개의 줄이 있다.

같은 큰 거문고 중에서도 더 큰 것을 쇄(灑)라 하는데 길이가 8척 1치이고 너
비는 1척 8치라고 했다.

4) 瑟先(슬선) : 큰 거문고를 타는 사람이 제일 먼저 입장한다는 뜻.

5) 相者(상자) : 악공을 부축하고 인도하는 사람. 악공은 맹인들이기 때문에 앞
에서 인도하고 부축하는 사람이 필요하다.

6) 皆左何瑟(개좌하슬) : 모두 왼쪽에 큰 거문고를 든다는 뜻.

7) 挎越(고월) : 거문고의 구멍을 잡다. 곧 큰 거문고 구멍에 손을 넣어서 받쳐
들다의 뜻. 월은 큰 거문고의 실구멍이다.

8) 右手相(우수상) : 오른손으로는 악공을 부축하다의 뜻.

9) 樂正(악정) : 악관(樂官)의 우두머리이다. 정(正)은 장(長)의 뜻이다.

10) 鹿鳴四牡皇皇者華(녹명사모황황자화) : 녹명과 사모와 황황자화는 현재 전
하는 '시경(詩經)' 소아(小雅)편에 있는 가사이다. 녹명은 임금과 신하가 아
래로 사방의 빈들과 잔치를 열어 도를 강(講)하고 정사를 닦는 악가(樂歌)이
다. 사모는 임금이 수고롭게 사신이 온 것을 위로하는 악가이다. 황황자화는
임금이 사신을 보내면서 연주하는 음악이다. 현재의 시경에 악가가 실려 있다.

11) 一人(일인) : 악공의 장(長)을 뜻한다.

12) 使人相祭(사인상제) : 사람으로 하여금 제사를 돕도록 하다. 상(相)에게 돕
게 하다의 뜻. 악공을 도와서 제사 지내는 일을 함께 진행하게 하는 것.

13) 大師(대사) : 태사(太師)와 같다. 음과 율을 관장한 악공(樂工)의 우두머
리이며 하대부(下大夫)의 직급이다. '주례(周禮)'에 보면 춘관(春官) 종백
(宗伯)의 소속 관직이다. 곧 임금이 대부악(大夫樂)을 하사하면 사람이 따
라오는데 이때 따라오는 관직을 대사(大師)라고 한다.

14) 工(공) : 태사(太師)를 뜻한다. 태사도 맹인이다.

15) 笙(생) : 생황이라는 악기이다. 열세 개의 대나무를 엮어서 포(匏)에 꽂아
만든다. 생황을 불다.

16) 南陔白華華黍(남해백화화서) : 남해와 백화와 화서는 모두 현재 전하는
'시경(詩經)'의 소아(小雅)편에 있는 가사의 편명인데 제목만 있고 가사가
분실되었다. 생황으로 연주하는 지금의 경음악과 같은 것이다. 남해는 효자
가 서로 격려하여 부모를 잘 봉양하라는 뜻을 담은 내용이고 백화는 효자의
결백을 나타내는 내용이고 화서는 계절이 순조롭고 그 해에 풍년이 든 것을

찬미한 내용이라고 했다.

17) 一人(일인) : 생황을 부는 사람의 장(長)을 뜻한다.

18) 衆笙(중생) : 생황을 부는 사람은 1인 외에 3인이 더 있다.

19) 間(한) : 대(代)의 뜻. 곧 한 번은 노래하고 한 번은 불어서 연주한다는 뜻. 교대로 연주하고 노래한다는 뜻.

20) 魚麗(어리) : '시경' 소아편에 들어 있는 가사이다. 연회에서 빈객을 접대할 때 상하가 통용하여 쓰는 음악으로, 모든 잔치에 손님을 초청하여 푸짐하게 접대하는 뜻이라 했다.

21) 由庚(유경) : '시경' 소아편에 있는 편명이며 제목만 있고 가사가 없다. 생황으로 연주하는, 하나의 경음악이라 했다.

22) 南有嘉魚(남유가어) : '시경' 소아편에 들어 있는 가사. 잔치에서 통상적으로 쓰이는 노래라고 했다.

23) 崇丘(숭구) : '시경' 소아편에 들어 있는 시이며 제목만 있고 가사가 없다. 생황으로 연주하는 시라 했다.

24) 南山有臺(남산유대) : '시경' 소아편에 있는 시이며 잔치에 통상적으로 부르는 노래이다.

25) 由儀(유의) : '시경' 소아편에 있는 시이며 제목만 있고 가사가 없다. 생황으로 연주하는 것이라 했다.

26) 合樂(합악) : 가락과 사람의 목소리가 함께 이루어지는 곡조이다.

27) 周南關雎葛覃卷耳(주남관저갈담권이) : '시경'의 국풍(國風)에서 주남은 남쪽의 나라들이며 제후라는 뜻이다. 관저와 갈담과 권이는 주남편에 들어 있는 가사 이름이다. 관저는 부부의 금슬을 노래한 것이고, 갈담은 후비(后妃)가 덕이 두텁고 현모양처가 된 것을 노래한 것이고, 권이는 후비가 왕인 남편을 걱정하는 내용이라 했다.

28) 召南鵲巢采蘩采蘋(소남작소채번채빈) : 소남은 소공석(召公奭)의 채읍이다. '시경'의 소남편 속에 들어 있는 작소와 채번과 채빈의 가사를 뜻한다. 작소는 덕에 감화되어 풍속이 교화된 내용이고, 채번은 제후의 부인들이 후비의 덕에 감화되어 제후국들에 아름다운 풍속이 전해진 것이고, 채빈은 제후국의 부인들이 감화되어 집안의 제사에 정성을 다한다는 내용이다.

29) 正歌備(정가비) : 바른 노래가 모두 연주되어 끝났다는 뜻이다.

11. 사정(司正)으로 임명하여 일을 맡기다

주인(主人)이 남쪽으로부터 좌석에서 내려오는데 혼자 내려온다. 이에 상(相)으로 하여금 사정(司正)의 일을 맡도록 한다. 사정(司正)으로 임명되면 예로써 한 번 사양하고 허락한다.

주인이 절하고 사정(司正)이 답하여 절한다.

주인이 당으로 올라가 다시 자리로 돌아간다. 사정(司正)이 치(觶)를 씻어서 서쪽 계단으로 올라와 동쪽 계단의 위에서 북면하고 서서 주인에게 명령을 받는다. 주인이 말한다.

"청컨대 빈(賓)들은 편안하게 지내기를 바랍니다."라고 하면 사정이 이 말을 빈들에게 알린다.

빈들은 예로써 사양하고 그러겠노라고 허락한다.

사정(司正)이 빈의 인사를 주인에게 고한다. 주인이 동쪽 계단 위에서 재배하면 빈들은 서쪽 계단 위에서 답배(答拜)한다.

사정이 당의 두 기둥 사이에 서서, 서로 마주하여 절하는 것을 돕는다. 모두 읍하면 다시 제자리로 돌아간다.

사정이 치(觶)에 술을 채워서 치를 들고 서쪽 계단으로 내려가 두 계단 사이에서 북면하고 앉아 치를 내려놓고 뒤로 물러나 공수(拱手)하고 조금 서 있다가 앉아서 치를 들고 제사는 지내지 않고 술을 마신다. 치를 다 비운 후에는 일어났다가 앉아서 치를 땅에 놓고 다시 절한다. 치를 잡고 일어나 치를 씻고 북면하여 앉아서 치를 그 곳(땅)에 놓아둔다. 뒤로 물러나 치의 남쪽에 서 있는다.

●主人降席自南方 側降[1] 作相爲司正[2] 司正禮辭許諾 主人拜[3] 司正答拜 ●主人升 復席 司正洗觶 升自西階 阼階上北面受命于主人 主人曰 請安于賓 司正告于賓 賓禮辭許 司正告于主人 主人阼階上 再拜 賓西階上答拜 司正立于楹間以相拜[4] 皆揖復席 司正實觶 降自西階 階間[5]北面坐奠觶 退共[6] 少立[7] 坐取觶 不祭 遂飮 卒觶興 坐奠觶 遂拜 執觶興 洗 北面坐 奠觶于其所 退立于觶南[8]

1) 側降(측강) : 특강(特降)과 같다. 특은 특히의 뜻이며 혼자의 뜻이 있다. 곧
   빈(賓)과 개(介)가 따르지 않고 주인 혼자라는 뜻.
2) 作相爲司正(작상위사정) : 상(相)으로 사정(司正)을 삼다. 작은 사(使)의 뜻.
   사정은 연회 자리에서의 추태를 감시하는 사람. 임시로 임명하고 특별한 관직
   은 아닌 것 같다. 이때는 예악의 바른 것을 이미 다 마치고 술을 마시는 자리이
   므로 혹 빈(賓)이나 개(介)의 몸가짐이 나태해지는 것을 감시하는 것이다.
3) 拜(배) : 사정을 허락한다는 뜻에 대한 인사이다.
4) 相拜(상배) : 절하는 것을 돕다의 뜻.
5) 階間(계간) : 북쪽이며 동쪽과 서쪽의 중간이다.
6) 共(공) : 공수(拱手)이다.
7) 少立(소립) : 스스로 그 자리에 있으면서 삼가는 모습을 나타내는 것이다.
8) 退立于觶南(퇴립우치남) : 물러나 치의 남쪽에 서 있는다. 곧 잔치 자리를 감
   시하면서 남쪽에 서 있다는 뜻이다.

12. 수작(酬酢)하는 예

빈이 북면하고 앉아 도마의 서쪽에 있는 치(觶)를 가지고, 동
쪽 계단 위에서 북면하고 주인에게 잔을 올린다.

주인이 자리에서 내려와 빈의 동쪽에 선다. 빈이 앉아서 치를
내려놓고 절한다. 다시 치를 잡고 일어나면 주인이 답배한다. 빈
이 술을 제사 지내지 않고 서서 마시고 절은 하지 않는다. 잔을 다
비운 뒤에는 치를 씻지 않고 술을 따라서 동남면(東南面)하고 주
인에게 준다.

주인이 동쪽 계단 위에서 절하면 빈은 뒤로 조금 물러나고 주
인이 치를 받으면 빈은 주인의 서쪽에서 절하고 치를 보낸다. 빈
이 읍하고 제자리로 간다.

주인이 서쪽 계단 위에서 예를 돕는 개(介)에게 술을 돌린다. 개
는 남쪽으로부터 자리로 내려와 주인의 서쪽에 서서 빈이 주인에게
술잔을 권하는 예와 같이 한다. 주인이 읍하고 다시 자리로 간다.

사정(司正)이 당으로 올라 여수(旅酬)의 예를 도우면서 말한다.

"아무개 선생은 술잔을 받으십시오."

술잔을 받는 사람은 자리에서 내려온다.

사정(司正)이 뒤로 물러나 서서(西序)의 끝에서 동면(東面)하고 선다. 술잔을 받는 사람은 개(介)의 오른쪽에서 술잔을 받는다. 술잔을 받는 다른 모든 사람은 왼쪽에서 술잔을 받는다. 술잔을 받으면 절하고 일어나서 술을 마시는데 모두가 빈(賓)이 주인에게 술잔을 돌리는 예와 같이 한다.

두루 술잔 받는 일이 끝나면 마지막으로 잔을 받은 사람이 치를 가지고 당에서 내려와 앉아서 치를 대광주리에 넣는다. 사정이 당에서 내려와 제자리로 돌아간다.

◐賓北面坐取俎西之觶 阼階上北面酬¹⁾主人 主人降席 立于賓東 賓坐奠觶遂拜 執觶興 主人答拜 不祭 立飮 不拜 卒觶 不洗 實觶 東南面授主人 主人阼階上拜 賓少退 主人受觶 賓拜送于主人之西 賓揖復席 主人西階上酬介 介降席自南方 立于主人之西 如賓酬主人之禮 主人揖 復席 司正升相旅²⁾ 曰 某子³⁾受酬 受酬者降席 司正退立于序端東面 受酬者自介右 衆受酬者⁴⁾受自左 拜 興 飮 皆如賓酬主人之禮 辯 卒受者以觶降 坐奠于篚 司正降 復位

1) 酬(수) : 술잔이 오가는 것. 곧 잔을 돌리다. 여기서 처음으로 여수(旅酬)가 이루어진다. 여수(旅酬)를 뜻한다.

2) 旅(여) : 여수(旅酬)이다. 일단 의식이 끝난 뒤에 식에 참여한 사람들이 술잔을 주거니 받거니 하며 마시는 것을 뜻한다.

3) 某子(모자) : 아무개씨의 뜻. 중빈(衆賓) 가운데 한 사람의 성명이다.

4) 衆受酬者(중수수자) : 금문(今文)에는 없다고 했다.

13. 빈과 개(介)에게 치를 주는 예

주인에게 소속된 관리 두 사람으로 하여금 빈(賓)과 개(介)에게 거치(擧觶)하게 한다. 두 사람의 관리가 치를 씻고 당에 올라서 서쪽 계단 위에서 치에 술을 따른다.

치를 든 두 사람 모두 앉아서 치를 땅에 놓은 후 한 번 절하고 치를 잡고 일어난다. 빈과 개는 좌석의 끝에서 답배한다.

치를 든 사람은 다 앉아서 술을 제사 지내고 술을 마신다. 술잔을 다 비운 후에는 일어선다. 다시 앉아서 치를 내려놓고 한 번 절하고 치를 들고 일어난다. 빈과 개가 자리의 끝에서 답배한다.

당에서 내려올 때에는 올라올 때와 반대의 순서로 내려와서 치를 씻는다. 치를 씻고 다시 당으로 올라서 치에 술을 채워서 모두가 서쪽 계단 위에 서 있는다. 빈과 개가 모두 절을 한다. 모두가 다 앞으로 나아가서 육포와 육장이 있는 서쪽에 치를 놓는다.

빈이 감사의 말을 하고 자리에 앉아 치를 가지고 일어난다. 개는 육포와 육장이 있는 남쪽에 치를 놓는다. 개는 앉아서 치를 받고 일어난다. 치를 든 사람이 뒤로 물러나면 모두 절하여 치를 보내고 당에서 내려온다. 빈과 개가 육포와 육장이 있는 곳에 치를 놓아 둔다.

◗使二人[1] 擧觶于賓介 洗 升實觶于西階上 皆坐奠觶 遂拜 執觶興 賓介席末答拜 皆坐祭 遂飮 卒觶興 坐奠觶 遂拜 執觶興 賓介席末答拜 逆降[2] 洗 升實觶 皆立于西階上 賓介皆拜[3] 皆進 薦西奠之 賓辭[4] 坐取[5]觶以興 介則薦南奠之 介坐受[6]以興 退 皆拜送降 賓介奠于其所

1) 二人(이인) : 주인의 일을 돕는 유사(有司)이며 일반 관리를 뜻한다.
2) 逆降(역강) : 당에서 올라올 때와 반대의 위치로 내려가는 것을 뜻한다.
3) 皆拜(개배) : 좌석의 끝에서 절을 한다의 뜻.
4) 賓辭(빈사) : 빈이 고맙다는 인사를 하는 것을 뜻한다.
5) 取(취) : 빈의 신분이 높아서 취하다라고 한다.
6) 受(수) : 개의 신분은 낮아서 받다라고 한다.

14. 편안하게 잔치를 즐기는 예

사정(司正)이 서쪽 계단으로 당에 올라서 주인의 명을 받는다. 주인이 말한다.

"청컨대 빈(賓)들께서는 자리에 좌정하시기 바랍니다."

빈은 "도마에 좋은 안주가 많이 남아 있어서…." 라고 하며 사양한다. 주인이 도마를 철수할 것을 청하면 빈이 허락한다.

사정(司正)이 서쪽 계단 앞으로 내려와서 제자(弟子)들에게 도마를 철수하도록 준비하라고 명한다. 사정이 당으로 올라 서서 (西序)의 끝에 서 있는다.

빈이 자리에서 내려와 북면하고 묻는다. 주인이 자리에서 내려와 동쪽 계단 위에서 북면하고 서 있는다. 개도 자리에서 내려와 서쪽 계단 위에서 북면하고 서 있는다.

준자(遵者)가 자리로 내려와서 자리의 동남면(東南面)에 서 있는다.

빈(賓)이 도마를 가지고 돌아와서 사정(司正)에게 준다. 사정이 도마를 들고 내려오면 빈도 따라서 내려온다.

주인이 도마를 가지고 돌아와 제자에게 준다. 제자가 서쪽 계단으로 내려오고 주인은 동쪽 계단으로 내려온다.

개(介)가 도마를 가지고 돌아와서 제자에게 준다. 제자가 도마를 가지고 내려오면 개도 따라서 내려온다.

만약 제공(諸公)이나 대부들이 있으면 사람을 시켜서 도마를 받는데 빈례(賓禮)와 똑같이 한다. 중빈(衆賓)들도 모두 당에서 내려온다.

여러 사람이 신발을 벗고 읍하고 사양하기를 처음에 하던 예와 똑같이 하며 당에 올라서 자리에 앉는다.

유사가 술안주를 내오면 주인과 빈이 즐겁게 마시는데 술잔을 계산하지 않고 음악을 연주하는 것도 계산하지 않는다.

◑司正升自西階 受命于主人 主人曰 請坐于賓¹⁾ 賓辭以俎²⁾ 主人 請徹俎 賓許 司正降階前³⁾ 命弟子⁴⁾俟徹俎 司正升 立于序端 賓降 席 北面 主人降席 阼階上北面 介降席 西階上北面 遵者⁵⁾降席 席 東南面 賓取俎 還授司正 司正以降 賓從之 主人取俎 還授弟子 弟 子以降自西階 主人降自阼階 介取俎 還授弟子 弟子以降 介從之 若有諸公大夫 則使人受俎 如賓禮 衆賓皆降 ◑說屨⁶⁾揖讓如初 升

坐 ●乃羞[7] 無算爵[8] 無算樂[9]

1) 請坐于賓(청좌우빈) : 청컨대 손님들께서는 자리에 좌정하십시오의 뜻. 곧 지금까지는 서서 왔다 갔다 했으니 앉아서 즐기자는 뜻.

2) 賓辭以俎(빈사이조) : 빈이 사양하여 좋은 안주가 많이 남았다고 한다는 뜻.

3) 階前(계전) : 서쪽 계단 앞이라는 뜻.

4) 弟子(제자) : 여러 빈(賓) 중에서 젊은이를 뜻한다.

5) 遵者(준자) : 그 고을에서 벼슬하여 대부(大夫)까지 이른 사람을 뜻한다.

6) 說屨(탈구) : 신발을 벗다. 곧 편안하게 연회를 즐긴다는 뜻이 있다.

7) 乃羞(내수) : 이에 안주가 나오다의 뜻. 안주는 개고기 장조림, 육장 등이다.

8) 無算爵(무산작) : 술잔이 왔다 갔다 하는 것을 계산하지 않다. 곧 마음껏 마시다의 뜻.

9) 無算樂(무산악) : 잔치가 끝날 때까지 음악을 연주하는 것을 뜻한다.

15. 빈(賓)이 떠날 때의 예

빈(賓)이 연회를 마치고 돌아갈 때에는 해하(陔夏)를 연주한다. 주인은 문 밖까지 나가서 전송하고 재배한다.

빈(賓) 가운데 만약 준자(遵子)로서 제공(諸公)이나 대부(大夫)의 직책을 가진 자가 있으면 주인이 자신의 관리 중에서 한 사람을 선정하여 거치(擧觶)하도록 이에 들여보낸다.

빈의 동쪽에 준자의 자리를 마련하는데 공(公)의 자리는 세 겹으로 하고 대부의 자리는 두 겹으로 깔아 놓는다. 공(公)이 대부와 함께 들어올 때에는 주인이 당에서 내려오고 빈과 개(介)가 당에서 내려오고 중빈(衆賓)이 모두 당에서 내려온 다음 다시 처음과 같이 원래의 자리로 돌아간다.

주인이 문 안에서 영접할 때는 읍하고 사양하고 당에 오른다. 공(公)이 당에 오를 때에는 빈을 영접하는 예와 똑같이 한다. 공(公)이 사양하며 한 겹의 자리를 원하면 한 사람을 시켜서 자리 한 겹을 치운다.

대부(大夫)는 개(介)를 영접하는 예절과 똑같이 한다. 제공(諸

公)이 있으면 대부는 사양하여 두 겹으로 깐 자리에 앉지 않고 좌
석의 끝에 쌓아 놓는데 주인이 치우지 않는다. 제공(諸公)이 없
을지라도 대부가 사양하고 두 겹으로 깐 자리에 앉지 않으면 주
인이 상대하고 한 겹의 자리를 치우지는 않는다.

　다음 날에는 빈(賓)이 향복(鄕服 : 어제 입던 옷)으로 갈아입고
주인(主人)이 있는 곳으로 가서 어제 베풀어 준 은혜에 감사하
고 절을 올린다.

　주인이 빈복(賓服)과 똑같은 옷을 입고 빈이 욕되게 직접 찾아
와 준 데 대하여 감사의 인사를 한다.

　주인이 빈복을 벗고 현단(玄端)으로 갈아입고 이에 사정(司
正)의 수고를 위로한다. 이때 개(介)는 없다. 희생을 도마에 올
리지도 않는다. 육포와 육장을 올리고 술안주는 있는 것들을 차
려 놓는다. 또 먹고자 하는 음식을 차려 준다.

　향에 사는 높은 관직에서 물러난 선생이나 군자(君子)들은 요
청하는 대로 차려 준다. 빈(賓)이나 개(介)는 참여하지 않는다.
향악(鄕樂)은 희망하는 대로 연주해 주고 노래도 불러 준다.

◑賓出奏陔[1] 主人送于門外[2] 再拜 ◑賓若有遵者 諸公[3]大夫 則既一
人擧觶乃入 席于賓東 公三重[4] 大夫再重[5] 公如[6]大夫入 主人降 賓
介降 衆賓皆降 復初位 主人迎 揖讓升 公升如賓禮 辭一席[7] 使一人
去之 大夫則如介禮 有諸公則辭加席[8] 委[9]于席端 主人不徹 無諸公
則大夫辭加席 主人對 不去加席 ◑明日賓鄕服[10]以拜賜[11] 主人如賓
服以拜辱[12] ◑主人釋服[13] 乃息[14]司正 無介[15] 不殺[16] 薦脯醢 羞唯所
有[17] 徵唯所欲[18] 以告[19]于先生 君子[20]可也[21] 賓介不與[22] 鄕樂唯欲[23]

1) 賓出奏陔(빈출주해) : 손님이 나가면 해하(陔夏)를 연주하다의 뜻. 곧 잔치
　가 끝나고 손님들이 집으로 돌아갈 때 연주하는 음악이 해하이다. 해하는 중
　국의 고대 음악이며 구하(九夏) 가운데 하나이다. 해하를 연주하는 이유는
　종일의 잔치에서 술을 마시고 파하여 아무런 실수가 없음을 경계하기 위한
　것이다. '주례(周禮)'에 종고(鍾鼓)로써 구하(九夏)를 종사(鍾師)가 연주
　한다고 했다.

2) 門外(문외) : 문 밖에서 동서면(東西面)하고 절을 하다.

3) 諸公(제공) : 대국(大國)에서 사명(四命)을 받은 벼슬아치를 공이라 한다.

4) 三重(삼중) : 앉은 자리를 세 겹으로 마련하는 것. 신분이 높으면 높을수록 겹의 수가 높다.

5) 再重(재중) : 대부의 자리이며 두 겹을 뜻한다.

6) 如(여) : 약(若)과 같다.

7) 辭一席(사일석) : 세 겹으로 된 공(公)의 자리에서 한 겹을 빼내 대부와 같게 한다는 것으로 겸손을 뜻한다.

8) 加席(가석) : 상석(上席)의 뜻이다.

9) 委(위) : 쌓다의 뜻.

10) 鄕服(향복) : 향에서의 조복(朝服). 금문에는 이 앞에 복(服)자가 있다.

11) 拜賜(배사) : 베풀어 준 은혜에 보답하여 절을 올리는 것이다.

12) 拜辱(배욕) : 상대방이 스스로를 욕되게 하며 와서 인사하는 것에 대해 보답하는 인사이다.

13) 釋服(석복) : 조복(朝服)인 향복(鄕服)을 벗고 현단(玄端)으로 갈아입다. 고문(古文)에는 석은 사(舍)로 되어 있다.

14) 息(식) : 휴식하게 하다. 위로하다의 뜻. 식은 노(勞)라 했다.

15) 無介(무개) : 개가 없다. 곧 사정(司正)을 빈이 되게 하여 예를 간략하게 하여 위로하는 것.

16) 不殺(불살) : 희생을 쓰지 않는다는 뜻. 곧 도마가 없다.

17) 羞唯所有(수유소유) : 안주는 현재 있는 것으로 가져온다는 뜻이다.

18) 徵唯所欲(징유소욕) : 먹고자 하는 것을 부르는 대로 내다 주다. 희망하는 음식을 주다의 뜻.

19) 告(고) : 청(請)의 뜻이다.

20) 先生君子(선생군자) : 선생은 앞에서 말한 고위에 있던 전직 관리들이나 전임자. 군자는 나라 안에 있는 덕이 많은 사람.

21) 可也(가야) : 군자의 뜻대로 해 준다는 뜻.

22) 不與(불예) : 참여하지 않다. 예는 고문(古文)에는 예(豫)로 되어 있다.

23) 鄕樂唯欲(향악유욕) : 정악(正樂)을 신청하면 거절하지 않고 모두 다 연주해 준다는 뜻이다. 요구하는 대로 해 준다는 뜻.

■ 향음주례(鄕飮酒禮)의 의의

가. 향음주례의 해설

향대부(鄕大夫)는 조복(朝服)을 입고 빈(賓)과 개(介)를 선발하는 일을 의논한다. 빈이나 개는 모두 향(鄕) 안에서 유능한 사람을 뽑는데 미리 알리지는 않는다.

부들로 만든 자리는 검은 베로 가선을 두른다. 준(尊 : 술그릇)은 거친 칡베로 덮는데 빈이 이르면 덮개를 벗긴다. 그 희생은 개를 쓴다. 그 개는 당(堂)의 동북쪽에서 삶는다.

술을 올릴 때는 작(爵)을 사용하고 그 밖에는 치(觶)를 사용한다.

육포(肉脯)를 올릴 때는 1자 2치인 것 5개를 한 묶음으로 하고 가로로 그 위에 올려놓고 제사 지내는데 그것을 들고 나올 때는 왼쪽 방 끝으로부터 한다.

도마는 동쪽 벽으로부터 말미암아 서쪽 계단으로 오른다.

빈(賓)의 도마에는 등뼈와 갈비뼈와 어깨뼈와 허파를 올린다. 주인의 도마에는 등뼈와 갈비뼈와 팔뚝뼈와 허파를 올린다. 개(介)의 도마에는 등뼈와 갈비뼈와 겨드랑이뼈와 허파를 올린다. 허파는 모두 갈라 놓는다. 모두는 희생의 오른쪽 몸체를 쓰는데 살가죽이 위에 있게 한다.

작(爵)을 받고 절한 사람은 무턱대고 일어나지 않는다.

앉아서 잔을 비운 사람은 이미 잔을 비웠으면 절해야 한다. 서서 잔을 비운 사람은 잔을 다 비웠어도 절하지 않는다.

무릇 마시지 않는 것은 왼쪽에 술잔을 놓아 두고 장차 술을 따르려고 할 때는 오른쪽에 잔을 놓아 둔다.

記 : ○鄕[1]朝服[2]而謀賓介 皆使能 不宿戒[3] ○蒲筵 緇布純[4] 尊絺[5]冪 賓至徹之 ○其牲 狗[6]也 亨[7]于堂東北 ○獻用爵 其他用觶 ○薦

脯五挺⁸⁾ 橫祭于其上 出自左房 ○俎由東壁 自西階升 賓俎脊脅肩⁹⁾
肺 主人俎脊脅臂¹⁰⁾肺 介俎脊脅胳¹¹⁾肺 肺皆離¹²⁾ 皆右體 進腠¹³⁾○以
爵拜者不徒作¹⁴⁾ ○坐卒爵者拜旣爵 立卒爵者不拜旣爵 ○凡奠者于
左¹⁵⁾ 將擧于右

1) 鄕(향) : 향인(鄕人)이며 향대부(鄕大夫)를 뜻한다.

2) 朝服(조복) : 현단(玄端)에 치대(緇帶)와 소필(素韠)과 백구(白屨)를 한다.

3) 不宿戒(불숙계) : 미리 재계하지 않는다는 뜻.

4) 緇布純(치포준) : 검은 베로 가선을 두르다의 뜻.

5) 綌(격) : 칡베이다. 거친 칡베.

6) 狗(구) : 개를 희생으로 쓰는 이유는, 개가 사람을 가려서 따르는 것을 취했
다. 곧 그 사람이 아니면 예를 차리지 않는다는 것을 밝힌 것이다.

7) 亨(팽) : 삶다의 뜻. 팽(烹)과 같다.

8) 五挺(오정) : 1자 2치의 육포가 다섯 개가 한 묶음이라는 뜻. 정은 1자 2치의
건육을 뜻한다.

9) 脊脅肩(척협견) : 척은 등골뼈이고 협은 겨드랑이의 갈비. 견은 어깨뼈이다.

10) 臂(비) : 팔뚝살. 팔뚝뼈.

11) 胳(각) : 겨드랑이뼈. 어떤 본(本)에는 이 글자 위에 순(肫)자가 있다. 무릇
희생의 앞다리뼈(정강이)를 3등분하는데 견(肩)과 비(臂)와 노(臑)이다. 희
생의 뒷다리뼈는 2등분 하는데 박(膊)과 각(胳)이다.

12) 離(이) : 가르다. 가운데를 갈라서 놓는다는 뜻.

13) 進腠(진주) : 살결은 위로 떠올린다는 뜻. 살가죽을 위로 가게 한다는 뜻.

14) 不徒作(부도작) : 무턱대고 일어나지 않다. 필히 주인에게 잔을 돌려야 한다.

15) 凡奠者于左(범전자우좌) : 무릇 잔을 마시지 않고 놓아 두려면 왼쪽에 놓
아 두어야 한다.

　　나. 중빈(衆賓)의 장(長)이란
　　중빈(衆賓) 가운데 제일 나이가 많은 사람 중에서 한 사람이
잔을 씻는 것에 대하여 사양하는 말을 하는데 빈(賓)이 하던 예
절과 같은 것이다.

당 아래에 서 있는 사람은 동면(東面)하는데 북쪽을 위로 삼는
다. 만약 북면하고 있다면 동쪽을 위로 삼는다.

악정(樂正)과 당 아래에 서 있는 자에게는 모두 나이에 따라서
육포와 육장을 올린다.

무릇 거작(擧爵)하는 데는 세 번 안주를 올리는데 무턱대고 작
(爵)을 올리지 않는다.

음악이 연주되면 대부(大夫)는 안으로 들어오지 못한다.

악공(樂工)과 생황을 부는 사람에게 술을 드릴 때는 작(爵)을
위의 대광주리 속에서 꺼낸다. 이미 술을 드렸으면 아래의 대광
주리 속에 넣어야 한다. 생황 부는 사람에게 술을 드릴 때에는 서
쪽 계단 위에서 절하고 보낸다.

경쇠는 계단 사이의 동서쪽으로 가로놓이게 하고 북면(北面)
하여 경쇠를 친다.

주인과 개(介)가 무릇 자리에 오를 때에는 북쪽으로부터 하고
자리에서 내려올 때에는 남쪽으로부터 한다.

사정(司正)은 이미 거치(擧觶)하였으면 육포와 육장을 그 자
리에 올려야 한다.

무릇 여수(旅酬)에서는 치를 씻지 않는다. 치를 씻지 않았으면
술을 제사하지 않는 것이다.

이미 여수가 시작되었으면 사(士)는 안으로 들어가지 못한다.

도마를 철수할 때는 빈(賓)과 개(介)와 준자(遵者)의 도마를
받은 사람이 도마를 들고 당에서 내려와 문 밖으로 나와서 종자
(從者)들에게 준다. 주인의 도마는 동쪽으로 치워 둔다.

악정이 해하(陔夏)를 연주하라고 명령하면 빈은 나간다. 빈이
계단에 이르면 해하를 연주하기 시작한다.

만약 제공(諸公)이 있게 되면 대부의 위치는 주인의 북쪽에서
서면(西面)한다.

주인의 찬자(贊者)들은 서면하고 북쪽을 위로 삼는데 술을 올
리거나 술잔을 권하지 않는다. 다만 술잔을 권하고 받는 횟수가
정해지지 않고 편안하게 마시는 자리가 시작되면 함께 참여한다.

◯衆賓之長 一人辭洗[1] 如賓禮 ◯立者[2]東面北上 若有北面者則東
上 ◯樂正與立者 皆薦以齒[3] ◯凡擧爵 三作[4]而不徒爵 ◯樂作 大
夫不入 ◯獻工與笙 取爵于上篚 旣獻 奠于下篚 其笙則獻諸西階上
◯磬[5]階間[6]縮霤[7] 北面鼓之 ◯主人介 凡升席自北方 降自南方 ◯司
正旣擧觶而薦諸其位 ◯凡旅不洗[8] 不洗者 不祭 ◯旣旅 士[9]不入
◯徹俎 賓介遵者之俎 受者以降 遂出授從者 主人之俎以東 ◯樂
正命奏陔 賓出 至于階 陔作 ◯若有諸公 則大夫于主人之北西面
◯主人之贊者西面北上 不與[10] 無算爵然後與

1) 一人辭洗(일인사세) : 한 사람만 잔을 씻는 것에 대해 사양할 수가 있다. 곧
중빈(衆賓)의 장인 세 사람 가운데 더 연장자 한 사람만 할 수 있다는 뜻. 나
머지 두 사람은 인사를 할 수 없다는 뜻.

2) 立者(입자) : 당 아래에 서 있는 중빈(衆賓)들을 뜻한다.

3) 皆薦以齒(개천이치) : 술 마시는 일을 나이의 순서대로 한다는 뜻.

4) 三作(삼작) : 빈(賓)이나 대부(大夫)나 악공에게 술을 올리는데 각각 따로
따로 육포와 육장이 제공된다는 뜻이다.

5) 磬(경) : 경쇠이다. 경쇠는 옥이나 돌로 만든 악기이다. 경쇠는 특경(特磬)이
나 석경(石磬)이 있다.

6) 階間(계간) : 동쪽과 서쪽 계단의 사이.

7) 縮霤(축류) : 축은 종(從)의 뜻이다. 유는 동서의 처마 끝에 낙숫물 떨어지
는 곳이다. 곧 경쇠는 동서쪽으로 가로질러 놓아서 북면하고 친다는 뜻이다.
축은 고문(古文)에 축(蹙)으로 되어 있다.

8) 凡旅不洗(범려불세) : 무릇 여수에서는 술잔을 씻지 않는다는 뜻. 곧 예를 간
단히 하는 것이다.

9) 士(사) : 일반적으로 제일 낮은 관직. 경(卿)·대부(大夫)·사(士)를 뜻한다.

10) 不與(불여) : 술을 올리지 않는다. 곧 예를 행할 때에는 함께 하여 술을 올
리지 않고 예가 끝나고 자유자재로 진행될 때에는 함께 해도 된다는 뜻이다.

제5편 향사례(鄕射禮第五)

향사례는 중국 주(周)나라 시대의 제도이다. 향(鄕)의 대부(大夫)가 각각 동네나 마을의 어진 사람들을 선발하기 위해 행한 활쏘기의 의식을 뜻한다.

정현(鄭玄)이 이르기를 "주(州)의 최고 어른이 봄이나 가을에 예(禮)로써 백성을 모으고 주(州)의 질서를 활쏘기로써 하는 예이다. 향(鄕)이라고 한 것은 주(州)나 향(鄕)의 일속(一屬)이다." 라고 했다.

1. 향사례(鄕射禮)를 알리다

고을에서 활을 쏘는 예절이다.

주인(主人 : 州長이나 鄕大夫)이 가서 빈(賓)에게 알린다. 빈이 문 밖으로 나와 영접하여 재배한다. 주인이 답하여 재배하고 이에 빈에게 초청의 인사를 전한다.

빈이 예로써 한 번 사양하고 허락한다. 주인이 빈에게 재배하면 빈이 답하여 재배한다.

주인이 물러간다고 하면 빈이 전송하면서 재배한다. 행사를 보좌하는 개(介)는 없다.

이에 빈(賓)을 위한 좌석은 남쪽을 향하게 하고 동쪽을 위로 삼는다. 중빈(衆賓)의 자리는 빈의 좌석에 연이어서 서쪽으로 깔아 놓는다. 주인의 자리는 동쪽 계단 위에 깔아 놓는데 서면(西面)하게 한다.

빈(賓)의 자리 동쪽에는 술단지를 놓아 둔다. 두 개의 술병은

받침대를 받쳐 놓는다. 왼쪽에는 현주(玄酒 : 물)를 놓는데 모두
에 술국자를 놓아 둔다. 대광주리는 그 남쪽에 있게 하는데 동쪽
으로 향하게 진열한다. 동쪽 계단의 동남쪽에 씻는 곳을 마련한
다. 씻는 곳은 남북의 길이는 당의 깊이와 같게 하고 동서로는 동
쪽 처마 끝과 마주하게 한다.

물은 씻는 곳의 동쪽에 두고 대광주리는 씻는 곳의 서쪽에 두
는데 남쪽으로 진열한다. 경쇠는 씻는 곳의 동북쪽에 달아서 서
쪽을 향하게 한다.

이에 과녁을 펴는 데는 아래의 벼리가 땅에 닿아 흔적이 나지
않도록 하는데 일단 왼쪽은 매지 않고 벼리를 아래로 두며 중앙
은 덮어서 묶는다. 살가리개〔乏〕는 후도(侯道)를 삼등분하여 과
녁이 있는 곳에서 3분의 1 되는 곳의 서쪽으로 다섯 보 떨어진 곳
에 설치한다.

鄕射之禮¹⁾ : ◑主人²⁾戒賓³⁾ 賓出迎⁴⁾ 再拜 主人答再拜 乃請⁵⁾ 賓禮辭
許 主人再拜 賓答再拜 主人退⁶⁾ 賓送再拜 無介 ◑乃席賓⁷⁾ 南面東上
衆賓之席 繼⁸⁾而西 席主人于阼階上西面 尊于賓席之東 兩壺 斯禁 左
玄酒 皆加勻 篚在其南 東肆 設洗于阼階東南 南北以堂深 東西當東
榮 水在洗東 篚在洗西 南肆 縣⁹⁾于洗東北 西面 ◑乃張侯¹⁰⁾ 下綱不及
地武¹¹⁾ 不繫左下綱¹²⁾ 中掩束之¹³⁾ 乏¹⁴⁾參侯道¹⁵⁾居侯黨之一¹⁶⁾ 西五步

1) 鄕射之禮(향사지례) : 고을에서 제일 높은 직책을 가진 사람이 실시하는 활
　　쏘기 대회에서 지키는 예절을 뜻한다. 정현은 "주장(州長)이 활 쏘는 예를
　　실시하다."라고 했다.

2) 主人(주인) : 주장(州長)이나 향대부(鄕大夫)이다.

3) 戒賓(계빈) : 초청하는 빈에게 통지하다. 알리다의 뜻. 계는 경(警)이나 어
　　(語)의 뜻.

4) 出迎(출영) : 대문 밖으로 나와서 영접하다.

5) 請(청) : 고(告)의 뜻. 활 쏘는 일을 빈에게 고하다. 활 쏘는 일을 알릴 때에
　　는 백성에게 예악을 익히게 하는 것이 되어 빈만 위한 것이 아니기 때문이다.

6) 退(퇴) : 활 쏘는 곳으로 돌아가서 일을 살피다의 뜻.

7) 乃席賓(내석빈) : 이에 빈의 좌석을 깔다의 뜻. 문과 창문 사이에 자리를 깐 다고 하지 않는 것은 서(序)에서 활을 쏘기 때문이다.

8) 繼(계) : 이어서 깔다의 뜻.

9) 縣(현) : 경쇠를 달다의 뜻.

10) 張侯(장후) : 과녁을 펴서 달다의 뜻. 설치하다. 곧 사포(射布)이다.

11) 下綱不及地武(하강불급지무) : 아래의 강(綱 : 벼리)이 땅에 흔적을 남기 지 않도록 하다. 무(武)는 적(迹)이라 했다. 강은 지설승(持舌繩)이라 했다.

12) 不繫左下綱(불계좌하강) : 왼쪽을 매지 않고 벼리가 아래에 하다의 뜻.

13) 中掩束之(중엄속지) : 중을 가리고 묶다. 일이 다 이르지 않았다는 뜻이다.

14) 乏(핍) : 살가리개. 곧 용(容)을 핍(乏)이라 한다. 활을 쏠 때 획자(獲者)가 화살을 피해 숨는 곳이다. 일종의 병풍처럼 생겼다.

15) 參侯道(삼후도) : 화살을 쏘는 거리를 3등분하다.

16) 居侯黨之一(거후당지일) : 후(侯)가 있는 곳에서 3분의 1 되는 지점에 거 하게 된다. 당은 소(所)의 뜻.

2. 개고기국을 끓인다

고기를 삶아 국이 되도록 끓여서 고깃국을 만든다.

주인이 조복(朝服)을 입고 이에 빈을 초청한다. 빈은 조복을 입 고 문 밖에 나와서 영접하는데 재배(再拜)를 올린다. 주인이 답 하여 재배한다. 이에 주인이 돌아가면 빈이 재배하고 전송한다. 이에 빈과 중빈(衆賓)들이 주인의 뒤를 따라간다.

문에 이르면 주인의 예를 돕는 한 명의 상(相)이 문 밖으로 나 와서 영접하는데 두 번 절한다. 빈이 답하여 재배한다. 중빈(衆 賓)들은 읍을 한다.

주인과 빈이 함께 읍하고 주인이 먼저 들어간다. 빈이 중빈들에 게 염(厭)하면 중빈들이 모두 문의 왼쪽으로 들어가 동면(東面) 하는데 북쪽을 위로 삼는다. 빈이 조금 앞으로 나아간다. 주인이 빈과 함께 세 번 읍하고 함께 행해서 계단에 이르러서 세 번 사양 하는데 주인이 계단 한 층계를 오르면 빈이 당 위로 오른다.

주인이 동쪽 계단 위에서 문 위에 가로놓인 상인방에 당도하여
북면하고 재배한다. 빈은 서쪽 계단 위에서 상인방에 당도하여 북
면하고 답하여 재배한다.

◑羹定[1] 主人朝服[2]乃速賓 賓朝服出迎再拜 主人答再拜 退 賓送再
拜 賓及衆賓遂從之 ◑及門[3] 主人一相[4] 出迎于門外再拜 賓答再拜
揖衆賓 主人以[5]賓揖 先入[6] 賓厭[7]衆賓 衆賓皆入門左 東面北上 賓
少進[8] 主人以賓三揖 皆行及階 三讓 主人升一等[9] 賓升 主人阼階
上當楣 北面再拜 賓西階上當楣 北面答再拜

1) 羹定(갱정) : 고기로 국을 끓이는 것을 갱(羹)이라 한다. 정은 익히다의 뜻.
   곧 개고기국을 끓여서 먹는다고 했다.

2) 主人朝服(주인조복) : 활쏘기에 초청된 빈은 다른 행사에 초대되는 빈에 비
   해 가볍다. 그렇기 때문에 현단복을 입고 초청하는 것이라 했다. 정현(鄭玄)
   이 살던 시대의 향사례(鄕射禮)에서는 피변복(皮弁服)을 입고 예를 행했다
   고 했다.

3) 及門(급문) : 사례(射禮)가 행해지는 장소에 있는 문.

4) 相(상) : 주인(主人)의 가신(家臣)이며 행사를 돕고 명령을 전달하는 사람
   이다.

5) 以(이) : 여(與)와 같다.

6) 先入(선입) : 문의 오른쪽(동쪽)으로 들어와 서면(西面)한 것.

7) 厭(염) : 손을 당기는 것을 뜻한다고 했다. 금문(今文)에는 읍(揖)으로 되어
   있다.

8) 少進(소진) : 조금 앞으로 나아가다.

9) 一等(일등) : 한 계단을 뜻한다.

3. 주인과 빈에게 작(爵)을 권하는 예

주인이 자리에 앉아서 위의 대광주리에서 작(爵)을 취하여 당
아래로 내려온다. 빈이 따라 내려온다. 주인이 동쪽 계단 앞에서
서면(西面)하고 앉아 작(爵)을 내려놓고 일어나서 빈이 따라 내

려와 준 것에 대해 사양하는 말을 한다. 빈이 이에 답례한다.

주인이 자리에 앉아 작을 들고 일어나서 씻는 곳으로 가 남면하고 앉아서 작을 대광주리 아래에 놓는다. 손과 작을 씻는다. 빈이 앞으로 나아가 동북면하고 주인이 작을 씻는 것에 대해 사양하는 말을 한다. 주인이 자리에 앉아 작을 대광주리에 넣고 일어나서 빈과 마주하여 답한다. 빈은 본래의 위치로 돌아간다.

주인이 씻는 일을 다 마치면 한 번 읍하고 한 번 사양하고 빈과 함께 당에 오른다. 빈이 서쪽 계단 위에서 북면하고 서서 작을 씻은 노고에 대해 절한다. 주인이 동쪽 계단의 위쪽에서 북면하고 서서 작을 내려놓는다. 그런 다음 답배하고 이에 다시 내려온다. 빈도 당에서 내려온다.

주인이 내려오는 것을 사양하면 빈도 또한 사양하는 말을 한다. 주인이 손을 씻고 한 번 읍하고 한 번 사양하고 당으로 오르면 빈도 따라서 오른다. 빈은 당으로 올라 서쪽 계단 위에서 위엄 있게 서 있는다.

주인이 자리에 앉아 작을 취하여 술을 채워서 빈의 좌석 앞으로 가 서북면(西北面)하고 빈에게 작을 드린다. 빈은 서쪽 계단 위에서 북면하고 감사의 절을 한다. 주인은 조금 뒤로 물러선다. 빈이 앞으로 나아가 자리 앞에서 작을 받아 제자리로 돌아간다.

주인이 동쪽 계단 위에서 절하고 작을 보내면 빈이 조금 뒤로 물러선다. 이때 유사(有司)가 육포와 육장을 올린다. 빈이 자리로 올라가기를 서쪽으로부터 한다. 이에 유사가 절조(折俎)를 앞에 설치한다.

주인이 동쪽 계단의 동쪽에서 위의를 갖추고 서 있는다. 빈이 앉아서 왼손으로 작을 잡고 오른손으로 육포와 육장을 가지고 제사를 지낸다. 작을 육포와 육장이 있는 서쪽에 놓고 일어나서 허파를 취하여 다시 앉아서 허파 끝을 떼어 제사를 지낸다. 왼손으로 허파를 들어 맛본다. 그런 후 일어나서 도마에 허파를 올리고 앉아서 손을 닦고 작을 들고 술을 제사 지낸다. 다시 일어나 좌석의 끝에 앉아서 술을 맛본다. 자신의 자리로 내려가 앉아서 작을

내려놓고 절을 하고 술맛이 좋다고 칭찬한다. 다시 작을 들고 일
어나면 주인이 동쪽 계단 위에서 답하여 절한다.

　빈은 서쪽 계단 위에서 북면하고 앉아서 작을 다 비우고 일어
났다가 다시 자리에 앉아 작을 내려놓고 한 번 절을 올린다. 다시
작을 들고 일어난다. 주인이 동쪽 계단 위에서 빈에게 답배한다.

●主人坐 取爵于上篚 以降 賓降¹⁾ 主人阼階²⁾前西面 坐奠爵 興辭
降 賓對³⁾ 主人坐取爵興 適洗 南面坐奠爵于篚下 盥洗⁴⁾ 賓進 東北
面⁵⁾辭洗 主人坐奠爵于篚 興對 賓反位⁶⁾ 主人卒洗 壹揖壹讓 以賓
升 賓西階上北面拜洗 主人阼階上北面奠爵 遂答拜 乃降⁷⁾ 賓降 主
人辭降 賓對 主人卒盥 壹揖壹讓升 賓升 西階上疑⁸⁾立 主人坐取爵
實之 賓席之前 西北面獻賓⁹⁾ 賓西階上北面拜 主人少退 賓進受爵
于席前 復位¹⁰⁾ 主人阼階上拜送爵 賓少退 薦脯醢 賓升席自西方 乃
設折俎¹¹⁾ 主人阼階東疑立 賓坐 左執爵 右祭脯醢 奠爵于薦西 興取
肺 坐絕祭¹²⁾ 尙左手嚌之 興加于俎 坐挩¹³⁾手 執爵 遂祭酒 興席末坐
啐酒 降席¹⁴⁾ 坐奠爵 拜告旨 執爵興 主人阼階上答拜 賓西階上北面
坐 卒¹⁵⁾爵興 坐奠爵 遂拜 執爵興 主人阼階上答拜

1) 賓降(빈강) : 주인을 따라서 내려오다.
2) 阼階(조계) : 금문(今文)에는 이 글자가 없다.
3) 賓對(빈대) : 빈이 대하여 답하다.
4) 盥洗(관세) : 손을 씻고 작을 씻어서 청결하게 하다. 고문(古文)에는 관이 환
　　(浣)으로 되어 있다.
5) 東北面(동북면) : 씻는 곳의 남쪽에 위치하다.
6) 賓反位(빈반위) : 당에서 내려와 서 있던 위치로 돌아가다. 곧 향음주(鄕飮
　　酒)에서는 서서(西序)의 동면(東面)이라 했다.
7) 乃降(내강) : 주인이 다시 한 번 씻기 위해 내려온 것이다.
8) 疑(의) : 거동이다. 곧 위의(威儀). 이하의 주석도 같다.
9) 獻賓(헌빈) : 빈에게 술잔을 드리다. 물건을 선사하는 것을 헌(獻)이라 함.
10) 復位(복위) : 서쪽 계단 위의 위치이다.
11) 折俎(절조) : 희생 몸체의 사지(四肢)를 해체하여 도마에 올리는 것.

12) 絶祭(절제) : 허파의 끝부분을 떼어 제사하다. 곧 왼손으로 허파의 뿌리를
   잡고 오른손으로 허파의 끝을 떼어내어 제사하다의 뜻. 폐는 위쪽이 본(本)
   이고 아래쪽이 말(末)이다.

13) 挩(탈) : 씻다. 식(拭)의 뜻.

14) 降席(강석) : 자리의 서쪽이다.

15) 卒(졸) : 진(盡)과 같다. 다하다. 모두의 뜻.

4. 빈이 주인에게 권하는 예

빈(賓)이 빈 작(爵)을 들고 당(堂)에서 내려오면 주인이 따라
서 내려온다.

빈이 서쪽 계단 앞에서 동면(東面)하고 앉아 작을 내려놓고 일
어서서 주인이 따라 내려온 데에 대해 사양하는 말을 한다. 주인
이 이에 답한다. 빈이 자리에 앉아 작을 취하여 씻는 곳으로 가서
북면하고 앉아서 작을 대광주리 아래에 놓고 일어나 손과 작을 씻
는다. 주인이 동쪽 계단의 동쪽에서 남면하고 서서 빈이 손수 씻
는 것에 대해 사양하는 말을 한다. 빈이 자리에 앉아 대광주리 속
에 작을 넣고는 일어나서 인사에 답한다. 이에 주인이 서 있던 위
치로 되돌아간다.

빈이 작을 씻는 일을 모두 마치면 읍하고 사양하기를 주인이 빈
에게 하는 것과 똑같이 하고 당에 오른다.

주인이 빈이 작을 씻은 것에 대해 절을 올리면 빈이 답배하고
일어나서 내려가 손을 씻는데 주인이 하던 예와 똑같이 한다.

빈이 당으로 올라서 작에 술을 부어 주인의 좌석 앞으로 가서
동남면(東南面)하고 주인에게 잔을 올린다.

주인이 동쪽 계단 위에서 절하면 빈이 조금 뒤로 물러난다. 주인
이 앞으로 나아가 작을 받으면 다시 제자리로 돌아간다. 빈이 서
쪽 계단 위에서 절하고 작을 보내면 유사가 육포와 육장을 올린다.

주인이 좌석에 오르기를 북쪽으로부터 한다. 이에 유사가 절조
(折俎)를 설치한다. 제사 지내는 일을 빈이 행하던 예와 똑같이

하는데 술맛이 좋다고 칭찬하지는 않는다.

　주인이 좌석 앞에서부터 동쪽 계단의 위로 가서 북면하고 앉아
술을 다 마신 후 일어났다가 앉아서 작을 내려놓는다. 이에 절을 하
고 작을 들고 일어난다. 빈이 서쪽 계단 위에서 북면하고 답배한다.

　주인이 앉아서 작을 동서(東序)의 머리쪽에 내려놓고 동쪽 계
단 위에서 재배를 올리고 술을 채운다. 빈이 서쪽 계단 위에서 답
하여 재배한다.

◑賓以虛爵降[1] 主人降[2] 賓西階前東面坐奠爵 興辭降 主人對 賓坐
取爵 適洗北面坐奠爵于篚下 興 盥洗 主人阼階之東 南面辭洗 賓
坐奠爵于篚 興對 主人反位[3] 賓卒洗 揖讓如初 升 ◑主人拜洗 賓答
拜 興 降盥 如主人之禮 賓升 實爵 主人之席前 東南面酢[4]主人 主
人阼階上拜 賓少退 主人進受爵 復位 賓西階上拜送爵 薦脯醢 主
人升席自北方 乃設折俎 祭如賓禮[5] 不告旨[6] 自席前適阼階上 北面
坐 卒爵 興 坐奠爵 遂拜 執爵興 賓西階上北面答拜 主人坐奠爵于
序端[7] 阼階上再拜崇酒[8] 賓西階上答再拜

1) 賓以虛爵降(빈이허작강) : 빈이 빈 잔을 들고 내려오다. 곧 장차 잔을 씻어
　　서 주인에게 잔을 돌리려고 하는 것이다.
2) 主人降(주인강) : 빈을 따르는 것이다. 내려와 동쪽 계단의 동쪽에서 서면하
　　여 동서(東序)에 당도하다.
3) 反位(반위) : 따라 내려와 서 있던 위치이다.
4) 酢(작) : 잔을 돌리다. 곧 주인이 준 작을 마시고 다시 돌려주는 것이다. 곧 보
　　답하다.
5) 祭如賓禮(제여빈례) : 앞에서 빈이 했던 것처럼 주인도 똑같이 예를 행하는
　　것을 뜻한다.
6) 不告旨(불고지) : 맛있다고 고하지 않다. 곧 자신이 주인이기 때문에 칭찬하
　　지 않는다.
7) 序端(서단) : 동서두(東序頭)이다.
8) 崇酒(숭주) : 술을 채우다. 곧 있는 데에 더 부어서 주다의 뜻. 곧 첨작(添酌)
　　하다의 뜻.

5. 주인이 빈에게 술을 권하는 예

주인(主人)이 앉아서 치(觶)를 대광주리에서 꺼내 당(堂)에서 내려오면 빈도 따라서 내려온다.

주인이 치를 내려놓고는 빈이 내려온 것에 대해 사양한다. 빈이 이에 마주하여 대답하고 동면(東面)하여 서 있는다. 주인이 앉아서 치를 취하여 씻는다. 빈은 주인이 씻는 것에 대해 사양하는 말을 하지 않는다. 씻는 일을 마치면 주인과 빈이 서로 읍하고 사양하며 당으로 오른다.

빈은 서쪽 계단 위에서 위의를 갖추고 서 있는다. 주인이 치에 술을 채워서 권주(勸酒)한다.

동쪽 계단 위에서 북면하고 앉아서 치를 내려놓고 한 번 절을 올리고 치를 가지고 일어난다.

빈은 서쪽 계단 위에서 북면하고 답례하여 절한다. 주인이 앉아서 제사를 지내고 드디어 술을 마신다. 치의 술을 다 마시면 일어났다가 앉아서 치를 내려놓고 한 번 절하고 다시 치를 들고 일어난다. 빈이 서쪽 계단 위에서 북면하고 답배한다.

주인이 당에서 내려가 치를 씻는다. 빈이 내려와서 사양하는 말하기를 헌례(獻禮)와 똑같이 한다. 당에 올라서는 치를 씻은 수고에 대하여 사양하는 절을 하지 않는다.

빈이 서쪽 계단 위에 서 있으면 주인이 치에 술을 채워서 빈의 좌석 앞에서 북면하고 선다.

빈이 서쪽 계단 위에서 절하면 주인이 앉아서 치를 육포와 육장이 있는 서쪽에 내려놓는다. 빈이 사양하고 앉아서 치를 취하여 들고 일어나서 자신의 위치로 돌아간다.

주인이 동쪽 계단 위에서 절하고 잔을 보내면 빈이 북면하고 앉아서 치를 육포와 육장이 있는 동쪽에 내려놓고 제 위치로 돌아간다. 주인이 읍하고 내려오면 빈도 내려와서 동면하고 서쪽 계단 서쪽에 서서 서서(西序)와 마주한다.

주인이 서남면(西南面)하여 중빈(衆賓)들에게 세 번 절한다.
중빈들은 모두 답례하여 일배(一拜)를 한다. 주인이 읍하고 당에
올라가 앉아 서(序)의 끄트머리에서 작을 취하여 당에서 내려와
작을 씻는다. 다시 당으로 올라 작에 술을 채워서 서쪽 계단 위에
서 중빈들에게 작을 드린다.

중빈의 최고 어른이 당에 올라서 절하고 작을 받는데 이때 작
을 받는 자는 세 사람이다. 주인이 절하고 작을 보낸다. 세 사람이
자리에 앉아서 작으로 제사를 지내고 서서 마신다. 이미 다 마시
고 감사의 절은 하지 않는다.

작을 주인에게 돌려주고 당에서 내려가 제자리로 돌아간다. 중
빈(衆賓)은 모두 절하지 않고 작을 받는데 주인에게 작을 받으
면 앉아서 제사를 지내고 일어나서 술을 마신다.

주인이 중빈 가운데 어른인 세 사람에게 각각 한 사람씩 술을
드리면 유사는 각각 그 사람의 좌석에 모두 육포와 육장을 올린
다. 중빈에게 두루 육포와 육장을 가져다 준다. 주인이 빈 작을 들
고 당에서 내려와 대광주리에 작을 넣는다.

◑主人坐取觶于篚 以降 賓降 主人奠觶 辭降 賓對 東面立 主人坐
取觶洗 賓不辭洗[1] 卒洗 揖讓升 賓西階上疑立 主人實觶酬之[2] 阼
階上北面坐奠觶 遂拜 執觶興 賓西階上北面答拜 主人坐祭 遂飮 卒
觶興 坐奠觶 遂拜 執觶興 賓西階上北面答拜 主人降洗 賓降辭如
獻禮 升 不拜洗 賓西階上立 主人實觶 賓之席前北面 賓西階上拜
主人坐奠觶于薦西 賓辭 坐取觶以興 反位 主人阼階上拜送 賓北面
坐奠觶于薦東 反位 主人揖降[3] 賓降 東面立于西階西 當西序 ◑主
人西南面 三拜[4] 衆賓 衆賓皆答壹拜[5] 主人揖升 坐取爵于序端 降洗
升實爵 西階上獻衆賓 衆賓之長[6]升 拜受者三人[7] 主人拜送[8] 坐祭
立飮 不拜既爵[9] 授主人爵 降復位 衆賓皆不拜 受爵 坐祭 立飮 每
一人[10]獻 則薦諸其席 衆賓辯有脯醢 主人以虛爵降 奠于篚

1) 不辭洗(불사세): 씻은 것에 대한 사의를 표하지 않는다. 곧 주인이 스스로 마
   시기 때문이다.

2) 酬之(수지) : 권주(勸酒)이다. 곧 예가 한 등급 낮다.

3) 主人揖降(주인읍강) : 주인이 중빈(衆賓)에게 읍하는 것은 장차 중빈과 예를 행하기 때문이다.

4) 三拜(삼배) : 전체를 대변하여 한 번에 한 것이다.

5) 壹拜(일배) : 한 번 절하다. 세 번의 절에 일배는 빈과 중빈의 신분에 차이가 있어서이다.

6) 衆賓之長(중빈지장) : 중빈 가운데 연장자(年長者)들.

7) 三人(삼인) : 중빈 가운데 나이가 많은 세 사람. 곧 대표격으로 대표가 세 사람이며 중빈의 수가 많다고 했다.

8) 主人拜送(주인배송) : 중빈의 오른쪽에서 절하고 보내는 것.

9) 旣爵(기작) : 진작(盡爵)의 뜻이다.

10) 每一人(매일인) : 세 사람에서 각각 한 사람씩을 뜻한다.

6. 치(觶)를 사용하는 예

주인이 읍(揖)하고 사양하면서 당에 오른다. 빈(賓)이 염(厭)하면 중빈(衆賓)이 당으로 오르는데 중빈은 모두 올라가 자리로 나아간다.

주인측의 유사(有司) 한 사람이 치를 씻어서 빈에게 거치(擧觶)한다. 유사가 당에 올라 치에 술을 따라서 서쪽 계단 위에서 앉아 치를 내려놓고 절한 다음 치를 들고 일어나면 빈은 말석에서 답배한다.

거치(擧觶)자가 앉아서 제사 지내고 마시는데 치의 술을 다 마시면 일어났다가 앉아서 치를 내려놓고 절한 다음 치를 들고 일어난다. 이에 빈이 답배한다.

거치자(擧觶者)가 내려와 치를 씻은 다음 당 위로 올라가 술을 채우고는 서쪽 계단 위에서 북면한다. 빈이 절하면 거치자(擧觶者)가 앞으로 나아가 앉아서 치를 육포와 육장이 있는 곳의 서쪽에 놓는다. 빈이 사양하고 앉아서 치를 들고 일어난다. 거치자가 서쪽 계단 위에서 절하고 치를 보낸다. 빈이 다시 치를 그 육포와 육장이 있는 곳 서쪽에 놓는다. 거치자가 당에서 내려간다.

◑揖讓升 賓厭衆賓升 衆賓皆升就席 一人[1]洗 擧觶于賓 升實觶 西
階上坐奠觶拜 執觶興 賓席末答拜 擧觶者 坐祭 遂飮 卒觶興 坐奠
觶[2]拜 執觶興 賓答拜 降洗 升實之 西階上北面 賓拜 擧觶者進 坐
奠觶于薦西 賓辭 坐取以興[3] 擧觶者西階上拜送 賓反奠于其所 擧
觶者降

1) 一人(일인) : 주인에게 소속된 관리 한 사람. 곧 거치자(擧觶者).

2) 坐奠觶(좌전치) : 앉아서 치를 내려놓다. 직접 치를 건네 주지 않고 거치(擧
   觶)하는 것은 신분이 천하여 감히 주지 못하는 것이다.

3) 坐取以興(좌취이흥) : 앉아서 잔을 잡고 일어나다. 곧 친히 잔을 받은 것같
   이 하다.

7. 준자(遵者)를 맞이하는 예

대부(大夫)에 만약 준자(遵者)가 있다면 문의 서쪽으로 들어
온다. 주인(主人)이 당에서 내려와 준자를 맞이한다. 빈(賓)이나
중빈(衆賓)들이 모두 내려와 다시 처음에 문 안으로 들어올 때
의 위치와 똑같이 한다.

주인이 대부와 서로 읍하고 사양하며 함께 당으로 오른다. 주인
이 찾아온 것에 대해 절을 올리면 대부가 답하여 절한다. 주인이
작을 들고 당에서 내려오면 대부도 따라서 내려온다. 주인이 따
라 내려온 것에 대해 사례의 인사를 하면 대부는 자신을 위해 작
을 씻는 노고에 대해 사례의 인사를 하는데 빈(賓)이 하던 예와
똑같이 한다.

대부의 자리는 술단지가 있는 동쪽에 깔아 놓는다. 당에 올라서
는 주인이 작을 씻은 노고에 대해 절하지 않는다. 주인이 작에 술
을 따라서 좌석 앞으로 나아가 대부에게 술을 드린다. 대부)가 서
쪽 계단 위에서 절을 하고 앞으로 나아가 작을 받고 제자리로 돌
아간다. 주인이 대부의 오른쪽에서 절하고 작을 보낸다. 대부가

겹으로 되어 있는 자리를 사양하면 주인이 대답은 하지만 가석
(加席 : 겹으로 된 것)을 제거하지는 않는다.

유사(有司)가 이에 육포와 육장을 올린다. 대부가 좌석으로 오
르면 유사가 절조(折俎)를 설치한다. 대부는 빈이 하던 예와 같
이 허파와 술을 제사 지내지만 허파를 맛보지 않고 술을 맛보지
으며 맛을 칭찬하지 않는다. 단 서쪽 계단 위에서 작을 다 비우고
절을 한다. 주인이 답배한다.

대부가 당에서 내려와 작을 씻으면 주인이 다시 동쪽 계단으로
내려와 앞에서 했던 것처럼 사양하는 말을 주고받는다. 대부가 작
을 씻는 일을 마치면 주인이 손을 씻고 대부와 서로 읍하고 사양
하며 당으로 오른다.

대부가 당 위의 두 기둥 사이에서 주인에게 작을 주고 제자리로
돌아간다. 주인이 작에 술을 채워서 서쪽 계단 위에서 권한다. 앉
아서 작을 내려놓고 절하면 대부가 답하여 절한다. 주인이 앉아서
술을 제사 지내고 작을 다 비우고 절하면 대부가 답하여 절한다.

주인이 앉아서 서쪽 기둥의 남쪽에 작을 내려놓고 재배하고 술
을 더 부으면 대부가 답하여 절한다.

주인이 다시 동쪽 계단에서 읍하고 당에서 내려온다. 대부도 내
려와서 빈의 남쪽에 서 있는다. 주인이 읍하고 사양하며 빈과 함
께 당으로 오른다. 대부와 중빈들도 모두 당으로 올라서 좌석으
로 나아간다.

●大夫若有遵者¹⁾ 則入門左 主人降²⁾ 賓及衆賓皆降³⁾ 復初位⁴⁾ 主人
揖讓 以大夫升 拜至 大夫答拜 主人以爵降 大夫降 主人辭降 大夫
辭洗 如賓禮 席于尊東⁵⁾ 升 不拜洗 主人實爵 席前獻于大夫 大夫西
階上拜 進受爵 反位 主人大夫之右拜送 大夫辭加席⁶⁾ 主人對 不去
加席⁷⁾ 乃薦脯醢 大夫升席⁸⁾ 設折俎 祭如賓禮 不嚌肺 不啐酒 不告
旨 西階上卒爵 拜 主人答拜 ●大夫降洗 主人復阼階 降辭如初 卒
洗 主人盥 揖讓升 大夫授主人爵于兩楹間 復位 主人實爵 以酢于
西階上 坐奠爵 拜 大夫答拜 坐祭 卒爵 拜 大夫答拜 主人坐奠爵于

西楹南 再拜崇酒 大夫答拜 主人復阼階 揖降 大夫降 立于賓南[9] 主
人揖讓 以賓升 大夫及衆賓皆升就席

1) 大夫若有遵者(대부약유준자) : 대부에 만약 준자가 있다면. 곧 그 고을에서
   대부까지 오른 벼슬아치가 있다면의 뜻이다. 준자는 바야흐로 예악으로써 백
   성을 교화하여 그 법을 준수하도록 하는 사람이라는 뜻. 금문(今文)에는 준
   이 준(僎)으로 되어 있다.

2) 主人降(주인강) : 주인이 당에서 내려와 문 안에서 맞이하다. 문 밖으로 나
   가지 않는 것은 빈(賓)과 구별을 두기 위해서이다.

3) 賓及衆賓皆降(빈급중빈개강) : 빈이나 중빈이 모두 내려오다. 대부가 신분
   이 높기 때문에 당에서 대부를 기다리지 않는 것이다.

4) 初位(초위) : 문 안에서 동면(東面)하고 있던 것을 뜻한다.

5) 席于尊東(석우준동) : 좌석을 준이 있는 동쪽에 하다. 대부를 가까이서 높이
   는 것을 명백히 한다는 뜻이 있다.

6) 大夫辭加席(대부사가석) : 대부가 겹으로 된 자리를 사양하다. 곧 겸손이며
   자신이 현자(賢者)보다 높을 수 없다는 뜻이다.

7) 不去加席(불거가석) : 겹으로 된 자리를 제거하지 않다. 빈보다 한 등급 높
   은 것을 인정하는 것이다. 이것이 정례(正禮)이다.

8) 大夫升席(대부승석) : 대부가 자리에 오르다. 대부가 오를 때는 동쪽으로부
   터 한다는 뜻.

9) 立于賓南(입우빈남) : 빈의 남쪽에 서다. 대부가 빈의 북쪽에 서지 않고 남
   쪽에 서는 이유는 자신의 지위가 높더라도 남의 행사에서 예를 빼앗지 않기
   위해서이다.

8. 음악을 연주하고 악공에게 술을 주는 예

악공(樂工)들이 앉을 좌석은 서쪽 계단 위에서 조금 동쪽으로
깔아 놓는다. 악정(樂正)이 먼저 당(堂)으로 올라 북면하고 그
서쪽에 서 있는다. 악공은 4명인데 2명은 큰 거문고를 연주하고 2
명은 노래를 부르는 것이다. 큰 거문고를 연주하는 사람이 먼저
한다. 악공을 안내하는 상(相)은 모두 왼손으로 큰 거문고를 드

는데 큰 거문고의 머리가 앞으로 향하게 하고 손을 큰 거문고의 공(孔)에 집어넣어 잡으며 줄은 안으로 향하게 한다. 오른손으로는 악공을 부축한다. 들어가서 서쪽 계단을 통해 당으로 올라 북면(北面)하는데 동쪽을 위로 삼는다.

악공들이 좌석에 앉으면 도와주는 사람은 자리에 앉아서 큰 거문고를 악공에게 주고 이에 당에서 내려온다. 생황을 부는 사람이 안으로 들어와 경쇠의 동쪽에 서서 서면하고 서 있는다.

이에 당 위에서 음악을 연주하고 노래를 하는데 주남(周南)의 관저(關雎)와 갈담(葛覃)과 권이(卷耳), 소남(召南)의 작소(鵲巢)와 채번(采蘩)과 채빈(采蘋) 등의 시가(詩歌)를 연주한다.

악공이 일어나지 않고 악정(樂正)에게 고하여 말하기를

"정가(正歌)를 모두 연주하였습니다."

라고 하면 악정(樂正)이 빈에게 고하고 이에 당에서 내려온다.

주인이 위의 대광주리에서 작(爵)을 취하여 악공에게 드린다. 악공에게 대사(大師)가 있다면 주인이 작을 씻어서 드린다. 빈이 당에서 내려오면 주인이 빈에게 당으로 내려온 것에 대해 감사의 말을 한다. 악공(樂工)은 작을 씻어 준 것에 대해 사양의 말을 하지 않는다. 작을 다 씻으면 당에 올라서 작에 술을 채운다. 악공은 일어나지 않고 큰 거문고를 왼쪽에 놓고, 악공 가운데 제일 직급이 높은 한 사람이 절하고 작을 받는다.

주인이 동쪽 계단 위에서 절하고 작을 보낸다. 유사(有司)가 육포와 육장을 악공 앞에 놓는다.

사람을 시켜서 악공이 술과 육포와 육장을 제사 지내도록 돕게 한다. 악공은 술을 마시고 이미 작을 다 비웠어도 절하지 않고, 주인에게 작을 준다. 모든 악공이 절하지 않고 작을 받아서 술을 제사지내고 이에 마신다. 모든 악공에게도 육포와 육장을 가져다 주는데 제사를 지내지 않고 작을 씻지도 않는다.

이어서 서쪽 계단 위에서 생황을 부는 악공에게 작을 드리는데 생황 부는 사람 중에서 가장 직급이 높은 한 사람이 당 아래에서 주인에게 절하고 계단을 다 올라가되 당에는 오르지 않고 작을 받는다.

주인이 절하고 작을 보낸다. 생황을 부는 사람이 계단 앞에 앉아서 술을 제사 지내고 서서 마신다. 이미 작을 다 비운 뒤에는 절하지 않고 당으로 올라서 주인에게 작을 준다.

생황을 부는 모든 악공들은 절을 올리지 않고 작을 받아 앉아서 제사를 지내고 서서 술을 마신다. 모두에게 육포와 육장을 가져다 준다. 육포와 육장은 제사 지내지 않는다. 주인이 작을 가지고 당에서 내려와 대광주리에 작을 넣는다. 되돌아와 당으로 올라서 좌석으로 나아간다.

◑席工于西階上少東[1] 樂正先升 北面立于其西 工四人 二瑟[2] 瑟先相者[3]皆左何瑟 面鼓[4] 執越 內弦 右手相 入 升自西階 北面東上 工坐 相者坐授瑟 乃降 笙入 立于縣中[5]西面 乃合樂 周南 關雎 葛覃 卷耳 召南 鵲巢 采蘩 采蘋 工不興[6] 告于樂正曰 正歌備 樂正告于賓 乃降[7] 主人取爵于上篚獻工 大師則爲之洗 賓降 主人辭降 工不辭洗 卒洗 升實爵 工不興 左瑟 一人[8]拜受爵 主人阼階上拜送爵 薦脯醢 使人相祭[9] 工飮 不拜旣爵 授主人爵 衆工不拜受爵 祭飮 辯有脯醢 不祭 不洗[10] 遂獻笙于西階上 笙一人拜于下 盡階 不升堂 受爵 主人拜送爵 階前坐祭 立飮 不拜旣爵 升 授主人爵 衆笙不拜受爵 坐祭 立飮 辯有脯醢 不祭 主人以爵降 奠于篚 反升就席[11]

1) 少東(소동) : 약간 동쪽. 이는 동쪽의 사위(射位)를 피하기 위한 것이라 했다.

2) 二瑟(이슬) : 두 사람이 큰 거문고를 타다. 곧 두 사람은 노래를 부르는 사람이라는 뜻도 있다.

3) 相者(상자) : 악공을 도와 길을 안내하는 사람. 중빈 가운데 나이가 어린 사람을 뽑아 쓴다고 했다.

4) 面鼓(면고) : 고(鼓)가 앞에 하다. 면은 앞(前)의 뜻. 머리가 앞으로 가다.

5) 縣中(현중) : 경쇠가 달려 있는 중앙이다. 곧 생황 부는 사람은 경쇠의 동쪽에서 서쪽을 향하게 하다의 뜻.

6) 工不興(공불흥) : 악공은 일어나지 않는다. 맹인이기 때문에 예를 생략한 것을 뜻한다.

7) 乃降(내강) : 당에서 내려와 서쪽 계단의 동북면에 서다의 뜻.

8) 一人(일인) : 악공에서 제일 직급이 높고 연장자인 자.

9) 相祭(상제) : 악공을 도와서 그 제사 지내는 것을 함께 진행하는 것.

10) 不洗(불세) : 작을 씻지 않다. 직급이 낮기 때문에 예도 낮게 하다의 뜻.

11) 反升就席(반승취석) : 또한 읍하고 사양하고 빈과 함께 당에 오르면 중빈 (衆賓)도 다 오른다.

9. 사정(司正)을 세우는 절차

주인(主人)이 남쪽으로부터 좌석으로 내려오는데 주인만 내려 와 상(相)을 일으켜서 사정(司正)으로 삼는다.

사정(司正)은 예에 따라 한번 사양하고 허락한다. 주인이 재배 하면 사정이 답배한다.

주인이 당으로 올라 자신의 좌석으로 나아간다.

사정이 치(觶)를 씻어 서쪽 계단으로 당에 올라 두 기둥의 북 쪽을 통해 동쪽 계단 위로 가서 북면하여 주인에게 명을 받는다.

서쪽 계단 위에서 북면하고 빈에게 편안하게 지내도록 청하면 빈이 예로써 사양하고 허락한다. 사정이 주인에게 그 사실을 고 하면 드디어 두 기둥 사이에 서서 서로 절한다.

주인이 동쪽 계단 위에서 재배하면 빈이 서쪽 계단 위에서 답 하여 재배한다. 모두가 읍하고 각자의 좌석으로 나아간다.

사정(司正)이 치(觶)에 술을 채워서 서쪽 계단으로 내려와 뜰 의 중앙에 북면하고 앉아서 치를 내려놓는다. 일어나서 뒤로 물 러났다가 잠시 서 있는다. 다시 앞으로 나아가 앉아서 치를 들고 일어나 좌석으로 돌아가는데 술을 제사 지내지 않고 다 마시고 일 어난다. 다시 자리에 앉아 치를 내려놓고 절을 하고 치를 들고 일 어난다. 치를 씻고 북면하여 앉아서 그 곳에 치를 놓고 일어나 조 금 뒤로 물러난다. 북면하여 치의 남쪽에 서 있는다. 이후로는 여 수(旅酬)를 한다.

●主人降席自南方 側降 作相¹⁾爲司正²⁾ 司正禮辭許諾 主人再拜 司

正答拜 主人升就席 ◑司正洗觶 升自西階 由楹內³⁾適阼階上 北面
受命于主人 西階上北面請安于賓⁴⁾ 賓禮辭許 司正告于主人 遂立于
楹間以相拜⁵⁾ 主人阼階上再拜 賓西階上答再拜 皆揖⁶⁾就席 司正實
觶 降自西階 中庭北面坐奠觶 興 退 少立⁷⁾ 進坐取觶⁸⁾興 反坐 不祭
遂卒觶興 坐奠觶 拜 執觶興 洗 北面坐奠于其所 興 少退 北面立于
觶南 未旅⁹⁾

1) 作相(작상) : 상(相)을 일으키다. 곧 사정(司正)을 삼다의 뜻이 있다.

2) 司正(사정) : 행사의 예식에 실수가 있는지 없는지를 감독하는 사람이다.

3) 楹內(영내) : 기둥의 북쪽이다.

4) 請安于賓(청안우빈) : 빈들이 편안하게 쉬기를 청하는 명령을 내린 것이다.

5) 相拜(상배) : 주인과 손님이 서로 맞절을 하는 것이다.

6) 揖(읍) : 금문(今文)에 읍은 승(升)이라 했다.

7) 退少立(퇴소립) : 물러나 잠깐 서 있는다. 곧 스스로 닦아서 그 자리에서 신
   중하게 하는 것이다. 고문(古文)에는 소퇴립(少退立)으로 되어 있다고 했다.

8) 坐取觶(좌취치) : 금문(今文)에는 좌취치무진(坐取觶無進)으로 되어 있다.

9) 未旅(미려) : 앞으로는 여수(旅酬)를 한다. 미는 차례대로 서로 술잔을 주며
   장차 활쏘기를 하다의 뜻. 여는 차례이다. 여수가 끝나면 예가 끝난다.

10. 사사(司射)가 활쏘기를 청하다

삼우(三耦)가 당의 서쪽에서 남면(南面)하되 동쪽을 위로 삼
아서 기다리고 있는다.

사사(司射)가 당의 서쪽으로 가서 왼팔의 소매를 걷고 오른손
엄지손가락에 깍지를 끼고 왼팔에 소매를 수습하는 팔찌를 차고
활을 들고 계단 서쪽에 선다. 겸하여 화살 4개를 활에 끼워 잡는다.

이에 서쪽 계단으로 당에 오른다. 계단 위에서 북면(北面)하고
빈에게 고하여 말한다.

"활과 화살이 이미 갖추어졌으니 유사(有司)는 청컨대 활을 쏘
십시오."

빈이 대답한다.

"아무개는 능하지 못하나 여러분을 위하여 허락하겠습니다."

사사(司射)가 동쪽 계단의 위쪽으로 가서 동북면(東北面)하고 주인에게 고한다.

"빈에게 활쏘기를 청했는데 빈이 허락했습니다."

사사(司射)가 서쪽 계단으로 내려와 계단 앞에서 서면(西面)하고 제자들에게 활 쏘는 기물을 들여오라고 명령한다. 이에 제자들이 활 쏘는 기물들을 들여오면 모두 당의 서쪽에 놓아 둔다.

빈이나 대부(大夫)의 활을 서서(西序)에 기대놓고 화살을 활 아래에 놓아 두는데 오늬가 북쪽으로 가게 한다. 그 밖의 여타 활들은 당의 서쪽에 기대놓게 하고 화살은 그 위에 놓아 두게 한다.

주인의 활과 화살은 동서(東序)의 동쪽에 있게 한다.

사사(司射)가 활과 화살을 놓지 않고 재주와 기량이 비슷한 사람끼리 가려서 삼우(三耦)를 선택하여 당 서쪽에 늘어서게 한다.

삼우(三耦)의 남쪽에서 북면하고 상사(上射)에게 말하기를 "아무개는 선생을 어거하십시오"라고 하고 하사(下射)에게 말하기를 "선생은 아무개 선생과 함께 쏘십시오"라고 한다.

사정(司正)이 사마(司馬)가 된다. 사마가 과녁을 펴라고 명령하면 제자가 묶어 두었던 과녁을 풀어서 왼쪽 아래의 벼릿줄을 지지대에 맨다. 사마가 또 획자(獲者)에게 명하여 정기(旌旗)를 과녁의 중앙에 기대게 한다. 획자(獲者)는 서쪽으로부터 나아가 앉아서 정기를 가지고 과녁의 중앙에 기대놓고 이에 물러난다.

악정(樂正)이 서쪽으로 가서 제자에게 명하여 악공을 도와서 악기들을 당 아래로 옮기도록 한다. 이에 제자들은 악공을 돕는데 처음에 들어오던 방식과 똑같이 한다.

서쪽 계단으로 당에서 내려와 동쪽 계단 아래의 동남쪽에 이르러, 당(堂) 앞에서 화살대 3개 길이 만큼의 자리에서 서면(西面)하여 북쪽을 위로 하고 앉는다.

악정(樂正)이 북면하고 그 남쪽에 서 있는다.

●三耦[1] 俟于堂西 南面東上 司射適堂西 袒決遂[2] 取弓于階西 兼挾

乘矢³⁾ 升自西階 階上北面告于賓曰 弓矢旣具 有司請射⁴⁾ 賓對曰
某不能⁵⁾ 爲二三子⁶⁾許諾 司射適阼階上 東北面告于主人曰 請射于
賓 賓許 ◖司射降自西階 階前西面 命弟子⁷⁾納射器⁸⁾ 乃納射器 皆
在堂西 賓與大夫之弓倚于西序⁹⁾ 矢在弓下 北括 衆弓倚于堂西 矢
在其上 主人之弓矢 在東序東 ◖司射不釋弓矢 遂以比¹⁰⁾三耦于堂
西 三耦之南 北面 命上射¹¹⁾曰 某¹²⁾御¹³⁾于子¹⁴⁾ 命下射¹⁵⁾曰 子與某子
射 ◖司正爲司馬¹⁶⁾ 司馬命張侯 弟子說束¹⁷⁾ 遂繫左下綱 司馬又命
獲者¹⁸⁾ 倚旌¹⁹⁾于侯中 獲者由西方 坐取旌 倚于侯中 乃退 ◖樂正適
西方 命弟子贊工 遷樂于下 弟子相工如初入 降自西階 阼階下之東
南 堂前三笴 西面北上坐 樂正北面立于其南

1) 三耦(삼우) : 활을 쏠 때 짝을 짓는데 짝지은 두 사람을 일우(一耦)라고 한
   다. 곧 삼우는 여섯 사람을 뜻한다. 삼우에서는 상우(上耦)와 차우(次耦)와
   삼우(三耦)로 칭한다. 사정(司正)이 이미 사사(司射)를 세워서 사사가 제
   자 가운데 덕행과 도예(道藝)가 높은 자를 선발하여 삼우로 삼는다고 했다.
   사사는 주인의 관리이다.

2) 袒決遂(단결수) : 왼쪽 소매를 걷고 깍지를 끼고 팔찌를 차다. 단은 왼쪽 팔
   의 옷을 걷다. 결은 오른손 엄지손가락에 깍지를 끼다. 깍지는 상아로 만든다.
   수는 왼팔의 옷을 걷어매는 가죽띠로, 일종의 팔찌이며 사구(射韝)라고 했
   다. 활을 쏘지 않을 때 걷는 것은 습(拾)이라 했다.

3) 挾乘矢(협승시) : 협은 화살을 시위에 걸다. 승시는 화살 4개를 뜻한다.

4) 請射(청사) : 활을 쏘라고 청하다. 곧 권하다.

5) 某不能(모불능) : 아무개는 능하지 못하다. 곧 겸손의 말이다.

6) 二三子(이삼자) : 그대들. 여러분. 곧 중빈(衆賓)이나 그 밑의 사람들이다.

7) 弟子(제자) : 빈당(賓堂)에서 나이가 어린 사람들이다.

8) 納射器(납사기) : 활 쏘는 기물들을 들이다. 활 쏘는 기물은 활과 화살과 깍
   지와 팔찌, 정기, 주산가지, 화살그릇 등이다.

9) 西序(서서) : 서(序)의 서쪽이다.

10) 比(비) : 재주와 기량이 비슷한 사람끼리 견주다.

11) 上射(상사) : 일우(一耦)에서 한 사람이 상사(上射)이면 한 사람은 하사
    (下射)가 된다.

12) 某(모) : 아무개의 뜻.

13) 御(어) : 고문(古文)에는 종(從)으로 되어 있다.

14) 子(자) : 남자의 존칭이다. 또는 남자의 미칭(美稱)이기도 하다.

15) 下射(하사) : 일우(一耦)에서 앞에 하는 사람이 상사이고 뒤에 하는 사람
이 하사(下射)이며 두 사람이 한 짝을 이룬다.

16) 司馬(사마) : 관리가 겸직하는, 임시적으로 설치한 명칭이다.

17) 說束(탈속) : 묶어 놓은 것을 풀다. 금문(今文)에는 탈(說)을 세(稅)라 했다.

18) 獲者(획자) : 사례(射禮)를 거행할 때 깃발을 흔들고 '적중했습니다' 라고
외치는 사람. 제자 가운데서 선발한다. 그 이름은 일에서 이름 한 것이라 했다.

19) 旌(정) : 획자(獲者)가 화살이 과녁에 맞았을 때 기를 흔드는 것을 뜻한다.
깃대 위에 이우(犛牛)의 꼬리를 달고 이것을 새털로 장식한 기.

ɪɪ. 삼우(三耦)가 대기하고 사사(司射)가 시범하다

사사(司射)가 똑같이 활시위에 4개의 화살을 끼운 채 삼우(三
耦)에게 명령한다.

"각각 그 사우(射耦)와 함께 사양하고 활과 화살을 취하여 교
체하십시오."

그러면 삼우(三耦)들은 모두 왼쪽 소매를 걷어올리고 엄지손
가락에 깍지를 끼고 왼쪽 팔뚝에 팔찌를 찬다. 유사(有司)가 왼
손으로 활의 줌통(활의 가운데)을 잡고 오른손으로 활시위를 잡은
채 활을 주고 드디어 화살도 준다.

삼우(三耦)는 모두 활을 가지고 오른쪽 허리춤에 3개의 화살
을 꽂고 하나의 화살은 활에 끼운다.

사사(司射)가 먼저 산가지를 담는 그릇을 서남쪽에 설치하고
동면하여 서 있는다. 삼우가 모두 앞으로 나와 사사의 서쪽으로
부터 하여 사사의 서남쪽에 서서 동면하는데 북쪽을 위로 삼아서
기다린다.

사사(司射)가 동면(東面)하고 삼우(三耦)의 북쪽에 서서 화
살 3개를 오른쪽 허리춤에 꽂고 한 개는 활의 시위에 끼운 다음

읍하고 앞으로 나아가 계단에 당도한다. 북면하여 읍하고 계단에 이르러 또 읍하고 당으로 올라서 또 읍을 한다.

주학(州學)에서 사례(射禮)를 거행할 때는 기둥을 돌아서 동쪽에서 한다. 향학(鄕學)에서 사례를 행할 때는 기둥의 밖으로 말미암아서 좌물(左物 : 십자 표시)에 당도하여 북면하고 읍한다.

좌물(左物)에 이르러서는 읍을 하고 왼쪽 발은 좌물을 밟고 두 발을 함께 모으지 않는다. 되돌아서 과녁을 바라보고 엎드려서 다리를 바르게 하고 정기(旌旗)를 제거하지는 않는다.

활 쏘는 것을 교육하는 데는 4개의 화살을 쏘아 시범을 보인다. 활을 잡고 시위에 화살을 끼우지는 않는다. 오른손으로 활의 시위를 잡고 남면하여 읍한다. 읍하고 당에 올라서 활을 쏘는 듯이 하고 내려와 그 자리의 남쪽으로 나가 당의 서쪽으로 가서 화살 하나를 다시 들고 활의 시위에 끼운다. 드디어 계단의 서쪽으로 가서 종아리채를 취하여 허리에 꽂고 자신의 원래 위치로 돌아간다.

●司射猶¹⁾挾乘矢 以命三耦 各與其耦讓取弓矢 拾²⁾ 三耦皆袒決遂 有司³⁾左執弣⁴⁾ 右執弦而授弓 遂授矢 三耦皆執弓 搢三而挾一个⁵⁾ 司射先立于所設中⁶⁾之西南 東面 三耦皆進 由司射之西 立于其西南 東面北上而俟 ●司射東面立于三耦之北 搢三而挾一个 揖進 當階 北面揖 及階揖 升堂揖 豫⁷⁾則鉤楹內⁸⁾ 堂⁹⁾則由楹外 當左物¹⁰⁾ 北面揖 及物揖 左足履物 不方¹¹⁾足 還 視侯中 俯正足 不去旌 誘¹²⁾射 將乘矢¹³⁾ 執弓不挾 右執弦 南面揖 揖如升射 降出于其位南 適堂西 改¹⁴⁾取一个 挾之 遂適階西¹⁵⁾ 取扑¹⁶⁾ 搢之 以反位

1) 猶(유) : 유고(有故)와 같은 말이다.

2) 拾(겁) : 번갈아 하다. 교체하다.

3) 有司(유사) : 제자(弟子)들이다. 사기(射器)를 들이는 사람들이다.

4) 執弣(집부) : 활의 줌통을 잡다.

5) 搢三而挾一个(진삼이협일개) : 화살 3개는 오른쪽 허리춤에 꽂고 한 개는 활의 시위에 걸다의 뜻. 진은 삽(插)의 뜻이다.

6) 中(중) : 활의 점수를 매기는데 쓰이는 산(算)가지를 담는 그릇.

7) 豫(예) : 주학(州學)이라 했다. 주학에서 활을 쏘는데 대(臺)가 있는 곳이다.

8) 鉤楹內(구영내) : 기둥을 두르다. 곧 기둥을 돌아서 동쪽에 하다의 뜻.

9) 堂(당) : 상(庠)의 제도에는 당(堂)이 있고 실(室)도 있다.

10) 左物(좌물) : 하물(下物)이다. 활 쏘는 위치의 십자(十字) 표시라고 했다.

11) 方(방) : 병(倂)과 같다. 나란히 하다.

12) 誘(유) : 가르치다와 같다.

13) 將乘矢(장승시) : 승시는 사시(四矢)이다. 곧 화살 4개를 쏘는 시범을 보이다의 뜻.

14) 改(개) : 다시의 뜻.

15) 適階西(적계서) : 금문(今文)에는 적서서(適西序)로 되어 있다.

16) 扑(복) : 종아리를 치는 채이다. 가르침을 범한 자를 치는 것이다.

12. 과녁의 중앙에 적중시킬 것을 환기시키다

사마(司馬)가 획자(獲者)에게 정기(旌旗)를 가지고 과녁을 등지고 있으라고 명령한다. 획자는 과녁이 있는 곳으로 가서 정기를 가지고 과녁을 등지고 기다린다.

사사(司射)가 왼쪽으로 돌아서 상우(上耦)와 마주하고 서면(西面)하여 상우에게 활을 쏘라고 하고 제자리로 돌아간다. 상우가 읍하고 앞으로 나아가는데 상사(上射)는 왼쪽에 있고 하사(下射)는 오른쪽으로 나란히 하여 행동한다. 계단에 당도하여 북면하고 읍하며 계단에 이르러서도 읍한다.

상사(上射)가 먼저 세 계단을 오르면 하사(下射)가 따르는데 한 계단 낮게 한다. 상사가 당에 오른 뒤에 조금 좌측으로 서 있으면 하사가 당에 올라 상사에게 읍하고 나란히 함께 행동한다.

모두 그 물(物)인 표식에 당도하면 북면하여 읍한다. 표식에 완전히 이르면 읍하고 모두가 왼발로 표식을 밟고 되돌아서 과녁의 중앙을 살피고 두 발을 모으고 대기한다.

사마(司馬)가 당(堂)의 서쪽으로 가서 깍지를 끼지 않고 왼팔에 팔찌를 차지 않은 채 왼팔의 소매만 걷어올리고 활을 집어서 사사(司射)의 남쪽으로 나와 서쪽 계단을 따라서 당에 오른다. 기둥을 한 번 돌아서 상사(上射)의 뒤로 말미암아 서남면(西南面)하고 표식의 사이에 선다. 오른손으로 활의 끝을 잡고 남쪽을 향하여 활을 들어서 획자에게 명하여 과녁에서 떠나게 한다.

획자(獲者)가 정기(旌旗)를 가지고 허락하는데 그 소리가 끊이지 않도록 하고 살가리개에 이르러 앉아서 동면(東面)하고 정기를 옆으로 쓰러뜨려 놓고 일어나서 기다린다.

사마(司馬)가 하사(下射)의 남쪽에서 나와 그 하사의 뒤로 간 뒤에 서쪽 계단으로 내려온다. 되돌아서 사사(司射)의 남쪽으로 말미암아 당의 서쪽으로 가서 활을 풀어놓고 껴입은 것들을 벗어놓고 제자리로 돌아와서 사사(司射)의 남쪽에 선다.

사사(司射)가 앞으로 나아가 사마(司馬)와 함께 계단 앞에서 교대하는데 왼쪽으로 지나친다. 당 아래 서쪽 계단의 동쪽에서 북면하여 상사(上射)를 바라보고 명하기를 "획자를 쏘지 마시오! 획자(獲者)를 사냥하지 마시오!"라고 한다.

상사(上射)가 읍하면 사사(司射)가 물러나 제자리로 돌아간다. 이에 활을 쏜다.

상사가 이미 발사하고 두 번째 화살을 활에 끼운 후에는 하사가 활을 쏜다. 상사와 하사가 번갈아 화살 4개를 발사한다. 획자(獲者)는 앉아서 적중되면 "맞았습니다."라고 외치는데 정기(旌旗)를 들었을 때는 궁음(宮音 : 군주의 소리)으로써 하고 정기를 쓰러뜨렸을 때에는 상음(商音)으로써 한다.

획자(獲者)는 적중한 것들을 놓치지는 않지만 그렇다고 점수를 계산하지는 않는다. 활쏘기를 끝마치면 모두 활을 쥐고 화살을 끼지 않은 채 남면하여 읍하는데 그 읍하는 방식은 당에 올라 활을 쏠 때의 방식과 같이 한다.

상사(上射)가 세 계단을 내려오면 하사(下射)는 조금 오른쪽으로 따르는데 한 층을 뒤로 하여 함께 내려오며 상사는 왼쪽에 한다.

당에 올라서 활을 쏜 자들은 다음에 활을 쏠 사람들과 서로 왼쪽으로 스치며 계단 앞에서 교대한다. 서로 읍하고 사마(司馬)의 남쪽으로부터 당의 서쪽으로 가서 활을 풀어놓는데 깍지와 팔찌를 벗고 옷매무새를 고치고 당의 서쪽에서 기다리는데 남면하여 동쪽을 위로 삼는다.

삼우(三耦)가 활쏘기를 끝마치면 또한 이와 똑같이 한다.

사사(司射)가 허리에서 종아리채를 빼서 서쪽 계단의 서쪽에 기대놓고 당으로 오른다.

이에 북면(北面)하고 빈에게 고하여 말한다.

"삼우(三耦)가 활 쏘기를 끝마쳤습니다."

빈이 읍하면 사사가 내려가서 종아리채를 허리춤에 꽂고 본래의 위치로 돌아간다.

◐司馬命獲者執旌[1]以負侯[2] 獲者適侯 執旌負侯而侯[3] 司射還當上耦西面 作[4]上耦射 司射反位 上耦揖進 上射在左 竝行 當階 北面揖 及階揖 上射先升三等 下射從之中等[5] 上射升堂少左 下射升 上射揖 竝行[6] 皆當其物 北面揖 及物揖 皆左足履物 還 視侯中 合足而侯 ◑司馬適堂西 不決遂[7] 袒執弓 出于司射之南 升自西階 鉤楹 由上射之後 西南面立于物間 右執簫[8] 南揚[9]弓 命去侯 獲者執旌許若 聲不絶[10] 以至于乏 坐 東面偃[11]旌 興而侯 司馬出于下射之南 還其後 降自西階 反由司射之南 適堂西 釋弓 襲[12] 反位 立于司射之南 司射進 與司馬交于階前相左 由堂下西階之東 北面視上射 命曰 無射獲 無獵獲[13] 上射揖 司射退 反位 ◐乃射 上射旣發 挾弓矢 而后[14] 下射射 拾發[15]以將乘矢[16] 獲[17]者坐而獲 擧旌以宮 偃旌以商[18] 獲而未釋獲[19] 卒射 皆執弓不挾[20] 南面揖 揖如升射 上射降三等 下射少右 從之 中等 竝行 上射於左 與升射者相左 交于階前 相揖 由司馬之南 適堂西 釋弓 說決拾 襲而侯于堂西 南面東上 三耦卒射 亦如之 ◐司射去扑[21] 倚于西階之西 升堂 北面告于賓曰 三耦卒射 賓揖 司射降 搢扑 反位

1) 執旌(집정) : 깃발을 잡다. 앞에서 정기(旌旗)를 과녁 앞에 눕혀 놓았다고 했는데 활을 쏠 때 획자가 잡고 있어야 한다.

2) 負侯(부후) : 과녁을 등지다. 곧 과녁을 등지고 북쪽을 바라본다는 뜻이다.

3) 俟(사) : 기다리다. 금문(今文)에는 입(立)으로 되어 있다.

4) 作(작) : 사(使)의 뜻이다.

5) 中等(중등) : 중은 간(間)과 같다. 세 번째 계단과 첫 번째 계단 사이를 뜻함.
   곧 중앙의 계단.

6) 竝行(병행) : 두 사람이 나란히 예를 갖추고 동쪽으로 가다의 뜻.

7) 不決遂(불결수) : 깍지와 사구(射韝)를 갖추지 않다. 곧 활 쏠 준비를 하지
   않았다는 뜻.

8) 簫(소) : 활고자. 활의 시위를 매는 양쪽의 끝. 궁말(弓末)이다.

9) 揚(양) : 들다의 뜻.

10) 聲不絶(성부절) : 궁(宮)음과 상(商)음으로 연결되어 소리가 끊이지 않다.

11) 偃(언) : 부(仆)의 뜻이다. 쓰러져 있다.

12) 襲(습) : 종전대로 하다. 곧 원상태로 옷을 잘 정리하다의 뜻이다.

13) 無射獲無獵獲(무사획무렵획) : 획자를 쏘지 말고 획자를 사냥하지 말라. 곧
    사람을 쏘지 말고 화살이 옆으로 나가지 말게 하라의 뜻.

14) 后(후) : 고문(古文)에는 후(後)로 되어 있다.

15) 拾發(겹발) : 번갈아 연속적으로 발사하다.

16) 以將乘矢(이장승시) : 네 개의 화살을 모두 쏘다의 뜻.

17) 獲(획) : 맞히다의 뜻.

18) 擧旌以宮偃旌以商(거정이궁언정이상) : 깃발을 들었을 때는 궁음(宮音)
    으로 말하고 깃발을 쓰러뜨릴 때에는 상음(商音)으로 하다. 궁(宮)과 상(商)
    은 오음(五音)의 하나이다.

19) 獲而未釋獲(획이미석획) : 과녁을 맞히면 '맞혔습니다'라고 하지만 산가
    지로 계산을 하지는 않는다.

20) 不挾(불협) : 활에 화살을 끼우지 않는다는 뜻.

21) 去扑(거부) : 종아리채를 버리다. 곧 종아리채를 내려놓다.

13. 화살을 살그릇에 놓아 두는 일

사마(司馬)가 당(堂) 아래 서쪽으로 가서 왼쪽 팔을 걷어올리
고 활을 가지고 자신의 위치인 남쪽으로부터 나아가 사사(司射)

와 더불어 계단 앞에서 교대하는데 서로 왼쪽으로 스쳐 지나서 서쪽 계단을 통해 당으로 오른다.

서쪽의 기둥 사이를 한 바퀴 돌아서 오른쪽 표식 뒤로부터 두 표식의 사이에 서서 서남면하여 활로 읍하고 화살을 가져오라고 명한다. 획자(獲者)가 정기를 가지고 허락하는데 그 소리가 그치지 않게 한다. 정기를 가지고 과녁을 등지고 서서 기다린다.

사마(司馬)가 왼쪽 표식의 남쪽으로부터 나와 그 뒤를 돌아서 서쪽 계단으로 내려온다. 드디어 당 앞에 가서 북면하고 살그릇을 설치할 남쪽에 서서 제자들에게 살그릇을 설치하라고 한다.

이에 제자들이 중앙의 뜰에 살그릇을 설치하는데 남쪽으로는 씻는 곳과 마주하게 하여 동쪽에 설치한다. 사마가 사사(司射)의 남쪽으로부터 물러나와 당의 서쪽에 활을 놓고 의복을 제대로 갖추고 자신의 위치로 돌아간다. 제자가 화살을 가지고 북면하고 앉아서 살그릇에 화살을 놓는데 화살의 오늬가 북쪽으로 향하게 한다. 이에 물러난다.

사마(司馬)가 걷어올린 팔을 정돈하고 앞으로 나아가 살그릇의 남쪽에 당도하여 북면하고 앉아서 왼손과 오른손으로 화살을 정돈하여 올린다.

만약 화살이 갖추어지지 않았으면 사마(司馬)가 또 왼쪽 팔을 걷어붙이고 활을 가지고 처음 했던 것과 같이 한다. 이에 당에 올라 제자들에게 명하기를 "화살을 가져올 때 모두 가져오지 못했으니 다 찾아오라."라고 한다.

제자가 서쪽에서 바야흐로 응답하기를 "예." 라고 대답한다. 이에 다시 화살을 구하여 살그릇에 담아 놓는다.

◑司馬適堂西 袒執弓 由其位南進 與司射交于階前 相左 升自西階 鉤楹 自右物之後 立于物間 西南面揖弓[1] 命取矢 獲者執旌許諾 聲不絶 以旌負侯而俟[2] 司馬出于左物之南 還其後 降自西階 遂適堂前 北面立于所設福[3]之南 命弟子設福 乃設福于中庭 南當洗 東肆 司馬由司射之南 退 釋弓于堂西 襲 反位 弟子取矢 北面坐委于福

北括 乃退 司馬襲進 當楅南 北面坐 左右撫矢而乘之⁴⁾ 若矢不備 則
司馬又袒 執弓如初 升命曰 取矢不索⁵⁾ 弟子自西方應曰 諾⁶⁾ 乃復
求矢 加于楅⁷⁾

1) 揖弓(읍궁) : 활을 밀어서 읍하다.

2) 俟(사) : 제자가 화살을 취하여 정(旌)으로써 가리키는 것을 교육시키다.

3) 楅(복) : 살그릇. 화살을 넣어 두는 그릇. 화살을 나란히 세워 두는 제구.

4) 左右撫矢而乘之(좌우무시이승지) : 왼손과 오른손으로 화살을 어루만져서 4개씩 짝을 맞추어 태워 놓다. 곧 넣어 놓다의 뜻.

5) 不索(불삭) : 다하지 않았다. 모두 가져오지 않았다는 뜻.

6) 諾(낙) : 예. 대답하는 말.

7) 加于楅(가우복) : 살그릇에 화살을 채워 놓다의 뜻.

I4. 사사(司射)가 성적을 비교하다

사사(司射)가 종아리채를 계단의 서쪽에 기대놓고 당으로 올라서 빈에게 활쏘기를 청하는데 그 방식은 처음 시작할 때와 같이 한다. 이에 빈이 허락한다.

빈(賓)과 주인(主人)과 대부(大夫)가 모두 함께 활 쏘는 예에 참여하게 되면 빨리 이 사실을 빈에게 고하고 동쪽 계단의 위로 가서 주인에게도 고한다. 이때는 주인과 빈이 우(耦 : 짝)가 된다. 이어 대부에게 고한다.

대부들이 비록 많다고 하더라도 모두 사(士)와 함께 우(耦)가 된다. 우(耦)가 대부에게 고하여 말하기를 "아무개가 선생님을 모시게 되었습니다." 라고 한다.

서쪽 계단 위에서 북면하고 중빈(衆賓)에게 활을 쏘게 한다.

사사(司射)가 당에서 내려가 종아리채를 허리춤에 꽂고 사마(司馬)의 남쪽에서부터 당의 서쪽으로 가 서서 중우(衆耦)와 나란히 한다.

중빈(衆賓)으로서 장차 활 쏘는 대회에 참여할 사람들은 모두 당에서 내려와 사마(司馬)의 남쪽으로부터 당의 서쪽으로 가 삼우(三耦)와 이어서 서는데 동쪽을 위로 삼는다.

대부의 우(耦)는 위가 되는데 만약 동면(東面)한 자가 있으면 북쪽을 위로 삼는다. 빈이나 주인과 대부가 모두 당에서 내려오지 않았으면 사사가 이에 중우(衆耦)를 두루 뽑는다.

◐司射倚扑于階西 升 請射于賓如初 賓許諾 ◐賓主人大夫若[1]皆與射 則遂告于賓 適阼階上告于主人 主人與賓爲耦 遂告于大夫 大夫雖衆 皆與士爲耦 以耦告于大夫曰 某御于子 西階上北面作[2]衆賓射 司射降 搢扑 由司馬之南 適堂西立 比衆耦[3] 衆賓將與射者皆降 由司馬之南 適堂西 繼三耦而立東上 大夫之耦爲上 若有[4]東面者 則北上 賓主人與大夫皆未降[5] 司射乃比衆耦辯

1) 若(약) : 어떤 이는 활을 쏘고 어떤 이는 쏘지 않는 시기를 자유의사에 맡기는 것.

2) 作(작) : 사(使)의 뜻이다.

3) 衆耦(중우) : 대부우(大夫耦)와 중빈(衆賓)들이다.

4) 若有(약유) : 대부와 사(士)가 사례(射禮)를 보러 온 사람들이다. 그 밖의 중빈들도 많이 왔다는 뜻이다.

5) 未降(미강) : 내려오지 않다. 그 뜻이 다시 활을 쏘고 싶어 한다는 뜻이다.

15. 삼우(三耦)가 화살을 취하는 법

드디어 삼우(三耦)에게 번갈아 화살을 취하라고 명하고 사사(司射)는 원래의 자리로 돌아간다.

삼우(三耦)가 번갈아 화살을 취하고는 모두가 왼쪽 소매를 걷어올리고 깍지를 끼고 팔찌를 차고 활을 가지고 나아가 사마(司馬)의 서남쪽에 선다.

사사(司射)가 상우(上耦)에게 화살을 들게 하고 사사는 자신의 위치로 돌아간다. 상우가 읍하고, 앞으로 나아가 살그릇과 마주하여 북면하고 읍하고, 살그릇 앞에 이르러서 또 읍한다.

상사(上射)는 동면하고 하사(下射)는 서면한다. 상사가 읍하고 앞으로 나아가 앉아서 활을 가로로 놓고 왼손으로 활 밖을 잡고 오른손으로 활 아래에 있는 화살 한 개를 취하여 줌통에 함께 끼어서 화살대의 깃털을 손질하고 일어난다. 이에 활시위를 잡고 왼쪽으로 돌아 뒤로 물러나 제자리로 돌아와서 동면하고 읍한다.

하사가 앞으로 나아가 앉아서 활을 가로로 놓고 왼손은 활의 안을 잡고 오른손은 활 위로부터 화살 한 개를 취하여 일어나는데 그 밖의 행동은 상사와 똑같이 한다.

번갈아 화살 4개를 다 취하게 되면 읍하고, 모두 왼쪽으로 돌아서 남면(南面)하여 읍을 하고, 모두가 약간 앞으로 나아가 살그릇의 남쪽과 마주하여 왼쪽으로 돌아서 북면하고 허리춤에 화살 3개를 꿰차고 화살 한 개는 활에 꽂고 읍하고, 모두 왼쪽으로 돌아서 상사는 오른쪽에 한다.

함께 나아가는 자들은 왼쪽으로 마주하며, 서로 읍하고 물러나서 제자리로 돌아간다.

삼우(三耦)가 번갈아 화살을 취하는 것도 또한 앞서와 같다.

뒤에 하는 자가 마지막으로 화살을 취할 때는 처음에 사사가 삼우에게 활쏘기를 가르치던 화살을 취하여 4개의 화살까지 나란히 취하는데 유사(有司)가 서쪽에서 준 뒤에 제자리로 돌아온다.

중빈들은 번갈아 화살을 들지 않고 모두 왼쪽 소매를 걷어올리고 손에 깍지를 끼고 팔찌를 차고 활을 잡고 화살 3개를 허리춤에 꽂고 화살 한 개를 시위에 끼운다. 당의 서쪽으로부터 나아가 삼우(三耦)의 남쪽에 연이어 서서 동면하는데 북쪽을 위로 삼는다. 대부의 우(耦)는 제일 위가 된다.

●遂命三耦拾取[1]矢 司射反位 三耦拾取矢 皆袒決遂 執弓[2] 進立于司馬之西南 司射作上耦取矢 司射反位 上耦揖進 當福[3]北面揖 及福揖 上射東面 下射西面 上射揖進坐 橫弓[4] 卻手自弓下取一个[5] 兼[6] 諸弣 順羽[7] 且興 執弦而左還 退反位 東面揖 下射進 坐 橫弓 覆手[8] 自弓上取一个 興 其他如上射 既拾取乘矢 揖 皆左還 南面揖 皆少進 當福南 皆左還北面 搢三挾一个 揖 皆左還 上射於右 與進者相

左 相揖 退反位 三耦拾取矢亦如之 後者逐取誘射之矢[9] 兼乘矢而
取之 以投有司于西方 而后反位 ◑衆賓未拾[10]取矢 皆袒決遂 執弓
搢三挾一个 由堂西進 繼三耦之南而立 東面北上 大夫之耦爲上

1) 拾取(겹취) : 번갈아 취하다.

2) 皆袒決遂執弓(개단결수집궁) : 모두 팔을 걷어올리고 손가락에 깍지를 끼고
   왼팔에 소매를 걷어매는 띠를 하고 활을 잡다. 활쏠 준비가 완비되었다는 뜻.

3) 當楅(당복) : 살그릇의 정남쪽에서 동서측을 말한다고 했다.

4) 坐橫弓(좌횡궁) : 앉아서 활을 가로로 쓰러뜨려 놓다. 활의 등부분이 위쪽을
   향하게 하고 왼손을 아래로 향하게 하여 활의 동쪽을 잡는다는 뜻이다.

5) 卻手自弓下取一个(각수자궁하취일개) : 활의 아래쪽에서 화살을 취하는 것
   이다. 왼손이 활의 밖에 있어 오른손이 활의 속에서 화살을 취하기 편리하게
   하기 위한 것이라 했다.

6) 兼(겸) : 병(幷)과 같다.

7) 順羽(순우) : 화살대 끝에 붙어 있는 깃털을 손질하다.

8) 覆手(복수) : 활의 위쪽에서 화살을 취하는 것이다. 왼손은 활의 안에 있고
   오른손이 밖을 따라서 화살을 취하는데 또한 편리하게 한 것이라 했다.

9) 取誘射之矢(취유사지시) : 활쏘기를 가르쳤던 화살을 취하다. 처음에 사사
   가 삼우에게 활쏘기 시범을 보였던 4개의 화살을 취한다는 뜻. 곧 1개의 화살
   외에 4개를 더 취하여 끼는데 제자가 동면의 위치 뒤에서 받는다고 했다.

10) 未拾(미겹) : 번갈아 취하지 않다의 뜻. 미는 불(不)과 같다. 중빈들이 번갈
    아 취하지 않는 것은 활을 쏘지 않았는데도 살그릇에 화살이 없다는 뜻이다.

16. 활을 쏘고 점수를 헤아리다

  사사(司射)가 두루 활쏘기를 시작하게 하는데 처음에 했던 방
법과 같이 한다. 일우(一耦)가 읍하고 당에 오르는 것도 처음 활
쏠 때의 예절과 똑같이 한다.
  사마(司馬)가 명하여 과녁에서 떨어져 있으라고 하면 획자(獲
者)가 허락한다. 사마가 당에서 내려와 활을 내려놓고 제자리로
돌아간다.

사사(司射)가 화살 하나를 끼우고 종아리채를 빼 놓고 사마와
계단 앞에서 서로 교대하여 당에 올라서 빈에게 과녁을 맞힌 화
살과 맞히지 못한 화살의 계산을 청한다. 빈이 허락한다.

사사가 당에서 내려와 종아리채를 허리춤에 꽂고 서면하여 서
는데 산가지를 담는 그릇을 설치할 곳의 동쪽에 선다. 북면(北面)
하고 석획자(釋獲者)에게 산가지를 담는 그릇을 설치하라고 명
하고 드디어 가서 살펴본다.

석획자(釋獲者)가 녹중(鹿中)을 들고 오고, 한 사람이 산가지
를 가지고 그를 따른다. 석획자가 앉아서 산가지를 담을 그릇을
설치하는데 남쪽으로는 살그릇에 마주하고 서쪽으로는 서서(西
序)와 마주하게 한다. 이에 동면(東面)하고 일어나서 산가지를
받는다. 앉아서 여덟 개의 산가지를 산가지통에 채워 놓는다. 나
머지 산가지는 산가지를 넣는 통의 서쪽에 횡으로 쌓아 놓는데 끝
이 남쪽으로 향하게 한다. 일어나서 함께 하여 기다린다.

이에 사사(司射)가 앞으로 나아가 당의 아래에서 북면하고 명
령하기를 "과녁의 중앙을 꿰뚫지 않은 것은 계산하지 않습니다."
라고 한다. 상사(上射)가 읍하면 사사(司射)는 물러나 제자리로
돌아간다.

석획자(釋獲者)가 앉아서 산가지통에 들어 있는 여덟 개의 산
가지를 꺼내어 들고 다른 여덟 개의 산가지를 산가지통에 채워 넣
고 일어나서 꺼낸 산가지를 들고 기다린다.

이에 활쏘기를 한다. 만약 과녁의 중앙을 적중하면 석획자(釋
獲者)가 앉아서 빗나가고 맞힌 것을 헤아린다. 매양 한 개의 화
살에 산가지 하나를 내려놓는다.

상사(上射)의 산가지는 오른쪽에 놓고 하사의 산가지는 왼쪽
에 놓는다. 만약 남은 산가지가 있게 되면 반대로 쌓아 놓는다.

또 산가지 통에 들어 있는 여덟 개의 산가지를 취하여 손에 들
고 바꾸어 여덟 개의 산가지를 산가지통에 채워 넣고는 일어나서
손에 산가지를 들고 기다린다. 삼우(三耦)가 활쏘기를 끝낸다.

빈과 주인과 대부가 읍하고 모두 자신들의 계단으로 내려와 읍

한다. 주인이 당의 동쪽에서 왼팔의 소매를 걷어붙이고 엄지손가락에 깍지를 끼고 왼팔에 팔찌를 차고 활을 가지고 화살 3대를 허리춤에 꽂고 화살 한 대를 활에 끼운다.

빈이 당의 서쪽에서 또한 주인과 똑같이 한다. 모두 각자의 계단을 통해 내려와 계단 아래에서 읍하고 당으로 올라서 읍하는데 주인이 하사(下射)가 된다. 모두 각자 위치에 마주하면 북면하고 읍하며, 그 위치에 이르러서도 읍하고 이에 활을 쏜다.

활쏘기가 끝나면 남면하여 읍하고 모두 그 계단으로 말미암는데 계단 위에서 읍하고 계단을 내려와서도 읍한다. 빈은 서(序)의 서쪽에서 하고 주인은 서(序)의 동쪽에서, 모두 활을 내려놓고 깍지와 팔찌를 벗어놓고 옷매무새를 고치고 제 위치로 돌아간다.

당에 오를 때에는 계단에 이르면 읍하고 당에 올라서 읍하고는 모두 제자리로 나아간다.

◑司射作射如初 一耦揖升如初 司馬命去侯 獲者許諾 司馬降 釋弓反位 司射猶¹⁾挾一个 去扑 與司馬交于階前 升 請釋獲于賓 賓許 降搢扑 西面立于所設中之東 北面命釋獲者設中 遂視之 釋獲者執鹿中²⁾ 一人執算以從之 釋獲者坐設中 南當楅 西當西序東面 興受算 坐實八算于中 橫委³⁾其餘于中西 南末⁴⁾ 興 共而俟 司射遂進 由堂下 北面命曰 不貫不釋⁵⁾ 上射揖 司射退反位 釋獲者坐取中之八算 改實八算于中 興 執而俟⁶⁾ 乃射 若中則釋獲者坐而釋獲 每一个釋一算 上射於右 下射於左⁷⁾ 若有餘算則反委之⁸⁾ 又取中之八算 改實八算于中 興 執而俟 三耦卒射 ◑賓主人大夫揖 皆由其階降揖 主人堂東袒決遂 執弓 搢三挾一个 賓于堂西亦如之 皆由其階 階下揖 升堂揖 主人爲下射 皆當其物 北面揖 及物揖 乃射 卒 南面揖 皆由其階 階上揖 降階揖 賓序西 主人序東 皆釋弓 說決拾 襲 反位升 及階揖 升堂揖 皆就席

1) 猶(유) : 유고(有故)의 사(辭)이다.
2) 鹿中(녹중) : 주학(州學)에서 쓰는 산가지통을 뜻한다. 상(庠)에서는 시중(兕中)을 쓴다고 했다.

3) 委(위) : 계산하고 남은 산가지를 쌓아 놓은 것을 뜻한다.

4) 南末(남말) : 남쪽을 끝으로 하다. 곧 산가지의 끝이 남쪽을 향하게 하다.

5) 不貫不釋(불관불석) : 관은 중(中)이다. 적중하지 않으면 계산하지 않는다
  는 뜻. 고문(古文)에 관은 관(關)으로 되어 있다.

6) 執而俟(집이사) : 가지고 기다리다. 산가지를 가지고 계산한다는 뜻.

7) 上射於右下射於左(상사어우하사어좌) : 상사의 것은 오른쪽에 쌓고 하사의
  것은 왼쪽에 쌓다.

8) 則反委之(즉반위지) : 곧 반대로 쌓는다. 남은 산가지를 반대쪽에 놓는다는 뜻.

17. 대부(大夫)와 사우(射耦)가 활을 쏘는 예

대부(大夫)가 왼팔을 걷어올리고 깍지를 끼고 팔찌를 차고 활을 들고 화살 3대를 허리춤에 꽂고 화살 한 대를 활에 끼우고 당의 서쪽으로부터 사사(司射)의 서쪽으로 나와 그의 사우(射耦)에게 나아간다.

이때 대부는 하사(下射)가 되는데 대부가 읍하고 나아가면 상사(上射)가 되는 사우가 조금 뒤로 물러난다.

읍하는 것은 삼우(三耦)의 방식과 같이 한다.

계단에 이르러 대부의 사우가 먼저 당에 오른다. 활쏘기를 마치면 읍하는데 당에 올라 활을 쏠 때와 똑같이 한다. 사우가 먼저 당에서 내려가는데 계단을 다 내려가면 사우가 약간 뒤로 물러난다.

모두 활을 당의 서쪽에 내려놓고 옷매무새를 고쳐 단정히 한다. 대부의 사우는 당의 서쪽에서 머물고 대부는 당으로 올라 자신의 자리로 나아간다.

중빈(衆賓)이 이어서 활을 쏜다. 빗나가고 적중한 것을 헤아리는데 모두 처음과 똑같이 한다. 사사(司射)는 시키는 것을 오직 상사(上射)에게만 한다.

활쏘기가 끝나면 석획자(釋獲者)는 나머지를 계산하여 가지고 서쪽 계단을 통해 오르는데 계단의 층계를 다 올라가지만 당에 오르지는 않는다. 이에 빈에게 고하기를 "왼쪽과 오른쪽이 모두 활

쏘기를 끝마쳤습니다." 라고 하고는 내려와 제자리로 간다. 자리
에 앉아서 남은 산가지를 산가지통의 서쪽에 쌓아 놓는다. 그런
다음 일어나서 함께 기다린다.

◑大夫袒決遂 執弓 搢三挾一个 由堂西出于司射之西 就其耦¹⁾ 大
夫爲下射 揖進 耦少退 揖如三耦 及階 耦先升 卒射 揖如升射 耦先
降 降階耦少退 皆釋弓于堂西 襲 耦遂止于堂西²⁾ 大夫升就席 衆賓
繼射 釋獲皆如初 司射所作唯上耦³⁾ 卒射 釋獲者遂以所執餘獲⁴⁾ 升
自西階 盡階 不升堂 告于賓曰 左右卒射 降 反位 坐委餘獲于中西
興 共而俟⁵⁾

1) 就其耦(취기우) : 그 우에 나아가다. 곧 대부의 우(耦)는 사(士)이며 상사
   (上射)가 된다.
2) 耦遂止于堂西(우수지우당서) : 우가 드디어 당의 서쪽에 머물다. 대부가 우
   가 되어서는 나란히 뜰을 걷지 않는다. 대부는 지위가 높기 때문이다.
3) 上耦(상우) : 사(士)가 상사(上射)가 되어 있기 때문이다.
4) 餘獲(여획) : 나머지의 계산이다.
5) 俟(사) : 계산을 기다리는 것이다.

18. 사마(司馬)가 화살을 가져오라고 명령한다
　사마(司馬)가 왼쪽 소매를 걷어올리고 깍지를 끼고 활을 가지
고 당으로 올라 화살을 가져오라고 명령하는데 처음에 할 때와 똑
같이 한다.
　획자(獲者)가 허락하고 정기를 들고 과녁을 등지는데 처음의
방식과 똑같이 한다. 사마가 당에서 내려와 활을 내려놓고 제자
리로 돌아간다.
　제자가 화살을 살그릇에 쌓아 놓는데 처음과 똑같이 한다. 대부
의 화살은 띠로써 함께 묶는데 위쪽 중앙이 묶여 있다. 사마가 4
개씩 나누어 세는 것을 처음의 방식과 똑같이 한다.
　사사(司射)가 드디어 서쪽 계단의 서쪽으로 가서 활을 내려놓

고 종아리채를 풀어놓고 옷매무새를 가다듬어 단정하게 한다. 이
에 앞으로 나아가는데 산가지통의 동쪽으로부터 하여 산가지통
의 남쪽에 서서 북면하고 점수를 계산하여 살핀다.

석획자(釋獲者)가 산가지통의 서쪽에 앉아서 동면하고 먼저 상
사(上射)의 산가지를 헤아린다. 두 개의 산가지를 순(純)으로 삼
는데 일순(一純)씩으로 취한다. 다 헤아린 것들은 왼손에 놓는데
10순(十純)씩을 종(從)으로 쌓아 놓는다. 매양 쌓아 놓기를 다른
곳에 한다. 나머지의 순(純)이 있게 되면 아래쪽에 가로로 놓는다.

순이 안 되는 하나의 산가지는 기(奇 : 홀수)가 되는데 기(奇)
는 또 모든 순(純)의 아래에 종으로 놓는다.

계산이 끝나면 일어나서 앞으로부터 왼쪽으로 가 동면하여 앉
아서 겸하여 하사(下射)의 산가지를 헤아려 거두어 왼손에 쥐고
일순(一純)씩 쌓아서 십순(十純)이 되면 장소를 달리한다. 그 나
머지의 처리방식도 상사(上射)의 것을 헤아리는 것과 같이 한다.
이에 사사는 제자리로 돌아간다.

석획자(釋獲者)가 드디어 앞으로 나가서 이긴 쪽의 점수를 취
하여 그것을 가지고 당으로 오르는데 서쪽 계단으로 올라 계단을
다 올라가되 당에는 오르지 않고 빈에게 고한다.

만약 우사(右射)가 승리했으면 이르기를 "우사(右射)가 좌사
(左射)보다 현명했습니다." 라고 하고 만약 좌사(左射)가 승리
했다면 이르기를 "좌사가 우사보다 현명했습니다." 라고 한다.

이긴 쪽의 순(純)을 세어서 보고하고 만약 기(奇)가 있으면 또
한 기(奇 : 홀수)도 있다고 말한다.

만약에 좌사와 우사가 균등하였으면 좌우의 산가지를 모두 하
나씩 가지고 "좌사와 우사가 균등하였습니다." 라고 보고한다. 이
에 당에서 내려와 제자리로 돌아간다.

다시 앉아서 모든 산가지를 거두어서 산가지통에 여덟 개의 산
가지를 채워 넣고 그 나머지는 산가지통의 서쪽에 쌓아 놓는다.
그리고 일어나서 함께 기다린다.

◗司馬袒決執弓 升 命取矢如初 獲者許諾 以旌負侯如初 司馬降 釋弓 反位 弟子委矢如初 大夫之矢[1]則兼束[2]之以茅 上握[3]焉 司馬乘矢如初 ◗司射遂適西階西 釋弓 去扑[4] 襲 進由中東 立于中南 北面視算 釋獲者東面于中西坐 先數右獲[5] 二算爲純[6] 一純以取 實于左手 十純則縮[7]而委之 每委異之[8] 有餘純則橫於下[9] 一算爲奇[10] 奇則又縮諸純下 興 自前適左 東面 坐 兼斂算 實于左手 一純以委 十則異之 其餘如右獲 司射復位 釋獲者遂進取賢獲[11] 執以升 自西階 盡階 不升堂 告于賓 若右勝則曰 右賢[12]於左 若左勝則曰 左賢於右 以純數告 若有奇者 亦曰奇 若左右鈞[13] 則左右皆執一算以告曰 左右鈞 降復位 坐 兼斂算 實八算于中 委其餘于中西 興 共而俟

1) 大夫之矢(대부지시) : 대부의 화살은 사(士)의 화살과 다르다. 대부를 상징하는 제식(題識)이 찍혀 있다.

2) 兼束(겸속) : 겸하여 묶여 있다. 한번에 취할 수 있게끔 했다.

3) 上握(상악) : 위의 중앙이다. 화살대의 위쪽 중간 부위를 뜻한다. 상은 금문(今文)에 상(尙)으로 되어 있다.

4) 釋弓去扑(석궁거부) : 활을 놓고 종아리채를 내려놓다. 활쏘기가 끝나다의 뜻.

5) 右獲(우획) : 상사(上射)가 적중시킨 화살.

6) 二算爲純(이산위순) : 산가지 2개로 순(純)을 삼다. 순은 전(全)과 같으며 음과 양을 짝하다.

7) 縮(축) : 종(從)과 같다. 세로 동서(東西)가 종(從)이 된다. 고문(古文)에는 축(蹙)으로 되어 있다.

8) 每委異之(매위이지) : 매양 쌓아 놓는 것을 달리하다. 곧 십순(十純)씩 묶어 놓다의 뜻.

9) 橫於下(횡어하) : 가로로 하여 아래에 놓다의 뜻.

10) 奇(기) : 홀수이다. 짝으로 이루어지지 않고 하나가 남는 것을 뜻한다.

11) 取賢獲(취현획) : 이긴 쪽의 산가지를 취하다. 현은 승(勝)과 같다.

12) 賢(현) : 승(勝)과 같다. 현자가 활을 쏘아서 적중시켜서 영특함이 되다의 뜻이 있다.

13) 左右鈞(좌우균) : 좌사와 우사가 균등하다의 뜻. 곧 비기다의 뜻이다.

19. 패자(敗者)가 벌주를 마시는 예

사사(司射)가 당(堂)의 서쪽으로 가서 제자들에게 술잔대를 설치하라고 명령한다. 제자들이 술잔대를 받들고 당으로 올라 서쪽 기둥의 서쪽에 설치하고 이에 내려온다.

이긴 쪽의 제자들이 치(觶)를 씻어 당으로 올라서 술을 따르고 남면(南面)하고 앉아서 술잔대 위에 술을 올려놓고 내려와 왼쪽 소매를 걷어올리고 활을 가지고 제자리로 돌아간다.

사사(司射)가 드디어 왼쪽 팔을 걷고 활을 쥐고 화살 1대를 끼우고 종아리채를 옆구리에 차고 삼우(三耦)의 남쪽에 북면하여 삼우(三耦)와 중빈(衆賓)에게 명령한다.

"이긴 쪽은 모두 왼팔의 소매를 걷어올리고 깍지를 끼고 팔찌를 차고 활에 시위를 걸어서 드시오. 이기지 못한 자들은 모두 옷 매무새를 가다듬고 깍지와 팔찌를 벗고 왼손을 뒤집어서 활시위를 풀어 그 위에 오른손을 얹어서 활의 줌통을 잡으시오"

이에 사사(司射)는 먼저 자신의 자리로 되돌아간다.

삼우(三耦)와 모든 활 쏘는 자들은 모두가 그들의 사우(射耦)와 함께 앞으로 나아가 사위(射位)에 서서 북쪽을 위로 삼는다.

사사(司射)가 당에 올라가 술을 마시도록 시키는데 그 차례는 활을 쏘는 차례와 같이 한다. 일우(一耦)가 앞으로 나아가 읍하는데 당에 올라서 활을 쏠 때와 같이 한다. 계단에 이르러서는 이긴 사람이 먼저 오르는데 당에 올라서는 조금 오른쪽으로 한다.

이기지 못한 자들은 앞으로 나아가 북면하고 앉아 술잔대 위의 치를 취하여 일어나서 조금 뒤로 물러나 선 채로 치의 술을 마신다. 다 마시면 앞으로 나아가 앉아서 술잔대 아래에 치를 내려놓는다. 이에 일어나서 읍을 한다. 이기하지 못한 자들은 먼저 당에서 내려와 당으로 올라서 술을 마실 사람과 왼쪽으로 스쳐 교대하는데 계단 앞에서 교대하며 서로 읍한다. 사마(司馬)의 남쪽으로 나가서 드디어 당의 서쪽으로 가 활을 풀어놓고 옷매무새를 정리하고 기다린다.

집작자(執爵者)가 있다. 집작자가 앉아서 치를 취하여 치에 술을 채워서 다시 술잔대 위에 올려 놓는다. 당에 올라서 술을 마시는 자는 처음 사람과 똑같이 한다.

삼우(三耦)가 마시는 일을 끝마친다.

빈과 주인과 대부가 승리하지 못하였으면 활을 잡지 않는다. 집작자(執爵者)는 치(觶)를 취하여 당에서 내려와 씻는다. 다 씻으면 당으로 올라 술을 채우고 자리 앞에서 건네 준다. 치를 받으면 서쪽 계단 위로 가서 북면하고 서서 술을 마신다. 치를 다 비우면 집작자에게 준다. 이에 다시 좌석으로 나아간다.

대부가 술을 마시게 되면 사우(射耦)는 당으로 오르지 않는다. 만약 대부의 사우(射耦)가 이기지 못했다면 또한 활시위를 풀어서 쥐고 특별히 대부만 올라서 술을 마신다.

중빈(衆賓)들이 계속하여 술을 마시는데 활을 쏜 자들이 두루 마시며, 마시는 일이 끝나면 술잔대와 치(觶)를 치우게 한다.

◐司射適堂西 命弟子設豊¹⁾ 弟子奉豊升 設于西楹之西 乃降 勝者之弟子²⁾洗觶 升酌 南面坐奠于豊上 降 袒執弓 反位 司射逡袒執弓 挾一个 搢扑 北面于三耦之南 命三耦及衆賓 勝者皆袒逡 執張弓³⁾ 不勝者皆襲 說決拾 却左手 右加弛弓于其上 逡以執弣⁴⁾ 司射先反位 三耦及衆射者皆與其耦進 立于射位 北上 司射作升飲者 如作射 一耦進 揖如升射 及階 勝者先升⁵⁾ 升堂 少右⁶⁾ 不勝者進 北面坐取豊上之觶 興 少退 立卒觶⁷⁾ 進坐奠于豊下 興揖 不勝者先降⁸⁾ 與升飲者相左 交于階前 相揖 出于司馬之南 逡適堂西 釋弓 襲而俟⁹⁾ 有執爵者¹⁰⁾ 執爵者坐取觶 實之 反奠于豊上 升飲者如初 三耦卒飲 賓主人大夫不勝 則不執弓 執爵者取觶 降洗 升實之 以授于席前 受觶 以適西階上 北面立飲¹¹⁾ 卒觶 授執爵者 反就席 大夫飲則耦不升 若大夫之耦不勝 則亦執弛弓 特升飲¹²⁾ 衆賓繼飲 射爵者辯 乃徹豊與觶¹³⁾

1) 豊(풍) : 술잔대이다. 술잔을 받치는 잔대. 작(爵)을 받치는 대로 두(豆)와 비슷한데 두보다는 조금 높다.

2) 勝者之弟子(승자지제자) : 승리한 사람들의 제자. 곧 젊은 사람들이다.

3) 執張弓(집장궁) : 능히 쏠 수 있다는 것을 나타낸다. 곧 시위를 걸어 놓은 상태를 뜻한다.

4) 執拊(집부) : 줌통을 잡다. 활쏘기 시합에서 진 쪽이 줌통을 잡는다는 뜻.

5) 先升(선승) : 이긴 쪽이 먼저 당에 오르다. 이긴 쪽을 존중하는 뜻에서 행하는 것이다.

6) 少右(소우) : 조금 오른쪽에 하다. 패자가 술을 마시러 오는데 자리를 조금 피해 주는 것이라 했다.

7) 立卒觶(입졸치) : 서서 치의 술을 마시다. 곧 벌주를 마시는 것으로 제사도 지내지 않고 받을 때 절을 하지도 않는다는 뜻이다.

8) 不勝者先降(불승자선강) : 이기지 못한 자가 먼저 내려오다. 진 사람들은 당에 오를 때는 뒤에 하고 내려올 때에는 먼저 내려온다. 굳이 예를 따지지 않고 행동한다.

9) 俟(사) : 다시 활을 쏘기 위해 기다린다.

10) 有執爵者(유집작자) : 작을 가진 사람이 있다. 곧 주인이 찬자(贊者)로 하여금 제자들을 대신하여 술을 따르게 하는 것을 뜻한다.

11) 北面立飮(북면립음) : 북면하고 서서 마시다. 시합에서 진 주인이나 대부가 비록 신분이 높다고 하더라도 벌주를 마시기 때문에 북면하고 서서 마셔 일반과 똑같은 대우를 받는 것을 뜻한다.

12) 特升飮(특승음) : 특별히 올라서 술을 마시다. 존자(尊者)는 외로운 것으로 능히 상대가 없기 때문이다.

13) 乃徹豊與觶(내철풍여치) : 철은 제(除)와 같다. 술잔대와 치를 치운다는 뜻.

20. 사마(司馬)가 획자(獲者)에게 술을 주는 예

사마(司馬)가 작(爵)을 씻어 당으로 올라서 술을 따라 작을 들고 당에서 내려와 과녁 앞에서 획자(獲者)에게 술을 드린다. 유사가 육포와 육장을 올리고 절조(折俎)를 설치한다.

도마의 고기와 육포와 육장을 함께 하여 모두 과녁의 세 곳에 제사를 지낸다. 획자(獲者)는 과녁을 등지고 북면하여 절하고 작

(爵)을 받는다. 사마가 서면하여 절하고 작을 보낸다.

획자가 작을 들고는, 사람으로 하여금 그 육포와 육장과 도마를 가지고 따르게 한다. 우개(右个)로 가서 육포와 육장과 도마를 진열한다.

획자가 남면하고 앉아서 왼손에 작을 잡고 육포와 육장으로 제사를 지내고 작을 들고 일어난다. 도마에 있는 허파를 들고 앉아서 제사를 지내고 드디어 술을 제사한다. 다시 일어나서 좌개(左个)로 가서 행하고 중앙에서도 이와 똑같이 한다. 또 좌개(左个)의 서북쪽으로 3보(三步) 가서 동면하고 육포와 육장과 도마를 설치한다.

획자가 육포와 육장의 오른쪽에서 동면하고 서서 술을 마신다. 다 마시고 절은 하지 않는다. 사마가 빈 작을 받아서 대광주리에 넣고 자신의 위치로 돌아간다.

획자가 그 육포와 육장을 들고 사람에게 도마를 가지고 따르게 하여 과녁의 정위를 피해 살가리개의 남쪽에 설치하게 한다. 획자가 과녁을 등지고 기다린다.

사사(司射)가 계단 서쪽으로 가서 활과 화살을 풀어놓고 종아리채를 허리춤에서 빼 놓고 깍지와 팔찌를 벗고 옷매무새를 단정하게 한다. 씻는 곳으로 가서 작을 씻는다. 당에 올라서 술을 따라 당에서 내려와 그 위치의 약간 남쪽에서 석획자에게 작을 드린다.

유사(有司)는 육포와 육장을 올리고 절조(折俎)를 차려 주는데 잘게 자른 고기를 올린다.

석획자가 육포와 육장을 오른손에 들고 동면하여 절하고 작을 받는다. 사사가 북면하고 절하며 작을 보낸다. 석획자가 그 육포와 육장이 있는 곳으로 나아가 앉아서 왼손에 작을 쥐고 육포와 육장을 제사 지내고 일어난다. 다시 허파를 취하여 앉아서 제사 지내고 드디어 술을 제사 지낸다. 다시 일어나서 사사의 서쪽에서 북면하여 서서 술을 마신다. 다 마시고 절은 하지 않는다.

사사가 작을 받아서 대광주리에 넣는다. 석획자가 약간 서쪽에서 도마를 피하여 제자리로 돌아간다.

❶司馬洗爵 升實之 以降 獻獲者于侯[1] 薦脯醢 設折俎 俎與薦皆三
祭[2] 獲者負侯[3] 北面拜受爵[4] 司馬西面拜送爵[5] 獲者執爵 使人[6]執
其薦與俎從之 適右个[7] 設薦俎[8] 獲者南面坐 左執爵 祭脯醢 執爵
興 取肺坐祭 遂祭酒 興 適左个 中[9]皆如之 左个之西北三步 東面設
薦俎 獲者薦右東面立飮 不拜旣爵 司馬受爵 奠于篚 復位 獲者執
其薦[10] 使人執俎從之 辟設于乏南[11] 獲者負侯而俟 ❶司射適階西
釋弓矢 去扑 說決拾 襲 適洗 洗爵 升實之以降 獻釋獲者于其位少南
薦脯醢折俎 有祭 釋獲者薦右東面拜受爵 司射北面拜送爵 釋獲者就
其薦坐 左執爵 祭脯醢 興 取肺坐祭 遂祭酒 興 司射之西 北面立飮
不拜旣爵 司射受爵 奠于篚 釋獲者少西辟薦[12] 反位

1) 獻獲者于侯(헌획자우후) : 과녁에서 획자에게 잔을 주다. 획자는 향인(鄕
人)으로 천한 사람인데 사례에서 과녁을 담당하여 일을 하므로 공로가 있어
술잔을 받는 것이다.

2) 皆三祭(개삼제) : 과녁의 세 곳에서 제사를 지낸다는 뜻이다.

3) 負侯(부후) : 과녁을 등지다의 뜻.

4) 拜受爵(배수작) : 고문(古文)에는 재배수작(再拜受爵)으로 되어 있다.

5) 司馬西面拜送爵(사마서면배송작) : 획자가 북면하고 절하며 작을 받고 사마
는 서면하여 절하고 작을 보내는 것은 획자의 지위가 낮기 때문이며 다른 사
람과 차별을 둔 것이다.

6) 使人(사인) : 사람으로 하여금. 곧 찬자(贊者)를 뜻한다.

7) 右个(우개) : 과녁 중앙부에 이어져 있는 오른쪽의 베를 뜻한다. 개(个)는 설
(舌)이라고도 한다.

8) 設薦俎(설천조) : 육포와 육장과 도마를 설치하다. 주인의 찬자(贊者)가 음
식을 차려내는 것인데 변(籩)은 동쪽에 두(豆)는 서쪽에 도마는 북쪽에 진
열하는 것을 뜻한다.

9) 中(중) : 중에 제사하다. 먼저 좌개에 제사하고 뒤에 중앙에 하는데 밖으로부
터 중앙에 이르는 것은 귀신이 속에 있는 듯이 한다는 뜻이다.

10) 獲者執其薦(획자집기천) : 획자가 그 육포와 육장을 가지다. 이는 획자가
곧 예를 얻었다는 뜻이다.

11) 設于乏南(설우핍남) : 중앙의 정위(正位)를 피하여 살가리개의 남쪽에 설

치하다의 뜻.

12) 少西辟薦(소서피천) : 약간 서쪽으로 하여 천(薦)을 피하다. 곧 도마를 피
하다라고 했다.

21. 다시 활쏘기를 청하다

사사(司射)가 당(堂)의 서쪽으로 가서 왼쪽 팔을 걷어올리고
깍지를 끼고 팔찌를 두르고 활을 계단 서쪽에서 취하여 화살 한
대를 시위에 메기고 종아리채를 허리춤에 차고 제자리로 돌아온
다. 사사가 종아리채를 빼서 계단 서쪽에 기대놓고 당으로 올라
서 빈에게 활쏘기를 청하는데 그 방식은 처음과 똑같이 한다. 빈
이 허락한다.

사사(司射)가 당에서 내려와 종아리채를 허리춤에 끼고 사마
의 남쪽으로부터 당의 서쪽으로 가 삼우(三耦)와 중빈(衆賓)에
게 모두 왼팔을 걷어올리고 깍지를 끼고 팔찌를 차고 활을 가지
고 위치로 나아가도록 명령한다.

사사가 먼저 제자리로 돌아간다.

삼우(三耦)와 중빈(衆賓)들이 모두 왼쪽 팔을 걷어올리고 깍
지를 끼고 팔찌를 두르고 활을 가지고 각각 그의 사우(射耦)에
게로 나아가서 함께 활 쏘는 자리로 돌아간다.

사사(司射)가 번갈아 화살을 들라고 하면 삼우(三耦)가 번갈
아 화살을 드는데 처음에 했던 방식과 똑같이 하고 자신의 위치
로 돌아간다.

빈과 주인과 대부가 당에서 내려와 읍하는 예를 처음과 같이 한다.

주인이 당(堂)의 동쪽에 하고 빈(賓)이 당의 서쪽에 하여, 모
두 왼팔을 걷어올리고 깍지를 끼고 팔찌를 차고 활을 가지고 모
두 앞으로 나아가서 계단 앞에서 읍한다.

살그릇에 이르면 또 읍하고 번갈아 가며 화살을 취하는 것을 삼
우(三耦)가 하는 것과 똑같이 한다. 이러한 일이 끝나면 북면하고
화살 3대를 허리춤에 꽂고 1대를 시위에 끼우고 읍하고 물러난다.

　빈(賓)이 당의 서쪽에 하고 주인이 당의 동쪽에 하여 모두 활과 화살을 놓고 옷매무새를 정돈하고 계단에 이르러 읍하고 당으로 올라서 읍하고 자신의 좌석으로 나아간다.

　대부는 왼쪽 팔을 걷어올리고 깍지를 끼고 팔찌를 차고 활을 가지고 자신의 사우(射耦)에게로 나아가서 읍을 하고 모두 앞으로 나아가기를 삼우(三耦)가 하던 것과 똑같이 한다.

　대부의 사우(射耦)는 동면(東面)하고 대부는 서면(西面)하여 대부가 앞으로 나아가 앉아 화살을 묶은 띠를 풀고 일어나서 제자리로 돌아간다. 그런 뒤에는 대부의 사우가 읍하고 나아가 앉아서 겸하여 화살 4개를 가지고 가 화살의 깃을 고르고 일어나서 제자리로 돌아가 읍한다.

　대부는 나아가 앉아서 또한 겸하여 4대의 화살을 취하는데 그 사우(射耦)와 똑같이 하며 북면하고 화살 3대를 허리춤에 꽂고 1대를 시위에 메겨 읍하고 물러난다. 사우가 제자리로 돌아간다.

　대부가 드디어 서(序)의 서쪽으로 가서 활과 화살을 놓고 옷매무새를 가다듬고 당으로 올라서 좌석으로 나아간다.

　중빈(衆賓)이 연이어서 번갈아 가며 화살을 취하는데 모두 삼우(三耦)가 하던 행동과 똑같이 하고 제 위치로 돌아간다.

　◗司射適堂西 袒決遂 取弓于階西 挾一个 揲扑 以反位[1] 司射去扑倚于階西 升請射于賓如初 賓許 ◗司射降 揲扑 由司馬之南適堂西命三耦及衆賓 皆袒決遂 執弓就位 司射先反位[2] 三耦及衆賓皆袒決遂 執弓 各以[3]其耦進 反于射位 司射作拾取矢 三耦拾取矢如初 反位 賓主人大夫降揲如初 主人堂東 賓堂西 皆袒決遂 執弓 皆進[4] 階前揲 及福揲[5] 拾取矢如三耦 卒 北面 揲三挾一个 揲退[6] 賓堂西 主人堂東 皆釋弓矢 襲 及階揲 升堂揲 就席 ◗大夫袒決遂 執弓 就其耦 揲皆進 如三耦 耦東面 大夫西面 大夫進坐 說矢束[7] 興反位 而后耦揲進坐 兼取乘矢[8] 順羽而興 反位 揲 大夫進坐 亦兼取乘矢 如其耦 北面 揲三挾一个 揲退 耦反位 大夫遂適序西 釋弓矢 襲 升卽席 衆賓繼拾取矢 皆如三耦以反位

1) 位(위) : 사위(射位)이다. 곧 활 쏘는 위치이다.

2) 先反位(선반위) : 먼저 제자리로 돌아가다. 삼우(三耦)나 중빈(衆賓)보다 먼저 제 위치로 가다. 명령을 내렸으므로 곧바로 제 위치로 가야 한다.

3) 以(이) : 여(與)와 같다. 금문(今文)에는 여(與)로 되어 있다.

4) 皆進(개진) : 남면하고 서로 기다렸다가 읍하고 행한다.

5) 及福揖(급복읍) : 살그릇의 동서쪽에 당도하다. 주인은 서면하고 빈은 동면하여 서로 읍하며 번갈아 화살을 취한다. 북면하고 읍하지 않는 것은 편리를 도모하기 위해서이다.

6) 揖退(읍퇴) : 모두 이미 읍하고 왼쪽으로 돌아서 각각 그 길로 말미암아 제 위치로 돌아가는 것이다.

7) 說矢束(탈시속) : 화살 묶은 것을 풀어놓다. 곧 대부가 직접 화살 묶음을 풀어서 자신의 사우가 화살을 번갈아 집을 수 있도록 한다는 뜻이다.

8) 兼取乘矢(겸취승시) : 겸하여 화살 4대를 가지다. 곧 대부를 높여서 감히 대부와 함께 화살을 취하지 않게 한다는 것이다.

22. 음악으로 절주를 마치다

사사(司射)가 화살 한 대를 활에 끼고 앞으로 나아가 상사(上射)에게 처음과 똑같이 행하게 한다.

일우(一耦)가 읍하고 당에 오르는 것을 처음과 똑같이 한다.

사마(司馬)가 당에 올라서 과녁을 멀리 떨어지게 놓으라고 명령한다. 획자(獲者)가 허락한다. 사마가 당에서 내려와 활을 놓고 제자리로 돌아간다.

사사와 사마(司馬)가 계단 앞에서 교대하는데 종아리채를 내려놓고 옷매무새를 정돈하고 당으로 올라서 빈에게 음악을 연주할 것을 청한다. 빈이 허락한다.

사사가 당에서 내려와 종아리채를 허리춤에 꽂고 동면하여 악정(樂正)에게 명한다.

"빈에게 음악을 연주할 것을 청했는데 빈께서 허락하셨습니다."

사사가 드디어 계단 사이로 가 당 아래에서 북면하여 명한다.

"활을 쏘는데 북소리의 절주에 맞지 않으면 쏘아서 맞추더라도 계산하지 않습니다."

상사(上射)가 읍하면 사사가 물러나서 제자리로 돌아간다.

악정(樂正)이 동면하여 대사(大師)에게 명령한다.

"추우(騶虞)를 연주하는데 그 간격이 한결같게 하시오."

대사(大師)가 일어나지 않고 허락한다. 악정이 물러나 제자리로 돌아간다. 이에 추우(騶虞)를 연주하여 활을 쏘게 한다. 삼우(三耦)가 활쏘기를 끝마치면 빈과 주인과 대부와 중빈(衆賓)들이 계속하여 활을 쏜다. 쏘아 맞추는 점수는 처음의 방식과 똑같이 한다. 활쏘기를 마치면 당에서 내려온다.

석획자(釋獲者)가 나머지 산가지를 가지고 당으로 올라 좌사(左射)와 우사(右射)에게 활쏘기가 끝났음을 보고하는데 그 방식은 처음과 똑같이 한다.

◐司射猶挾一个以進[1] 作上射[2]如初 一耦揖升如初 司馬升 命去侯獲者許諾 司馬降 釋弓反位 司射與司馬交于階前 去扑 襲 升 請以樂樂[3]于賓 賓許諾 司射降 搢扑 東面命樂正[4]曰 請以樂樂于賓 賓許 司射遂適階間 堂下北面命曰 不鼓不釋[5] 上射揖 司射退反位 樂正東面命大師曰 奏騶虞[6] 間若一[7] 大師不興許諾 樂正退反位 乃奏騶虞 以射 三耦卒[8]射 賓主人大夫衆賓繼射 釋獲如初 卒射降 釋獲者執餘獲 升告左右[9]卒射如初

1) 進(진) : 전(前)과 같다.

2) 作上射(작상사) : 금문(今文)에 작승사(作升射)로 되어 있다.

3) 樂樂(악락) : 음악을 즐기다. 앞의 악은 음악이고 뒤의 낙은 즐기다의 뜻.

4) 東面命樂正(동면명악정) : 동면하고 악정에게 명하다. 곧 먼 곳에서 소리로 요청하는 것이다.

5) 不鼓不釋(불고불석) : 북소리의 절도에 맞추어 활을 쏘지 않거든 점수에 계산하지 말라는 뜻.

6) 騶虞(추우) : 시경(詩經)의 소남(召南)에 들어 있는 시가(詩歌)이다. 2장으로 되어 있으며 3구절로 이루어졌다. 남국의 제후들이 문왕의 교화로 인하여

몸을 닦고 가정을 가지런히 하며 나라를 잘 다스려 모든 은혜가 짐승에게까
지 파급되어 짐승들도 그 은혜에 보답한다는 내용이다. 이 노래는 천자(天
子)의 사절(射節)이다. 시가의 내용은 '저 무성한 갈대밭에 화살 한 발에 암
퇘지 다섯 마리라니 아! 진정한 추우로다. / 저 무성한 다북쑥밭에 화살 한 발
에 새끼돼지 다섯 마리라니 아! 진정한 추우로다.

7) 間若一(간약일) : 사이가 한결같아야 한다.

8) 卒(졸) : 이(已)의 뜻이며 그치다, 마치다의 뜻.

9) 告左右(고좌우) : 금문(今文)에는 고어빈(告於賓)으로 되어 있다.

23. 점수의 계산을 지켜본다

사마(司馬)가 당(堂)에 올라 화살을 취하라고 명령하면 획자
(獲者)가 허락한다. 사마가 당에서 내려와 활을 내려놓고 제 위
치로 돌아간다. 제자가 화살을 살그릇에 쌓아 놓으면 사마(司馬)
가 올려놓는데 또한 모두 처음의 방식과 똑같이 한다.

사사(司射)가 활을 내려놓고 산가지를 살피는 일도 처음과 똑
같이 한다. 석획자(釋獲者)가 승리한 쪽이나 균등한 상황 등을
보고하는데 모두 처음의 방식과 같이 한다. 끝나면 당에서 내려
와 제 위치로 돌아간다.

사사가 제자들에게 술잔대를 설치하라고 명한다. 술잔대가 설
치되면 치(觶)에 술따르는 일을 처음의 방식과 똑같이 한다.

이긴 자는 시위를 건 활을 잡고 이기지 못한 자는 시위를 푼 활을
잡고 당에 올라 술을 마시게 하는 것도 처음 방식과 똑같이 한다.

사사(司射)가 전과 같이 왼팔을 걷어올리고 깍지를 끼고 팔찌
를 차고 왼손에는 활을 쥐고 오른손에는 화살 하나를 가지고 활
시위에 걸어서 위로 향하게 한다. 당의 서쪽으로 가, 번갈아서 화
살을 취하도록 명령하기를 처음에 하던 방식과 똑같이 한다. 사
사가 제 위치로 돌아온다.

삼우(三耦)와 빈과 주인과 대부와 중빈(衆賓)이 모두 왼쪽 팔
을 걷어올리고 깍지를 끼고 팔찌를 차고 번갈아 화살을 잡는데 처

음의 방식과 똑같이 한다.

　화살은 시위에 끼우지 않고 시위와 줌통을 겸하여 쥐고 뒤로 물러나는데 제 위치로 돌아가지는 않는다.

　드디어 유사(有司)가 당의 서쪽에서 활과 화살을 준다. 골고루 번갈아 화살을 취해 읍하고 모두 당으로 올라 좌석으로 나아간다.

◑司馬升 命取矢 獲者許諾 司馬降 釋弓反位 弟子委矢 司馬乘之 皆如初 司射釋弓視算如初 釋獲者以賢獲與鈞告如初 降復位 ◑司射命設豊 設豊 實觶如初 遂命勝者執¹⁾張弓 不勝者執弛弓 升飮如初 ◑司射猶袒決遂 左執弓 右執一个 兼諸弦 面鏃²⁾適堂西 以命拾取矢如初 司射反位 三耦及賓主人大夫衆賓皆袒決遂 拾取矢如初 矢不挾³⁾ 兼諸弦弣以退 不反位 遂授有司于堂西⁴⁾ 辯拾取矢 揖 皆升就席⁵⁾

1) 執(집) : 화살을 옆으로 잡아 시위에 걸어 두는 것이다.
2) 兼諸弦面鏃(겸제현면족) : 겸하여 시위에 걸어 화살촉이 하늘로 향하게 하다. 제는 어조사. 면은 상(尙)과 같다.
3) 矢不挾(시불협) : 화살을 시위에 걸지 않고 그냥 쥐고 있다는 뜻이다.
4) 遂授有司于堂西(수수유사우당서) : 드디어 유사가 당의 서쪽에서 주다의 뜻.
5) 皆升就席(개승취석) : 모두는 빈과 대부와 중빈을 뜻한다. 모두가 당에 올라서 자리로 나아가다의 뜻.

24. 사기(射器)를 철수하는 예

　사사(司射)가 이에 당(堂)의 서쪽으로 가서 활을 내려놓고 종아리채를 풀어놓고 깍지와 팔찌를 벗어버리고 옷매무새를 단정히 하고 제자리로 돌아간다.

　사마가 제자에게 명하여 과녁의 왼쪽 아래 벼리끈을 풀어 다시 활을 쏠 때까지 묶어 놓으라고 한다.

　획자(獲者)에게 명하여 정기(旌旗)를 가지고 물러나라고 한다. 제자들에게도 명하여 살그릇을 물리치라고 한다. 사사가 석획자(釋獲者)에게 물러가 산가지통과 산가지를 가지고 기다리라고 명령한다.

사마가 다시 사정(司正)이 된다. 물러나서 다시 치가 있는 남쪽에 선다.

악정(樂正)이 제자들에게 명령하여 악공을 도와서 제자리로 나아가라고 명령한다.

제자들이 악공을 도와 그들이 내려올 때와 똑같이 서쪽 계단을 통해 당에 올라서 앉아 있던 곳으로 돌아간다.

빈(賓)이 북면하고 앉아서 도마가 있는 서쪽의 치를 취하여 일어나 동쪽 계단 위에서 북면하고 주인에게 술을 보낸다. 주인이 자리에서 내려와 빈의 동쪽에 선다. 빈이 앉아서 치를 내려놓고 절하고 치를 들고 일어난다. 주인이 답하여 절한다.

빈이 술을 제사 하지 않고 치의 술을 다 마셔도 절하지 않는다. 치를 씻지 않고 술을 따라 앞으로 나아가 동남면하고 서 있는다.

주인이 동쪽 계단 위에서 북면하고 절하면 빈이 조금 뒤로 물러난다.

주인이 앞으로 나아가 치를 받으면 빈이 주인의 서쪽에서 북면하고 절하여 보낸다. 빈이 읍하고 좌석으로 나아가면 주인이 치로써 서쪽 계단 위로 가서 대부에게 치를 보낸다.

대부가 좌석에서 내려와 주인의 서쪽에 서서 빈이 주인에게 잔을 돌리는 예와 똑같이 행한다. 주인이 읍하고 좌석으로 나아간다.

만약 대부가 자리에 없다면 그때의 최고 어른에게 치를 보내는 데 또한 앞의 예절과 똑같이 한다.

사정(司正)이 서쪽 계단으로 당에 올라 서로 여수(旅酬)하게 한다.

술잔을 받는 사람에게 말하기를 "아무개는 아무개 선생에게 술잔을 돌리시오." 라고 한다.

술잔을 받는 사람이 자리로 내려간다. 사정이 뒤로 물러나 서서 (西序)의 끝에 서서 동면한다.

술잔을 받는 모든 자들이 절을 올리고 일어서서 술을 마시는데 그 예절은 모두 빈이 주인에게 술을 돌리는 예와 똑같이 한다. 모든 과정을 당 위에서 두루 마치면 드디어 당 아래에 있는 자들에게 잔을 돌린다. 모두가 다 당으로 올라 서쪽 계단 위에서 잔을 돌리고 받는다. 마지막으로 받는 사람은 치를 가지고 당에서 내려와 치를 대광주리 속에 넣는다. 사정이 당에서 내려와 제자리로 복귀한다.

주인에게 소속된 관리 중에서 두 사람으로 하여금 빈(賓)과 대부에게 거치(擧觶)하게 한다.

거치자(擧觶者)는 모두 치를 씻어서 당으로 올라 치에 술을 따라서 서쪽 계단 위에서 북면하고, 모두 앉아서 치를 내려놓고 한번 절하고는 치를 가지고 일어선다.

빈과 대부가 모두 자리의 끝에서 답하여 절한다. 거치자(擧觶者)는 모두 앉아서 술을 제사하고 드디어 술을 마신다. 치의 술을 다 마시면 일어났다가 앉아서 치를 내려놓고 다시 절하고 치를 가지고 일어난다.

빈과 대부가 모두 답하여 절한다. 거치자가 정반대로 당에서 내려가 치를 씻는다. 치를 씻어서 당으로 올라 치에 술을 따른다. 모두가 서쪽 계단 위에 서서 북면하는데 동쪽을 위로 삼는다.

빈과 대부가 절을 한다. 거치자가 모두 앞으로 나가 앉아서 육포와 육장이 있는 오른쪽에 치를 놓는다. 빈과 대부가 사양하고 앉아서 치를 받아 함께 일어난다. 거치자가 물러나 제자리로 돌아가면 모두 절하고 보낸다. 이에 당에서 내려온다.

빈과 대부가 앉아서 다시 그 곳에 내려놓은 후 일어난다. 만약 대부가 그 자리에 없다면 중빈(衆賓) 가운데 어른으로 하여금 치를 들어 주게 한다.

◑司射乃適堂西 釋弓 去扑 說[1]決拾 襲 反位 司馬命弟子說侯之左下綱而釋之[2] 命獲者以旌退[3] 命弟子退福 司射命釋獲者退[4]中與算而俟 司馬反爲司正 退復觶南而立[5] 樂正命弟子贊工[6]卽位 弟子相工 如其降也 升自西階 反坐 ◑賓北面坐 取俎西之觶 興 阼階上北面酬主人 主人降席 立于賓東 賓坐 奠觶拜 執觶興 主人答拜 賓不

祭 卒觶 不拜 不洗⁷⁾ 實之 進東南面 主人阼階上北面拜 賓少退⁸⁾ 主
人進受觶 賓主人之西北面拜送 賓揖 就席 主人以觶適西階上酬大
夫 大夫降席 立于主人之西 如賓酬主人之禮 主人揖 就席 若無大
夫 則長⁹⁾受酬亦如之 司正升自西階 相旅 作受酬者 曰 某酬某子¹⁰⁾
受酬者降席 司正退立于西序端 東面 衆受酬者拜 興飮 皆如賓酬主
人之禮 辯 遂酬在下者¹¹⁾ 皆升 受酬于西階上 卒受者以觶降 奠于篚
司正降復位 ◗使二人¹²⁾擧觶于賓與大夫 擧觶者皆洗觶 升實之 西
階上北面 皆坐奠¹³⁾觶 拜 執觶興 賓與大夫皆席末答拜 擧觶者皆坐
祭 遂飮卒觶 興 坐 奠觶拜 執觶興 賓與大夫皆答拜 擧觶者逆降 洗
升實觶 皆立于西階上 北面東上 賓與大夫拜 擧觶者皆進 坐奠于薦
右 賓與大夫辭 坐受觶以興 擧觶者退反位 皆拜送 乃降 賓與大夫
坐 反奠于其所¹⁴⁾興 若無大夫 則唯賓¹⁵⁾

1) 說(탈) : 해(解)의 뜻이다. 풀다.
2) 釋之(석지) : 다시 활쏘기를 할 때까지 감추어 묶어 두는 것이다.
3) 以旌退(이정퇴) : 정기(旌旗)를 가지고 물러나다.
4) 釋獲者退(석획자퇴) : 석획자가 자신의 도마와 육포와 육장이 있는 곳으로
   물러가다의 뜻.
5) 退復觶南而立(퇴부치남이립) : 물러나서 다시 치의 남쪽에 서 있다. 곧 사정
   이 여수(旅酬)를 감독하기 위해 치의 남쪽에 와서 서 있는다는 뜻.
6) 贊工(찬공) : 악공을 도와 안내하는 사람.
7) 不拜不洗(불배불세) : 절도 하지 않고 씻지도 않는다. 술좌석에 주흥이 올라
   서 인사와 잔 씻는 것을 생략하다. 곧 편안하게 술을 마시라는 뜻이다.
8) 賓少退(빈소퇴) : 빈이 조금 뒷걸음질치다.
9) 長(장) : 나이의 순서이다. 장유(長幼)의 차례.
10) 某酬某子(모수모자) : 아무개가 아무개 선생에게 치를 돌리다의 뜻.
11) 在下者(재하자) : 당의 아래에 있는 빈당(賓黨)이다.
12) 二人(이인) : 주인의 관리 중에서 아무나 두 사람을 뜻한다.
13) 坐奠(좌전) : 앉아서 바닥에 벌려 놓다.
14) 反奠于其所(반전우기소) : 그 곳에 치를 내려놓다. 빈과 대부가 자신들을
    위해 차려진 치를 들지 않는 것은 이미 성대한 잔치가 있었기 때문이다.

15) 唯賓(유빈) : 연례(燕禮)에서는 꼭 중빈의 장(長) 가운데서 한 사람이 치를 드는 것을 뜻한다.

25. 사례에서 연회를 즐기는 일

사정(司正)이 서쪽 계단으로 당에 올라 동쪽 계단 위에서 주인에게 명령을 받아, 서쪽 계단 위로 가 북면하고 빈(賓)에게 앉아서 연회를 즐기도록 청한다.

빈은 도마 위에 안주가 남아 있다는 말을 하며 사양한다. 사정이 주인에게 돌아와 고하면 주인이 말한다.

"청컨대 도마를 치우겠습니다."

이에 빈이 허락한다.

사정이 서쪽 계단으로 당에서 내려가 계단 앞에서 제자에게 명하여 기다렸다 도마를 치우라고 말한다.

사정이 당으로 올라와 서(序)의 끝에 선다. 빈이 좌석으로 내려와 북면하고 선다. 주인이 자리에서 내려오기를 남쪽으로부터 하여 동쪽 계단 위에서 북면하고 서 있는다. 대부가 자리에서 내려와 동남면하고 자리한다.

빈이 도마를 취하여 몸을 돌려 사정(司正)에게 준다. 사정이 서쪽 계단으로 당에서 내려오면 빈도 따라서 내려온다. 드디어 계단의 서쪽에 서서 동면하고 있는다. 사정이 도마를 가지고 나가서 종자에게 준다.

주인이 도마를 취하여 몸을 돌려 제자에게 준다. 제자가 도마를 받아서 서쪽 계단으로 내려와 동쪽에서 주인의 시자(侍者)에게 준다. 주인이 동쪽 계단을 통해 내려와 서면하고 선다.

대부가 도마를 가지고 몸을 돌려 제자에게 준다. 제자가 도마를 가지고 서쪽 계단으로 내려와 드디어 문을 나와서 종자(從者)에게 준다. 대부가 따라서 당에서 내려와 빈의 남쪽에 선다.

중빈들이 모두 내려와 대부의 남쪽에서 약간 뒤로 물러나 서는데 북쪽을 위로 삼는다.

◑司正升自西階 阼階上受命于主人 適西階上 北面請坐¹⁾于賓 賓
辭以俎²⁾ 反命于主人 主人曰 請徹俎 賓許 司正降自西階 階前命弟
子³⁾俟徹俎⁴⁾ 司正升立于序端 賓降席北面 主人降席自南方 阼階上
北面 大夫降席 席東南面 賓取俎 還授司正 司正以降自西階 賓從
之降 遂立于階西東面 司正以俎出 授從者 主人取俎 還授弟子 弟
子受俎 降自西階以東⁵⁾ 主人降自阼階 西面立 大夫取俎 還⁶⁾授弟
子 弟子以降自西階 遂出授從者 大夫從之降 立于賓南 衆賓皆降
立于大夫之南 少退 北上

1) 請坐(청좌) : 앉으라고 청하다. 곧 연회를 편안하게 즐기며 주인과 은근한 정
   을 나누라는 청이다.
2) 賓辭以俎(빈사이조) : 도마에 오른 음식은 귀한 것이다. 곧 손님이 도마 위
   에 귀한 안주가 남아 있다고 사양하다의 뜻.
3) 弟子(제자) : 빈(賓)의 무리에 속하는 나이가 어린 사람을 뜻한다.
4) 俟徹俎(사철조) : 기다리고 있다가 도마를 철수시키다. 도마는 주인의 찬자
   (贊者)가 차려놓은 것이므로 편안하게 앉아 있으라는 주인의 청을 빈이 도
   마 위에 귀한 음식이 있으므로 그렇게 할 수 없다고 사양함에 주인이 빈의 그
   뜻에 따라 빈의 무리 속에서 제자에게 도마가 치워질 때까지 대기하고 있으
   라고 명령하는 것이다.
5) 以東(이동) : 이 밑에 수주인시자(授主人侍者)가 결문(缺文)이라고 했다.
6) 還(환) : 도마를 스스로 취하여 각각 자신의 자리로 향하는 것을 밝힌 것이
   라 했다.

26. 술과 음악을 마음껏 즐기다

　주인(主人)이 빈(賓)과 함께 읍하고 사양하며 신발을 벗고 이
에 당(堂)으로 오른다.
　대부와 중빈(衆賓)들도 모두 신발을 벗고 당으로 올라서 자리
에 앉는다.
　이에 음식들이 나온다. 술잔 돌아가는 것을 계산하지 않고 마음
껏 마신다. 두 사람으로 하여금 거치(擧觶)하게 한다. 빈과 대부

는 일어나지 않고 앉아서 거치한 술잔을 들어 마시는데 술을 다
마시고도 절을 하지 않는다.

치(觶)를 드는 자가 치를 받아서 술을 따른다. 빈의 치는 주인
에게 가고 대부의 치는 중빈(衆賓)의 장(長)이 받는다. 술잔이
서로 번갈아 오가는데 모두가 절은 하지 않는다. 술을 주고받는
것이 두루 하여 마지막으로 술잔을 받는 사람은 일어나서, 당 아
래에 있는 중빈이나 주인의 찬자(贊者)들에게, 서쪽 계단 위에서
여수(旅酬)를 하게 한다.

연장자가 돌리는 술잔을 받으면 받은 자는 절하지 않고 이에 마
신다. 다 마시면 또 술을 따르는데 술잔을 받은 자도 절하지 않고
받는다. 당 아래에 있는 자들도 두루 여수(旅酬)가 끝나도 모두
절은 하지 않는다.

집치자(執觶者)도 모두 여수(旅酬)에 함께 참여한다. 끝으로
잔을 받은 사람이 빈 치를 가지고 당에서 내려와 대광주리 속에 넣
는다. 이에 집치자가 치를 씻고 당으로 올라가 치에 술을 따르고
는 다시 빈과 대부의 자리에 놓는다. 음악은 계속 연주하게 한다.

◑主人以賓揖讓 說屨[1] 乃升 大夫及衆賓皆說屨 升坐 ◑乃羞[2] 無算
爵 使二人[3] 擧觶 賓與大夫不興 取奠觶飮 卒觶 不拜 執觶者受觶 遂
實之 賓觶以之主人 大夫之觶長受 而錯[4] 皆不拜 辯 卒受者興 以旅
在下者[5]于西階上 長[6]受酬 酬者不拜[7] 乃飮 卒觶 以實之 受酬者不
拜受 辯旅 皆不拜 執觶者皆與旅 卒受者以虛觶降 奠于篚 執觶者
洗 升 實觶 反奠于賓與大夫[8] 無算樂

1) 說屨(탈구) : 신발을 벗다. 장차 신발을 벗고 당으로 올라가서 두루마기를 넓
   게 펴서 땅을 가려 발이 안 보이게 하다.
2) 羞(수) : 음식의 뜻. 곧 잔치에 차려진 음식을 뜻한다. 진(進)과도 같다. 개고
   기를 탕으로 끓여 고깃점을 넣어서 안주로 올린 것. 곧 육장이다.
3) 二人(이인) : 앞의 2인과 동일인이다.
4) 錯(착) : 번갈아 주다. 곧 주인의 치에 술을 따라서 다음 빈(賓)에게 주고 중
   빈의 장(長)이 마신 치에 술을 따라서 다음 대부에게 주는 것.

5) 在下者(재하자) : 당에 있지 못하고 당 아래에 있는. 주인과 빈과 대부의 종자(從者)들.

6) 長(장) : 중빈(衆賓)의 장(長)이다.

7) 酬者不拜(수자불배) : 고문(古文)에는 수수자불배(受酬者不拜)로 되어 있다.

8) 反奠于賓與大夫(반전우빈여대부) : 다시 빈과 대부들의 앞에 놓아 둔다. 이제 그만 마시자는 뜻에서 가져다 놓는 것이다. 주인이 일방적으로 잔치를 거두는 것은 예가 아니기 때문이다.

27. 주인이 사정(司正)의 노고를 위로하다

빈(賓)이 일어나면 악정(樂正)이 해하(陔夏)를 연주하라고 명령한다. 빈이 당에서 내려와 계단에 이르면 해하를 연주한다. 빈이 나가고 나면 중빈(衆賓)들도 모두 나간다. 주인이 대문 밖까지 나가서 전송하며 재배한다.

다음 날, 빈(賓)이 조복을 입고 문 밖에 이르러 어제 베풀어 준 후례(厚禮)에 감사하는 절을 올린다. 주인이 만나 보지 않는다. 주인이 빈과 똑같은 복장을 입고 드디어 따라서 문 밖에서 욕되게 찾아준 것에 대해 절하면 이에 빈이 물러간다.

주인이 조복(朝服)을 벗고 현단(玄端)으로 갈아입고 사정(司正)을 위로한다. 보좌하는 개(介)는 없다. 새로운 희생도 쓰지 않는다. 사람을 시켜서 신속하게 빈(賓 : 司正)을 부른다.

문 밖에서 맞이하는데 절은 하지 않는다. 문 안으로 들어와 당에 올라서도 찾아온 것에 대해 절하지 않는다. 작을 씻을 때도 절하지 않는다. 육포와 육장을 올리는데 도마(희생)는 내놓지 않는다.

빈이 주인에게 잔을 돌리는데 주인은 첨작(添酌)하지 않는다. 중빈에게도 절을 하지 않는다. 이미 중빈에게 술을 드렸으면 한 사람으로 하여금 거치(擧觶)하게 하여 드디어 술잔을 계산하지 않고 즐겁게 마신다.

사정(司正)은 세우지 않는다. 빈(賓)도 참여하지 않는다. 주인 집에 있는 것은 원하는 대로 가져다 차려 준다.

향선생(鄕先生)인 향대부(鄕大夫)와 덕 있는 군자(君子)도 초청하여 갖추어진 음식들을 모두 차려내 접대한다.

향악(鄕樂)도 듣고 싶은 대로 연주하게 한다.

◐賓興 樂正命奏 陔 賓降及階 陔作 賓出 衆賓皆出 主人送于門外[1] 再拜 ◐明日 賓朝服以拜賜[2]于門外 主人不見[3] 如賓服 遂從之 拜辱于門外 乃退 ◐主人釋服[4] 乃息[5]司正 無介[6] 不殺[7] 使人速[8] 迎于門外 不拜 入 升 不拜至 不拜洗 薦脯醢 無俎 賓酢主人 主人不崇酒 不拜衆賓 旣獻衆賓 一人擧觶 遂[9]無算爵 無司正[10] 賓不與[11] 徵[12]唯所欲 以告于鄕先生 君子[13]可也 羞唯所有[14] 鄕樂唯欲[15]

1) 主人送于門外(주인송우문외) : 주인이 문 밖으로 나가서 재배하고 전송하다. 이때 빈은 답배하지 않는데 이제 그만 예를 끝마치자는 뜻에서이다.

2) 拜賜(배사) : 베풀어 준 은혜에 감사하는 절을 하는 것이다.

3) 不見(불견) : 빈이 찾아준 것에 대해 예를 가볍게 하지 않겠다는 뜻이다.

4) 釋服(석복) : 주인이 조복(朝服)을 벗고 현단(玄端)으로 갈아입는 것.

5) 息(식) : 위로하다의 뜻. 곧 사정(司正)의 노고를 위로하는 것.

6) 無介(무개) : 자신의 관리가 수고한 것에 대한 위로이므로 예를 생략한 것이다.

7) 不殺(불살) : 희생을 쓰지 않는다는 뜻.

8) 速(속) : 빈을 부르다. 곧 초청하다.

9) 遂(수) : 잠깐의 틈. 곧 잠깐의 시간적 여유가 있는 것을 뜻함.

10) 無司正(무사정) : 사정을 세우지 않다. 곧 안내하는 자만 있을 뿐이다.

11) 賓不與(빈불예) : 빈은 참여하지 않다. 어제 참여하여 다시 초청할 수가 없다. 여(與)는 예로 발음하며 고문(古文)에는 예(豫)로 되어 있다.

12) 徵(징) : 부르다. 곧 자신이 먹고 싶은 것을 청하다의 뜻이다.

13) 告于鄕先生君子(고우향선생군자) : 고는 청(請)의 뜻. 향선생은 향대부(鄕大夫)로 치사자(致仕者), 군자는 큰 덕행(德行)이 있어도 벼슬하지 않는 자.

14) 羞唯所有(수유소유) : 음식들이 현재 있는 것들로 마련해 주고 새로 만들어 추가하여 올리지 않는다는 뜻이다.

15) 鄕樂唯欲(향악유욕) : 시경의 아(雅)나 송(頌)은 노래하지 않고 주남(周南)이나 소남(召南)에 소속된 노래를, 듣고 싶어하는 대로 들려 준다는 뜻.

■ 향사례(鄕射禮)의 의의

가. 대부(大夫)는 공사(公士)로 빈을 삼는다

대부가 참여하게 되면 공사(公士)를 빈(賓)으로 삼는다. 일에 민첩할 것이기 때문에 미리 알리지 않는다.

그 희생은 개[犬]를 쓰는데 당(堂)의 동북쪽에서 삶아 익힌다.

술그릇들은 굵은 칡베로 덮고 빈(賓)이 이르면 벗긴다. 부들로 만든 연석(筵席)은 검은 베로 가선을 두른다.

서서(西序)의 자리는 북쪽을 위로 한다.

술을 드릴 때는 작(爵)을 사용하고 그 밖에는 치(觶)를 사용한다.

작(爵)을 비우고 절을 하는 자는 무턱대고 일어나지 않는 것이다.(반드시 일어났다면 주인에게 술을 보내야 한다.)

안주를 올릴 때 육포를 담는 제기는 변(籩)을 쓰는데 다섯 조각의 육포를 담는다. 반으로 자른 육포로 제사를 지내는데 위에 횡으로 놓는다. 육장은 두(豆)에 담는데 나오는 곳은 동방(東房)으로부터 한다. 육포의 길이는 1자 2치이다.

도마는 동벽(東壁)으로부터 말미암아 서쪽 계단으로 오른다. 빈의 도마에는 등뼈와 갈비뼈와 앞다리 어깨뼈와 허파가 올려진다. 주인의 도마에는 등뼈와 갈비뼈와 앞다리 팔뚝뼈와 허파가 올려진다. 허파는 모두 갈라 놓는다. 모두 오른쪽 몸체를 사용하는데 살가죽이 앞으로 향하도록 한다.

대저 작(爵)을 드는데 세 번 일어난다. 이는 빈에게 드리고 대부에게 드리고 악공에게 드리며 모두 육포와 육장을 올리는데 무턱대고 작을 주지는 않는다.

무릇 당장 사용하지 않는 술잔은 왼쪽에 놓아 두고 장차 사용하려는 술잔은 오른쪽에 놓아 둔다.

중빈(衆賓)의 연장자 중 한 사람만 술잔을 씻어서 준 것에 대해 사례하는 것은 빈례(賓禮)와 똑같이 한다.

만약 제공(諸公)이 함께 하고 있다면 빈례(賓禮)와 똑같이 행하고 대부에게는 개례(介禮)와 똑같이 행한다. 제공(諸公)이 없다면 대부에게 빈례(賓禮)와 똑같이 행한다. 음악이 연주되었으면 대부는 들어가지 않는 것이다.

記：○大夫與 則公士爲賓[1] 使能 不宿戒[2] ○其牲 狗也 亨于堂東北[3] ○尊絺冪[4] 賓至 徹之 蒲筵 緇布純 ○西序之席 北上[5] ○獻用爵[6] 其他用觶 ○以爵拜[7]者 不徒作[8] ○薦脯用籩[9] 五臟[10] 祭半臟 橫于上 醯以豆[11] 出自東房 臟長尺二寸 ○俎由東壁[12] 自西階升 賓俎脊脅肩肺 主人俎脊脅臂肺 肺皆離 皆右體也 進腠[13] ○凡擧爵 三作[14]而不徒爵 ○凡奠者於左 將擧者於右 ○衆賓之長 一人辭洗 如賓禮 ○若有諸公[15] 則如賓禮 大夫如介禮 無諸公 則大夫如賓禮 樂作[16] 大夫不入

1) 公士爲賓(공사위빈)：공사를 빈으로 삼다. 공사는 현재 관직에 있는 사람. 또 향빈은 처사(處士)로 사용한다고 했다. 향인(鄕人)이 빈이 되지 않고 공사를 빈으로 삼는 것은 향인을 대부보다 더 존귀하게 대접할 수 없기 때문이다.

2) 使能不宿戒(사능불숙계)：미리 알려서 준비시키지 않아도 능력이 있어서 잘 한다는 뜻이 있다.

3) 亨于堂東北(팽우당동북)：당의 동북에서 삶다. 팽은 팽(烹)의 고자. 향음주(鄕飮酒)에 조(俎)는 양기(陽氣)가 피어나는 곳이라 했다.

4) 絺冪(치멱)：굵은 칡베로 덮다. 칡베로 덮개를 하는 이유는 그 견실하고 깨끗한 것을 취한 것이다.

5) 西序之席北上(서서지석북상)：서서의 자리는 북쪽을 위로 여기다. 중빈(衆賓)은 빈(賓)이 통솔하기 때문이다.

6) 獻用爵(헌용작)：잔을 올릴 때는 작을 쓴다. 곧 높은 사람에게 올릴 때는 작을 쓴다는 뜻.

7) 以爵拜(이작배)：절하고 이미 작을 받은 사람이다.

8) 不徒作(부도작)：무턱대고 일어나지 않다. 곧 일어나면 주인에게 술을 올려야 한다는 뜻.

9) 脯用籩(포용변) : 포는 변을 쓴다. 변은 마른 음식을 올리는 것이 적당하다.

10) 臓(직) : 고문(古文)에는 자(胾)로 되어 있고 금문(今文)에는 식(植)으로
되어 있다고 했다.

11) 醢以豆(해이두) : 육장은 두의 제기에 담는다. 두(豆)는 젖은 안주를 올리
는데 적당하다.

12) 俎由東壁(조유동벽) : 도마는 동벽으로부터 말미암다. 개고기가 다 삶아지
면 동쪽에서 도마에 올린다.

13) 進腠(진주) : 살가죽이 앞으로 나오도록 하다. 살가죽이 위로 향하게 하다
의 뜻. 주는 피부의 무늬이며 가죽이다.

14) 三作(삼작) : 빈과 대부와 악공에게 술을 올리는 것을 뜻한다.

15) 諸公(제공) : 대국의 고(孤)이다.

16) 樂作(낙작) : 즐거움이 있다.

　　　나. 향사례(鄕射禮)의 진행
　　악정(樂正)과 함께 서 있는 자들은 나이 든 순서대로 술을 받
는다. 세 사람이 생황을 불고 한 사람이 작은 생황을 함께 부는 것
은 소리의 화음이 이루어진 것이다.
　　악공과 생황을 부는 사람에게 술을 드릴 때에는 위쪽의 대광주
리 속에서 작(爵)을 꺼내 사용한다.
　　이미 술을 드리는 일이 다 끝나면 아래 대광주리 속에 작을 넣
는다. 그 생황을 부는 사람에게는 모두 서쪽 계단 위에서 드린다.
　　당 아래에 서 있는 자들은 동면하는데 북쪽을 위로 삼는다.
　　사정(司正)이 이미 거치(擧觶)하였으면 모두 치의 남쪽에 육
포와 육장을 올린다.
　　삼우(三耦)란 제자들에게 시키는데 사사(司射)가 먼저 가르
쳐 훈계한다.
　　사사(司射)의 활과 화살이나 종아리채는 서쪽 계단의 서쪽에
의지해 놓는다.
　　사사가 이미 왼쪽 소매를 걷어올리고 각지를 끼고 팔찌를 차고

당으로 오르면 사마가 계단 앞에서 과녁을 펴라고 명령한다. 이
어서 정기를 과녁의 중앙에 기대놓으라고 명령한다.

무릇 과녁은 천자는 웅후(熊侯)인데 흰 바탕이고, 제후는 미후
(麋侯)인데 붉은 바탕이고, 대부는 포후(布侯)인데 호랑이와 표
범이 그려졌고, 사(士)는 포후(布侯)인데 사슴이나 돼지가 그려
져 있다. 빈사(賓射)나 연사(燕射)의 과녁 측면에 그려진 운기
는 옅은 붉은 바탕으로 되어 있다.

활을 쏘는 것은 당의 두 기둥 사이에서 한다. 활 쏘는 사람이 서
있는 곳은 그 길이가 화살대 하나의 길이와 같다. 상사(上射)나
하사(下射)의 사이는 활 하나를 용납한다. 십자 표시가 있는 횡
선의 거리는 1자 2치로 한다.

서(序)인 주학(州學)에서 활 쏘는 곳의 표식은 마룻대와 마주
하게 한다. 당(堂)인 향학(鄕學)에서는 표식을 상인방과 마주하
게 한다.

과녁을 등지라고 명령하는 자는 그 위치에서 말미암는다.

무릇 당의 아래 서쪽으로 가서는 모두가 사마(司馬)의 남쪽으
로 들어오고 나간다. 오직 빈과 대부가 계단을 내려올 때는 당의
서쪽에서 활과 화살을 취하는 것이다.

○樂正與立者齒[1] 三笙一和而成聲[2] 獻工與笙[3] 取爵于上篚 旣獻奠
于下篚[4] 其笙則獻諸西階上 ○立者[5] 東面北上 ○司正旣擧觶 而薦
諸其位[6] ○三耦者 使弟子[7] 司射前戒[8]之 ○司射之弓矢與扑 倚于
西階之西 ○司射旣袒決遂而升 司馬階前命張侯 遂命[9]倚旌 ○凡侯
天子熊侯 白質[10] 諸侯麋侯 赤質[11] 大夫布侯[12] 畫以虎豹[13] 士布侯
畫以鹿豕[14] 凡畫者 丹質[15] ○射自楹間[16] 物長如笴[17] 其間容弓[18] 距
隨長武[19] 序則物當棟[20] 堂則物當楣[21] ○命負侯者 由其位 ○凡適堂
西 皆出入于司馬之南 唯賓與大夫降階 遂西取弓矢

1) 樂正與立者齒(악정여립자치) : 악정과 서 있는 중빈들은 모두 나이의 순서
  대로 술잔을 받는다는 뜻이다. 곧 악정을 예우해 주는 것이다.

2) 三笙一和而成聲(삼생일화이성성) : 세 사람이 생황을 불고 한 사람이 작은

생황을 불어서 소리가 화음을 이루게 하다의 뜻. 총 네 사람이라는 뜻.

3) 與笙(여생) : 금문(今文)에는 두 글자가 없다.

4) 奠于下篚(전우하비) : 아래 광주리에 넣다. 다시 사용하지 않는다는 것이다.

5) 立者(입자) : 빈(賓)의 무리다.

6) 薦諸其位(천제기위) : 그 각각의 자리 앞에 치가 놓인 남쪽으로 육포와 육장을 놓는다는 뜻.

7) 弟子(제자) : 빈당(賓黨)의 젊은 사람들.

8) 前戒(전계) : 먼저 활 쏘는 것을 훈계하는 것을 말한다.

9) 遂命(수명) : 이 밑에 획자(獲者) 두 글자가 고문(古文)에는 더 있다.

10) 熊侯白質(웅후백질) : 곰머리가 그려진 과녁의 바탕이 흰 것을 뜻한다.

11) 麋侯赤質(미후적질) : 순록머리가 그려진 과녁의 바탕이 붉은 것을 뜻한다.

12) 布侯(포후) : 베로 만들어진 과녁.

13) 虎豹(호표) : 호랑이와 표범이 그려진 것.

14) 鹿豕(녹시) : 사슴이나 돼지가 그려진 것.

15) 凡畫者丹質(범화자단질) : 무릇 그려진 것들이 가를 붉은 바탕으로 한 것이라 했다. 이상의 기록들은 모두 수후(獸侯)이다. 과녁을 사용하는 경우가 세 가지가 있다. 그 첫째는 대사례(大射禮)에 쓰는데 짐승 가죽으로 사방을 만들고 중앙에 다시 네모난 짐승가죽을 대어 과녁 중앙을 만드는 것으로 이 것을 피후(皮侯)라고 한다. 두 번째는 빈사(賓射)에 쓰는 것인데 베로 만들고 다섯 가지 색으로 그림을 그려 놓아 '오채지후(五采之侯)'라고 하는데 빈사에서 쓰는 과녁은 신분의 차이에 따라 몇 가지로 구분된다. 곧 천자의 경우는 붉은색·흰색·푸른색·황색·검은색의 다섯 가지로 그림을 그려서 '오정지후(五正之侯)'라 하고, 제후는 붉은색·흰색·푸른색의 세 가지 색으로 그림을 그려 '삼정지후(三正之侯)'라고 하고 대부와 사는 붉은색과 녹색 두 가지로 그림을 그려 '이정지후(二正之侯)'라고 한다. 세 번째는 연사(燕射)에 쓰는 것으로 과녁의 정중앙에 여러 가지 동물의 꼬리를 그려 이것을 '수후(獸侯)'라고 하는 것이다. 향사례에는 향대부와 사(士)가 중심이 되어 활을 쏘는 것으로 이는 이정지후(二正之侯)이다.

16) 射自楹間(사자영간) : 활 쏘는 것을 두 기둥 사이에서 하다. 곧 상(庠)에서 활 쏘기 하는 것이다. 두 기둥 사이란 기둥 사이의 중간이다.

17) 物長如笴(물장여가) : 물은 사위(射位)이다. 곧 십자 표시. 장은 길이이며 십자 표시 가운데 종획의 길이이다. 가는 화살대이며, 화살대 하나의 길이는 30cm이다. 물(物)의 길이는 화살대와 같다.

18) 其間容弓(기간용궁) : 그 사이가 활을 용납한다. 곧 상사(上射)와 하사(下射)가 일우(一耦)가 되어서 함께 활을 쏘는데 서로 번갈아 가며 활을 쏠 때의 거리가 활 하나의 거리만큼 된다는 뜻.

19) 距隨長武(거수장무) : 거수는 십자 표시의 횡선(橫線)을 뜻하고 무는 흔적이며 족적(足跡)이다. 곧 십자 표시의 횡선의 길이가 발 하나의 길이인 1자 2치라는 뜻이다.

20) 序則物當棟(서즉물당동) : 서(序)에서 활을 쏠 때에는 사위(射位)의 표시물은 마룻대 아래에 해당한다는 뜻.

21) 堂則物當楣(당즉물당미) : 당에서 활을 쏠 때에는 사위의 표시물이 문의 상인방이 있는 곳에 해당한다는 뜻. 당이란 실(室)이 있다는 뜻이며 실이 있는 건물에서 활을 쏘는 것은 향학(鄕學)에서 활 쏘기 한다는 뜻이기도 하다.

다. 향사례에서 사용하는 것들의 의미

정기(旌旗)는 각각 사용하던 그 물건들로 한다. 사용하던 정기가 없으면 백우(白羽)와 주우(朱羽)를 섞어서 만든다. 깃대의 길이는 21자(尺)로 하는데 기러기목으로 위를 감추어 16자로 한다.

무릇 화살을 활에 낄 때는 두 번째와 세 번째 손가락 사이에 가로로 끼운다.

사사(司射)는 사마(司馬)의 북쪽에 있다. 사마는 활을 쏠 일이 없으면 활을 잡지 않는다.

처음으로 활을 쏘아 과녁을 맞히면 맞힌 것을 계산하지 않고 다시 쏘아서 맞히면 점수를 계산하고 또 다시 쏘아서 맞히면 음악을 연주하여 절도 있게 쏘도록 한다.

상사(上射)의 위치는 오른쪽이다.

살그릇의 길이는 화살대 하나의 길이와 같고 그 너비는 3치이며 그 두께는 1치 반이다. 용머리를 장식하고 중간에는 뱀이 서로 교차하는 듯하고 그 등은 가죽으로 감싼다. 살그릇은 검붉은 색을 칠하고 가로로 들어서 남면하고 앉아 땅에 놓는다. 그 위치는 남북으로, 씻는 곳과 마주하는 곳이다.

활을 쏘는 사람이 허물이 있다면 종아리채로 때려서 징벌한다.

중빈(衆賓)으로서 활쏘기에 참여하지 않는 사람은 당에서 내려오지 않는다.

활 쏘는 시범을 보이는 화살을 든 사람은 이미 그 우(耦)가 번갈아 화살을 다 가진 다음에 겸하여 시범 보인 화살 4개를 취한다.

빈과 주인이 활을 쏠 때에는 사사(司射)가 인도하여, 당에 오르고 내리는 일을 돕는다. 빈과 주인이 활쏘기를 다 마치고 빈과 주인이 자리로 나아가면 사사는 제자리로 돌아와 일을 끝마친다.

녹중(鹿中)은 검붉은 칠을 하고 앞발을 꿇고 있는 모양으로 하며 등을 파서 여덟 개의 산가지를 담아 놓는다. 석획자(釋獲者)는 이를 받들어 머리가 앞에 하도록 한다.

대부가 당에서 내려와 당의 서쪽에 서서 활쏘기를 기다린다. 대부와 사(士)가 함께 사우가 되어 활을 쏠 때에는 왼팔의 옷을 걸어올리는데 분홍빛 속옷이 보일 정도만 걷어서 살이 보이지 않게 하고, 대부의 사우는 조금 사위(射位)에서 물러나 있어야 한다.

사사가 활과 화살을 내려놓고 산가지를 살피는데, 더불어 석획자에게 술을 드릴 때에도 활과 화살을 내려놓는다.

○旌各以其物[1] 無物[2] 則以白羽與朱羽糅[3] 杠長三仞[4] 以鴻脰[5] 韜[6] 上二尋[7] ○凡挾矢 於二指[8]之間橫之 ○司射在司馬之北 司馬無事 不執弓 ○始射 獲而未釋獲 復釋獲 復用樂行之 ○上射於右[9] ○楅 長如笴 博[10]三寸 厚寸有半 龍首 其中蛇交 韋當 楅髤[11] 橫而拳之 南面坐而奠之 南北當洗 ○射者 有過[12] 則撻之 ○衆賓不與[13]射者 不降 ○取誘射之矢者 旣拾取矢 而后兼誘射之乘矢而取之 ○賓主人射 則司射擯升降 卒射 卽席 而反位卒事 ○鹿中 髤 前足跪[14] 鑿背容八算 釋獲者奉之 先首 ○大夫降 立于堂西以俟射[15] 大夫與士射 袒薰襦[16] 耦少退于物 ○司射釋弓矢 視算與獻釋獲者釋弓矢[17]

1) 旌各以其物(정각이기물) : 정기(旌旗)는 각각 정해진 깃발을 사용한다. 물(物)은 정기의 뜻.

2) 無物(무물) : 소국(小國)의 주장(州長)이 아직 정기를 받지 못한 사람들이다.

3) 糅(유) : 섞다. 금문(今文)에는 축(縮)으로 되어 있다.

4) 三仞(삼인) : 7척(七尺)이 1인(仞)이다. 3인은 21척(二十一尺)이다.

5) 鴻脰(홍두) : 기러기의 목을 뜻한다.

6) 韜(도) : 금문에는 도(翿)로 되어 있다.

7) 二尋(이심) : 8척(八尺)이 1심(一尋)이며 2심이면 16척(十六尺)이다.

8) 二指(이지) : 왼손과 오른손의 두번째 손가락을 뜻한다. 곧 식지(食指)와 장지(將指)에 끼다.

9) 上射於右(상사어우) : 상사는 오른쪽 활 쏘는 표식에서 활을 쏘다의 뜻.

10) 博(박) : 너비이다.

11) 髤(휴) : 검붉은 빛이 나는 것. 곧 적흑색의 칠이라 했다.

12) 有過(유과) : 사람을 맞힌 것을 뜻한다. 화살이 날아가서 사람을 맞히다.

13) 與(예) : 고문(古文)에 예(豫)로 되어 있다.

14) 前足跪(전족궤) : 앞발을 꿇다. 곧 사슴이나 모든 짐승의 앞발이 무릎을 꿇고 있는 모습이라는 뜻. 이는 모든 짐승들도 교화를 받아서 복종하였다는 뜻이 담겨 있다고 했다.

15) 大夫降立于堂西以俟射(대부강립우당서이사사) : 대부가 당에서 내려와 당의 서쪽에 서서 쏘는 것을 기다리다. 대부를 존경하여 오래도록 기다리지 않게 하기 위해서이다.

16) 袒薰襦(단훈유) : 분홍색 속옷이 보일 정도만 걷어올려 살이 나오지 않게 하다. 곧 대부는 존귀하기 때문에 일반인과 신분을 구분하기 위해서이다.

17) 釋弓矢~釋弓矢(석궁시~석궁시) : 이상의 두 가지 일은 무(武)를 쉬게 하고 문(文)을 위주로 하는 것이므로 활과 화살을 풀어놓고 하는 것이다.

　　라. 예사(禮射)에서의 예
　예악(禮樂)으로써 활을 쏠 때는 예와 악에 맞춰 절도 있게 행했는지를 표본으로 삼고, 과녁을 명중시킨 것을 위주로 하지 않

는다. 과녁을 적중시키는 것을 위주로 하는 활쏘기에서는 이긴 자
만 또 활을 쏘고 이기지 못한 자는 당에서 내려와 더 이상 활을 쏘
지 못한다.

　주인도 또한 서쪽 계단 위에서 벌주를 마시는 것이다.

　획자(獲者)의 도마에는 등뼈와 갈비뼈와 허파와 정강이뼈를
잘라서 올려 준다. 과녁의 동쪽을 우개(右个)라고 한다. 석획자
(釋獲者)의 도마에는 등뼈와 갈비뼈와 허파를 잘라서 올려 주는
데 모두 잘게 자른 것으로 한다.

　대부는 화살 묶음을 풀 때에는 앉아서 풀어야 한다.

　추우(騶虞)를 노래 부르는 것은 채빈(采蘋)과 마찬가지로 모
두 다섯 번 연주한다. 중빈이라도 활을 쏠 때에는 다섯 번을 연주
해 준다.

　옛날에는 여수(旅酬)에 이르러야 서로 말을 할 수 있었다.

　무릇 여수에서는 치를 씻지 않는다. 치를 씻지 않는 것은 제사
하지 않기 때문이다.

　이미 여수가 시작되었다면 사(士)는 안으로 들어가지 못한다.

　대부는 뒤에 나오더라도 주인이 문 밖까지 나와서 전송하면서
두 번 절을 올린다.

　향사(鄕射)의 과녁은 가장 위쪽의 폭이 40자(四十尺)이고 중
앙의 너비가 10자이다. 과녁까지의 거리는 활 50개의 길이이고 활
에서 2치를 과녁의 중앙으로 삼는다. 과녁 중앙의 2배를 궁(躬 :
몸체)으로 삼고 궁(躬)의 갑절을 좌설(左舌)과 우설(右舌)로 삼
는다. 하설(下舌)은 상설(上舌)의 절반이다.

　대나무 산가지는 80개이다. 산가지의 길이는 1자 4치인데 4치
는 칼로 깎아낸 부분이다.

　종아리채의 길이는 화살대의 길이와 같고 칼로 깎아낸 부분이
한 자이다.

○禮射不主皮[1] 主皮之射者[2] 勝者又射 不勝者降 ○主人亦飮于西
階上 ○獲者之俎 折脊脅肺臑[3] 東方謂之右个 釋獲者之俎 折脊脅

肺 皆有祭⁴⁾ ○大夫說矢束⁵⁾ 坐說之 ○歌 騶虞 若 采蘋 皆五終 射
無算⁶⁾ ○古者於旅也語⁷⁾ ○凡旅 不洗 不洗者 不祭 ○旣旅 士不入
○大夫後出 主人送于門外 再拜 ○鄕侯 上个⁸⁾五尋 中十尺 侯道五
十弓⁹⁾ 弓二寸以爲侯中¹⁰⁾ 倍中以爲躬¹¹⁾ 倍躬以爲左右舌¹²⁾ 下舌半
上舌 ○箭籌¹³⁾八十 長尺有握 握素¹⁴⁾ ○楚扑¹⁵⁾長如笴 刊本尺¹⁶⁾

1) 禮射不主皮(예사부주피) : 예와 악에 맞추어 절도 있게 활을 쏘아 군자의 풍
   모를 자랑하고 과녁을 맞히는 데 주력하지 않는 것이다. 이러한 것을 군자(君
   子)의 사례(射禮)라고 한다. 곧 대사(大射)와 빈사(賓射)와 연사(燕射)가
   이것이다.

2) 主皮之射者(주피지사자) : 과녁을 맞추는 것을 위주로 하는 활쏘기 대회. 이
   는 승자만 계속 쏘고 패자는 다시 쏘지 못하는 것이다.

3) 臑(노) : 정강이 다리이다.

4) 皆有祭(개유제) : 모두 잘게 자른 것. 제는 잘게 저미거나 자르다의 뜻이다.

5) 大夫說矢束(대부탈시속) : 대부가 직접 화살 묶은 것을 풀다. 대부라도 사례
   에서는 스스로 높다는 것을 표시하지 않기 위해 손수 하는 것이다.

6) 射無算(사무산) : 활을 쏠 때에는 계산하지 않는다. 무수한 중빈들이 하나하
   나 쏠 때마다 음악을 다섯 번 연주해 준다는 뜻.

7) 古者於旅也語(고자어려야어) : 옛날에는 모든 예가 끝나고 여수(旅酬)에 들
   어가야 서로 이야기를 했다고 한다. 이는 현재는 예악을 성대하게 하는 데에
   는 게으르고 말하는 것도 절도가 없어서 옛날을 회고한 것이라고 했다.

8) 上个(상개) : 과녁 제일 위쪽 베의 너비를 뜻한다.

9) 弓(궁) : 금문(今文)에는 굉(肱)으로 되어 있다.

10) 中(중) : 과녁의 중앙이다.

11) 躬(궁) : 과녁 중앙의 정곡(正鵠) 위와 아래에 덧대어진 베이다. 각각 2장
    의 베 조각을 사용해서 만든다.

12) 舌(설) : 상개(上个)를 말한다. 궁(躬)의 양쪽 끝에 길게 나와 있는 곳을 뜻
    한다.

13) 箭籌(전주) : 대나무를 잘라 만든 산가지이다.

14) 握素(악소) : 악은 손을 쥐는 부분이며 숫자를 세는 단위이기도 하다. 1악은
    4치이다. 소는 그 곳을 칼로 깎아낸 부분이다.

15) 楚扑(초부) : 종아리를 치는 채. 초는 매질하다의 뜻이다.
16) 刊本尺(간본척) : 칼로 깎아낸 부분이 한 자라는 뜻이다.

마. 향사례에 임금이 참여하면

임금이 활을 쏘게 되면 하사(下射)가 된다. 이 때 상사(上射)는 사위(射位)에서 화살대 하나 만큼의 거리를 뒤로 물러난다. 이미 발사했으면 임금을 마주하고 기다린다.

임금은 음악이 연주된 후에 사위(射位)로 나아간다. 임금은 왼팔의 소매를 붉은 속옷이 나올 정도만 걷어올리고 활을 쏜다. 소신(小臣)은 수건을 손바닥에 깔고 화살을 잡아서 임금에게 드린다.

만약 임금이 이기지 못해 벌주를 마시는 쪽에 끼어 있게 되면 연례(燕禮)에서 협작(夾爵)하는 것과 같이 한다.

임금이 성 안에서 활을 쏠 때에는 피수(皮樹)가 그려진 산가지통을 쓰고 획자(獲者)는 깃일산이 장식된 도정(翿旌)을 흔드는데 흰 깃털과 붉은 깃털을 섞어 만든 것을 사용한다.

교외에서 활쏘기를 할 때에는 뿔이 하나 달려 있는 여중(閭中)을 쓰고 정기로써 흔든다.

국경에서 활을 쏠 때에는 호랑이가 장식되어 있는 호중(虎中)을 쓰고 용전(龍旜)으로써 흔든다.

대부는 시중(兕中)을 사용하는데 각각 그 평소에 쓰던 기를 가지고 흔든다.

사는 녹중(鹿中)을 쓰고 깃일산이 장식된 도정(翿旌)을 사용하여 흔든다.

오직 임금만이 나라 안에서 활쏘기를 할 수 있다. 그 나머지는 그렇게 할 수가 없다.

임금이 자리할 때 대부가 활을 쏜다면 왼쪽 팔소매를 완전히 걷어 올려서 속살을 드러내야 한다.

○君射 則爲下射¹⁾ 上射退于物一笴 旣發 則答²⁾君而俟 君樂作而

后就物 君袒朱襦以射 小臣³⁾以巾執矢以授 若飮君 如燕則夾爵⁴⁾
○君國中⁵⁾射 則皮樹⁶⁾中 以翿旌⁷⁾獲 白羽與朱羽糅⁸⁾ 於郊 則閭中⁹⁾
以旌獲 於竟 則虎中¹⁰⁾ 龍旜 大夫兕中¹¹⁾ 各以其物獲 士鹿中¹²⁾ 翿旌
以獲¹³⁾ 唯君有¹⁴⁾射于國中 其餘否¹⁵⁾ ○君在 大夫射¹⁶⁾ 則肉袒

1) 爲下射(위하사) : 금문(今文)에는 위하(爲下)로 되어 있다.

2) 答(답) : 대(對)라 했다.

3) 小臣(소신) : 임금을 보좌하는 관직이다.

4) 若飮君如燕則夾爵(약음군여연즉협작) : 만약 임금이 활쏘기에서 지는 쪽에
소속되어 있다면 빈이 연례에서 술잔을 공(公)에게 보내는 예법과 같이 하
여, 임금이 술을 마시면 모시고 활을 쏘는 사람이 다시 자작하는 것으로 벌주
를 대신하는 것을 뜻한다.

5) 國中(국중) : 성 안(城中)이라 했다. 연사(燕射)를 뜻한다.

6) 皮樹(피수) : 짐승 이름이라 했다. 금문(今文)에는 피수위번수(皮樹爲繁豎)
로 되어 있다.

7) 以翿旌(이도정) : 문덕(文德)을 숭상함이라 했다.

8) 糅(유) : 금문에는 도(韜)로 되어 있다.

9) 於郊則閭中(어교즉여중) : 교외에서는 대사례(大射禮)를 뜻한다. 여중은 정
수리에 뿔이 하나 있는 짐승이 그려져 있는 주산통이다.

10) 於竟則虎中(어경즉호중) : 국경에서 이웃 나라의 군주와 활 쏘기 할 때는
호중이다.

11) 兕中(시중) : 외뿔소가 그려져 있는 산가지통.

12) 鹿中(녹중) : 사슴 모양이 그려져 있는 산가지통.

13) 以獲(이획) : 고문(古文)에는 이 두 글자가 없다.

14) 有(유) : 고문에는 우(又)로 되어 있다.

15) 其餘否(기여부) : 금문(今文)에는 이 세 글자가 없다.

16) 射(사) : 금문에는 이 글자가 없다.

제6편 연례(燕禮第六)

잔치를 열어 술과 음식을 먹으면서 조정(朝廷)의 군신(君臣)이 상하(上下)간의 친목을 도모하며 신분의 구분을 분명히 하는 의식이다.
정현(鄭玄)은 "제후들이 아무런 일이 없고 만약 경(卿)과 대부(大夫)들이 국가를 위하여 부지런히 일한 공로가 있으면 모든 신하들에게 주연을 베풀고 음악을 함께 하여 즐기는 예이다."라고 했다.

1. 연례(燕禮)의 준비물

주연(酒宴)을 베푸는 예〔燕禮〕이다.
공(公)의 소신(小臣)이 모든 신하에게 알려 머무르게 한다.
선재(膳宰)가 공(公 : 임금)이 머무는 노침(路寢)의 동쪽에 관찬(官饌)을 차린다. 악인(樂人)들은 종(鍾)과 경(磬)을 매단다. 동쪽 계단의 동남쪽에는 씻을 곳과 대광주리를 설치하는데 공(公)의 동쪽 방과 마주하게 한다. 술그릇이나 물은 동쪽에 놓아둔다. 대광주리는 씻는 곳의 서쪽에 두는데 남쪽으로 진열한다. 음식을 담은 대광주리는 그 북쪽에 두되 서쪽으로 향하게 한다.
사궁(司宮)이 동쪽 기둥의 서쪽에 양쪽으로 두 개의 방호(方壺 : 모난 병)를 놓아 둔다. 그 왼쪽에는 현주(玄酒 : 물)를 놓아두는데 남쪽을 위로 삼는다.
공작(公爵)의 주기(酒器)인 와대(瓦大) 두 개에는 받침대가 있다. 덮개는 굵은 칡베로 된 보자기를 쓰는데 삼베와 같으며 술그릇의 남쪽에 놓아 두는데 남쪽을 위로 여긴다.

준사(尊士)와 여식(旅食)은 문의 서쪽에 2개의 환호(圜壺)를 둔다. 사궁(司宮)은 문 서쪽에 빈의 연석(筵席)을 펴 놓는데 동쪽을 위로 삼고 가석(加席)은 하지 않는다.

사인(射人)이 공(公)에게 모든 음식이 준비되었다고 보고한다.

소신(小臣)이 공석(公席 : 임금의 자리)을 동쪽 계단 위에 설치하는데 서쪽으로 향하게 하고 가석(加席 : 겹으로 깐 자리)하여 깔아 놓는다.

공(公)이 당에 올라 자리로 나아가 자리에 앉아서 서쪽을 향한다. 소신(小臣)이 경(卿)과 대부(大夫)를 안으로 들어오게 한다.

경과 대부는 모두 문의 오른쪽으로 들어와 북면하는데 동쪽을 위로 삼아서 서 있는다. 사(士)는 서쪽에 서서 동면하고 북쪽을 위로 삼는다.

축사(祝史)가 문의 동쪽에 서서 북면하고 동쪽을 위로 하여 서 있는다. 소신의 우두머리인 한 사람이 동쪽의 당(堂) 아래에서 남면하고 있는다. 사려식자(士旅食者)는 문의 서쪽에서 동쪽을 위로 삼아 서 있는다.

공(公)이 당에서 내려와 동쪽 계단의 동남쪽에 서서 남쪽을 향하여 경(卿)에게 가까이 가면 경은 서면하고 북쪽을 위로 삼아 서 있으며, 대부에게 가까이 가면 대부는 모두 약간 앞으로 나아간다.

燕禮[1] : ◗小臣[2]戒與者[3] ◗膳宰[4]具官饌于寢東[5] 樂人縣[6] 設洗篚于阼階東南 當東霤[7] 罍水在東 篚在洗西 南肆[8] 設膳篚[9]在其北 西面 司宮[10]尊[11]于東楹之西 兩方壺 左玄酒 南上 公尊瓦大[12]兩 有豊冪用綌若錫[13] 在尊南 南上 尊士旅食[14]于門西 兩圜壺 司宮筵賓于戶西 東上 無加席[15]也 ◗射人[16]告具[17] 小臣設公席于阼階上 西鄉 設加席 公升 即位于席 西鄉 小臣納[18]卿大夫 卿大夫皆入門右 北面東上 士立于西方 東面北上 祝史[19]立于門東 北面東上 小臣師[20]一人在東堂下 南面 士旅食者立于門西 東上 公降立于阼階之東南 南鄉爾[21]卿 卿西面北上 爾大夫 大夫皆少進[22]

1) 燕禮(연례) : 임금이 주연을 베풀어 신하의 노고를 위로하고 상하간의 친목

과 질서의 관계를 돈독히 하는 연회.

2) 小臣(소신) : '주례(周禮)'에는 왕(王)에게 4인의 소신이 있다고 했다. 최고의 우두머리는 대복(大僕)이고 그 밑에 4인이 왕의 소소한 일을 관장한다고 했다. 여기의 소신은 공(公 : 임금)의 연음(燕飮)에서 예법을 도와 일을 처리하는 직책이다.

3) 戒與者(계여자) : 여러 신하들에게 알려서 머무르도록 한다의 뜻.

4) 膳宰(선재) : '주례'에 왕의 음식을 담당하는 직책을 선부(膳夫)라고 했다. 선재는 공후백자남(公侯伯子男)의 작위에 있는 제후에게 따르는 음식 담당 관리이다.

5) 具官饌于寢東(구관찬우침동) : 노침의 동쪽에 관찬을 차려 놓다. 연례의 음식을 차려 놓다의 뜻. 관찬은 술과 희생과 육포와 육장 등의 음식이다. 침은 노침(路寢)이다.

6) 樂人縣(악인현) : 악공(樂工)들이 종이나 경쇠를 매달다의 뜻. 나라의 임금이 국가에 큰 변란이 없을 때에는 종이나 경쇠를 철거하지 않는다. 새로 다는 것은 연례에 새롭게 한다는 뜻이 들어 있다.

7) 東霤(동류) : 임금의 궁전 안의 집을 뜻한다.

8) 肆(사) : 진(陳)의 뜻.

9) 膳篚(선비) : 임금을 본뜬 술잔이나 음식들이다.

10) 司宮(사궁) : 관직 이름이다. 천자(天子)는 소재(小宰)라고 하며 주인(酒人)의 업무를 관장한다고 했다.

11) 尊(준) : 방호(方壺)이며 경이나 대부나 사를 위한 술병이다. 방호는 신하의 도리는 곧고 모나다의 뜻을 취한 것이다.

12) 瓦大(와대) : 여섯 가지 준(尊)의 하나이다. 술을 담아놓는 용도로 쓰였다.

13) 錫(석) : 금문(今文)에는 석(緆)으로 되어 있다.

14) 士旅食(사려식) : 사(士)가 아직 직위를 얻지 못하여 정식으로 녹봉을 받지 못하는 사람들. 곧 서인(庶人)으로서 관직에 오른 자들이다.

15) 加席(가석) : 이중이나 삼중으로 자리를 높이는 것을 뜻한다. 곧 존자(尊者)의 자리이다.

16) 射人(사인) : 임금의 연례를 담당하고 사례(射禮)도 주관하는 관직.

17) 告具(고구) : 완비되었다고 아뢰다.

18) 納(납) : 들이다. 곧 들어오도록 허락하다의 뜻. 공(公)의 명을 받아서 들어
   가라고 하는 것.

19) 祝史(축사) : 잔치에 축사(祝辭)를 읽는 관직명.

20) 小臣師(소신사) : 소신의 직책을 관장하는 최고 우두머리.

21) 爾(이) : 가까이 하다. 옮기다. 곧 읍하고 가까운 곳으로 옮기다의 뜻이다.

22) 大夫皆少進(대부개소진) : 대부는 북면하고 약간 앞으로 나아가다의 뜻.

2. 임금의 명으로 빈을 정하다

사인(射人)이 빈(賓)을 청해야 할 때라고 공(公)에게 고한다.

공(公)이 이르기를 "아무개 대부(大夫)를 빈(賓)으로 삼으
라."라고 명령한다. 사인이 공의 명령을 빈에게 알린다. 빈이 약
간 앞으로 나와 예로써 사양한다. 사인이 돌아와서 공에게 빈이
사양한 일을 고한다.

공(公)이 또다시 사인을 통하여 명령을 내린다. 빈이 재배하고
머리를 조아려 허락한다. 사인이 다시 공에게 빈이 허락하였음을
돌아와 고한다.

빈이 나와서 문 밖에 동면하고 서 있는다.

공이 경(卿)과 대부에게 읍하고 이에 당으로 올라서 좌석으로
나아간다.

소신(小臣)이 동쪽 계단으로부터 내려와 북면하고 서서 와대
(瓦大)를 덮은 보를 치우는 자와 음식을 내오는 사람을 청한다.
이에 덮개의 보를 치우는 사람에게 덮개보를 치우도록 명령한다.

덮개보를 치우는 사람은 서쪽 계단으로 당에 올라서 준(尊)의
남쪽에서 북면하여 동쪽을 위로 삼아서 서 있는다.

음식을 담당한 선재(膳宰)가 제공(諸公)과 경(卿)에게 음식
을 올린다.

❶射人[1]請賓 公曰 命某[2]爲賓 射人命賓[3] 賓少進 禮辭[4] 反命[5] 又
命之 賓再拜稽首 許諾 射人反命[6] 賓出 立于門外 東面 公揖卿大夫

乃升就席 小臣自阼階下 北面 請執羃者與羞膳者⁷⁾ 乃命執羃者 執
羃者升自西階 立于尊南 北面東上 膳宰請羞于諸公卿者

1) 射人(사인) : 여기서는 사인이 공에게 빈자(擯者)의 역할을 하는 것이다.

2) 某(모) : 대부(大夫)를 지칭한다.

3) 命賓(명빈) : 동면하고 남쪽으로 돌아보다.

4) 辭(사) : 민첩하지 못하다며 사양하다. 곧 겸손한 것이다.

5) 反命(반명) : 빈이 한 말을 사인(射人)이 임금인 공(公)에게 고하는 것이다.

6) 反命(반명) : 빈이 허락한 것을 공에게 고하다.

7) 執羃者與羞膳者(집멱자여수선자) : 덮는 덮개를 가진 자와 여러 가지 음식
을 올리는 자를 청하다. 덮개는 와대(瓦大)를 덮는 것이다. 수선은 공의 여러
가지 음식이다.

3. 빈에게 술을 바치는 예

사인(射人)이 빈자(擯者)가 되어서 빈(賓)을 들어오라고 한
다. 빈이 들어와서 뜰에 이르면 공(公 : 임금)이 계단 한 층을 내
려와 읍하고 공이 당으로 올라서 자리로 나아간다.

빈이 서쪽 계단을 통해 당에 오른다. 주인(主人 : 宰夫)이 또한
서쪽 계단으로 당에 오른다. 빈은 오른쪽에서 북면하고 선다. 주
인이 이르러서 재배(再拜)한다. 빈이 답하여 재배한다.

주인이 당에서 내려가 작(爵)을 씻고 다 씻으면 남쪽에서 서북
면(西北面)하고 선다. 빈이 당에서 내려와 계단 서쪽에서 동면한
다. 주인이 당에서 내려온 것에 대해 사양의 말을 하면 빈이 답하
여 사양의 말을 한다.

주인이 북면하여 손을 씻고는 앉아서 고(觚)를 취하여 씻는다.
빈이 조금 앞으로 나아가 씻는 것에 감사의 말을 한다. 주인이 앉
아서 고(觚)를 대광주리 속에 넣고는 일어나서 빈의 말에 답한다.
빈이 제자리로 돌아간다.

주인이 씻기를 다 마치면 빈이 읍하고 이에 당으로 오른다. 주인
이 당으로 오르면 빈이 고(觚)를 씻은 노고에 대해 인사한다. 주인

이 빈의 오른쪽에 고를 놓고 답하여 절하고 내려가서 손을 씻는다.

빈이 당에서 내려간다. 주인이 사양하는 말을 하면 빈이 이에 사양하는 말로 답한다. 손을 다 씻으면 빈이 읍하고 당으로 오른다. 주인도 당으로 올라 앉아서 고(觚)를 취한다.

덮개를 걷는 자가 덮개를 들면 주인이 좋은 술을 따른다. 덮개보를 가진 자가 다시 덮개를 덮는다. 주인이 연회석 앞으로 나와 빈에게 술을 드린다.

빈이 서쪽 계단 위에서 절을 하고 연회석 앞으로 나아가 작(爵)을 받고 제자리로 돌아간다. 주인이 빈의 오른쪽에서 절하고 작을 보낸다.

선재(膳宰)가 육포와 육장을 올린다. 빈이 연회석으로 오른다. 선재가 절조(折俎)를 설치한다.

빈이 자리에 앉아서 왼손으로는 작을 잡고 오른손으로는 육포와 육장을 제사 지낸 뒤 작을 육포와 육장이 있는 오른쪽에 내려놓고 일어난다. 이에 허파를 가지고 앉아서 절제(絶祭)를 지낸 후 이를 맛본다. 다시 일어나서 희생물을 도마에 올려놓는다. 앉아서 손을 비벼 손에 묻은 것을 털어내고 작을 잡아 드디어 술을 제사 지낸다. 다시 일어나서 좌석의 끝에 앉아 술을 맛본다. 이에 자리에서 내려와 앉아서 작을 내려놓고는 절하고 음식이 맛있다고 칭찬한다. 다시 작을 들고 일어나면 주인이 답하여 절한다. 빈이 서쪽 계단 위에서 북면하고 앉아서 작을 완전히 비우고 일어난다.

이에 다시 앉아서 작을 내려놓고 절한다. 주인이 답하여 절한다.

◐射人納賓[1] 賓入及[2]庭 公降一等揖之 公升就席[3] ◐賓升自西階 主人[4]亦升自西階 賓右北面 至再拜[5] 賓答再拜 ◐主人降洗 洗南 西北面 賓降階西 東面 主人辭降 賓對[6] 主人北面盥 坐取觚洗 賓少進[7] 辭洗 主人坐 奠觚于篚 興對 賓反位 主人卒洗 賓揖 乃升[8] 主人升 賓拜洗 主人賓右奠觚答拜 降盥[9] 賓降 主人辭 賓對 卒盥 賓揖升 主人升 坐取觚[10] 執冪者舉冪 主人酌膳[11] 執冪者反冪 主人筵前獻賓 賓西階上拜 筵前受爵 反位 主人賓右拜送爵 膳宰薦脯醢 賓升筵 膳宰

設折俎[12] 賓坐 左執爵 右祭脯醢 奠爵于薦右 興取肺 坐絶祭 嚌之 興
加于俎 坐挩手 執爵 遂祭酒 興 席末坐啐酒 降席[13] 坐奠爵 拜告旨[14]
執爵興 主人答拜 賓西階上北面坐卒爵 興 坐奠爵 遂拜[15] 主人答拜

1) 射人納賓(사인납빈) : 사인이 인도하는 자가 되어 빈을 들어오게 하다의 뜻.
　금문(今文)에는 빈이 빈(擯)으로 되어 있다.

2) 及(급) : 지(至)와 같다. 곧 뜰에 이르러 왼쪽으로 북면할 때이다.

3) 公升就席(공승취석) : 임금인 공은 자신의 좌석으로 나아가다. 주인인 재부
　(宰夫)가 예를 행하므로 불참하는 것이다.

4) 主人(주인) : 재부(宰夫)이다. 빈객에게 음식을 올리는 것을 관장한다.

5) 至再拜(지재배) : 빈이 와서 이르렀으므로 절을 하다.

6) 對(대) : 대답하다. 곧 답례를 하다.

7) 賓少進(빈소진) : 빈이 조금 앞으로 나아가다. 사양하는 뜻을 나타내기 위해
　서이다.

8) 乃升(내승) : 빈이 매양 먼저 오른다. 높기 때문이다.

9) 降盥(강관) : 주인이 다시 손을 씻었다. 손을 비벼서 먼지를 털어내는 것.

10) 觚(고) : 와대작(瓦大爵)이다. 고대의 술잔이다.

11) 膳(선) : 임금의 물건을 선(膳)이라 한다고 했다.

12) 折俎(절조) : 희생의 몸체 뼈를 올려 놓는 도마이다.

13) 降席(강석) : 좌석의 서쪽이다.

14) 告旨(고지) : 맛있다고 칭찬하다.

15) 遂拜(수배) : 드디어 절하다. 이미 작을 마신 것에 대하여 절하다.

4. 주인에게 술을 올리는 예

　빈(賓)이 빈 작(爵)을 들고 당에서 내려온다. 주인도 내려온다.
빈이 씻는 곳의 남쪽에 앉아서 고(觚)를 내려놓고 조금 앞으로
나아가서 주인이 따라 내려온 것에 대해 사양하는 말을 한다. 주
인이 동면하고 마주하여 대답한다.

　빈이 앉아서 고(觚)를 취하여 대광주리 아래에 내려놓고 고와 손
을 씻는다. 주인이 씻는 것에 대해 사례의 인사를 한다. 빈이 앉아

서 고를 대광주리에 넣고 일어나서 주인의 말에 답하여 인사한다.

다 씻으면 계단에 이르러서 읍(揖)하고 당으로 오른다. 주인도 당으로 올라서 씻은 노고에 대해 절을 하는데 빈이 하던 예와 똑같이 한다.

빈이 당에서 내려와 손을 씻으면 주인이 내려온다. 빈이 주인이 내려온 것에 감사의 인사를 한다. 씻기를 마치면 읍하고 당으로 올라 좋은 술을 따르는데 덮개보를 가진 자가 덮개를 여는 것을 처음과 똑같이 한다.

빈이 주인에게 서쪽 계단 위에서 술잔을 드린다. 주인은 북면하여 절하고 작(爵)을 받는다. 빈은 주인의 왼쪽에서 절하고 작을 보낸다.

주인이 앉아서 술을 제사 지내되 그 술을 맛보지 않고 술에 절하지도 않고 술맛이 좋다고 칭찬하지도 않는다. 드디어 술을 다 마시고 일어났다 다시 앉아서 작을 내려놓고 절하고는 작을 들고 일어난다. 빈이 답하여 절한다. 주인이 술잔에 술을 채우지 않고 빈 작을 들고 당에서 내려와 대광주리에 넣는다.

빈이 당에서 내려와 서쪽 계단의 서쪽에 선다. 사인이 빈에게 당으로 오르기를 청한다. 빈이 당으로 올라 서(序)의 안쪽에 서서 동면한다.

주인이 손을 씻고 상고(象觚 : 상아잔. 爵)를 씻어 당으로 올라와 상고에 술을 따른다. 동북면(東北面)하고 공(公 : 임금)에게 상고를 드린다. 공(公)이 절하고 상고를 받는다. 주인이 서쪽 계단으로 내려와 동쪽 계단 아래에서 북면하고 절하여 작을 보낸다.

사(士)가 육포와 육장을 올린다. 선재(膳宰)가 절조(折俎)를 설치하는데 서쪽 계단을 통해 당에 오른다.

공(公)이 제사를 지내는데 빈이 하던 예와 똑같이 행한다. 선재(膳宰)가 공을 도와서 허파를 드린다. 술에 절하지 않고 일어나서 술잔의 술을 다 마시고, 앉아서 작을 내려놓고 절한 다음 작을 들고 일어난다. 주인이 답하여 절하고 당으로 올라서 작을 받아 내려와서 음식을 담는 대광주리에 작을 넣는다.

◑賓以虛爵降¹⁾ 主人降 賓洗南坐奠觚²⁾ 少進 辭降 主人東面對 賓坐
取觚 奠于篚下³⁾ 盥洗⁴⁾ 主人辭洗 賓坐奠觚于篚 興對 卒洗 及階 揖
升 主人升 拜洗如賓禮 賓降盥 主人降 賓辭降 卒盥 揖升 酌膳 執羃
如初 以酢主人于西階上 主人北面拜受爵 賓主人之左拜送爵⁵⁾ 主人
坐祭 不啐酒 不拜酒 不告旨 遂卒爵 興 坐奠爵拜 執爵興 賓答拜 主
人不崇⁶⁾酒 以虛爵降奠于篚 賓降 立于西階西 射人升賓 賓升立于
序內⁷⁾ 東面 ◑主人盥 洗象觚⁸⁾ 升實之 東北面獻于公 公拜受爵 主
人降自西階 阼階下北面拜送爵 士薦⁹⁾脯醢 膳宰設折俎 升自西階
公祭如賓禮 膳宰贊授肺 不拜酒 立卒爵 坐奠爵拜 執爵興 主人答
拜 升受爵以降 奠于膳篚

1) 以虛爵降(이허작강) : 빈 술잔을 가지고 내려오다. 곧 주인에게 잔을 드리기
   위한 것이다.
2) 觚(고) : 금문(今文)에는 모두 작(爵)으로 되어 있다.
3) 篚下(비하) : 대광주리의 남쪽이라 했다.
4) 洗(세) : 금문(今文)에는 이 글자가 없다.
5) 賓主人之左拜送爵(빈주인지좌배송작) : 빈이 주인의 왼쪽에서 절하고 작을
   보내다. 빈이 남면하고 작을 주어 이에 왼쪽에 서서 절하고 보내는 것이다.
6) 崇(숭) : 충(充)이다. 다시 따르는 것이다.
7) 序內(서내) : 동서(東西)의 장(牆)을 서라고 했다. 여기서는 서서(西序)이다.
8) 象觚(상고) : 상아로 만든 술잔이며 임금의 술잔이다.
9) 薦(천) : 진(進)과 같다. 대사례(大射禮)에 이르기를 '재서(宰胥)가 육포와
   육장을 올리는데 좌방(左房)에서부터 한다.'라고 했다.

5. 임금이 주인에게 술을 내리는 예
작(爵)을 바꾸어 새 작을 씻는다. 당으로 올라 좋은 술을 따라
서 올리고 당에서 내려온다.
동쪽 계단의 아래에서 공(公)이 따라 주는 술을 받아 북면하고
앉아서 작을 내려놓고는 재배하고 머리를 조아린다.
공(公)이 답하여 재배한다. 주인이 앉아서 술을 제사 지내고 드

디어 술을 다 마신다.

　다시 재배하고 머리를 조아린다. 공(公)이 답하여 재배한다. 주인이 작을 대광주리 속에 넣는다.

　주인이 손을 씻고 당으로 올라서 고(觚)를 빈에게 주고 방호주(方壺酒)를 따라서 서쪽 계단 위에 앉아서 작을 내려놓고 빈에게 절한다. 빈이 자리로 내려와서 북면하고 답하여 절한다.

　주인이 자리에 앉아 술을 제사 지내고 드디어 마시고는 빈에게 감사의 말을 한다. 작을 완전히 비우고 절하면 빈이 답하여 절한다.

　주인이 당에서 내려와 작을 씻으면 빈이 내려오는데 주인이 내려온 것에 대해 감사의 말을 한다. 빈이 작을 씻는 것에 대해 사양하는 말을 한다. 작을 다 씻으면 읍하고 당으로 오르는데 씻은 것에 대하여 감사의 절은 하지 않는다.

　주인이 좋은 술을 따른다. 빈이 서쪽 계단 위에서 절한 다음 연회석 앞에서 작을 받아 원래의 위치로 돌아간다. 주인이 절하고 작을 보낸다. 빈이 좌석으로 올라가, 앉아서 술을 제사 지내고 드디어 육포와 육장이 있는 동쪽에 내려놓는다.

　주인이 당으로 내려가 제자리로 복귀한다. 빈도 연회석의 서쪽으로 내려가 동남면(東南面)하고 서 있는다.

◗更爵[1]洗 升酌膳酒以降 酢于阼階下 北面坐奠爵 再拜稽首 公答再拜 主人坐祭 遂卒爵 再拜稽首 公答再拜[2] 主人奠爵于篚 ◗主人盥洗 升媵[3]觚于賓 酌散[4] 西階上坐奠爵 拜賓 降筵 北面答拜 主人坐祭 遂飮賓辭[5] 卒爵拜 賓答拜 主人降洗 賓降 主人辭降 賓辭洗 卒洗 揖升 不拜洗[6] 主人酌膳 賓西階上拜 受爵于筵前 反位 主人拜送爵 賓升席 坐祭酒 遂[7]奠于薦東 主人降復位 賓降筵西[8] 東南面立

1) 更爵(경작) : 작을 바꾸다. 곧 지존(至尊)에게 입이 닿았던 작을 줄 수 없기 때문이다. 고문(古文)에는 경이 수(受)로 되어 있다.

2) 拜(배) : 어떤 본에는 배(拜) 밑에 빈(賓)자가 있다고 했다.

3) 媵(잉) : 보내다의 뜻. 어떤 이는 양(揚)으로 삼았다. 금문(今文)에는 등(騰)으로 되어 있다.

4) 酌散(작산) : 방호주(方壺酒)를 따르다.

5) 辭(사) : 그 임금을 대신하기에 술을 서서 마시지 않으며, 임금을 대신하여 행하는 것을 사례하는 말이다.

6) 不拜洗(불배세) : 작을 씻은 것에 대해 절하지 않다. 예를 간단하게 한 것이다.

7) 遂(수) : 앉은 채 술잔을 놓아서 북면하지 못한 것이다.

8) 賓降筵西(빈강연서) : 빈이 내려와 연회석의 서쪽에 하다. 빈이 서내(序內)에 서지 않는 것은 지위를 더욱 높인 것이다. 지위를 더욱 높여주었다는 것은 예를 일부 낮추었다는 뜻이기도 하다.

6. 임금에게 술을 올리는 예

소신(小臣)이 동쪽 계단 아래에서, 작(爵)을 올리는 사람을 정하는 명령을 공(公)에게 청한다. 공(公)이 경이나 대부 가운데 일할 만한 사람을 임명한다.

소신이 하대부(下大夫) 두 사람으로 하여금 작을 올리게 한다. 작을 올리는 사람은 동쪽 계단 아래에서 모두 북면하고 재배하며 머리를 조아린다. 공이 답하여 재배한다.

작을 올리는 사람이 씻는 곳의 남쪽에 서서 서면하는데 북쪽을 위로 삼는다. 순서대로 앞으로 나아가서 손을 씻고 각치(角觶 : 뿔로 만든 잔)를 씻는다.

서쪽 계단으로 당에 올라 순서대로 나아가서 방호주(方壺酒)를 따라 서쪽 기둥의 북쪽에서 교대한다. 당에서 내려와 동쪽 계단 아래에서 모두 치를 내려놓는다. 두 번 절하고 머리를 조아린다. 치를 가지고 일어선다. 공(公)이 답하여 두 번 절한다.

작을 올리는 사람이 모두 앉아서 술을 제사 지내고 드디어 치에 들어 있는 술을 마신다. 이에 일어났다 다시 앉아서 치를 내려놓는다. 다시 두 번 절을 올리고 머리를 조아린다. 치를 가지고 일어나면 공(公)이 답하여 재배한다.

작을 올리는 사람이 치를 가지고 씻는 곳의 남쪽으로 가서 공(公)의 명을 기다린다. 소신이 치를 이르게 할 자를 청하라고 요청한다. 만약 공(公)이 모두 함께 이르도록 하라고 명령하면 순서대로 나아가서 치를 대광주리 속에 넣는다. 이에 동쪽 계단 아래에서 모두 재배하고 머리를 조아린다. 공이 답하여 재배한다.

　작을 올리는 사람이 상치(象觶)를 씻어서 당으로 올라 술을 따른다. 순서대로 나아가 앉아서 육포와 육장이 있는 남쪽에 내려 놓는데 북쪽을 위로 삼는다. 당에서 내려와 동쪽 계단 아래에서 모두 재배하고 머리를 조아린다. 이에 치를 보낸다. 공이 답하여 재배한다.

◑小臣自阼階下請媵爵者 公命長¹⁾ 小臣作下大夫二人媵爵²⁾ 媵爵者阼階下 皆北面再拜稽首³⁾ 公答再拜 媵爵者立于洗南 西面北上 序⁴⁾進 盥洗角觶 升自西階 序進 酌散 交于楹北⁵⁾ 降 阼階下皆奠觶 再拜稽首 執觶興 公答再拜 媵爵者皆坐祭 遂卒觶 興 坐奠觶 再拜稽首 執觶興 公答再拜 媵爵者執觶待⁶⁾于洗南 小臣請致⁷⁾者 若君命皆致則序進⁸⁾ 奠觶于筐 阼階下皆再拜稽首 公答再拜 媵爵者洗象觶 升實之 序進 坐奠于薦南 北上 降 阼階下皆再拜稽首 送觶 公答再拜

1) 命長(명장) : 공(公)이 작을 주는 일을 할 만한 사람을 경대부(卿大夫) 가운데에서 가려 뽑으라고 명하는 것.

2) 爵(작) : 부리다. 시키다. 경은 상대부(上大夫)가 되므로 부릴 수가 없다는 뜻은 그를 높이는 것이다.

3) 再拜稽首(재배계수) : 임금의 명령에 절하는 것이다.

4) 序(서) : 차례대로 하다.

5) 楹北(영북) : 서쪽 기둥의 북쪽을 말한다고 했다.

6) 待(대) : 임금의 명을 기다리다.

7) 致(치) : 한 사람을 시킬 것인가 두 사람을 시킬 것인가를 청하는 것이다.

8) 序進(서진) : 왕래하기를 공이 있는 북쪽에서 말미암아 동쪽 기둥의 북쪽에서 교대하여 육포와 육장이 있는 남쪽에 잔을 내려놓아, 반드시 공이 직접 들도록 하지 않는다고 했다. 대사례(大射禮)에 잉작자(媵爵者)는 물러날 때 모두 뒤로 물러나 자리로 돌아간다고 했다.

7. 임금이 대부에게 술을 내리는 예

공(公 : 임금)이 앉아서 대부가 올리는 치를 취하고 일어나서 이를 빈에게 돌린다. 빈이 당에서 내려와 서쪽 계단 아래에서 재배하고 머리를 조아린다.

공(公)이 소신에게 사양하는 인사를 하라고 명하면 빈이 당으로 올라서 재배하고 머리를 조아려 성배(成拜)한다.

공이 앉아서 치를 내려놓고 답하여 재배하고 치를 들고 일어나서서 치의 술을 모두 마신다. 빈이 내려와 절한다. 소신이 사양의 인사를 한다. 빈이 당으로 올라서 재배하고 머리를 조아린다.

공(公)이 앉아서 치를 내려놓고 답하여 재배한다. 다시 치를 가지고 일어난다. 빈이 앞으로 나아가 빈 작을 받아서 당에서 내려와 대광주리에 넣고 다른 치로 바꾸어 깨끗이 씻는다.

공의 명령이 있으면 치를 바꾸지 않고 씻지도 않는다. 다시 당으로 올라 좋은 술을 치에 따르고 당에서 내려와 절한다. 소신이 사양하는 인사말을 하면 빈이 당으로 올라 재배하고 머리를 조아린다. 공이 답하여 재배한다.

빈이 서쪽 계단 위에서 순서에 따라 경과 대부에서 술을 권한다.

사인(射人)이 대부의 우두머리에게 당으로 올라 순서에 따른 술잔을 받도록 한다. 빈이 대부의 오른쪽에 앉아서 치를 내려놓고 절한 뒤 치를 들고 일어나면 대부가 답하여 절한다.

빈이 자리에 앉아서 술을 제사하고 서서 마시는데 치의 술을 다 마셔도 절을 하지 않는다.

만약 상치(象觶)라면 당에서 내려와 치를 바꾸어서 씻고 당으로 올라서 방호주를 따른다. 대부가 절하고 받으면 빈이 절하고 잔을 보낸다.

대부들이 두루 술잔을 받는데 빈이 술잔을 돌리는 예와 똑같이 하지만 술을 제사하지는 않는다. 마지막으로 잔을 받은 자는 빈 술잔[觶]을 가지고 당에서 내려와 대광주리에 넣는다.

●公坐取大夫所媵觶 興以酬賓[1] 賓降 西階下再拜稽首 公命小臣辭
賓升成拜[2] 公坐奠觶 答再拜 執觶興 立卒觶 賓下拜 小臣辭 賓升 再
拜稽首 公坐奠觶 答再拜 執觶興 賓進受虛爵[3] 降奠于篚 易觶洗 公
有命 則不易不洗 反升酌膳觶 下拜[4] 小臣辭 賓升 再拜稽首 公答再
拜[5] 賓以旅酬[6]于西階上 射人作大夫長升受旅[7] 賓大夫之右[8]坐奠
觶拜 執觶興 大夫答拜 賓坐祭 立飮 卒觶 不拜[9] 若膳觶也 則降更
觶[10]洗 升實散 大夫拜受 賓拜送 大夫辯受酬 如受賓酬之禮 不祭 卒
受者[11]以虛觶降奠于篚

1) 興以酬賓(흥이수빈) : 그의 계단으로 나아가서 술잔을 돌리는 것이다.

2) 升成拜(승성배) : 당으로 올라서 다시 재배하고 머리를 조아리는 것을 성배
라 한다. 이는 먼저 임금이 사양하여 예가 아직 이루어지지 않았기 때문이다.

3) 進受虛爵(진수허작) : 나아가서 빈 작을 받다. 임금은 높기 때문이다.

4) 下拜(하배) : 내려서 절을 하다.

5) 公答再拜(공답재배) : 공이 동쪽 계단 위에서 절하다. 이때 빈이 임금에게 신
하들에게 차례로 술을 내려 주도록 청한다.

6) 旅酬(여수) : 차례로 술잔을 돌리다의 뜻. 여는 차례이다. 이 곳의 여수는 주
거니 받거니의 여수가 아니라 차례로 신하에게 술잔을 돌리는 것이다.

7) 作大夫長升受旅(작대부장승수려) : 대부의 어른에게 당으로 올라 먼저 잔을
받도록 한다. 경이 존재하므로 어른을 먼저 높이고 낮은 관리는 뒤에 한다는 뜻.

8) 賓大夫之右(빈대부지우) : 빈이 대부의 오른쪽에 있는 것은 서로 마시는 정
당한 위치이다.

9) 不拜(불배) : 잔을 돌릴 때의 예를 간단하게 한 것이다.

10) 更觶(경치) : 잔을 바꾸다의 뜻. 곧 경을 존경한다는 뜻이 들어 있다.

11) 卒受者(졸수자) : 마지막으로 술잔을 받은 사람.

8. 경(卿)에게 술잔을 올리는 까닭

주인이 치를 씻은 후 당으로 올라 방호주를 치에 따라서 서쪽
계단 위에서 경(卿)에게 드린다. 사궁(司宮)이 부들로 된 중석
(重席)으로 별도의 자리를 만들어 빈의 왼쪽에 설치하는데 동쪽

을 위로 삼는다.

경(卿)이 당으로 올라서 절하고 고(觚)를 받는다. 주인이 절하고 고(觚)를 보낸다. 경이 중석(重席)으로 된 자리를 사양하면 사궁이 하나를 치운다. 이에 육포와 육장을 차려 올린다. 경이 자리에 올라 좌석에 앉아서 왼손에 작을 잡고 오른손으로 육포와 육장을 제사 지낸다. 드디어 술을 제사 지내는데 술을 맛보지는 않는다. 자리에서 내려와 서쪽 계단 위에서 북면하고 앉아 작의 술을 모두 마신다. 일어났다가 앉아서 작을 내려놓고 절한다. 다시 작을 가지고 일어난다. 주인이 답하여 절하고 작을 받는다. 경이 당에서 내려와 제자리로 돌아간다. 두루 경에게 술잔을 올린다. 주인이 빈 작을 가지고 당에서 내려와 대광주리에 넣는다.

사인(射人)이 이에 경을 당으로 오르게 하는데 경들이 모두 당으로 올라서 좌석으로 나아간다. 만약 큰 나라의 제공(諸公)인 고(孤)가 있으면 경보다 먼저 술잔을 드리는데 이때의 예절은 경에게 술잔을 올리는 예절과 똑같이 시행한다. 그들의 자리는 동쪽 계단의 서쪽에 마련하는데 북면하게 하고 동쪽을 위로 삼으며 가석(加席)은 준비하지 않는다.

◑主人洗 升 實散 獻卿[1] 于西階上 司宮兼卷重席[2] 設于賓左東上 卿升 拜受觚 主人拜送觚 卿辭重席 司宮徹之[3] 乃薦脯醢 卿升席坐 左執爵 右祭脯醢 遂祭酒 不啐酒 降席 西階上北面坐卒爵 興 坐奠爵拜 執爵興 主人答拜受爵 卿降復位 辯獻卿 主人以虛爵降 奠于篚[4] 射人乃升卿 卿皆升就席 若有諸公[5] 則先卿獻之 如獻卿之禮 席于阼階西[6] 北面東上 無加席

1) 獻卿(헌경) : 대부에게 잔을 다 돌린 후 경에게 술을 올리는 이유는 경을 특별히 대우하여 높고 낮은 것을 구별하기 위해서이다. 음주는 잔을 돌리는 것에서부터 이루어진다.

2) 兼卷重席(겸권중석) : 겸권은 각각 경마다 좌석을 달리하다. 중석은 겹으로 자리를 만들다의 뜻이며 부들로 만든 돗자리에 검은 베로 가선을 두른 것이다.

3) 司宮徹之(사궁철지) : 철은 거(去)와 같다. 사궁이 중석(重席)에서 하나를

걷어내는데 이것은 임금이 있는 자리에서 이중으로 할 수 없기 때문이며 임금 앞에서는 피하는 것이다.

4) 奠于篚(전우비) : 금문(今文)에는 이 세 글자가 없다.

5) 諸公(제공) : 대국(大國)의 고(孤)이다.

6) 席于阼階西(석우조계서) : 동쪽 계단의 서쪽에는 고(孤)를 위한 자리를 깔아 둔다. 고(孤)는 매우 높은 임금의 앞에서 몸을 낮추는 것이다. 또한 동쪽 계단의 서쪽 자리는 임금과 가까운 곳이다. 임금과 가까이 하려면 몸을 낮추어 친하게 해야 진실로 공경하는 것이다.

9. 이대부(二大夫)에게 작을 권하는 예

소신(小臣)이 또다시 작을 올리는 사람을 정하는 명령을 내려 달라고 청한다. 이는 이대부(二大夫)가 처음 작을 올렸던 예와 똑같이 한다.

작을 이르게 할 사람을 청하였을 때 만약 공(公)이 이대부 중에서 연장자에게 작을 올리도록 하였다면 작을 올리게 된 사람은 치를 대광주리에 넣고 한 사람은 씻는 곳 남쪽에서 기다린다.

나이 많은 대부가 작을 올리게 되어, 작을 올릴 때는 동쪽 계단 아래에서 재배하고 머리를 조아린다. 이에 공이 답하여 재배한다.

이에 상치(象觶)를 씻어 당으로 올라 술을 따른 다음 앉아서 육포와 육장의 남쪽에 내려놓는다. 당에서 내려와 씻는 곳의 남쪽에 서 있던 사람과 함께 하여 두 사람 모두 재배하고 머리를 조아린 후 치를 보낸다. 공(公)이 답하여 재배한다.

공(公)이 또 앞서 올려진 한 잔의 작을 돌리는 예를 빈이 경(卿)에게 하는 것과 같이 하고 장(長)이 빈에게 올리는 것과 같이 하는데 오직 공(公)만이 술잔을 모두 돌리는 것이다.

서쪽 계단 위에서 차례로 술잔을 돌리는데 처음과 똑같이 한다. 대부로서 마지막으로 작을 받은 자는 빈 치를 가지고 당 아래로 내려가서 대광주리 속에 넣는다.

주인이 고(觚)를 씻어서 당으로 올라가 서쪽 계단 위에서 대부에게 술을 드리면 대부가 당으로 올라가 절하고 고(觚)를 받는다.
주인이 절하고 고를 보낸다. 대부가 앉아서 술을 제사하고 일어
서서 작을 다 비운다. 이미 다 마셨어도 절은 하지 않는다.

주인이 작을 받으면 대부는 당에서 내려와 제자리로 돌아간다.
선재(膳宰)에 소속된 관리가 씻는 곳의 북쪽에서 서면하고 주인
에게 육포와 육장을 올리는데 희생의 고기는 차리지 않는다.

두루 대부들에게 술을 올리고 드디어 육포와 육장을 올리는데
계속하여 빈의 서쪽에서 동쪽을 위로 삼는다. 끝나면 사인이 이
에 대부에게 당으로 오르도록 한다. 이에 대부들은 모두 당으로
올라서 자리로 나아간다.

◗小臣又請媵爵者 二大夫¹⁾媵爵如初 請致者 若命長致²⁾ 則媵爵者
奠觶于篚 一人待于洗南 長致 致者阼階下³⁾再拜稽首 公答再拜 洗
象觶 升實之 坐奠于薦南⁴⁾ 降 與立于洗南者二人皆再拜⁵⁾稽首送觶
公答再拜 ◗公又行一爵⁶⁾ 若賓若長⁷⁾ 唯公所酬 以旅于西階上如初
大夫卒受者 以虛觶降奠于篚 ◗主人洗 升 獻大夫于西階上 大夫升
拜受觚 主人拜送觚 大夫坐 祭 立卒爵 不拜旣爵⁸⁾ 主人受爵 大夫降
復位 胥⁹⁾薦主人¹⁰⁾于洗北 西面脯醢 無胥¹¹⁾ 辯獻¹²⁾大夫 遂薦之 繼賓
以西 東上 卒 射人乃升大夫 大夫皆升 就席

1) 大夫(대부) : 이 밑에 대부(大夫)의 두 글자가 다른 본에는 있다고 했다.
2) 命長致(명장치) : 공이 혹은 때에 능히 잔을 들어서 넉넉한 시간을 갖지 못
   하는 것을 뜻한다.
3) 阼階下(조계하) : 고문에는 이 밑에 북면(北面)의 두 글자가 있다고 했다.
4) 奠于薦南(전우천남) : 공(公)이 빈(賓)에게 줄 술잔이 있는 곳이라 했다.
5) 二人皆再拜(이인개재배) : 두 사람이 함께 재배하는 것은 두 사람이 함께 임
   금에게 술을 들도록 권하는 것이다.
6) 一爵(일작) : 앞에서 술을 올린 자가 임금의 자리 앞에 가져다 놓은 술잔.
7) 若賓若長(약빈약장) : 빈은 경(卿)의 장(長)에게 술을 올리고 경(卿)은 빈
   (賓)에게 술을 올리는 것과 같이 한다는 뜻. 이는 빈의 예를 간략하게 한 것임.
8) 不拜旣爵(불배기작) : 작의 술을 다 마셔도 절하지 않는다. 이는 예를 다시

간단하게 한 것이다. 기(旣)는 진(盡)과 같다.

9) 胥(서) : 선재(膳宰) 밑에 있는 관리이다.

10) 主人(주인) : 주인은 대부(大夫)의 아래에 있으므로 먼저 대부에게 음식을 올린다는 뜻이다. 대부에게 먼저 음식을 올리는 것은 대부를 존경해서이다.

11) 脅(증) : 도마 위에 올려져 있는 희생의 고기이다.

12) 辯獻(편헌) : 두루 드리다. 식을 올리는 데 예를 간략하게 하여 낮춘 것이다. 편(辯)은 편(偏)의 뜻으로 두루 하다, 모두에게 주다이다.

IO. 연례에서의 음악 연주

악공(樂工)의 자리는 서쪽 계단 위에서 약간 동쪽으로 깔아 놓는다. 악정(樂正)이 먼저 당으로 올라 북면하고 그 자리의 서쪽에 선다. 소신(小臣)이 악공들을 안내하여 들어오도록 한다.

악공(樂工)은 4명이며 그중 두 사람이 큰 거문고를 연주한다. 소신(小臣)이 왼쪽에 큰 거문고를 드는데 고(鼓)가 앞쪽으로 향하게 하고 큰 거문고의 아래 구멍을 잡고 줄이 안으로 향하게 한다. 오른손으로 악공을 도와서 들어오게 하는데 서쪽 계단으로 당에 올라 북면하고 동쪽을 위로 삼아서 앉게 한다.

소신이 앉아서 큰 거문고를 악공에게 건네 주고 이에 당에서 내려온다. 악공이 시경(詩經) 소아(小雅)의 가사인 녹명(鹿鳴)과 사모(四牡)와 황황자화(皇皇者華)를 연주하고 노래 부른다.

연주와 노래가 끝나면 주인이 작을 씻어서 당으로 올라 악공에게 작을 드린다. 악공은 일어나지 않는데 큰 거문고를 왼쪽에 놓고 악공 중에서 제일 연장자가 절하고 작을 받는다.

주인이 서쪽 계단 위에서 절하고 작을 보낸다. 유사(有司)가 육포와 육장을 올린다. 사람을 시켜서 악공이 육포와 육장을 제사지내도록 돕게 한다. 작의 술을 다 마시고 절은 하지 않는다. 주인이 작을 받는다.

여러 악공들이 절을 하지 않고 작을 받는다. 앉아서 술을 제사지내고 드디어 모든 악공이 작의 술을 모두 마신다. 모두에게 육

포와 육장이 있는데 제사하지는 않는다. 주인이 작을 받아서 당
에서 내려와 대광주리에 넣는다.

공(公)이 또 앞에 놓여 있는 치를 들어 권하는데 오직 공만이 하
사(下賜)할 수 있다. 공이 서쪽 계단 위에서 잔을 돌리는데 그 의
식은 처음 시작할 때와 같이 한다. 이에 술을 돌리는 일이 끝난다.

생황을 부는 악공이 들어와 경쇠가 있는 중앙에 선다. 이에 남
해(南陔)와 백화(白華)와 화서(華黍)를 연주한다.

주인이 작을 씻어 당으로 올라서 서쪽 계단 위에서 생황을 부
는 악공에게 술을 드린다. 생황을 부는 사람 중에서 제일 연장자
한 사람이 절을 하고 계단을 오르는데 당에는 오르지 않고 작을
받아 내려온다. 주인이 절하고 작을 보낸다.

생황을 부는 연장자가 계단 앞에 앉아서 술을 제사하고 서서 다
마신다. 이미 다 마시고는 절을 하지 않고 당으로 올라서 주인에
게 작을 준다. 모든 생황을 부는 사람들은 절을 하지 않고 작을 받
고 당에서 내려와 앉아서 술을 제사하고 서서 술을 다 마신다. 모
두에게 육포와 육장이 있는데 제사는 하지 않는다.

이에 교대로 어리(魚麗)를 노래하고 유경(由庚)을 생황으로
연주하고 남유가어(南有嘉魚)를 노래하고 숭구(崇丘)를 생황으
로 연주하고 남산유대(南山有臺)를 노래하고 유의(由儀)를 생
황으로 연주한다.

드디어 향악(鄕樂)으로 노래를 부르는데 곧 주남(周南)의 관
저(關雎)와 갈담(葛覃)과 권이(卷耳), 그리고 소남(召南)의 작
소(鵲巢)와 채번(采蘩)과 채빈(采蘋) 등이다.

대사(大師：太師)가 악정(樂正)에게 이르기를 "정가(正歌：
바른 노래)를 모두 완비하였습니다." 라고 한다.

악정이 기둥 안에서 동쪽 기둥의 동쪽으로 가 공(公)에게 고한
다. 그리고 당에서 내려와 원래 위치로 돌아간다.

◑席工¹⁾于西階上 少東 樂正先升 北面立于其西 小臣納工 工四人²⁾
二瑟 小臣左何瑟 面鼓³⁾ 執越 內弦 右手相入 升自西階 北面東上坐

小臣坐授瑟 乃降 工歌 鹿鳴 四牡 皇皇者華 卒歌 主人洗升 獻工[4] 工不興 左瑟[5] 一人[6]拜受爵 主人西階上拜送爵 薦脯醢 使人相祭 卒爵不拜 主人受爵[7] 衆工不拜受爵 坐祭 遂[8]卒爵[9] 辯有脯醢 不祭 主人受爵 降奠于篚 ●公又舉奠觶 唯公所賜[10] 以旅于西階上如初 卒[11] ●笙入 立于縣中[12] 奏南陔 白華 華黍 主人洗升 獻笙于西階上 一人[13]拜 盡階 不升堂 受爵 降 主人拜送爵 階前坐祭 立卒爵 不拜旣爵 升授主人 衆笙不拜受爵 降 坐祭 立卒爵 辯有脯醢 不祭 乃閒[14] 歌 魚麗 笙 由庚 歌 南有嘉魚 笙 崇丘 歌 南山有臺 笙 由儀 遂歌鄕樂[15] 周南 關雎 葛覃 卷耳 召南 鵲巢 采蘩 采蘋 大師告于樂正曰 正歌備 樂正由楹內[16] 東楹之東 告于公 乃降復位[17]

1) 工(공) : 악공(樂工)을 뜻한다. 악공은 눈이 먼 맹인이며 노래 부르고 시를 읊는 자라고 했다. 기예를 가진 자를 공이라고도 한다.

2) 工四人(공사인) : 악공이 네 사람이다. 이는 연례가 가벼운 예이기 때문에 대부의 제도를 따른 것이다.

3) 面鼓(면고) : 연회에서는 음악을 숭상하는데 가히 연주하는 자는 앞을 위주로 한다는 뜻이다.

4) 獻工(헌공) : 악공에게 술을 주는 것은 비천한 자가 먼저 일에 앞장서기 때문.

5) 左瑟(좌슬) : 왼쪽에 큰 거문고를 놓다. 술을 마시기 편하게 하기 위해서이다.

6) 一人(일인) : 악공 중 제일 연장자를 뜻함. 악공은 자신의 자리에서 절한다.

7) 主人受爵(주인수작) : 주인이 모든 악공에게 술을 내려 주려는 것이다.

8) 遂(수) : 인(因)과 같다.

9) 卒爵(졸작) : 고문(古文)에는 불배(不拜)의 두 글자가 더 있다.

10) 賜(사) : 공(公)은 더욱 존귀하고 빈과 장(長)은 더욱 낮추는 것이다.

11) 卒(졸) : 잔을 돌리는 것이 끝나다의 뜻.

12) 縣中(현중) : 종(鍾)과 경쇠가 설치되어 있는 가운데라는 뜻.

13) 一人(일인) : 생황을 부는 사람 가운데 제일 연장자.

14) 閒(한) : 교대로 하다. 한 번은 노래하고 한 번은 연주한다는 뜻.

15) 鄕樂(향악) : 국풍(國風)의 뜻. 모든 제후국과 천자의 나라에서 부르는 노래.

16) 楹內(영내) : 당(堂)의 모서리이다.

17) 復位(복위) : 자리가 동쪽의 경쇠가 설치되어 있는 북쪽이라는 뜻이다.

11. 이때부터 사정(司正)을 세운다

사인(射人)이 동쪽 계단을 통해 내려와 공(公)에게 사정(司正)으로 임명해 달라고 명을 청한다. 공(公)이 허락한다. 사인이 드디어 사정(司正)이 된다.

사정이 각치(角觶)를 씻어서 남면하고 앉아 뜰의 중앙에 각치를 내려놓고 당으로 올라 동쪽 기둥의 동쪽에서 공에게 명을 받는다.

이에 서쪽 계단 위에서 북면하고 경(卿)과 대부(大夫)에게 명한다. "공(公)께서 말씀하기를 '나의 마음이 편안하도록 해주시오.'라고 하셨습니다."라고 하면 경과 대부가 다 대답하기를 "그렇게 하겠습니다. 감히 편안하지 않겠습니까?"라고 한다.

사정(司正)이 서쪽 계단을 통하여 당에서 내려와 남면하고 앉아서 치를 취하여 당으로 올라 방호주(方壺酒)를 따라서 들고 당에서 내려와 남면하고 앉아서 치를 내려놓는다. 이에 오른쪽으로 돌아서 북면하고 잠깐 엄숙하게 서 있는다. 다시 앉아서 치를 가지고 일어났다가 다시 앉는데 술을 제사하지는 않는다. 이에 치의 술을 다 마시고 치를 내려놓고 일어서서 재배하고 머리를 조아린다.

다시 왼쪽으로 돌아서 남면하고 앉아 치를 취하여 씻는다. 다시 남면하고 빈 치를 그 곳에 내려놓는다.

사정이 서쪽 계단을 통해 당으로 올라 동쪽 기둥의 동쪽에서 도마를 철수하라는 명을 청한다. 이에 당에서 내려간다. 공이 철수하라고 허락한다. 빈에게 고하면 빈이 북면하여 도마를 가지고 나간다. 선재(膳宰)가 공(公)의 도마를 철수하는데 동쪽 계단을 통해 당에서 내려와 동쪽으로 나간다.

경(卿)과 대부가 모두 내려와 동면하는데 북쪽을 위로 삼는다.

빈이 다시 들어와 경과 대부와 함께 신발을 벗고 당으로 올라 좌석으로 나아간다.

공이 빈과 경과 대부와 함께 앉아서 이에 편안하게 한다. 이 때 여러 가지 맛좋은 음식들을 차린다. 대부가 진상된 음식을 제사 지낸다.

사정(司正)이 당으로 올라 공(公)의 명을 받아서 모두에게 명하기를 "공(公)께서 말씀하기를 '취하지 않을 수 없노라.' 라고 하셨습니다."라고 하면, 빈이나 경과 대부들이 모두 일어나서 대답하기를 "그렇게 하겠습니다. 감히 취하지 않겠습니까?"라고 하고는 모두가 원래의 자리로 돌아간다.

◑射人自阼階下 請立司正 公許 射人遂爲司正 司正洗角觶 南面坐奠于中庭 升 東楹之東受命 西階上北面命卿大夫 君曰 以我安 卿大夫 皆對曰 諾 敢不安 司正降自西階 南面坐取觶 升酌散 降 南面坐奠觶 右還[1] 北面少立[2] 坐取觶 興 坐不祭 卒觶 奠之 興 再拜稽首 左還 南面坐 取觶洗 南面反奠于其所[3] ◑升自西階 東楹之東 請徹俎 降 公許 告于賓 賓北面取俎以出 膳宰徹公俎 降自阼階以東 卿大夫皆降 東面北上 ◑賓反入 及卿大夫皆說屨 升就席 公以賓及卿大夫皆坐 乃安 羞庶羞[4] 大夫祭薦 司正升受命 皆命[5] 君曰 無不醉 賓及卿大夫皆興 對 曰 諾 敢不醉 皆反坐

1) 右還(우환) : 장차 치의 남쪽으로 가서 먼저 서면하다의 뜻.
2) 少立(소립) : 잠깐 서 있다. 잠깐 서 있는데도 위의를 갖추고 있다.
3) 反奠于其所(반전우기소) : 비어 있는 치를 원래의 자리인 그 곳에 놓다의 뜻.
4) 羞庶羞(수서수) : 맛좋은 여러 가지 음식을 차리다의 뜻. 곧 지극히 사랑한다는 뜻이 담겨 있다. 앞의 수는 진(進)의 뜻. 서는 중(衆)이다.
5) 皆命(개명) : 빈에게 명하고 경과 대부에게 명령하는 것이다.

12. 사(士)에게 술을 내리는 예

주인(主人)이 치(觶)를 씻어 당으로 올라 서쪽 계단 위에서 사(士)에게 술을 드린다. 사(士)의 우두머리가 당으로 올라와 절하고 치(觶)를 받는다. 주인이 절하고 치를 보낸다.

사(士)가 앉아서 술을 제사하고 서서 술을 마시는데 다 마시고 절은 하지 않는다. 그 밖의 모든 사(士)들도 술을 받고 절을 하지 않는다. 앉아서 술을 제사하고 서서 술을 마신다.

이에 사정(司正)과 사인(射人) 한 사람씩과 사사(司士) 한 사람과 덮개보를 담당하는 두 사람을 뽑는데 치의 남쪽에 서서 동쪽을 위로 한다. 두루 사(士)에게 술을 드린다. 사(士)가 이미 술잔을 받은 자는 동쪽에 서서 서면하고 북쪽을 위로 삼는다.

이에 사에게 육포와 육장을 올린다. 축사(祝史)와 소신사(小臣師)가 또한 자신의 자리로 나아가면 육포와 육장을 올린다. 주인이 여식(旅食)에게 나아가서 술잔을 올린다. 여식(旅食)은 절하지 않고 작을 받아 앉아서 제사를 지내고 서서 마신다.

만약 활쏘기를 한다면 대사정(大射正)이 사사(司射)가 되어 향사례(鄕射禮)의 예절과 똑같이 시행한다.

◑主人洗 升 獻士于西階上 士長升 拜受觶¹⁾ 主人拜送觶 士坐祭 立飲 不拜旣爵 其他²⁾不拜 坐祭 立飲 乃薦司正與射人³⁾一人 司士⁴⁾一人 執冪二人 立于觶南東上 辯獻士 士旣獻者立于東方 西面北上 乃薦士 祝史小臣師 亦就其位而薦之 主人就旅食⁵⁾之尊而獻之 旅食不拜 受爵 坐祭 立飲 ◑若射 則大射正⁶⁾爲司射 如鄕射之禮

1) 拜受觶(배수치) : 사(士)에게 술을 드릴 때는 치(觶)를 쓴다. 사는 신분이 낮기 때문이다. 금문(今文)에는 치는 고(觚)로 되어 있다.
2) 其他(기타) : 그 밖의 뜻이며 모든 사(士)를 뜻한다. 그들은 또한 당에 올라서 술잔을 받아도 절을 하지 않는다.
3) 司正與射人(사정여사인) : 천자의 사인(射人)과 사사(司士)는 직급이 하대부(下大夫) 2인이다. 제후는 상사(上士) 2인이다. 사정(司正)이 위가 된다.
4) 司士(사사) : 모든 신하의 호적과 기록을 관장하며 사(士)를 관리하는 직책.
5) 旅食(여식) : 관원으로 채용됐으나 아직 정식으로 녹(綠)을 받지 못한 사(士).
6) 大射正(대사정) : 사인(射人)의 장(長)이다.

13. 모두에게 술잔을 올리는 예
빈이 당에서 내려와 고(觚)를 씻어 당으로 올라서 공(公)에게 고를 올린다.

방호주를 따라서 올리고 당에서 내려와 절한다. 공(公)이 한 계단 내려오면 소신(小臣)이 사양의 인사말을 한다.

빈이 당으로 올라서 재배하고 머리를 조아린다. 공이 답하여 재배한다. 빈이 앉아서 술을 제사 지내고 술을 마신다. 다 마시고 재배하고 머리를 조아린다. 공이 답하여 재배한다.

빈이 당에서 내려와 상치(象觶)를 씻어 당으로 올라가 좋은 술을 따라, 앉아서 육포와 육장의 남쪽에 상치를 놓고 당에서 내려와 절한다. 소신(小臣)이 사양하는 말을 하면 빈이 당으로 올라서 재배하고 머리를 조아린다. 공이 답하여 재배한다. 빈이 자리로 돌아간다.

공(公)이 앉아서 빈이 올린 치(觶)를 가지고 일어난다. 오직 공(公)만이 하사하는 것이다. 받은 사람은 주인이 잔을 올릴 때 처음으로 받는 예와 똑같이 한다.

예를 행하고 당에서 내려가 작(爵)을 바꾸어 씻는다. 이에 당으로 올라 맛좋은 술을 따르고 내려와 절을 한다. 소신이 사양하는 말을 하면 당으로 올라가 재배하고 머리를 다시 조아린다. 공이 답하여 절한다. 이에 좌석으로 나아가 앉아서 술잔을 돌린다.

작(爵)을 가지고 있는 자는 오직 공의 술잔을 받는 자에게만 절을 한다. 사정이 작을 가진 자에게, 골고루 술을 따르라고 명한다. 마지막으로 술잔을 받은 자는 일어나서 사(士)에게 술을 돌린다.

대부로서 마지막으로 술잔을 받은 자가 작을 가지고 일어나 서쪽 계단 위에서 사(士)에게 술을 내려준다. 사(士)가 당으로 오르면 대부가 작을 내려놓고 절한다. 사(士)가 답하여 절한다.

대부가 서서 술을 다 마시고 절하지 않고는, 작에 술을 따라서 놓는다. 사가 절하여 받고 대부가 절하고 술잔을 보낸다. 사(士)가 서쪽 계단 위에서 차례대로 잔을 돌려 모두에게 두루 미치게 한다. 사가 차례대로 술을 따르고 권하며 모두 마신다.

◑賓降洗 升媵觶[1]于公 酌散 下拜 公降一等 小臣辭 賓升 再拜稽首

公答再拜 賓坐祭 卒爵 再拜稽首 公答再拜 賓降洗象觶²⁾ 升酌膳 坐
奠于薦南 降拜 小臣辭 賓升成拜 公答再拜 賓反位³⁾ ◑公坐取賓所
腠觶⁴⁾ 興⁵⁾ 唯公所賜 受者如初受酬之禮 降更爵洗 升酌膳 下拜 小
臣辭 升成拜 公答拜 乃就席 坐行之⁶⁾ 有執爵者 唯受于公者拜 司正
命執爵者爵辯 卒受者興以酬士⁷⁾ 大夫卒受者以爵興 西階上酬士⁸⁾
士升 大夫奠爵拜 士答拜 大夫立卒爵 不拜 實之 士拜受 大夫拜送
士旅于西階上辯 士旅⁹⁾酌 卒

1) 觚(고) : 치(觶)의 오자(誤字)라고 했다.

2) 洗象觶(세상치) : 금문(今文)에는 세상고(洗象觚)로 되어 있다.

3) 反位(반위) : 자리로 나아가다.

4) 觶(치) : 금문(今文)에는 고(觚)로 되어 있다.

5) 興(흥) : 일어나다. 곧 공(公)이 예를 숭상하고 게을리 하지 않는다는 뜻.

6) 坐行之(좌행지) : 앉아서 서로 술을 권하는 것이라 했다.

7) 酬士(수사) : 은혜가 고르게 되도록 한 것이다.

8) 興西階上酬士(흥서계상수사) : 사(士)는 당 아래에서 서 있어야 하고 앉을
   자리가 없기 때문이다.

9) 旅(여) : 서(序)이다. 곧 순서대로 자작하거나 서로 따르는 것으로, 작을 잡
   아서 따르는 자가 없다.

14. 마음껏 마시고 마음껏 즐긴다

주인(主人)이 치를 씻어서 가지고 서쪽 계단을 통해 당으로 오
른다. 동쪽 계단 위에서 서자(庶子)에게 술을 드리는데 그 예절
은 사(士)에게 술을 올리는 예와 똑같이 한다. 두루 권하고 당에
서 내려와 치를 씻는다.

드디어 좌우의 정(正)과 내소신(內小臣)에게도 술을 드린다.
모두 동쪽 계단 위에서 하는데 서자(庶子)에게 술을 드릴 때의
예와 똑같이 행한다.

술잔을 계산하지 않고 마신다.

사(士) 가운데 맛좋은 술을 가진 자도 있고 방호주(方壺酒)를

가진 자도 있다. 맛좋은 술을 가진 자는 공(公)에게 나아가서 술을 따르는데 공(公)은 절하지 않고 받는다.

방호주(方壺酒)를 가진 자도 공(公)에게 잔을 올리는데 잔을 올리면 공은 다시 하사하라고 명한다.

하사받은 사람은 일어나서 작을 받고 자신의 자리로 내려와 작을 내려놓고 두 번 절하고 머리를 조아린다. 공이 답하여 절한다.

작을 하사받은 사람은 작을 가지고 자리로 나아가 앉아 있다가, 공(公)이 작의 술을 모두 마신 연후에 하사받은 술을 마신다.

맛좋은 술을 가지고 있는 자는 공(公)의 작을 받아 다시 술을 가득 따라서 자리에 가져다 놓는다. 작을 하사받은 사람이 일어나서 방호주를 가진 이에게 작을 주면 방호주를 가진 사람은 방호주를 따라서 권하는 사람에게 준다.

오직 공(公)에게서 작을 받은 사람만 절을 한다.

마지막으로 작을 받은 사람은 일어나 서쪽 계단 위에서 사(士)에게 술을 돌린다. 사가 당으로 오르면 대부는 절하지 않는다.

이에 술을 마시고 작에 다시 술을 채운다. 사(士)는 절하지 않고 작을 받는다.

대부가 자리로 나아간다. 사가 차례로 술을 따르는데 또한 사가 대부에게 작을 받는 것과 같이 한다.

공(公)이 덮개보를 철거하라고 명령하면 경과 대부가 모두 당에서 내려와 서쪽 계단 아래에서 북면하여 동쪽을 위로 삼아서 재배하고 머리를 조아린다.

공이 소신(小臣)에게 사양하는 인사를 하도록 명한다. 공이 답하여 재배하고 대부들은 모두 피한다. 드디어 당으로 올라가 제자리로 가서 앉는다.

사(士)가 위에서 순서대로 하여 끝마치는 것은 처음 시작할 때와 똑같이 한다.

음악은 쉬지 않고 무한정으로 연주한다.

밤이 되면 서자(庶子)는 동쪽 계단 위에서 촛불을 들고 있고 사궁(司宮)은 서쪽 계단 위에서 촛불을 들고 있는다. 전인(旬人)

은 뜰에서 대촉(大燭)을 밝히고 혼인(閽人)은 문 밖에서 대촉
(大燭)을 밝힌다.

　빈이 취하면 북면하고 앉아서 올려진 육포를 가지고 당에서 내
려온다. 이에 해하(陔夏)를 연주한다. 빈이 들고 있는 육포를 문
안의 낙숫물 떨어지는 곳에서 종인(鍾人)에게 주고는 드디어 나
간다. 경(卿)과 대부도 모두 나간다. 공(公)은 전송하지 않는다.

◑主人洗 升自西階 獻庶子[1]于阼階上 如獻士之禮 辯 降洗 遂獻左
右正[2]與內小臣[3] 皆于阼階上 如獻庶子之禮 ◑無算爵[4] 士也 有執
膳爵者 有執散爵者 執膳爵者 酌以進公 公不拜受 執散爵者酌之
以[5]公 命所賜 所賜者興受爵 降席下[6] 奠爵 再拜稽首 公答拜[7] 受賜
爵者以爵就席坐 公卒爵 然後飮[8] 執膳爵者受公爵 酌 反奠之 受賜
爵者興 授執散爵 執散爵者乃酌行之[9] 唯受爵于公者拜 卒受爵者興
以酬士于西階上 士升 大夫不拜 乃[10]飮 實爵 士不拜 受爵 大夫就
席 士旅酬亦如之 公有命徹冪[11] 則卿大夫皆降 西階下北面東上 再
拜稽首 公命小臣辭[12] 公答再拜 大夫皆辭 遂升 反坐 士終旅于上如
初 無算樂[13] 宵[14]則庶子執燭[15]于阼階上 司宮執燭于西階上 甸人[16]
執大燭于庭[17] 閽人[18]爲大燭于門外 ◑賓醉 北面坐 取其薦脯以降
奏陔 賓所執脯 以賜鍾[19]于門內霤 遂出 卿大夫皆出 公不送[20]

1) 庶子(서자) : 여섯 가지 희생물과 춤출 때의 위치와 국자(國子)들의 덕과 학
　문을 교육하는 일을 관장하는 세자(世子)에 소속된 관직이다. 또 선재(膳宰)
　나 악정(樂正)과 일을 연대하여 국자(國子)들의 무(舞)도 교육하는 관직.

2) 左右正(좌우정) : 악정(樂正)과 복인정(僕人正)을 뜻한다. 소악정(小樂正)
　은 서쪽의 경쇠가 걸려 있는 북쪽에 서 있고 복인정(僕人正)과 복인사(僕人
　師)와 복인사(僕人士)는 그 북쪽에서 서 있고 대악정은 동쪽의 경쇠가 있는 북
　쪽에 서 있는다. 만약 활을 쏠 때에는 복인정과 복인사가 악공보다 뒤에서 모
　시고 있는다.

3) 內小臣(내소신) : 엄인(奄人)이다. 임금의 음사(陰事)와 음령(陰令)을 관
　장하며 임금의 비(妃)의 일을 담당하는 관리이다. 모두가 동쪽 계단에서 잔
　을 받는 것은 외신(外臣)과 내신(內臣)을 구별하기 때문이다.

4) 無算爵(무산작) : 작을 헤아림이 없다. 곧 얼마든지 마셔도 좋다는 뜻이다. 5)

5) 之以(지이) : 타본에는 이지(以之)로 되어 있기도 하다.

6) 席下(석하) : 좌석의 서쪽이라 했다.

7) 公答拜(공답배) : 고문(古文)에는 공답재배(公答再拜)로 되어 있다고 했다.

8) 然後飮(연후음) : 연후에 마시다. 곧 임금이 마신 후에 술을 마신다는 뜻. 임
   금보다 늦게 잔을 비우는 까닭은 술잔이 은혜롭게도 높은 곳에서부터 내려준
   것이라는 것을 밝히는 뜻이 들어 있다.

9) 乃酌行之(내작행지) : 이에 술을 따라서 권하는 사람에게 주다.

10) 乃(내) : 이(而)와 같다.

11) 命徹冪(명철멱) : 덮개보를 철거하라고 명하다. 곧 공(公)이 은근히, 있는
    술을 모두 다 마시라는 뜻이 담겨 있는 것이다.

12) 小臣辭(소신사) : 소신에게 사양하게 하다. 곧 취했더라도 신하의 예를 바
    르게 하기 위한 것을 밝힌 것이다.

13) 無算樂(무산악) : 음악을 연주하는 것을 계산하지 않는다. 곧 무한정으로 음
    악을 연주하다의 뜻.

14) 宵(소) : 밤이며, 야(夜)를 뜻한다.

15) 燭(촉) : 횃불이다.

16) 甸人(전인) : 모든 땔감을 제공하는 일을 담당하는 관리이다.

17) 大燭于庭(대촉우정) : 뜰이 대단히 넓어서 큰 횃불을 밝힌다는 뜻이다.

18) 闇人(혼인) : 궁(宮)의 문지기. 곧 문인(門人)이다. 큰 횃불을 가지고 빈객
    들이 나갈 때를 기다린다.

19) 以賜鍾人(이사종인) : 종인에게 주다. 종인은 종(鍾)과 북을 관장하여 구
    하를 연주하는 악공이다. 사(賜)는 고문(古文)에 석(錫)으로 되어 있다.

20) 公不送(공불송) : 공은 전송하지 않는다. 빈례(賓禮)에서는 신하가 마치는
    것이다.

15. 외국의 사신과 연음(燕飮)의 예

공(公 : 임금)이 사방(四方)의 사신(使臣)에게 연회를 베풀 때
에는, 공이 지명하여 접대를 맡은 사람이 사신에게 말한다.

"과군(寡君 : 우리 임금)께서 후(厚)하지 않은 술을 가지고 있지만 과군(寡君)께서 잠시 동안이나마 그대와 함께 하고자 청하는데 아무개를 시켜서 청하셨습니다."

이에 사신(使臣)의 상개(上介)가 대답한다.

"과군(寡君)께서는 귀국(貴國)의 임금께 특별한 은혜를 입었습니다. 그런데 귀국의 임금께서는 욕되게도 사신(使臣)에게 하사하는 것이 있으시다니 신(臣)은 감히 사양하겠습니다."

"과군께서는 굳이 말씀하시기를 두텁지 않은 술이지만 저를 시켜서 굳이 청하셨습니다."

"과군께서는 귀국의 임금께 은혜를 특별히 입고 있는데 귀국의 임금께서 수고스럽게도 사신에게까지 술을 내려 주신다니 신(臣)은 감히 고사(固辭)하겠습니다."

"과군께서는 굳이 말씀하시기를 두텁지 않은 술이라도 아무개로 하여금 굳이 청하셨습니다."

"아무개는 고사(固辭)했으나 명을 얻지 못했습니다. 감히 따르지 않겠습니까?"

이에 주재국의 사자(使者)가 임금의 명을 전한다.

"과군께서는 아무개로 하여금, 두텁지 않은 술을 두었지만 그대와 과군께서 잠깐 동안 자리를 함께 하기를 청하게 하셨습니다."

이에 사신(使臣)의 상개가 말한다.

"귀국의 임금께서는 과군께 많은 것을 베풀어 주셨는데 또 수고스럽게도 사신(使臣)에게까지 잔치를 베풀어 주신다니 감히 절하고 명을 하사받겠습니다."

● 公與客宴[1] 曰[2] 寡君[3] 有不腆[4]之[5]酒 以請吾子之與寡君須臾焉 使某也以請 對曰[6] 寡君[7] 君[8]之私[9]也 君無所辱賜于使臣 臣敢辭 寡君固曰[10] 不腆 使某[11]固以請 寡君 君之私也 君無所辱賜于使臣 臣敢固辭[12] 寡君固曰 不腆 使某固以請 某固辭 不得命 敢不從 致命曰 寡君使某 有不腆之酒 以請吾子之與寡君須臾焉 君貺[13]寡君多矣 又辱賜于使臣 臣敢拜賜命

1) 客宴(객연) : 사방(四方)에서 사신이 오면 잔치를 베푸는 것을 객연(客宴)이라 한다. 객은 외국의 사신이다.

2) 曰(왈) : 임금이 접대하는 사람을 시켜서 사신에게 알리는 말이다.

3) 寡君(과군) : 덕이 적은 임금이란 뜻으로 겸손의 말이다. 과는 적다는 뜻이 있다. 자신의 임금을 지칭할 때 쓰는 말이다.

4) 腆(전) : 선(善)의 뜻이다. 고문에는 진(珍)으로 되어 있다. 또 전은 두텁다의 뜻이 있다.

5) 之(지) : 금문(今文)에는 이 글자가 없다.

6) 對曰(대왈) : 외국 사신의 상개(上介)가 하는 말이다.

7) 寡君(과군) : 사신으로 온 나라의 임금을 뜻한다. 사신의 상개가 자신의 나라 임금을 지칭하는 것이다.

8) 君(군) : 사신으로 간 그 나라의 임금이다.

9) 私(사) : 특별하게 은혜를 입다의 뜻.

10) 寡君固曰(과군고왈) : 사신을 맞이한 주국(主國)의 임금을 뜻한다.

11) 使某(사모) : 금문(今文)에는 이 두 글자가 없다.

12) 固辭(고사) : 두 번째로 사양하다.

13) 貺(황) : 사(賜)의 뜻이다.

■ 연례(燕禮)의 의의

가. 연례의 희생은 개고기이다

연례(燕禮)에서, 연음(燕飮)을 노침(路寢)에서 할 때는 조복(朝服)을 입고 한다.

그 희생(犧牲)은 개를 쓰는데 문 밖의 동쪽에서 삶는다.

만약 사방에서 온 빈(賓)과 함께 연음(燕飮)하게 되면 공(公)은 대문 안에서 영접하고 읍하고 사양하면서 당으로 오른다. 빈을 또 공경하려 한다면 동쪽 계단의 서쪽에 자리를 마련하여 북면하게 한다. 희생은 있으나 허파를 맛보지 않고 술을 맛보지 않는다. 그 개(介)가 빈(賓)이 되었다면 좋은 음식과 좋은 술을 내놓지 않는다.

경(卿)과 함께 연음(燕飮)할 때에는 대부가 빈이 된다. 대부와 함께 연음할 때에는 또한 대부가 빈이 된다.

음식을 올리는 자와 덮개보를 가진 자는 모두가 사(士)이다. 경(卿)에게 음식을 올리는 일은 소선재(小膳宰)가 한다.

만약 음악을 연주하여 빈이 들어오게 할 때에는 빈이 뜰에 이르면 사하(肆夏)를 연주한다.

빈이 술을 받고 절하면 주인이 답하여 절을 하는데 이때 음악의 연주를 끝마친다.

공이 절하고 작을 받으면 사하를 연주한다.

공이 작을 다 비우면 주인이 당으로 올라서 작을 받아 당 아래로 내려오는데 이때에 맞추어 연주를 끝마친다.

당으로 오를 때에는 녹명(鹿鳴)을 노래 부르고 당에서 내려올 때에는 신궁(新宮)을 피리로 불고 생황이 들어와 세 번을 연주한다. 드디어 향악(鄕樂)을 합주하는데 만약 춤을 추게 되면 작(勺)을 연주해 준다.

오직 공(公)과 빈(賓)만이 도마가 있다.

공(公)에게 술을 올릴 때에는 이르기를 "신이 감히 작으로써 아뢰는데 명을 들어주시겠습니까?"라고 한다.

記 : ○燕 朝服[1]于寢 ○其牲狗也 亨于門外[2]東方 ○若與四方之賓[3]燕 則公迎之于大門內 揖讓升 賓爲苟敬[4] 席于阼階之西 北面 有脀 不嚌肺 不啐酒 其介爲賓[5] 無膳尊 無膳爵 ○與卿燕 則大夫爲賓 與大夫燕 亦大夫爲賓 ○羞膳者與執羃者 皆士也[6] ○羞卿者 小膳宰[7]也 ○若以樂納賓 則賓及庭 奏肆夏[8] 賓拜酒 主人答拜而樂闋 公拜受爵而奏 肆夏 公卒爵 主人升 受爵以下而樂闋 升歌 鹿鳴 下管 新宮[9] 笙入三成[10] 遂[11]合鄕樂[12] 若舞則勺[13] ○唯公與賓有俎[14] ○獻公曰 臣敢奏爵以聽命

1) 朝服(조복) : 조회할 때 입는 옷이다. 관을 쓰고 현단(玄端)에 검은 띠를 두

르고 흰 슬갑을 차고 흰 신을 신는다.

2) 亨于門外(팽우문외) : 신하가 관장하는 곳이다.

3) 四方之賓(사방지빈) : 빙문(聘問)하는 사신들이다.

4) 賓爲苟敬(빈위구경) : 구(苟)는 또, 혹은 빌리다의 뜻이다. 곧 빈을 또 존경
   하기 위해서의 뜻.

5) 其介爲賓(기개위빈) : 외국에서 온 상개(上介)가 임금의 빈이 된다는 뜻.

6) 皆士也(개사야) : 모두가 사(士)이다. 곧 선재(膳宰)는 사(士)보다 지위가
   낮다는 뜻.

7) 小膳宰(소선재) : 선재(膳宰)의 보좌관이다.

8) 肆夏(사하) : 악장(樂章)의 이름이다. 지금은 전하지 않고 있다. 사하는 종
   과 박(鎛)을 치고 북과 경쇠를 쳐서 응한다. 이른바 금주(金奏)라고 한다. 경
   이나 대부가 왕사(王事)에 노고가 있을 때 이 음악을 연주한다고 했다.

9) 新宮(신궁) : 소아(小雅)에 있었는데 현재는 일시(逸詩)이다. 피리로 분다
   고 했다.

10) 三成(삼성) : 신궁을 세 번 연주하다.

11) 遂(수) : 간주가 있지 않은 것이다. 이어지다의 뜻.

12) 合鄕樂(합향악) : 향악을 합주하다. 곧 주남(周南)의 시 3편과 소남(召南)
    의 시 3편을 연주하다의 뜻.

13) 勺(작) : 작(酌)이며 시경의 송(頌)에 있는 시가이다. 무왕(武王)을 칭송
    한 노래이다.

14) 有俎(유조) : 조가 있다. 연례에서는 임금과 빈에게만 도마에 희생이 있다.
    그 나머지는 도마가 없다.

나. 연례(燕禮)에서의 깊은 뜻
　무릇 공(公 : 임금)이 사양하면 빨리 계단을 건너는 것이다. 무
릇 계단을 건너는 것은 두 계단을 지나치지 않아야 한다.
　무릇 공(公)이 술을 부어서 주면 절하고 받는데 시신(侍臣)에
게도 차례로 줄 것을 청하는 것이다.
　무릇 육포와 육장과 음식을 올리는 사람은 소선재(小膳宰)이다.

내수(內羞)도 있다.

공(公)이 활쏘기에 참여할 때에는 하사(下射)가 되고 주홍색 소매가 나올 정도만 소매를 걷어올리고 음악이 연주된 뒤에 활 쏘는 표식으로 나아간다. 소신(小臣)이 수건에 싸서 화살을 주고 계속 이어지는데 음악의 뜻에 맞게 하지 않는다.

활쏘기를 끝내면 소신(小臣)이 활을 받아서 궁인(弓人)에게 준다. 이 때 상사(上射)는 표식이 있는 곳에서 화살대 하나 정도의 거리로 물러나 있는데 이미 발사하고 나면 공(公)을 마주하여 공의 활쏘기가 끝나기를 기다린다.

만약 공(公)이 벌주를 마시는 쪽에 있게 된다면 연례에서 치를 올리는 예에 따라서 협작(夾爵)한다. 공(公)이 곁에 있는데 대부가 활을 쏠 때에는 왼팔의 소매를 완전히 걷어올려야 한다.

만약 사방에서 온 빈객이 함께 연음(燕飮)할 때에는 작을 올리면서 말한다.

"신(臣)은 하사해 주신 술잔을 받았습니다. 신이 작을 가진 자를 돕기를 청하겠습니다."

공(公)의 예를 보좌하여 빈을 접대하는 자가 공(公)의 명을 받아서 대답한다.

"선생께서는 스스로 욕되게 하지 마십시오."

주남(周南)과 소남(召南)에 있는 여섯 편의 음악을 연주하는 것이 있다.

○凡公所辭 皆栗階[1) 凡栗階 不過二等[2) ○凡公所酬 旣拜[3) 請旅侍臣[4) ○凡薦與羞者[5) 小膳宰也 ○有內羞[6) ○君與射 則爲下射 袒朱襦 樂作而后就物[7) 小臣以巾授矢 稍屬[8) 不以樂志[9) 旣發 則小臣受弓以授弓人 上射退于物一笴 旣發則答[10)君而俟 若飮君[11) 燕則夾爵[12) 君在 大夫射則肉袒 ○若與四方之賓燕 媵爵曰 臣受賜[13)矣 臣請贊執爵者 相者對曰 吾子無自辱焉 有房中之樂[14)

1) 栗階(율계) : 계단을 하나씩 건너다의 뜻. 율은 축(蹙)의 뜻. 군명(君命)을 받은 사람은 계단을 급하게 건너야 한다는 말.

2) 不過二等(불과이등) : 두 계단을 지나치지 않는다.

3) 旣拜(기배) : 자작하고 당으로 올라서 절하다의 뜻.

4) 請旅侍臣(청려시신) : 빈자(擯者)가 동쪽 계단 아래에서 공에게 고하고 돌아서 다시 서쪽 계단 아래에서 공에게 고하여 술잔을 시신에게 돌리는 것을 허락해 달라고 청하다.

5) 凡薦與羞者(범천여수자) : 무릇 육포와 육장과 음식을 뜻하며 경과 대부 이하에게 올리는 것.

6) 內羞(내수) : 변(籩)과 두(豆)의 제기에 담겨지는 음식과 그 밖의 각종 음료수들을 뜻한다.

7) 物(물) : 활을 쏘는 위치의 표시.

8) 稍屬(초속) : 점점 이어가다.

9) 不以樂志(불이악지) : 음악에 뜻을 두지 않는다. 곧 민첩하지 못함을 피하는 것이다.

10) 答(답) : 대(對)의 뜻이다.

11) 若飮君(약음군) : 임금이 벌주를 마시는 위치에 있다는 뜻.

12) 夾爵(협작) : 임금이 이기지 못한 무리에 있을 때. 임금이 술을 마시면 모시고 활을 쏘는 사람이 다시 자작하는 것으로 벌주를 대신하는 것을 뜻한다.

13) 受賜(수사) : 공경(公卿)이 술을 하사받은 것.

14) 房中之樂(방중지악) : 주남(周南)의 3편과 소남(召南)의 3편의 시가를 연주하고 노래 부르는 것을 뜻한다. 종(鍾)과 경(磬)의 절주를 사용하지 않는다. 방중이란 후부인(后夫人)들이 자신이 모시는 군자의 일을 풍송(諷誦)하는 노래라는 뜻에서 붙인 것이다.

제7편 대사의(大射儀第七)

　대사의(大射儀)의 의의(意義)는 임금이 성균관(成均館)에 거동하여 선성(先聖)들을 제향(祭享)하고 활을 쏘는 예이다.

　정현(鄭玄)은 "제후들이 장차 제사 지내는 일이 있을 때 모든 신하와 함께 활쏘기 대회를 열어서 그들의 예를 관찰한다."라고 했다.

ⅰ. 활쏘기 대회를 알리는 일

　대사(大射)에서 거동하는 예절.

　임금이 활쏘기 대회가 있음을 알리라고 명령한다. 재(宰 : 재상)가 모든 관리에게 활쏘기 대회가 있다고 알린다.

　사인(射人)이 제공(諸公)과 경(卿)과 대부들에게 알린다. 사사(司士)가 활을 쏠 사(士)와 함께 보좌할 사람들에게 알린다.

　활쏘기 대회가 있기 3일 전에는 재부(宰夫)가 재(宰)와 사마(司馬)에게 알린다. 사인(射人)이 하루 전날 활 쏘는 데 필요한 기물들을 손질하고 살펴본다.

　사마(司馬)가 양인(量人)에게 명하여 과녁을 설치하는 위치와 살가리개를 설치하는 거리를 헤아리게 하는데 이보(貍步)로써 측정하게 한다. 대후(大侯)의 거리는 90리보이고 삼후(參侯)의 거리는 70리보이고 안후(干侯)의 거리는 50리보이다. 살가리개를 설치하는 곳은 각각 그 과녁에서 서쪽으로 10리보이고 북쪽으로는 10리보가 떨어진다.

　드디어 양인(量人)과 건거(巾車)에게 명하여 세 개의 과녁을 설치하라고 한다. 대후(大侯)는 높게 만들어 대후에서 삼후(參侯)의 정곡(正鵠)을 볼 수 있게 한다. 삼후에서는 안후(干侯)의 정곡을 볼 수 있게 한다. 안후(干侯)는 땅에 닿은 자국이 생기지 않게 하고 왼쪽 밑에 벼릿줄이 매여 있지 않게 한다.

살가리개를 설치하는 곳은 과녁에서 서쪽으로 10리보이고 북쪽으로 10리보이다. 무릇 살가리개는 모두 가죽을 사용한다.

大射之儀[1] : ●君有命戒射[2] 宰[3]戒百官有事於射者 射人[4]戒諸公卿大夫射 司士[5]戒士射與贊者[6] 前射三日 宰夫[7]戒宰及司馬[8] 射人宿視滌 ●司馬命量人[9] 量侯道[10]與所設乏[11]以貍步[12] 大侯[13]九十 參[14]七十 干[15]五十 設乏各去其侯西十北十 遂命量人巾車[16]張三侯 大侯之崇[17] 見鵠於參 參見鵠於干 干不及地武[18] 不繫左[19]下綱 設乏西十 北十 凡乏用革

1) 大射之儀(대사지의) : 거창하게 활쏘기 대회를 열어 활을 쏘는 기거동작의 뜻이다. 임금이 나라 안에 제사할 일이 있으면 군신들과 함께 활쏘기 대회를 열어서 승리한 자에게 제사에 참여할 수 있는 영광도 안겨준다. 또 참여한 사람들의 예절도 관찰한다.

2) 君有命戒射(군유명계사) : 군이 명령하여 활쏘기 대회를 열라고 한다. 곧 국가에 장차 제사가 있게 되면 당연히 활쏘기 대회를 여는데 이때 재상이 임금에게 고하면 임금이 이에 명령을 한다.

3) 宰(재) : 재상. 천자(天子)는 총재(冢宰)이고 제후는 재(宰)이다. 국가의 대사에서 임금의 명을 관장하여 백관에게 명령을 내린다.

4) 射人(사인) : 사법(射法)으로써 사의(射儀)를 다스리는 것을 관장하는 관리이며, 사마(司馬)의 소속이다.

5) 司士(사사) : 국중(國中)의 사(士)를 관장하여 임금의 명령을 알린다. 사마(司馬)의 소속이다.

6) 贊者(찬자) : 좌(佐)이며 보좌이다. 곧 사를 도와서 일을 집행하고 활은 쏘지 않는 자이다.

7) 宰夫(재부) : 총재(冢宰)의 소속이다. 모든 관료의 소집령을 관장한다.

8) 司馬(사마) : 천자(天子)에게는 대사마(大司馬)가 있고, 제후는 사마(司

馬)이며 활쏘기 대회에서 임시로 설치하는 직책이다.

9) 量人(양인) : 사마(司馬)의 소속. 모든 도로를 헤아리는 일을 관장한다.

10) 量侯道(양후도) : 과녁의 거리를 헤아리다. 당에서의 원근(遠近)을 이른 것.

11) 乏(핍) : 살가리개. 활을 쏠 때 화살이 과녁을 맞혔는지 못 맞혔는지를 알리
는 사람을 보호하는, 화살을 막는 가죽으로 만든 물건.

12) 貍步(이보) : 6자(六尺)를 뜻한다고 했다.

13) 大侯(대후) : 웅후(熊侯)이며 천자가 활을 쏠 때 과녁으로 사용하는 것.

14) 參(삼) : 삼(糝)이며 섞이다의 뜻이다. 곧 잡후(雜侯)를 뜻한다.

15) 干(안) : 안(豻)과 같으며 안후(豻侯)라 했다. 들개가죽으로 장식한 과녁.

16) 巾車(건거) : 관직이며 천자의 종백(宗伯)에 소속된 관리이다. 수레에 치장
을 하고 과녁을 펴며 후건(侯巾) 등의 종류를 관장한다고 했다.

17) 崇(숭) : 고(高)의 뜻이다. 높으면 반드시 정곡(正鵠)을 볼 수가 있다는 뜻.

18) 武(무) : 적(迹)의 뜻이다.

19) 左(좌) : 서쪽을 뜻한다.

2. 음악 연주를 미리 준비하다

악인(樂人)이 활쏘기 대회가 있을 하루 전날 동쪽 계단의 동쪽
에 악기들을 걸어 둔다. 생황이나 경쇠는 서쪽으로 향하게 하고
그 남쪽에는 생황과 종(鍾)을 설치하고 그 남쪽에는 박(鎛)을 설
치하는데 모두 남쪽에 설치한다. 북을 세우는 데는 동쪽 계단의
서쪽에 있게 하는데 북의 얼굴이 남쪽을 향하게 한다.

응비(應鼙)는 그 동쪽에 두는데 얼굴이 남쪽을 향하게 한다.

서쪽 계단의 서쪽에는 송경(頌磬)을 두는데 동쪽으로 향하도
록 하고 그 남쪽에는 종(鍾)을 두고 그 남쪽에는 박(鎛)을 두는
데 모두 남쪽에 진열한다.

하나의 북은 그 악기들의 남쪽에 세워 놓는데 머리가 동쪽을 향
하게 하며 삭비(朔鼙)는 그 북쪽에 둔다. 하나의 북은 서쪽 계단
의 동쪽에 세워 두는데 남쪽으로 향하게 한다.

생황이나 통소 같은 악기는 세워 놓은 북 사이에 있게 한다. 땡

땡이북은 송경(頌磬)에 의지하도록 하여 서쪽으로 매단다.

◐樂人¹⁾宿²⁾縣于阼階東 笙³⁾磬西面 其南笙鍾 其南鎛⁴⁾ 皆南陳 建
鼓⁵⁾在阼階西 南鼓 應鼙⁶⁾在其東 南鼓 西階之西 頌磬⁷⁾東面 其南鍾
其南鎛 皆南陳 一建鼓在其南 東鼓 朔鼙⁸⁾在其北 一建鼓在西階之
東 南面 簜⁹⁾在建鼓之間 鼗¹⁰⁾倚于頌磬 西紘¹¹⁾

1) 樂人(악인) : 음악에 관한 일을 담당하는 사람이다. 맹인이 아닌 사람이다.

2) 宿(숙) : 활쏘기 하루 전날의 뜻.

3) 笙(생) : 생황이라는 악기이며 생(生)의 뜻이 있다.

4) 鎛(박) : 박(鎛)이라 하며 종(鍾)의 종류이다. 종보다는 조금 크다.

5) 建鼓(건고) : 북을 세우다. 건은 수(樹)와 같다.

6) 應鼙(응비) : 삭비(朔鼙)와 응비(應鼙)가 있다. 먼저 삭비를 치면 뒤에 응비
가 응한다고 했다. 응비는 작은북의 한 종류이다.

7) 頌磬(송경) : 서쪽에 세워 놓은 것을 송경이라 한다. 송은 고문(古文)에 용
(庸)으로 되어 있다.

8) 朔鼙(삭비) : 앞쪽에 있는 작은북이 삭비. 뒤쪽에 있는 것이 응비(應鼙)이다.

9) 簜(탕) : 대나무로 된 것이며 생황이나 통소 종류이며 당에서 부는 것이다.

10) 鼗(도) : 땡땡이북이다. 작은북의 일종이다. 작고 손잡이가 있으며 빈이 이
르면 흔들어서 음악을 연주한다.

11) 紘(굉) : 편경(編磬)을 매는 끈이다.

3. 행사에 먹을 음식을 준비하다

다음 날에 사궁(司宮)이 동쪽 기둥의 서쪽에 두 병의 방호주
(方壺酒)를 놓아 둔다. 임금〔公〕이 마시는 좋은 술이 들어 있는
두 개의 술단지는 남쪽에 있게 한다. 술잔대도 함께 놓아 둔다.

덮개보는 가늘게 짠 칡베를 사용하는데 가는 대나무를 엮어서
사용한다. 덮개보 위에는 술국자를 놓아 두고 다시 덮어 놓는다.
모두 현준(玄尊)을 준비하며 술은 북쪽에 놓아 둔다.

사려식(士旅食)을 위한 술단지는 서쪽 박(鎛)의 남쪽에서 북면

하여 2개의 환호(圜壺)를 둔다. 또한 술단지를 큰과녁의 살가리개가 있는 동북쪽에 두는데 술병 2개를 놓아 두고 술을 채워 놓는다.

씻는 곳은 동쪽 계단의 동남쪽에 설치하고 뇌수(罍水)는 동쪽에 두고 대광주리는 씻는 곳의 서쪽에 두고 남쪽으로 펴 놓는다. 음식이 담긴 대광주리는 그 북쪽에 두고 서쪽으로 향하게 설치한다.

또 씻는 곳을 획자(獲者)의 준(尊)이 있는 서북쪽에도 설치한다. 물은 씻는 곳의 북쪽에 두고 대광주리는 남쪽에 두어서 동쪽으로 진열한다.

소신(小臣)이 공(公 : 임금)의 자리를 동쪽 계단 위에 설치하여 서쪽을 향하도록 한다. 사궁(司宮)이 빈(賓)의 자리를 호(戶)의 서쪽에 깔아서 남쪽을 향하게 하는데 가석(加席)이 있다.

경(卿)의 자리는 빈의 동쪽에 깔아 놓는데 동쪽을 위로 한다. 소경(小卿)의 자리는 빈의 서쪽에 깔아 놓는데 동쪽을 위로 한다. 대부의 자리는 연이어서 깔아 놓는데 동쪽을 위로 한다. 만약 동면하는 사람이 있게 되면 북쪽을 위로 삼는다.

악공(樂工)의 자리는 서쪽 계단의 동쪽에 깔아 놓는데 동쪽을 위로 삼는다. 제공(諸公)들의 자리는 동쪽 계단의 서쪽에 깔아 놓는데 북면하고 동쪽을 위로 삼는다.

선재(膳宰)가 모든 관리에게 알맞은 음식을 준비한다.

●厥明[1] 司宮尊于東楹之西 兩方壺 膳尊[2]兩甒在南 有豊[3] 羃[4]用錫[5]若絺[6] 綴諸箭[7] 蓋羃 加勺 又反之 皆玄尊[8] 酒在北 尊士旅食于西鎛之南 北面 兩圜壺[9] 又尊于大侯之乏東北 兩壺獻酒[10] 設洗于阼階東南 罍水在東 篚在洗西 南陳 設膳篚在其北 西面 又設洗于獲者之尊西北 水在洗北 篚在南 東陳 小臣[11]設公席于阼階上 西鄕[12] 司宮設賓席于戶西 南面 有加席 卿席賓東 東上 小卿[13]賓西 東上 大夫繼而東上 若有東面者 則北上 席工于西階之東 東上 諸公阼階西 北面東上 官饌[14]

1) 厥明(궐명) : 밝은 날의 뜻으로, 다음 날이다.
2) 膳尊(선준) : 임금의 술단지이다.

3) 豊(풍) : 술잔대이다.

4) 冪(멱) : 술병을 덮는 수건이다.

5) 錫(석) : 가는 베이다. 곧 올이 가느다란 베.

6) 絺(치) : 가는 칡베이다.

7) 箭(전) : 가는 대로 엮은 일종의 발이다. 고문에는 진(晉)으로 되어 있다.

8) 玄尊(현준) : 현주(玄酒)이며 물이다.

9) 圜壺(환호) : 둥근 술병. 서인으로 관직에 오른, 낮은 관직에게 주어지는 술병.

10) 兩壺獻酒(양호헌주) : 예복인(隸僕人)이나 건거(巾車)나 삼후(糁侯)와 안후(豻侯)의 획자에게 차려 주는 술이다. 두 술병에 술을 넣어 두다의 뜻.

11) 小臣(소신) : 임금의 심부름을 하는 신하.

12) 鄕(향) : 향하다의 뜻.

13) 小卿(소경) : 임금의 명을 받은 관리이다.

14) 官饌(관찬) : 모든 관리가 각각 그 지위에 알맞은 음식을 제공받는 것이다.

4. 개장국이 다 끓여지다

희생으로 쓴 개고기국이 완성된다.

사인(射人)이 공(公 : 임금)에게 준비가 완료되었다고 보고한다. 공(公)이 당으로 올라서 자신의 자리로 나아가 서쪽으로 향한다. 소신사(小臣師)가 제공(諸公)과 경(卿)과 대부(大夫)를 인도하여 들어오게 한다.

제공(諸公)과 경과 대부들이 모두 문 안으로 들어와 오른쪽에서 북면하는데 동쪽을 위로 삼는다. 사(士)는 서쪽에서 동면하고 북쪽을 위로 삼는다. 태사(太史)는 안후(干侯 : 豻侯)의 동북쪽에서 북면하는데 동쪽을 위로 삼는다.

사려식자(士旅食者)는 사(士)의 남쪽에 있는데 북면하고 동쪽을 위로 삼는다. 소신사(小臣師)를 따르는 사람은 동쪽의 당 아래에 있으면서 남면하고 서쪽을 위로 삼는다.

공(公)이 당에서 내려와 동쪽 계단의 동남쪽에서 남쪽을 향하여 서 있는다. 소신사(小臣師)가 제공(諸公)과 경과 대부에게 읍하고 고한다. 제공(諸公)과 경대부들은 서면하고 북쪽을 위로 삼고 있다가, 대부에게 읍하면 대부들은 모두 조금 앞으로 나아간다.

대사정(大射正)이 인도한다. 인도하는 사람이 빈(賓)을 정해 달라고 공(公)에게 청하면 공이 말한다.

"아무개 대부를 빈(賓)으로 삼을 것을 명하노라."

인도하는 사람이 빈에게 명령을 전한다. 빈이 약간 앞으로 나와 예로써 사양한다. 인도하는 사람이 빈의 말을 공에게 보고한다.

공(公)이 다시 빈으로 삼을 것을 명령한다. 빈이 재배하고 머리를 조아리며 명을 받는다.

인도하는 사람이 빈의 말을 공(公)에게 알린다. 이때 빈은 문을 나가서 문 밖에 서서 북면한다. 이에 공(公)이 경과 대부에게 읍하면 경과 대부가 당으로 올라서 자리로 나아간다.

소신(小臣)이 동쪽 계단 아래에서 북면하고 덮개보를 가진 자와 음식을 올리는 일을 담당하는 사람들을 청한다.

이에 덮개보를 담당하는 사람에게 공(公)이 명하면 덮개보를 가진 자가 서쪽 계단으로 당에 올라와 준(尊)의 남쪽에서 북면하고 동쪽을 위로 삼아서 서 있는다. 또 선재(膳宰)가 제공(諸公)과 경들에게 음식을 올리는 사람이 들어오도록 청한다.

인도하는 사람이 빈을 안내하여 안으로 들어오도록 한다. 빈이 뜰에 이르면 공(公)이 한 계단 내려가서 빈에게 읍하고 빈은 공의 예를 피한다. 공이 당으로 올라서 자리에 임한다. 이에 사하(肆夏)의 음악을 연주한다.

●羹定[1] 射人告具于公 公升卽位于席 西鄕[2] 小臣師納諸公卿大夫 諸公卿大夫皆入門右 北面東上 士西方 東面北上 大史[3]在于侯之東北 北面東上 士旅食者在士南 北面東上 小臣師[4]從者在東堂下 南面西上 公降 立于阼階之東南 南鄕 小臣師詔[5]揖諸公卿大夫 諸公卿大夫西面北上 揖大夫 大夫皆少進 ●大射正[6]擯 擯者請賓 公曰 命某爲賓 擯者命賓[7] 賓少進 禮辭[8] 反命[9] 又命之 賓再拜稽首 受命 擯者反命 賓出 立于門外 北面 公揖卿大夫 升就席 小臣自阼階下

北面 請執冪者與羞膳者 乃命執冪者 執冪者升自西階 立于尊南 北面東上 膳宰請羞于諸公卿者 ◑擯者納賓 賓及庭 公降一等揖賓 賓辟[10] 公升卽席[11] 奏 肆夏[12]

1) 羹定(갱정) : 국이 끓여지다. 개장국과 희생이 완성되었다는 뜻이다.

2) 鄕(향) : 향하다의 뜻이다. 향(向)이다.

3) 大史(대사) : 태사(太師)이다. 안후(豻侯)의 동북에 있다.

4) 小臣師(소신사) : 소신사정(小臣師正)의 보좌관이다. 소신사정은 임금의 출입과 임금의 대명(大命)을 보좌하는 관직이다.

5) 詔(조) : 고(告)이다.

6) 大射正(대사정) : 사인(射人)의 장(長)이다.

7) 命賓(명빈) : 동면(東面)하여 남쪽으로 돌아보고 명을 전한다.

8) 辭(사) : 민첩하지 못하다고 사양한다.

9) 反命(반명) : 빈(賓)이 한 말을 임금에게 고하는 것이다.

10) 辟(피) : 머뭇거리면서 감히 직접 예를 받지 못하고 살짝 피하는 것이다.

11) 卽席(즉석) : 자리로 나아가다. 빈이 장차 주인과 더불어 예를 행하므로 참석하지 않는 것이다.

12) 肆夏(사하) : 악장(樂章)의 이름. 지금은 없어졌다. 태평시대에 순수(巡守)하고 산천에 제사 지내는 악가(樂歌)라고 했다. 금주(金奏)라 한다고도 했다.

5. 주인이 빈에게 술을 올리는 예

빈(賓)이 서쪽 계단으로 당에 오른다. 주인이 빈을 따라서 오르는데 빈의 오른쪽에서 북면하여 이르러 재배한다. 빈이 답하여 재배한다.

주인이 당에서 내려와 씻고, 씻는 곳의 남쪽에서 서북면한다. 빈이 서쪽 계단으로 내려와 동면(東面)한다. 주인이 빈이 내려온 것에 대하여 감사의 말을 한다. 빈이 사양하는 말로 대답한다.

주인이 북면하고 손을 씻고 앉아서 고(觚)를 취하여 씻으면 빈이 약간 앞으로 나아가 씻는 것에 대해 사양의 말을 한다. 주인이 앉아서 고를 대광주리 속에 넣고 일어나서 감사의 말로 대답하면 빈이 제자리로 돌아간다.

　주인이 씻는 일을 끝마치면 빈이 읍하고 당으로 오른다. 주인도 당으로 오르면 빈이 씻은 수고에 대해 절을 한다. 주인이 빈의 오른쪽에 고를 내려놓고 답하여 절한다. 그리고 내려와서 손을 씻으면 빈이 따라 내려온다. 주인이 빈이 내려온 것에 감사의 인사를 하면 빈이 마주하여 답한다.

　손씻는 일이 끝나면 빈이 읍하고 당으로 오른다. 주인도 당으로 올라 앉아서 고(觚)를 취하여 덮개보를 담당한 자에게 덮개를 들어 올리라고 한다. 주인이 좋은 술을 골라서 따르면 덮개보를 담당하는 사람이 덮개보를 덮는다. 술을 따르는 자가 술국자를 올려 놓고 다시 술국자를 덮는다.

　연회석 앞에서 빈에게 술을 드린다. 빈은 서쪽 계단 위에서 절하고 연회석 앞에서 작(爵)을 받아 제자리로 돌아간다. 주인이 빈의 오른쪽에서 절하고 작(爵)을 보낸다.

　재서(宰胥)가 육포와 육장을 올린다. 빈이 연회석으로 오른다. 이에 서자(庶子)가 절조(折俎)를 설치한다. 빈이 앉아서 왼손에 고(觚)를 잡고 오른손으로 육포와 육장을 제사 지낸다. 작(爵)을 육포와 육장이 있는 오른쪽에 놓고 일어나서 허파를 취하여 앉아서 절제(絶祭)를 지내고 허파를 맛보고 일어나서 허파를 도마에 올려놓는다. 다시 앉아서 손을 비벼서 턴 다음 작을 들고 드디어 술을 제사 지낸다. 일어나서 좌석의 끝에 앉아서 술을 맛보고 좌석으로 내려가 앉아서 작을 내려놓고 절한 뒤 술맛이 좋다고 칭찬한다. 다시 작을 가지고 일어나면 주인이 답하여 절한다.

　음악의 연주를 이에 끝마친다.

　빈이 서쪽 계단 위에서 북면하고 앉아서 작에 있는 술을 다 마시고 일어난다. 다시 앉아서 작을 땅에 내려놓고 절하고는 작을 가지고 일어나면 주인이 답하여 절한다.

◗賓升自西階　主人[1]從之　賓右北面至再拜　賓答再拜　◗主人降洗
洗南　西北面　賓降階西　東面　主人辭降　賓對[2]　主人北面盥　坐取觚洗

賓少進[3] 辭洗 主人坐奠觚于篚 興對 賓反位 主人卒洗 賓揖升[4] 主
人升 賓拜洗 主人賓右奠觚答拜 降盥 賓降 主人辭降 賓對 卒盥 賓
揖升 主人升 坐取觚[5] 執羃者舉羃 主人酌膳 執羃者蓋羃 酌者加勺
又反之[6] 筵前獻賓 賓西階上拜 受爵于筵前 反位 主人賓右拜送爵
宰胥[7]薦脯醢 賓升筵 庶子設折俎 賓坐 左執觚 右祭脯醢 奠爵于薦
右 興取肺 坐絶祭 嚌之 興加于俎 坐挩手 執爵 遂祭酒 興席末坐 啐
酒 降席[8] 坐奠爵 拜 告旨 執爵興 主人答拜 樂闋[9] 賓西階上北面坐
卒爵 興 坐奠爵拜 執爵興 主人答拜

1) 主人(주인) : 재부(宰夫)이며 빈객의 헌(獻)을 관장한다.

2) 對(대) : 답(答)과 같다.

3) 賓少進(빈소진) : 사양하는 말이 다르므로 그 자리를 어기는 것이 당연하다.

4) 賓揖升(빈읍승) : 빈이 읍하고 오르다. 빈이 매양 먼저 오르는 것이다. 이는
빈이 높기 때문이다.

5) 取觚(취고) : 장차 술단지의 술을 따라 주기 위한 것이다.

6) 反之(반지) : 다시 덮다의 뜻.

7) 宰胥(재서) : 재관(宰官)에 소속된 관리이다.

8) 降席(강석) : 자리의 서쪽이다.

9) 闋(결) : 마치다, 그치다의 뜻. 곧 음악이 그치다.

6. 빈이 주인에게 술을 올리는 예

빈(賓)이 빈 작(爵)을 가지고 당에서 내려오면 주인이 따라서
내려온다. 빈이 씻는 곳의 남쪽에서 서북쪽을 향하여 앉아서 고
(觚)를 땅에 내려놓는다. 그리고 약간 앞으로 나아가서 주인이 따
라 내려온 것에 대해 사례의 인사를 한다. 주인이 서쪽 계단의 서
쪽에서 동쪽을 바라보고 약간 앞으로 나아가 응대한다.

빈이 앉아서 고(觚)를 취하여 대광주리 아래에 내려놓고 손을
씻고 고를 씻는다. 주인이 씻은 것에 대해 인사한다. 빈이 앉아서
고(觚)를 대광주리에 넣고 일어나서 인사에 답례한다. 씻는 일이
끝나면 계단에 이르러 읍하고 당으로 오른다. 주인도 당으로 올

라서 씻은 수고에 대해 절하기를 빈이 하던 예와 똑같이 한다.

빈이 내려와 손을 씻으면 주인도 따라 내려온다. 빈이 따라 내려온 것에 감사의 인사를 한다. 손씻는 일을 마치면 읍하고 당으로 올라 좋은 술을 따르고 덮개보를 여는 것을 처음과 똑같이 한다.

서쪽 계단 위에서 주인에게 술을 따라 주면 주인이 북면하고 절을 하며 작(爵)을 받는다. 빈이 주인의 왼쪽에서 절하고 작을 보낸다. 주인이 앉아서 술을 제사 지내는데 술을 맛보지 않고 술을 받은 것에 대해서도 절하지 않는다.

드디어 작의 술을 다 마시고 일어났다 앉아서 작을 내려놓고 절한 다음 작을 들고 일어난다. 빈이 답하여 절한다. 주인이 술을 첨작(添酌)하지 않고 빈 작을 가지고 당에서 내려와 대광주리에 넣는다.

빈이 따라 내려와 서쪽 계단의 서쪽에 서서 동면하고 있다. 인도하는 사람이 공(公)의 명을 받아서 빈이 당으로 오르도록 한다. 빈은 당으로 올라 서서(西序)에 서서 동면한다.

주인이 손을 씻고 상고(象觚)를 씻어 당으로 올라와 술을 따라 동북면(東北面)하여 공(公: 임금)에게 상고를 드린다. 공이 절하고 작을 받으면 이에 사하(肆夏)를 연주한다.

주인이 서쪽 계단으로 당에서 내려와 동쪽 계단 아래에서 북면하고 작을 보낸다. 재서(宰胥)가 육포와 육장을 올리는데 동쪽에 있는 방(房)으로부터 한다.

서자(庶子)가 절조(折俎)를 설치하는데 서쪽 계단으로 오른다.

공(公)이 제사하는데 빈(賓)이 하던 예와 똑같이 한다. 서자(庶子)가 보조하여 허파를 드린다. 공이 술을 받은 것에 절하지 않고 서서 작을 비운다. 앉아서 작을 내려놓고 절한 다음 작을 가지고 일어난다. 주인이 답하여 절한다. 음악 연주를 끝마친다.

주인이 당으로 올라 빈 작을 받아서 내려와 대광주리에 넣는다.

작(爵)을 바꾸어서 씻어 당으로 올라가 방호주를 따라 가지고 내려와 동쪽 계단 아래에서 돌려준 술잔을 받아 북면하고 앉아서 작을 내려놓고 재배하고 머리를 조아린다. 공이 답하여 절한다.

주인이 앉아서 술을 제사하고 드디어 작의 술을 다 마신다. 일어났다 다시 앉아서 작을 내려놓고 재배하고 머리를 조아린다. 공이 답하여 절을 한다. 주인이 작을 대광주리 속에 넣는다.

◑賓以虛爵降¹⁾ 主人降 賓洗南 西北面 坐奠觚 少進 辭降 主人西階 西 東面少進對 賓坐取觚 奠于篚下²⁾ 盥洗 主人辭洗 賓坐 奠觚于篚 興對 卒洗 及階 揖升 主人升 拜洗如賓禮 賓降盥 主人降 賓辭降 卒 盥 揖升 酌膳 執冪如初 以酢主人于西階上 主人北面拜受爵 賓主 人之左拜送爵 主人坐祭 不啐酒 不拜酒 遂卒爵 興 坐奠爵拜 執爵 興 賓答拜 主人不崇酒 以虛爵降 奠于篚 賓降 立于西階³⁾ 東面擯 者以命⁴⁾升賓 賓升 立于西序 東面 ◑主人盥 洗象觚 升酌膳 東北 面獻于公 公拜受爵 乃奏肆夏 主人降自西階 阼階下北面拜送爵 宰胥薦脯醢 由左房⁵⁾ 庶子設折俎 升自西階 公祭如賓禮 庶子贊授 肺 不拜酒 立卒爵 坐奠爵拜 執爵興 主人答拜 樂闋 升受爵 降奠于 篚 ◑更⁶⁾爵洗 升酌散⁷⁾以降 酢于阼階下 北面坐奠爵 再拜稽首 公 答拜 主人坐祭 遂卒爵 興 坐奠爵 再拜稽首 公答拜 主人奠爵于篚

1) 虛爵降(허작강) : 빈 작을 들고 내려가다. 장차 잔을 돌리기 위한 행동이다.
2) 篚下(비하) : 대광주리의 남쪽이다.
3) 賓降立于西階西(빈강입우서계서) : 빈이 내려와 서쪽 계단의 서쪽에 서다. 이미 주인이 주는 술을 받았기 때문에 감히 편안히 있을 수가 없다는 뜻이다.
4) 命(명) : 공명(公命)이다. 곧 임금의 명.
5) 左房(좌방) : 동방(東房)이다. 임금에게는 좌우방(左右房)이 있다.
6) 更(경) : 바꾸다의 뜻. 고문에는 경이 수(受)로 되어 있다.
7) 散(산) : 방호주(方壺酒)이다.

7. 방호주(方壺酒)를 수작(酬酌)하는 예

주인이 손을 씻고 고를 씻어 당으로 올라가 빈에게 고(觚)를 주는데, 방호주(方壺酒)를 따라서 서쪽 계단 위에서 앉아 작을 내려놓고 절한다. 빈이 서쪽 계단 위에서 북면하고 답하여 절한다. 주인이 앉아서 제사를 지내고 드디어 술을 마신다. 빈이 사양하는 인사를 하고 작을 다 마시고 일어났다가 앉아서 작을 내려놓고 절한 다음 작을 가지고 일어난다.

빈(賓)이 답하여 절한다. 주인이 당에서 내려와 작을 씻으면 빈이 내려온다. 주인이 내려온 것에 대해 사양하는 말을 한다. 빈이 주인이 씻는 것에 대해 사양의 인사를 한다. 작을 씻는 일을 마치면 빈이 읍하고 당으로 오른다. 씻은 것에 대해 절은 하지 않는다.

주인이 좋은 술을 따른다. 빈이 서쪽 계단 위에서 절하고 연회석 앞에서 작을 받아 자리로 돌아간다. 주인이 절하고 작을 보낸다. 빈이 좌석으로 올라 앉아서 술을 제사한다. 끝내고 육포와 육장의 동쪽에 놓는다. 주인이 내려와 제자리로 돌아간다. 빈이 연회석의 서쪽으로 내려와 동남쪽으로 향하고 서 있는다.

소신(小臣)이 동쪽 계단 아래에서 공에게 작(爵)을 올리는 자를 명하라고 청한다. 공이 대부 가운데서 장유의 순서에 따라 적당한 사람을 뽑으라고 명한다. 소신이 하대부 두 사람으로 하여금 작을 올리도록 한다.

작(爵)을 올리는 사람은 동쪽 계단 아래에서 모두 북면하여 재배를 올리고 머리를 조아린다. 공이 답하여 절한다.

작을 올리는 사람은 씻는 곳의 남쪽에 서서 서면(西面)하고 북쪽을 위로 삼는데 순서대로 나와 손을 씻고 각치(角觶)를 씻는다.

서쪽 계단을 통해 당으로 올라 순서대로 나아가 방호주를 잔에 따라서 기둥의 북쪽에서 교대한다. 다시 내려와 동쪽 계단 아래로 가서 모두 치를 내려놓고 재배를 올리고 머리를 조아린다. 다시 치를 가지고 일어나면 공이 답하여 절한다.

작을 올리는 사람은 모두 앉아서 술을 제사 지낸 다음 드디어 치의 술을 마시고 일어난다. 다시 앉아서 치를 내려놓고 재배하고 머리를 조아린 다음 치를 들고 일어나면 공이 답하여 재배한다.

작을 올리는 사람이 치를 가지고 씻는 곳의 남쪽에서 기다린다. 소신이 공에게 치를 올리라는 명을 내려 달라고 청한다. 만약 모두가 올리도록 명을 내렸다면 순서대로 앞으로 나아가서 올리고 치를 대광주리 속에 넣는다. 그리고 동쪽 계단 아래에서 모두 북면하여 재배를 올리고 머리를 조아린다. 공(公)이 답하여 절한다.
작을 올리는 사람들이 상치(象觶)를 씻어 당으로 올라 술을 따
라서 순서대로 앞으로 나아가 앉아서 육포와 육장이 있는 남쪽에
치를 내려놓는데 북쪽을 위로 삼는다.
당에서 내려와 동쪽 계단 아래에서 모두가 재배하고 머리를 조
아리며 치를 보낸다. 공이 답하여 절한다. 작을 올리는 사람이 모
두 물러나 문의 오른쪽에서 북면한 위치로 돌아간다.

◑主人盥洗 升媵[1]觚于賓 酌散 西階上坐奠爵拜 賓西階上北面答拜
主人坐祭 遂飮 賓辭[2] 卒爵興 坐奠爵拜 執爵興 賓答拜 主人降洗 賓
降 主人辭降 賓辭洗 卒洗 賓揖升 不拜洗[3] 主人酌膳 賓西階上拜 受
爵于筵前 反位 主人拜送爵 賓升席 坐祭酒 遂[4]奠于薦東 主人降 復
位 賓降筵西 東南面立 ◑小臣自阼階下請媵爵者 公命長[5] 小臣作
下大夫二人媵爵 媵爵者阼階下 皆北面再拜稽首[6] 公答拜 媵爵者立
于洗南 西面北上 序[7]進 盥洗角觶 升自西階 序進 酌散 交于楹北 降
適[8]阼階下 皆奠觶 再拜稽首 執觶興 公答拜 媵爵者皆坐祭 遂卒觶
興 坐奠觶 再拜稽首 執觶興 公答再拜 媵爵者執觶待[9]于洗南 小臣
請致者 若命皆致 則序進 奠觶于筵 阼階下皆北面再拜稽首 公答拜
媵爵者洗象觶 升實之 序進 坐奠于薦南 北上 降 適阼階下 皆再拜
稽首送觶 公答拜 媵爵者皆退反位[10]

1) 媵(잉) : 송(送)과 같다. 보내다. 고문에 잉은 등(騰)으로 되어 있다.

2) 賓辭(빈사) : 주인이 임금을 대신해 술을 마신 것에 대해 감사의 말을 하는 것.

3) 不拜洗(불배세) : 씻은 것에 대해 절하지 않다. 예를 간단하게 하기 위한 것이다.

4) 遂(수) : 인하여 앉아서 내려놓기 때문에 북면하지 못하는 것이다.

5) 命長(명장) : 장유(長幼)의 순서에 알맞도록 선발하여 시키라는 명령이다.
   경은 높고 사(士)는 낮은 것이다.

6) 再拜稽首(재배계수) : 임금의 명령에 절하는 것이다.

7) 序(서) : 차제(次第)이다. 곧 순서에 따르다.

8) 適(적) : 고문에는 조(造)로 되어 있다.

9) 待(대) : 임금의 명을 기다린다.

10) 反位(반위) : 문의 오른쪽에서 북면한 자리이다.

8. 대부(大夫)에게 술을 올리는 예

공(公)이 자리에 앉아서 대부(大夫)가 올린 치(觶)를 가지고 일어나 빈(賓)에게 술을 돌린다. 빈이 당에서 내려와 서쪽 계단 아래에서 재배하고 머리를 조아린다. 소신정(小臣正)이 사양하는 인사를 한다. 빈이 당으로 올라 재배하고 머리를 조아린다.

공이 앉아서 치를 내려놓고 답하여 절한다. 다시 치를 가지고 일어나서 공이 치의 술을 다 마신다. 빈이 당에서 내려와 절한다. 소신정(小臣正)이 내려온 것에 사양의 인사를 하면 빈이 당으로 올라서 재배를 올리고 머리를 조아린다.

공이 앉아서 치를 내려놓고 답하여 절하고 치를 들고 일어난다. 빈이 앞으로 나아가 빈 치를 받아서 당에서 내려가 대광주리에 넣는다. 치를 바꾸어 들고 일어나 씻는 곳에서 씻는다.

공이 명령하여 잔을 바꾸지도 말고 씻지도 말라고 한다. 되돌아와 당으로 올라서 좋은 술을 따르고 아래에서 절한다. 소신정(小臣正)이 사양하는 인사를 한다. 빈이 당으로 올라 재배하고 머리를 조아린다. 공이 답하여 절한다.

빈이 빈자(擯者)에게, 순서대로 모든 신하에게 술을 돌리도록 청하기를 고한다. 빈자(擯者)가 공에게 고하면 공이 허락한다.

빈이 서쪽 계단 위에서 대부들에게 순서대로 술을 권한다. 안내자가 대부의 장(長)에게 당으로 올라서 잔을 받게 한다. 빈이 대부의 오른쪽에 앉아서 치를 내려놓고 절한 다음 치를 가지고 일어난다. 대부가 답하여 절한다.

빈이 앉아서 술을 제사한 다음 서서 치의 술을 다 마시고 절은 하지 않는다. 만약 공(公)에게 올린 술잔이었다면 내려와서 치를 바꾸어 씻어서 당으로 올라 방호주를 따라서 준다.

대부는 절하고 받는다. 빈이 절하고 잔을 보낸다. 드디어 자리로 나아간다.

대부들에게 모두 술을 권하는데 술잔을 받을 때는 빈이 술잔을 받는 예와 똑같이 한다. 술을 제사하지는 않는다. 마지막으로 잔을 받은 사람은 빈 치를 가지고 당에서 내려와 대광주리 속에 넣고 제자리로 돌아간다.

◗公坐取大夫所媵觶 興以酬賓[1] 賓降 西階下再拜稽首 小臣正[2]辭 賓升成拜[3] 公坐奠觶 答拜 執觶興 公卒爵 賓下拜[4] 小臣正辭 賓升再拜稽首 公坐奠觶 答拜 執觶興 賓進[5] 受虛觶 降奠于篚 易觶 興洗 公有命 則不易 不洗[6] 反升酌膳 下拜 小臣正辭 賓升再拜稽首 公答拜 賓告于擯者 請旅[7]諸臣 擯者告于公 公許 賓以旅大夫于西階上 擯者作[8]大夫長升受旅 賓大夫之右[9]坐奠觶拜 執觶興 大夫答拜 賓坐祭立卒觶 不拜 若膳觶 則降 更觶[10]洗 升實散 大夫再受 賓拜送 遂就席 大夫辯受酬 如受賓酬之禮 不祭酒 卒受者以虛觶降 奠于篚 復位

1) 以酬賓(이수빈) : 공(公)이 일어나 서쪽 계단으로 내려가서 빈에게 술을 주다의 뜻. 높은 사람이 낮은 곳으로 나아가 빈을 높여 준다는 뜻이기도 하다.
2) 小臣正(소신정) : 소신장(小臣長)이다.
3) 升成拜(승성배) : 당으로 올라 재배를 올리고 머리를 조아리다의 뜻이다.
4) 賓下拜(빈하배) : 빈이 내려가 절하다. 하는 실제는 절을 하지 않았다는 뜻.
5) 賓進(빈진) : 신하의 도로써 임금에게 나아가 빈 작을 받았다는 뜻이다. 임금은 친히 술을 따르지 않는다.
6) 不易不洗(불역불세) : 잔을 바꾸지도 않고 씻지도 않는다는 뜻. 불역은 임금의 예이고 불세는 신하의 예이다.
7) 旅(여) : 차례이다. 빈이 순서대로 모든 신하에게 술을 권하다.
8) 作(작) : 사(使)의 뜻이다.
9) 大夫之右(대부지우) : 빈이 대부의 우측에 있어 서로 마시기 좋은 위치이다.
10) 更觶(경치) : 술잔을 바꾸다. 곧 경은 존경한다는 의미가 있다.

9. 경에게 술을 올리는 예
주인이 고(觚)를 씻어서 가지고 당으로 올라 방호주를 따라서 서쪽 계단 위에서 경(卿)에게 드린다. 사궁(司宮)이 겸하여 경이 앉을 자리를 중석(重席)으로 하여 따로 따로 마련하는데 빈의 왼쪽에 동쪽을 위로 하여 깔아 놓는다.

경이 당으로 올라 절하고 치를 받는다. 주인이 절하고 치를 보낸다. 경이 겹으로 깐 좌석을 사양하면 사궁(司宮)이 철수시킨다.

이에 육포와 육장이 올려진다. 경이 자리로 오르면 서자(庶子)가 절조(折俎)를 설치한다. 경이 앉아서 왼손에 작을 잡고 오른손으로 육포와 육장을 제사한다. 작을 육포와 육장이 있는 오른쪽에 놓는다. 일어나서 허파를 취하여 다시 앉아 절제(絶祭)를 지낸다. 허파를 맛보지 않고 일어나서 도마 위에 올려놓는다.

앉아서 두 손을 비벼 손에 붙은 것을 털어내고 작을 취하여 드디어 술을 제사 지낸다. 작을 가지고 일어나서 자리로 내려가 서쪽 계단 위에서 북면하고 앉아 술을 다 마신다. 일어났다 다시 앉아서 작을 내려놓은 다음 절하고 작을 가지고 일어난다. 주인이 답하여 절하고 작을 받는다. 경이 당에서 내려와 제자리로 돌아간다.

두루 경(卿)에게 작을 드린다. 주인이 빈 작을 가지고 내려와서 대광주리 속에 넣어 둔다.

인도하는 사람이 경에게 당으로 올라오라고 하면 경이 모두 당으로 올라 자리로 나아간다.

만약 제공(諸公)이 있다면 경(卿)보다 먼저 작을 드리는데 그 예는 경에게 드리는 예와 똑같이 한다. 그들의 자리는 동쪽 계단의 서쪽에서 북쪽을 향하고 동쪽을 위로 삼으며 가석(加席)은 없다.

소신(小臣)이 또 작을 줄 사람을 정해 줄 것을 공에게 청한다. 두 대부가 작을 주는데 처음 시작할 때와 똑같이 한다. 또 작을 올리는 사람을 공(公)에게 정하라고 청한다.

만약 연장자에게 작을 올리게 하라고 명하면 작을 주는 사람은 치를 대광주리 속에 넣는다. 한 사람은 씻는 곳의 남쪽에서 대기하고 서 있는다. 작을 올리는 연장자는 동쪽 계단 아래에서 재배하고 머리를 조아린다. 공이 답하여 절한다.

상치(象觶)를 씻어서 당으로 올라 작에 술을 따른다. 앉아서 육포와 육장의 남쪽에 내려놓고 당에서 내려가 씻는 곳의 남쪽에 서서 대기하고 있는 사람과 함께 하여 두 사람이 모두 재배하고 머리를 조아리고 치를 보낸다. 공이 답하여 절한다.

공(公)이 또 하나의 작을 내려준다. 만약 빈이나 고경(孤卿)이라도 오직 공(公)만이 하사할 수 있는 것이다.

서쪽 계단 위에서 순서대로 행하는데 그 예는 처음과 똑같이 한다. 대부가 마지막으로 작을 받은 자라면 빈 치를 가지고 당에서 내려와 대광주리 속에 넣는다.

◑主人洗觚 升實散 獻卿于西階上 司宮兼卷[1]重席[2] 設于賓左 東上 卿升 拜受觚 主人拜送觚 卿辭重席 司宮徹[3]之 乃薦脯醢 卿升席 庶子設折俎[4] 卿坐 左執爵 右祭脯醢 奠爵于薦右 興取肺 坐絶祭 不嚌肺 興加于俎 坐挩手 取爵 遂祭酒 執爵興 降席 西階上北面坐 卒爵 興 坐奠爵拜 執爵興 主人答拜 受爵 卿降 復位[5] 辯獻卿 主人以虛爵降 奠于篚 擯者升卿 卿皆升 就席 若有諸公 則先卿獻之 如獻卿之禮 席于阼階西 北面東上 無加席 ◑小臣又請媵爵者 二大夫媵爵如初 請致者 若命長致[6] 則媵爵者奠觶于篚 一人[7]待于洗南 長致者 阼階下再拜稽首[8] 公答拜 洗象觶 升實之 坐奠于薦南降 與立于洗南者二人 皆再拜稽首送觶 公答拜 ◑公又行一爵[9] 若賓若長[10] 唯公所賜 以旅于西階上如初 大夫卒受者以虛觶 降奠于篚

1) 兼卷(겸권) : 경의 좌석은 연결시키지 않고 따로 따로 마련하다.
2) 重席(중석) : 부들자리를 이중으로 깔고 검은 베로 가선을 두른 것.
3) 徹(철) : 거(去)의 뜻이다.
4) 折俎(절조) : 경(卿)에게 절조(折俎)를 올리는 것을 듣지 못했다고 했다.
5) 復位(복위) : 서면하여 자리로 돌아가는 것을 뜻한다.
6) 命長致(명장치) : 연장자 한 사람만 술을 올리라고 하다의 뜻.
7) 一人(일인) : 두 사람의 대부 가운데 한 사람이다.
8) 再拜稽首(재배계수) : 임금의 명령이기에 절하는 것이다.
9) 一爵(일작) : 먼저 건네 준 사람이 내려놓은 치(觶)이다.
10) 長(장) : 고경(孤卿)의 높은 사람이라 했다.

10. 주인이 대부에게 술을 드리는 예

주인(主人)이 고(觚)를 씻어 당으로 올라가 서쪽 계단 위에서 대부에게 작을 드린다. 대부가 당으로 올라가 절하고 고를 받는다. 주인이 절하고 고를 보낸다. 대부가 앉아서 술을 제사 지내고 서서 술을 다 마시는데 이미 다 마시고 절은 하지 않는다. 주인이 작을 받으면 대부는 당에서 내려가 자리로 돌아간다.

재서(宰胥)가 씻는 곳의 북쪽에서 서쪽을 향하면 육포와 육장을 주인에게 올린다. 희생의 고기는 없다.

두루 대부에게 작을 드리고 육포와 육장을 올린다. 계속하여 빈의 서쪽에서 동쪽을 위로 삼는다. 만약 동면(東面)한 사람이 있으면 북쪽을 위로 한다. 다 끝나면 인도하는 사람이 대부에게 당으로 오르도록 한다. 대부들이 모두 당으로 올라 자리로 나아간다.

이에 서쪽 계단 위의 약간 동쪽으로 치우친 곳에 악공의 자리를 마련한다. 소신(小臣)이 악공을 안내하여 들어오게 한다. 악공은 모두 6명인데 네 사람이 큰 거문고를 맡는다. 복인정(僕人正)이 빈손으로 대사(大師)를 부축하고 복인사(僕人師)가 소사(少師)를 도와 부축하고 복인사(僕人士)가 상공(上工)을 돕는다.

상자(相者)는 모두 왼쪽에 큰 거문고를 드는데 머리가 뒤로 가게 하고 현은 안쪽으로 향하게 하며 큰 거문고 줄의 구멍에 왼손을 끼워서 들고 오른손으로 악공을 부축한다. 뒤에 하는 자들은 빈손으로 악공들이 들어오는 것을 돕는다.

소악정(小樂正)이 이들을 따라 들어온다. 악공 6명이 서쪽 계단을 통해 당으로 올라 북쪽을 향하는데 동쪽을 위로 삼는다. 앉아서 큰 거문고를 주고 이에 당에서 내려온다.

소악정이 서쪽 계단의 동쪽에 서서 있는다. 이에 악공들이 시경의 녹명(鹿鳴)을 노래하는데 3번을 연속한다. 주인이 치를 씻어 당으로 올라 잔에 술을 따라서 악공에게 드린다. 악공은 일어나지 않고 큰 거문고를 왼쪽에 내려놓는데 악공 중에서 연장자가 대표하여 절을 올리고 술잔을 받는다.

주인이 서쪽 계단 위에서 절하고 술잔을 보낸다. 유사가 육포와 육장을 올린다. 사람을 시켜 제사 지내는 것을 돕도록 한다. 끝나면 작을 다 마시고 절은 하지 않는다. 주인이 빈 작을 받는다. 모든 악공이 절하지 않고 작을 받아 앉아서 제사한다. 드디어 술을 다 마시면 모두에게 육포와 육장이 올려진다. 제사는 지내지 않는다.

주인이 작을 받아 당에서 내려와 대광주리에 넣고 제자리로 돌아간다. 대사(大師)와 소사(少師)와 상공(上工)이 모두 당에서 내려와 북이 있는 북쪽에 서는데 모든 악공이 뒤에 배립(陪立)한다.

이에 신궁(新宮)을 연속으로 3번 연주한다. 연주가 끝나면 대사와 소사(少師)와 상공(上工)이 모두 동쪽의 술잔대가 있는 동남쪽에서 서쪽으로 향하고 북쪽을 위로 삼아서 앉는다.

◗主人洗觚 升 獻大夫于西階上 大夫升 拜受觚 主人拜送觚 大夫坐祭 立卒爵 不拜旣爵[1] 主人受爵 大夫降 復位 胥[2]薦主人[3]于洗北 西面 脯醢 無脀 辯獻[4]大夫 遂薦之 繼賓以西 東上 若有東面者則北上卒 擯者升大夫 大夫皆升 就席 ◗乃席工[5]于西階上少東 小臣納工 工六人[6] 四瑟[7] 僕人正[8]徒[9]相大師 僕人師[10]相少師[11] 僕人士[12]相上工[13] 相者[14]皆左何瑟 後首[15] 內弦 挎越 右手相[16] 後者徒相入 小樂正[17]從之 升自西階 北面東上[18] 坐授瑟 乃降[19] 小樂正立于西階東 乃歌 鹿鳴 三終 主人洗 升實爵 獻工[20] 工不興[21] 左瑟 一人[22]拜受爵 主人西階上拜送爵 薦脯醢 使人相祭 卒爵 不拜 主人受虛爵 衆工不拜 受爵 坐祭 遂卒爵 辯有脯醢 不祭 主人受爵 降奠于篚 復位 大師及少師上工皆降 立于鼓北[23] 群工陪于後[24] 乃管[25] 新宮 三終 卒管[26] 大師及少師上工皆東 坫之東南 西面北上坐

1) 不拜旣爵(불배기작) : 이미 마시고는 절을 하지 않는다. 주인의 직위가 낮기 때문에 예를 갖추지 않는다. 기는 진(盡)의 뜻이다.

2) 胥(서) : 재관(宰官)의 소속 관원이다.

3) 主人(주인) : 하대부(下大夫)라 했다.

4) 辯獻(편헌) : 모두에게 한 번의 잔을 올리다. 대략 챙겨 주다의 뜻. 또한 다

올리고 나서 자리를 깐다.

5) 工(공) : 맹인이며 노래를 잘 부르고 시를 잘 읊는 자들이다.

6) 六人(육인) : 대사(大師)와 소사(少師)가 각각 1명, 상공(上工)이 4명이다.

7) 四瑟(사슬) : 4명이 큰 거문고를 연주하다.

8) 僕人正(복인정) : 복인의 장(長)이다.

9) 徒(도) : 공수(空手)이다. 맨손.

10) 僕人師(복인사) : 복인의 장을 보좌하는 관리.

11) 少師(소사) : 악공의 장(長)이다.

12) 僕人士(복인사) : 복인의 관리들.

13) 上工(상공) : 악공으로써 최고인 음악의 달인들을 뜻한다.

14) 相者(상자) : 4명의 상공(上工)을 부축하고 안내하는 사람.

15) 後者(후자) : 태사(太師 : 大師)와 소사(少師)를 부축하여 돕는 자들이다.

16) 右手相(우수상) : 악공이 편리하도록 부축하는 것이다.

17) 小樂正(소악정) : 천자의 악사(樂師)라고 했다. 소악정은 태사를 따라 온다.

18) 北面東上(북면동상) : 악공 6명이 북면하고 동쪽을 위로 하여 서다의 뜻.

19) 乃降(내강) : 부축하는 사람이 내려가 서현(西縣)의 북쪽에 서 있는 것.

20) 獻工(헌공) : 악공들에게 노래한 수고의 보답으로 술을 드리는 것이다.

21) 工不興(공불흥) : 악공들은 눈이 멀어서 예를 차릴 수 없다.

22) 一人(일인) : 대사(大師)이다.

23) 鼓北(고북) : 서쪽에 걸려 있는 경쇠의 북쪽이다.

24) 群工陪于後(군공배우후) : 세 사람이 열이 되다. 이 때에는 소악정이 당에 서 내려와 그 남쪽에서 북면하고 서면 악공이 서고 복인이 그 옆에 서 있는 다. 그러나 앉아 있을 때에는 뒤에 있게 된다.

25) 管(관) : 피리 등의 악기이다.

26) 卒管(졸관) : 관악기의 연주를 마치다.

11. 사정(司正)을 임명하는 절차

인도하는 사람이 동쪽 계단 아래에서 공(公)에게 사정(司正)을 세우라는 명령을 내려 달라고 청한다. 공(公)이 허락한다.

인도하는 사람이 드디어 사정(司正)이 된다. 사정(司正)이 씻는 곳으로 가서 각치(角觶)를 씻고 남면하여 앉아서 뜰의 중앙에 각치를 내려놓는다.

사정이 당 위로 올라가 동쪽 기둥의 동쪽에서 공에게 명령을 받는다. 이에 서쪽 계단 위에서 북면하고 서서 빈과 제공(諸公)과 경과 대부에게 명하기를 "공(公 : 임금)께서 말씀하시기를 '나를 편안하게 하라.' 라고 하셨습니다."라고 하면, 빈과 제공(諸公)과 경과 대부가 모두 대답하여 말하기를 "그렇게 하겠습니다. 감히 불안하게 하겠습니까?"라고 한다.

사정(司正)이 서쪽 계단으로부터 당에서 내려와 남면하고 앉아서 치를 가지고 당으로 올라가 방호주를 따라서 다시 당에서 내려와 남면하고 앉아서 치를 내려놓는다. 다시 일어나 오른쪽으로 돌아 북면하고 조금 섰다가 다시 앉아서 치를 가지고 일어난다. 다시 앉아서 술을 제사 지내지 않고 치에 있는 술을 다 마신다. 치를 내려놓고 일어나서 재배를 하고 머리를 조아린다. 다시 왼쪽으로 돌아서 남면하고 앉아 치를 취하여 씻은 다음 남면하여 다시 그 곳에 치를 내려놓고 북면하고 서 있는다.

◑擯者自阼階下請立司正[1] 公許 擯者遂爲司正 司正適洗 洗角觶 南面坐奠于中庭 升 東楹之東受命于公 西階上北面命賓諸公卿大夫 公曰 以我安 賓諸公卿大夫 皆對曰 諾 敢不安 司正降自西階 南面坐取觶 升酌散 降 南面坐奠觶 興右還 北面少立 坐取觶興 坐不祭 卒觶 奠之 興 再拜稽首 左還 南面坐取觶 洗 南面反奠于其所 北面立

1) 司正(사정) : 의법(儀法)을 살피는 임시로 임명된 관리이다.

12. 활쏘기 준비가 완료됨을 보고한다

사사(司射)가 옷을 갈아입는 곳으로 간다. 왼쪽 팔의 소매를 걷어올리고 오른손 엄지에 깍지를 끼고 왼팔 소매에 팔찌를 차고 활을 잡고 네 개의 화살을 끼우는데 활 밖으로 화살촉이 줌통에서 보이도록 한다.

　오른쪽 엄지손가락은 시위에 걸고 동쪽 계단 앞에서 말하기를 "위정(爲政 : 司馬)이 활쏘기를 청하나이다." 라고 한다.

　드디어 고하여 "대부와 대부로 우(耦)를 만들었는데 부족한 데에는 사(士)가 대부를 모시고 활을 쏘도록 하였습니다." 라고 한다.

　드디어 서쪽 계단 앞으로 가서 동면(東面)하고 오른쪽으로 돌아보며 유사(有司)에게 명하여 사기(射器)를 들여오라고 한다. 이에 사기(射器)들을 모두 들인다.

　공(公)의 활과 화살은 동당(東堂)으로 가져가고 빈의 활과 화살과 산가지통과 산가지와 받침대는 모두 서당(西堂) 아래에 내려놓도록 한다. 모든 사람은 활과 화살을 끼지 않는데, 모든 이들의 활과 화살과 살그릇들을 한 곳에 모아놓고 모두가 옷을 갈아입는 곳으로 가서 기다리게 한다.

　공인사(工人士)와 재인(梓人)은 북쪽 계단을 통해 당으로 올라 두 기둥의 사이에서 수치를 나누어 활 쏠 공간을 마련한다. 붉거나 검은색으로, 헤아린 치수대로 가로와 세로가 교차되도록 표시한다. 이에 사정(射正)이 그림 그리는 곳에 나아가 살펴본다.

　그림을 다 그리면 북쪽 계단으로 당에서 내려온다. 사궁(司宮)이 표시물이 그려진 곳을 청소하고 북쪽 계단으로 내려온다.

　대사(大史)가 산가지통이 설치될 서쪽에 서서 동면(東面)하고 행사에 관한 명을 듣기 위해 기다린다.

　사사(司射)가 서면하고 서서 고한다.

　"공(公 : 임금)께서는 대후(大侯)를 쏘고 대부(大夫)는 삼후(參侯)를 쏘고 사(士)는 안후(干侯 : 犴侯)를 쏘아야 합니다. 활을 쏘는 사람은 자신의 과녁을 쏘지 않으면 적중했더라도 점수를 얻지 못합니다. 지위가 낮은 사람과 지위가 높은 사람이 우(耦)가 된 경우 과녁을 다르게 하지 않았습니다."

　이에 대사가 허락한다고 한다.

　드디어 삼우(三耦)가 선발된다. 삼우(三耦)가 옷을 갈아입는 곳의 북쪽에서 서면하고 기다리는데 북쪽을 위로 삼는다.

사사(司射)가 상사(上射)에게 명하여 말하기를 "아무개가 선생을 모시고 활을 쏠 것입니다."라고 하고, 하사에게 명하여 말하기를 "그대는 아무개님과 함께 활을 쏘십시오."라고 한다.

사사의 말이 끝나면 드디어 삼우(三耦)에게 옷을 갈아입는 곳에 가서 활과 화살을 취하라고 명한다.

◑司射[1]適次[2] 袒決遂 執弓 挾乘矢[3] 於弓外見鏃於弣[4] 右巨指鉤弦[5] 自阼階前曰 爲政[6]請射 遂告[7]曰 大夫與大夫[8] 士御於大夫[9] ◑遂適西階前 東面右顧 命有司納射器 射器皆入 君之弓矢 適東堂 賓之弓矢與中[10] 籌[11]豊[12] 皆止于西堂下 衆弓矢不挾 總衆弓矢[13]福 皆適次而俟[14] 工人士與梓人[15]升自北階 兩楹之間 疏數容弓 若丹若墨 度尺而午[16] 射正[17]涖之 卒畫 自北階下 司宮埽所畫物[18] 自北階下 ◑大史俟于所設中[19]之西 東面以聽政[20] 司射西面誓[21]之曰 公射大侯[22] 大夫射參[23] 士射干[24] 射者非其侯 中之不獲 卑者與尊者爲耦 不異侯 大史許諾 遂比[25]三耦 三耦俟于次北[26] 西面北上 司射命上射曰 某御於子 命下射曰 子與某子射 卒 遂命三耦取弓矢于次

1) 司射(사사) : 사인(射人)이다. 천자(天子)나 제후들은 행사가 있을 때마다 사인(射人) 중에서 뽑아 쓴다.

2) 次(차) : 옷을 갈아입는 곳이라 했다. 행사가 있을 때 임시로 장막을 쳐서 만들어 놓는 곳이다. 옷을 갈아입기도 하고 옷매무새를 정돈하기도 하고 기다리기도 하는 곳이다.

3) 挾乘矢(협승시) : 네 개의 화살을 끼다의 뜻. 승시는 네 개의 화살을 뜻한다. 협은 고문(古文)에는 접(接)으로 되어 있다.

4) 見鏃於弣(견촉어부) : 부는 활의 줌통, 활의 손잡이라고도 한다. 곧 화살을 활의 줌통에 끼워 중앙에 위치한 것을 뜻한다.

5) 右巨指鉤弦(우거지구현) : 오른손 엄지손가락을 시위에 걸다의 뜻.

6) 爲政(위정) : 사마(司馬)의 관직을 뜻한다.

7) 遂告(수고) : 드디어 고하다. 삼우(三耦)가 완비됨을 고한다.

8) 大夫與大夫(대부여대부) : 대부는 대부끼리 우(耦)를 구성한다는 뜻.

9) 士御於大夫(사어어대부) : 사는 대부(大夫)의 짝이 모자라면 사(士)로써 채

워서 우(耦)를 구성하겠다는 뜻이다.

10) 中(중) : 중려(中閭)이며 산가지통을 뜻한다.

11) 籌(주) : 산가지이다.

12) 豊(풍) : 술잔 받침대이다. 사작(射爵)을 내려놓을 때의 받침대.

13) 衆弓矢(중궁시) : 모든 이의 활과 화살이라는 뜻이다. 곧 삼우(三耦)와 경 과 대부 이하의 활과 화살이라는 뜻이다.

14) 侯(사) : 금문(今文)에는 대(待)로 되어 있다.

15) 工人士輿梓人(공인사여재인) : 모두 사공(司空)에 소속된 관리들이다.

16) 午(오) : 가로와 세로로 교차되는 것이다. 표시물을 그리는 것을 뜻한다.

17) 射正(사정) : 사사(司射)의 장(長)이다.

18) 司宮埽所畵物(사궁소소획물) : 사궁이 그려진 표시물을 깨끗이 하다. 곧 청 소하다의 뜻.

19) 中(중) : 산가지통을 설치한 곳이라 했다.

20) 聽政(청정) : 진행 사항을 듣다의 뜻.

21) 誓(서) : 고(告)와 같다.

22) 大侯(대후) : 천자가 활을 쏠 때 사용하는 과녁이며 웅후(熊侯)이다.

23) 參(삼) : 삼후(糝侯)이다. 곧 제후가 활을 쏠 때 사용하는 과녁이며 미후(麋 侯)라고도 한다.

24) 干(안) : 안후(豻侯)이다. 사(士)가 활을 쏠 때 사용하는 과녁이다.

25) 比(비) : 순차적으로 뽑다의 뜻.

26) 三耦侯于次北(삼우사우차북) : 삼우가 차(次)의 북쪽에서 기다리다. 그 우 (耦)가 누구인지 알지 못하다. 금문(今文)에는 사가 입(立)으로 되어 있다.

13. 활을 쏘아서 시범을 보이는 예

사사(司射)가 옷을 갈아입는 곳으로 간다. 그 곳에서 허리춤에 3개의 화살을 꽂고 하나의 화살을 시위에 끼우고 옷을 갈아입는 곳에서 나온다. 서면(西面)하여 읍하고 계단을 마주하여 북면하 고 읍한다. 계단에 이르러서 읍하고 당으로 올라서 읍한다.

표시된 곳과 마주하여 북면하고 읍한다. 표시된 곳에 이르러서 읍한다. 표시된 곳에서 내려와 조금 뒤로 물러나 활 쏘는 방법을 가르쳐 주는데 3개의 과녁에 활을 쏜다. 매 과녁마다 4개의 화살을 쏜다. 처음에는 안후(干侯 : 豻侯)에 쏘고 또 삼후(糝侯)에 쏘고 대후(大侯)에 쏜다. 활쏘기를 마치면 북면하고 읍한다.

계단에 이르러서 읍하고 내려가는데 활을 쏘기 위해 올라올 때의 거동과 똑같이 한다. 드디어 당의 서쪽으로 가서 다시 하나의 화살을 활의 시위에 끼운다. 이어서 종아리채를 허리춤에 끼고 산가지통이 설치될 서남쪽에 서서 동면(東面)한다.

❶司射入于次 搢¹⁾三挾一个²⁾ 出于次 西面揖 當階北面揖³⁾ 及階揖 升堂揖 當物北面揖 及物揖 由下物少退⁴⁾ 誘⁵⁾射 射三侯 將乘矢⁶⁾ 始射干 又射參 大侯再發卒射 北面揖 及階 揖降 如升射之儀 遂適堂西 改⁷⁾取一个挾之⁸⁾ 遂取扑搢之 以立于所設中之西南 東面

1) 搢(진) : 꽂다. 오른쪽 허리춤에 꽂다.
2) 挾一个(협일개) : 화살 한 대를 시위에 끼다. 개(个)는 매(枚)와 같다.
3) 北面揖(북면읍) : 표시된 곳에서 읍한다. 경과 등지지 않는다는 뜻이다.
4) 由下物少退(유하물소퇴) : 표시된 곳에서 내려 조금 물러나다. 곧 겸양을 보이는 것이다.
5) 誘(유) : 가르치다. 깨우치다.
6) 將乘矢(장승시) : 장차 화살 4대를 쏘다. 곧 4대는 천하의 사방에 일이 있다는 것을 뜻한다.
7) 改(개) : 다시의 뜻.
8) 一个挾之(일개협지) : 화살 한 대를 끼우다. 화살을 쏘지 않고 끼우기만 하는 것은 일이 있음을 보인 것이다.

14. 활을 쏘게 하기 위한 절차

사마사(司馬師)가 과녁을 등지고 있는 자에게 명하여 정기(旌旗)를 가지고 과녁을 등지라고 한다.

과녁을 등지고 있는 자가 모두 과녁으로 가서 정기를 잡고 과녁을 등지고 서서 기다린다.

사사(司射)가 옷을 갈아입는 곳으로 가서 상우(上耦)에게 활을 쏘라고 하고 사사는 제자리로 돌아간다. 상우(上耦)가 옷을 갈아입는 곳에서 나와 서면하여 읍하고 앞으로 나아간다.

상사(上射)는 왼쪽에 있으면서 함께 행동한다. 계단을 마주하여 북면하고 읍하고, 계단에 이르러서 읍한다. 상사가 먼저 세 계단을 오른 후에 하사(下射)가 상사와 한 계단의 차이로 따른다.

상사가 당으로 올라서 약간 왼쪽으로 하면 하사가 당으로 오른다. 상사가 읍하고 함께 동쪽으로 행동한다. 모두 그 표지물[射位]에 마주하고 북면하여 읍한다. 사위(射位)에 이르러서도 읍하고 모두 왼발로 사위(射位)를 밟고 돌아서 과녁의 중앙을 바라본다. 그리고 발을 합하여 기다리고 있다.

사마정(司馬正)이 옷을 갈아입는 곳으로 가서 왼쪽 팔의 소매를 걷어올리고 깍지를 끼고 팔찌를 차고 활을 가지고 오른손에 화살을 끼고 나온다. 서쪽 계단을 통해 당으로 올라 상사의 사위(射位) 뒤쪽으로 가서 사위(射位)의 중간에 서 있는다.

왼손으로는 줌통을 잡고 오른손으로는 활의 고자를 잡고 남쪽으로 활을 들어 과녁에서 떨어져 있으라고 명령한다. 과녁을 등지고 있는 사람이 모두 허락하는데 궁(宮)의 소리로 대답하고 곧바로 서쪽으로 가 살가리개의 남쪽에 이른다. 또 상(商 : 신하)의 소리로 대답하고 살가리개에 이르러 소리를 그친다.

획자(獲者)에게 건네 준 자는 뒤로 물러나 서쪽에 서 있는다. 획자가 일어나 함께 기다린다.

사마정(司馬正)이 하사(下射)의 남쪽에서 나와 그의 뒤로 돌아서 서쪽 계단으로 내려온다.

드디어 옷을 갈아입는 곳으로 가서 활을 내려놓고 깍지와 팔찌를 벗어 놓고 옷매무새를 바르게 하고 제자리로 돌아간다.

사사(司射)가 앞으로 나아가 사마정(司馬正)과 함께 계단 앞에서 교대하는데 몸의 왼쪽으로 비껴서 지난다.

당(堂) 아래 서쪽 계단의 동쪽에서 북면하여 상사(上射)를 바

라보고 명령하기를 "획자(獲者)를 쏘지 마시오. 획자를 사냥하
지 마시오"라고 한다.

　상사가 읍하고, 사사(司射)가 물러나 제자리로 돌아간다.

◑司馬師[1]命負侯者[2]執旌[3]以負侯 負侯者皆適侯 執旌負侯而俟 司
射適次 作[4]上耦射 司射反位 上耦出次 西面揖進 上射在左[5] 並行
當階北面揖 及階揖 上射先升三等 下射從之中等[6] 上射升堂少左
下射升 上射揖 並行[7] 皆當其物北面揖 及物揖 皆左足履物 還 視侯
中[8] 合足而俟 ◑司馬正[9]適次 袒決邃 執弓 右挾之 出 升自西階 適
下物[10] 立于物間 左執弣 右執簫[11] 南揚弓[12] 命去侯 負侯皆許諾 以
宮[13]趨 直西 及乏南 又諾以商[14] 至乏 聲[15]止 授獲[16]者 退立于西方
獲者興 共而俟 司馬正出于下射之南 還其後 降自西階 邃適次 釋
弓 說決拾 襲 反位 司射進 與司馬正交于階前相左 由堂下西階之
東 北面視上射 命曰 毋射獲[17] 毋獵獲[18] 上射揖 司射退反位

1) 司馬師(사마사) : 사마정(司馬正)을 보좌하는 관리이다.
2) 負侯者(부후자) : 획자(獲者)이다.
3) 執旌(집정) : 정기(旌旗)를 가진 자. 곧 획자가 흔드는 깃발인데 활을 쏘는
　　사람이 적중시키면 깃발을 흔든다.
4) 作(작) : 사(使)이다.
5) 上射在左(상사재좌) : 상사가 편하게 활쏘도록 하기 위해서이다.
6) 中等(중등) : 중은 간(間)과 같다. 세 계단의 사이라는 뜻으로 두 번째 계단
7) 並行(병행) : 병행(倂行)이다. 동쪽으로 함께 나가다.
8) 視侯中(시후중) : 각각 과녁의 중앙을 바라보다의 뜻. 곧 대부우(大夫耦)는
　　삼후의 중앙을 보고 사우(士耦)는 안후(干侯)의 중앙을 보는데 삼후는 14자
　　이고 안후는 10자라고 했다.
9) 司馬正(사마정) : 정관(政官)의 소속이다.
10) 下物(하물) : 사위(射位)의 밑이다.
11) 簫(소) : 활의 끄트머리이며 활고자이다.
12) 揚弓(양궁) : 활의 끄트머리인 활고자를 잡고 들어올리다.
13) 宮(궁) : 오음(五晉)의 하나이며 궁(宮)소리는 군주의 소리이기도 하다.

14) 商(상) : 오음(五音)의 하나이며 상은 신하의 소리이기도 하다.

15) 聲(성) : 고문에는 경(磬)으로 되어 있다.

16) 獲(획) : 고문(古文)에는 호(護)자로 되어 있는데 잘못이라고 했다.

17) 射獲(사획) : 화살이 날아서 살가리개를 맞히는 것. 곧 획자를 쏘는 것이다.

18) 獵獲(엽획) : 화살이 살가리개 옆으로 날아간 것. 곧 획자를 사냥하는 것이다.

15. 활을 쏘고 끝마치는 예

이에 활을 쏜다. 상사(上射)가 이미 발사하고 화살을 걸면 뒤에 하사가 활을 쏜다. 교대하여 발사하는데 이어서 네 발을 돌아가며 쏜다. 획자(獲者)는 앉아서 맞혔다고 하는데 정기를 들어올릴 때는 궁성(宮聲)으로 하고 정기를 쓰러뜨릴 때는 상성(商聲)으로써 한다. 과녁을 맞혔더라도 아직 계산은 하지 않는다.

활을 다 쏘면 오른손에 끼고 북면하여 읍하는데 읍하는 방법은 활을 쏘기 위하여 당에 오를 때와 똑같이 한다.

상사(上射)가 세 계단을 내려오면 하사(下射)는 조금 오른쪽에서 따르는데 두 번째 계단을 밟는다. 함께 행동하는데 상사가 왼쪽에 있는다. 당 위로 오르는 사람과 왼쪽으로 스쳐 계단 앞에서 교대하는데 서로 읍한다.

옷을 갈아입는 곳에 이르러 활을 내려놓고 깍지와 팔찌를 벗고 옷매무새를 정돈하고 제자리로 돌아간다.

삼우(三耦)가 모두 활쏘기를 마치는데 또한 이와 똑같이 한다.

사사(司射)가 종아리채를 빼서 계단 서쪽에 기대놓고 동쪽 계단의 아래로 가서 북면하고 공(公)에게 고한다.

"삼우(三耦)가 활쏘기를 끝마쳤습니다."

아뢰고는 다시 종아리채를 허리춤에 차고 제자리로 돌아간다.

사마정(司馬正)이 왼팔의 소매를 걷어올리고 깍지를 끼고 팔찌를 차고 활을 들어 오른손에 끼고 나간다. 사사와 함께 계단 앞에서 왼쪽으로 비껴 교대한다.

서쪽 계단을 통해 당으로 올라서 오른쪽 사위(射位)의 뒤로부터 두 사위(射位)의 중간에 서서 서남쪽을 바라보고 활로 읍하고 화살을 취하라고 명한다.

과녁을 등진 사람이 허락하는데 처음 과녁에서 떨어질 때와 똑같이 모두가 정기를 가지고 그 과녁을 등지고 대기하고 있는다.

사마정이 서쪽 계단으로 내려와 북면하고 살그릇을 설치하라고 명한다. 소신사(小臣師)가 살그릇을 설치한다. 사마정이 동면하고 활로써 가리키는 도구로 삼는다.

이미 살그릇이 설치되면 사마정이 옷을 갈아입는 곳으로 가서 활을 내려놓고 깍지와 팔찌를 벗어 놓고 옷매무새를 정돈하고 제위치로 돌아간다. 소신이 앉아서 화살을 살그릇에 쌓아놓는데 끝이 북쪽을 향하게 한다. 사마사(司馬師)가 앉아서 화살 4개씩을 헤아려 세는 일을 끝마친다. 만약 화살이 부족하면 사마정이 또 왼쪽 소매를 걷어올리고 활을 가지고 당으로 올라서 화살을 가져오라고 명령하는데 처음과 똑같이 한다.

말하기를 "화살을 다 가져오지 않았으니 이에 다시 가서 화살을 찾아오시오."라고 한다. 이에 다시 화살을 찾아와 살그릇에 놓아 둔다. 화살을 맞추어 꽂는 일이 끝나면 사마정이 앞으로 나아가 앉아서 좌사(左射)와 우사(右射)에게 나누어 주고 일어나서 제자리로 돌아간다.

◑乃射 上射旣發 挾矢 而后下射射 拾發以將[1]乘矢 獲者坐而獲 擧旌以宮 偃旌以商 獲而未釋[2]獲 卒射 右挾之[3] 北面揖 揖如升射 上射降三等 下射少右 從之中等 並行 上射於左[4] 與升射者相左 交于階前 相揖 適次 釋弓 說決拾 襲 反位 三耦卒射亦如之 司射去扑 倚于階西 適阼階下 北面告于公曰 三耦卒射 反 搢扑 反位 ◑司馬正袒決 遂 執弓 右挾之 出[5] 與司射交于階前相左 升自西階 自右物之後 立于物間 西南面 揖弓 命取矢 負侯許諾 如初去侯 皆執旌以負其侯而侯 司馬正降自西階 北面命設福 小臣師設福 司馬正東面 以弓爲畢[6] 旣設福 司馬正適次 釋弓 說決拾 襲 反位 小臣坐 委矢于福 北括 司馬師坐乘之[7] 卒 若矢不備 則司馬正又袒執弓 升 命取矢如初 曰 取

矢不索 乃復求矢 加于楅 卒 司馬正進坐⁸⁾ 左右撫之⁹⁾ 興 反位

1) 將(장) : 행하다.

2) 釋(석) : 고문에는 사(舍)로 되어 있다.

3) 右挾之(우협지) : 오른쪽 손으로 시위에 걸다.

4) 上射於左(상사어좌) : 하사(下射)가 계단 위에서 조금 오른쪽으로 하여 이
   에 내려와 기다리는 것이다.

5) 出(출) : 차례대로 나가다.

6) 畢(필) : 집사(執事)들에게 지시할 때 사용하는 도구. 가리키는 도구.

7) 乘之(승지) : 화살 네 개씩을 헤아리다.

8) 坐(좌) : 다 북면한다고 했다.

9) 左右撫之(좌우무지) : 좌사와 우사에게 화살을 분배하는 것이다.

16. 다시 활을 쏘는 예

사사(司射)가 서쪽 계단의 서쪽으로 가서 종아리채를 기대놓
고 서쪽 계단으로 당에 올라 동면(東面)하고 공(公 : 임금)에게
활을 쏠 것을 청한다. 공(公)이 허락한다. 이어서 서쪽 계단 위로
가서 빈(賓)에게 공(公)을 모시고 활을 쏘라고 한다. 제공(諸公)
과 경들은 사우(射耦)를 당 위에서 고한다. 대부는 당에서 내려
와 자리로 나아가서 뒤에 보고한다.

사사가 서쪽 계단 위에서 북면하고 서서 대부(大夫)에게 고하
기를 "내려가시기를 청합니다."라고 한다. 사사가 먼저 당에서 내
려와 종아리채를 허리춤에 꽂고 제자리로 돌아간다. 대부가 따라
서 당에서 내려와 순서대로 간다. 그런 다음 삼우(三耦)의 남쪽
에 서서 서면하는데 북쪽을 위로 삼는다.

사사가 대부의 서쪽에서 동면하고 서서 대부와 대부들의 우
(耦)를 뽑는다. 상사(上射)에게 명하여 말하기를 "아무개는 어
느 선생을 모시고 쏘십시오."라고 한다. 하사(下射)에게 명하여
말하기를 "어느 선생은 아무개 선생과 함께 활을 쏘십시오."라고
한다. 호명이 끝나면 드디어 사(士)의 우(耦)를 선발한다.

사(士)의 우(耦)들은 대부의 남쪽에 서서 서면하고 북쪽을 위로 삼는다. 만약 사(士)가 대부와 우(耦)가 된 자가 있다면 대부의 우(耦)로써 위를 삼는다.

이에 대부의 사우(射耦)에게 명하여 말하기를 "그대는 아무개님과 함께 쏘십시오"라고 한다. 대부에게 고하여 말하기를 "아무개가 선생님을 모시고 활을 쏠 것입니다."라고 한다.

사(士)의 사우(射耦)에게 명하는 말은 삼우(三耦)에게 명하는 말과 같다. 제공(諸公)과 경(卿)은 모두 당에서 내려오지 않는다.

❶司射適西階西 倚扑[1] 升[2]自西階 東面請射于公 ❶公許 遂適西階
上 命賓御于公 諸公卿則以耦告于上[3] 大夫則降卽位而后告 司射自
西階上 北面告于大夫曰 請降 司射先降 搢扑 反位 大夫從之降 適
次[4] 立于三耦之南 西面北上 司射東面于大夫之西 比耦 大夫與大
夫 命上射曰 某御於子 命下射曰 子與某子射 卒 遂比衆耦[5] 衆耦立
于大夫之南 西面北上 若有士與大夫爲耦 則以大夫之耦爲上[6] 命大
夫之耦曰 子與某子射 告於大夫曰 某御於子 命衆耦 如命三耦之辭
諸公卿皆未降[7]

1) 倚扑(의복) : 종아리채를 의지해 놓다. 장차 임금의 앞으로 나아가는데 감히
   형기(刑器)를 찰 수 없기 때문이다.

2) 升(승) : 당에 오르다의 뜻인데 사사가 당에 오르는 것은 제공(諸公)이나 경
   이 두루 듣도록 하기 위해서이다.

3) 告于上(고우상) : 제공(諸公)과 경에게 당상에서 고하는 것은 존경하는 뜻.

4) 適次(적차) : 순서대로 앞으로 가서 북서면하고 서다의 뜻.

5) 衆耦(중우) : 사(士)이다.

6) 爲上(위상) : 여러 사(士)의 위에 거하게 하다의 뜻.

7) 未降(미강) : 그 뜻이 활을 쏘는 데 있다는 뜻을 나타내기 위해서이다.

17. 본격적인 활 쏘기 준비

드디어 사우(射耦)에게 명하기를, 각각 그 자신의 사우(射耦)와

함께 번갈아 화살을 들고 모두 왼팔의 소매를 걷어올리고 깍지를 끼고 팔찌를 차고 활을 잡고 오른손을 시위에 끼고 있으라고 한다.

일우(一耦)가 나와서 서면(西面)하여 읍한다. 살그릇과 마주하여 북면하고 읍한다. 살그릇 앞에 이르러 또 읍한다.

상사(上射)는 동면(東面)하고 하사(下射)는 서면한다. 상사가 읍하고 나아가 앉아서 활을 가로로 놓는다. 손을 뒤집어서 활 아래에서부터 화살 하나를 취하여 줌통에 아우른다.

일어나서 화살의 깃을 고르고 또 왼쪽으로 도는데 한 바퀴를 돌지는 않는다. 얼굴을 돌려서 읍한다. 하사(下射)가 앞으로 나아가 앉아서 활을 가로로 놓는다. 손을 덮어서 활 위에서부터 화살 하나를 취하여 줌통에 아우른다. 일어나서 화살 깃을 고르고 또 왼쪽으로 도는데 한 바퀴를 돌지는 않는다. 얼굴을 돌려서 읍한다.

이미 번갈아 고르게 화살을 가졌으면 아울러 4개의 화살을 끼고 모두가 안쪽으로 돌아 남면하고 읍한다. 살그릇의 남쪽에 가서 모두가 왼쪽으로 돌아 북면하고 읍한다.

화살 3개를 허리춤에 꽂고 하나를 시위에 메기고 읍한다. 사우(射耦)와 함께 왼쪽으로 돌아서면 상사(上射)가 왼쪽에 있게 된다.

뒤로 물러나는 사람과 앞으로 나아가는 사람이 왼쪽으로 스쳐지나며 서로 읍한다. 뒤로 물러난 사람은 활과 화살을 옷을 갈아입는 곳에 내려놓고 깍지와 팔찌를 풀고 옷매무새를 정돈하고 제자리로 돌아간다. 이에 이우(二耦)가 번갈아 화살을 가지고 또한 일우(一耦)가 하는 것과 똑같이 한다.

마지막으로 쏘는 사람은 처음에 삼우(三耦)에게 활쏘는 방법을 가르칠 때 사용한 화살을 취하는데 4개의 화살을 아울러 취하여 옷 갈아입는 곳 안에서 유사(有司)에게 준다.

모두가 옷매무새를 정돈하고 제자리로 돌아간다.

●遂命三耦各與其耦拾取矢 皆袒決遂 執弓 右挾之 一耦出[1] 西面揖 當福[2]北面揖 及福揖 上射東面 下射西面 上射揖進 坐橫弓[3] 卻手自弓下取一个[4] 兼諸弣 興 順羽[5] 且[6]左還[7] 毋周[8] 反面揖 下射進

坐橫弓 覆手[9]自弓上取一个 兼諸弣 興 順羽 且左還 毋周 反面揖 旣
拾 取矢梱[10]之 兼挾乘矢 皆內還[11] 南面揖 適福南 皆左還 北面揖 搢
三 挾一个 揖 以[12]耦左還 上射於左[13] 退者與進者相左 相揖 退 釋
弓矢于次 說決拾 襲 反位 二耦拾取矢亦如之 後者遂取誘射之矢 兼
乘矢而取之 以授有司于次中 皆襲 反位

1) 一耦出(일우출) : 삼우(三耦)가 함께 옷을 갈아입는 곳으로 가 먼저 일우(一
耦)가 나온 것이다.

2) 當福(당복) : 살그릇이 있는 곳 정남쪽의 동서(東西)라 했다.

3) 橫弓(횡궁) : 남쪽으로 누워 있는 활을 뜻한다.

4) 卻手自弓下取一个(각수자궁하취일개) : 손을 뒤집어서 활 아래에서부터 화
살 한 개를 취하다. 곧 왼손은 활의 밖에 있고 오른손이 활 속으로 들어가 취
하는 것이다. 곧 편리함을 뜻한다.

5) 順羽(순우) : 화살 끝의 깃털을 고르다.

6) 且(차) : 고문(古文)에 조(阻)로 되어 있다.

7) 左還(좌환) : 그 본래 위치로 돌아가다.

8) 毋周(무주) : 오른쪽으로 돌아서 다시 동면(東面)하는 것을 말한다. 이는 임
금을 등지지 않기 위해서이다.

9) 覆手(복수) : 손을 엎어서 하다. 활등에 손을 엎어 화살을 잡는 것을 뜻한다.

10) 梱(곤) : 고르게 하다.

11) 內還(내환) : 상사는 왼쪽으로 돌고 하사(下射)는 오른쪽으로 돌아서 모두
가 오른쪽으로 돌지 않는다.

12) 以(이) : 여(與)와 같다.

13) 上射於左(상사어좌) : 상사가 몸을 돌려서 왼쪽에 있게 되면 본래의 자리
로 돌아가기가 편리하기 때문이다.

18. 석획자(釋獲者)가 대수를 헤아리는 것

사사(司射)가 활을 쏘라고 시키는 것을 처음 시작할 때와 똑같
이 한다. 일우(一耦)가 읍하고 당으로 오르는 것도 처음 할 때와
똑같이 한다. 사마(司馬)가 과녁에서 떨어져 있으라고 명하면 과

녁을 등진 자가 허락하여 대답하는 것도 처음 시작할 때와 똑같이 한다. 사마가 당에서 내려가 활을 내려놓고 제 위치로 돌아간다.

사사(司射)가 여전히 한 개의 화살을 끼고 종아리채를 빼 놓고 사마와 함께 계단 앞에서 교대하여 동쪽 계단 아래로 가서 북면하고 공(公)에게 쏘아 맞힌 것을 계산하겠다고 청한다.

공(公)이 허락한다. 사사가 돌아와 종아리채를 허리춤에 꽂고 드디어 석획자(釋獲者)에게 명하여 산가지통을 설치하라고 하는데 활로 필(畢)을 삼아서 북면한다.

대사(大史)가 산가지를 놓는다. 소신사(小臣師)가 산가지통을 잡는데 산가지통의 머리가 앞을 향하도록 한다. 앉아서 설치하는데 동면하게 하고 물러난다. 대사가 산가지통에 여덟 개의 산가지를 채운다.

그 나머지는 산가지통의 서쪽에 가로로 쌓아 놓는다. 일어나서 함께 하여 기다린다.

사사가 서면하고 명하여 말하기를 "화살이 중앙을 떠나서 유강(維綱)으로 했거나 날아서 다른 곳에 부딪쳤다가 맞았거나 과녁에 맞았는데 꽂히지 않고 떨어졌거나 할 경우, 공께서 그랬다면 맞힌 것으로 간주하지만 여러 사람은 그럴 경우에 계산하지 마시오 오직 공께서 적중시켰을 경우는 세 과녁 중 하나를 맞혔더라도 모두 적중한 것으로 계산하시오"라고 한다.

이러한 사사(司射)의 말을, 석획자(釋獲者)는 소사(小史)에게 명하고 소사(小史)는 획자(獲者)에게 명한다.

사사가 드디어 당 아래로 말미암아 나아가 북면하고 상사(上射)를 보면서 명하여 말하기를 "적중하지 않으면 쏘지 아니한 것입니다."라고 한다.

이에 상사가 읍하면 사사가 물러나 제자리로 돌아간다. 석획자가 앉아서 산가지통에 들어 있는 여덟 개의 산가지를 꺼내 들고 다른 여덟 개의 산가지를 채워 넣는다. 그리고 일어나서 산가지를 들고 기다린다.

이에 활을 쏜다. 만약 적중시키면 석획자(釋獲者)가 매양 맞힌

화살 한 개에 산가지 하나를 놓는데 상사(上射)의 것은 오른쪽
에 놓고 하사(下射)의 것은 왼쪽에 놓는다.

만약에 남은 산가지가 있게 되면 반대로 쌓아 놓는다. 또 산가
지통 안에 들어 있는 여덟 개의 산가지를 꺼내 들고 다시 다른 여
덟 개의 산가지를 산가지통에 채워 넣고 일어나서 산가지를 가지
고 기다린다. 이에 삼우(三耦)가 모두 활쏘기를 마친다.

◑司射作射如初 一耦揖 升如初 司馬命去侯 負侯許諾如初 司馬
降 釋弓 反位 ◑司射猶¹⁾ 挾一个 去扑 與司馬交于階前 適阼階下 北
面²⁾請釋獲于公 公許 反 搢扑 遂命釋獲者 設中 以弓爲畢 北面 大
史釋獲 小臣師執中 先首³⁾ 坐設之 東面 退 大史實八算于中 橫委其
餘于中西 興 共而侯 司射西面命曰 中離維綱⁴⁾ 揚觸⁵⁾ 梱復⁶⁾ 公則釋
獲 衆則不與⁷⁾ 唯公所中 中三侯皆獲⁸⁾ 釋獲者命⁹⁾小史¹⁰⁾ 小史命獲者
司射遂進由堂下 北面視上射 命曰 不貫不釋¹¹⁾ 上射揖 司射退 反位
釋獲者坐取中之八算 改實八算 興 執¹²⁾而侯 乃射 若中 則釋獲者每
一个釋一算 上射於右 下射於左 若有餘算 則反委之 又取中之八算
改實八算於中 興 執而侯 三耦卒射

1) 猶(유) : 여전히. 곧 똑같이의 뜻.

2) 北面(북면) : 산가지통을 설치한 남쪽에서 북쪽을 바라보고 있는 것이다.

3) 先首(선수) : 선은 전(前)과 같다. 곧 산가지통의 머리를 앞으로 하다.

4) 中離維綱(중리유강) : 중앙을 떠나서 과녁을 잡아맨 끈이 있는 곳에 맞다. 이
    (離)는 과(過)와 같다.

5) 揚觸(양촉) : 화살이 다른 곳을 맞히고 튀어서 과녁에 꽂히는 것.

6) 梱復(곤복) : 화살이 과녁에 이르러 꽂히지 않고 되돌아 나오다. 튕겨 나오는 것.

7) 不與(불여) : 함께 참여하지 않는 것으로 하다. 곧 쏘지 않은 것으로 하다.

8) 中三侯皆獲(중삼후개획) : 세 개의 과녁 가운데 아무 과녁이나 적중시키면
    모두 맞춘 것으로 계산한다는 뜻이다.

9) 命(명) : 사사(司射)가 명한 것이다.

10) 小史(소사) : 태사(太史)를 보좌하여 각 제후국의 기록을 보관하고 소(昭)
    와 목(穆)을 정하는 직책이며 천자의 관리이다. 제후국에서는 세계(世系) 및

기록을 담당하는 직책이다.

11) 不貫不釋(불관불석) : 관은 중(中)과 같다. 적중하지 못하면 쏘지 않은 것
    이다의 뜻. 고문에는 관은 관(關)으로 되어 있다.

12) 執(집) : 산가지를 가지고 있는 것을 뜻한다.

19. 임금이 활을 쏘는 예

빈(賓)이 당에서 내려와 당(堂)의 서쪽에서 활과 화살을 취한
다. 제공(諸公)과 경(卿)은 옷을 갈아입는 곳으로 가서 삼우(三
耦)의 남쪽에 이어서 서 있는다.

공(公)이 장차 활을 쏘려고 하면 사마사(司馬師)가 과녁을 등
지고 있는 사람에게 명하여 모두 그 정기를 가지고 그 과녁을 등
지고 기다리라고 한다. 사마사가 제자리로 돌아가면 예복인(隸僕
人)이 후도(侯道)를 청소한다.

사사가 종아리채를 빼 놓고 동쪽 계단 아래로 가서 공에게 활
을 쏘라고 한다. 공이 허락한다. 서쪽 계단의 동쪽으로 가서 빈에
게 고한다. 드디어 종아리채를 허리춤에 꽂고 제자리로 돌아간다.
소사정(小射正) 가운데 한 사람이 공의 깍지와 팔찌를 동쪽에 있
는 흙으로 만든 받침대 위에서 취한다.

한 사람의 소사정(小射正)이 대사정에게 활을 받아서 먼지를
턴다. 모두가 동당(東堂)에서 기다린다.

공이 장차 활을 쏘게 되면 빈이 당에서 내려와 당(堂)의 서쪽
으로 가서 왼팔을 걷어올리고 깍지를 끼고 팔찌를 차고 활을 가
지고 허리춤에 화살 3대를 끼우고 한 대의 화살을 시위에 메겨 서
쪽 계단을 통해 당으로 올라, 먼저 사위(射位)의 북쪽에서 대기
한다. 그 북쪽은 화살대 하나의 거리이며 동면하고 서 있는다.

사마(司馬)가 당으로 올라 과녁에서 떨어져 있으라고 명하는
데 그 방법은 시작할 때와 똑같이 한다. 오른쪽으로 돌아서 이에
당에서 내려와 활을 놓고 제자리로 돌아간다.

공(公)이 사위(射位 : 物. 활쏘는 자리라는 표식이 있는 곳)로 나

아가면 소사정(小射正)이 깍지와 팔찌가 들어 있는 상자를 받들고 대사정이 활을 가지고 모두 공의 뒤를 따라서 활쏘는 자리로 간다. 소사정이 앉아서 활쏘는 자리의 남쪽에 상자를 내려놓는다.

드디어 수건으로 먼지를 털어서 깍지를 가지고 일어나 공이 깍지를 끼는 것을 돕는데 붉은 가죽으로 된 것을 세 개의 손가락에 끼운다. 소신정(小臣正)이 왼팔 걷어올리는 것을 돕는데 공은 붉은 속옷이 보일 정도만 걷는다. 왼팔 걷어올리는 일이 끝나면 소신정은 물러나 동당(東堂)에서 기다린다.

소사정(小射正)이 또 앉아서 가죽으로 된 팔찌를 가지고 일어나 공을 도와서 둘러매도록 한다. 이에 상자를 가지고 물러나 흙받침대 위에 올려놓고 제자리로 돌아간다.

대사정이 활을 잡고 자신의 옷소매로 왼쪽과 오른쪽의 줌통을 닦는데 위는 두 번 닦고 아래는 한 번 닦는다. 왼손으로는 활의 줌통을 잡고 오른손으로는 활고자를 잡아서 공에게 준다. 공이 몸소 시험해본다.

소신사(小臣師)가 수건으로 화살의 먼지를 털고 화살을 공에게 주는데 쏘고 나면 바로 바로 준다.

대사정이 공의 뒤에 서 있으면서 화살이 날아가는 상태를 공에게 고한다. 하(下)로 한 것은 유(留)했다고 하고 상(上)한 것은 양(揚)했다고 하고 좌우로 한 것은 방(方)이라고 한다.

공이 이미 다 쏘았으면 대사정이 활을 받아서 기다린다. 번갈아 활을 쏘는데 화살 4개를 다 쏜다. 공이 활쏘기를 마치면 소신사가 수건을 가지고 물러나 제자리로 돌아간다.

대사정이 활을 받는다. 소사정은 상자에 깍지와 팔찌를 받아서 물러나 흙받침대 위에 내려놓고 제자리로 돌아간다.

대사정이 물러나 사정(司正)의 자리로 돌아간다. 소신정이 공(公)의 옷매무새 정돈을 돕는다.

공이 돌아온 뒤에 빈이 당에서 내려와 활을 당의 서쪽에 내려놓고 계단 서쪽에서 자리로 돌아가 동면하고 서 있는다. 공이 자리에 나아간다. 사정이 빈에게 당에 오르라는 공의 명을 전한다.

빈이 당으로 올라서 다시 연석으로 돌아간 뒤에는 경과 대부가
계속하여 활을 쏜다. 제공(諸公)이나 경(卿)이 옷을 갈아입는 곳
에서 활과 화살을 취하는데 왼팔을 걷어올리고 깍지를 끼고 팔찌
를 차고 활을 가지고 화살 3개는 허리춤에 꽂고 하나는 시위에 메
겨서 나간다. 서면하여 읍하는데 읍하는 것을 삼우(三耦)가 하던
것과 똑같이 한다.

당 위에 올라서 활을 쏘고 활을 다 쏘면 내려오는 것 역시 삼우
(三耦)와 똑같이 한다.

옷을 갈아입는 곳으로 가서는 활을 내려놓고 깍지와 팔찌를 벗
어 놓고 옷매무새를 정돈하고 제자리로 돌아간다. 모든 사람이 모
두 계속 이어서 활을 쏘는데 산가지를 가지고 계산하는 방법은 모
두 처음 할 때와 똑같이 한다.

활쏘기가 끝나면 석획자(釋獲者)가 남아 있는 산가지를 모두
가지고 동쪽 계단 아래로 가서 북면하고 공에게 고하여 말하기를
"좌우가 활쏘기를 모두 마쳤습니다."라고 하고는 제자리로 돌아
간다. 앉아서 남은 산가지들을 산가지통의 서쪽에 쌓아 놓고 일
어나서 함께 대기하고 있는다.

◑賓降 取弓矢于堂西 諸公卿則適次 繼三耦[1]以南 公將射 則司馬
師命負侯 皆執其旌以負其侯而侯 司馬師反位 隷僕人埽道[2] 司射
去扑 適阼階下 告[3]射于公 公許 適[4]西階東 告于賓 遂搢扑 反位 小
射正一人 取公之決拾于東坫上 一小射正授弓拂弓[5] 皆以俟于東堂
公將射 則賓降 適堂西 袒決遂 執弓 搢三挾一个 升自西階 先待于
物北 北一笴[6] 東面立[7] 司馬升 命去侯如初 還右[8] 乃降 釋弓 反位
公就物 小射正奉決拾以笴[9] 大射正執弓[10] 皆以從於物 小射正坐奠
笴于物南 遂拂以巾 取決興 贊設決 朱極三[11] 小臣正贊袒 公袒朱
襦[12] 卒袒 小臣正退俟于東堂 小射正 又坐取拾興 贊設拾 以笴退奠
于坫上 復位 大射正執弓 以袂順[13]左右隈[14] 上再下壹 左執弣 右執
簫 以授公 公親揉[15]之 小臣師以巾內拂矢[16] 而授矢于公 稍屬[17] 大
射正立于公後 以矢行告于公[18] 下曰留[19] 上曰揚[20] 左右曰方[21] 公既

發 大射正受弓²²⁾而俟 拾發以將乘矢 公卒射 小臣師以巾退 反位 大
射正受弓 小射正以笥受決拾 退奠于坫上 復位 大射正退 反司正之
位 小臣正贊襲 公還而后賓降 釋弓于堂西 反位于階西 東面²³⁾ 公卽
席 司正以命升賓 賓升復筵 而后卿大夫繼射 諸公卿取弓矢于次中
袒決遂 執弓 搢三挾一个 出 西面揖 揖如三耦 升射 卒射 降如三耦
適次 釋弓 說決拾 襲 反位 衆皆繼射 釋獲皆如初 卒射 釋獲者遂以
所執餘獲 適阼階下 北面告于公曰 左右卒射 反位 坐委餘獲²⁴⁾于中
西 興 共而俟

1) 繼三耦(계삼우) : 대부의 북쪽에 있음을 밝힌 것이다.

2) 埽侯道(소후도) : 과녁의 길을 청소하여 새롭게 하다의 뜻.

3) 告(고) : 마땅히 활을 쏘라고 한 것이다.

4) 適(적) : 금문(今文)에는 이 글자가 없다.

5) 授弓拂弓(수궁불궁) : 수궁은 대사정에게 주다. 불궁은 먼지를 제거하다의 뜻.

6) 一笴(일가) : 화살대 하나이며 그 길이는 3척(三尺)이라 했다. 가(笴)는 화
   살대 줄기이다. 공(公)과 나란히 할 수 없기 때문이다.

7) 東面立(동면립) : 공(公)을 향하다의 뜻.

8) 還右(환우) : 공(公)의 오른쪽으로 돌다. 금문에는 우환(右還)으로 되어 있다.

9) 笥(사) : 억새풀을 엮어서 만든 네모진 상자이다.

10) 大射正執弓(대사정집궁) : 대사정이 활을 가지다. 이는 사정(司正)이 해야
    할 일인데 대사정이 했다.

11) 朱極三(주극삼) : 붉은 골무를 세 개의 손가락에 끼다. 주는 가죽으로 만든
    것. 극은 방(放)과 같다. 삼은 둘째와 셋째와 넷째 손가락을 뜻한다.

12) 公袒朱襦(공단주유) : 임금은 약간 걷는 시늉만 하는데 붉은 속옷을 살짝
    내보이기만 하다.

13) 順(순) : 방(放)의 뜻이다. 금문에는 순(循)으로 되어 있다.

14) 隈(외) : 궁연(弓淵)이다. 곧 활의 줌통이다.

15) 揉(유) : 만져서 시험 삼아 해보다. 고문(古文)에는 뉴(紐)로 되어 있다.

16) 以巾內拂矢(이건내불시) : 수건으로 화살을 털다. 혹 남은 먼지가 있을까
    하여 털어서 준다.

17) 稍屬(초속) : 공(公)은 화살을 허리에 꽂지 않는다.

18) 以矢行告于公(이시행고우공) : 화살이 행하는 방향을 공에게 고하다. 곧 화살이 가는 방향을 고하다.

19) 留(유) : 화살이 과녁에 이르지 못하다.

20) 揚(양) : 화살이 과녁을 넘어 날아가다.

21) 方(방) : 화살이 과녁의 옆으로 가다.

22) 受弓(수궁) : 동당(東堂)에 있는 유사에게 주다.

23) 反位于階西東面(반위우계서동면) : 계단 서쪽에서 동면하는 것은 빈이 내려가 위치하는 자리이다.

24) 餘獲(여획) : 나머지 산가지이다. 고문에는 여산(餘算)으로 되어 있다.

20. 산가지를 계산하여 보고하는 예

사마가 왼쪽 팔의 소매를 걷어올리고 활을 가지고 당으로 오른다. 화살을 취하라는 명을 내리는데 처음 시작할 때와 똑같이 한다. 과녁을 등진 사람이 허락한다. 정기를 가지고 과녁을 등지고 있는 사람이 시작할 때와 똑같이 한다. 사마(司馬)가 당에서 내려와 활을 내려놓는 것도 처음 할 때와 똑같이 한다. 소신이 살그릇에 화살을 쌓아 놓는 것도 처음과 똑같이 한다.

빈과 제공(諸公)과 경(卿)과 대부의 화살을 모두 따로 묶는데 다르게 묶는다. 묶는 것을 마치면 사마정(司馬正)이 앉아서 좌와 우로 나누어 묶음을 앞에 놓고 제자리로 돌아간다.

빈의 화살은 서당(西堂)의 아래에서 시인(矢人)에게 준다. 사마가 활을 내려놓고 제자리로 돌아간 뒤에는 경과 대부가 당으로 올라가서 자리로 나아간다. 사사가 계단 서쪽으로 가서 활을 내려놓고 종아리채를 빼 놓고 옷매무새를 정돈하고 산가지통의 동쪽으로부터 앞으로 나아가 산가지통의 남쪽에 선다. 북면하고 서서 산가지를 계산하는 것을 바라본다.

석획자(釋獲者)는 산가지통의 서쪽에 앉아서 동면하고 먼저 오른쪽에 있는 산가지를 세는데 두 개의 산가지를 순(純)으로 삼고 일순(一純)씩 취하여 왼손에 놓는데 십순(十純)이 되면 가로

로 쌓아 놓는다. 매양 쌓아 놓는 것을 다르게 한다. 남는 순(純)
이 있게 되면 아래에 횡으로 놓는다.

일산(一算 : 하나의 산가지)이 기(奇)가 되고 기는 또 모든 순
(純)의 아래에 가로로 놓는다.

이에 일어나서 앞으로부터 왼쪽으로 가서 동면하고 앉는다. 앉
아서 산가지를 아울러 모은다. 이에 왼손에 채워서 일순(一純)이
되면 쌓아 놓고 십순(十純)이면 다르게 한다. 그 나머지도 오른
쪽의 산가지를 계산하는 방식과 똑같이 한다.

사사가 제자리로 돌아간다. 석획자(釋獲者)가 드디어 나아가
승리한 쪽의 산가지를 취하여 가지고 동쪽 계단 아래에서 북면하
고 공에게 고한다.

만약 오른쪽이 승리했으면 말하기를 "오른쪽이 왼쪽보다 현명
했습니다." 라고 한다. 만약 왼쪽이 승리했으면 말하기를 "왼쪽
이 오른쪽보다 현명했습니다." 라고 한다.

순(純)의 수로써 고하는데 만약 기(奇)가 있으면 또한 말하기
를 "기(奇)로 이겼습니다."라고 한다.

만약 왼쪽과 오른쪽이 균등하다면 왼쪽과 오른쪽에서 각각 하
나의 산가지를 가지고 고하여 말하기를 "왼쪽과 오른쪽이 균등했
습니다." 라고 한다. 이에 몸을 돌려서 제자리로 돌아와 앉아서 산
가지를 한 곳에 모아 산가지통에 여덟 개씩 세어서 넣고 그 나머
지는 산가지통의 서쪽에 쌓아 놓고 일어나서 함께 하여 기다린다.

◑司馬[1]袒執弓 升 命取矢如初 負侯許諾 以旌負侯如初 司馬降 釋弓
如初 小臣委矢于楅如初 賓諸公卿大夫之矢 皆異束[2]之以茅 卒 正[3]坐
左右撫之 進[4]束 反位 賓之矢則以授矢人[5]于西堂下 司馬釋弓 反位
而后卿大夫升就席 ◑司射適階西 釋弓 去扑[6] 襲 進由中東 立于中
南 北面眡算 釋獲者東面于中西坐 先數右獲[7] 二算爲純[8] 一純以取
實于左手 十純則縮[9]而委之 每委異之[10] 有餘純 則橫諸下[11] 一算爲
奇 奇則又縮諸純下 興 自前適左[12] 東面坐 坐兼斂算 實于左手 一純
以委 十則異之 其餘如右獲 司射復位 釋獲者遂進取賢獲[13] 執之[14]

由阼階下 北面告于公 若右勝 則曰 右賢於左 若左勝 則曰 左賢於
右 以純數告 若有奇者[15] 亦曰奇 若左右鈞 則左右各執一算以告曰
左右鈞 還復位 坐兼斂算 實八算于中 委其餘于中西 興 共而俟

1) 司馬(사마) : 사마정(司馬正)을 뜻한다. 이때 사마사(司馬師) 또한 앉아서
   화살 4개씩을 고른다.
2) 異束(이속) : 대부의 화살은 사(士)의 화살과 달라서 특별히 묶는다는 뜻.
3) 正(정) : 사마정(司馬正)이라 했다.
4) 進(진) : 전(前)의 뜻이다.
5) 矢人(시인) : 화살과 활 등과 관계된 기구들을 들이는 유사(有司)라고 했다.
   일설에는 관직명이라고도 했다. 화살을 만드는 장인.
6) 釋弓去扑(석궁거복) : 활을 내려놓고 종아리채를 빼 놓는 것은 활 쏘는 일이
   끝났다는 뜻이다.
7) 右獲(우획) : 상사(上射)가 맞힌 산가지의 수이다.
8) 純(순) : 전(全). 우(耦)가 상사와 하사로 되어 있어 음과 양을 뜻하는 것.
9) 縮(축) : 종(從)이며 가로이다. 고문에는 축(蹙)으로 되어 있다.
10) 每委異之(매위이지) : 매양 쌓는 것을 다르게 하다.
11) 橫諸下(횡제하) : 일순(一純)이 되지 않으면 이것을 횡으로 아래쪽에 놓는
    다. 아래쪽은 가까운 곳에서부터 아래가 된다.
12) 自前適左(자전적좌) : 산가지통을 따라서 앞의 북쪽이라는 뜻.
13) 賢獲(현획) : 승리한 쪽의 산가지이다.
14) 執之(집지) : 가지런히 그 나머지를 취하다.
15) 以純數告若有奇者(이순수고약유기자) : 순(純)의 수로써 고하는데 만약
    기(奇)가 있을 것 같으면…, 곧 '아무개는 아무개보다 약간의 기(奇)로 현명
    했습니다.'의 뜻.

21. 패자(敗者)가 벌주를 마시는 예

사사(司射)가 술잔대를 설치하라고 명한다. 사궁사(司宮士)
가 술잔 받침대를 받들고 서쪽 계단을 통해 당으로 올라 북면하
고 앉아서 서쪽 기둥의 서쪽에 술잔 받침대를 설치한다. 다시 당

에서 내려와 제자리로 돌아간다.

승리한 쪽의 제자들이 치를 씻어 당 위에 올라서 방호주를 따라서 남면하고 앉아 술잔 받침대 위에 올려놓는다. 이에 당에서 내려와 제자리로 돌아간다.

사사(司射)가 드디어 소매를 걷어올리고 활을 가지고 화살 1대를 재고 종아리채를 허리춤에 꽂고 삼우(三耦)의 서쪽에서 동면한다. 이에 삼우(三耦)와 활을 쏜 모든 이에게 명하기를 "승리한 자는 모두 왼쪽 소매를 걷어올리고 깍지를 끼고 팔찌를 차고 활시위를 당겨 잡으시오 승리하지 못한 자들은 모두 옷매무새를 정리하고 깍지와 팔찌를 벗고 왼손을 뒤집고 오른손은 시위를 풀어놓은 활 위에 얹어 활의 줌통을 잡으시오"라고 한다.

사사가 먼저 제자리로 돌아간다. 이기지 못한 삼우(三耦)와 활을 쏜 모든 사람들이 모두 당으로 올라서 서쪽 계단 위에서 사작(射爵)을 마신다. 소사정(小射正)이 당으로 올라와 사작을 마시는 자들로 하여금 활을 쏠 때의 순서와 똑같이 하여 마시게 한다.

일우(一耦)가 앞으로 나가서 읍하는 것을 활을 쏘기 위해 당으로 오를 때와 똑같이 한다. 계단에 이르러서는 승리한 자들이 먼저 당에 오르고 당으로 올라서는 약간 오른쪽에 자리한다.

승리하지 못한 자들은 앞으로 나아가 북면하고 앉아서 술잔대 위의 치를 가지고 일어나 약간 뒤로 물러나 서서 치의 술을 다 마신다. 이에 다시 앞으로 나아가 앉아서 치를 술잔대 밑에 내려놓는다. 다시 일어나 읍하고 이기지 못한 자들이 먼저 당에서 내려온다. 당으로 올라가 벌주를 마실 다른 사람과 왼쪽으로 비껴 지나는데 계단 앞에서 교대하여 서로 읍하고 옷을 갈아입는 곳으로 가서 활을 내려놓고 옷매무새를 가다듬고 제자리로 돌아간다.

복인사(僕人師)가 이어서 사작(射爵)을 따르되 치를 가지고 가득 채워서 다시 잔대 위에 내려놓고 물러나서 서(序)의 끝에서 기다린다. 이기지 못해 당으로 올라가 벌주를 마시는 사람은 처음 사람이 하던 방식과 똑같이 한다. 삼우(三耦)가 모두 다 마신다.

만약 빈(賓)이나 제공(諸公)이나 경이나 대부가 승리하지 못하였다면 당에서 내려오지 않고 활을 잡지 않으며 사우(射耦)는 당으로 오르지 않는다.

복인사(僕人師)가 치를 씻어서 들고 당에 올라 술을 따라서 이들에게 준다. 빈이나 제공이나 경이나 대부는 자리에서 치를 받으면 자리에서 내려와 서쪽 계단 위로 가서 북면하고 서서 마신다. 치의 술을 다 마시면 작을 가진 자에게 치를 주고 돌아가 자기 자리에 앉는다.

만약 공(公)이 벌주를 마시게 된다면 공을 모시고 함께 활을 쏜 빈(賓)이 당에서 내려와 각치(角觶)를 씻어서 당 위로 올라가 방호주를 따라 당에서 내려와 절을 한다. 공이 계단 한 층을 내려가면 소신정(小臣正)이 사양하는 인사말을 한다. 빈이 당으로 올라서 재배하고 머리를 조아린다. 공이 답하여 재배한다. 빈이 앉아서 술에 제사를 지내고 작의 술을 모두 마신 뒤 재배하고 머리를 조아린다. 공이 답하여 재배한다. 빈이 당에서 내려가 상치(象觶)를 씻어 당으로 올라와 좋은 술을 따라서 공에게 바친다. 이에 내려와 절한다.

소신정(小臣正)이 공(公)을 대신하여 사양의 말을 한다. 빈이 당으로 올라와 재배하고 머리를 조아린다. 공이 답하여 재배한다.

공이 상치의 술을 다 마시면 빈이 앞으로 나아가 빈 치를 받는다. 다시 당에서 내려가 산치(散觶)를 씻어 당으로 올라가 방호주를 가득 따라서 놓고 내려와 절한다.

소신정이 공 대신 사양의 인사말을 한다. 빈이 당으로 올라가 재배를 올리고 머리를 조아린다. 공이 답하여 재배한다. 빈이 앉아서 술을 제사하지 않고 치의 술을 다 마시고 당에서 내려와 대광주리에 치를 집어넣는다. 이에 계단 서쪽에서 동면하고 서 있는다.

안내하는 사람이 공의 명을 전하여 빈에게 당으로 오르도록 한다. 빈이 당으로 올라와 좌석으로 나아간다.

만약에 제공(諸公)이나 경이나 대부의 사우(射耦)가 승리하지 못하였다면 또한 시위를 푼 활을 가지고 홀로 당으로 올라가서 벌주를 마신다.

그 밖의 모든 사람들이 모두 이어서 사작(射爵)을 마시는데 그 방법은 삼우(三耦)가 벌주를 마시는 것과 똑같이 한다. 사작을 두루 다 마시면 이에 술잔대와 치(觶)를 철수한다.

◑司射命設豊 司宮士奉豊 由西階升 北面坐設于西楹西 降復位 勝者之弟子¹⁾洗觶 升酌散 南面坐奠于豊上 降反位 司射遂袒執弓 挾一个 搢扑 東面于三耦之西 命三耦及衆射者 勝者皆袒決遂 執張弓²⁾ 不勝者皆襲 說決拾 卻左手 右加弛弓于其上³⁾ 遂以執拊 司射先反位 三耦及衆射者 皆升飲射爵⁴⁾于西階上 小射正作升飲射爵者 如作射 一耦出 搢如升射 及階 勝者先升⁵⁾ 升堂 少右⁶⁾ 不勝者進北面坐取豊上之觶 興 少退 立卒觶⁷⁾ 進坐奠于豊下 興 搢 不勝者先降⁸⁾ 與升飲者相左 交于階前 相揖 適次 釋弓 襲 反位 僕人師繼酌射爵⁹⁾ 取觶實之 反奠于豊上 退俟于序端 升飲者如初 三耦卒飲 若賓諸公卿大夫不勝 則不降¹⁰⁾ 不執弓 耦¹¹⁾不升 僕人師洗 升實觶以授 賓諸公卿大夫受觶于席以降 適西階上 北面立飲¹²⁾ 卒觶 授執爵者 反就席 若飲公 則侍射者¹³⁾降 洗角觶 升酌散 降拜 公降一等 小臣正辭 賓升 再拜稽首 公答再拜 賓坐祭 卒爵 再拜稽首 公答再拜 賓降 洗象觶 升酌膳以致 下拜 小臣正辭 升 再拜稽首 公答再拜 公卒觶 賓進受觶 降洗散觶 升實散 下拜 小臣正辭 升 再拜稽首 公答再拜 賓坐 不祭 卒觶 降奠于篚 階西東面立 擯者¹⁴⁾以命升賓 賓升就席¹⁵⁾ 若諸公卿大夫之耦¹⁶⁾ 不勝 則亦執弛弓 特升飲¹⁷⁾ 衆皆繼飲射爵如三耦 射爵辯 乃徹¹⁸⁾豊與觶

1) 弟子(제자) : 그 젊은이들이다. 진 쪽의 제자들이다.

2) 執張弓(집장궁) : 시위가 걸려 있는 활을 가지고 있는 것이다. 곧 오른손으로 시위를 걸었다.

3) 右加弛弓于其上(우가이궁우기상) : 오른쪽에 시위를 푼 활을 가지고 있다. 곧 다시 쓰지 않는다는 것을 나타내는 것이다.

4) 射爵(사작) : 벌작(罰爵)의 약칭이다. 곧 벌주. 이기지 못한 쪽은 누구든지 마셔야 한다.

5) 先升(선승) : 승리한 쪽을 높이는 것이다.

6) 少右(소우) : 마시는 자들을 위하여 자리를 피해 준다. 상음(相飲)의 예가 그러하기도 하다.

7) 立卒觶(입졸치) : 서서 치를 마시다. 서서 마시는 것은 제사도 하지 않고 절도 하지 않는 것을 말하는데 이는 벌주를 마시기 때문이다.

8) 先降(선강) : 이긴 쪽 사람들이 뒤에 오르고 먼저 내려가는 것은 간략하게 하기 위한 것이다.

9) 僕人師繼酌의射爵(복인사계작사작) : 임금이 제자들 대신 복인사에게 돌리게 하다. 이후부터는 두루 술을 돌리는 예를 말하다.

10) 不降(불강) : 존경하여 내려오지 않게 하는 것이다.

11) 耦(우) : 사(士)를 뜻함. 곧 대부가 우가 모자라 사(士)가 들어간 것을 뜻함.

12) 立飮(입음) : 비록 대부가 존귀하기는 하지만 벌주를 봐줄 수는 없다는 뜻.

13) 侍射者(시사자) : 빈을 뜻한다. 공이 비록 진 쪽에 있지만 감히 벌주를 마시게 할 수가 없어 빈이 술잔을 올리는 예만 차리는 것이다.

14) 擯者(빈자) : 사정(司正)이다.

15) 席(석) : 금문(今文)에는 연(筵)으로 되어 있다.

16) 耦(우) : 사(士)라고 했다.

17) 特升飮(특승음) : 특은 독(獨)과 같다. 지위가 다른 사람이 일우(一耦)가 되어 함께 활을 쏘았을 때 지위가 낮은 사람만 혼자 벌주를 마시게 하는 것이다.

18) 徹(철) : 제(除)의 뜻이다.

22. 획자(獲者)에게 술을 주는 예

사궁(司宮)이 준후(尊侯)의 술단지를 복불씨(服不氏)의 동북쪽에 두는데 술이 있는 2개의 호(壺)를 동면(東面)하게 하여 남쪽을 위로 삼으며 모두 술국자를 올려놓는다.

준(尊)의 서북쪽에는 씻는 곳을 설치하고 대광주리는 남쪽에 두는데 동쪽으로 벌려 놓는다.

하나의 산(散 : 술잔)은 대광주리에 놓는다.

사마정이 산(散 : 술잔)을 씻어 술을 따라서 복불씨(服不氏)에게 드린다. 복불씨가 과녁의 서북쪽으로 세 걸음쯤 떨어진 곳에서 북면하여 재배하고 작을 받는다.

사마정이 서면하여 절하고 작을 보내고는 제자리로 돌아간다.

재부(宰夫) 소속의 유사(有司)가 육포와 육장을 올리고 서자(庶子)가 절조(折俎)를 설치한다. 마침내 그냥 놓아 둔다.

대후(大侯)의 획자(獲者)가 우개(右介)로 가면 육포와 육장과 도마가 뒤따른다. 획자가 왼손에는 작을 잡고 오른손으로 육포와 육장과 도마 위의 고기를 제사 지내고 두 손으로 술을 제사한다. 이에 좌개(左介)로 가서 우개(右介)에서 제사 지낸 방식과 똑같이 하고 과녁의 중앙에서도 또한 똑같은 방식으로 한다.

제사를 끝마치면 좌개(左介)의 서북쪽으로 세 걸음쯤 떨어진 곳에서 동면(東面)하여 육포와 육장과 도마의 고기를 차려놓고 서서 작의 술을 다 마신다.

사마사(司馬師)가 빈 작을 받는다. 작을 씻어서 예복인(隸僕人)과 건거(巾車)와 획자(獲者)에게 술을 내리는데 모두가 대후(大侯)의 예에서 하는 방식과 똑같이 한다.

술을 내리는 일이 모두 끝나면 사마사가 빈 작을 받아서 대광주리에 넣는다. 획자(獲者)가 그 육포와 육장을 모두 들고 서자(庶子)는 도마를 가지고 따른다. 이에 살가리개가 있는 곳에서 조금 남쪽으로 진열한다.

복불씨(服不氏)가 다시 과녁을 등지고 기다린다.

●司宮尊侯¹⁾于服不²⁾之東北 兩獻酒 東面南上 皆加勺 設洗于尊西北 篚在南 東肆 實一散³⁾于篚 司馬正洗散⁴⁾ 遂實爵 獻服不 服不侯西北三步 北面拜受爵 司馬正西面拜送爵⁵⁾ 反位 宰夫有司⁶⁾薦 庶子設折俎 卒錯⁷⁾ 獲者適右个 薦俎從之 獲者左執爵 右祭薦俎⁸⁾ 二手祭酒⁹⁾ 適左个 祭如右个 中亦如之¹⁰⁾ 卒祭 左个之西北三步 東面 設薦俎 立卒爵 司馬師受虛爵 洗獻隸僕人¹¹⁾與巾車¹²⁾ 獲者 皆如大侯之禮 卒 司馬師受虛爵 奠于篚¹³⁾ 獲者皆執其薦 庶子執俎從之 設于乏少南¹⁴⁾ 服不復負侯而侯

1) 尊侯(준후) : 대후(大侯)의 획자(獲者)에게 술잔을 내려주는 것. 임금의 과녁인 대후를 설치하면 획자에게 술잔을 내려주는데 그것은 획자의 공로는 과녁에서 비롯되었기 때문. 처음에 내려주지 않는 것은 임금이 쏘지 않을 수도

있기 때문이다. 임금이 쏘지 않으면 대후의 획자에게 술잔을 내리지 않는다.

2) 服不(복불) : 천자(天子)의 사마(司馬)에 소속된 관원으로 하사(下士)이다. 활쏘기에서는 과녁을 장치하는 일을 보좌하고 기를 들고 화살 가리개를 맡는다. 여기서의 복불씨는 과녁을 설치하고 화살 가리개를 담당한 뜻으로 쓰인 것 같다. 여기서 복불을 거론한 것은 대후의 관직을 높인 것이라 했다.

3) 散(산) : 술잔 이름이며 다섯 되가 들어간다고 했다.

4) 洗散(세산) : 서면하고 산을 씻다.

5) 西面拜送爵(서면배송작) : 복불씨가 술을 다 마시기를 기다리지 않고 절하여 보내는 것은 예를 간략하게 하기 위한 것이다. 이로써 복불의 무리에게 술을 드리는 일이 끝났다는 것을 뜻하며 이에 제자리로 돌아가는 것이다.

6) 有司(유사) : 재부(宰夫)의 소속 관리라는 뜻이다.

7) 卒錯(졸조) : 끝마쳐서 방치하다. 곧 놓아 두다의 뜻.

8) 祭薦俎(제천조) : 희생이 있는 도마를 올리고 제사를 지내는데도 술을 차려 내지 않는 것은 예를 다 차리지 않은 것이다.

9) 二手祭酒(이수제주) : 두 손으로 술을 제사하다. 획자가 도마의 북쪽에서 남면하고 있는 것. 두(豆)의 제기 사이에서 과녁을 제사 드리는 것을 뜻함. 이때 술잔을 한 손으로 따르면 바른 예라 할 수 없으므로 두 손으로 한 것이다.

10) 中亦如之(중역여지) : 과녁의 중앙에 제사 지내는 것도 또한 마찬가지로 한다.

11) 隷僕人(예복인) : 과녁의 도(道)를 청소하는 직책.

12) 巾車(건거) : 대후(大侯)와 삼후(參侯)와 안후(干侯)를 설치하는 사람.

13) 篚(비) : 획자(獲者)의 대광주리이다.

14) 設于乏少南(설우핍소남) : 살가리개가 있는 약간 남쪽으로 진설한다. 이는 다시 활을 쏠 때 정기(旌旗)를 놓는 데 장애가 되지 않게 하기 위해서이다. 곧 예복인이나 건거(巾車)나 양인(量人)은 복불씨의 남쪽에 있는다.

23. 석획자(釋獲者)에게 술을 주는 예

사사(司射)가 계단의 서쪽으로 가서 종아리채를 빼 놓고 당(堂)의 서쪽으로 가서 활을 내려놓고 깍지와 팔찌를 벗어 놓고 옷매무새를 정돈하고 씻는 곳으로 간다.

씻는 곳에서 고(觚)를 씻어 당으로 올라와 고에 술을 따른다.

당에서 내려가 석획자(釋獲者)가 있는 그 위치에서 약간 남쪽으로 서서 술을 드린다. 육포와 육장과 절조(折俎)를 올리는데 모두를 제사 지낸다.

석획자(釋獲者)가 육포와 육장이 있는 오른쪽에서 동면하고 절하며 작을 받는다. 사사(司射)가 북면하고 절하여 작을 보낸다. 석획자가 그 육포와 육장이 있는 곳으로 나아가 앉아서 왼손에는 작을 잡고 오른손으로는 육포와 육장을 제사 지낸다. 이에 일어나서 허파를 가지고 앉아 허파를 제사 지내고 술을 제사 지낸다. 일어나 사사의 서쪽에서 북면하고 서서 작의 술을 모두 마시는데 다 마시고 절은 하지 않는다. 사사(司射)가 빈 작을 받아서 대광주리 속에 넣는다. 석획자가 약간 서쪽에서 육포와 육장을 밀어 놓고 제자리로 돌아간다.

사사(司射)가 당의 서쪽으로 가서 왼쪽 팔을 걷어올리고 깍지를 끼고 팔찌를 차고 활을 가지고 한 대의 화살을 시위에 메겨 계단의 서쪽으로 가서 종아리채를 허리춤에 꽂고 제자리로 돌아간다.

◐司射適階西 去扑[1] 適堂西 釋弓 說決拾 襲 適洗 洗觚 升實之 降 獻釋獲者[2]于其位少南[3] 薦脯醢折俎 皆有祭 釋獲者薦右 東面拜受 爵 司射北面拜送爵 釋獲者就其薦坐 左執爵 右祭脯醢 興取肺 坐 祭 遂祭酒 興 司射之西 北面立卒爵 不拜旣爵 司射受虛爵 奠于篚 釋獲者少西辟薦[4] 反位 司射適堂西 袒決遂 取弓 挾一个 適階西 搢 扑以反位[5]

1) 去扑(거복) : 종아리채를 찬 상태로 당에 오를 수가 없다.
2) 獻釋獲者(헌석획자) : 석획자에게 술을 내리다. 석획자와 획자에게 술을 내리는 예가 다른 까닭은 문무(文武)가 다르기 때문이다.
3) 少南(소남) : 약간 남쪽으로 하다. 곧 과녁의 중앙을 피하기 위해서이다.
4) 少西辟薦(소서벽천) : 약간 서쪽으로 하여 육장과 육포를 피하다. 이는 다시 활을 쏘게 될 경우 사사(司射)가 산가지를 보는 것을 방해하지 않기 위해서 이다. 또한 도마를 물리치는 것이다.

5) 搢扑以反位(진복이반위) : 종아리채를 허리춤에 꽂고 제자리로 돌아가다. 곧
다시 활을 쏘게 된다는 뜻이다.

24. 다시 청하여 활을 쏠 때

사사(司射)가 종아리채를 계단 서쪽에 기대놓고 동쪽 계단 아래로 가서 북면(北面)하고 서서 공(公)에게 활쏘기를 허락할 것을 요청하는데 그 요청하는 방법은 처음 할 때와 똑같이 한다.

되돌아와서 종아리채를 허리춤에 꽂고 옷을 갈아입는 곳으로 가서 삼우(三耦)에게 명하기를, 모두 왼팔의 소매를 걷어올리고 깍지를 끼고 팔찌를 차고 활을 가지고 순서대로 나와서 화살을 잡으라고 한다.

사사가 먼저 제자리로 돌아간다. 삼우(三耦)가 번갈아 화살을 취하는데 처음 할 때와 똑같이 한다. 소사정이 사람들에게 화살을 취하게 하는 것도 처음 할 때와 똑같이 한다.

삼우(三耦)가 이미 번갈아서 화살을 가지면 제공(諸公)이나 경(卿)이나 대부(大夫)가 모두 당에서 내려오는데 그 방법은 처음에 위치할 때와 똑같이 한다. 사우(射耦)와 함께 옷을 갈아입는 곳으로 들어가서는 모두가 왼팔의 소매를 걷어올리고 깍지를 끼고 팔찌를 차고 활을 가지고 모두가 앞으로 나아가 살그릇의 맞은편에 이른다. 이에 앞으로 나아가 앉아서 화살 묶음을 푼다.

상사(上射)는 동면하고 하사는 서면하여 번갈아 화살을 가지는 것을 삼우(三耦)가 하던 것과 똑같이 한다.

만약 사(士)와 대부가 함께 사우(射耦)가 되었다면 사(士)는 동면하고 대부는 서면한다. 대부는 앞으로 나아가 앉아서 화살 묶음을 풀어 놓고는 물러나서 제자리로 돌아간다.

사우(射耦)가 읍하고 앞으로 나아가 앉아서 한 번에 화살 4개를 가지고 일어나서 화살의 깃을 고른다. 또 왼쪽으로 도는데 한 바퀴를 돌지 않고 얼굴을 돌리고 읍한다.

대부가 앞으로 나아가 앉아 또한 한 번에 화살 4개를 가지고 그

사우(射耦)와 똑같이 한다. 북면하고 화살 3개를 허리에 꽂고 하나를 시위에 메겨 읍하고 나아간다.

대부와 그의 사우(射耦)는 모두 옷을 갈아입는 곳으로 가서 활을 내려놓고 깍지와 팔찌를 벗어 놓고 옷매무새를 정돈하고 제자리로 돌아간다.

제공(諸公)과 경(卿)은 당으로 올라가 자리로 나아간다.

모든 활 쏘는 자들은 이어서 번갈아 화살을 취하는데 모두 삼우(三耦)가 하던 방식과 똑같이 한다. 드디어 옷을 갈아입는 곳으로 가서 활과 화살을 내려놓고 깍지와 팔찌를 벗어 놓고 옷매무새를 정돈하고 제자리로 돌아간다.

◑司射倚扑于階西 適阼階下¹⁾ 北面請射于公如初 ◑反搢扑 適次 命三耦皆袒決遂 執弓 序²⁾出取矢 司射先反位³⁾ 三耦拾取矢如初 小射正⁴⁾作取矢如初 三耦旣拾取矢 諸公卿大夫皆降如初位 與耦入于次 皆袒決遂 執弓 皆進當福⁵⁾ 進坐 說矢束 上射東面 下射西面 拾取矢如三耦 若士與大夫爲耦 士東面 大夫西面 大夫進坐 說矢束 退反位 耦揖進坐 兼取乘矢 興 順羽 且左還 毋周 反面揖 大夫進坐 亦兼取乘矢 如其耦 北面搢三挾一个 揖進 大夫與其耦皆適次 釋弓 說決拾 襲 反位 諸公卿升就席 衆射者 繼拾取矢 皆如三耦 遂入于次 釋弓矢 說決拾 襲 反位

1) 適阼階下(적조계하) : 당에 오르지 않는 것은 빈이나 제공이나 경이나 대부가 이미 한 번 활을 쏘아 보아서 그 절차를 알고 있기 때문이다.

2) 序(서) : 습(拾)과 뜻이 같다. 차례대로의 뜻. 번갈아 하다. 교대하다.

3) 先反位(선반위) : 먼저 제자리로 돌아가다. 삼우보다 먼저 제자리로 가다의 뜻.

4) 小射正(소사정) : 사사(司射)의 보좌이다.

5) 皆進當福(개진당복) : 삼우(三耦)가 읍하는 위치로 나아가다의 뜻.

25. 두 번째의 활쏘기를 마치는 예

사사(司射)가 여전히 하나의 화살을 끼우고 활을 쏘라고 시키는 것을 처음 시작할 때와 똑같이 한다. 일우(一耦)가 읍하고 당에 오르는 것도 처음 시작할 때와 똑같이 한다.

사마(司馬)가 당으로 올라가 과녁에서 떨어져 있으라고 명령하면 과녁을 등진 자가 허락을 한다. 사마가 당에서 내려와 활을 내려놓고 제자리로 돌아간다.

사사(司射)와 사마(司馬)가 계단 앞에서 교대하여 종아리채를 계단의 서쪽에 기대놓고, 동쪽 계단의 아래로 가서 북면하고 공에게 음악을 연주하게 해 달라고 청한다. 공(公)이 허락한다.

사사(司射)가 되돌아와서 허리에 종아리채를 꽂고 동면하고 악정(樂正)에게 명하여 말하기를 "공(公)께서 음악을 사용하라고 명하셨습니다."라고 한다.

악정(樂正)이 말하기를 "예! 그렇게 하겠습니다."라고 한다. 이에 사사가 당(堂) 아래로 가서 북면하고 상사를 살펴보면서 말하기를 "활을 쏠 때 북소리에 맞지 않으면 맞아도 쏘지 않은 것으로 간주하겠습니다."라고 한다.

상사(上射)가 읍하면 사사(司射)가 뒤로 물러나 제자리로 돌아간다.

악정이 대사(大師)에게 명하여 말하기를 "이수(貍首)를 연주하는데 사이가 한결같도록 연주하시오."라고 한다.

태사가 일어나지 않고 허락한다. 악정이 제자리로 돌아간다. 이에 이수(貍首)를 연주하여 활을 쏘게 한다. 삼우(三耦)가 활쏘기를 다 마치면 빈이 사위(射位)에서 대기하는데 처음 하던 것과 똑같이 한다.

공(公)이 음악이 연주된 후에 사위(射位)로 나아가서 연이어서 활을 쏜다. 음악의 절주에는 신경쓰지 않는다. 그 밖의 것들은 처음 할 때의 거동과 똑같이 한다.

활쏘기를 마치면 또한 처음의 의식과 똑같이 한다. 빈이 좌석으로 나아간다. 제공(諸公)이나 경(卿)이나 대부(大夫)나 여러 활쏘는 자들이 모두 계속하여 활을 쏜다. 석획자(釋獲者)도 처음의 의식과 똑같이 한다.

활쏘기가 끝나면 당에서 내려와 제자리로 돌아간다.

석획자가 남은 산가지들을 가지고 앞으로 나아가서 공에게 고한다. 좌사와 우사가 활쏘기를 마치는 것을 처음 시작할 때의 예와 똑같이 한다.

◑司射猶挾一个以作射如初 一耦揖升如初 司馬升 命去侯 負侯者許諾 司馬降 釋弓反位 ◑司射與司馬交于階前 倚扑于階西 適阼階下 北面請以樂[1]于公 公許 司射反 搢扑 東面命樂正[2]曰 命用樂 樂正曰 諾 司射逐適堂下 北面視上射 命曰 不鼓不釋[3] 上射揖 司射退反位 樂正命大師曰[4] 奏貍首[5] 間若一[6] 大師不興 許諾 樂正反位 奏貍首以射 三耦卒射 賓待于物如初 公樂作而后就物 稍屬 不以樂志[7] 其他如初儀 卒射如初 賓就席 諸公卿大夫衆射者皆繼射 釋獲如初 卒射 降反位 釋獲者執餘獲進告 左右卒射如初

1) 請以樂(청이악) : 음악을 청하다. 곧 음악을 연주하게 하여 음악의 절도에 맞춰 활을 쏘게 하다. 첫 화살은 맞혀도 계산하지 않고 음악이 연주된 이후에 쏜 화살을 계산하는 것은 군자(君子)가 일에 임하는 자세를 나타내기 위함이다. 또한 맨 나중에 법을 이루고 교화가 점점 깊어지는 것의 상징이다. 활을 쏠 때 음악의 절주에 맞춘다는 것은 대단히 어려운 일이다.

2) 樂正(악정) : 악공의 남쪽에서 북면하고 있다.

3) 不鼓不釋(불고불석) : 북의 장단에 맞추어 쏘지 않는 것은 적중했어도 계산하지 않는다.

4) 樂正命大師曰(악정명대사왈) : 악정이 서면하고 명을 받아 왼쪽으로 돌아서 동쪽을 바라보고 서서 대사에게 대사(大射)의 악장(樂章)을 연주하라고 명한다. 대사는 태사(太師).

5) 貍首(이수) : 시가(詩歌)가 분실되었다. 2장으로 구성되어 있다고 했다. 정현은 이수는 지금은 전하지 않는데 첫머리가 증손(曾孫)으로 시작되는 시(詩)라고 했다. 또 제후는 이수(貍首)로써 절주를 맞춘다고 했다.

6) 間若一(간약일) : 사이가 있어 그 사이의 간격이 한결같아야 한다는 것.

7) 不以樂志(불이악지) : 음악에 뜻을 맞추지 않다. 곧 임금은 활을 쏠 때 빠르게 하거나 느리게 하거나 마음대로 하고 음악의 박자에 맞추지 않는다는 뜻.

이는 임금이 음악 때문에 민첩하게 활을 쏘지 못할 것을 예방하는 것이다.

26. 사기(射器)들을 정리하는 절차

사마(司馬)가 당으로 올라가 화살을 취하라고 명한다. 과녁을 등진 자가 허락한다. 사마가 당에서 내려와 활을 내려놓고 제자리로 돌아간다.

소신(小臣)이 화살을 쌓아 놓으면 사마사(司馬師)가 4개씩 세는데 모두 처음 할 때와 똑같이 한다. 사사가 활을 내려놓고 산가지 세는 것을 살펴보는데 처음 할 때와 똑같이 한다.

석획자(釋獲者)가 이기거나 균등하게 이룬 상황을 공(公)에게 보고하는데 처음에 할 때와 똑같은 방식으로 한다. 그리고 제자리로 돌아간다.

사사(司射)가 술잔대를 설치하라고 명하고 치(觶)에 술을 따르는데 처음 시작할 때의 방식과 같이 한다. 드디어 승리한 자에게 명하여 활에 시위를 걸어 잡게 하고 이기지 못한 자들은 활의 시위를 풀어서 잡게 한다. 당으로 올라 벌주를 마시는데 처음과 같이 한다. 벌주를 다 마시면 술잔대와 치를 치우는데 처음과 같이 한다.

사사(司射)가 여전히 왼팔의 소매를 걷어올리고 깍지를 끼고 팔찌를 차고 왼쪽에는 활을 들고 오른쪽에는 화살 한 대를 가지고 모두 시위와 겸하여 화살촉이 위를 향하게 한다. 그리고 옷을 갈아입는 곳으로 가서 번갈아 화살을 취하라고 명하는 것도 처음 시작할 때와 똑같이 한다.

사사가 제 위치로 돌아간다. 삼우(三耦)와 제공(諸公)과 경과 대부와 활을 쏘는 모든 사람이 다 왼쪽 팔을 걷어붙이고 깍지를 끼고 팔찌를 차고 번갈아서 화살을 취하는데 처음 할 때와 똑같은 방식으로 한다.

화살은 시위에 걸지 않고 모두 시위와 아울러 잡아서 화살촉이 위로 향하게 한다. 물러나서 옷을 갈아입는 곳으로 가는데 모두가 유사(有司)에게 활과 화살을 주고 옷매무새를 정돈하고 제자리로 돌아간다.

경(卿)과 대부가 당에 올라 자리로 나아간다. 사사가 옷을 갈아입는 곳으로 가서 활을 내려놓고 깍지와 팔찌를 벗어 놓고 종아리채를 빼 놓고 옷매무새를 정돈하고 제자리로 돌아간다.

사마정(司馬正)이 살그릇을 치우고 과녁의 줄을 풀라고 명한다. 소신사(小臣師)가 살그릇을 치우면 건거(巾車)와 양인(量人)이 과녁 왼쪽 아래의 줄을 푼다. 사마사(司馬師)가 획자(獲者)에게 정기와 육포와 육장과 도마를 함께 가지고 물러나라고 명한다. 사사가 석획자(釋獲者)에게 산가지통과 산가지를 함께 치우고 기다리라고 명한다.

공(公)이 또 앞에 놓여 있는 치를 들어올린다. 오직 공만이 하사할 수 있다. 만약 빈이나 대부의 장(長)이라면 서쪽 계단 위에서 순서대로 술을 돌리는데 처음과 똑같이 한다. 대부로서 마지막으로 받은 사람은 빈 치를 들고 당에서 내려와 대광주리에 넣는다. 그리고 제자리로 돌아간다.

◐司馬升 命取矢 負侯許諾 司馬降 釋弓反位 小臣委矢 司馬師乘之 皆如初 司射釋弓 視算¹⁾如初 釋獲者以賢獲與鈞告如初 復位 ◐司射 命設豊 實觶如初 遂命勝者執²⁾張弓 不勝者執弛弓 升飲如初 卒 退 豊與觶如初 ◐司射猶袒決遂 左執弓 右執一个 兼諸弦 面³⁾鏃 適次 命拾取矢如初 司射反位 三耦及諸公卿大夫衆射者 皆袒決遂以拾 取矢如初 矢不挾⁴⁾ 兼諸弦 面鏃 退適次 皆授有司弓矢 襲 反位 ◐ 卿大夫升就席 司射適次 釋弓 說決拾 去扑 襲 反位 司馬正命退楅 解綱 小臣師退楅 巾車 量人解⁵⁾左下綱 司馬師⁶⁾命獲者以旌與薦俎 退 司射命釋獲者退中與算而俟 ◐公又舉奠觶 唯公所賜 若賓若長 以旅于西階上如初 大夫卒受者以虛觶降 奠于篚 反位

1) 算(산) : 과녁을 명중시킨 산가지이다.
2) 執(집) : 옆에서 화살을 가지고 시위에 걸다의 뜻.
3) 面(면) : 상(尙)과 같다. 화살을 시위에 아울러 화살촉을 향하게 하다의 뜻.
4) 不挾(불협) : 시위에 걸어 쥐고 있다.

5) 解(해) : 풀다의 뜻.

6) 司馬師(사마사) : 금문(今文)에는 사(師)자만 있다.

27. 편안하게 연회를 즐기다

사마정(司馬正)이 서쪽 계단을 통해 당으로 올라 동쪽 기둥이
있는 동쪽에서 북면하고 공(公)에게 고한다. "청컨대 도마〔俎〕
를 철거하도록 허락해 주십시오."라고 하면 공이 허락한다.

드디어 서쪽 계단 위로 가서 북면하고 빈에게 고한다.

빈이 북면하고 도마를 가지고 문으로 나온다. 제공(諸公)이나
경(卿)도 도마를 가지고 빈이 하던 예와 똑같이 한다. 드디어 나
가서 문 밖에서 시중드는 자들에게 도마를 준다. 대부는 당에서
내려와 제자리로 돌아간다.

서자정(庶子正)이 공(公)의 도마를 거두어 가는데 동쪽 계단
의 동쪽으로 당에서 내려간다.

빈(賓)과 제공(諸公)과 경들이 모두 문 안으로 들어와 동면하
는데 북쪽을 위로 삼는다. 사정(司正)이 빈에게 당으로 오르도록
한다. 빈과 제공(諸公)과 경(卿)과 대부들이 모두 신발을 벗고
당으로 올라서 좌석으로 나아간다. 공이 빈과 경과 대부가 모두
자리에 앉으면 이에 편안하게 하라고 한다.

여러 가지 음식들이 올라온다. 대부가 육포와 육장으로 제사를
지낸다. 사정이 당 위로 올라서 명을 받아 모두에게 명을 전달한다.
"공(公)께서 말씀하시기를 '모두 취하지 않을 수 없다.' 라고
하셨습니다."

이에 빈(賓)과 제공(諸公)과 경(卿)과 대부가 모두 일어나서
대답한다.

"예. 감히 취하지 않겠습니까."

이에 모두 돌아와 자리에 앉는다.

주인이 치를 씻어 술을 따라서 서쪽 계단 위에서 사(士)에게 드
린다. 사(士)의 장(長)이 당 위로 올라와 절하고 치를 받는다. 주

인이 절하고 치를 보낸다. 사(士)는 앉아서 술을 제사하고 서서
마신다. 다 마시고는 절을 하지 않는다. 그 밖의 사들도 절을 하지
않고 앉아서 술을 제사 지내고 서서 술을 마신다.

이에 사정(司正)과 사인(射人)이 치(觶)의 남쪽에서 육포와
육장을 올린다. 북면하고 동쪽을 위로 삼으며 사정이 상(上)이 된
다. 두루 사에게 술을 드린다. 사가 이미 술을 받은 자는 동쪽에
서서 서면하는데 북쪽을 위로 삼는다. 이에 사에게도 육포와 육
장이 올려진다.

축사(祝史)와 소신사(小臣師)가 또한 그 자리에 나아가면 육
포와 육장이 올려진다. 주인이 그 사려식(士旅食)에게도 나아가
술잔을 올린다.

사려식(士旅食)은 절을 하지 않고 작을 받는다. 앉아서 제사를
지내고 서서 술을 마신다. 주인이 빈 작을 가지고 대광주리 속에
넣고 제자리로 돌아간다.

◗司馬正升自西階 東楹之東 北面告于公 請徹俎 公許 遂適西階上
北面告于賓 賓北面取俎以出 諸公卿取俎如賓禮 遂出 授從者于門
外 大夫降復位¹⁾ 庶子正徹公俎 降自阼階以東²⁾ ◗賓諸公卿皆入門
東面北上 司正升賓 賓諸公卿大夫皆說屨 升就席 公以賓及卿大夫
皆坐 乃安³⁾ ◗羞庶羞⁴⁾ 大夫祭薦 司正升受命⁵⁾ 皆命 公曰 衆無不醉
賓及諸公卿大夫皆興 對曰 諾 敢不醉 皆反位坐 ◗主人洗 酌 獻士
于西階上 士長升 拜受觶⁶⁾ 主人拜送 士坐祭 立飮 不拜既爵 其他⁷⁾
不拜 坐祭 立飮 乃薦司正⁸⁾與射人⁹⁾于觶南 北面東上 司正爲上 辯
獻士 士既獻者¹⁰⁾立于東方 西面北上 乃薦士 祝史¹¹⁾小臣師亦¹²⁾就其
位而薦之 主人就士旅食之尊而獻之¹³⁾ 旅食不拜受爵¹⁴⁾ 坐祭 立飮
主人執虛爵 奠于篚 復位

1) 復位(복위) : 문의 동북쪽에 있는 자리로 가는 것이다.
2) 降自阼階以東(강자조계이동) : 내려올 때 동쪽 계단의 동쪽을 이용하는 것
   은 임금이 직접 도마를 치운다는 인상을 주는 것이다.
3) 乃安(내안) : 이에 편안하다. 임금이, 자기 때문에 주저하지 말고 편안하게

거처하라고 하는 뜻이다.

4) 羞庶羞(수서수) : 앞의 수는 올리다의 뜻. 서수는 여러 가지 모든 음식을 올리다의 뜻이며 고량진미의 일종이다.

5) 司正升受命(사정승수명) : 사정이 당으로 올라가 명을 받아서 이를 빈과 제 공과 경대부에게 권하고 서서(西序)의 끝으로 물러난다고 했다.

6) 觶(치) : 사(士)에게 드리는데 치를 쓰는 것은 사는 신분이 낮기 때문이다. 금문에는 고(觚)로 되어 있다.

7) 其他(기타) : 중사(衆士)이다. 이들은 당에 올라 작을 받고 절하지 않는다.

8) 司正(사정) : 사(士)이며 대사정이다.

9) 射人(사인) : 사(士)이며 소사정(小射正)이다.

10) 士旣獻者(사기헌자) : 이미 술을 받은 사는 위치를 바꾸는데 이는 경대부 (卿大夫)가 당 위에 거하고 있기 때문이다. 곧 사(士)는 경대부의 신하에 해 당하는 신분이므로 신하는 동쪽을 존숭하여 위치를 바꾼 것이다.

11) 祝史(축사) : 문의 동북쪽에서 동쪽을 위로 삼는다.

12) 亦(역) : 또한 사(士)를 뜻한다.

13) 主人就士旅食之尊而獻之(주인취사려식지준이헌지) : 주인이 사려식에게 나아가 술잔을 주다. 사려식은 사(士)로서 관직에는 올랐으나 아직 정록(正 祿)이 정해지지 않은 자이다. 그러므로 복면하고 술을 받는다.

14) 受爵(수작) : 작을 씻지 않고 주는 것은 사(士)의 신분이 낮기 때문이다.

28. 공(公)이 술을 내려주는 예

빈(賓)이 당에서 내려와 치를 씻는다. 다시 당으로 올라가 방 호주(方壺酒)를 따라서 공(公 : 임금)에게 치를 올리고 당에서 내려와 절한다.

공(公)이 한 계단을 내려가면 소신정(小臣正)이 감사의 인사 를 한다. 빈이 당으로 올라서 재배하고 머리를 조아린다. 공이 답 하여 재배한다.

빈이 앉아서 술을 제사 지내고 작의 술을 다 마시고 재배하고 머리를 조아린다. 공이 답하여 재배한다. 빈이 당에서 내려가 상고(象觚)를 씻어서 당으로 올라 좋은 술을 따라 앉아서 육포와 육장이 있는 남쪽에 내려놓는다. 당에서 내려와 절한다. 이에 소신정(小臣正)이 사양의 인사를 한다. 빈이 당으로 올라 재배하고 머리를 조아린다. 공이 답하여 절한다. 빈이 제자리로 돌아간다.

공이 앉아서 빈이 올린 고(觚)를 가지고 일어난다. 오직 공만이 술을 하사할 수 있다.

잔을 받는 사람은 처음에 주인이 내려주는 술을 받는 예와 똑같이 한다.

당에서 내려와 작을 바꾸어서 씻고 당으로 올라서 좋은 술을 따르고 내려와 재배하고 머리를 조아린다.

소신정이 사양의 말을 한다. 당으로 올라서 재배하고 머리를 조아려 성배(成拜)한다. 공이 답하여 절하면 이에 좌석으로 나아가 앉아서 술을 권한다.

작을 가지고 있는 자가 있다. 오직 공에게서 술잔을 받은 사람만 절을 한다. 사정(司正)이 작을 가진 자에게 명하여 두루 작을 돌리라고 한다.

마지막으로 작을 받은 사람은 일어나서 사(士)에게 술을 권한다. 대부로서 마지막으로 작을 받은 자는 작을 가지고 일어나 서쪽 계단 위에서 사에게 술을 권한다. 사가 당으로 오르면 대부는 작을 내려놓고 절한다. 사가 답하여 절한다. 대부가 서서 작의 술을 다 마시고 절은 하지 않는다. 작에 술을 가득 채워서 사에게 준다. 사(士)는 절하고 받는다. 대부는 절을 하고 보낸다.

사(士)가 서쪽 계단 위에서 순서에 따라 두루 술을 권한다. 사들도 순서대로 술을 따라서 서로 권하고 마신다.

◑賓降洗 升媵觶于公[1] 酌散 下拜 公降一等 小臣正辭 賓升再拜稽首 公答再拜[2] 賓坐祭 卒爵 再拜稽首 公答再拜 賓降 洗象觚[3] 升 酌膳 坐奠于薦南 降拜 小臣正辭 賓升成拜 公答拜 賓反位[4] ◑公坐取賓所媵觚興 唯公所賜 受者如初受酬之禮 降 更爵 洗 升酌膳 下 再拜稽首 小臣正辭 升成拜 公答拜 乃就席 坐行之[5] 有執爵者 唯受于

公者拜 司正命執爵者爵辯¹⁾ 卒受者興以酬士 大夫卒受者以爵興 西
階上酬士 士升 大夫奠爵拜 士答拜 大夫立卒爵 不拜 實之 士拜受
大夫拜送 士旅于西階上 辯 士旅酢⁷⁾

1) 升滕觶于公(승잉치우공) : 현재까지는 임금이 빈에게 술을 많이 내려주었는
   데 이제부터는 대사의(大射儀)가 끝나가므로 빈이 임금에게 술을 올려서 자
   신의 두터운 뜻을 보이는 것이다. 치(觶)는 금문에 고(觚)로 되어 있다.

2) 公答再拜(공답재배) : 금문(今文)에는 공답배(公答拜)로 되어 있다.

3) 觚(고) : 비록 고로 되어 있으나 실상은 치(觶)라고 했다.

4) 反位(반위) : 반석(反席)이다.

5) 坐行之(좌행지) : 지금부터는 앉아서 서로 술을 권하는 것이다.

6) 辯(변) : 모든 이들에게 골고루 은혜가 돌아가게 하다.

7) 士旅酢(사려작) : 여(旅)는 서(序)의 뜻. 사(士)가 차례에 따라 스스로 술을
   따르거나 서로 권하는데, 작을 가지고 술을 따라주는 사람은 없다는 뜻이다.

29. 기타의 사람들에게 술을 권하는 예

만약 공(公 : 임금)이 명하기를 "다시 활을 쏘라." 라고 하면 서
자(庶子)에게는 술을 올리지 않는다.

사사(司射)가 활쏘기를 명하여 "오직 쏘고 싶은 사람만 쏘시
오." 라고 한다.

경(卿)과 대부들이 모두 당에서 내려가 재배하고 머리를 조아
린다. 공이 답하여 절한다.

한 발을 쏘아서 세 개의 과녁 가운데 하나에 적중하여도 모두
맞힌 것으로 계산한다.

주인(主人)이 작을 씻어 서쪽 계단으로 당에 올라가 동쪽 계단
위에서 서자(庶子)에게 작을 올리는데 사(士)에게 술을 올리는
예와 똑같이 한다.

모두에게 두루 술을 드리고 당에서 내려가 작을 씻는다. 드디어
좌우(左右)의 정(正)과 내소신(內小臣)에게 모두 동쪽 계단 위에
서 술을 드리는데 서자(庶子)에게 술을 드리는 예와 똑같이 한다.

◑若命曰 復射 則不獻庶子[1] 司射命射 唯欲[2] 卿大夫皆降 再拜稽首
公答拜 壹發 中三侯皆獲[3] ◑主人洗 升自西階 獻庶子于阼階上 如獻
士之禮 辯獻 降洗 遂獻左右正[4]與內小臣 皆于阼階上[5] 如獻庶子之禮

1) 不獻庶子(불헌서자) : 서자에게는 술을 드리지 않는다. 곧 서자에게 술을 올리
게 되면 정례(正禮)가 모두 끝나게 되기 때문이다. 서자는 여섯 가지 희생고
기와 바른 춤과 춤출 때 사용되는 도구들을 담당한다.

2) 唯欲(유욕) : 오직 하고자 하는 사람만 하시오의 뜻으로, 활을 다시 쏘고자
하는 사람은 다시 쏘아도 된다는 뜻.

3) 中三侯皆獲(중삼후개획) : 세 개의 과녁 중에서 하나만 맞혀도 맞은 것으로
계산한다는 뜻.

4) 左右正(좌우정) : 악정(樂正)과 복인정(僕人正)을 뜻한다. 중앙 뜰의 좌우
에 있기 때문이다.

5) 皆于阼階上(개우조계상) : 악정과 복인정과 내소신에게 술을 줄 때에는 동
쪽 계단 위에서 내외신(內外臣)과는 다르게 내리는 것이다. 또 삼관(三官)
에게 술이 내려졌다는 것은 그 밖의 경인(磬人)과 종인(鍾人)과 박인(鎛人)
과 고인(鼓人)과 복인사(僕人師)와 복인사(僕人士)에게까지 모두 술이 올
려졌다는 것을 뜻한다.

30. 음악과 술을 마음껏 즐기다

술잔의 수를 헤아리지 않는다(마음껏 마신다.) 사(士)가 맛좋은
술을 가지고 있거나 방호주(方壺酒)를 가지고 있는 자들이 있다.
맛좋은 술을 가진 자는 술을 따라서 공(公)에게 올려야 한다.
공은 절하지 않고 받는다. 방호주를 가진 자는 술을 따라서 공에
게 주는데 공이 하사하라고 명하면 그 사람에게 가서 술을 따른
다. 하사주를 받은 자는 일어나서 작을 받아 자리 아래로 내려와
작을 내려놓고 재배하고 머리를 조아린다. 공이 답하여 재배한다.
하사주를 받은 자는 작을 가지고 좌석으로 가 앉아서, 공이 들
고 있는 술을 다 마신 연후에 술을 마신다.
맛좋은 술을 가지고 있는 자가 공(公)의 작을 받아서 술을 따

라 공(公)의 자리 앞에 내려놓는다. 작을 하사받은 자는 일어나서 방호주를 가지고 있는 자에게 작을 주는데 방호주를 가지고 있는 자가 이에 술을 따라서 권한다.

오직 공(公)에게 작을 받은 자만 절을 한다. 마지막으로 작을 받은 자는 일어나서 서쪽 계단 위에서 사(士)에게 술을 준다. 사가 당으로 오르면 대부가 절하지 않고 이에 술을 마신다.

다시 작에 술을 따라서 사에게 주면 사는 절하지 않고 작을 받는다. 대부가 자리로 나아가면 사가 순서대로 술을 따라서 권하는데 또한 대부가 하던 방식과 똑같이 한다.

공이 덮개보를 치우라고 명을 내리면 빈(賓)과 제공(諸公)과 경(卿)과 대부가 모두 당에서 내려가 서쪽 계단 아래에서 북면하는데 동쪽을 위로 삼아서 재배하고 머리를 조아린다.

공(公)이 명을 내리면 소신정(小臣正)이 사양하는 말을 한다. 공이 답하여 절한다. 대부들은 모두 피한다. 모두가 당으로 올라가 자리로 돌아간다.

사(士)가 위에서 차례대로 술잔을 돌리는 것이 끝나면 처음 시작할 때와 똑같이 제자리로 돌아간다.

음악은 계산하지 않고 연주한다.(계속 연주한다.)

밤이 되면 서자(庶子)가 동쪽 계단 위에서 횃불을 밝힌다. 사궁(司宮)은 서쪽 계단 위에서 횃불을 밝힌다. 전인(甸人)들은 뜰에서 대촉(大燭)을 밝히고 혼인(閽人)들은 문 밖에서 횃불을 밝힌다.

빈이 취하면 북면하고 앉아서 그 육포를 가지고 당에서 내려온다. 이때 해하(陔夏)를 연주한다. 빈이 육포를 가지고 문 안의 낙숫물 떨어지는 곳에서 종인(鍾人)에게 주고 드디어 나간다.

경과 대부가 모두 나간다. 공은 전송하지 않는다. 공이 안으로 들어가면 오(驁)를 연주한다.

●無算爵 士也 有執膳爵者 有執散爵者 執膳爵者酌以進公 公不拜受 執散爵者酌以之公 命所賜 所賜者興受爵 降席下[1] 奠爵再拜稽首 公答再拜 受賜爵者以爵就席坐 公卒爵 然後飮 執膳爵者受公爵 酌

反奠之 受賜者興 授執散爵者 執散爵者乃²⁾酌行之 唯受于公者拜 卒
爵者興 以酬士于西階上 士升 大夫不拜乃飮 實爵 士不拜受爵 大夫
就席 士旅酌亦如之 公有命徹羃³⁾ 則賓及諸公卿大夫皆降西階下 北
面東上 再拜稽首 公命小臣正辭 公答拜 大夫皆辭 升反位⁴⁾ 士終旅
於上⁵⁾如初 無算樂 ◖宵則庶子執燭於阼階上 司宮執燭於西階上 甸
人執大燭於庭 闍人爲燭於門外 賓醉 北面坐取其薦脯以降⁶⁾ 奏陔 賓
所執脯 以賜鍾人于門內霤 遂出 卿大夫皆出 公不送 公入驁⁷⁾

1) 席下(석하) : 자리의 서쪽이다.

2) 乃(내) : 이(而)와 같다.

3) 命徹羃(명철멱) : 공(公)이 은근히, 있는 술을 다 마시라는 뜻을 보이는 것.

4) 升反位(승반위) : 대부 등이 당 위로 올라가서 재배하고 머리를 조아리지 않
   는 것은 장차 취하여 신의 예를 바르게 하지 못할까 걱정해서이다.

5) 士終旅於上(사종려어상) : 경과 대부가 당에서 내려와도 작을 돌리지 않고
   그냥 자신의 자리로 돌아가면 술 돌리는 것이 중지된다는 뜻이다.

6) 取其薦脯以降(취기천포이강) : 육포를 취하는 것은 거듭 임금의 은혜에 감
   사하는 것이다. 또 빈이 이제 연회를 마치고 돌아가겠다는 뜻을 나타내는 것
   이기도 하다.

7) 驁(오) : 구하(九夏)의 하나이며 악장(樂章)이다. 종과 북으로써 연주한다.
   그 가사는 없어졌다고 했다.

제8편 빙례(聘禮第八)

빙례(聘禮)는 제후(諸侯)와 제후가 친선을 도모하기 위해 서로 방문하여 안부를 묻고 서로 물품을 보내는 예(禮)라 했다.

정현(鄭玄)은 이르기를 "크게 방문하는 것을 빙(聘)이라 한다. 제후가 서로 오래도록 아무런 일이 없게 되면 경(卿)을 시켜서 서로 안부를 묻는 예이다. 소빙(小聘)에는 대부(大夫)를 사신으로 보낸다." 라고 했다.

1. 임금과 경(卿)이 합심(合心)하다

안부를 묻는 예〔聘問〕이다.

임금과 경(卿)이 일을 논의하고 드디어 사자(使者 : 사신)을 임명한다. 사자(使者)로 임명된 자는 재배(再拜)하고 머리를 조아리며 민첩하지 못하다고 사양한다. 임금이 허락하지 않는다. 이에 자신의 자리로 물러난다. 이미 일을 도모하였으면 상개(上介)를 임명하는데 또한 똑같이 한다.

재(宰 : 上卿)가 사마(司馬)에게 중개(衆介)를 임명하라고 명하면 중개들도 모두 명을 받는데 사양하는 말을 하지 못한다.

재(宰)가 빙례 때 사용할 폐백의 목록과 수량을 써서, 재부(宰夫)에게 여러 관리들을 시켜 모두 갖추라고 명한다.

기일이 다가오면 전날 저녁에 폐백을 점검한다.

사자(使者)가 조복(朝服)을 입고 저녁에 중개(衆介)를 인솔한다. 관인(管人)이 침문(寢門) 밖에 천막을 쳐 놓는다.

담당 관리가 폐백을 진열해 놓는데 가죽은 머리를 북쪽으로 가게 하고 서쪽을 위로 삼는다. 좌변의 가죽 위에는 진헌하는 것들을 올려놓는다. 말은 북면하게 하고 폐백은 그 앞에 늘어놓는다.

사자는 북면하고 중개(衆介)는 그 왼쪽에 서서 동쪽을 위로 삼는다. 경과 대부는 장막의 동쪽에서 서면하는데 북쪽을 위로 한다.

재(宰)가 노문(路門)으로 들어가 임금에게 모두 갖추어졌음을 고한다. 임금이 조복을 입고 노문의 왼쪽으로 나와 남쪽으로 향한다.

사(史)가 서목(書目)을 읽어서 폐백들을 검사하여 기록한다.

재(宰)가 서목을 가지고 갖추어진 상황을 임금에게 고하고 서목은 사자(使者)에게 준다. 사자는 서목을 받아서 상개(上介)에게 준다. 공(公 : 임금)이 읍하고 들어간다.

관리들이 그 폐백을 수레에 싣고 외조(外朝)에 머물러 있는다. 상개(上介)가 실려 있는 물건들을 살핀다. 서목(書目)을 받는대로 출발한다.

聘禮[1] : ◖君與卿圖事[2] 遂[3]命使者 使者再拜稽首 辭[4] 君不許 乃退[5] 旣[6]圖事 戒上介[7]亦如之 宰[8]命司馬[9]戒衆介[10] 衆介皆逆[11]命 不辭 ◖宰書幣[12] 命宰夫官具[13] ◖及期 夕幣[14] 使者朝服 帥衆介夕[15] 管人[16]布幕于寢門外[17] 官陳幣 皮北首西上 加其奉[18]于左皮上 馬則[19]北面 羃幣于其前 使者北面 衆介立于其左 東上 卿大夫在幕東西面[20]北上 宰入告[21]具于君 君朝服出門左 南鄉[22] 史[23]讀書展幣[24] 宰執書 告備具于君 授使者[25] 使者受書 授上介[26] 公[27]揖[27]入 官載其幣 舍于朝[28] 上介視載者[29] 所受書以行[30]

1) 聘禮(빙례) : 제후와 제후가 친선을 도모하고 서로 방문하여 안부를 묻고 예물을 교환하는 예를 행하는 것이다.

2) 圖事(도사) : 계획을 세워 도모하다. 곧 방문하는 일을 계획하다. 도는 모(謀)라 했다. 일을 도모할 때의 조정에서 자리는, 반드시 임금은 남면하고 경은 서면하고 대부는 북면하고 사는 동면한다.

3) 遂(수) : 인(因)과 같다.

4) 辭(사) : 사자(使者)로 임명받았으나 민첩하지 못하다고 사양하는 것.

5) 乃退(내퇴) : 이에 물러나다. 명을 받은 자가 앞으로 나아갔다가 다시 제자리 로 돌아오는 것을 뜻한다.

6) 旣(기) : 이(已)와 같다. 이미.

7) 戒上介(계상개) : 계는 명(命)과 같다. 상개는 사신의 부(副)이다. 곧 부사 자(副使者)이다. 사자인 경의 어려운 일을 도와 보조하는 것이다.

8) 宰(재) : 상경(上卿)이다. 제후의 사도(司徒)가 재(宰)가 된다.

9) 司馬(사마) : 관직명이다. 행정을 관장한다.

10) 衆介(중개) : 사(士)의 신분을 가진 자들이다. 사(士)는 사마(司馬)에 소 속되어 있다. 사자(使者)의 개(介)가 된다고 했다.

11) 逆(역) : 수(受)와 같다.

12) 書幣(서폐) : 빙례에서 소용되는 폐백의 다소(多少)를 기록한 문서라는 뜻.

13) 命宰夫官具(명재부관구) : 재부는 총재(冢宰)에 소속된 관리이다. 여러 관 리를 시켜 폐백을 준비하도록 하라고 재부에게 명하다.

14) 及期夕幣(급기석폐) : 급(及)은 지(至)와 같다. 기약된 날 전날이 되면 저 녁에 폐백들을 진열하고 살펴보다의 뜻.

15) 帥衆介夕(솔중개석) : 중개를 거느리고 저녁에 가다. 솔은 고문(古文)에 솔 (率)이라 했다.

16) 管人(관인) : 관인(館人)이며 숙직과 휘장과 막을 담당하는 직책이다. 금문 에 관은 관(官)으로 되어 있다.

17) 寢門外(침문외) : 임금이 국정을 듣는 곳. 침문은 외조(外朝)이다. 외조 밖 이라는 뜻.

18) 加其奉(가기봉) : 그 명이 내려진 물건들을 받들다. 곧 속백(束帛)과 현훈 (玄纁)이다. 봉은 금문에는 권(卷)으로 되어 있다.

19) 則(즉) : 금문에는 이 글자가 없다.

20) 西面(서면) : 대부가 서면하는 것은 사자(使者)를 피하기 위해서이다.

21) 入告(입고) : 노문(路門)으로 들어가 고하다.

22) 鄕(향) : 향(向)과 같다.

23) 史(사) : 기록관인 것 같다. 일설에는 태사(太史)이며 좌사(左史)라고 했다.

24) 展幣(전폐) : 조사하여 기록하다. 사(史)의 막사 동쪽에서 서면하고 서목 (書目)을 읽으면 고인(賈人)이 앉아서 그 폐백을 어루만지며 각각이 '있습

니다.' 라고 한다.

25) 授使者(수사자) : 사자(使者)에게 주다. 곧 장부를 넘겨 준다는 뜻.

26) 公(공) : 제후국 임금에게 내려진 작위의 하나이다. 제후에게 내려지는 작위는 공(公) 후(侯) 백(伯) 자(子) 남(男)의 다섯 등급이 있다.

27) 揖(읍) : 모든 신하들에게 예를 행하는 것이다.

28) 舍于朝(사우조) : 외조(外朝)에서 머무르다. 기다렸다가 행하는 것이다.

29) 上介視載者(상개시재자) : 상개가 실려 있는 짐을 살펴본다는 뜻.

30) 所受書以行(소수서이행) : 서목(書目)을 받아서 떠나는 것이다. 도착하여 다시 확인하기 위해서이다.

2. 사신으로 가기 전 사당에 고한다

그 다음 날 아침에 빈(賓)이 조복을 입고 아버지의 사당에 폐백을 진열한다. 유사(有司)가 실(室) 안에 자리를 깔고 궤(几)를 놓아 둔다. 축(祝)이 먼저 들어가고 주인이 따라 들어간다.

주인이 오른쪽에서 재배한다. 축(祝)이 주인이 장차 사신으로 가게 된 사실을 고한다. 또 재배한다.

축(祝)이 폐백을 진열하는데 검은색과 홍색의 비단 10속(十束)을 제(制)하여 궤의 아래에 내려놓고 나온다.

주인이 호(戶)의 동쪽에 선다. 축이 들창의 서쪽에 선다.

축이 들어가 폐백들을 가지고 당에서 내려와 폐백을 말아서 폐백을 담는 상자에 넣고는 서쪽 계단의 동쪽에 묻는다.

또 폐백을 진열하여 행신(行神)에게 고한다. 드디어 명을 받는다. 상개(上介)가 예물을 진열하는 것도 또한 이와 똑같이 한다.

상개(上介)와 중개(衆介)가 사자(使者 : 사신)의 문 밖에서 기다린다. 사자(使者)가 수레에 전기(旃旗)를 꽂고 상개와 중개(衆介)를 인솔하고 외조(外朝 : 朝門)에서 명을 받는다.

임금은 조복을 입고 남쪽을 향한다. 경과 대부들은 서면하여 북쪽을 위로 한다. 임금이 경(卿)에게 사자(使者)를 안내하게 한다. 사자(使者)가 안으로 들어오고 중개(衆介)도 따라서 들어오는데 북면하여 동쪽을 위로 삼는다.

임금이 사자에게 읍하고 앞으로 나아간다. 상개(上介)가 그 왼쪽에 서서 이어서 임금의 명을 듣는다. 고인(賈人)이 서면하고 앉아서 독(櫝)을 열어 규(圭)를 취하여 옥받침대에 드리워서 일어나지 않고 재(宰)에게 준다.

재(宰)가 규(圭)를 잡고 옥받침대를 꺾어서 임금의 왼쪽에서 사자(使者)에게 준다. 사자는 규(圭)를 받아서 재(宰)와 얼굴을 동일한 방향으로 하고 옥받침대를 드리우고 임금의 명을 받는다.

이미 다시 이어서 임금의 명을 반복하고 얼굴을 함께 하여 상개(上介)에게 준다. 상개가 규를 받아서 옥받침대를 꺾어 문을 나와서 고인(賈人)에게 준다. 중개(衆介)는 따르지 않는다.

진헌(進獻)할 때 쓸 속백(束帛)과 위에 올릴 벽(璧)을 받는다. 부인(夫人 : 방문국의 임금의 부인)에게 빙문(聘問)할 때 쓰는 장(璋)을 받는다. 진헌할 때 쓰는 검은색과 분홍색의 속백(束帛)과 위에 올릴 종(琮 : 옥홀)을 받는데 모두 규(圭)를 받을 때의 예와 똑같이 한다.

드디어 출발하는데 교외에서 하루를 머문다. 전기(旜旗)를 감추어 둔다.

◑厥明 賓朝服釋幣于禰[1] 有司筵几于室中 祝先入 主人[2]從入 主人在右 再拜 祝告[3] 又再拜 釋幣[4] 制玄纁束[5] 奠于几下 出 主人立于戶東 祝立于牖西[6] 又入[7] 取幣降 卷幣[8]實于笲[9] 埋于西階東 又釋幣于行[10] 遂受命[11] 上介釋幣亦如之 ◐上介及衆介俟于使者之門外[12] 使者載旜[13] 帥以受命于朝 君朝服 南鄕 卿大夫西面北上 君使卿進使者 使者入 及衆介隨入 北面東上 君揖使者進之 上介立于其左 接聞命[14] 賈人[15]西面坐啓櫝[16] 取圭垂繅[17] 不起而授宰 宰執圭屈繅[18] 自公左授使者 使者受圭 同面[19] 垂繅以受命 旣述命[20] 同面授上介 上介受圭屈繅 出授賈人 衆介不從 受享[21]束帛加璧[22] 受夫人之聘璋[23] 享玄纁束帛加琮[24] 皆如初 ◑遂行 舍于郊[25] 斂旜[26]

1) 釋幣于禰(석폐우녜) : 아버지의 사당에 폐백을 진열하다. 아버지의 사당에 예

물을 전시할 때는 씻는 곳과 세숫대야를 설치하여 제사 지내는 것과 같이 한다.

2) 主人(주인) : 사당의 주인이다.

3) 祝告(축고) : 축은 축관(祝官). 주인이 사신으로 가는 것을 사당에 고한다는 뜻.

4) 釋幣(석폐) : 축이 폐백을 진열한다.

5) 制玄纁束(제현훈속) : 검은색과 붉은색의 비단 묶음을 마르다. 제는 마르다. 속은 한 묶음이다. 2단(端)이 1냥(一兩)이므로 10단은 5냥이며, 5냥을 1속(一束)이라 한다. 검은 비단과 분홍빛 비단의 비율은 검은 비단은 3개, 분홍빛 비단은 2개이다.

6) 立于戶東祝立于牖西(입우호동축립우유서) : 호의 동쪽에 서고 축이 들창문의 서쪽에 서다. 곧 축과 주인이 사당을 나와 문 밖에서 잠깐 기다려서 신(神)이 강림하도록 하는 것이다.

7) 又入(우입) : 축(祝)만 들어간다.

8) 卷幣(권폐) : 폐백을 말다. 검은 비단과 분홍빛 비단을 말다의 뜻.

9) 笲(번) : 폐백 상자. 일종의 동구미이며 대나무로 엮어 몸통이 둥글고 길쭉함.

10) 又釋幣于行(우석폐우행) : 또 폐백을 펴 놓고 행신(行神)에게 고하다. 곧 장차 사신으로 떠날 것을 고하다.

11) 遂受命(수수명) : 빈이 개(介)가 오면 이에 명을 받는다. 수자(遂者)는 이로부터 나가면 다시 들어오지 않는 것을 밝힌 것이다.

12) 俟于使者之門外(사우사자지문외) : 사자의 문 밖에서 기다리다. 사자의 문 밖에서 동면하여 북쪽을 위로 삼아서 기다린다.

13) 載旜(재전) : 재는 수레의 뜻이고 전은 깃발이다. 수레에 전기(旜旗)를 꽂다의 뜻. 고문에 전은 선(膳)으로 되어 있다.

14) 接聞命(접문명) : 이어서 명을 듣다. 접은 속(屬)과 같다.

15) 賈人(고인) : 관직이며 물가의 값을 아는 자이다.

16) 櫝(독) : 옥을 넣어 놓는 함. 궤. 나무상자.

17) 圭垂繅(규수조) : 홀(笏)을 옥받침으로 드리우다. 규(圭)는 홀이며 제후가 조회나 회동 때 손에 드는, 위가 둥글고 아래가 모난 길쭉한 옥이다. 천자가 제후를 봉할 때 내린다. 조는 옥받침대이다. 조는 금문에는 조(璪)로 되어 있다.

18) 屈繅(굴조) : 옥받침대를 꺾다. 재(宰)가 사자에게 건네 주면서 공경한다는 뜻이 있다.

19) 同面(동면) : 재(宰)가 사자에게 나아가 북면하고 함께 하다. 재와 사자가
이미 주면 임금이 명을 내린다.

20) 述命(술명) : 임금의 명에 따라서 반복하여 과오가 없도록 한다.

21) 享(향) : 헌(獻)의 뜻이다. 방문하고 또 드리는 것은 은혜를 두터이 함이다.

22) 璧(벽) : 환상(環狀)의 옥이다. 그 구멍을 호(好)라 한다. 비단의 색이다.

23) 璋(장) : 끝의 반을 깎아 뾰족하게 한 홀(笏)이다. 반규(半圭)에서 취하다.

24) 琮(종) : 옥홀이다. 옛날의 천자 또는 제후가 선사하는 예물로 쓰던, 옥으로
만든 홀인데 모나 있다.

25) 舍于郊(사우교) : 교외에서 머물다. 곧 명을 받으면 머무는 곳을 나가서 교
외에서 머문다. 이는 임금의 명을 집안에서 묵힐 수가 없기 때문이다.

26) 斂旜(염전) : 전기(旜旗)를 감추어 두다. 염은 장(藏)이다.

3. 다른 나라를 지나갈 경우

만약 이웃 나라를 지나가게 될 경우 그 나라의 변경에 이르면
차개(次介)를 보내 길을 빌려 달라고 한다.

차개가 속백(束帛)을 가지고 이웃 나라의 외조(外朝)에서 말
하기를 "길을 안내하여 인솔해 주기를 청합니다."라고 하고 폐백
을 내려놓는다. 하대부(下大夫)가 그 폐백을 가지고 들어가 고하
여 '허가한다'는 허락을 받는다. 드디어 폐백을 받는다.

그 이웃 나라에서는 예에 따라 음식을 보낸다. 상빈(上賓 : 使
者)에게는 대뢰(大牢)를 보내고 오직 꿀과 벼(禾)를 비축해 주
며, 개(介)들에게도 모두 음식을 보낸다.

이웃 나라의 사(士)가 그들을 국경까지 인솔하는데 그 국경에
이르면 맹세를 한다. 빈(賓 : 使者)이 남면하고 상개(上介)는 서
면하고 중개(衆介)는 북면하여 동쪽을 위로 삼는다.

기록하는 사(史)가 맹세하는 글을 읽고 사마(司馬)가 채찍을
가지고 사(史)의 뒤에 서 있는다.

빙문(聘問)하는 나라의 국경에 아직 들어가지 않았을 때 빙례
를 한 번 연습한다. 제단의 담을 만들고 계단을 그리고 그 북쪽에

장막을 치는데 궁(宮)은 만들지 않는다. 조복은 입어도 주인은 없고 옥을 잡지도 않는다. 개(介)들도 모두 참여하는데 북면하고 서쪽을 위로 삼는다.

진헌(進獻)을 연습하는데 사(士)가 정실(庭實)을 가진다. 부인(夫人)에게 올릴 때의 법도도 연습하는데 또한 실제와 같이 한다. 공사(公事)만 연습하고 사사(私事)는 연습하지 않는다.

빙문(聘問)하는 나라의 국경에 이르면 전기(旃旗)와 서(誓)를 펴고 이에 관문을 지키는 관인(關人)에게 알린다.

관인(關人)이 수행한 사람이 몇 사람인가를 물으면 개(介)를 시켜서 대답하게 한다.

임금이 사(士)를 보내 무슨 일인가를 묻는다. 드디어 사신 일행을 국경 안으로 들어오게 한다.

◖若過邦 至于竟[1] 使次介假道[2] 束帛將[3]命于朝曰 請帥[4] 奠幣[5] 下大夫取以入告 出許[6] 遂受幣[7] 餼[8]之以其禮 上賓大牢[9] 積唯芻禾[10] 介皆有餼[11] 士帥 沒其竟[12] 誓于其竟[13] 賓南面 上介西面 衆介北面 東上 史[14]讀書 司馬執筴[15]立于其後 ◖未入竟 壹肆[16] 爲壝壇[17] 畫階 帷其北 無宮[18] 朝服無主 無執也[19] 介皆與[20] 北面西上 習享 士[21]執庭實[22] 習夫人之聘享亦如之 習公事[23] 不習私事 ◖及[24]竟 張旃[25]誓 乃謁關人[26] 關人問從者幾人 以介對[27] ◖君使士請事[28] 遂以入竟

1) 過邦至于竟(과방지우경) : 이웃 나라를 지나는데 그 나라의 국경에 이르다.

2) 使次介假道(사차개가도) : 차개(次介)로 하여금 길을 빌리게 하다의 뜻.

3) 將(장) : 봉(奉)과 같다.

4) 請帥(청솔) : 길을 안내해 주기를 청하다의 뜻.

5) 幣(폐) : 속백(束帛)이다.

6) 入告出許(입고출허) : 들어가 임금에게 고하여 통과해도 좋다는 허락을 받다.

7) 遂受幣(수수폐) : 드디어 폐백을 받다. 곧 통과해 준다는 의미에서 받는 것은 아니라는 뜻이다.

8) 餼(희) : 희생(犧牲)이며 소, 양, 돼지나 그 밖의 마소의 먹이도 포함된다. 희는 살아 있는 희생을 주는 것을 뜻한다.

9) 上賓大牢(상빈대뢰) : 상빈은 사자(使者)이다. 대뢰는 소, 양, 돼지의 세 가지 희생을 갖춘 제수이다.

10) 芻禾(추화) : 마소의 꼴. 곧 꼴과 볏단들이다. 모두 말먹이들이다.

11) 饎(희) : 소뢰(少牢)이다.

12) 士帥沒其竟(사솔몰기경) : 사가 인솔하여 그 국경에 다하다. 곧 그 나라의 사(士)가 사자들을 인솔하여 국경까지 안내한다는 뜻.

13) 誓于其竟(서우기경) : 차개(次介)를 통해 길을 빌려 주어 머무른 것에 대한 맹세이다.

14) 史(사) : 문서를 기록하고 작성하는 직책이다.

15) 司馬執筴(사마집책) : 사마는 군법(軍法)을 관장한 직책이다. 집책은 채찍을 가지다. 곧 양국의 사람들이 이별하면서 맹세를 하되 혹 잘못을 범하는 사람이 있으면 채찍으로 다스리겠다는 뜻이다.

16) 壹肆(일이) : 한 번 연습하다. 예방국에 실수를 하지 않기 위하여 연습하다.

17) 壝壇(유단) : 흙으로 담을 쌓다.

18) 無宮(무궁) : 흙으로 담을 만들지 않고 금만 그어서 밖의 담장을 표시하는 일.

19) 無執也(무집야) : 빙문하는 나라에 바칠 옥을 들지 않다의 뜻.

20) 與(예) : 고문(古文)에 예(豫)로 되어 있다. 발음을 예로 한다.

21) 士(사) : 개사(介士)이다.

22) 庭實(정실) : 뜰 가운데 진열해 놓은 예물을 말한다.

23) 公事(공사) : 임금의 명을 받아 시행하는 일.

24) 及(급) : 지(至)와 같다.

25) 張旜(장전) : 전기(旜旗)를 달다.

26) 謁關人(알관인) : 관인에게 고하다. 알은 고(告)의 뜻. 관인은 관문지기이며 옛날부터 관문지기는 이상한 복장이나 이상한 말을 하는 사람들을 살폈다.

27) 介對(개대) : 개가 대답하게 하다. 곧 사신이 개를 시켜서 대답하다의 뜻.

28) 請事(청사) : 무슨 일로 왔는지를 묻다의 뜻.

4. 관문(關門)을 통과하게 되면…

빙문(聘問)하는 나라의 국경에 들어서면 전기(旜旗)를 거둔다. 이에 폐백을 전시하고 장막을 친다. 빈(賓)이 조복(朝服)을 입고 장막의 동쪽에 서서 서면(西面)한다. 개(介)는 모두 북면하는데 동쪽을 위로 여긴다. 고인(賈人)이 북면하고 앉아서 규(圭)를 꺼내 닦아서 가지고 서서 고한다.

상개(上介)가 북면하고 살펴본다. 물러나 제자리로 돌아간다. 규를 물리친다. 가죽을 진열하는데 머리가 북쪽으로 향하게 하고 서쪽을 위로 삼는다.

또 벽(璧)을 닦아서 전시한다.

그 폐백들을 모아서 왼쪽의 가죽 위에 올려놓는다. 상개(上介)가 살펴보고 물러난다.

말은 장막 남쪽에서 북면하게 하고 폐백들은 그 앞에 내려놓는다.

임금의 부인에게 빙문하고 드리는 예물도 전시하는데 또한 이와 똑같이 한다. 고인(賈人)이 상개(上介)에게 이상 유무를 보고하면 상개(上介)는 빈에게 보고한다. 유사(有司)가 여러 가지 폐백들을 전시하여 살펴보고 고한다.

교외에 이르러 또 한 번 전시하는데 처음 하던 것과 똑같이 한다. 관사(館舍)에 이르러서도 고인(賈人)이 모든 폐백을 전시하기를 처음에 하던 것과 똑같이 한다.

◐入竟 斂廬 乃展 布幕 賓朝服立于幕東 西面 介皆北面 東上 賈人北面 坐拭[1]圭 遂執展之[2] 上介北面視之 退復位 退圭[3] 陳皮 北首西上 又拭璧 展之 會諸[4]其幣加于左皮[5]上 上介視之 退 馬則幕南 北面 奠幣于其前 展夫人之聘享[6]亦如之 賈人告于上介[7] 上介告于賓 有司展群幣以告 及郊[8] 又展如初 及館[9] 展幣于賈人之館如初

1) 拭(식) : 닦다. 손질하다. 나무상자에서 꺼내 깨끗이 하다.

2) 執展之(집전지) : 가지고 전시하다. 가지고 서서 고한다는 뜻이다.

3) 退圭(퇴규) : 규를 물리치다. 곧 나무상자에 보관한다는 뜻. 규는 귀한 것이므로 다른 물품과 다르게 취급하여 진열하지 않는다.

4) 會諸(회저) : 회는 합(合)하다. 저는 어(於)의 뜻이다.

5) 皮(피) : 고문에 폐(幣)로 되어 있다.

6) 展夫人之聘享(전부인지빙향) : 임금 부인에게 진상할 폐백을 전시하다.

7) 賈人告于上介(고인고우상개) : 고인이 이미 장(璋)과 종(琮)을 닦아서 남면하고 상개에게 고한다.

8) 郊(교) : 원교(遠郊)이다.

9) 館(관) : 사(舍)이다. 원교(遠郊)의 안에 후관(候館)이 있다.

5. 근교(近郊)에 이르렀을 때의 예

빈(賓)이 빙문(聘問)하는 나라의 근교에 이르게 되면 전기(旃旗)를 펴서 수레 위에 꽂는다.

임금이 하대부(下大夫)를 시켜 "어디로 행하는 것입니까?"라고 묻기만 하고 돌아오게 한다.

임금이 경(卿)을 시켜 조복을 입고 속백(束帛)을 가지고 위로하게 한다.

상개(上介)가 나와서 무슨 일로 왔는지 묻고는 들어가 빈(賓)에게 고한다.

빈(賓)이 예로써 한 번 사양하고는 관사문(館舍門)의 밖에서 영접하여 재배한다. 위로하러 온 자는 답배(答拜)하지 않는다. 빈이 읍하고 먼저 들어가 관사문(館舍門) 안에서 받아들인다.

위로하러 온 자는 폐백을 받들고 들어가 동면하고 자신이 모시는 임금의 명을 알린다. 빈이 북면하고 빙문한 나라의 임금의 명을 듣고는 몸을 돌려서 약간 물러나 재배하고 머리를 조아린다. 이에 폐백을 받는다.

위로하러 온 자는 관사문을 나간다. 빈이 늙은 신하에게 예물을 건네 주고 관사문을 나와서 위로하러 온 자를 영접한다. 위로하러 온 사람은 예로써 사양한다. 빈이 읍하고 먼저 관사 안으로 들어가면 위로하러 온 사람도 따라 들어간다. 문 안에 네 장의 순록 가죽을 깔아 놓는다.

빈이 속금(束錦)을 사용하여 위로하러 온 자를 대접한다. 위로하러 온 사람이 재배하고 머리를 조아려서 받는다. 빈이 재배하고 머리를 조아리고 폐백을 보낸다.

위로하러 온 사람이 읍하고 순록가죽을 가지고 문을 나온다. 이에 물러가면 빈이 전송하여 재배한다.

빙문하는 나라 임금의 부인(夫人)이 하대부(下大夫)로 하여금 죽보방(竹簠方) 2개를 가지고 가서 위로하게 한다. 겉이 검고 속이 분홍색인 덮개보가 있는데 그 속에 대추와 찐 밤을 가려서 채운다. 오른손에는 대추를 들고 왼손에는 밤을 들고 나아간다. 빈이 대추를 받는다. 대부가 두 손으로 밤을 주면 빈이 받는데 경이 위로할 때와 똑같은 예로써 한다.

대접하는 것도 처음과 똑같이 한다. 위로하러 온 하대부(下大夫)가 드디어 빈(賓)을 따라서 들어간다.

◑賓至于近郊 張旜 君使下大夫請行 反 君使卿朝服 用束帛勞 上介出請 入告 賓禮辭 迎于舍門之外再拜 勞者不答拜 賓揖先入 受于舍門內 勞者奉幣入 東面致命 賓北面聽命 還少退 再拜稽首 受幣 勞者出 授老幣 出迎勞者 勞者禮辭 賓揖 先入 勞者從之 乘皮設 賓用束錦儐勞者 勞者再拜稽首受 賓再拜稽首送幣 勞者揖皮出 乃退 賓送再拜 夫人使下大夫勞以二竹簠方 玄被纁裏 有蓋 其實棗蒸栗擇 兼執之以進 賓受棗 大夫二手授栗 賓之受如初禮 儐之如初 下大夫勞者遂以賓入

6. 외조(外朝)에 이르렀을 때의 예

외조(外朝)에 이르면 주인(主人 : 임금)이 말한다.

"선군(先君)의 조(祧 : 遠祖사당)가 아름답지 못하여 소제하고 기다리겠습니다."

빈이 대답한다.

"한가할 때까지 기다리겠습니다."

대부(大夫)가 빈들을 인솔하고 관에 이르면 경(卿)이 관사(館舍)로 이른다. 빈이 맞이하여 재배한다. 경이 임금의 명을 전달하면, 빈이 재배하고 머리를 조아린다. 경이 이에 물러가는데 빈이 전송하며 두 번 절한다.

재부(宰夫)가 조복을 입고 간소한 음식으로 연회를 마련한다. 삶아 익힌 소와 양과 돼지의 세 가지 희생은 서쪽에 있으며 세발솥은 9개이고 수정(羞鼎)이 3개이다. 살아 있는 소와 양과 돼지의 3가지 희생은 동쪽에 있는데 세발솥은 7개이다.

당(堂) 위에 차린 음식은 8개의 두(豆)와 8개의 궤(簋)와 6개의 형(鉶)과 2개의 보(簠)와 8개의 호(壺 : 병)가 있다.

서협(西夾)에는 6개의 두(豆)와 6개의 궤(簋)와 4개의 형(鉶)과 2개의 보(簠)와 6개의 호(壺)가 있다.

문 밖에는 쌀과 털지 않은 벼 20거(二十車 : 20수레)이며 땔나무와 꼴은 털지 않은 벼의 배인 40거(四十車)이다.

상개(上介)에게는 삶아 익힌 소와 양과 돼지의 3가지 희생을 서쪽에 놓는데 세발솥은 7개이고 수정(羞鼎)이 3개이다. 당 위에 있는 음식은 4개의 두(豆)와 4개의 궤(簋)와 2개의 형(鉶)과 4개의 호(壺)가 있다.

문 밖에는 쌀과 털지 않은 벼가 모두 10거(十車 : 열 수레)이다. 땔나무와 꼴은 털지 않은 벼의 갑절인 20거(二十車)이다. 중개(衆介)들에게는 모두 소뢰(少牢)가 있다.

◑至于朝[1] 主人[2]曰 不腆先君之祧[3] 既拚以俟矣 賓曰 俟閒[4] ◑大夫帥至于館 卿致館[5] 賓迎再拜 卿致命 賓再拜稽首 卿退[6] 賓送再拜 ◑宰夫朝服設飧[7] 飪一牢在西[8] 鼎九 羞鼎三[9] 腥一牢在東 鼎七[10] 堂上之饌八 西夾六[11] 門外米禾皆二十車[12] 薪芻倍禾[13] 上介飪一牢在西 鼎七 羞鼎三[14] 堂上之饌六 門外米禾皆十車 薪芻倍禾 衆介皆少牢[15]

1) 至于朝(지우조) : 외조(外朝)에 이르다. 외조는 치조(治朝)이다. 내조(內朝)의 대이다.

2) 主人(주인) : 빙문(聘問)한 나라의 임금. 곧 주국(主國)의 임금이다.

3) 不腆先君之祧(부전선군지조) : 선군의 조(祧)를 아름답게 하지 못했다. 겸손의 말. 조는 불천위(不遷位)를 모시는 사당을 뜻함. 전은 선(善)이다.

4) 俟閒(사한) : 한가할 때까지 기다리겠습니다. 곧 갑자기 갔으므로 주인이 당황하지 않도록 하기 위해서이다.

5) 卿致館(경치관) : 경이 관사(館舍)에 이르다. 주인(主人)인 공(公 : 임금)이 살펴보라고 한다. 치는 지(至)의 뜻이다.

6) 卿退(경퇴) : 관사에 머무는 빈(賓)을 방문한 경은 찬이 차려지기 전에 물러난다. 이는 예물을 가지고 방문한 것이 아니기 때문이다. 속백을 가지고 예방하지 않는 경우라면 새 음식이 올려지기 전에 물러나는 것이 예이다.

7) 設殯(설손) : 저녁밥을 내놓다의 뜻. 곧 빙례의 전에 주재국(主在國)에서 간편한 음식을 내놓는 것을 뜻한다.

8) 飪一牢在西(임일뢰재서) : 삶아 익힌 소와 양과 돼지의 고기를 뜻함. 임은 숙(熟)이며 익힌 고기이다. 익힌 고기는 서쪽에 놓아 두고 생고기는 동쪽에 놓아 두는데 이는 봄과 가을을 상징한 것이다.

9) 鼎九羞鼎三(정구수정삼) : 세발솥은 서쪽에 9개이고 수정(羞鼎 : 部鼎)은 3개라는 뜻.

10) 腥一牢在東鼎七(성일뢰재동정칠) : 3가지 희생의 날고기는 동쪽에 놓아 두고 세발솥은 7개이다. 곧 익히지 않은 소와 양과 돼지고기이다.

11) 堂上之饌八西夾六(당상지찬팔서협육) : 당 위에 차려진 음식. 8과 6은 두(豆 : 접시)의 수이다. 무릇 음식은 두(豆)로 근본을 삼는다. 당에는 8두(八豆)와 8궤(八簋)와 6형(六鉶)과 양보(兩簠)와 8호(八壺)이다. 서협(西夾)은 서쪽 방과 서쪽 당(堂) 사이를 서협(西夾)이라고 한다. 서협에는 6두(六豆)와 6궤(六簋)와 4형(四鉶)과 양보(兩簠)와 6호(六壺)이다.

12) 門外米禾皆二十車(문외미화개이십거) : 문 밖에는 쌀이 20수레이고 털지 않은 벼가 20수레라는 뜻이다. 제후의 예거에는 쌀은 생뢰(生牢)로 보고 화(禾)는 사뢰(死牢)로 본다. 뢰십거(牢十車)는 대부의 예이다. 모두 사뢰(死牢)로만 볼 따름이다. 비록 생뢰(生牢)가 있더라도 수를 취하지 않는다. 쌀은 문의 동쪽에 하고 화(禾)는 문의 서쪽에 한다.

13) 薪芻倍禾(신추배화) : 땔나무와 꼴은 털지 않은 벼의 갑절이다. 곧 각각 40거(四十車)이다.

14) 鼎七羞鼎三(정칠수정삼) : 세발솥이 7개이고 배정(陪鼎)이 3개이다. 이 솥속에는 신선한 생선이나 생선포는 없다.

15) 衆介皆少牢(중개개소뢰) : 모든 개(介)에게도 모두 소뢰가 있다. 곧 삶아 익힌 고기는 서쪽에 놓아 두는데 세발솥이 5개이고 양과 돼지의 내장과 위, 생강과 계피로 말린 생선포가 새롭게 이른다. 당상에는 음식이 차려지는데 4두(四豆)와 4궤(四簋)와 2형(兩鉶)과 4호(四壺)에 보(簠)는 없다.

7. 빙문(聘問)의 임금에게 조빙(朝聘)하는 예

다음 날 하대부(下大夫)가 빈(賓)을 관사(館舍)에서 맞이한다. 빈이 피변(皮弁)을 입고 방문하여 조회에 이른다. 빈(賓)이 옷을 갈아있는 곳으로 들어가 있으면 이에 폐백을 진열한다.

경(卿)이 상빈(上擯)이 되고 대부가 승빈(承擯)이 되고 사(士)가 소빈(紹擯)이 된다. 빈(擯)이 문을 나와서 무슨 일로 왔습니까 하고 묻는다.

공(公 : 임금)이 피변(皮弁)을 입고 빈(賓)을 대문 안에서 영접한다. 대부는 빈을 안내하여 들어오게 한다. 빈이 문 왼쪽으로 들어간다. 공(公)이 재배한다. 빈은 뒤로 피하며 답하여 절하지 않는다. 공(公)이 읍하고 안으로 들어가는데 매번 문에서 매번 꺾어질 때마다 읍한다.

사당의 문 앞에 이르면 공(公)이 읍하고 들어가 중앙의 뜰에 서 있는다. 빈은 서숙(西塾) 가까이에 서 있는다.

궤(几)와 연(筵)을 설치한다. 빈자(擯者)가 나와서 사자의 임금의 명을 묻는다. 고인(賈人)이 동쪽을 향해 앉아 독(櫝)을 열어서 규(圭)를 꺼내 옥받침대를 드리운 상태로 일어나지 않고 상개(上介)에게 준다.

상개(上介)가 예복을 추스르지 않고 규를 받아 옥받침대를 꺾어서 빈에게 준다. 빈은 예복을 정중히 가다듬고 규를 가진다. 빈자(擯者)가 안으로 들어가 임금에게 고하고 나와서 옥(玉)을 가져온 것에 대해 감사의 인사를 한다.

빈을 안으로 들어오도록 인도하면 빈은 문의 왼쪽으로 들어간다. 개(介)들이 모두 문의 왼쪽으로 들어가 북면하여 서쪽을 위로 삼는다. 세 번 읍하고 계단에 이르러서는 세 번 겸양한다.

공(公 : 임금)이 두 계단을 오르면 빈이 따라 올라서 서쪽 기둥의 서쪽에서 동면하고 있는다.

빈자(擯者 : 上擯)가 뒤로 물러나서 뜰의 중앙에 한다.

빈이 모국(母國)의 임금의 명을 아뢴다. 공이 왼쪽으로 돌아서 북쪽을 향한다. 빈자(擯者)가 앞으로 나아간다. 공이 문 위의 상인방을 마주하고 재배한다. 빈이 세 번 뒤로 물러나 서서(西序)를 등지고 서 있는다.

공이 홀로 옷매무새를 정돈하고 당(堂)의 중앙과 동쪽 기둥의 사이에서 옥을 받는다. 빈자[上擯]가 뒤로 물러나 동숙(東塾)을 등지고 서 있는다. 빈(賓)이 당에서 내려오면 개(介)가 들어올 때와 반대로 문을 나간다. 빈이 문을 나간다.

공이 홀로 재(宰)에게 옥(玉 : 圭)를 건네 주고, 겉에 걸친 웃옷을 벗고 당에서 내려와 서 있는다.

빈자(擯者 : 上擯)가 나와서 여쭈어본다. 빈이 웃옷을 벗고 속백(束帛)을 받들고 위에 벽(璧)을 올려서 진상한다. 빈자(擯者)가 들어가서 임금에게 고하고 나와서 받는다. 예물을 뜰에 채운다.

짐승의 가죽은 오른손으로 앞발을 아울러 잡고 왼손으로 뒷다리를 아울러 잡아 들고 털이 안에 있게 하며 두 손을 서로 마주하게 하여 들고 들어와 진열한다.

빈이 문의 왼쪽으로 들어와 읍하고 사양하는 것을 처음과 똑같이 한다. 당으로 올라가 임금의 명을 전하고 가죽을 펼쳐 보인다. 공(公)이 재배하고 폐백을 받는다. 짐승의 가죽을 받는 사(士)가 객(客)의 오른쪽 뒤에서 나와 받는다.

빈이 나오면 마주하여 앉아서 손에 든다. 공이 홀로 재(宰)에게 폐백을 건네 준다. 짐승 가죽은 들어올 때와 똑같이 하여 오른쪽으로 머리를 두어 동쪽을 향하게 한다.

공(公)의 부인(夫人)에게 빙문(聘問)할 때에는 장(璋)을 사용하고 진상할 때에는 종(琮)을 사용하는데 공(公)에게 처음 올리던 예와 똑같이 한다.

만약 전할 말이 있으면 속백(束帛)으로써 하는데 진헌하는 예절과 똑같이 한다.

●厥明 訝[1]賓于館 賓皮弁[2]聘 至于朝 賓入于次[3] 乃陳幣[4] ●卿爲上擯[5] 大夫爲承擯 士爲紹[6]擯 擯者出請事 公皮弁 迎賓于大門內 大夫納賓 賓入門左[7] 公再拜[8] 賓辟[9] 不答拜 公揖入 每門每曲揖[10] ●及廟門 公揖[11]入 立于中庭[12] 賓立接西塾[13] ●几筵旣設[14] 擯者出請命 賈人東面坐啓櫝 取圭垂繅[15] 不起而授上介[16] 上介不襲[17] 執圭屈繅 授賓 賓襲 執圭 擯者入告[18] 出辭玉 納賓 賓入門[19]左 介皆入門左 北面西上 三揖[20] 至于階 三讓 公升二等[21] 賓升 西楹西 東面[22] 擯者退中庭 賓致命 公左還 北鄉 擯者進 公當楣[23]再拜 賓三退[24] 負序[25] 公側[26]襲 受玉于中堂[27] 與東楹之間 擯者退 負東塾而立 賓降 介逆出[28] 賓出[29] 公側授宰玉 裼[30]降立 ●擯者出請[31] 賓裼 奉束帛加璧享 擯者入告 出許[32] 庭實 皮則攝之[33] 毛在內[34] 內攝之[35] 入設[36]也 賓入門左 揖讓如初 升致命 張皮[37] 公再拜受幣 士受皮者自後右客[38] 賓出 當之坐攝之[39] 公側授宰幣 皮如入 右首而東 ●聘于夫人 用璋 享用琮 如初禮 ●若有言[40] 則以束帛 如享禮

1) 訝(아) : 맞이하다. 곧 하대부(下大夫)가 맞이하다. 임금의 명으로 손님을 영접하는 것을 가리킨다.

2) 皮弁(피변) : 피변복(皮弁服)이다. 천자가 조회를 받거나 제후가 고삭(告朔)할 때 입던 옷이다.

3) 入于次(입우차) : 차(次)로 들어 가다. 차는 일이 있을 때 대문 밖의 서쪽에 임시로 장막을 쳐 만든다. 옷을 갈아입고 옷매무새를 고치고 다음 행사를 기다리고 등등의 일을 하는 곳이다. 여기서 차는 기다리는 것이라고 했다.

4) 陳幣(진폐) : 유사(有司)가 주국(主國)의 묘문 밖에서 천막을 펴고 폐백을 진열할 때와 같이 전시하는 것이다. 규장(圭璋)은 고인(賈人)이 독에 넣어 가지고 기다린다.

5) 擯(빈) : 주국(主國)의 임금이 빈객을 접대하도록 시킨 사람이다. 금문에는 빈(擯)자가 없다. 주군(主君)이 공(公)이면 빈자(擯者)는 5인이고 후(侯)와 백(伯)이면 빈자는 4인이고 자(子)와 남(男)이면 빈자가 3인이다.

6) 紹(소) : 잇다. 그 지위를 서로 계승하여 나가다.

7) 賓入門左(빈입문좌) : 빈이 문의 좌측으로부터 안으로 들어간다. 중개(衆介)
가 따라 들어와 북면하고 서쪽을 위로 삼아서 조금 물러나면 빈자(擯者)가
또한 문으로 들어와 오른쪽에서 북면하고 동쪽을 위로 여긴다. 상빈(上擯)이
나아가서 임금과 마주한다.

8) 公再拜(공재배) : 남면하여 절하고 맞이한다.

9) 賓辟(빈피) : 빈이 피하다. 감히 예에 합당하지 않다는 뜻이다.

10) 每門每曲揖(매문매곡읍) : 매양 문마다 매번 굽어진 곳에서 읍한다. 제후에
게는 세 개의 문이 있다. 고문(庫門)과 치문(雉門)과 노문(路門)이다. 무릇
임금과 빈이 입문할 때는 빈이 반드시 임금의 뒤에 하고 개(介)와 빈(擯)이
따라서 함께 하여 기러기처럼 행하는데 이미 들어가면 혹은 왼쪽 혹은 오른
쪽으로 서로 떠나서 처음과 똑같이 한다.

11) 公揖(공읍) : 먼저 들어와 안의 일을 살피다.

12) 立于中庭(입우중정) : 주국(主國)의 임금이 뜰의 중앙에 서서 빈이 들어오
기를 기다린다.

13) 接西塾(접서숙) : 접은 근(近)과 같다. 서숙은 서쪽 문의 옆방을 뜻한다.

14) 几筵旣設(궤연기설) : 궤연(几筵)이 있는 것은 그 사당에 신이 의지하고 있
는 것이다.

15) 垂繅(수조) : 옥받침의 끈이 늘어진 것이다. 조는 인끈이 매어 있는 것이다.

16) 不起而授上介(불기이수상개) : 일어나지 않고 상개에게 주다. 고인(賈人)
이 일어나지 않고 규(圭)를 주는 것은 신분이 높은 사람과 예를 행할 수 없
기 때문이다.

17) 上介不襲(상개불습) : 상개가 옷을 추스르지 않다의 뜻. 곧 성례가 자신에
게 있지 않기 때문이다.

18) 擯者入告(빈자입고) : 빈자는 상빈(上擯)이다. 입고는 들어가서 보고하다.

19) 門(문) : 금문에는 이 글자가 없다.

20) 三揖(삼읍) : 주국(主國)의 임금과 빈이 안으로 들어가면서 세 번 읍하다.
곧 문 안으로 들어가 첫 번째 도는 곳에서 한 번 읍하고 도는 곳을 돌아서 북
쪽을 바라보고 읍하고 비(碑) 앞에서 한 번 읍하여, 모두 세 번 읍을 한다.

21) 公升二等(공승이등) : 빈보다 두 계단을 오른 상태에서 군이 한 계단을 오

르면 신하는 두 계단을 오른다.

22) 東面(동면) : 임금과 서로 마주하다.

23) 楣(미) : 당 앞의 두 기둥 위에 횡으로 가로질러 있는 나무로, 상인방을 뜻함.

24) 賓三退(빈삼퇴) : 세 번 머뭇거리다의 뜻. 피하다라고 말하지 않은 것은 규를 가지고 장차 나아가 주국의 임금에게 주기 위한 것이다.

25) 負序(부서) : 서서(西序)를 등지다의 뜻.

26) 側(측) : 독(獨)의 뜻이다.

27) 中堂(중당) : 남과 북의 중간이다.

28) 介逆出(개역출) : 개가 역으로 나가다. 곧 들어올 때와 반대로 나가다.

29) 賓出(빈출) : 빙문의 일이 끝나다의 뜻.

30) 裼(석) : 고문에는 사(賜)로 되어 있다.

31) 出請(출청) : 빈에게 일이 있으나 없으나 나가서 물어보는 것이다.

32) 許(허) : 받다의 뜻.

33) 攝之(섭지) : 오른손으로 앞다리 두 개를 쥐고 왼손으로 뒷다리 두 개를 잡아서 드는 것을 뜻한다.

34) 毛在內(모재내) : 털이 달린 가죽이 안쪽으로 가게 하다. 이는 미리 보이지 않기 위해서이다.

35) 內攝之(내섭지) : 두 손을 서로 마주하여 드는 것을 뜻한다.

36) 入設(입설) : 뜰의 남쪽 3분의 1에 진열한다.

37) 張皮(장피) : 다리 부위를 바깥으로 벌려서 겉가죽이 보이게 한다.

38) 士受皮者自後右客(사수피자자후우객) : 사가 가죽을 받는 자는 동쪽으로부터 나와 객의 뒤쪽에서 경유하여 그 좌측에 서서 받는다.

39) 攝之(섭지) : 앞에서 빈이 들던 방식대로 한다.

40) 若有言(약유언) : 만약 전하는 말이 있다면의 뜻.

8. 사적(私的)인 예로 만나서 예물을 올리는 예

빈자(擯者)가 밖으로 나와 무슨 일이 있느냐고 묻는다. 빈은 자신의 공사(公事)가 다 끝났음을 알린다.

빈이 속금(束錦 : 비단 묶음)을 받들고 임금을 알현하기를 청한다. 빈자(擯者)가 들어가서 임금에게 고하고 밖으로 나와서 감사의 말을 하고 빈을 예로써 청한다. 빈이 예로써 사양하고 임금의 명을 듣는다.

빈자(擯者)가 들어와서 빈이 들어오겠다고 허락했음을 고한다. 재부(宰夫)가 궤(几)를 철거하고 연석(筵席)으로 바꾼다. 주국(主國)의 임금이 문을 나와서 빈을 맞이하여 안으로 들어오게 한다. 들어올 때는 읍(揖)하고 사양하는 것을 처음과 똑같이 한다.

공(公)이 당으로 올라가 홀로 서서(序西)의 끄트머리에서 궤(几)를 받는다. 재부(宰夫)가 안에서 궤를 세 번 털고 궤의 양쪽 끝을 받들어서 나아간다.

공이 동남쪽으로 향하여 밖에서 궤를 3번 털고, 터는 것이 끝나면 소매를 털고는 중간을 들고 앞으로 나와서 서쪽으로 향하고 있는다. 빈자(擯者)가 빈에게 궤를 받으라고 고하면 빈이 나아가서 맞이하여 자리 앞에서 궤를 받고 동면(東面)하고 기다린다. 공이 일배(壹拜)하고 보내면 빈이 궤로써 절을 피한다. 북면하여 궤를 내려놓고는 당에서 내려오지 않은 채 계단 위에서 답하여 재배하고 머리를 조아린다.

재부(宰夫)가 치(觶)에 단술을 따라서 수저를 치에 얹는데 자루가 앞으로 가게 한다.

공이 홀로 단술을 받는다. 빈이 당에서 내려오지 않고 일배를 하고는 자리에서 앞으로 나아가서 단술을 받는다. 다시 제자리로 돌아온다. 공이 절하고 단술을 보낸다.

재부(宰夫)가 변(籩)과 두(豆)와 육포와 육장을 올리면 빈이 연석 위로 오른다. 빈자(擯者)는 뒤로 물러나 동숙(東塾)을 등진다. 빈이 육포와 육장을 제사 지내고 수저로 단술을 세 번 떠서 제사를 한다. 네 필의 말을 뜰에 끌고 온다. 빈이 연석에서 내려와 북면하고 서서 수저와 모든 치를 아울러서 놓고 머리가 위로 향하게 잡고 앉아서 단술을 맛본다.

공(公)이 속백(束帛)을 가져오게 한다. 수저를 치에 꽂아 놓고 북면하여 육포와 육장의 동쪽에 내려놓는다.

빈자(擯者)가 앞으로 나아가 폐백을 주는 일을 돕는다. 빈이 당에서 내려와 예물을 보내주는 것에 대해 사양한다. 공이 당에서 한 계단 내려와 빈이 내려온 것에 대해 사양한다. 빈이 한 계단씩 빠르게 올라서 임금의 명을 받는다.

빈이 내려와서 절하면 공이 사양하는 말을 한다. 빈이 당 위로 올라가서 재배하고 머리를 조아린다. 폐백을 받고는 동쪽 기둥에 마주하여 북면하고 있는다. 빈이 물러나서 동면하고 기다린다. 공이 일배하면 빈이 당에서 내려온다. 공이 재배한다.

빈이 좌마(左馬)를 잡아서 끌고 문을 나간다. 상개(上介)가 빈의 폐백을 받고, 종자(從者)들이 맞이하여 말을 받는다.

●擯者出請事 賓告事畢[1] 賓奉束錦以請覿[2] 擯者入告 出辭[3] 請禮賓 賓禮辭[4] 聽命 擯者入告[5] 宰夫徹几改筵[6] 公出 迎賓以入 揖讓如初 公升[7] 側受几[8]于序端 宰夫內拂几[9]三 奉兩端以進 公東南鄕 外拂几三[10] 卒 振袂 中攝之 進[11] 西鄕 擯者告[12] 賓進 訝[13]受几于筵前 東面俟[14] 公壹拜送[15] 賓以几辭 北面設几 不降[16] 階上答再拜稽首 宰夫實觶以醴[17] 加柶于觶 面枋[18] 公側受醴[19] 賓不降 壹拜[20] 進筵前受醴 復位 公拜送醴 宰夫薦籩豆脯醢 賓升筵 擯者退負東塾[21] 賓祭脯醢 以柶祭醴三 庭實[22] 設 降筵[23] 北面 以柶兼諸觶 尙擢[24] 坐啐醴 公用束帛[25] 建柶 北面奠于薦東 擯者進相幣 賓降辭幣[26] 公降一等辭[27] 栗階升[28] 聽命 降拜 公辭[29] 升 再拜稽首 受幣 當東楹 北面 退 東面俟[30] 公壹拜 賓降[31]也 公再拜[32] 賓執左馬以出 上介受賓幣 從者[33]訝受馬

1) 賓告事畢(빈고사필) : 빈이 일을 마쳤음을 고하다. 곧 공사(公事)를 다 끝마쳤다는 뜻.

2) 覿(적) : 보다. 곧 공사의 관계로 만났으니 이제는 사적인 일로 주국(主國)의 임금을 만나다의 뜻.

3) 出辭(출사) : 손님의 예가 지나쳐서 예를 받기 어렵다는 뜻에서 사양하는 것.

4) 賓禮辭(빈례사) : 주국(主國)의 임금이 예를 갖추어 초청하였으므로 사신이 그러한 예를 받기 어렵다는 뜻에서 한 번 사양하다. 곧 겸손을 나타내다.

5) 入告(입고) : 들어가서 고하다. 곧 빈이 허락한 것을 고하다.

6) 宰夫徹几改筵(재부철궤개연) : 재부가 궤를 철거하고 연석으로 바꾸다. 재
부는 임금의 술과 음식을 관장하는 자이다. 장차 빈을 예우하는데 신(神)의
궤(几)를 철거하고 신(神)의 자리를 고쳐서 다시 깔다.

7) 升(승) : 금문(今文)에는 이 글자가 없다.

8) 几(궤) : 칠궤(漆几)이다.

9) 內拂几(내불궤) : 안쪽으로 궤를 털다. 곧 궤의 먼지가 존자에게 가지 않도
록 한다는 뜻.

10) 外拂几三(외불궤삼) : 밖으로 궤를 세 번 털다.

11) 進(진) : 빈(賓)에게 나아가다.

12) 擯者告(빈자고) : 빈자가 고하다. 곧 빈이 공에게 궤를 주다의 뜻.

13) 訝(아) : 금문(今文)에 오(梧)자로 되어 있다.

14) 東面俟(동면사) : 빈이 궤를 잡고 진열하지 않고 기다린다는 뜻.

15) 公壹拜送(공일배송) : 공은 높아서 일배를 하고 보낸다. 일은 고문(古文)
에 일(一)로 되어 있다.

16) 設几不降(설궤불강) : 빈의 궤는 왼편에 설치하고. 불강은 주인의 예가 아
직 끝나지 않아서 내려오지 않는다.

17) 實觶以醴(실치이례) : 단술을 치에 따라서 주다. 곧 임금에게 주는 것이다.
예는 단술이다.

18) 加柶于觶面枋(가사우치면방) : 치의 술잔에 수저를 올리는데 손잡이가 앞
쪽으로 향하게 하다.

19) 公側受醴(공측수례) : 공이 홀로 단술을 받다. 장차 빈이 마시는 것을 뜻한다.

20) 壹拜(일배) : 빈이 일배를 하는 것은 예주(醴酒)의 본질은 적은 것을 귀하
게 여기기 때문이다.

21) 退負東塾(퇴부동숙) : 물러나서 동숙을 등지다. 곧 아직 일이 다 끝나지 않
아서이다.

22) 庭實(정실) : 말 네 마리를 묶어놓는 것.

23) 降筵(강연) : 계단 위로 나아가다의 뜻.

24) 尙擸(상랍) : 숟가락의 머리부분이 위를 향하도록 하여 잡다.

25) 公用束帛(공용속백) : 공이 속백을 사용하다. 곧 폐백을 이르게 하다.

26) 賓降辭幣(빈강사폐) : 공(公)의 예를 감당하지 못하여 사양하는 것이다.

27) 公降一等辭(공강일등사) : 빈이 내려온 것을 사양한 것이다.

28) 栗階升(율계승) : 임금의 명으로 달려나가 빠른 걸음으로 올라가는 것이다.

29) 降拜公辭(강배공사) : 곧 내려와 절하였다는 것은 임금이 사여해 준 것을 받았다는 뜻. 공사는 빈이 당에 내려와 절하므로 공이 사양한 것이다.

30) 退東面俟(퇴동면사) : 물러나서 동면하고 기다린다. 이는 임금이 곧 절을 할 것에 대비해 기다리는 것이다.

31) 賓降(빈강) : 주국(主國)의 임금이 두 번 절하기 전에 당을 내려온 것은 임금의 성대한 예를 감당하지 못한다는 뜻이다.

32) 公再拜(공재배) : 일이 끝나고 예를 이루기 위해서 재배한다.

33) 從者(종자) : 사개(士介)들이다.

9. 빈이 찾아뵙는데 속금(束錦)을 받든다

빈(賓)이 찾아뵈려고 속금(束錦)을 받든다. 말 네 필은 두 사람이 도와서 이끈다. 문의 오른쪽으로 들어가 북면하여 폐백을 내려놓고 재배하고 머리를 조아린다.

빈자(擯者)가 사양하는 말을 한다. 빈이 문에서 나온다. 빈자(擯者)가 앉아서 폐백을 취하여 나온다. 유사(有司) 두 사람이 말을 이끌고 뒤따라 문을 나와 동숙(東塾)의 남쪽에서 서면한다. 빈자(擯者)가 예를 받으라고 청한다. 빈이 예로써 사양하고 명을 듣는다. 찬자(贊者)가 오른손으로 말을 끌고 들어와 뜰에 진열한다.

빈(賓)이 폐백을 받들고 문의 왼쪽으로 들어온다. 개(介)는 모두 문의 왼쪽으로 들어와 서는데 서쪽을 위로 삼는다. 공이 읍하고 사양하는 것을 처음 시작할 때와 똑같이 한다.

당에 올라서는 공이 북면(北面)하고 재배한다. 빈이 세 번 뒤로 물러나 반대로 돌아서 서서(西序)를 등지고 서 있는다.

폐백의 먼지를 털고 앞으로 나아가서 주는데 동쪽 기둥과 마주한 곳에서 북면한다.

사(士)로서 말을 받는 자는 앞으로부터 돌아서 이끄는 자의 뒤

에서 그의 오른쪽으로 가서 받는다. 말을 이끄는 사람은 앞으로
부터 서쪽으로 하여 이에 밖으로 나간다.

빈이 당에서 내려와 계단의 동쪽에서 절하고 보낸다. 임금이 사
양하는 인사를 한다. 빈이 절하면 임금이 한 계단을 내려와서 사
양하는 말을 한다.

빈자(擯者)가 말하기를 "과군(寡君)께서는 그대를 따라서 장
차 절하려 하시니 일어나십시오"라고 한다. 빈은 빠르게 계단을
뛰어서 당으로 오른다. 공이 서쪽으로 향하고 있는다. 빈이 계단
위에서 재배하고 머리를 조아린다. 공이 약간 뒤로 물러난다.

빈이 내려와 문을 나간다. 공이 홀로 재(宰)에게 폐백을 주면
말을 끌고 나간다. 공이 당에서 내려와 서 있는다.

빈자(擯者)가 문 밖으로 나와서 묻는다. 상개(上介)가 속금(束
錦)을 받들고 사개(士介) 4명이 모두 옥금속(玉錦束 : 옥금의 묶
음)을 받들고 뵙기를 청한다.

빈자(擯者)가 문 안으로 들어가 임금에게 고하고 나와서 "허
락했습니다."라고 한다.

상개(上介)가 폐백을 받들고 순록가죽 두 장을 2명이 도와서
들고 모두가 문의 오른쪽으로 들어가 동쪽을 위로 삼는다. 이에
폐백을 내려놓고 모두 재배하고 머리를 조아린다. 빈자(擯者)가
사양하는 말을 한다. 개(介)가 들어온 것과는 반대로 나간다.

빈자(擯者)가 상개(上介)의 폐백을 들고 사(士)가 모든 폐백
을 들고 유사(有司) 2명이 순록가죽을 들고 그 폐백을 들고 있던
자를 따라서 문을 나와 다시 받기를 청한다. 이에 순록가죽을 쌓
아놓고 남면한다. 폐백을 가진 자는 서면하고 북쪽을 위로 한다.

빈자(擯者)가 상개(上介)에게 받을 것을 청한다. 개(介)가 예
로써 사양하고 명을 듣는다. 모두 나아가서 그 폐백을 일일이 받
는다. 상개(上介)가 폐백을 받들고 순록가죽을 들고 있는 자가
먼저 문의 왼쪽으로 들어가 순록가죽을 전시한다. 공이 재배한다.

개(介)가 폐백의 먼지를 털고 순록가죽의 서쪽으로부터 앞으
로 나아가 북면하고 폐백을 올린다. 뒤로 물러나 제자리로 돌아

가서 재배하고 머리를 조아리고 폐백을 보낸다.

개(介)가 문 밖으로 나간다.

재(宰)가 공의 왼쪽에서 폐백을 받는다.유사(有司) 두 사람이 앉아서 순록가죽을 들어서 동쪽으로 간다.

◐賓覿 奉束錦¹⁾ 總乘馬²⁾ 二人贊³⁾ 入門右⁴⁾ 北面 奠幣 再拜稽首⁵⁾ 擯者辭⁶⁾ 賓出⁷⁾ 擯者坐取幣出⁸⁾ 有司二人牽馬以從 出門 西面于東塾南 擯者請受⁹⁾ 賓禮辭 聽命¹⁰⁾ 牽馬右之 入設¹¹⁾ 賓奉幣 入門左 介皆入門左¹²⁾ 西上 公揖讓如初 升 公北面再拜¹³⁾ 賓三退 反還 負序¹⁴⁾ 振幣¹⁵⁾進授 當東楹北面 士受馬者 自前還牽者後 適其右¹⁶⁾受 牽馬者自前西 乃出 賓降階東拜送 君辭¹⁷⁾ 拜也¹⁸⁾ 君降一等辭¹⁹⁾ 擯者曰 寡君從子²⁰⁾ 雖將拜 起也 栗階升 公西鄉 賓階上再拜稽首 公少退²¹⁾ 賓降出 公側授宰幣 馬出²²⁾ 公降立 ◐擯者出請 上介奉束錦 士介四人皆奉玉錦束²³⁾ 請覿 擯者入告 出許 上介奉幣 儷皮²⁴⁾ 二人贊 皆²⁵⁾入門右 東上 奠幣 皆再拜稽首 擯者辭²⁶⁾ 介逆出²⁷⁾ 擯者執上幣 士執衆幣 有司二人擧皮 從其幣 出請受²⁸⁾ 委皮南面²⁹⁾ 執幣者 西面北上 擯者請受³⁰⁾ 介禮辭 聽命 皆進 訝受其幣³¹⁾ 上介奉幣 皮先 入門左 奠皮³²⁾ 公再拜³³⁾ 介振幣 自皮西進³⁴⁾ 北面授幣 退復位 再拜稽首送幣 介出 宰自公左受幣³⁵⁾ 有司二人 坐擧皮以東

1) 奉束錦(봉속금) : 뵐 때 속금을 쓰는 것은 향폐(享幣)를 피하기 위해서다.

2) 總乘馬(총승마) : 여덟 개의 고삐를 한데 묶어 이끄는 것이라 했다. 승마는 네 필의 말이다.

3) 二人贊(이인찬) : 찬자 두 사람을 말하는데 고인(賈人)의 무리이다.

4) 入門右(입문우) : 문 우측으로 들어가는 것은 사사로운 방문이기 때문이다.

5) 再拜稽首(재배계수) : 재배하고 머리를 조아리다. 신하의 예로써 주국(主國) 의 임금을 만나는 것이므로 두 번 절하고 머리가 땅에 닿도록 조아린다.

6) 擯者辭(빈자사) : 신하의 예를 차리지 말라고 사양하는 것이다.

7) 賓出(빈출) : 빈이 나가다. 곧 일을 모두 끝마쳤다는 뜻이다.

8) 擯者坐取幣出(빈자좌취폐출) : 빈자가 앉아서 폐백을 가지고 나가다. 빈이 가져온 속금(束錦)을 다시 돌려주려고 하는 것이다. 빈자(擯者)가 예물을 다

시 들 때에는 뜰에서 북쪽을 바라보고 든다.

9) 擯者請受(빈자청수) : 빈자(擯者)가 객례(客禮)로써 속금(束錦)을 다시 받기를 청하는 것이다.

10) 聽命(청명) : 주국(主國) 임금의 명을 듣다. 곧 빈은 그 폐백을 받고 찬자(贊者)는 말을 받는다.

11) 牽馬右之入設(견마우지입설) : 오른손으로 말을 이끌고 들어와 말을 진열하다. 예물보다 말을 먼저 들여와 진설하는 것이 객례이다. 우지(右之)는 사람이 말의 왼쪽에 있는 것은 오른손으로 말을 끄는 것이 편리하기 때문이다.

12) 介皆入門左(개개입문좌) : 개(介)가 모두 문의 왼쪽으로 들어가다. 객례(客禮)로써 주국의 임금에게 나아가는 것이므로 개가 따른다.

13) 公北面再拜(공북면재배) : 공이 북면하고 재배하다. 곧 신례(臣禮)로써 새롭게 만나 보는 것이다.

14) 反還負序(반환부서) : 반대로 돌아서 서서(西序)를 등지다. 곧 주국(主國)의 임금이 자신을 낮추어 예를 행하므로 감히 더불어 규(圭)를 함께 줄 수가 없다는 뜻이다.

15) 振幣(진폐) : 폐백을 털다. 곧 먼지를 털다의 뜻.

16) 適其右(적기우) : 말을 이끄는 자가 오른쪽으로 가서 말을 받는 것이다.

17) 君辭(군사) : 임금이 사양하는 말을 하다.

18) 拜也(배야) : 빈이 절을 하다.

19) 君降一等辭(군강일등사) : 임금이 한 계단을 내려와서 사양하는 말을 하다. 곧 주국(主國)의 임금이 사양하였는데도 빈이 절을 하여 공경하였으므로 계단에서 한 층계를 내려와 다시 한 번 사양한 것이다.

20) 子(자) : 그대의 뜻. 경칭이다.

21) 公少退(공소퇴) : 빈을 존경한다는 뜻이 있다.

22) 馬出(마출) : 말을 나가게 한 것은 사당 안이 청결해야 하기 때문이다.

23) 玉錦束(옥금속) : 옥금의 묶음이다. 옥금은 겉이 채색으로 장식된 비단이다.

24) 儷皮(여피) : 여는 양(兩)과 같다. 여피는 두 장의 순록가죽을 뜻한다. 빈이 옥금(玉錦)을 든 반면 상개(上介)는 순록가죽을 든 것은 상개는 빈보다 지위가 낮기 때문에 낮은 예물을 든 것이다.

25) 皆(개) : 모든 중개(衆介)를 뜻함. 이때 찬자는 순록가죽을 진열하고 나간다.

26) 擯者辭(빈자사) : 빈자가 사양의 말을 하다. 신하의 예로써 재배하고 머리를 조아린데 대해 주국(主國)의 임금이 겸양의 뜻으로 사양한 것이다.

27) 介逆出(개역출) : 개는 반대로 나가다. 개가 반대로 나간 것은 또한 일이 모두 끝난 것을 뜻한다.

28) 出請受(출청수) : 나가서 받으라고 청하다. 곧 상개(上介)에게 그들이 올린 폐백을 다시 받으라고 청하는 것이다.

29) 委皮南面(위피남면) : 순록가죽을 문에 마주하여 쌓아 놓고 남면하다. 빈자(擯者)가 말을 마치면 폐백을 가진 모든 사람은 앞으로 나아가 자리로 나아간다. 유사(有司)가 남쪽에 쌓아 놓는 것은 다시 드리는 것을 간편하게 하기 위해서이다.

30) 擯者請受(빈자청수) : 빈자가 상개(上介)에게 청하다.

31) 皆進訝受其幣(개진아수기폐) : 모두가 앞으로 나아가 맞이하여 그 폐백을 받는다. 곧 상개와 중개가 모두 일일이 나아가 예물을 받다의 뜻.

32) 奠皮(전피) : 순록가죽을 진열해 놓는 이유는 다시 받을 수 없다는 뜻을 나타낸 것이다.

33) 公再拜(공재배) : 공이 중정(中庭)에서 재배를 하다. 당에서 받지 않는 것은 개(介)의 지위가 낮기 때문이다.

34) 進(진) : 뜰의 3분의 1에서 북쪽으로 걸어가다. 동쪽으로 나아가 주국(主國)의 임금이 있는 방향에서 다시 북쪽으로 행하는 것을 뜻한다.

35) 宰自公左受幣(재자공좌수폐) : 재(宰)가 공의 왼쪽에서 예물을 받는다. 공이 홀로 예물을 받지 않는 것은 개례(介禮)가 가볍기 때문이다.

10. 주국(主國)의 임금이 빈(賓)을 전송하는 예

빈자(擯者)가 나가서 또 사개(士介)를 들어오도록 안내한다. 사개(士介)가 문의 오른쪽으로 들어와 폐백을 내려놓고 재배하고 머리가 땅에 닿도록 조아린다.

빈자(擯者)가 사양하는 말을 하면 개(介)가 반대의 순서로 나간다. 빈자가 상폐(上幣 : 올린 폐백)를 가지고 밖으로 나와서 예로써 도로 받아주기를 청한다. 빈이 사양하는 말을 한다.

공이 답하여 재배한다. 빈자(擯者)가 문을 나와서 문의 가운데
에 서서 서로 절한다. 사개(士介)가 모두 절을 피한다. 사(士) 3
명이 동쪽을 위로 삼아 앉아서 폐백을 가지고 일어난다.

빈자(擯者)가 공(公)의 앞으로 나아간다. 재부(宰夫)가 폐백
을 뜰의 중앙에서 받아 동쪽으로 간다. 폐백을 가진 자들이 순서
대로 따라간다.

빈자(擯者)가 밖으로 나와서 청할 것이 있는지 묻는다. 빈이 일
이 다 끝났음을 고한다. 빈자(擯者)가 문 안으로 들어가 공에게
보고한다. 공이 문 밖으로 나와서 빈들을 전송한다.

대문 안에 이르러서는 공이 빈객 나라의 임금 안부를 묻는다.
이에 빈이 대답하면 공이 재배한다. 공이 빈객 나라의 대부의 안
부를 물으면 빈이 대답한다.

공이 빈이 길을 오는 동안의 수고에 대해 말하면 빈은 재배하
고 머리가 땅에 닿도록 조아린다. 공이 답하여 절한다.

공이 개(介)에게 길을 오는 동안의 수고를 말하면 개가 모두 재
배하고 머리를 조아린다. 임금이 답하여 절한다. 빈이 문을 나가
면 임금이 재배하고 전송하는데 이때 빈은 뒤를 돌아보지 않는다.

빈(賓)이 대부(大夫)에게 일이 있다고 하면서 경(卿)의 안부
를 묻는다. 공이 예로써 사양했다가 허락한다. 빈이 관사(館舍)
로 나아간다.

경(卿)과 대부(大夫)가 빈을 위로하러 오면 빈은 만나 보지 않
는다. 대부가 기러기를 내려놓고 재배하면 상개(上介)가 이를 받
는다. 상개(上介)를 위로하는 것 또한 똑같이 한다.

◉擯者又納[1] 士介 士介入門右 奠幣 再拜稽首[2] 擯者辭 介逆出 擯者
執上幣以出 禮請受 賓固辭[3] 公答再拜 擯者出 立于門中以相拜[4] 士
介皆辭[5] 士三人東上 坐取幣立 擯者進[6] 宰夫受幣于中庭 以東[7] 執
幣者序從之[8] ◉擯者出請 賓告事畢[9] 擯者入告 公出送賓[10] 及大門
內 公問君[11] 賓對 公再拜[12] 公問大夫 賓對 公勞賓[13] 賓再拜稽首 公
答拜 公勞介 介皆再拜稽首 公答拜 賓出 公再拜送 賓不顧[14] ◉賓

請¹⁵⁾有事於大夫 公禮辭許 賓卽館¹⁶⁾ ◐卿大夫勞賓 賓不見¹⁷⁾ 大夫奠
鴈再拜 上介受¹⁸⁾ 勞上介亦如之

1) 納(납) : 나가서 인도하여 들어오도록 하는 것이다.

2) 再拜稽首(재배계수) : 끝까지 객례(客禮)로써 하지 않고 신례(臣禮)로써 한
   것이다.

3) 禮請受賓固辭(예청수빈고사) : 예로써 다시 받기를 청하는데 빈이 사양하
   다. 사개(士介)가 사양하는 말을 하지 않고 빈이 사양하고 받지 않는 이유는
   사는 지위가 낮아서 임금과 직접 통하지 못함을 뜻한다. 고(固)자는 연문(衍
   文)이라 했다.

4) 立于門中以相拜(입우문중이상배) : 빈자(擯者 : 안내자)가 빈이 사양한 것
   을 안으로 들어가 임금에게 보고하고 돌아와 문의 중앙에 서서 서면하고 있
   으면 주국(主國)의 임금이 멀리서 답배를 한다.

5) 辟(피) : 그 동면의 위치로 피하여 머뭇거리는 것이다.

6) 擯者進(빈자진) : 주국(主國)의 임금이 있는 곳으로 나아가다의 뜻.

7) 宰夫受幣于中庭以東(재부수폐우중정이동) : 재부로 하여금 사(士)에게서
   폐백을 받게 한 것은 사개(士介)의 폐백은 가볍기 때문이다. 임금의 좌측에
   서 받는다. 빈의 폐백은 임금이 직접 받아서 재(宰)에게 주고 상개(上介)의
   폐백은 재(宰)가 임금의 왼쪽에서 받고 사개(士介)의 폐백은 재부가 사(士)
   에게서 받는 것은 공경하는 데 차등을 둔 것을 뜻한다.

8) 序從之(서종지) : 차례대로 따르다. 곧 순서에 따라서 재부에게 일일이 폐백
   을 받다이다.

9) 賓告事畢(빈고사필) : 빈이 일이 모두 끝났음을 알리면, 중개(衆介)가 들어
   온 곳의 반대로 빈을 인도하여 나간다.

10) 公出送賓(공출송빈) : 임금이 나가서 빈을 전송하다. 임금이 나가면 중빈
    (衆擯)이 또한 반대의 길로 나간다. 이때 소빈(紹擯)은 빈과 함께 나란히 행
    하는데 그 사이가 6보(六步)의 차이를 두게 한다.

11) 公問君(공문군) : 빙문국(聘問國) 임금이 빈(賓)의 임금의 안부를 묻다. 빈
    이 처음으로 이르러 문에 들어와 북면하여 장차 읍하고 나가면 중개(衆介)가
    또한 그의 오른쪽에 있어 약간 물러나 서쪽을 위로 삼아서 있는다. 이때 주국
    (主國)의 임금이 빈의 나라 임금의 안부를 물어 은근한 정을 나타낸다. 이와

동시에 승빈(承擯)과 소빈(紹擯)이 또한 문의 동복면에서 동쪽을 위로 하여 있는다. 상빈(上擯)은 왕래하면서 임금의 명을 전달하기 위해 남면한다.

12) 公再拜(공재배) : 임금이 재배하는 것은 빈의 임금이 아무 병이 없는 것에 대해 감사의 절을 하는 것이다. 이때 빈은 또한 피한다.

13) 公勞賓(공로빈) : 주국(主國)의 임금이 빈이 사자(使者)로 오면서 도착하기까지의 고초가 얼마나 많았는가 하고 위로하는 것이다.

14) 賓不顧(빈불고) : 임금이 절하면 빈은 피하여 뒤를 돌아보지 않는다는 뜻.

15) 請(청) : 청문(請問)이며 경의 안부를 묻다의 뜻. 곧 상빈(上擯)이 빈을 전송하여 문을 나오면 빈이 동면하고 경의 안부를 묻는다. 이때 빈자(擯者)가 들어가서 자신의 임금에게 보고하고 임금의 명을 받아서 빈에게 알려준다.

16) 賓卽館(빈즉관) : 빈이 관사로 나아가다. 곧 잠깐 휴식하기 위해서이다. 즉은 취(就)의 뜻.

17) 賓不見(빈불견) : 빈이 만나지 않다. 공사(公事)를 아직 다 끝마치지 않았으므로 상개(上介)가 빈의 사양의 뜻을 알리는 것이다.

18) 大夫奠鴈再拜上介受(대부전안재배상개수) : 대부가 기러기를 내려놓고 재배하면 상개가 받는다. 앞에서 경과 대부가 함께 왔다고 하고 대부가 기러기를 내려놓고 재배한다고 한 것은 경의 예물은 고(羔)이기 때문에 경은 예물을 가져오지 않고 대부만 예물인 기러기를 가지고 왔으므로 경은 언급하지 않은 것이다.

11. 빙문국(聘問國)에서 예물을 하사하는 예

임금이 경(卿)에게 위변(韋弁)을 입게 하고 경을 통해 옹희(饔餼) 오뢰(五牢)를 보낸다.

상개(上介)가 무슨 일로 왔는가를 묻는다. 빈이 조복을 입고 예로써 사양한다.

유사(有司)가 관사(館舍)에 있는 사당에 임금이 보내준 음식들을 진열하는데 익힌 고기와 날고기이다. 삶아 익힌 것은 1뢰(一牢 : 소·양·돼지)와 세발솥이 9개인데 서쪽 계단 앞에 진열한다. 배정(陪鼎)은 안쪽 모서리에 마주하게 하고 동면하는데 북쪽을 위로 한다. 위쪽은 비(碑)와 마주하게 하여 남쪽으로 진열하는데 소와 양과 돼지와 물고기와 포〔腊〕와 창자와 위(胃)를 하나의 세발솥에 넣는다.

돼지고기와 선어(鮮魚)와 선석(鮮腊)을 넣은 솥은 뚜껑을 덮어서 설치한다. 쇠고기국과 양고기국과 돼지고기국은 대개 소와 양과 돼지가 있는 배정(陪鼎)에 둔다.

날고기 2뢰(二牢)는 14개의 솥에 둔다. 선어(鮮魚)와 선석(鮮腊)은 넣지 않는다. 동쪽 계단 앞에 설치하는데 서면하게 하고 남쪽으로 진열하는 것들은 익힌 고기를 솥에 넣는 것과 같이 하여 두 줄로 진열한다.

당(堂) 위에는 8두(八豆)인데 호서(戶西)에 설치하여 서쪽으로 진열하여 모두 두 줄로 나란히 진열한다. 동쪽 위쪽에는 부추 절임을 놓고 그 남쪽에는 담해(醓醢 : 육장)를 번갈아 놓는다. 이에 8개의 궤(簋)를 이어서 놓는다. 기장은 그 남쪽에 직(稷)과 함께 하는데 서로 번갈아 가며 진열한다.

6개의 형(鉶)이 이어서 진열된다. 소고기국의 서쪽에는 양고기국과 돼지고기국을 놓고 돼지고기국의 남쪽에는 소고기국이 있고 동쪽으로는 양고기국과 돼지고기국이 있다.

2개의 보(簠)가 이어서 진열된다. 양(粱 : 조)은 북쪽에 있다.

8개의 호(壺 : 병)는 서서(西序)에 진열하는데 북쪽을 위로 하고 두 줄로 나란히 하여 남쪽으로 진열한다.

서협(西夾)에는 6개의 두(豆)를 두는데 서쪽 담 아래에 벌려 놓는다. 북쪽 위에는 부추 절임을 둔다. 그 동쪽에는 담해(醓醢)를 번갈아 놓는다. 6개의 궤(簋)를 이어서 놓는다. 서(黍)는 그 동쪽에 직(稷)과 함께 놓는데 번갈아 놓는다.

4개의 형(鉶)을 이어서 진열한다. 소고기국의 남쪽에는 양고기국이 있고 양고기국의 동쪽에는 돼지고기국이 있고 돼지고기국의 북쪽에는 소고기국이 있다.

2개의 보(簠)를 이어서 진열한다. 양(粱 : 조)은 서쪽에 있다. 모두 두 줄로 나란히 하여 남쪽을 향해 진열한다.

6개의 호(壺)는 서쪽을 위쪽으로 하여 두 줄로 나란히 진열하는데 동쪽을 향해 놓는다.

음식을 동방의 협실(夾室)에 차려 놓는데 또한 이와 똑같이 하며 서북쪽을 위로 하여 놓는다. 호(壺)는 동쪽을 위로 하여 서쪽으로 진열한다.

혜해(醯醢 : 국물이 많은 육장)는 100단지를 놓는데 정(鼎)의 중앙에 차려 놓고 10개씩 한 열로 삼아서 혜(醯 : 초)의 동쪽에 있게 한다.

희(餼 : 산 희생)의 2뢰(二牢)는 문의 서쪽에 진열해 놓고 북면하여 동쪽을 위로 한다. 소의 서쪽에는 양(羊)과 돼지가 있고 돼지의 서쪽에는 소와 양과 돼지가 있다.

쌀〔米〕이 100거(百筥)인데 거(筥)의 절반은 곡(斛)이다. 이를 뜰 가운데에 두는데 10거(十筥)를 하나의 열로 만들어서 북쪽을 위로 삼는다.

기장과 조와 벼는 모두 두 줄로 하고 직(稷 : 기장)은 네 줄로 한다. 문 밖에는 쌀이 30거(三十車 : 30수레)로 수레마다 1병(秉) 5수(五籔)가 실려 있는데 문의 동쪽에 두되 세 줄로 하여 동쪽으로 진열한다.

벼〔禾〕는 30거(三十車)로 수레마다 삼타(三秅)가 실려 있는데 문의 서쪽에 두되 서쪽으로 진열한다.

땔나무와 마소의 꼴들은 벼의 갑절인 60거(六十車)이다.

빈(賓)은 피변(皮弁)을 입고 대부(大夫)를 외문(外門)의 밖에서 맞이하여 재배한다. 대부는 답하여 절하지 않는다. 읍하고 문안으로 들어가 묘문(廟門)에 이르면 빈이 읍하고 들어간다.

대부가 속백(束帛)을 받들고 들어가면 세 번 읍하며 모두 행한다. 계단에 이르러 사양하고 대부가 먼저 계단 하나를 오르면 빈이 따라서 당으로 올라 북면하여 임금의 명을 듣는다.

대부가 동면하고 임금의 명령을 전달하면 빈이 당에서 내려와 계단 서쪽에서 재배하고 머리를 조아린다. 살아 있는 희생도 또한 이와 똑같은 방식으로 한다. 대부가 사양하는 말을 하면 빈이 당으로 올라서 재배하고 머리를 조아린다.

당 안의 서쪽에서 폐백을 받고 북면한다. 대부가 당에서 내려와 문 밖으로 나간다. 빈이 당에서 내려와 늙은 가신(家臣)에게 폐백을 준다. 이에 문 밖으로 나와서 대부를 맞이한다. 대부가 예로써 사양한 뒤 허락한다. 안으로 들어가 읍하고 사양하는 것을 처음과 똑같이 한다.

빈이 한 계단을 오르면 대부가 따라서 당으로 올라간다. 뜰에 네 필의 말을 전시해 둔다. 빈이 당에서 내려와 늙은 가신에게 속금(束錦)을 받고 대부는 머물러 있는다. 빈이 폐백을 받들고 서면하면 대부는 동면한다. 빈이 폐백을 전달하면 대부가 대답하고 북면하여 상인방과 마주해서 재배하고 머리를 조아린다.

기둥 사이에서 폐백을 받고 남면하여 뒤로 물러나 동면하고 기다린다. 빈이 재배하고 머리가 땅에 닿도록 조아린 뒤에 폐백을 보낸다. 대부가 당에서 내려와 왼쪽 말을 끌고 문을 나간다. 빈이 외문의 밖에서 전송하고 재배한다.

다음 날 빈이 조정에서 절한다.

익힌 희생의 고기와 산 희생을 보내 준 것에 감사의 절을 하는데 모두가 재배하고 머리를 조아린다.

●君使卿韋弁[1] 歸饔餼五牢[2] 上介請事 賓朝服[3]禮辭 有司入陳[4] 饔[5] 飪一牢 鼎九 設于西階前 陪鼎當內廉[6] 東面北上 上當碑[7] 南陳 牛羊 豕魚腊腸胃[8]同鼎 膚鮮魚鮮腊[9] 設肩鼏[10] 腄臑膮[11] 蓋陪牛羊豕 腥二 牢 鼎二七 無鮮魚鮮腊 設于阼階前 西面 南陳如飪鼎 二列 堂上八豆 設于戶西[12] 西陳 皆二以竝[13] 東上韭菹[14] 其南醓醢 屈[15] 八籩[16]繼之 麷[17] 其南稷[18] 錯 六鉶[19]繼之 牛以西羊豕 豕南牛 以東羊豕 兩簠[20]繼 之 粱[21] 在北 八壺[22]設于西序 北上 二以竝 南陳 西夾六豆 設于西墉 下 北上韭菹 其東醓醢 屈 六籩繼之 麷其東稷 錯 四鉶繼之 牛以南 羊 羊東豕 豕以北牛 兩簠繼之 粱在西 皆二以竝 南陳 六壺西上 二 以竝 東陳[23] 饌于東方[24]亦如之 西北上[25] 壺東上[26] 西陳 醓醢百罋[27] 夾碑[28] 十以爲列 醯在東[29] 餼二牢 陳于門西 北面東上 牛以西羊豕

豕西牛羊豕[30] 米百筥[31] 筥半斛 設于中庭[32] 十以爲列 北上 黍粱稻皆二行 稷四行 門外米三十車 車秉有五籔[33] 設于門東 爲三列 東陳 禾三十車 車三秅[34] 設于門西 西陳 薪芻倍禾[35] 賓皮弁 迎大夫于外門外 再拜 大夫不答拜[36] 揖入 及廟門 賓揖入 大夫奉束帛 入三揖 皆行[37] 至于階 讓 大夫先升一等[38] 賓從 升堂 北面[39]聽命 大夫東面致命 賓降 階西再拜稽首 拜饌亦如之 大夫辭 升成拜[40] 受幣堂中西 北面[41] 大夫降 出 賓降 授老[42]幣 出迎大夫 大夫禮辭 許 入 揖讓如初 賓升一等[43] 大夫從 升堂 庭實設馬乘 賓降堂 受老束錦 大夫止[44] 賓奉幣西面 大夫東面 賓致幣[45] 大夫對 北面當楣 再拜稽首[46] 受幣于楹間 南面退[47] 東面俟 賓再拜稽首送幣 大夫降 執左馬以出[48] 賓送于外門外 再拜 明日 賓拜于朝[49] 拜饔與餼 皆再拜稽首

1) 韋弁(위변) : 천자(天子)나 제후나 대부 등이 병사(兵事)가 있을 때 입는 옷이다. 꼭두서니빛의 가죽으로 만든 변(弁)으로 병복(兵服)이다. 피변(皮弁)과 위변(韋弁)은 동류(同類)이며 취하는 것도 서로 비슷하다. 그 옷은 대개 꼭두서니빛의 가죽으로 윗도리를 만들고 흰색으로 아랫도리를 만들었다.

2) 歸饔餼五牢(귀옹희오뢰) : 옹은 죽은 희생이고 희는 살아 있는 희생이다. 일뢰(一牢)는 소·양·돼지를 뜻한다. 귀는 금문(今文)에 궤(饋)로 되어 있다. 선물로 하사하는 것을 뜻한다.

3) 賓朝服(빈조복) : 빈이 조복을 입다. 곧 빈이 받지 않으려는 뜻을 보이기 위하여 조복을 입은 것이다.

4) 有司入陳(유사입진) : 유사가, 빈이 머물고 있는 관사의 사당으로 들어가 가지고 온 것들을 쌓아 진열하다의 뜻.

5) 饔(옹) : 삶아 익힌 것과 날것을 뜻한다.

6) 陪鼎當內廉(배정당내렴) : 배정은 안쪽 모서리와 마주한 곳에 두다. 안쪽 모서리는 동쪽 모서리와 가까운 곳의 중간 부분을 뜻한다.

7) 上當碑(상당비) : 위를 비석과 마주하게 하다. 궁 안에는 반드시 비석이 있는데 이는 비취는 해 그림자를 통해 음양을 인식하기 위해서이다.

8) 魚腊腸胃(어석장위) : 어는 말린 물고기, 석은 작은 것 전체를 그대로 말린 포, 장은 소와 양의 내장, 위는 소와 양의 위를 뜻한다.

9) 膚鮮魚鮮腊(부선어선석) : 부는 돼지고기, 선어는 싱싱한 생선, 선석은 생선

을 생강과 계피에 절여서 말린 포이다.

10) 肩鼏(경멱) : 경은 솥을 드는 데 쓰이는 들막대기, 멱은 솥뚜껑을 뜻한다.

11) 膷臐膮(향훈효) : 향은 쇠고기국, 훈은 양고기국, 효는 돼지고기국을 뜻함.

12) 戶西(호서) : 실호(室戶)의 서쪽이다.

13) 竝(병) : 금문(今文)에는 병(倂)으로 되어 있다.

14) 韭菹(구저) : 부추절임.

15) 醓醢屈(담해굴) : 담해는 국물이 있는 젓갈류이다. 곧 육장의 일종이다. 굴은 번갈아 하다의 뜻이다.

16) 簋(궤) : 제기이다. 기장을 담는 제기이며 안이 네모지고 밖이 둥글다.

17) 黍(서) : 메기장이다. 오곡의 하나이다.

18) 稷(직) : 찰기장이며 오곡의 하나이다.

19) 鉶(형) : 국그릇이다. 국을 담는 제기이며 귀가 둘 있고 발이 셋 있다.

20) 簠(보) : 서직(黍稷)을 담는 제기이며 대나무로 만들었다. 안이 둥글고 밖이 네모지다.

21) 粱(양) : 조(粟)이다. 알이 굵고 까끄라기가 억세며 향기가 난다. 황량(黃粱)과 백량(白粱)과 청량(靑粱)으로 분류한다.

22) 壺(호) : 주준(酒尊). 술병인데 대개 쌀이나 조로 만든 술을 담아내는 병.

23) 東陳(동진) : 동쪽으로 진열하다. 북쪽 담장 아래에 있어 두(豆)가 거느린다.

24) 東方(동방) : 동협실(東夾室)이다.

25) 西北上(서북상) : 서북을 위로 한다. 부추절임의 동쪽에 육장을 둔다는 뜻.

26) 壺東上(호동상) : 이 또한 북쪽 담의 아래에 두어 두(豆)가 거느리게 한다.

27) 甕(옹) : 항아리이다. 끓여 만든 것이나 육장 같은 것들을 담아 둔다.

28) 夾碑(협비) : 솥의 중앙에 있다는 뜻이다.

29) 醯在東(혜재동) : 초(식초)가 동쪽에 있다. 초는 곡물의 양(陽)에 해당하고 해(醢 : 육장)는 육음(肉陰)에 해당한다.

30) 牛以西羊豕 豕西牛羊豕(우이서양시 시서우양시) : 소나 양은 오른손으로 고삐나 끈을 잡고 이끌고 돼지는 묶어서 침궁(寢宮)의 오른쪽에 한다. 또한 그 왼쪽에 있게 한다는 뜻.

31) 筥(거) : 동구미이다. 또는 볏단이라고도 한다. 용량은 5되 들이이다.

32) 設于中庭(설우중정) : 뜰의 중앙에서 남북으로 진열한다는 뜻이다.

33) 秉有五籔(병유오수) : 1병(秉)에 5수가 있다. 병은 수(籔)의 수량 명칭으로 10수(籔)를 1병(一秉)이라 한다. 1수는 열여섯 말이다. 병유오수는 24곡(斛)이다. 수는 금문(今文)에 혹 유(逾)로 되어 있다.

34) 秅(타) : 단위이다. 수량 명칭이다. 벼 400뭇을 뜻한다.

35) 薪芻倍禾(신추배화) : 땔나무와 마소의 꼴은 화(禾)의 갑절이다. 곧 60거(六十車)이다.

36) 大夫不答拜(대부부답배) : 대부가 답하여 절하지 않다. 대부사자(大夫使者)는 경(卿)이다.

37) 皆行(개행) : 모두 나가다의 뜻.

38) 讓大夫先升一等(양대부선승일등) : 양은 고문(古文)에 삼양(三讓)으로 되어 있다. 양이라고만 말한 것은 세 번 이루어지지 않은 것이다. 대저 당으로 오르는 자는 주인이 객에게 먼저 세 번 오르라고 사양하면 객이 세 번 사양한다. 이에 주인이 허락하고 오르는데 이 또한 빈을 인도하는 예이다. 사자(使者)가 주인을 존경하여 세 번 사양하면 주인이 허락하고 오른다. 지금 사자가 세 번 사양하면 이는 주인이 네 번 사양한 것을 뜻한다. 임금이 비록 높더라도 또한 세 번 사양하고 오르는 것은 주인이 겸양하지 않을 수 없기 때문이다.

39) 北面(북면) : 계단 위에서 북면(北面)하다.

40) 大夫辭升成拜(대부사승성배) : 대부가 사양하는 말을 하고 올라가서 재배하고 머리를 조아리다. 곧 빈을 높인 것이다.

41) 堂中西北面(당중서북면) : 당의 중앙 서쪽에서 북면하다. 곧 주군(主君)의 명을 받고 간 것이기 때문이다.

42) 老(노) : 가신(家臣)을 뜻한다. 가신에서도 높은 등급.

43) 賓升一等(빈승일등) : 빈이 먼저 올라간 것이며 모두 북면한다.

44) 大夫止(대부지) : 대부가 머물러 있다. 곧 머물러 내려오지 않았다의 뜻.

45) 賓致幣(빈치폐) : 빈이 폐백을 이르게 하다. 치명(致命)이라고 하지 않은 것은 군명(君命)이 아니기 때문이다.

46) 稽首(계수) : 임금의 손님을 존경하여 머리를 조아린 것이다.

47) 南面退(남면퇴) : 빈이 북면하고 준 것은 임금의 사자(使者)를 존경한 것.

48) 出(출) : 사당의 문을 따라서 나오다이다.

49) 賓拜于朝(빈배우조) : 빈이 조정에서 절하다. 전날 임금이 베풀어 준 은혜에

감사하는 뜻에서 대문 밖에서 절한 것이다. 이때 빈은 피변(皮弁)을 입는다.

12. 빙문국(聘問國)의 임금에게 감사하는 예

상개(上介)에게는 옹희(饔餼)가 3뢰(三牢)이다. 익힌 것 1뢰(一牢)는 서쪽에 있게 한다. 세발솥은 7개이고 배정(陪鼎)은 3개이다. 날것의 희생은 1뢰(一牢)인데 동쪽에 있게 한다. 세발솥은 7개이다.

당상(堂上)에 차리는 음식은 6개의 두(豆)에 있고 서협(西夾)에도 또한 이와 똑같이 차린다. 거(筥)와 옹(甕)은 상빈(上賓)과 똑같이 차린다.

살아 있는 희생은 일뢰(一牢)로 한다. 문 밖에 두는 쌀과 벼〔禾〕는 도살한 뢰(牢)를 살펴서 결정하는데 매양의 뢰(牢)에 10거(十車)를 배정한다. 땔나무와 마소의 꼴은 벼의 갑절로 한다.

무릇 그 채우고 진열하는 것을 상빈(上賓 : 使者)과 똑같이 한다.

하대부(下大夫)가 위변(韋弁)을 입고 속백(束帛)을 사용하여 이른다. 상개(上介)가 위변을 입고 받는데 빈(賓)의 예와 똑같이 한다. 말 두 필과 속금(束錦)으로 대접한다.

사개(士介) 4명이 모두 살아 있는 태뢰(太牢)와 쌀 백거(百筥)를 받아서 문 밖에 진열한다. 재부(宰夫)가 조복을 입고 소를 이끌어 이르게 한다. 사개(士介)가 조복을 입고 북면하여 재배하고 머리를 조아리고 받는다. 물리치는 일이 없다.

빈(賓)이 조복을 입고 주국(主國)의 경(卿)을 방문한다. 경(卿)이 조묘(祖廟)에서 전하는 말을 받는다. 하대부(下大夫)가 빈(擯)이 된다. 빈자(擯者 : 인도하는 사람)가 문으로 나와서 어떤 일이 있어서 왔는가를 묻는다.

대부가 조복을 입고 외문(外門) 밖에서 영접하여 재배하고 빈은 답하여 절하지 않는다. 읍하고 대부가 먼저 안으로 들어가는데 매양 문마다 매번 굽어지는 곳에서 읍한다.

묘문(廟門 : 사당문)에 이르면 대부가 읍하고 안으로 들어간다.

빈자(擯者)가 명(命)을 청한다. 뜰에 4장의 순록가죽을 진열한다. 빈이 속백(束帛)을 받들고 문 안으로 들어가 세 번 읍한다. 모두 나아가서 계단에 이르러 서로 사양한다. 빈이 한 계단을 오르면 대부가 따라서 당으로 올라 북면하고 명을 듣는다. 빈은 동면(東面)하고 자신의 임금의 명을 전달한다.

대부가 당에서 내려와 계단의 서쪽에서 재배하고 머리를 조아린다. 빈이 사양하면 당으로 올라 재배하고 머리를 조아린다. 당 중앙의 서쪽에서 북면하고 폐백을 받는다. 빈이 당에서 내려가 문 밖으로 나간다. 대부가 당에서 내려가 늙은 가신(家臣)에게 폐백을 준다. 물리치지는 않는다.

◑上介饔餼三牢 飪¹⁾一牢在西 鼎七 羞鼎三 腥一牢在東 鼎七 堂上之饌六 西夾亦如之 筥及饔如上賓 餼一牢 門外米禾視死牢 牢十車 薪芻倍禾 凡²⁾其實與陳 如上賓 下大夫韋弁 用束帛致之 上介韋弁以受³⁾ 如賓禮 儐之兩馬束錦 ◑士介四人 皆饔大牢 米百筥 設于門外⁴⁾ 宰夫朝服 牽牛以致之⁵⁾ 士介朝服 北面再拜稽首受⁶⁾ 無儐⁷⁾ ◑賓朝服⁸⁾問卿 卿受于祖廟⁹⁾ 下大夫擯¹⁰⁾ 擯者出請事 大夫朝服迎于外門外 再拜 賓不答拜 揖 大夫先入¹¹⁾ 每門每曲揖 及廟門 大夫揖入 擯者請命¹²⁾ 庭實設四皮 賓奉束帛入 三揖皆¹³⁾行 至于階 讓¹⁴⁾ 賓升一等 大夫從 升堂 北面聽命 賓東面致命¹⁵⁾ 大夫降 階西再拜稽首 賓辭 升成拜 受幣堂¹⁶⁾中西 北面 賓降 出 大夫降 授老幣 無儐

1) 飪(임) : 익힌 희생이며 정(鼎)이 7개이고 선어(鮮魚)와 선석(鮮腊)은 없다. 빈(賓)과 개(介)는 관사를 달리한다.

2) 凡(범) : 무릇 또는 모든의 뜻이다.

3) 上介韋弁以受(상개위변이수) : 상개가 위변을 입고 받는다. 상개가 비록 빈과 마찬가지로 대례(大禮)를 받고 있으나 감히 빈과 똑같이 할 수는 없기 때문이다. 상개는 빈보다 낮은 지위의 사람이다.

4) 米百筥設于門外(미백거설우문외) : 미(米 : 쌀)를 문 안으로 들이지 않는 것은 예를 간단하게 한 것이다. 쌀을 문에 진열할 때에는 또한 10거(十車)를 한 줄로 하여 북쪽을 위로 삼는다. 뢰(牢)는 그 남쪽에 있고 서쪽을 위로 삼는다.

5) 牽牛以致之(견우이치지) : 재부(宰夫)가 소를 끌고 와서 동쪽을 바라본 채 사개(士介)에게 건네 주면 사개가 서쪽을 바라보고 서서 절하고 받는다.

6) 北面再拜稽首受(북면재배계수수) : 뢰(牢)의 동쪽에서 절을 받고 뢰의 뒤쪽으로 재부(宰夫)의 오른쪽에 가서 받아 앞으로부터 동면하고 종자에게 준다.

7) 無儐(무빈) : 물리치는 일은 없다. 이미 받고 절하고 보낸 것이다. 다음 날 중개(衆介)가 각각 받을 때와 같이 옷을 입고 빈을 따라 조정에서 절한다.

8) 賓朝服(빈조복) : 피변을 입지 않는 것은 임금에 대한 예에 차이를 두기 위해서이다.

9) 卿受于祖廟(경수우조묘) : 경이 조묘에서 빈을 맞이하는 것은 빈의 예를 중히 여겨서이다.

10) 下大夫儐(하대부빈) : 사빈(士儐)이 없기 때문이다.

11) 大夫先入(대부선입) : 먼저 들어가 안의 일을 살피는 것이다.

12) 儐者請命(빈자청명) : 빈자가 또한 따라 들어갔다 나와서 명을 청한다는 뜻.

13) 皆(개) : 병(並)과 같다.

14) 讓(양) : 고문(古文)에 삼양(三讓)으로 되어 있다.

15) 賓東面致命(빈동면치명) : 빈이 동면하여 임금의 명을 복명하는 것이다.

16) 堂(당) : 중앙의 서쪽이다.

13. 사사로이 만나는 예

빈자(儐者)가 문 밖으로 나와서 남은 일이 있느냐고 묻는다. 빈이 사사로이 면담하고자 한다고 한다. 그 방식은 만나 뵐 때의 폐백과 똑같이 한다.

빈이 폐백을 받들고 뜰 안에 네 필의 말을 진열하고 따라서 문의 오른쪽으로 들어간다. 대부가 사양하는 말을 한다. 빈이 드디어 왼쪽으로 들어간다. 뜰 안에 진열하여 둔 채 읍하고 사양하며 예의를 차리는 것을 처음과 똑같이 한다.

대부가 계단의 한 층을 오르면 빈이 따라간다. 대부가 서면하면 빈이 감사의 말을 한다. 대부가 이에 대답하고 북면하여 상인방과 마주하고 재배한다. 기둥 사이에서 폐백을 받고 남면하여 물러나 서면하고 서 있는다.

빈이 문의 상인방과 마주하여 재배하고 폐백을 보낸다. 당에서
내려와 문 밖으로 나간다. 대부가 당에서 내려와 늙은 가신(家臣)
에게 폐백을 준다.

빈자(擯者)가 문 밖으로 나와서 또 무슨 일이 있는가를 묻는다.
상개(上介)가 특별히 면담할 것을 요청한다. 폐백은 임금을 만나
볼 때와 똑같이 한다. 개(介)가 폐백을 받들고 두 사람이 도와서
순록가죽을 들고 문의 오른쪽으로 들어가 폐백을 내려놓고 재배
한다. 대부가 사양하는 말을 한다.

빈자(擯者)가 폐백을 돌려준다. 뜰에 진열한 후에 개(介)가 폐
백을 받들고 들어간다. 대부가 읍하고 사양하며 처음과 같이 한다.

개(介)가 당으로 오르면 대부가 재배하고 받는다. 개(介)가 당
에서 내려와 절을 한다. 대부가 당에서 내려와 사양하는 말을 한
다. 개(介)가 당으로 올라가 재배하고 폐백을 보낸다.

빈자(擯者)가 문 밖으로 나와서 남은 일이 더 있는가를 묻는다.
중개(衆介)가 면담을 청한다. 면담할 때의 폐백은 임금을 만날
때와 똑같이 한다. 문의 오른쪽으로 들어가 폐백을 내려놓고 모
두 재배한다. 대부가 사양하는 말을 한다. 개(介)가 들어올 때와
반대로 나간다.

빈자(擯者)가 상폐(上幣 : 衆介의 長이 올리는 폐백)를 가지고
나가 예에 따라서 다시 받기를 청한다. 빈이 사양하는 말을 한다.
대부가 답하여 재배한다. 빈자(擯者)가 상폐(上幣)를 가지고 문
의 중앙에 서서 서로 절한다. 사개(士介)가 모두 피한다. 늙은 가
신이 빈자(擯者)가 들고 있는 폐백을 뜰의 중앙에서 받는다. 사
(士) 3명이 앉아서 중개(衆介)의 폐백을 취하여 뒤를 따른다.

빈자(擯者)가 문 밖으로 나와서 또 남은 일이 있느냐고 묻는다.
빈이 문 밖으로 나간다. 대부가 외문(外門)의 밖에서 전송하며
재배한다. 빈은 뒤를 돌아보지 않는다. 빈자(擯者)가 물러간다.
대부가 수고한 것에 대하여 절한다.

●擯者出請事 賓面[1] 如覿幣 賓奉幣 庭實[2]從 入門右 大夫辭[3] 賓遂
左 庭實設 揖讓如初[4] 大夫升一等[5] 賓從之 大夫西面 賓稱面[6] 大夫
對 北面當楣再拜 受幣于楹間[7] 南面 退 西面立 賓當楣再拜送幣 降
出 大夫降 授老幣 ●擯者出請事 上介特面[8] 幣如覿 介奉幣 皮[9]二人
贊 入門右 奠幣 再拜 大夫辭[10] 擯者反幣[11] 庭實設[12] 介奉幣入 大夫
揖讓如初[13] 介升 大夫再拜受[14] 介降拜 大夫降辭 介升 再拜送幣[15]
●擯者出請 衆介面 如覿幣 入門右 奠幣 皆再拜 大夫辭 介逆出 擯
者執上幣出 禮請受 賓辭[16] 大夫答再拜 擯者執上幣 立于門中以相
拜 士介皆辭 老受擯者幣于中庭 士三人坐取群幣以從之 ●擯者出
請事 賓出 大夫送于外門外 再拜 賓不顧[17] 擯者退 大夫拜辱[18]

1) 面(면) : 견(見)과 같다. 보다. 면담하다의 뜻. 면담하고 위의(威儀)를 보다
   의 뜻. 경을 만나 보는 것.

2) 庭實(정실) : 네 필의 말을 뜻한다.

3) 大夫辭(대부사) : 대부는 빈이 계단 아래에서부터 들어오면 사양하며 맞이
   하는 것이다.

4) 揖讓如初(읍양여초) : 주국의 대부가 뜰 가운데에 이르러 몸을 돌려서 나란
   히 나가다의 뜻.

5) 大夫升一等(대부승일등) : 대부가 먼저 올라서 빈을 인도하다의 뜻.

6) 賓稱面(빈칭면) : 칭(稱)은 거(舉)와 같다. 곧 빈이 대부를 보면서 서로 만
   나보게 된 것에 대해 인사말을 하는 것.

7) 受幣于楹間(수폐우영간) : 폐백을 기둥 사이에서 마주하여 받는다. 빈이 또
   한 폐백을 털고 나아가 북면하여 준다.

8) 特面(특면) : 특별히 면담하다. 곧 주군(主君)과 달리하다. 들어가는데 사개
   (士介)가 따르지 않는다. 임금은 높기 때문에 처음 면담할 때 중개(衆介)를
   별도로 하지 않는다. 상빈이면 중개가 모두 따르는 것이다.

9) 皮(피) : 여피(儷皮)이다. 순록가죽.

10) 大夫辭(대부사) : 대부가 사양하는 말을 하면 상개(上介)가 밖으로 나온다.

11) 擯者反幣(빈자반폐) : 빈자가 문 밖으로 나와 상개(上介)에게 폐백과 순록
    가죽을 도로 돌려주는 것이다.

12) 設(설) : 금문(今文)에는 입설(入說)로 되어 있다.

13) 大夫揖讓如初(대부읍양여초) : 대부가 읍하고 사양하는 것을 처음과 같이 하다. 곧 대부가 먼저 한 계단을 오른다는 뜻이다.

14) 大夫再拜受(대부재배수) : 대부가 당 앞의 기둥 사이에서 남면하고 받는다.

15) 再拜送幣(재배송폐) : 상개(上介)가 폐백을 보내고 당에서 내려와 나가면 대부는 받아서 가신(家臣)에게 준다.

16) 賓辭(빈사) : 빈(賓)도 또한 사개(士介)를 위해 사양하는 말을 하다의 뜻.

17) 賓不顧(빈불고) : 빈이 뒤를 돌아보지 않는다. 곧 업무를 다 마치고 떠나간다는 뜻이 있다.

18) 拜辱(배욕) : 수고한 데 대해 절을 한다는 뜻.

14. 임금의 부인이 궤증(饋贈)하는 예

하대부(下大夫)가 일찍이 빈(賓)의 나라에 사신(使者)으로 와서 빙례(聘禮)를 한 경우에는 폐백을 가지고 이른다. 상개(上介)가 조복을 입고 삼개(三介)가 하대부(下大夫)를 방문한다.

하대부는 경(卿)이 폐백을 받을 때와 똑같은 예로 이들을 맞는다. 그 면담자들은 빈(賓)이 경을 면담하던 예절과 똑같이 행한다.

대부(大夫)가 만약 일이 있어서 볼 수 없게 되면 임금이 그 대부의 작위와 같은 작위를 가지고 있는 사람으로 하여금 폐백을 받게 한다. 이때는 주인(主人)이 폐백을 받는 예와 똑같은 예로써 행하는데 절은 하지 않는다.

저녁에는 부인(夫人)이 하대부(下大夫)를 시켜서 위변(韋弁)을 입고 귀례(歸禮 : 回禮)를 행하게 한다.

당(堂) 위에 변두(邊豆) 6개를 차리되 호동(戶東)에 설치하여 서쪽을 위로 삼아서 두 개씩 나란히 놓는데 동쪽으로 진설한다. 호(壺)는 동서(東序)에 진열하는데 북쪽을 위로 하여 두 개씩 나란히 하여 남쪽으로 진열한다. 백주(白酒)와 기장술과 청주(淸酒 : 粱酒)는 모두 두 병씩으로 한다.

대부는 속백(束帛)으로써 부인의 명을 전달한다. 빈이 날고기를 받는 예와 똑같이 시행한다. 대접할 때에는 네 필의 말과 속금

(束錦)으로 한다.

상개(上介)에게는 4개의 두(豆)와 4개의 변(籩)과 4개의 호(壺)를 준다. 받을 때의 예는 빈(賓)이 하던 예와 똑같이 한다. 대접할 때에는 두 필의 말과 속금(束錦)으로 한다.

다음 날 빈이 조회에서 절하고 예를 행한다.

대부(大夫)가 살아 있는 희생으로 빈(賓)에게 대뢰(大牢)와 쌀 여덟 광주리를 보낸다. 빈이 맞이하여 재배한다. 가신(家臣)이 소를 이끌고 이른다. 빈이 재배하고 머리를 조아리고 받는다. 가신이 물러난다. 빈이 재배하고 전송한다. 상개가 하는 것도 또한 이와 똑같이 한다. 중개(衆介)에게 모두 소뢰(少牢)와 쌀 여섯 광주리를 준다. 모든 사(士)들이 양을 끌고 와서 준다.

◗下大夫嘗使至者¹⁾ 幣及之 上介朝服 三介²⁾ 問下大夫 下大夫如卿 受幣之禮 其面 如賓面于卿之禮 ◗大夫若不見³⁾ 君使大夫各以其爵 爲之受⁴⁾ 如主人受幣禮 不拜⁵⁾ ◗夕⁶⁾ 夫人使下大夫韋弁歸禮⁷⁾ 堂上 籩豆六⁸⁾ 設于戶東⁹⁾ 西上 二以並 東陳 壺設于東序 北上 二以並 南陳 醯醢黍清¹⁰⁾ 皆兩壺 大夫以束帛致之¹¹⁾ 賓如受饔之禮 儐之乘馬束錦 上介四豆四籩四壺¹²⁾ 受之如賓禮 儐之兩馬束錦 明日 賓拜禮於朝¹³⁾ ◗大夫餼賓大牢¹⁴⁾ 米八筐 賓迎再拜 老¹⁵⁾牽牛以致之 賓再拜稽首受 老退 賓再拜送 上介亦如之 衆介皆少牢 米六筐¹⁶⁾ 皆士¹⁷⁾牽羊以致之

1) 嘗使至者(상사지자) : 일찍이 사자로 빙문하러 온 자. 사자의 나라에 사신으로 온 적이 있는 사람을 뜻한다. 이를 찾아서 폐백을 가지고 빙문한다. 군자(君子)는 옛 것을 잊지 않는다는 뜻이다.

2) 上介朝服三介(상개조복삼개) : 상개가 조복을 입고 삼개(三介)와 함께하다의 뜻. 상개(上介)와 삼개(三介)는 하대부로서 예를 진행시키는 자들이다.

3) 若不見(약불견) : 만약 보지 못하면의 뜻. 곧 연고가 있어서 만나 보지 못하는 것이다.

4) 各以其爵爲之受(각이기작위지수) : 각각 그 작위로써 위하여 받게 하다. 곧 그 작위가 주인이 경이면 경을 시키고 대부이면 대부를 시켜서 한다.

5) 不拜(불배) : 대신하여 받기 때문에 주인의 예가 마땅하지 않기 때문이다.

6) 夕(석) : 저녁의 뜻. 경(卿)을 면담하는 날 저녁을 말한다.

7) 夫人使下大夫韋弁歸禮(부인사하대부위변귀례) : 부인은 주국(主國)의 임금 부인이다. 곧 주국의 임금 부인이 하대부를 시켜서 위변(韋弁)을 입고 회례(回禮 : 歸禮)를 행하게 하다. 부인이 하대부를 시킨 것은 임금보다 지위가 낮기 때문이다. 빈을 마주하여 말할 때는 과소군(寡小君)이라고 칭한다.

8) 堂上籩豆六(당상변두육) : 당 위에는 변의 제기와 두의 제기가 6개씩이라는 뜻. 임금의 예보다 낮춘 것이다.

9) 戶東(호동) : 실문(室門)의 동쪽이다. 곧 음식이 차려진 곳을 피한 것이다.

10) 醴黍淸(수서청) : 수는 백주(白酒)이다. 서는 기장주, 청은 청주(淸酒 : 고량주)이다. 백주는 쌀로 빚은 술이며 상 위에 있고 기장술이 다음이고 고량주가 그 다음이다.

11) 致之(치지) : 부인의 명을 전달하는 것이다. 뢰(牢)는 없다. 임금에게 조회하는 것보다 예를 낮춘 것이다.

12) 四壺(사호) : 쌀로 빚은 술이 없다. 뢰(牢)도 이르지 않는 것은 임금보다 낮추었기 때문이다.

13) 賓拜禮於朝(빈배례어조) : 빈이 조회에서 절하고 예를 행한다. 이때 빈만 예를 행하는 것이 아니고 개(介)도 따라서 예를 함께 표한다. 금문(今文)에는 예(禮)가 예(醴)로 되어 있다.

14) 餼賓大牢(희빈대뢰) : 산 희생을 빈에게 대뢰로 하다. 그 문 밖에 기장과 조가 각각 두 광주리이고 직(稷)이 네 광주리인데 두 줄로 나란히 남쪽으로 진열하고 쌀은 없다. 희생은 뒤에 진열하는데 동쪽을 위로 하고 있다. 당(堂)의 뜰에 차리지 않는 것은 임금을 피해서이다.

15) 老(노) : 실로(室老)이며 대부(大夫)의 귀한 신하이다.

16) 米六筐(미육광) : 쌀만 여섯 광주리이다. 이는 조는 없다는 뜻이다.

17) 士(사) : 또한 대부(大夫)의 귀한 신하이다.

15. 임금이 행하는 사례(食禮)와 향례(饗禮)

공(公)이 빈(賓)에게 사례(食禮)를 한 번 행하고 향례(饗禮)를 두 번 행한다.

연례(燕禮)에서의 음식은 익힌 기러기와 오리를 쓰는데 처음 드릴 때 일정하게 정해진 숫자가 없다.

빈과 개(介)가 모두 다음 날에 조회에서 절을 한다.

상개(上介)에게는 한 번의 사례와 한 번의 향례(饗禮)를 행한다.

만약 임금이 몸소 행하지 못하게 되면 대부로 하여금 각각 그 작위에 따라서 조복을 입고 명을 받들어 폐백으로써 보답하게 한다. 그 방식은 익힌 희생을 보낼 때의 예절과 똑같이 한다. 물리치는 일이 없다.

향례에서 폐백으로 보답할 때도 또한 사례의 방식과 같이 한다.

대부도 빈에게 한 번의 향례와 한 번의 사례를 행한다. 상개(上介)에게는 혹은 사례를 행하고 혹은 향례를 행한다. 만약 향례를 몸소 행하지 못하게 되면 공(公)이 대부에게 명을 내려서 폐백으로 갚도록 한다. 사례를 시행할 때에도 폐백으로써 갚게 한다.

임금이 경(卿)에게 피변(皮弁)을 입고 관사(館舍)로 가서 규옥(圭玉)을 돌려주게 한다.

이때 빈이 피변(皮弁)을 입고 옷매무새를 단정히 하고 외문(外門)의 밖에서 맞이하는데 절은 하지 않으며, 대부를 인솔하여 안으로 들어간다.

대부는 서쪽 계단으로 당에 올라 기둥을 돌아서 남면한다. 빈이 비석의 안쪽에서 임금의 명을 듣는다. 이에 서쪽 계단을 통해 당으로 올라가 왼쪽으로부터 남면하여 규옥을 받고 뒤로 물러나 우방(右房)을 등지고 서 있는다.

대부가 뜰의 중앙으로 내려간다. 빈이 당에서 내려와 비석 안쪽에서 동면하고 상개(上介)가 동쪽 계단의 동쪽에서 고인(賈人)에게 건네 준다. 상개가 나가서 볼 일이 더 있느냐고 묻는다. 빈이 다시 맞이한다. 대부가 장옥(璋玉)을 돌려주는 예를 처음 들어올 때의 의식과 똑같이 한다.

빈이 겉에 걸친 옷을 벗고 맞이한다. 대부가 옷감을 짤 수 있는 실을 예물로 준다. 또 빙례 때 쓴 옥(玉)과 속백(束帛)과 네 장의 순록가죽을 돌려주는데 모두 규옥(圭玉)을 돌려줄 때의 예와 똑같이 행한다.

대부가 문 밖으로 나가면 빈이 전송하는데 절은 하지 않는다.

공(公)이 빈의 관사에 오면 빈은 피한다. 상개(上介)가 빈을 대신하여 명령을 듣는다.

빙례에서 공(公)에게 진상할 때와 부인(夫人)에게 빙문하고 진상할 때와 대부에게 빙문할 때와 빈을 전송할 때에는 공이 모두 재배를 한다.

공이 물러나면 빈이 따라가는데 외조(外朝)에 이르러서 명을 청한다. 공이 사양하면 빈은 물러난다.

◑公於賓壹食 再饗[1] 燕與羞[2] 儌獻[3] 無常數 賓介皆明日拜于朝 上介壹食壹饗 若不親食[4] 使大夫各以其爵 朝服致之以侑[5]幣 如致饗 無儐[6] 致饗以酬幣[7] 亦如之 ◑大夫於賓 壹饗壹食 上介 若食若饗 若不親饗 則公作大夫致之以酬幣 致食以侑幣 ◑君使卿皮弁 還玉于館[8] 賓皮弁 襲 迎于外門外[9] 不拜 帥大夫以入 大夫升自西階 鉤楹[10] 賓自碑內聽命[11] 升自西階 自左 南面受圭 退負右房而立 大夫降中庭[12] 賓降自碑內 東面 授上介于阼階東[13] 上介出請[14] 賓迎 大夫還璋 如初入 ◑賓裼迎[15] 大夫賄[16] 用束紡 禮玉[17] 束帛 乘皮 皆如還玉禮 大夫出 賓送 不拜 ◑公館賓[18] 賓辭[19] 上介聽命[20] 聘享 夫人之聘享 問大夫 送賓 公皆再拜[21] 公退 賓從[22] 請命[23]于朝 公辭[24] 賓退[25]

1) 壹食再饗(일사재향) : 한 번의 사례(食禮)와 두 번의 향례(饗禮)를 베푸는 것을 뜻한다. 향례는 태뢰(太牢)를 삶아서 빈에게 술을 마시고 먹게 하는 것이다. 공사대부례(公食大夫禮)에 이르기를 "씻는 곳을 설치하고 향례(饗禮)와 같이하며 향례와 사례(食禮)는 서로 먼저도 하고 뒤에도 하는 것이다."라고 했다. 고문(古文)에 일(壹)은 일(一)로 되어 있다. 금문(今文)에는 향(饗)이 모두 향(鄕)으로 되어 있다. 식(食)은 발음이 사이다.

2) 羞(수) : 새로 만든 음식이며 기러기와 오리의 종류이다. 곧 익혀서 졸여 간을 맞춘 것이다.

3) 儌獻(숙헌) : 처음으로 드리다. 곧 처음으로 네 계절의 새로운 물건을 드리다. 빙의(聘義)에서는 "이른바 때마다 내려주는데 항상 일정한 수가 없고 은

의(恩意)로 말미암을 뿐이다."라고 했다. 고문에 숙은 숙(淑)으로 되어 있다.

4) 若不親食(약불친식) : 만약 임금이 몸소 사례(食禮)를 하지 못하게 되면. 곧 병이 있거나 다른 일이 있을 때이며 그렇더라도 사례를 폐하지 않고 명을 내려서 반드시 작위가 동등한 짝으로 하여금 바꾸어서 서로 친하게 공경하게 한다. 빈이 경(卿)이면 경으로 하여금 예를 이루도록 하고 대부이면 대부로 하여금 예를 이루게 한다. 반드시 얼마 만큼의 예우를 하라는 명령은 하지 않는다.

5) 侑(유) : 고문(古文)에는 유(宥)로 되어 있다.

6) 無償(무빈) : 본인이 직접 참여하는 것. 물리치지 않는다. 곧 거절하지 않는다.

7) 酬幣(수폐) : 향례(饗禮)에서 빈(賓)에게 술을 권하면서 사용하는 폐백이나 그 폐백의 사용을 정현(鄭玄)이 듣지 못했다고 했다. 다만 예폐(禮幣)로는 속금(束錦)과 승마(乘馬)라고 했는데 또한 이것은 지나친 것이 아닌가 한다. 예기(禮器)에 이르기를 "호(琥)나 황(璜)을 줄 때에는 작(爵)으로써 하는데 이것은 대개 천자가 제후에게 술을 권하는 것이다."라고 했다.

8) 皮弁還玉于館(피변환옥우관) : 피변을 입고 규옥(圭玉)을 관사에서 돌려준다. 옥은 규옥(圭玉)이다. 군자는 옥(玉)으로써 덕(德)과 비교하기 때문에 빙례에서는 옥을 사용하여 예를 중요하게 여겼다. 돌려준다는 것은 덕은 사람에게서 취하는 것이 아니고 서로 각자 연마하는 것이라는 뜻에서이다. 피변을 입는 것은 이 옷을 입고 받았으므로 다시 피변을 입고 끝마친다는 의미이다.

9) 迎于外門外(영우외문외) : 금문에는 '영우문외(迎于門外)'로 되어 있다.

10) 鉤楹(구영) : 기둥 안에서 장차 남면하고 임금의 명을 전달한다. 임금의 명을 전달하면서 동면하지 않는 것은 빈이 아래에 있기 때문이다. 반드시 구영(鉤楹)이라고 말한 것은 빈이 아래에 있어서 기둥 밖을 불만스럽게 여긴 것이다.

11) 賓自碑內聽命(빈자비내청명) : 빈이 비석 안에서 임금의 명을 듣는다. 아래에서 명을 듣는 이유는 임금을 공경하는 것이다.

12) 大夫降中庭(대부강중정) : 대부가 당에서 내려와 뜰의 중앙에 있는 것은 빈이 당을 내려온 것에 대해 절도를 맞춘 것이다.

13) 授上介于阼階東(수상개우조계동) : 상개가 동쪽 계단의 동쪽에서 규(圭)를 주는 이유는. 고인(賈人)이 이것을 받아서 상자에 넣는 것을 몸소 보기 위한 것이다. 빈은 동쪽 계단 아래에서 돌아와 서면하고 서 있는 것이다.

14) 出請(출청) : 나가서 청하다. 곧 무슨 다른 용무가 있는지를 청한 것이다.

15) 賄(회) : 사람에게 재물을 주는 것을 뜻한다.

16) 束紡(속방) : 옷을 해 입을 수 있는 실을 말한다. 이는 양국의 우의를 더욱 두텁게 하기 위한 것이다.

17) 禮玉(예옥) : 예는 예로써 임금에게 빙례를 행한 것을 말함. 옥은 벽옥(璧玉)이다. 금문에는 예는 예(醴)로 되어 있다.

18) 公館賓(공관빈) : 임금이 관사를 방문하다. 곧 빈이 장차 본국으로 돌아가므로 몸소 송별의 두터운 뜻을 전하고 은근히 자신을 방문해 준 것을 사례하는 뜻에서이다. 이때 임금은 조복을 입는다.

19) 賓辟(빈피) : 빈이 피하다. 곧 주국(主國)의 임금이 관사까지 찾아와 송별한다는 것을 빈이 감히 받을 수 없다는 뜻에서이다.

20) 上介聽命(상개청명) : 상개가 사당문 가운데서 서면하고 서로 절을 하는 것과 같이 한다.

21) 公皆再拜(공개재배) : 이 네 가지 일에 대해 임금이 동면하고 절을 한다. 안내하는 자는 복면한다.

22) 賓從(빈종) : 실제로 주국의 임금이 관사까지 왔다는데 대해 감사의 뜻에서 절을 한 것이다.

23) 請命(청명) : 직접 주국(主國)의 임금이 관사까지 와서 송별의 뜻을 보였는데 뵙지 못하였으므로 임금의 뜻을 배척할 수가 없어서 한 것이다.

24) 公辭(공사) : 그 절하는 것을 사양하다. 곧 주국의 임금이 빈이 절하는 것에 대해 사양한 것이다.

25) 賓退(빈퇴) : 빈이 물러나 관사로 돌아와 의복과 수레를 준비하여 일찍 출발하려는 것을 뜻한다.

16. 빈이 국경에 이르기까지의 예

빈(賓)이 세 번 절하고 외조(外朝)에서 한 쌍의 새를 드리고 임금을 맞이하여 명을 듣는다.

드디어 길을 떠나는데 교외에서 머문다.

주국(主國)의 공(公)이 경(卿)을 시켜 예물을 보내는데 처음 만나 볼 때 폐백을 주던 방식과 똑같이 한다.

교외에서 머무는 곳의 문 밖에서 이를 받는데 주국(主國)에서
위로하는 예식을 받을 때와 똑같이 하고 물리치지는 않는다.

하대부를 시켜 상개(上介)에게도 주는데 또한 방식을 똑같이
한다. 사(士)를 시켜 중개(衆介)에게 주게 하는데 또한 처음 대
면할 때 폐백을 올리는 방식과 똑같이 한다.

대부가 몸소 증여하는데 면담할 때 폐백을 주던 것과 똑같이 한
다. 물리치지는 않는다. 상개(上介)에게 줄 때도 또한 이와 같은
방식으로 한다. 사람을 시켜서 중개(衆介)에게 줄 때에는 면담할
때 폐백을 주던 것과 똑같이 한다.

사를 보내 국경까지 안내하도록 한다.

◑賓三拜¹⁾乘禽²⁾于朝 訝聽之 ◑遂行 舍于郊³⁾ ◑公使卿贈⁴⁾ 如覿幣
受于舍門外 如受勞禮⁵⁾ 無儐 使下大夫贈上介亦如之 使士贈衆介
如其覿幣 大夫親贈 如其面幣 無儐 贈上介亦如之 使人贈衆介 如
其面幣 士送至于竟

1) 賓三拜(빈삼배) : 빈이 주국(主國)의 임금에게 길을 떠나는 인사를 한다.

2) 乘禽(승금) : 한 쌍의 새이다.

3) 遂行舍于郊(수행사우교) : 드디어 길을 떠나 교외에서 머물다의 뜻.

4) 公使卿贈(공사경증) : 임금이 경으로 하여금 주게 하다. 증은 보내다. 좋은
   기분으로 보내준다는 뜻이다. 공은 금문(今文)에는 군(君)으로 되어 있다.

5) 如受勞禮(여수로례) : 위로받던 예와 같은 방식으로 주국 임금의 전별품을
   받는다는 뜻이다.

17. 빙문(聘問)의 일을 보고하는 예

사자(使者)가 본국으로 돌아와서 교외에 이르면 교인(郊人)
을 시켜서 임금에게 보고하여 명을 청하게 한다. 조복(朝服)을
입고 전기(旜旗)를 수레 위에 꽂는다. 양제(禳祭)를 지내고 이
에 들어온다.

들어와서 외조(外朝)에 폐백을 진열하는데 서쪽을 위로 삼는

다. 상빈(上賓 : 使者)에게 내린 공(公)의 폐백이나 사사로이 받은 폐백도 모두 진열한다.

상개(上介)도 빙국(聘國)의 공(公)이 준 폐백을 진열하고 그 밖의 개(介)들은 모두 진열하지 않는다. 속백(束帛)들은 각각 정원의 뜰에 포개 놓고 순록의 가죽은 왼쪽에 놓는다.

공(公)은 남쪽을 향한다.

경(卿)이 사자(使者)에게 나아가면 사자는 규(圭)를 들고 옥받침을 드리워서 북면하며 상개(上介)는 장(璋)을 들고 옥받침을 꺾어서 사자의 왼쪽에 서 있는다.

사자가 이에 빙문(聘問)한 상황을 공에게 보고한다.

말하기를 "임금의 명으로 아무개 나라의 아무개 임금을 찾아뵈었는데 아무개 임금께서는 아무개 궁(宮)에서 폐백을 받으시고 아무개 임금께서는 재배하였습니다. 또 아무개 임금께 진헌(進獻)하니 아무개 임금께서는 재배하였습니다."라고 한다.

재(宰)가 공의 왼쪽에서 옥(玉)을 받고 상개(上介)에게 장(璋)을 받는다. 빙문(聘問)한 나라 임금의 명을 전달하는 것도 이와 똑같이 한다.

빙문한 나라의 임금이 선사한 폐백을 가지고 보고하기를 "아무개 임금이 아무개로 하여금 드리도록 선사한 것입니다."라고 하고, 재(宰)에게 준다.

속백(束帛)에 올려진 벽옥(璧玉)을 잡고 또한 이와 똑같이 보고한다.

빙국(聘國)의 임금이 예로써 준 폐백들을 가지고 사여(賜與)해준 내역을 예에 따라 모두 말한다.

공(公)이 이르기를 "그렇다면 사방에 사신으로 간 일을 잘 수행하지 않았는가?"라고 한다.

상개(上介)가 폐백을 주면 재배하고 머리를 조아린다. 공이 답하여 재배한다. 사사로이 받은 폐백은 보고하지 않는다.

공이 수고했다고 말한다. 사신이 재배하고 머리를 조아린다. 공이 재배한다.

만약 진헌(進獻)한 물건이 있으면 곧바로 이르기를 "아무개 나라의 임금께서 주신 것인데 임금께서 그것을 받으시겠습니까?"라고 한다.

상개(上介)가 빈손으로 공에게 받은 것을 보고하는데 상빈(上賓)이 하던 방식과 똑같이 한다.

공이 수고했다고 말하면 상개가 재배하고 머리를 조아린다. 공이 답하여 절한다. 사개(士介)를 위로하는 것도 상개를 위로하는 것과 똑같이 한다.

공이 재(宰)로 하여금 사자(使者)에게 폐백을 하사하게 하면 사자는 재배하고 머리를 조아린다. 개(介)에게 하사하여 주면 개(介)도 모두 재배하고 머리를 조아린다. 이에 물러난다. 개(介)가 모두 사자의 문에 이르러 전송한다. 이에 물러나면서 읍한다. 사자가 그들이 수고한 것에 절을 한다.

폐백을 대문에 놓아 두고 이에 아버지의 사당에 이른다. 실(室) 안에 자리와 궤(几)를 차리고 육포와 육장을 올린다. 술잔에 술을 부어 놓는다. 동쪽에 자리하고 주인에게 술을 따른다. 육포와 육장을 올린다.

실로(室老)가 아헌(亞獻)하고 사(士)가 삼헌(三獻 : 종헌)을 한다. 한 사람이 작(爵)을 들어서 따라갔다 온 자에게 권한다. 따라갔다 온 사람 모두에게 술을 권한다. 이에 사당문을 나온다. 상개(上介)가 이르러서 또한 이와 똑같이 한다.

●使者歸 及郊[1] 請反命[2] 朝服 載旃[3] 襧[4]乃入 乃入陳幣于朝 西上 上賓[5]之公幣 私幣[6]皆陳 上介公幣陳 他介皆否[7] 束帛各加其庭實 皮左 公南鄉[8] 卿進使者 使者執圭垂繅 北面 上介執璋屈繅 立于其左 反命[9]曰 以君[10]命聘于某君[11] 某君受幣于某宮[12] 某君再拜[13] 以享 某君 某君再拜 宰自公左受玉[14] 受上介璋 致命亦如之[15] 執賄幣以告 曰 某君使某子賄[16] 授宰 禮玉亦如之[17] 執禮幣[18] 以盡言賜禮[19] 公曰 然 而不善乎[20] 授上介幣[21] 再拜稽首 公答再拜 私幣不告[22] 君勞之[23] 再拜稽首 君答再拜 若有獻 則曰 某君之賜也[24] 君其以賜乎[25] 上

介徒²⁶⁾以公賜告 如上賓之禮 君勞之 再拜稽首 君答拜 勞士介亦如
之²⁷⁾ 君使宰賜使者幣 使者再拜稽首 賜介²⁸⁾ 介皆再拜稽首 乃退²⁹⁾
介皆送至于使者之門³⁰⁾ 乃退揖³¹⁾ 使者拜其辱³²⁾ ◗釋幣于門³³⁾ 乃至
于禰³⁴⁾ 筵几于室 薦脯醢 觴酒陳³⁵⁾ 席于阼³⁶⁾ 薦脯醢 三獻³⁷⁾ 一人舉
爵³⁸⁾ 獻從者³⁹⁾ 行酬⁴⁰⁾ 乃出 上介至⁴¹⁾ 亦如之

1) 及郊(급교) : 고국의 교외에 이르다.

2) 請反命(청반명) : 교인(郊人)에게 사신의 임무를 마치고 돌아왔음을 고해
달라고 하는 것이다. 교인은 관직 이름. 고해 달라고 하는 것은 오래도록 나
라를 떠나 있었기 때문에 혹 무슨 죄가 있지 않을까 해서이다. 춘추(春秋)시
대에 정나라 임금이 그 나라 대부인 고극(高克)을 미워하여 사신으로 보냈
다가 그가 돌아왔을 때 군사를 보내 쫓아내고 들어오지 못하게 한 적이 있다.

3) 朝服載旜(조복재전) : 조복을 입고 전기를 수레에 꽂다. 길을 떠날 때는 이
곳 교외에서 머물며 옷을 갈아입고 전기를 감추어 두었는데 지금 돌아와 이
곳에 이르니 그 원래의 상태로 돌아와 조복을 입고 임금의 명을 기다리는 것
은 공경하는 것이다. 전은 고문(古文)에 선(膳)으로 되어 있다.

4) 禳(양) : 제사 이름이다. 길을 갔다 온 것이 오래되어 상서롭지 않음이 있을
까하여 재앙이나 흉한 것을 제거해 달라고 지내는 제사이다.

5) 上賓(상빈) : 사자(使者)이다.

6) 公幣私幣(공폐사폐) : 빙문한 나라의 임금이나 경이나 대부가 준 예물의 전부
를 말함. 공폐는 임금이 내려준 폐백이고 사폐는 경이나 대부가 준 폐백이다.

7) 他介皆否(타개개부) : 그 밖의 개는 모두 진열하지 않는다. 타개는 사개(士
介)이다. 사개는 공폐나 사폐를 진열하지 않는다.

8) 公南鄉(공남향) : 임금이 남향하여 서 있는다는 뜻. 곧 재(宰)가 임금에게 고
하면 임금이 이에 조복을 입고 문의 왼쪽으로 나와서 남향하다의 뜻.

9) 反命(반명) : 임금이 또한 사자에게 읍하고 나아가면 이에 앞으로 나와서 상
황을 보고한다.

10) 君(군) : 사자의 본국 임금이다.

11) 某君(모군) : 상대 나라의 임금이다.

12) 某宮(모궁) : 환궁(桓宮)이나 희궁(僖宮)의 뜻이다.

13) 某君再拜(모군재배) : 아무개 임금이 재배하고 받다의 뜻. 이를 밝히는 까

닦은 상대 나라의 임금이 우리 임금을 공경하여 나를 욕보이지 않았다는 뜻.

14) 宰自公左受玉(재자공좌수옥) : 재(宰)가 임금의 왼쪽에서 옥을 받다. 우측에 있지 않은 까닭은 주고받기 편리하기 때문이다.

15) 致命亦如之(치명역여지) : 명을 이루는 것을 또한 같이 하다. 여기서 치명은 임금의 명이 아닌 것같이 하기 위한 것이다. 곧 명으로 보고하기를 "임금의 명으로 아무개 임금과 부인을 방문하였는데 아무개 임금이 재배하였고 아무개 임금의 부인에게 선물을 올리니 아무개 임금이 재배하여 감사의 뜻을 전달했습니다."하는 것을 앞서와 같이 하다의 뜻.

16) 某君使某子賄(모군사모자회) : 아무개 임금이 아무개 사신으로 하여금 선사하게 하다의 뜻. 모군은 빙국의 임금. 모자는 사자(使者) 자신이다.

17) 禮玉亦如之(예옥역여지) : 규옥(圭玉)을 받을 때와 같이 한다는 뜻.

18) 禮幣(예폐) : 빙문한 나라의 임금이 처음으로 빈에게 예우한 폐백이다.

19) 盡言賜禮(진언사례) : 이로부터 증여한 것이 이르는 것 모두를 뜻한다.

20) 然而不善乎(연이불선호) : 그렇다면 잘하지 않았느냐의 뜻. 곧 사방에 사신으로 간다면 그대와 같이 잘 수행해야 한다는 뜻.

21) 授上介幣(수상개폐) : 상개에게 폐백을 주다. 재(宰)에게 주지 않는 것은 마땅히 다시 진열시키기 위한 것이다.

22) 私幣不告(사폐불고) : 사사로운 선물은 고하지 않다. 곧 경이나 대부가 준 예물을 뜻한다. 이는 등급이 낮기 때문이다.

23) 勞之(노지) : 길에서 수고한 것을 위로하다.

24) 某君之賜也(모군지사야) : 빙국(聘國)의 임금이 사여해 준 것으로, 은혜롭게 여기다의 뜻이다. 빙국의 임금이 자신에게 준 것이라고 말하지 않는 것은 겸양의 뜻에서이다. 개인이 받은 것이라도 출국했다가 돌아오면 보고하는 것이 충효(忠孝)라고 했다.

25) 君其以賜乎(군기이사호) : 임금이 그것을 하사한 것이다. 그 임금에게 마땅하지 않다. 드리면서 절하지 않는 것은 임금이 자신에게 답배할까봐 그런 것이라고 했다.

26) 徒(도) : 빈손이다. 곧 폐백을 가지지 않았다는 뜻.

27) 勞士介亦如之(노사개역여지) : 사개(士介) 4명의 노고에 임금이 일배(壹拜)를 한 것은 이들의 지위가 낮기 때문이다.

28) 賜介(사개) : 사개(士介)의 폐백은 모두 외조(外朝)에 쌓아 놓아 진열되지 않았다. 상개(上介)와 함께 임금이 하사한다는 명을 받고 함께 절을 한 것이다. 이미 절이 끝났으면 재(宰)가 또한 상폐를 상개(上介)에게 준다.

29) 乃退(내퇴) : 임금이 읍하고 퇴정하면 모두가 떠나서 나간다.

30) 介皆送至于使者之門(개개송지우사자지문) : 개(介)가 모두 돌아가기 전에 문에서 기다리고 있다가 사자를 문에서 전송하는데 이는 존장(尊長)과 함께 출입하는 예이다.

31) 乃退揖(내퇴읍) : 서로 갈라지면서 읍하다. 곧 헤어지다.

32) 拜其辱(배기욕) : 수고스러운 여행에 따라와 준 데 대해 감사의 절을 한다. 상개에게는 재배하고 사개(士介)에게는 삼배(三拜)한다.

33) 釋幣于門(석폐우문) : 폐백을 대문에 놓다. 문은 대문이다. 곧 문지방의 서쪽이다. 문지방 바깥쪽에 동쪽을 바라보게 하여 자리를 놓고 문의 밖에는 씻는 곳을 설치해 놓는다. 그 밖은 예비 사당에서 처음 사신으로 나갈 때와 같이 한다. 들어와서는 두 번 고하지 않고 고하는 것은 먼저 본 것들이다.

34) 乃至于禰(내지우녜) : 이에 아버지 사당에 이르다. 곧 사신으로 길을 떠났다 돌아온 것을 고하다.

35) 觴酒陳(상주진) : 주인이 술을 따라서 나아가 사당에 한 번 올리는 것을 뜻한다. 진(陳)이라고 한 것은 장차 다시 차례가 있는 것이다. 먼저 차리고 뒤에 따르는 것이 제례이다.

36) 席于阼(석우조) : 주인에게 술을 따르기 위해서이다. 주인에게 술을 따르는 것은 축(祝)이 작에 술을 따르는 것. 실에서 따르지 않는 것이 제사와 다르다.

37) 三獻(삼헌) : 실로(室老)가 아헌(亞獻)을 하고 사(士)가 삼헌(三獻)인 종헌(終獻)을 한다. 매번 드릴 때마다 내려놓는다. 갑자기 작을 취하여 술을 따른다. 주인은 스스로 부어 놓는다.

38) 一人擧爵(일인거작) : 삼헌의 예가 이루어지면 다시 술잔에 술을 따라 놓는다. 주인이 내려놓은 것을 들지 않는다.

39) 從者(종자) : 주인을 수행하여 사신의 행차에 따라갔던 가신(家臣)의 종자들.

40) 行酬(행수) : 주인이 술잔을 들어 종자들에게 따라서 주고 모든 실로(室老)들에게도 또한 술잔을 돌리는 것이다.

41) 上介至(상개지) : 상개가 자신의 집에 이른다는 뜻이다.

18. 빙국의 임금이나 부인이 죽었을 때

빙문(聘問)가는 도중에 빙문국 임금의 상사(喪事)가 있을 경우, 국경에 들어갔으면 계속 임무를 수행한다.(단 관인(關人)이 보고하지 않았으면 되돌아온다.)

주국(主國)에서는 교외(郊外)에서 위로(尉勞)의 예를 행하지 않고 연석을 마련하거나 궤(几)를 설치하지도 않으며 빈(賓)을 초대하지도 않는다.

주인(主人)의 일을 마치면 귀례(歸禮)를 행하는데 빈은 오직 옹희(饔餼)만 받는다. 선물도 주지 않고 규옥(圭玉)의 예를 행하지도 않고 모든 폐백을 보내는 일도 하지 않는다.

임금의 부인이나 세자의 상사가 있을 경우에는, 임금은 예물을 받지 않고 대부로 하여금 사당에서 받게 한다.

그 밖의 예절은 임금이 상을 당했을 때와 똑같이 한다.

또 주국(主國)의 임금이나 임금의 부인이나 세자(世子)가 사망했을 경우라면, 장차 대부에게 명하여 주인을 대신해서 장의(長衣)와 연관(練冠)을 쓰고 사자(使者)를 받아들이게 한다.

빙문(聘問)하기 위해 떠났는데 본국의 임금이 만약 사자가 출발한 뒤에 흥(薨 : 죽다)한 경우, 빙문국의 국경을 들어왔으면 임무를 계속 수행한다. 부고(訃告)하는 자가 아직 이르지 않았으면 항문(巷門 : 宮門)에서 곡(哭)을 하고 관사(館舍)에서 상복을 입는다.

예물인 옹희(饔餼)를 받으나 향례와 사례(食禮)는 받지 않는다. 부고(訃告)하는 사람이 도착하면 상복을 입고 나간다. 오직 초식(稍食 : 稟食, 녹)만 받는다.

사자(使者)가 돌아와서는 규(圭)를 가지고 빈소(殯所)에 이르러 명을 아뢰는데 서쪽 계단으로 오르지만 당에는 오르지 않는다.

세자(世子)가 곡하는 위치에 있으면 곡을 하지 않는다. 사자(使者)와 모든 개(介)가 빙문(聘問)했을 때와 똑같이 복명한다.

세자와 신하는 모두 아침저녁으로 곡하는 자리에서 곡을 한다.

사자(使者)는 개(介)와 함께 들어가 북쪽으로 향하고 곡을 한다.
빈소를 나와서 왼쪽 어깨를 드러내고 머리털을 묶어 올리고 문의
오른쪽으로 들어가 자신의 자리로 나아가서 뛰면서 곡한다.

만약에 빈(賓)이 사사로운 상(喪 : 부모상)을 당하였다면 관사
(館舍)에서 곡하고 거처에서 상복을 입고 있으면서 향례(饗禮)
와 사례(食禮)에 참가하지 않는다.

돌아와서는 중개(衆介)로 하여금 앞에 있게 하고 상복을 입고
그 뒤를 따른다.

◗聘遭喪¹⁾ 入竟則遂也²⁾ 不郊勞³⁾ 不筵几⁴⁾ 不禮賓⁵⁾ 主人畢歸禮⁶⁾
賓唯饔餼之受⁷⁾ 不賄 不禮玉 不贈⁸⁾ 遭夫人世子之喪 君不受⁹⁾ 使大
夫受于廟 其他如遭君喪 遭喪¹⁰⁾ 將命于大夫 主人長衣練冠¹¹⁾以受
◗聘¹²⁾君若薨于後 入竟則遂 赴者未至¹³⁾ 則哭于巷¹⁴⁾ 衰于館¹⁵⁾ 受
禮¹⁶⁾ 不受饔食¹⁷⁾ 赴者至 則衰而出¹⁸⁾ 唯稍¹⁹⁾受之 歸 執圭復命于殯²⁰⁾
升自西階 不升堂 子卽位不哭²¹⁾ 辭復命如聘 子臣皆²²⁾ 與介入 北
鄕哭²³⁾ 出 袒括髮²⁴⁾ 入門右 卽位踊²⁵⁾ ◗若有私喪²⁶⁾ 則哭于館 衰而
居²⁷⁾ 不饗食 歸 使衆介先 衰而從之²⁸⁾

1) 聘遭喪(빙조상) : 빙문한 나라에 상사(喪事)가 있다의 뜻. 곧 주국(主國)의
임금이 훙(薨: 죽다)하다

2) 入竟則遂也(입경즉수야) : 국경에 들어갔으면 업무를 수행하다. 국군(國君)
은 국가로써 몸체가 된다. 사(士)가 이미 일이 있음을 청하였으면 이미 국경
에 들어간 것이다. 다만 관인(關人)이 보고하지 않았다면 되돌아가는 것이다.

3) 不郊勞(불교로) : 교외에서 위로의 잔치를 열어주지 않는다는 뜻이다. 왜냐
하면 세자(世子)는 아직 임금이 아니기 때문이다.

4) 不筵几(불연궤) : 자리와 궤를 설치하지 않는다. 사자(使者)가 자신의 사명
을 사당에 고하지 않고 빈궁(殯宮)에 있는 시구(尸柩) 앞에 나아가서 보고
한다. 그러므로 자리나 궤를 마련하지 않는다는 뜻이다.

5) 不禮賓(불례빈) : 빈에게 예를 차리지 않는다. 곧 주국(主國)의 임금이 죽었
으므로 예를 행하지 않는다. 이는 상사(喪事) 때문에 예를 낮춘 것이다.

6) 主人畢歸禮(주인필귀례) : 주인은 대행하는 대부이다. 주인이 상사를 마쳤

으면 옹희(饔餼)의 예를 차리다의 뜻. 빈의 음식을 폐지할 수 없기 때문이다.

7) 賓唯饔餼之受(빈유옹희지수) : 빈이 오직 옹희의 접대만 받을 뿐 그 밖의 폐백을 받지 않는다는 뜻이다. 곧 정해진 것만 할 뿐 새로운 것을 더하지 않는다는 뜻이다.

8) 不賄不禮玉不贈(불회불례옥부증) : 옹희(饔餼)의 예를 차릴 뿐, 그 밖의 선물이나 옥을 주고받는 일이나 폐백을 사여하는 일 등은 생략한다는 뜻이다.

9) 君不受(군불수) : 곧 부인이나 세자가 죽으면 임금이 상주(喪主)가 되므로, 대부에게 빙례를 받도록 하는데 흉사(凶事)로써 길사(吉事)를 접하지 않는 것이다. 그밖에는 예에 따라 낮춘 것이다. 곧 세자나 부인의 상은 흉사이고 빙례는 길사이다. 길사로 흉사에 나쁘게 할 수 없다는 뜻이다.

10) 遭喪(조상) : 주국(主國)의 임금이 죽었거나 부인이나 세자의 죽음을 이른 것이다. 이상의 세 가지 경우에는 모두 대부가 주인(主人)을 대신하여 장의(長衣)를 입고 소순(素純)에 포의(布衣)로 대신한다.

11) 長衣練冠(장의연관) : 장의는 상하가 하나로 연결된 옷이며 일종의 심의(深衣)와 같다. 연관은 누인 베로 만든 관이며 소상(小祥) 때나 1년상에 쓰는 관.

12) 聘(빙) : 이미 국경에 들어와서 임무를 수행한다는 뜻. 곧 이미 주국(主國)의 임금과 접했다는 뜻.

13) 赴者未至(부자미지) : 부고(訃告)를 하는 사람이 도착하지 않았다는 뜻이다. 부는 금문에는 부(訃)로 되어 있다.

14) 哭于巷(곡우항) : 항문(巷門)에서 곡하는 것은 아직 지위가 지정되지 않았기 때문이다.

15) 衰于館(최우관) : 관사에서 상복을 입다. 곧 흉사(凶事)로 흉복을 입고 나가서 사람을 볼 수 없기 때문이다.

16) 受禮(수례) : 옹희(饔餼)를 받는 것. 곧 익힌 고기와 산 짐승의 뢰(牢)이다.

17) 不受饗食(불수향사) : 향례(饗禮)와 사례(食禮)를 받을 뿐, 그 밖의 것은 받지 않는 것이다.

18) 衰而出(최이출) : 본국에도 부고가 이르게 되면 상복을 입고 밖으로 나가 일을 볼 수 있다는 뜻.

19) 稍(초) : 녹미식(祿米食), 품식(稟食)이다.

20) 復命于殯(복명우빈) : 빈소(殯所)에서 복명하다. 곧 신하와 자식은 임금이

나 아비가 살아 있을 때나 죽었을 때나 한결같기 때문에 빈소에라도 보고한다.

21) 子卽位不哭(자즉위불곡) : 세자가 즉위해 있으면 곡을 하지 않는다. 곧 장 차 고하여 청할 일이 있으면 조용해야 한다. 세자라고 하지 않는 것은 임금이 죽었기 때문이다. 모든 신하들은 대기하고 있다가 또한 모두가 조석으로 곡 하는 위치에 있어야 한다.

22) 子臣皆哭(자신개곡) : 사자가 이미 복명하면 세자와 모든 신하가 다 곡한다.

23) 北鄕哭(북향곡) : 새로 이르렀으므로 아침저녁의 곡하는 위치와는 다르게 한다는 뜻이다.

24) 袒括髮(단괄발) : 윗옷 왼쪽 소매를 벗고 머리털을 풀어서 묶어 올리다.

25) 卽位踊(즉위용) : 신하의 자리로 나아가서 용(踊)하다. 참새가 땅에서 뛰듯 이 사람이 뛰는 것을 용(踊)이라 한다. 이는 상례에 달려가서 하는 예의이다.

26) 私喪(사상) : 사신이 부모의 상을 당한 것을 뜻한다.

27) 哭于館衰而居(곡우관최이거) : 관사에서 곡하고 거처에서 상복을 입고 있 다. 곧 관사에서만 곡하고 상복도 관사에서만 입는다는 뜻이다.

28) 使衆介先衰而從之(사중개선최이종지) : 중개가 앞에 하고 사자는 최마복 을 입고 뒤에 따른다의 뜻. 곧 상을 당한 사자(使者)가 상복을 입고 앞에 갈 수 없기 때문에 상복을 입고 뒤에 따른다는 뜻이다.

19. 빙례 도중 사자(使者) 일행이 사망했을 때

빈(賓)이 빙국(聘國)의 국경에 들어가 사망한 경우, 빙문(聘 問)의 임무를 계속 수행한다.

주국(主國)의 임금이 상례를 치를 수 있도록 모든 기물과 빈소 를 마련해 준다. 상개(上介)가 그 사신의 직무를 겸한다.

주국(主國)의 임금이 조상(弔喪)하면 상개(上介)가 주인(主 人)이 된다. 주인은 귀례(歸禮)의 폐백을 반드시 필요한 곳에만 사용한다. 상개(上介)가 빈(賓)을 대신하여 빈례(賓禮)를 받는 데 사양하는 말은 하지 않는다.

향례(饗禮)나 사례(食禮)에는 참석하지 않는다.

귀국한 후에는 상개(上介)가 임금에게 빙문의 상황을 복명(復

命)하는데 빈(賓)의 영구(靈柩)는 궁문 밖에 놓아 둔다.

상개(上介)가 복명을 끝내고 궁문 밖으로 나와서 영구를 받들어 빈(賓)의 집으로 보낸다.

임금이 직접 문상(問喪)하면 빈사(殯事)를 끝마친다.

만약 대부개(大夫介)가 졸(卒)하였다면 또한 이와 똑같이 한다. 사개(士介)가 사망하였다면 관(棺)을 만들어 염(殮)할 수 있게 하고 임금은 문상하지 않는다.

만약 빈(賓)이 죽어서 장차 임금의 명을 전달하지 못하였다면 이미 관(棺)을 써서 염(殮)을 하고 외조(外朝)까지 이르게 하여 상개(上介)가 임금에게 명을 전달한다.

만약 개(介)가 사망했다면 귀국하여 사명을 보고할 때 오직 상개(上介)의 관을 외조(外朝)까지 이르게 한다. 만약 사개(士介)가 죽었다면 비록 사개라도 빈이 이미 사명을 복명한 뒤에, 가서 관을 그 집으로 보내주고 장례를 마친 후에야 집으로 돌아간다.

소빙(小聘)을 문(問)이라고 이른다.

진헌(進獻)하지도 않고 진헌하는 것이 있으나 임금의 부인에게는 이르지 않는다.

주국(主國)의 임금이 자리와 궤를 차리지도 않는다. 예를 갖추지도 않는다. 면담하는 것은 허락하나 당에 오르지 않게 한다. 교외에 도착해서 위로하는 일도 하지 않는다.

그의 예는 대빙(大聘)을 행할 때 상개(上介)를 대하는 예절과 똑같이 한다. 삼개(三介)로 한다.

●賓入竟而死 遂也 主人爲之具而殯¹⁾ 介攝其命²⁾ 君³⁾弔 介爲主人⁴⁾ 主人歸禮幣 必以用⁵⁾ 介受賓禮 無辭也⁶⁾ 不饗食⁷⁾ 歸 介復命 柩止于門外⁸⁾ 介卒復命 出 奉柩送之 君弔 卒殯⁹⁾ 若大夫介卒¹⁰⁾ 亦如之 士介死 爲之棺斂之¹¹⁾ 君不弔焉¹²⁾ 若賓死 未將命¹³⁾ 則旣斂于棺 造于朝¹⁴⁾ 介將命 若介死 歸復命 唯上介造于朝 若介死 雖士介 賓旣復命 往¹⁵⁾ 卒殯乃歸 ●小聘曰問 不享 有獻¹⁶⁾ 不及夫人 主人不筵几 不禮 面¹⁷⁾ 不升 不郊勞 其禮如爲介¹⁸⁾ 三介¹⁹⁾

1) 具而殯(구이빈) : 갖추어서 장례를 마치도록 한다. 곧 처음 죽었을 때부터 장
   례를 치르는데 쓰이는 일체의 기물들을 제공한다는 뜻.

2) 介攝其命(개섭기명) : 상개(上介)가 그 명을 겸임하다. 곧 빙향(聘享)의 예
   를 맡아서 한다는 뜻이다.

3) 君(군) : 주국(主國)의 임금이다.

4) 介爲主人(개위주인) : 개가 주인이 되다. 비록 신자(臣子)가 몸소 혼인을 함
   이 있더라도 주인이 되지는 못한다. 그러나 개와 빈은 함께 임금의 명을 받았
   으므로 높이는 것이다.

5) 主人歸禮幣必以用(주인귀례폐필이용-) : 주인이 상례(喪禮)에 필요한 용품
   들을 받을 때, 빈례(賓禮) 때와 같이 행하여 받지 않는다는 것이다.

6) 介受賓禮無辭也(개수빈례무사야) : 상개(上介)가 사자를 대신해 주국(主
   國)에서 빈례를 받는데 사양하는 말은 하지 않는다는 뜻. 자신이 빈을 대신
   하고 있으므로 사양하는 것이 이치에 맞지 않고 죽은 자에 대한 예의도 아니
   라는 뜻에서이다.

7) 不饗食(불향사) : 향례(饗禮)와 사례(食禮)에 참석하지 않다.

8) 柩止于門外(구지우문외) : 관이 대문 밖에 머물러 있게 하다. 곧 관을 외조
   (外朝)에 이르게 하여 그의 충심이 도달하게 하다의 뜻.

9) 卒殯(졸빈) : 장사를 마친다는 뜻. 곧 사자(使者)의 임금이 장례에 조문하면
   장사를 끝마친다는 뜻이다.

10) 若大夫介卒(약대부개졸) : 상개(上介)라고 말하지 않는 것은 대부가 상개
    의 역할을 맡은 것이다. 소빙(小聘)에서는 상개(上介)가 사(士)라고 했다.

11) 爲之棺斂之(위지관렴지) : 관을 보내 염을 하게 하고 옷이나 다른 물건은
    보내지 않는다. 입고 있던 옷을 그대로 입히는 것이다.

12) 君不弔焉(군부조언) : 주국(主國)의 임금이 직접 문상하지 않고 사람을 시
    켜서 문상하는 것이다.

13) 未將命(미장명) : 장차 명을 마치지 못하다. 곧 사신의 임무 완수를 자신의
    임금에게 전하지 못하고 죽은 것을 뜻한다.

14) 造于朝(조우조) : 외조(外朝)까지 이르게 하다. 곧 죽은 자의 정성을 생각
    하여, 사자가 자신의 임금의 명을 전달하려 한 뜻을 이루어 주고자 함이다.

15) 往(왕) : 관을 보내는 것을 말한다.

16) 獻(헌) : 사사로이 드리는 것이다.

17) 面(면) : 만나보다. 면담하다의 뜻.

18) 其禮如爲介(기례여위개) : 그 예절은 대빙(大聘)의 예절과 똑같이 한다는 뜻.

19) 三介(삼개) : 소빙(小聘)에서는 사(士) 세 사람에게 개의 직책을 맡긴다는 뜻.

■ 빙례(聘禮)의 의의

가. 오랫동안 일이 없으면 빙문(聘問)한다

오랫동안 회맹(會盟)하는 일이 없게 되면 빙문(聘問)을 한다. 만약 재난이나 우환이 있게 되면 갑자기 빙문한다. 이때는 속백(束帛)에 서문(書文 : 편지)을 올려서 임금의 명을 전달하게 한다.

1백 글자 이상은 책(策 : 簡)에 쓰고 1백 글자가 되지 않을 때에는 방(方 : 板)에 쓴다.

주인(主人 : 主國 임금)이 내사(內史)에게 객(客)과 함께 문 밖에서 읽게 한다. 객(客 : 賓)이 장차 돌아오면 대부에게 속백(束帛)을 가지고 관사(館舍)에서 보고하게 한다. 다음 날 주국(主國)의 임금이 관사로 간다.

이미 길을 떠나라는 명을 받았으면 나가서 드디어 재(宰)를 만나보고 사신으로 가는 몇 개월 동안의 사용 비용을 묻는다.

사자(使者)가 이미 길 떠날 날을 받았으면 당일에 조회에서 함께 갈 사람들과 자리를 함께 한다.

처음 출발할 때에는 발제(軷祭)를 지내는데 술과 육포로 제사를 하고 이에 그 옆에서 술을 마신다.

記 : ○久無事[1] 則聘焉 ○若有故[2] 則卒聘 束帛加書將命[3] 百名以上 書於策[4] 不及百名書於方[5] 主人使人與客讀諸門外[6] 客將歸 使大夫 以其束帛反命于館[7] 明日 君館之[8] ○旣受行 出 遂見宰 問幾月之 資[9] ○使者旣受行日 朝同位[10] ○出祖釋軷[11] 祭酒脯 乃飮酒于其側[12]

1) 事(사) : 회맹(會盟)의 일을 이른다고 했다.

2) 有故(유고) : 재난이나 환란이나 때의 일을 서로 고하여 알리다의 뜻.

3) 將命(장명) : 치명(致命)이다.

4) 百名以上書於策(백명이상서어책) : 100자 이상은 책에 쓰다. 명은 서문(書文)이라 했다. 책은 간책(簡策)이다. 대나무 조각을 엮은 것. 옛날에 종이가 없었을 때 종이 대용으로 썼던 대나무 조각.

5) 方(방) : 판(板)이라 했다. 종이 대용으로 썼던 나무판.

6) 主人使人與客讀諸門外(주인사인여객독제문외) : 주국(主國)의 임금이 내사(內史)에게 객(客)과 함께 사당문 밖에서 낭독하게 하다. 인은 내사(內史)이다. 객은 빈(賓)이다. 문은 사당문이라 했다. 임금의 뜻을 받아서 빙향(聘享)하는데 빈이 사당문을 나가서 읽고 안에서 하지 않는 것은 안에 사람이 많아서 엄밀한 것을 다 살피지 못하기 때문이라고 했다.

7) 使大夫以其束帛反命于館(사대부이기속백반명우관) : 대부로 하여금 그 속백을 가지고 가서 내용을 읽은 일에 보답하게 하는 것이다.

8) 君館之(군관지) : 임금이 관사에 가다. 이미 글을 낭독한 일에 보답하고 오히려 신속하게 물은 것이다.

9) 問幾月之資(문기월지자) : 몇 개월의 노자에 대해 묻다. 곧 사신으로 가는 동안의 비용을 묻다의 뜻. 자는 고문에 재(齎)로 되어 있다.

10) 朝同位(조동위) : 전날 저녁에 폐백을 진열하고 난 다음 날 조회에서 사자는 북면하고 개(介)는 사자의 왼쪽에서 조금 물러나 그 신하들이 처해 있는 곳과 분별되는 것을 뜻한다.

11) 出祖釋軷(출조석발) : 처음 출발하여 발제(軷祭)를 지내다의 뜻. 조는 시(始)의 뜻이고 발은 도제(道祭)이다. 고문에 발은 불(祓)로 되어 있다.

12) 飮酒于其側(음주우기측) : 예가 끝나면 수레를 타고 드디어 행하여 근교에서 머무른다.

나. 천자(天子)에게 조회 때 쓰는 옥(玉)

천자(天子)에게 조회할 때, 규옥(圭玉)과 채색된 옥받침은 모두 9치(九寸)인데 염상(剡上)은 1치 반(一寸半)이고 두께는 반치이고 넓이는 3치(三寸)이다. 옥받침은 3가지 색으로 채색하여 6등(六等)인데 주색(朱色)과 백색(白色)과 창색(蒼色)이다.

제후(諸侯)를 방문할 때에는 주색(朱色)과 녹색(綠色)이 섞인 옥받침을 사용하고 길이는 8치(八寸)이다. 모두 위는 검고 아래는 붉은 보로 싸매 길이가 1자(一尺)이고 무늬가 있는 끈을 쓴다.

대부(大夫)를 방문할 때의 폐백은 교외(郊外)에서 기다리며 진열하고 또 순록가죽과 말을 준다.

인사말은 정해진 것이 없다. 손순하고 기쁘게 해야 한다. 인사말이 많으면 책축(策祝)하게 되고 너무 적으면 의사가 전달되지 않는다.

말은 진실로 의사를 전달하는데 족하여 의의가 지극해야 한다.

사양하여 말하기를 "예가 아닌데 감히 하겠습니까?"라고 하면 대답하기를 "예가 아닌데 감히 하겠습니까?"라고 한다.

○所以朝天子 圭[1]與繅皆九寸 剡上[2]寸半 厚半寸 博三寸 繅[3]三采[4] 六等 朱白倉 問諸侯 朱綠繅[5]八寸 皆玄纁繫[6] 長尺 絢組[7] ○問大夫之幣 侯于郊 爲肆[8] 又齊[9]皮馬 ○辭無常 孫而說[10] 辭多則史[11] 少則不達 辭苟足以達 義之至[12]也 辭[13]曰 非禮也 敢 對曰 非禮也 敢[14]辭

1) 圭(규) : 규옥(圭玉)이며 가지는 것이 서절(瑞節)이다. 9촌(九寸) 이상은 공(公)의 규이다. 위가 둥글고 아래가 모난 길쭉한 옥.

2) 剡上(염상) : 하늘이 둥글고 땅이 모난 것을 본뜬 것. 규옥의 위를 말한다.

3) 繅(조) : 고문에는 조(藻)로, 금문에는 조(璪)로 되어 있다. 옥받침이다.

4) 三采(삼채) : 주색(朱色)과 백색(白色)과 창색(蒼色 : 푸른색)이다.

5) 朱綠繅(주록조) : 주색과 녹색의 두 가지 채색이 있는 옥받침.

6) 皆玄纁繫(개현훈계) : 모두가 검고 분홍빛이 나는 비단으로 꾸민다는 뜻. 위는 검은 것으로 아래는 붉은 것으로 하여 땅을 삼았다.

7) 長尺絢組(장척순조) : 길이가 한 자에 무늬 있는 끈이라는 뜻. 현은 금문에는 균(約)으로 되어 있다. 일이 없을 때는 끈으로 옥을 묶어 놓는데 다섯 가지 색깔로 채색된 끈을 사용한다고 했다.

8) 肆(사) : 진열과 같은 뜻이다. 고문에는 이(肆)로 되어 있다.

9) 齎(재) : 어느 본에는 뢰(賚)로 되어 있다. 주다의 뜻.

10) 孫而說(손이열) : 손순하면서 기뻐해야 한다의 뜻.

11) 史(사) : 책축(策祝)이라고 했다.

12) 至(지) : 극(極)의 뜻이다. 금문에는 지(砥)로 되어 있다.

13) 辭(사) : 받지 않다의 뜻.

14) 敢(감) : 앞의 감과 함께 불감(不敢)을 뜻한다. 어느 본에는 이 글자 아래에
사(辭)자가 있다.

다. 경은 대부가 맞이하고 대부는 사가 맞이한다

경(卿)은 대부(大夫)의 묘(廟)를 관사(館舍)로 삼아 묵고, 대
부(大夫)는 사(士)의 묘(廟)를 관사로 삼아 묵고, 사는 공상(工
商)의 집을 객관으로 삼는다. 관인(管人)이 객(客)을 위하여 3
일 동안 머리를 감을 수 있는 물을 갖추어 주고 5일 동안 목욕할
물을 갖추어 준다.

간단한 음식을 베푸는 연회에는 속백(束帛)을 쓰지 않고 빈은
절을 하지 않는다. 머리 감고 목욕하고 음식을 먹는다.

경(卿)은 대부가 맞이하고 대부는 사가 맞이하고 사에게도 모
두 신분에 맞는 맞이하는 사람이 있다. 빈(賓)이 관사에 이르면
장차 임금의 명으로 맞이한다. 또 사사로이 보고 싶으면 그에 알
맞은 예물로써 한다. 빈이 장차 공사(公事)를 다 마쳤는데 다시
볼 일이 있게 되면 그 예물로써 한다.

무릇 규(圭)와 장(璋)과 벽(璧)과 종(琮)은 오직 그 나라의 보
배들이며, 빙문(聘問)할 때 쓸 수 있을 뿐이다.

종인(宗人)이 차(次)를 마련한다. 차(次)는 휘장을 쳐서 만드
는데 임금의 차(次)에서 약간 뒤로 물러난 곳에 설치한다.

◯卿館於大夫[1] 大夫館於士 士館於工商[2] 管人[3]爲客 三日具沐[4] 五
日具浴[5] ◯殮不致[6] 賓不拜[7] 沐浴而食之[8] ◯卿 大夫訝[9] 大夫 士[10]
訝 士 皆有訝 賓卽館 訝將公命[11] 又見之以其摯[12] 賓旣將公事 復見

之以其摯[13] ○凡四器者[14] 唯其所寶[15]以聘可也 ○宗人[16]授次[17] 次
以帷 少退于君之次

1) 卿館於大夫(경관어대부) : 경은 대부의 묘〔廟〕를 관사로 쓴다는 뜻. 관은 반
   드시 사당〔廟〕에서 한다. 단 대등한 관계는 사당은 관사로 하지 않는데 이는
   크게 높이는 것이다. 관사(官師) 이상은 모두 묘(廟)가 있고 침(寢)이 있다.
2) 工商(공상) : 공장(工匠)과 상인(商人). 이들은 사당은 없고 침(寢)만 있다.
3) 管人(관인) : 객관(客館)을 관장하는 관리이다. 객(客)은 사자(使者)부터
   밑으로 사개(士介)에 이르는 사람들이다.
4) 沐(목) : 머리를 감는 것이다. 세발(洗髮)이다.
5) 浴(욕) : 몸의 때를 씻는 목욕이다.
6) 殯不致(손불치) : 간단한 식사를 제공하는 것만 하고 임금의 명령을 전달하
   는 일을 하지 않는다.
7) 賓不拜(빈불배) : 임금의 명을 전달하지 않으므로 절하지 않는 것이다.
8) 沐浴而食之(목욕이식지) : 목욕을 하고 식사를 하다. 곧 주국(主國)의 임금
   이 주시는 음식이라 청결하게 하여 존경한다는 뜻이다.
9) 卿大夫訝(경대부아) : 경은 대부가 맞이하다. 곧 경이 사자(使者)로 오면 대
   부가 상개(上介)가 된다. 아(訝)는 접대하는 일을 맡은 사람이다.
10) 士(사) : 중개(衆介)이다.
11) 訝將公命(아장공명) : 맞이하는 것을 장차 임금의 명으로 한다는 뜻이다. 곧
    접대는 주국(主國)의 임금의 명으로 한다는 뜻이다.
12) 又見之以其摯(우견지이기지) : 우는 부(復 : 다시)이다. 곧 다시 사사로운
    예로 볼 때에는 그 예물로써 한다는 뜻이다. 그 예물은 대부아(大夫訝)는 기
    러기, 사아(士訝)는 꿩을 뜻한다.
13) 復見之以其摯(부견지이기지) : 다시 공적인 일로 아(訝)를 보려면 그 예물
    로 한다. 그 예물은 사자와 상개(上介)는 기러기이고 군개(群介)는 꿩이다.
14) 四器者(사기자) : 규(圭)와 장(璋)과 벽(璧)과 종(琮)이다.
15) 所寶(소보) : 오직 규와 장과 벽과 종은 국가의 보배라는 뜻이다.
16) 宗人(종인) : 제후와 경과 대부가 부리는 사람이라 했다. 곧 천자의 종백(宗
    伯)과 같은 직책.
17) 次(차) : 일종의 임시 대기소. 행사가 있을 때 휘장을 치고 갈대로 엮은 자

리를 깔아 임시로 만든 자리이다. 항상 정해진 곳이 있다고 했다. 본격적으로 예가 행해지기 전에 준비하고 기다리는 곳.

라. 규옥(圭玉)을 받드는 자세

상개(上介)가 규(圭)를 잡는데 무거운 물건을 드는 듯이 하여 빈(賓)에게 준다. 빈이 문으로 들어와 스스로를 엄숙하게 한다. 당으로 올라가서는 손을 들어 수평을 이루고 장차 넘겨 줄 때에는 살펴서 신중하게 걸어간다. 임금에게 줄 때에는 다투어 받아가려고 하므로 잘 보호해야 하는 듯이 하며 내려와서는 전송하는 듯이 한다. 임금이 몸을 돌려서 재(宰)에게 준 뒤에 물러난다. 계단을 내려와서는 숨을 내쉬고 흐뭇한 듯이 한다. 두 번이나 세 번 발을 들었다가 또 신속하게 내달아서 문에 이르러서는 바르게 한다.

규(圭)를 가지고 문으로 들어갈 때는 존경하는 마음으로 몸을 굽히고 행여 떨어뜨릴까 두려운 듯이 한다. 바칠 때에는 길게 숨을 멈추고 당당한 용모를 한다. 중개(衆介)는 북면하고 용모를 서서히 편안하게 한다. 사사로이 만나 볼 때에는 즐거워하고 문을 나와서는 기러기가 날개를 편 듯이 한다.

씩씩한 모습으로 또 행동하고 문 안에 들어서는 공경함을 가져야 하고 당으로 올라서는 신중함을 가져야 한다.

무릇 뜰에 진열한 것들은 모두 들고 따라서 들어간다. 왼쪽의 것을 먼저 하는데 순록가죽과 말은 서로 바꾸어도 괜찮다. 빈의 폐백은 오직 말만 끌고 나가고 그 밖의 것들은 모두 동쪽에 둔다.

재화(財貨)가 너무 많으면 덕을 손상시키고 폐백이 너무 아름다우면 예를 몰(沒)하게 된다. 재물은 빙문(聘問)의 재물과 비교하여 주는 것이다.

대저 규옥(圭玉)을 들 때에는 옥받침이 없으며, 규옥을 드는 사람은 예복 한 벌을 껴입어야 한다.

예(禮)에는 절을 올리고 이르지 않는 것이다.

○上介執圭如重[1] 授賓 賓入門 皇 升堂讓[2] 將授志趨[3] 授如爭承[4]
下如送 君還而后[5]退 下階 發氣[6]怡焉 再三擧足 又趨[7] 及門正焉[8]
○執圭入門 鞠躬焉 如恐失之[9] 及享 發氣焉 盈容[10] 衆介北面 蹌焉[11]
私覿 愉愉焉[12] 出如舒鴈[13] ○皇且行 入門主敬 升堂主愼[14] ○凡庭
實隨入 左先[15] 皮馬相間[16]可也 賓之幣 唯馬出[17] 其餘皆東[18] ○多
貨則傷于德[19] 幣美則沒禮[20] 賄 在聘于賄[21] ○凡執玉 無藉者 襲[22]
○禮不拜至[23]

1) 如重(여중) : 삼가다의 뜻. 무거운 듯이 하다. 예기의 곡례(曲禮)편에는 "규
   옥 등을 받들면 가벼운 것을 잡더라도 이기지 못하는 듯이 한다."라고 했다.

2) 皇升堂讓(황승당양) : 황은 스스로 씩씩하고 왕성한 모습. 승당은 당에 오르
   다. 양은 손을 들어서 평형을 이루는 것이다. 곧 씩씩하고 왕성하게 당에 올
   라 손을 들어서 평형을 이루다의 뜻. 고문에 황은 왕(王)으로 되어 있다.

3) 志趨(지추) : 지는 염(念)과 같고 추는 달리다이다. 곧 살펴서 걸음을 행하
   다. 신중하게 행하다.

4) 授如爭承(수여쟁승) : 옥을 건네 줄 때는 서로 받아가려고 다투는 사람들에
   게서 옥을 보호하듯이 신중한 모습을 갖는다는 뜻이다.

5) 君還而后(군환이후) : 주국의 임금이 빈에게 옥을 받아 몸을 돌려서 재(宰)
   에게 건네 준 연후라는 뜻.

6) 發氣(발기) : 멈추었던 숨을 내쉬다. 곧 긴장하여 숨을 멈추는 것이다.

7) 再三擧足又趨(재삼거족우추) : 두세 번 발을 들고 또 빨리 걷다. 긴장했던 몸
   을 풀어서 다시 빠른 걸음으로 나가는 것이다. 추는 빠른 걸음을 뜻한다.

8) 及門正焉(급문정언) : 문에 이르러서야 얼굴빛을 본래대로 하다. 곧 바르게
   하다의 뜻.

9) 執圭入門~如恐失之(집규입문~여공실지) : 기(記)의 이설(異說)이다. 정
   설(正說)에 다른 것이 있으면 기(記)에 덧붙여 놓았다.

10) 盈容(영용-) : 얼굴색이나 모습이 씩씩한 것을 뜻한다.

11) 蹌焉(창언) : 얼굴이 서서히 펴지는 모양.

12) 愉愉焉(유유언) : 즐거워하는 모양.

13) 如舒鴈(여서안) : 기러기가 날개를 펴고 날아가는 듯이 위의가 자연스럽고
    항렬이 있는 모습이다.

14) 皇且行~升堂主愼(황차행~승당주신) : 이 문장은 정설(正說)과 달라서
다시 집옥(執玉)의 이설(異說)을 기(記)에 기록해 놓은 것이다.

15) 隨入左先(수입좌선) : 수입은 함께 줄지어 따라 가다의 뜻. 좌선은 왼쪽에
서부터 먼저 들어가다의 뜻.

16) 皮馬相間(피마상간) : 순록가죽과 말은 서로 바꾸어 들어간다. 간은 대(代)
의 뜻이며 고문에는 간은 간(干)으로 되어 있다.

17) 馬出(마출) : 말은 마구간으로 끌고 간다는 뜻이다.

18) 其餘皆東(기여개동) : 그 나머지는 모두 동쪽에 있는 내부(內府)에 저장한
다는 뜻이다.

19) 多貨則傷于德(다화즉상우덕) : 화는 자연적인 재물이며 옥(玉)을 뜻한다.
군자는 옥을 덕에 비교하여 조빙(朝聘)의 예에서 서절(瑞節)로 여겨 예를
중하게 한다. 많으면 화(貨)가 주관하여 그 덕을 상하게 된다는 뜻이다.

20) 幣美則沒禮(폐미즉몰례) : 폐백이 아름다우면 예를 몰하게 된다. 곧 폐백은
사람들이 만든 것이며 속백(束帛)을 뜻한다. 곧 이것을 사랑하는 것은 의식
에 소용되는 것으로 군자의 정이다. 이러한 것을 바쳐서 폐백으로 사용하는
것은 충신(忠信)에 부합되는데 이것이 아름답게 되면 이는 폐백이 주가 되
어서 예의의 본의를 나타내지 못하기 때문이다.

21) 賄在聘于賄(회재빙우회) : 회는 재물이다. 주국(主國)에서 빈 등에게 주는
재물이다. 그 재물을 빙문의 선물과 비교하여 준다는 뜻이다. 너무 적으면 인
색하게 되고 너무 많으면 지나친 것이 되어 서로 준 만큼만 받는 것이 된다.

22) 無藉者襲(무자자습) : 깔개가 없는 것은 예복을 한 번 껴입는다는 뜻. 자는
옥의 깔개이다.

23) 禮不拜至(예불배지) : 빈이 이에 처음 이르지 않았기 때문이다. 곧 향(享)을
시작할 때 이미 절하였기 때문이라 했다. 예는 금문에는 예(醴)로 되어 있다.

마. 단술을 접대하는 이유

단술단지는 동상(東箱)에 두는데 와태(瓦大 : 술잔) 1개에는
술잔 받침대가 있다. 육포는 1자 2치 되는 것 다섯 가닥을 올린다.
제사에는 절반으로 가른 포를 그 위에 가로로 놓는다. 단술을 제

사할 때에는 두 번 떠서 하는데 처음 떠서는 한 번 제사하고 뒤에
두 번 떠서 제사하고 마친다. 주인의 정실(庭實)에 있는 것은 주
인이 드디어 끌고 나간다. 빈의 사(士)가 맞이하여 받는다.

　이미 만나 보고 나서 빈이 사사로이 선물을 드리고자 한다면 선
물을 받들고 임금의 명을 전달하는 것과 같이 한다. 빈자(擯者)
가 들어가서 보고한 뒤 나와서 예로써 사양한다. 빈은 동면하고
앉아서 드릴 물건을 내려놓는다. 두 번 절하고 머리를 조아린다.
빈자(擯者)는 동면하고 앉아서 올린 선물을 가지고 일어나서 안
으로 들어가 보고한다. 나와서는 예로써 다시 받기를 청한다. 빈
은 굳이 사양한다. 공이 답하여 재배한다. 빈자(擯者)가 문지방
밖에 서서 서로 절을 한다. 빈이 피한다. 빈자(擯者)가 뜰의 중앙
에서 재부(宰夫)에게 준다.

　만약 형제(兄弟)의 나라인 동성(同姓)이거나 혼인 관계인 인
척의 나라라면 임금의 부인에게도 예물을 보낸다.

　만약 임금에게 만나 보지 못할 일이 있게 되면 대부로 하여금
받게 한다. 대부는 당 아래에서 명을 듣고 서쪽 계단을 통해 당으
로 올라서 받는데 우방(右房)을 등지고 서 있는다. 이에 빈이 당
에서 내려오면 또한 따라서 내려온다. 예를 행하지 않는다.

　폐백을 받은 사람들은 모두 와서 빈을 위로하는데 예복을 벗지
는 않는다.

○醴尊于東箱 瓦大[1]一 有豊 薦脯五臟[2] 祭半臟橫之 祭醴再扱 始
扱一祭 卒[3]再祭 主人之庭實[4] 則主人遂以出[5] 賓之士[6]訝受之 ○旣
覯 賓若私獻 奉獻將命[7] 擯者入告 出禮辭 賓東面坐奠獻 再拜稽首
擯者東面坐取獻 擧以入告 出禮請受 賓固[8]辭 公答再拜 擯者立于
闑外[9]以相[10]拜 賓辭 擯者授宰夫于中庭 ○若兄弟之國[11] 則問[12]夫
人 ○若君不見[13] 使大夫受[14] 自下聽命 自西階升受 負右房而[15]立
賓降亦降 不禮[16] ○幣之所及[17] 皆勞[18] 不釋服[19]

1) 東箱瓦大(동상와태) : 동상은 동상(東廂)이다. 와태는 육준(六尊)의 하나
　이다. 와무(瓦甒)라고도 한다.

2) 五臟(오직) : 다섯 갈래의 포. 직은 넓적하고 길게 말린 포(脯)로 길이가 1자 2치이다.

3) 卒(졸) : 뒤에 단술을 뜨다의 뜻.

4) 庭實(정실) : 나머지 말 세 필. 곧 왼쪽 말은 빈(賓)이 가지고 나가다의 뜻.

5) 主人遂以出(주인수이출) : 주인이 드디어 말을 끌고 나가다의 뜻. 주인은 빈(賓)이다.

6) 士(사) : 사개(士介)가 따라가다의 뜻.

7) 奉獻將命(봉헌장명) : 선물을 받들어 올릴 때도 임금의 명을 전달할 때와 같이 한다는 뜻이다. 곧 임금의 명으로 이르는 것과 같이 한다.

8) 固(고) : 연문(衍文)이라 했다.

9) 閾外(역외) : 문지방 밖이다. 고문에는 역이 축(戚)으로 되어 있다.

10) 相(상) : 찬(贊)의 뜻이라 했다.

11) 兄弟之國(형제지국) : 동성(同姓)의 나라나 또는 혼인 관계를 맺은 인척의 관계를 뜻한다.

12) 問(문) : 견(遣)과 같으며 헌(獻)을 이른다. 형제나 인척 관계가 아니면 부인(夫人)에게 헌(獻)을 할 수 없다.

13) 若君不見(약군불견) : 임금이 질병이나 기타의 사유로 인하여 면담이 불가능한 상태를 뜻함.

14) 大夫受(대부수) : 대부는 상경(上卿)이다. 수는 빙향(聘享)을 받는 것이다.

15) 而(이) : 금문(今文)에는 이 글자가 없다.

16) 不禮(불례) : 예를 행하지 않다. 곧 임금 대신 받는 대부에게 예를 행하지 않는 것이다. 고문(古文)에는 예가 예(醴)로 되어 있다.

17) 所及(소급) : 폐백을 받은 사람. 곧 사자(使者)에게 예물을 받은 관리이다.

18) 皆勞(개로) : 모두가 와서 빈을 위로한다는 뜻이다.

19) 不釋服(불석복) : 예복을 벗어놓지 않는다는 뜻이다.

바. 삶은 고기로만 제사한다

죽인 희생(犧牲)을 하사하는데 오직 끓여 익힌 것 일뢰(一牢)이다. 시초로 시동(尸童) 한 사람을 뽑는데 소(昭)에 할 때는 소에 목(穆)에 할 때는 목(穆)에 해당하게 한다.

대부(大夫)의 신하인 복(僕)이 축(祝)이 된다. 축(祝)이 말하기를 "효손(孝孫) 아무개와 효자(孝子) 아무개가 아름다운 예물을 황조(皇祖)이신 모보(某甫 : 아무개)와 황고(皇考)이신 모자(某子 : 아무개)께 올립니다."라고 한다.

음식을 올리는 예도 똑같은 방법으로 한다. 제기(祭器)들은 대부(大夫)에게 빌려서 쓴다. 나누어 주는 고기는 수인(廋人)과 건거(巾車)에까지 이른다.

빙례(聘禮)의 당일(當日)에는 옹(饔)이 이르고 다음 날에는 대부를 예방한다. 저녁에는 주국(主國)의 임금 부인(夫人)이 예물을 보내 준다. 이미 옹(饔)이 이른 10일 뒤에는 품식(稟食)을 보내 준다.

재부(宰夫)가 비로소 쌍으로 된 기러기를 보내 주는데 날마다 그 옹희(饔餼)의 숫자와 똑같이 한다. 사(士)는 하루 걸러서 2쌍을 보내 준다. 무릇 올릴 때에는 한 쌍을 들고 임금의 명을 전달하며 그 나머지는 앞에 쌓아 놓는다. 삶아 익혀서 요리한 것을 처음으로 올리는데 그 올리는 예에 견주어서 한다.

대례(大禮)를 행한 날에는 이미 옹희(饔餼)를 받고는 종묘를 관람하고자 청한다. 이에 맞이하여 인도하는데 아래 문을 통하여 들어간다.

각각 그의 작위(爵位)에 따라서 조복(朝服)을 입는다.

사(士)에게는 옹(饔)이 없다. 옹(饔)이 없는 자는 물리치는 것도 없다.

대부(大夫)는 감히 사양할 수가 없다. 임금이 처음에 사양하는 말을 해 줄 뿐이다.

무릇 예가 이루어질 때에는 모두가 그 향례(饗禮)에 사용되는 변(籩)과 두(豆)를 더하는 것이다.

옹(饔)이 없는 자는 향례(饗禮)도 없는 것이다.

무릇 곡식을 보낼 때에는 대부가 기장과 조와 직(稷)을 광주리마다 5곡(五斛)씩 담는다.

이미 공사(公事)를 마쳤으면 빈(賓)이 돌아갈 것을 청한다.
무릇 빈이 외조(外朝)에서 절하면 주국(主國)에서는 맞이했
던 사람이 듣는다.

○賜饔唯羹飪¹⁾ 筮一尸²⁾ 若昭若穆³⁾ 僕爲祝⁴⁾ 祝曰 孝孫某 孝子某
薦嘉禮于皇祖某甫 皇考某子 如饋食之禮⁵⁾ 假器于大夫⁶⁾ 胏肉⁷⁾及廋
車⁸⁾ ○聘日致饔⁹⁾ 明日問大夫¹⁰⁾ 夕 夫人歸¹¹⁾禮 旣¹²⁾致饔 旬而稍¹³⁾
宰夫始歸乘禽¹⁴⁾ 日如其饔餼之數 士中日¹⁵⁾則二雙 凡獻執一雙¹⁶⁾ 委
其餘于面¹⁷⁾ 禽羞¹⁸⁾儷獻比¹⁹⁾ ○歸大禮之日²⁰⁾ 旣受饔餼 請觀²¹⁾ 訝帥
之 自下門入 ○各以其爵朝服²²⁾ ○士無饔 無饔者無儐 ○大夫不敢
辭 君初爲之辭矣²³⁾ ○凡致禮²⁴⁾ 皆用其²⁵⁾饗之加籩豆²⁶⁾ ○無饔者無
饗禮²⁷⁾ ○凡餼²⁸⁾ 大夫黍粱稷 筐五斛 ○旣將公事 賓請歸²⁹⁾ ○凡賓
拜³⁰⁾于朝 訝聽之

1) 羹飪(갱임) : 삶아 낸 일뢰(一牢)이다. 삶은 것은 고기는 고깃국을 만들어 이
   에 제사한다.
2) 筮一尸(서일시) : 점을 쳐서 한 사람의 시동을 뽑다의 뜻.
3) 若昭若穆(약소약목) : 소(昭)에 하거나 목(穆)에 하거나의 뜻. 소목(昭穆)
   은 종묘(宗廟)에 신주를 모시는 차례이다. 천자는 태조(太祖)를 중앙에 하
   고 2세, 4세, 6세를 소(昭)라 하여 왼쪽에 모시고 3세, 5세, 7세는 목(穆)이라
   하여 오른쪽에 모시어 삼소(三昭)와 삼목(三穆)의 7묘(七廟)이고 제후는
   이소(二昭)와 이목(二穆)의 5묘(五廟)를 갖춘 것을 뜻한다.
4) 僕爲祝(복위축) : 복이 축이 되다. 곧 대부의 신(臣)이 관직을 겸하여 축관
   이 된 것이다.
5) 如饋食之禮(여궤식지례) : 소뢰(少牢)를 궤식(饋食)하는 예와 같다는 뜻이
   다. 소뢰를 말하지 않는 것은 지금은 태뢰(太牢)를 행하였기 때문이다. 지
   (之)는 금문에는 없다.
6) 假器于大夫(가기우대부) : 제기(祭器)를 대부에게서 빌리다. 감히 임금의
   제기로써 제기를 삼지 못하는 것이다.
7) 胏肉(분육) : 나누어 주는 고기이다. 고문에는 분이 분(紛)자로 되어 있다.
8) 廋車(수거) : 수인(廋人)과 건거(巾車)이다. 모두 관직 이름이다. 수인은 마

구간의 행정을 담당하고 건거는 수레를 장식하고 관리하는 책임자이다.

9) 致饔(치옹) : 급하게 돌아가므로 대례(大禮)를 하는 것이다.

10) 明日問大夫(명일문대부) : 고문(古文)에는 일문대부야(日問大夫也)로 되어 있다.

11) 歸(귀) : 금문(今文)에 궤(饋)자로 되어 있다.

12) 旣(기) : 고문(古文)에는 희(餼)로 되어 있다.

13) 稍(초) : 품식(稟食)이다.

14) 乘禽(승금) : 날아다니는 새이다. 곧 기러기나 오리의 무리이다. 기러기는 날 아다닐 때 쌍을 이루므로 마치 빈과 상개(上介)가 함께 사신의 일을 수행하 는 것과 같아서 그들을 위로하기 위하여 한 쌍의 기러기 등을 보내 주는 것.

15) 士中日(사중일) : 사는 사개(士介)이다. 중은 간(間)의 뜻이며 중일은 하 루를 건너뛰다의 뜻.

16) 凡獻執一雙(범헌집일쌍) : 무릇 바치는 것은 한 쌍을 가지고 한다. 곧 임금 의 명을 고할 때에는 한 쌍을 들고 한다.

17) 面(면) : 전(前)의 뜻이다.

18) 禽羞(금수) : 삶아 익혀서 양념을 한 새구이.

19) 倣獻比(숙헌비) : 처음 올리는데 앞과 견주어서 하다. 곧 사철마다 새로 나 오는 진미를 조리하여 올리는 것을 뜻한다.

20) 歸大禮之日(귀대례지일) : 대례로 돌아간 날. 곧 주국(主國)에서 빈에게 대 뢰(大牢)의 잔치를 열어주어 주국의 종묘의 훌륭함과 모든 관리들의 부유함 을 사신에게 보이고자 함이다.

21) 請觀(청관) : 빈이 옹희(饔餼)의 대접을 받고 주국의 임금에게 종묘를 참 관하게 해 달라고 청하는 것이다.

22) 各以其爵朝服(각이기작조복) : 이 문장은 아래 '범치례(凡致禮)'의 하단 에 있어야 한다고 했다.

23) 大夫不敢辭君初爲之辭矣(대부불감사군초위지사의) : 이 문장은 위의 '명 일문대부(明日問大夫)'의 하단에 있어야 한다고 했다.

24) 凡致禮(범치례) : 임금이 몸소 빈과 상개에게 향례를 행하지 않고 폐백을 주어서 그 예를 이루게 한 것이다.

25) 其(기) : 그 빈과 상개이다.

26) 加邊豆(가변두) : 변과 두를 더하여 올린다는 뜻이다.

27) 無饔者無饗禮(무옹자무향례) : 사개(士介)는 향례가 없는 것을 뜻한다.

28) 凡饎(범희) : 대부가 빈과 상개(上介)에게 곡식을 주는 것을 뜻한다.

29) 賓請歸(빈청귀) : 빈이 돌아갈 것을 청하다. 이미 공사(公事)를 다 마쳤으므로 돌아가기를 청하는 것이다. 이는 자신의 의지대로 하지 않고 겸양을 나타내어 은근히 머물러 있도록 청하다의 뜻도 있다.

30) 拜(배) : 하사한 것에 고맙다고 인사하는 것이다.

사. 연례에는 상개가 빈(賓)이 된다

연례(燕禮)에서는 상개(上介)가 빈(賓)이 된다. 이때 빈(賓)은 구경(苟敬)이 된다. 재부(宰夫)가 진헌(進獻)한다.

사신으로 와서 다시 갈 곳이 없게 되면 선물을 무겁게 해주고 폐백을 돌려주는 경우도 있다.

말하기를 "그대가 그대 임금의 명으로 과군(寡君)에게 와 이곳에 있습니다. 과군(寡君)께서는 그대가 그대 임금의 명으로 수고한 것에 대하여 절을 하신 것입니다. 그대 임금께서는 사직(社稷)을 위하여 과소군(寡小君)에게 빙문하므로 절을 하신 것입니다. 그대 임금께서 과군(寡君)에게 선물을 보내시고 그것이 2~3명의 노대부에게까지 이르렀으니 또 절을 하신 것입니다. 또 빈(賓)을 전송하기 위하여 절을 하신 것입니다."라고 한다.

빈이 관사의 당(堂)에 있는 두 기둥 사이에서 순록가죽 네 장과 속백(束帛)을 펴 놓는다. 빈이 이르는 것을 바라지 않으면 주인(主人)이 절을 하지 않는 것이다.

대부가 사신으로 와서 죄가 없었다면 향례를 행한다. 과실이 있었으면 산 희생을 보낸다. 그 개(介)가 상개(上介)가 된다. 대객(大客)이 뒤에 도착함이 있으면 선객(先客)에게 향례와 사례를 거행하지 않고 예물만 이르게 한다.

오직 대빙(大聘)에서만 궤와 자리가 있다.

10두(斗)를 곡(斛)이라 하고 16두를 수(籔)라 하고 10수를 병

(秉)이라 한다. 한 수레에 240두(斗)를 신는다. 4병(秉)을 거 (筥)라 하고 10거를 종(稯)이라 한다. 10종을 타(秅)라 하고 400 병(四百秉)이 1타(一秅)가 된다.

○燕則上介爲賓 賓爲苟敬[1] 宰夫獻[2] ○無行則重賄反幣[3] ○曰[4] 子 以君命在[5]寡君 寡君拜君命之辱 君以社稷故在寡小君 拜 君賆[6]寡 君 延及二三老[7] 拜[8] 又拜送 ○賓於館堂楹間 釋四皮束帛 賓不致 主人不拜[9] ○大夫來使 無罪饗之 過則饎之 其介[10]爲介 有大客後至 則先客不饗食 致之 ○唯大聘 有几筵 ○十斗曰斛 十六斗曰籔 十 籔曰秉 二百四十斗 四秉曰筥 十筥曰稯 十稯曰秅 四百秉爲一秅

1) 苟敬(구경) : 주인(主人)이 소경(小敬)할 수 있게 하는 것을 뜻한다.
2) 宰夫獻(재부헌) : 임금을 대신하여 재부가 술잔을 올리는 것이다.
3) 無行則重賄反幣(무행즉중회반폐) : 갈 곳이 없게 되면 선물을 두텁게 해주 고 폐백을 돌려주다. 금문에는 왈회반폐(曰賄反幣)로 되어 있다.
4) 曰(왈) : 이는 주국(主國)의 임금이 귀국하는 빈을 관사로 찾아가서 전송하 는 절을 하고 난 후 임금을 보좌하여 온 찬자(贊者)가 임금을 대신하여 빈에 게 전하는 말이다.
5) 在(재) : 존(存)이다.
6) 賆(황) : 사(賜)이다.
7) 老(노) : 대부를 지칭하는 것이다.
8) 拜(배) : 빈을 보내는 것.
9) 主人不拜(주인불배) : 빈이 전송을 원하지 않으므로 주인이 절하지 않는다.
10) 其介(기개) : 상개(上介)이다.

제9편 공사대부례(公食大夫禮第九)

공사대부례(公食大夫禮)는 임금이 대부(大夫)를 접대하는 예이다. 곧 대부가 사자(使者)로 오면 주국(主國)의 임금이 사례(食禮)를 베풀어 주는 의식의 절차이다.

정현(鄭玄)은 "주국(主國)의 임금이 사례(食禮)로써 소빙(小聘)한 대부(大夫)를 예우하는 것이다."라고 했다.

I. 임금이 열어 주는 사례(食禮)

임금이 대부(大夫)를 대접하는 예이다.

대부로 하여금 관사(館舍)에 있는 빈(賓)에게 사례(食禮)가 있음을 알리게 하고 각각 그 작위(爵位)에 맞게 짝하도록 한다.

상개(上介)가 나와서 무슨 일로 왔는가를 묻고 안으로 들어가서 빈(賓)에게 고한다. 빈이 세 번 사양하고 나가서 수고스럽게 찾아준 것에 절을 한다.

대부(大夫)는 답하여 절하지 않고 다만 임금의 명만 전달한다. 빈이 재배하고 머리를 조아린다. 대부가 돌아가면 빈이 전송하는데 절은 하지 않는다. 드디어 뒤를 따라간다.

빈이 조복을 입고 대문 밖에서 제 위치에 나아가는데 빙례(聘禮)를 할 때와 똑같이 한다.

주인(主人)이 자리에 나아간다. 음식들이 갖추어져 있다. 고깃국도 끓여져 있다. 전인(甸人 : 사냥)이 세발솥 7개를 진열하는데 문과 마주하여 남면하고 서쪽을 위로 하여 놓는다. 들막대기와 솥

뚜껑을 설치한다. 솥뚜껑은 띠로 묶어 만드는데 길이가 짧으면 엮
어서도 만든다. 씻는 곳을 설치하는데 향례(饗禮)와 똑같이 한다.
　소신(小臣)이 쟁반과 손대야를 갖추고 동당(東堂)의 아래에
있는다. 재부(宰夫)가 연회석을 깔고 방석이나 궤를 올려놓는다.
　술잔은 놓지 않는다. 맑은 술〔淸酒 : 飮酒〕과 뜨물로 된 음료
(飮料 : 漿飮)는 동방(東房)에 놓아 둔다. 무릇 재부(宰夫)가 갖
추어 내는 것은 동방(東房)에 차린다.

公食大夫之禮[1] : ●使大夫戒[2] 各以其爵[3] 上介出請[4] 入告 三辭[5]
賓出拜辱 大夫不答拜 將命[6] 賓再拜稽首[7] 大夫還[8] 賓不拜送[9] 遂
從之 ●賓朝服卽位于大門外[10] 如聘 ●卽位 具[11] 羹定 甸人[12]陳鼎
七[13] 當門[14] 南面西上 設扃鼏 鼏若束若絕[15] 設洗如饗[16] 小臣具槃
匜[17] 在東堂下 宰夫設筵[18] 加席几[19] 無尊[20] 飮酒漿飮[21] 俟于東房 凡
宰夫之具 饌于東房[22]

1) 公食大夫之禮(공사대부지례) : 임금이 빈(賓)으로 온 대부(大夫)를 접대하
　는 예이다. 식(食)은 발음을 사로 한다.

2) 戒(계) : 고(告)와 같다.

3) 其爵(기작) : 그 작위이다. 곧 빈에게 고하는 사람의 작위는 빈과 똑같은 작
　위를 가진 사람으로, 쉽게 친해질 수 있도록 배려한 것이다.

4) 上介出請(상개출청) : 상개가 나와서 무슨 일로 오셨느냐고 묻는 것이다.

5) 三辭(삼사) : 세 번이나 사양하는 말을 하다의 뜻. 곧 이미 앞서 하사품도 받
　았으니 감히 마땅히 또 응할 수가 없다는 겸양의 뜻이다.

6) 大夫不答拜將命(대부부답배장명) : 대부가 답하여 절하지 않고 임금의 명만
　전하다. 대부는 심부름을 왔기 때문이다. 장은 치(致)와 같다.

7) 賓再拜稽首(빈재배계수) : 빈이 재배하고 머리를 조아리다. 곧 주국(主國)
　임금의 명을 받다.

8) 大夫還(대부환) : 자신의 임금에게 복명하러 간다는 뜻.

9) 賓不拜送(빈불배송) : 빈이 전송하되 절하지 않는 이유는 곧바로 따라가기
　때문이다.

10) 賓朝服卽位于大門外(빈조복즉위우대문외) : 빈이 조복인 현단(玄端)을

입고 빙례 때와 마찬가지로 대문 밖의 차(次)에서 기다리는 것을 뜻한다.

11) 卽位具(즉위구) : 주인(主人)이 자리에 나아가고 음식이 차려지다. 곧 빈자(擯者)가 대문 밖에서 임금을 기다리면 경과 대부와 사(士)가 순서대로 이르고 재부가 그 음식을 갖추어 내는데 모두 사당문 밖에서 한다는 뜻이다.

12) 甸人(전인) : 총재(冢宰)에 소속되어 있는 관리. 팽인(烹人)의 임무도 겸함.

13) 鼎七(정칠) : 세발솥이 7개이다. 곧 대뢰(大牢) 하나를 뜻한다.

14) 當門(당문) : 문과 마주하다.

15) 若束若編(약속약편) : 따로 묶어서 또는 엮어서 만든다는 뜻. 곧 솥뚜껑을 만드는 방법을 열거한 것이다.

16) 設洗如饗(설세여향) : 씻는 곳을 설치하되 향례(饗禮)와 같이 한다. 향례는 사례(食禮)보다 먼저 베풀어진다는 뜻. 고문에 향은 향(鄕)으로 되어 있다.

17) 小臣具槃匜(소신구반이) : 소신은 임금의 의복을 바르게 하는 것을 관장하는 직책이다. 반이는 쟁반과 손대야이며 임금이 씻을 때 사용하는 기물이다. 임금은 지위가 높아서 씻는 곳에는 가지 않는다.

18) 宰夫設筵(재부설연) : 재부는 총재의 휘하에 있는데 임금의 음식을 총괄하는 직책이다. 그 재부가 연회석을 펴다.

19) 加席几(가석궤) : 연회석 위에 자리와 궤를 더하다의 뜻.

20) 無尊(무준) : 술잔이 없다. 식사를 위주로 하기 때문에 술잔이 없다는 뜻.

21) 飮酒漿飮(음주장음) : 음주는 청주(淸酒)이고 장음은 뜨물로 만든 미음의 일종이다.

22) 宰夫之具饌于東房(재부지구찬우동방) : 재부가 모두 갖추고 동방(東房)에서 차려내다. 음식을 갖추는 것은 재부의 소관이고 술이나 장은 그 속에 들어가지 않는다. 재부는 음식의 일을 담당한 관리이다.

2. 임금이 빈(賓)을 맞는 예

임금이 빈(賓)과 같은 조회의 복(服)을 입고 대궐문 안에서 빈(賓)을 맞이한다. 대부(大夫)가 빈(賓)을 안내하여 안으로 들어오게 한다. 빈이 문의 왼쪽으로 들어온다. 임금이 재배(再拜)한다. 빈이 몸을 피했다가 재배하고 머리를 조아린다.

임금이 읍하고 안으로 들어가면 빈이 그 뒤를 따른다. 사당문 (廟門)에 이르면 임금이 읍하고 들어간다. 빈이 들어가면서 매양 굽어진 곳에 이를 때마다 읍을 하는데 세 번 한다. 계단에 이르러 세 번 겸양한다. 임금이 두 계단을 오르면 빈에 계단을 오른다.

대부(大夫)가 동협(東夾)의 남쪽에 서서 서면(西面)하고 북 쪽을 위로 삼는다. 사(士)는 문의 동쪽에 서서 북면하고 서쪽을 위로 삼는다. 소신(小臣)은 동당(東堂)의 아래에서 남면하고 서 쪽을 위로 삼는다. 재(宰)는 동협(東夾)의 북쪽에서 서면(西面) 하고 남쪽을 위로 삼는다. 내관(內官)의 사(士)는 재(宰)의 동 북쪽에 있는데 서면하고 남쪽을 위로 삼는다. 개(介)는 문의 서 쪽에서 북면하고 서쪽을 위로 삼는다.

임금은 문의 상인방과 마주하여 북향(北向)하고 있다가 빈이 이르면 재배하고 빈이 내려가면 임금이 재배한다. 빈이 서쪽 계 단의 동쪽에서 북면하고 답하여 절한다.

빈자(擯者)가 사양하는 말을 한다. 그대로 절을 하면 임금이 한 계단을 내려간다. 빈자(擯者)가 사양하여 말하기를 "과군(寡君) 께서는 그대를 따라 내려와 장차 절하려 하시니 일어나시기 바랍 니다."라고 한다.

빈이 계단을 건너뛰어 빠르게 당으로 오르는데 절을 하지 않는 다. 임금이 절하는 예를 그만 끝마치라고 명한다. 계단 위에서 북 면하여 재배하고 머리를 조아린다.

❶公如賓服[1] 迎賓于大門內 大夫納賓[2] 賓入門左[3] 公再拜 賓辟 再拜 稽首 公揖入 賓從[4] 及廟[5]門 公揖入 賓入 三揖[6] 至于階 三讓[7] 公升 二等 賓升[8] ❶大夫立于東夾南[9] 西面北上 士立于門東[10] 北面西上 小 臣東堂下 南面西上 宰[11]東夾北 西面南上[12] 內官之士[13] 在宰東北 西 面南上 介[14]門西 北面西上[15] ❶公當楣北鄉 至再拜[16] 賓降也 公再拜 賓西階東[17] 北面答拜 擯者辭[18] 拜也 公降一等 辭曰[19] 寡君[20]從子[21] 雖將拜 興[22]也 賓栗階[23]升 不拜 命之 成拜[24] 階上北面 再拜稽首

1) 公如賓服(공여빈복) : 임금이 빈과 같이 조복(朝服)을 입고 있다는 뜻이다.

2) 大夫納賓(대부납빈) : 대부는 상빈(上擯)을 뜻한다. 납빈은 임금의 명으로 빈을 안내해 안으로 들이다.

3) 左(좌) : 서쪽이며 빈의 위치이다.

4) 公揖入賓從(공읍입빈종) : 임금이 읍하고 들어가면 빈이 따르다. 곧 인도해 가는 것이다.

5) 廟(묘) : 아버지의 사당을 뜻한다.

6) 三揖(삼읍) : 사당으로 가는 동안 세 번 굽어진 곳이 있는데 굽어지는 곳마다 그 곳에서 읍하는 것을 뜻한다.

7) 三讓(삼양) : 서로 먼저 당으로 오르라고 권하기를 세 번씩 한다는 뜻. 사양하는 뜻이 지극하다는 뜻이다.

8) 公升二等賓升(공승이등빈승) : 임금이 두 계단을 오르면 빈이 계단을 오르다. 빈과 주인이 본래 한 계단의 차이만 두는데 비해 임금과 두 계단의 차이가 있는 것은 임금이 지극히 귀한 존재이기 때문이다.

9) 東夾南(동협남) : 동서(東西)의 마디라고 했다.

10) 士立于門東(사립우문동) : 사가 문의 동쪽에 서 있다. 곧 문을 통제하는 자가 빈을 위하여 자신의 정위치를 피하여 이 곳에 있는 것이다.

11) 宰(재) : 재부(宰夫)의 소속이다.

12) 南上(남상) : 고문(古文)에는 이 두 글자가 없다.

13) 內官之士(내관지사) : 임금의 부인에게 소속되어 있는 관직이며 내재(內宰)에 소속되어 있다.

14) 介(개) : 빈이 행하는 예를 보조하는 사람. 곧 상개(上介)와 중개(衆介)이다.

15) 西上(서상) : 빈이 스스로 통솔한다는 뜻이다.

16) 至再拜(지재배) : 빈이 이르면 재배하다의 뜻. 곧 예를 일으키고 빈을 기다려 그가 오는 것을 아름답게 여기기 때문이다.

17) 西階東(서계동) : 서쪽 계단에서 동쪽으로 하다. 곧 빈이 약간 앞으로 나아가 임금에게 공경을 표하는 것이다.

18) 擯者辭(빈자사) : 인도하는 자가 빈이 당을 내려와 절한 것에 대해 사양의 뜻을 표한 것이다.

19) 辭曰(사왈) : 빈자(擯者)가 임금을 대신하여 사례하는 말을 한 것이다.

20) 寡君(과군) : 주국(主國)의 임금이다.

21) 子(자) : 빈을 존칭한 것이다. 그대 또는 선생의 뜻.

22) 興(흥) : 기(起)의 뜻이다.

23) 栗階(율계) : 계단을 건너뛰다의 뜻. 빠르게 행한다는 뜻.

24) 成拜(성배) : 절을 그만 그치라고 하다. 성은 끝내다의 뜻.

3. 사례(食禮)를 차리는 절차

사(士)가 세발솥을 들어 문 밖에서 솥뚜껑을 연다. 순서에 따라 안으로 들어가 석주(石柱 : 碑石)의 남쪽에 세발솥을 진열하고 남면(南面)하는데 서쪽을 위로 삼는다.

오른쪽 사람이 들막대기를 뽑아 앉아서 세발솥의 서쪽에 내려놓는다. 남쪽을 따라서 세발솥의 서쪽을 통해 밖으로 나간다. 왼쪽 사람이 세발솥 안에 들어 있는 희생 고기를 꺼낸다.

옹인(雍人)이 도마[俎]를 가지고 안으로 들어와 세발솥의 남쪽에 진열한다. 여인(旅人)이 남면하고 세발솥 위에 숟가락을 올려놓고 물러간다.

대부(大夫)들이 나이 순서에 따라 손을 씻는다. 씻는 곳의 동남쪽에서 서면하고 북쪽을 위로 하여 번갈아 나아가서 손을 씻는다. 손을 씻고 물러가는 사람과 손을 씻기 위하여 앞으로 나아가는 사람들은 앞에서 교대한다. 손 씻기를 다 마치면 순서대로 나아가서 남면하여 숟가락을 가진다.

희생의 고기를 가진 자는 서면하고 있는다. 물고기와 포[腊]는 익힌다. 희생의 고기와 익힌 물고기와 포[腊]는 껍질이 앞으로 하도록 한다.

물고기는 7마리이고 도마 위에 세로로 놓는데 등지느러미가 앞으로 향하게 한다. 창자와 위(胃)는 일곱 토막씩 같은 도마 위에 올려놓는다.

윤부(倫膚)는 일곱 토막을 올려놓는다. 창자와 위와 살코기는 모두 모든 도마 위에 가로로 놓는데 늘어지게 한다.

대부가 이미 숟가락을 다 사용하였으면 그 숟가락을 세발솥 위에 내려놓는다. 반대로 물러나서 제자리로 돌아간다.

◑士擧鼎 去羃于外 次入[1] 陳鼎于碑南 南[2]面西上 右人抽扃 坐奠[3] 于鼎西 南順 出[4]自鼎西 左人待[5]載 雍人[6]以俎入 陳于鼎南 旅人[7] 南面加匕[8]于鼎 退 大夫長[9]盥 洗東南 西面北上 序[10]進盥 退者與進 者交于前[11] 卒盥 序進 南面匕 載者[12]西面 魚腊飪 載體進奏[13] 魚七 縮俎 寢右[14] 腸胃七 同俎[15] 倫膚[16]七 腸胃膚皆橫諸俎垂之 大夫旣 匕[17] 匕奠于鼎 逆退[18] 復位

1) 入(입) : 동쪽으로 말미암다.

2) 南(남) : 어느 본에는 이 글자가 없다.

3) 奠(전) : 금문(今文)에는 위(委)로 되어 있다.

4) 出(출) : 서쪽으로 말미암다. 곧 빈이 나가는 것을 밝힌 것이다.

5) 待(대) : 고문(古文)에는 지(持)로 되어 있다.

6) 雍人(옹인) : 여인(旅人)의 소속이며 여관의 밥을 담당하는 직책이라 했다.

7) 旅人(여인) : 옹인(雍人)의 소속이며 여관의 식사를 담당한다고 했다.

8) 匕(비) : 숟가락이다. 연회에 참석한 사람마다 하나씩 있다.

9) 長(장) : 장유(長幼)의 뜻이다.

10) 序(서) : 교대하다. 번갈아 행하다의 뜻.

11) 前(전) : 씻는 곳의 남쪽을 뜻한다.

12) 載者(재자) : 좌인(左人)이다.

13) 載體進奏(재체진주) : 재체는 희생의 고기와 물고기와 포를 익힌 것이다. 주 는 피부의 결로 껍질이다. 진은 앞으로 향하게 하다의 뜻.

14) 魚七縮俎寢右(어칠축조침우) : 물고기 7마리는 도마 위에 세로로 놓고 등 지느러미가 앞쪽으로 가게 하다. 어(魚)는 말린 물고기를 뜻하고, 축은 세로 로 놓다의 뜻이고, 침우는 등지느러미가 앞으로 향하게 하다의 뜻이다.

15) 腸胃七同俎(장위칠동조) : 창자와 위는 일곱 토막씩 도마에 함께 한다. 창 자와 위를 같은 종류로 본다. 도마에는 무릇 28토막을 채워 놓는다.

16) 倫膚(윤부) : 윤(倫)은 이(理)이다. 윤부는 결이 미끄러우며 연한 것이다. 윤은 금문에는 논(論)으로 되어 있다.

17) 旣匕(기비) : 숟가락을 다 사용하다.

18) 逆退(역퇴) : 들어올 때와 정반대의 순서로 나가는 것을 뜻한다.

4. 두 번째로 음식을 차리는 예

공(公)이 당에서 내려와 손을 씻는다. 빈이 뒤따라 당에서 내려
오면 공이 사양하는 말을 한다. 공이 손을 다 씻으면 한 번 읍하고
한 번 사양한다. 공이 당으로 오르면 빈도 따라서 당에 오른다.

재부(宰夫)가 동방(東房)에서 혜장(醯醬)을 주면 공이 받아서
진설한다. 빈(賓)이 사양하는 말을 하고 북면하여 앉아서 혜장(醯
醬)을 옮기는데 이를 동쪽으로 옮겨서 본래의 위치에 놓는다.

공(公)이 동서(東序)의 안에 서서 서쪽으로 향하고 있으면 빈
은 계단 서쪽에 서서 안정된 모습으로 바르게 서 있는다. 재부(宰
夫)가 동방(東方)으로부터 두(豆) 6개를 올리는데 장(醬)의 동
쪽에 진열하며 서쪽을 위로 삼는다.

부추절임의 동쪽에는 담해(醓醢)와 창포뿌리절임을 놓고 창포
뿌리절임의 남쪽에는 순록장조림을 놓는다. 서쪽에는 부추꽃 절
임과 사슴고기 장조림을 놓는다.

사(士)는 도마를 두(豆)의 남쪽에 놓는데 서쪽을 위로 한다. 소
고기, 양고기, 돼지고기가 올려져 있는데 물고기는 소고기의 남쪽
에 있다. 절인 어포나 창자와 위(胃)는 차례대로 놓는다.

돼지고기 살코기는 하나의 줄을 이룬다.

여인(旅人)은 숟가락을 취하고 전인(甸人)은 세발솥을 들고
순서대로 나가서 그 위치인 문과 마주하는 곳에 내려놓는다.

재부(宰夫)가 메기장과 찰기장이 든 궤(簋) 6개를 도마의 서쪽
에 진열하되 두 줄로 나란히 놓는데 동북쪽을 위로 하여 놓는다.

메기장은 소고기가 올려져 있는 도마와 마주하게 하고 그 서쪽
에는 찰기장을 놓는데 메기장과 찰기장을 번갈아 놓고 남쪽으로
진열한다.

대갱읍(大羹湆 : 탕국)은, 조미하지 않은 것은 등(鐙 : 제기)에
담아 놓는다.

재(宰)가 오른손에는 등(鐙)을 잡고 왼손에는 덮개를 가지고 사당문 안으로 들어와 동쪽 계단을 통해 당으로 오르는데 계단만 다 오르고 당에는 오르지 않은 채 등(鐙)을 공(公)에게 건네 준다. 이에 덮개를 들고 내려와 사당문을 나간다. 다시 들어와서 제자리로 돌아간다.

공(公)이 등(鐙)을 장(醬)의 서쪽에 놓으면 빈이 사양하는 말을 한 뒤에 앉아서 본래 놓여 있어야 할 자리로 옮겨 놓는다.

재부(宰夫)가 형(鉶 : 제기) 4개를 두(豆)의 서쪽에 진열하는데 동쪽을 위로 삼는다. 소고기의 서쪽에는 양고기가 있고 양고기의 남쪽에는 돼지고기가 있고 돼지고기의 동쪽에는 소고기가 진설되어 있다.

청주(淸酒 : 飮酒)를 치(觶)에 따라서 술받침대에 올려놓는다. 재부(宰夫)가 오른손에 치를 잡고 왼손에는 술받침대를 들고 앞으로 나와 두(豆)의 동쪽에 진열한다. 재부가 동면하고 앉아서 궤(簋)의 덮개를 열어서 각각 그 서쪽에 내려놓는다.

찬자(贊者)가 동방(東房)을 등지고 남면하여 공(公)에게 모두 다 차려졌음을 보고한다. 공이 재배하고 읍하여 식사를 권한다.

빈이 당에서 내려와 절하면 공이 사양한다. 빈이 당으로 올라가 재배하고 머리를 조아린다. 그런 후에 빈이 자리에 올라서 앉아서 부추절임을 가지고 두루 젓에 묻혀 이것을 두(豆)의 사이에 올려놓고 제사를 지낸다.

찬자(贊者)가 동면(東面)하고 앉아서 메기장을 취하여 왼손에 모두를 놓는다. 또 찰기장을 취하여 반대로 오른손에 올려놓는다. 일어나서 빈에게 주는데 빈이 받아서 제사를 지낸다. 이때 소와 양과 돼지의 세 가지 희생에서 취한 허파를 잘라 저민다.

찬자(贊者)가 모두를 취하여 하나를 빈에게 준다. 빈이 일어나서 받고 앉아서 제사를 지낸다. 빈이 손을 비벼서 털고 제일 위에 있는 형(鉶)에서 수저로 내용물을 떠서 모두 버무려 제일 위에 있는 형(鉶)의 사이에서 제사를 지낸다.

청주(淸酒)는 상두(上豆 : 가장 위의 두)의 사이에 놓고 제사를 지낸다. 물고기와 포〔腊〕와 장(醬)과 고깃국은 제사하지 않는다.

◑公降盥¹⁾ 賓降 公辭²⁾ 卒盥 公壹揖 壹讓³⁾ 公升 賓升 宰夫自東房
授醯醬⁴⁾ 公設之⁵⁾ 賓辭 北面坐 遷而東遷所⁶⁾ 公立于序內⁷⁾ 西鄉 賓
立于階西⁸⁾ 疑立⁹⁾ 宰夫自東房薦豆六 設于醬東 西上 韭菹 以東
醓醢¹⁰⁾ 昌本 昌本¹¹⁾ 南麋臡¹²⁾ 以西菁菹¹³⁾ 鹿臡¹⁴⁾ 士設俎于豆南 西上
牛羊豕 魚在牛南 腊腸胃亞之¹⁵⁾ 膚以爲特¹⁶⁾ 旅人取匕 甸人擧鼎 順
出 奠于其所¹⁷⁾ 宰夫設黍稷六簋¹⁸⁾ 于俎西 二以竝¹⁹⁾ 東北上 黍當牛俎
其西稷 錯以終 南陳 大羹湆不和²⁰⁾ 實于鐙²¹⁾ 宰²²⁾ 右執鐙 左執蓋²³⁾
由門入²⁴⁾ 升自阼階 盡階 不升堂 授公 以蓋降 出 入反位 公設之于
醬西 賓辭 坐遷之²⁵⁾ 宰夫設鉶²⁶⁾ 四于豆西 東上 牛以西羊 羊南豕 豕
以東牛 飮酒實于觶²⁷⁾ 加于豊²⁸⁾ 宰夫右執觶 左執豊 進設于豆東²⁹⁾
宰夫東面坐啓簋會³⁰⁾ 各卻于其西 ◑贊者³¹⁾ 負東房³²⁾ 南面³³⁾告具³⁴⁾于
公 公再拜 揖食³⁵⁾ 賓降拜 公辭 賓升再拜稽首 賓升席坐 取韭菹以
辯擩于³⁶⁾醢 上豆之間祭 贊者東面坐 取黍實于左手辯 又取稷辯 反
于右手 興以授賓 賓祭之 三牲³⁷⁾之肺不離³⁸⁾ 贊者辯取之 壹以授賓
賓興受 坐祭³⁹⁾ 挩手⁴⁰⁾ 扱上鉶以柶⁴¹⁾ 辯擩之 上鉶之間祭 祭飮酒於
上豆之間 魚腊醬湆不祭⁴²⁾

1) 公降盥(공강관) : 공이 내려와 손을 씻다. 직접 장(醬)을 진설하기 위해서이다.

2) 公辭(공사) : 공이 사양하다. 빈이 따라 내려온 것에 대해 사양의 말을 하다.

3) 公壹揖壹讓(공일읍일양) : 공이 한 번 읍하고 한 번 사양하다. 곧 처음보다
   예를 간단하게 하기 위해서이다. 고문(古文)에 일은 일(一)로 되어 있다.

4) 授醯醬(수혜장) : 혜장을 주다. 곧 공에게 혜장을 주다. 혜장은 식초를 장에
   탄 것이다.

5) 公設之(공설지) : 공이 진설하다. 공이 잔치 음식의 근본인 것을 직접 진설
   한다는 뜻이다.

6) 東遷所(동천소) : 동쪽의 본래 있던 곳으로 진열하여 놓는 것을 뜻한다.

7) 公立于序內(공립우서내) : 공이 동서(東序)의 안에 서 있다. 동쪽 계단 위에
   서 있지 않는 이유는 공이 몸소 음식을 차려낸다는 뜻을 보인 것이다.

8) 階西(계서) : 금문(今文)에는 서계(西階)로 되어 있다.

9) 疑立(의립) : 스스로 안정된 모습으로 서 있는 것이다. 정립(正立)의 뜻이다.

10) 醓醢(담해) : 해에는 담이 있다. 곧 같은 육장이라는 뜻.

11) 昌本(창본) : 창포뿌리를 절인 나물.

12) 麋臡(미니) : 순록고기로 장조림한 것. 금문에는 니가 미(麋)로 되어 있다.

13) 菁菹(청저) : 부추꽃 절인 것.

14) 鹿臡(녹니) : 사슴고기 절인 것. 곧 사슴고기장조림.

15) 亞之(아지) : 차(次)의 뜻. 순서대로의 뜻.

16) 膚以爲特(부이위특) : 살코기를 따로 한 줄로 진열하다. 부는 돼지고기이다.
이는 다른 음식에 비해 그 지위가 낮기 때문이다.

17) 奠于其所(전우기소) : 그 곳에 내려놓다. 그 곳은 문과 마주하는 곳.

18) 簋(궤) : 고문(古文)에는 모두 궤(軌)로 되어 있다.

19) 竝(병) : 병(倂)의 뜻이다. 금문(今文)에 병(倂)으로 되어 있다.

20) 大羹湇不和(대갱읍불화) : 대갱읍은 오래도록 끓여서 낸 육즙(肉汁)이며 아
무 것도 들어 있지 않은 것. 곧 조미되지 않은 것. 금문에 읍(湇)은 즙(汁)으
로 되어 있다. 불화는 양념이나 그 밖의 것이 첨가되지 않다. 순수한 것이다.

21) 鐙(등) : 국 종류를 담아 놓는 제기이다. 덮개가 있다.

22) 宰(재) : 태재(太宰)이며 재부(宰夫)의 장(長)이다.

23) 蓋(개) : 음식에 먼지가 들어가지 않도록 막는 덮개이다.

24) 由門入(유문입) : 밖으로부터 안으로 들어오는 것이다.

25) 坐遷之(좌천지) : 또한 동쪽의 있어야 할 곳으로 옮기는 것이다.

26) 鉶(형) : 자본(字本)에는 형(銒)으로 되어 있다. 형은 나물에 간을 맞추어
국을 끓이는 그릇이다.

27) 觶(치) : 술잔이다.

28) 豊(풍) : 치(觶)를 받치는 술잔대이다. 두(豆)와 같고 낮다.

29) 進設于豆東(진설우두동) : 사례(食禮)에는 술이 있어서 빈을 넉넉하게 대
우한다. 두(豆)의 동쪽에 진설하였다는 것은 술을 들지 않았다는 것이다.

30) 會(회) : 궤의 뚜껑이다. 곧 덮개.

31) 贊者(찬자) : 빈과 주인의 예를 돕는 사람이다.

32) 負東房(부동방) : 방호(房戶)를 등지고 서다.

33) 南面(남면) : 임금과 빈이 서로 향하여 보도록 하기 위한 것이다.

34) 告具(고구) : 모든 것이 갖추어졌음을 임금에게 고하는 것이다.

35) 揖食(읍식) : 읍하여 식사를 권하는 것이다.

36) 擩于(유우) : 물들이다. 곧 젓에 묻히는 것이다. 금문에는 우(于)자가 없다.

37) 三牲(삼생) : 소와 양과 돼지를 뜻한다.

38) 肺不離(폐불리) : 허파를 다지다. 또는 허파를 썰다의 뜻.

39) 賓興受坐祭(빈흥수좌제) : 빈이 일어나서 받아 앉아서 제사하다. 일어나서
    받아 앉아서 제사한 것은 희생의 고기가 중요하기 때문이다. 빈이 또한 매양
    허파를 받을 때마다 일어나 받아서 제사하는데 두제(豆祭)로 한다.

40) 挩手(탈수) : 손을 비벼서 손에 묻은 것을 털다. 곧 수건에 비벼 닦다.

41) 扱上鉶以柶(급상형이사) : 숟가락으로 가장 위에 있는 형(鉶)에서 나물을
    떠내다의 뜻.

42) 不祭(부제) : 먹는 음식물의 성대한 것이 아니기 때문이다.

5. 재부(宰夫)가 각종 음식을 올린다

재부(宰夫)가 임금에게 조밥을 건네 주면 임금이 받아서 탕국
의 서쪽에 진설한다. 빈이 북면하여 서서 사양하고 앉아서 이를
옮겨 놓는다.

임금과 빈이 모두 다시 처음의 위치로 돌아간다. 재부가 조밥의
서쪽에 쌀밥을 올린다. 사(士)가 여러 가지 맛있는 음식을 올리
는데 모두가 크고 살찌고 맛있는 고깃덩어리들이 있다. 왼손으로
는 뚜껑을 잡고 오른손으로는 두(豆)를 잡는데 그 방식은 재(宰)
가 대갱읍(大羹湆)을 올리던 방식과 똑같이 한다.

제일 먼저 올린 사람이 되돌아가서 문으로 들어와 서쪽 계단을
통해 당으로 오른다. 제일 먼저 올린 사람 중 한 사람이 당 위로 올
라가 쌀밥은 남쪽에 두고 메기장밥은 서쪽에 진열하는데 사이에는
사람이 다닐 수 있도록 한다. 옆의 네 줄은 서북쪽을 위로 삼는다.

소고기국의 동쪽에는 양고기국과 돼지고기국과 소고기구이를
놓는다. 소고기구이 남쪽에는 젓갈을 두고 그 서쪽에 소고기덩이
와 젓과 소고기젓을 놓는다. 소고기젓의 남쪽에는 양고기구이를

놓고 그 동쪽에는 양고기덩이와 젓과 돼지고기구이를 놓는다. 돼지고기구이의 남쪽에는 젓을 두고 서쪽에는 돼지고기덩이와 겨자장과 생선회를 놓는다.

음식을 나르는 모든 사람은 계단을 다 오르지만 당으로는 오르지 않은 상태에서 음식을 건네 주고 뚜껑을 들고 내려와 문 밖으로 나간다.

찬자(贊者)가 동방(東房)을 등지고 서서 임금에게 모든 것이 갖추어졌다고 보고한다.

●宰夫授公飯粱¹⁾ 公設之²⁾于淯西 賓北面辭 坐遷之³⁾ 公與賓皆復初位⁴⁾ 宰夫膳⁵⁾稻于粱西⁶⁾ 士羞庶羞 皆有大⁷⁾蓋 執豆如宰⁸⁾ 先者反之⁹⁾由門入 升自西階 先者一人升 設于稻南簜西¹⁰⁾ 間容人¹¹⁾ 旁四列¹²⁾西北上 腳以東膴膮¹³⁾牛炙 炙南醢 以西牛胾醓牛鮨¹⁴⁾ 鮨南羊炙 以東羊胾醓豕炙 炙南醢 以西豕胾芥醬¹⁵⁾魚膾 衆人騰羞者¹⁶⁾ 盡階 不升堂授¹⁷⁾ 以蓋降 出 贊者負東房 告備于公¹⁸⁾

1) 飯粱(반량) : 조로 지은 밥이다. 조밥.
2) 公設之(공설지) : 앞에서 이미 음식이 갖추어졌다고 했다. 또 진열하는 것은 더 많이 차려내라는 은근한 뜻을 더하는 것이다.
3) 遷之(천지) : 옮겨서 서쪽으로 하는 것은 동쪽을 위쪽으로 삼는 것이다.
4) 初位(초위) : 서서(西序) 안의 계단 서쪽이다.
5) 膳(선) : 진(進)이다. 올리다의 뜻.
6) 稻于粱西(도우량서) : 쌀밥을 보(簠)에 담아서 조밥의 서쪽에 놓는 것이다.
7) 大(대) : 살이 많은 부위에 있는 맛이 아름다운 고기를 뜻하며 특별히 잘게 저민 고기로 만들어서 제사를 지낼 때 쓴다. 물고기일 때에는 호(膴 : 크다)라고 한다고 했다. 무(膴)는 호로 발음한다.
8) 如宰(여재) : 대갱읍(大羹湆)을 올릴 때와 같이 오른손에는 두(豆)를 가지고 왼손에는 덮개를 가지고 행한다는 뜻이다.
9) 先者反之(선자반지) : 먼저 올린 사람이 되돌아가다. 곧 많은 진미를 올리려면 사람이 많아야 하는데 사람이 부족하면 서로 계단 위에서 주고 다시 나가서 가지고 온다는 뜻이다.

10) 稻南簋西(도남궤서) : 쌀밥은 남쪽에 하고 궤는 서쪽에 한다. 쌀밥은 남쪽
    에 한다는 것은 모든 진미라도 정두(正豆)와 함께 하여 있지 못함을 밝힌 것
    이다. 궤는 서쪽에 하다는 메기장밥과 찰기장밥은 서쪽이라는 뜻이다.

11) 間容人(간용인) : 사이에 사람이 다닐 수가 있다. 곧 빈이 그 사이로 왕래한
    다는 뜻.

12) 旁四列(방사렬) : 곁에는 네 줄로 한다. 곧 정찬(正饌)으로 통제되게 하지
    않고 자연스럽게 한 예를 보태서 한 것이다. 이러한 것을 이른바 '갱자중별
    (羹胾中別)'이라고 한다.

13) 膷以東臐膮(향이동훈효) : 소고기국의 동쪽에는 양고기국과 돼지고기국이
    다. 향(膷)과 훈(臐)과 효(膮)는 지금의 고깃국이라 했다. 소고기국을 향이
    라 하고 양고기국을 훈이라 하고 돼지고기국을 효라고 한다. 다 아름다운 향
    이 있는 이름이다. 향은 고문(古文)에는 향(香)자로 되어 있다. 훈은 고문에
    는 훈(薰)자로 되어 있다.

14) 牛鮨(우지) : 소고기를 회처럼 썰어서 젓을 만든 것이다. 금문(今文)에는
    지는 기(鰭)로 되어 있다.

15) 芥醬(개장) : 겨자 열매로 만든 장(醬)이다.

16) 衆人騰羞者(중인등수자) : 중인은 음식을 나르는 사람. 등은 잉(媵)이며 보
    내다의 뜻이라 했다.

17) 授(수) : 먼저 음식을 올린 사람 중 한 사람에게 준다는 뜻이다.

18) 告備于公(고비우공) : 또다시 음식이 모두 갖추어졌음을 고하는 것은 새로
    올린 것들은 특이한 음식이기 때문이다.

6. 음식을 올리고 권하는 예

찬자(贊者 : 예를 보조하는 사람)가 빈에게 당으로 오르라고 한
다. 빈이 당으로 올라가 좌석의 끝에 앉아 조밥과 쌀밥을 가지고
장(醬)과 탕국〔湯湆〕의 사이에서 제사 지낸다.

찬자(贊者)가 북면하고 앉아서 두루 음식의 큰 것들을 가지고
일어나서 일일이 빈(賓)에게 준다. 빈이 받아서 아울러 한 번에
제사를 지낸다.

빈이 당에서 내려와 절하면 공(公 : 임금)이 사양한다. 빈이 당으로 올라가 재배하고 머리를 조아린다. 공이 답하여 재배한다.

빈이 북면하고 음식 사이에 앉아서 왼손에는 보(簠)에 든 조밥을 들고 오른손에는 탕국을 가지고 당에서 내려온다.

공이 사양하는 말을 한다. 빈이 서면하고 앉아서 계단의 서쪽에 내려놓고 동면하여 대답한다. 다시 서면하고 앉아서 내려놓은 것을 가지고 빠르게 당으로 올라서 북면하고 그 곳에 가져다 내려놓고 당에서 다시 내려와 공에게 사례의 인사를 한다.

공이 허락하면 빈이 당으로 오른다. 공이 읍하고 상(箱 : 廂)으로 물러난다. 이에 빈자(擯者)도 물러나서 동숙(東塾)을 등지고 서 있는다. 빈이 앉으면 드디어 가석(加席)을 걷는데 공이 사양하지 않는다. 빈이 세 번 밥을 떠서 탕국과 장으로써 먹는다.

재부(宰夫)가 치(觶)에 장음(漿飮)을 따르고 잔받침대에 올려서 앞으로 나아간다. 빈이 손을 비벼서 털고 일어나서 받는다. 재부가 잔받침대를 쌀밥의 서쪽에 진열해 놓는다. 정실(庭實 : 네 장의 순록가죽)이 진열된다. 빈이 앉아서 제사하고 드디어 치의 장음을 마시고 치를 잔받침대 위에 내려놓는다.

◑贊升賓[1] 賓坐席末 取粱卽稻 祭于醬湆間[2] 贊者北面坐 辯取庶羞之大 興一以授賓 賓受 兼壹祭之[3] ◑賓降拜[4] 公辭 賓升再拜稽首 公答再拜 賓北面自間坐[5] 左擁簠粱[6] 右執湆以降[7] 公辭 賓西面坐奠于階西 東面對[8] 西面坐取之 栗階升 北面反奠于其所 降辭公[9] 公許 賓升 公揖 退于箱[10] 擯者退 負東塾而立[11] 賓坐 遂卷加席 公不辭賓三飯以湆醬[12] 宰夫執觶漿飮與其豊以進[13] 賓挩手 興受[14] 宰夫設其豊于稻西[15] 庭實設[16] 賓坐祭 遂飮[17] 奠于豊上

1) 贊升賓(찬승빈) : 안내자가 임금의 명을 받아서 빈에게 명하여 당의 자리에 앉도록 한다는 뜻.

2) 取粱卽稻祭于醬湆間(취량즉도제우장읍간) : 쌀밥과 조밥을 가지고 장과 탕국 사이에서 제사하다. 조밥을 제사하는데 두(豆)의 사이에서 하지 않는 이유는 추가된 음식이기 때문이다.

3) 兼壹祭之(겸일제지) : 하나하나씩 받아서 한꺼번에 제사하다. 서수(庶羞)는 가벼운 것이다. 소고기국과 양고기국 사이에서 제사하는데 음식이 다른 것이기 때문이다.

4) 賓降拜(빈강배) : 여러 음식을 내려준 것에 대해 감사의 인사를 하다.

5) 自間坐(자간좌) : 분류된 두 가지 음식들 사이에 앉다의 뜻.

6) 擁簠粱(옹보량) : 보에 있는 조밥을 감싸다. 임금이 진설한 것이기 때문이다.

7) 以降(이강) : 당 위는 높은 곳이므로 계단 아래에서 먹고자 하는 것이다.

8) 東面對(동면대) : 내려놓은 뒤에 동면하고 대답하는 것은 그 뜻을 성취시키기 위해서이다.

9) 降辭公(강사공) : 내려와 임금에게 감사의 말을 하다. 임금을 공경한 것이다.

10) 箱(상) : 동협(東夾)의 앞이며 일을 기다리는 곳이다. 상(廂)이라고도 한다.

11) 東塾而立(동숙이립) : 숙은 침묘문(寢廟門)의 양쪽에 있는 당이며 동숙은 동쪽에 있는 것. 이 곳에서는 아무 일 없이 서서 일이 있기를 기다린다는 뜻.

12) 賓三飯以湇醬(빈삼반이읍장) : 빈이 세 번 밥을 뜨는데 이때 정찬은 탕국과 장에 찍어서 먹는다는 뜻이다. 세 번 뜨고 그만두는 이유는 군자는 음식을 먹되 배부를 때까지 먹지 않는다는 뜻을 나타내기 위해서이다. 그 반찬에 대해 말하지 않는 것은 빈을 존대하기 위해서이다.

13) 進(진) : 입 안을 헹구기 위한 것이다. 입 안을 헹군다고 사례(食禮)가 모두 끝난 것은 아니다. 빈이 스스로 입 안을 청결하게 하기 위한 것이다.

14) 受(수) : 치를 받다.

15) 設其豊于稻西(설기풍우도서) : 이에 술은 동쪽에 있고 장(漿)은 서쪽에 있다. 이것을 이른바 좌주우장(左酒右漿)이라 한다.

16) 庭實設(정실설) : 네 장의 사슴가죽을 말한다. 곧 승피(乘皮).

17) 遂飮(수음) : 드디어 마시다. 곧 입 안을 헹구다.

7. 속백(束帛)과 정실(庭實)을 다시 주다

공(公)이 재부(宰夫)에게 속백(束帛)을 받아서 빈(賓)에게 권하고 서쪽을 향하여 서 있는다. 빈이 당에서 내려와 연석(筵席)에서 북면한다.

빈자(擯者)가 앞으로 나아가 폐백을 주는 일을 돕는다. 빈이 당 아래에서 폐백을 주는 것에 대해 감사하다는 사례를 드리고 당으로 올라가 공의 명을 듣는다.

다시 당에서 내려와 절한다. 공이 사양한다. 빈이 당으로 올라서 재배를 올리고 머리를 조아린다. 이에 폐백을 받고 동쪽 기둥과 마주하는 곳에서 북면하였다가 물러나 서쪽 기둥의 서쪽에서 동면하고 서 있는다.

공이 한 번 절하면 빈이 당에서 내려오고 공이 다시 절을 한다. 개(介)가 들어올 때와 반대 방향으로 나간다. 빈이 북면하여 읍하고 정실(庭實 : 네 장의 순록가죽)을 가지고 문 밖으로 나간다. 임금이 당에서 내려와 서 있는다. 상개(上介)가 빈에게 폐백을 받고 종자(從者)들은 맞이하여 네 장의 순록가죽을 받아든다.

빈(賓)이 문의 왼쪽으로 들어와 낙숫물 떨어지는 곳에서 북면하여 재배하고 머리를 조아린다. 공이 사양하는 말을 하고 읍하고 사양하기를 처음 시작할 때와 똑같이 한다. 이에 당으로 오른다. 빈이 재배하고 머리를 조아리면 공이 답하여 재배한다.

빈이 당에서 내려와 공에게 사양하는 말을 하는 것을 처음 시작할 때와 똑같이 한다. 빈이 당으로 오른다. 공이 읍하고 상(箱)으로 물러난다.

빈이 메기장밥과 찰기장밥을 먹고 세 번 장음(漿飮)하여 입 안을 헹군다. 장(醬)과 탕국은 쓰지 않는다.

두 손을 비벼서 털고 일어나 북면하고 앉는다. 조밥과 장(醬)을 가지고 당에서 내려온다. 서면(西面)하고 앉아서 계단의 서쪽에 내려놓는다. 동면하여 재배하고 머리를 조아린다. 공이 당에서 내려와 재배한다.

개(介)가 들어올 때와 반대로 나간다. 빈이 밖으로 나가면 공이 대문 안에서 전송하는데 재배한다. 빈은 뒤돌아보지 않는다.

유사(有司)가 세 가지 희생이 올려진 도마를 거둔다. 빈이 관사(館舍)로 돌아간다. 물고기와 포〔腊〕는 주지 않는다.

●公受宰夫束帛¹⁾以侑²⁾ 西鄉立³⁾ 賓降筵 北面⁴⁾ 擯者進相幣 賓降辭
幣 升聽命 降拜⁵⁾ 公辭 賓升再拜稽首 受幣 當東楹⁶⁾北面 退西楹西
東面立⁷⁾ 公壹拜 賓降也⁸⁾ 公再拜 介逆出⁹⁾ 賓北面揖 執庭實¹⁰⁾以出
公降立¹¹⁾ 上介受賓幣 從者訝¹²⁾受皮 ●賓入門左 沒霤 北面再拜稽
首 公辭¹³⁾ 揖讓如初¹⁴⁾ 升 賓再拜¹⁵⁾稽首 公答再拜 賓降 辭公如初¹⁶⁾
賓升 公揖 退于箱 賓卒食會飯 三飮¹⁷⁾ 不以醬済¹⁸⁾ 挩手 興 北面坐
取粱與醬以降 西面坐 奠于階西¹⁹⁾ 東面再拜稽首²⁰⁾ 公降再拜 ●介
逆出 賓出 公送于大門內 再拜 賓不顧²¹⁾ 有司卷三牲之俎²²⁾ 歸于賓
館 魚腊不與²³⁾

1) 束帛(속백) : 10단(十端)의 비단을 뜻한다.

2) 侑(유) : 권(勸)과 같다. 주국(主國)의 임금이 사례(食禮)를 행하고 빈에게
   은근히 속백을 내려 뜻을 전하는 것이다.

3) 西鄉立(서향립) : 서서(序西)의 안쪽 위치이다. 서의 끝에서 속백을 받다. 향
   은 향(向)과 같다.

4) 賓降筵北面(빈강연북면) : 빈이 임금이 장차 명이 있을 것을 대비하여 내려
   와 서쪽 계단 위에서 북면한다.

5) 降拜(강배) : 마땅히 절하고 폐백을 받다.

6) 受幣當東楹(수폐당동영) : 주국의 임금이 남면하고 폐백을 주면 폐백을 받
   을 때는 동쪽의 기둥과 마주하여 있다. 이는 임금이 한 번 예를 행하면 신하
   는 두 번 행하기 때문이다.

7) 退西楹西東面立(퇴서영서동면립) : 물러나서 서쪽 기둥의 서쪽에서 동면하
   고 서 있다. 곧 주국(主國)의 임금이 폐백을 보내는 것을 기다리다. 물러나서
   서(序)를 등지지 않는 것은 내려온 것이기 때문이다.

8) 賓降也(빈강야) : 빈이 감히 절을 마치기를 기다리지 않는 것이다.

9) 介逆出(개역출) : 개가 들어온 곳의 반대쪽으로 나가다. 곧 빈의 일을 다 마
   친 것이다.

10) 賓北面揖執庭實(빈북면읍집정실) : 빈이 북면하여 읍하고 정실을 가지고
    나가다. 이는 빈이 읍하고 몸소 받아서 가지고 가는 것을 보이기 위해서이다.

11) 公降立(공강립) : 빈이 나갔다 다시 들어올 것이기 때문에 당에서 내려와
    기다리는 것이다.

12) 從者訝(종자아) : 종자는 부사(府史)의 무리이다. 아는 맞이하다의 뜻. 아는 금문(今文)에는 오(晤)로 되어 있다.

13) 公辭(공사) : 공이 빈에게 그만 절하고 사례(食禮)를 마치기를 권하는 것이다.

14) 如初(여초) : 빈이 사례(食禮)를 시작할 때 처음에 사당문으로 들어올 때와 같이 하다.

15) 賓再拜(빈재배) : 주국(主國) 임금의 후의에 절을 한 것이다. 이에 빈이 읍하면 개가 문 안으로 들어와 제자리로 돌아간다.

16) 如初(여초) : 장차 다시 식사할 것이기에 처음과 같이 예를 행하는 것이다.

17) 卒食會飯三飮(졸식회반삼음) : 메기장밥과 찰기장밥을 다 먹은 후세 번 장음(漿飮)으로 입 안을 헹군다. 졸은 그치다. 이미 밥을 다 먹고 세 번 입 안을 헹구다. 회반은 메기장밥과 찰기장밥을 뜻한다. 졸식 때에는 찰기장밥과 메기장밥을 먹고 처음에는 쌀밥과 조밥을 먹는다.

18) 不以醬湆(불이장읍) : 장과 탕국을 쓰지 않다. 정찬(正饌)을 사용하지 않기 때문이다. 처음 사례(食禮)를 시작할 때는 밥에 정찬을 사용한다. 졸식 때 정반(正飯)을 먹을 때는 서수(庶羞)를 사용하여 서로 대가 이루어진다. 뒤에 읍(湆)이 있는 것은 후식(後食)에도 탕국을 사용할 때가 있다고 했다.

19) 挩手~奠于階西(탈수~전우계서) : 몸소 철거하는 것을 보이기 위해서이다. 음식이나 기물들을 들고 나가지 않는 것은 임금이 권하여 예물을 받았기 때문이다. 기물과 음식을 최종으로 치우는 것은 재부 등이 한다.

20) 再拜稽首(재배계수) : 빈이 식사를 다 마쳤기 때문에 절한 것이다. 북면하지 않은 이유는 사양함이 다르기 때문이다.

21) 賓不顧(빈불고) : 빈이 처음 올 때에는 읍하고 사양하였으나 물러날 때는 뒤돌아보지 않는데 이것은 물러나는 예를 간소화했기 때문이다. 이는 나아가기는 어렵고 물러나는 것이 쉽다는 뜻을 보인 것이다. 빈자(擯者)가 빈이 뒤돌아보지 않았다고 임금에게 보고하면 임금은 이에 돌아온다.

22) 有司卷三牲之俎(유사권삼생지조) : 권은 거두다의 뜻. 곧 남김 없이 거두다. 삼생(三牲)의 도마는 정찬(正饌)으로 더욱 존귀하다. 이것을 거두어 빈에게 돌아가게 한 것은 존대함이 지극한 것이다. 도마의 고기를 돌려보내는 일은 대광주리에 담아서 다른 때 가져다 준다.

23) 魚腊不與(어석불예) : 물고기와 포는 주지 않다. 이것은 세 가지 희생의 도

마에 놓여 있지 않았기 때문이다. 예란 넉넉함이 있는 것으로 시혜(施惠)를 삼는다. 창자와 위와 살코기를 말하지 않은 것은 물고기와 포〔腊〕를 내려주지 않는 것에서 가히 알 수 있다. 고문(古文)에는 예는 예(豫)로 되어 있다.

8. 빈이 하사받은 것에 감사하는 예

다음 날에 빈(賓)이 조복을 입고 외조(外朝)에서, 전날 임금이 하사한 것에 감사의 절을 한다. 또 사례(食禮)에서 폐백을 준 것에 대해 절한다. 모두 재배하고 머리를 조아린다. 맞이하는 사람이 빈을 맞이하여 의사를 듣고 임금에게 전달하고 다시 임금의 전언을 전달한다.

빙문(聘問)한 사람이 상대부(上大夫)이면 사례(食禮)에서는 두(豆) 8개와 궤(簋) 8개와 형(鉶) 6개와 도마〔俎〕9개가 놓이고 물고기와 포〔腊〕가 모두 2개의 도마에 올려져 나온다.

물고기와 내장과 위와 맛있는 살코기는 혹은 9개이거나 또는 11개로 한다. 하대부(下大夫)이면 혹은 7개이거나 혹은 9개이다. 서수(庶羞)는 서쪽과 동쪽으로 두는데 네 줄을 초과하지 않는다.

상대부의 서수(庶羞)는 20가지인데 하대부의 서수(庶羞)에 꿩과 토끼와 메추라기와 세가락메추라기를 더해 준다.

만약 임금이 몸소 사례(食禮)를 베풀어 주지 못할 때에는 빈(賓)과 직급이 같은 작위의 대부로 하여금 조복을 입고 사례(食禮)에서 하사되는 폐백을 주게 한다.

두(豆)에 담고 옹(甕)에 담은 것들은 기둥의 밖에 진열하는데 두 줄로 나란히 하여 북쪽으로 진열한다. 궤(簋)에 담고 대광주리에 담는 것들은 기둥 안에 진열하는데 두 기둥 사이에 두 줄로 나란히 하여 남쪽으로 진열한다.

서수(庶羞)는 석주(石柱 : 碑)의 안에 진열하고 정실(庭實)은 석주(石柱)의 밖에 진열한다. 소와 양과 돼지는 문 안의 서쪽에 진열하는데 동쪽을 위로 삼는다.

빈이 조복을 입고 받는데 옹(饔 : 익힌 희생)을 받을 때의 예와 똑같이 한다. 물리치지는 못한다.

　다음 날 빈이 조복을 입고 외조(外朝)에서 하사해 준 것에 대하여 감사의 절을 한다. 영접하는 사람이 맞이하여 빈의 사연을 들어 임금에게 보고하고 다시 임금의 명을 전달한다.

◐明日 賓朝服拜賜于朝[1] 拜食與侑幣 皆再拜稽首 訝聽之[2] ◐上大夫[3]八豆八籩六鉶九俎 魚腊皆二俎 魚腸胃倫膚 若九若十有一[4] 下大夫則若七若九 庶羞[5]西東毋[6]過四列 上大夫庶羞二十[7] 加於下大夫以雉兎鶉鴽[8] ◐若不親食[9] 使大夫各以其爵朝服 以侑幣致之[10] 豆實實于甕 陳于楹外 二以竝 北陳 籩實實于筐 陳于楹內兩楹間[11] 二以竝 南陳 庶羞[12]陳于碑內 庭實陳于碑外 牛羊豕陳于門內[13]西方 東上 賓朝服以受[14] 如受饔禮[15] 無償 明日 賓朝服以拜賜于朝 訝聽命

1) 朝(조) : 대문 밖. 곧 외조(外朝)이다.

2) 訝聽之(아청지) : 맞이하는 사람이 빈의 말을 임금에게 고하고 나와서 보고한다. 여기서의 아는 사아(士訝)이다.

3) 上大夫(상대부) : 빙문한 관리가 상대부일 경우 하대부와 차별이 있다. 기(記)의 공사대부(公食大夫)에 보면 하대부의 수는 두에 아욱 절인 것과 달팽이젓 등 네 개를 더하고 네 줄로 열을 삼고 도마는 선어(鮮魚)와 선석(鮮腊)의 3개를 올리는데 세 줄로 열을 만들고 특(特)은 없다라고 했다.

4) 若九若十有一(약구약십유일) : 이는 명(命)을 받은 수에 따라서 차등이 있다는 뜻이다. 구(九)의 숫자는 재명(再命)을 이른다고 했다. 십일(十一)은 삼명(三命)이다. 칠(七)은 일명(一命)이다. 구(九)에 혹은 상(上)이 있고 혹은 하(下)가 있는 것은 재명(再命)이며 소국(小國)의 경(卿)이고 차국(次國)의 대부이다. 경(卿)을 상(上)이라 하고 대부를 하(下)라고 한다. 대국(大國)의 고(孤)는 자(子)와 남(男)과 동일시한다.

5) 庶羞(서수) : 상대부와 하대부 모두의 경우이다.

6) 毋(무) : 고문에는 무(無)로 되어 있다.

7) 庶羞二十(서수이십) : 서와 동으로 네 줄. 남과 북으로 다섯 줄. 도합 20가지를 뜻한다.

8) 鴽(여) : 세가락메추라기. 어미가 없다고 했다.

9) 若不親食(약불친식) : 주국(主國)의 임금이 질병이 있거나 다른 연고가 있어서 직접 사례를 거행하지 못했을 때라는 뜻이다.

10) 侑幣致之(유폐치지) : 폐백을 가지고 임금의 명을 전달한다는 뜻.

11) 兩楹間(양영간) : 항아리와 대광주리를 기둥 사이에 진열하는 것은 당(堂) 안에서 주고받는 것을 본뜬 것이다. 남쪽과 북쪽이 서로 마주보게 한 것은 식찬(食饌)을 동렬로 한 것이다. 항아리를 북쪽에 진열한 것은 항아리의 수를 변화시켜서 두(豆)의 젓과 겨자장의 수에 따라 같이 한 것이다. 광주리의 쌀은 4개가 담겨 있다.

12) 庶羞(서수) : 살아 있는 물고기이다. 말린 물고기와 조미하여 말린 어포는 생선의 수에 따른다. 상대부에게는 선어(鮮魚)와 선석(鮮腊)과 꿩과 토끼와 메추리와 세가락메추라기를 더해 준다. 당에 진열하지 않는 것은 정찬(正饌)을 피해서이다.

13) 陳于門內(진우문내) : 소와 양과 돼지고기는 더러운 것을 밟으므로 관사의 뜰에 진열하여 밖으로 가까이 한다.

14) 朝服以受(조복이수) : 사례(食禮)는 가벼운 것이므로 조복을 입고 받는다.

15) 饗禮(옹례) : 익힌 희생을 받는 예와 똑같이 한다는 뜻.

9. 대부가 대신 사례(食禮)를 행하다

대부(大夫)가 임금을 대신하여 사례(食禮)를 행할 때에는 몸소 알려서 초청한다. 빈을 문 밖에서 맞이하여 절을 하고 이르게 하는데 모두 향례(饗禮)에서 절하는 것과 똑같이 한다.

당에서 내려와 손을 씻고 장(醬)과 탕국과 속금(束錦)의 폐백을 받는다. 모두 동쪽 계단을 통해 당에서 내려와 받는다. 주는 사람은 한 계단을 오른다. 빈이 중지한다.

빈이 조밥과 탕국을 가지고 서서(西序)의 끝으로 가 있는다. 주인(主人)이 사양하는 말을 한다. 빈이 제자리로 돌아와 가석(加席)을 말면 주인이 사양한다. 빈이 다시 되돌려 놓는다. 빈이 폐백을 사양하고 한 계단 내려간다. 주인이 따라 내려간다.

빈이 폐백을 받으면 재배하고 머리를 조아린다. 주인이 폐백을

보내고 또한 재배하고 머리를 조아린다. 빈이 주인에게 사양하고
한 층을 내려간다. 주인이 따라서 내려간다.

　사례(食禮)를 끝마치면 서서(西序)의 끝에서부터 진열된 것
을 철수한다. 빈이 동면하여 재배하고 당에서 내려가 나간다. 그
밖의 모든 것들은 공(公)이 대부에게 사례(食禮)를 베풀어 주는
예와 똑같이 한다.

　만약 대부가 몸소 사례(食禮)를 베풀어 주지 못할 것 같으면
공이 빈의 작위와 동일한 대부로 하여금 조복을 입게 하고 폐백
을 주게 한다. 빈이 당에서 받는데 물리치지는 않는다.

◑大夫相食 親戒速¹⁾ 迎賓于門外 拜至 皆如饗²⁾拜 降盥 受醬湆侑幣
束錦³⁾也 皆自阼階降堂⁴⁾受 授者升一等 賓止也⁵⁾ 賓執粱與湆之西序
端⁶⁾ 主人辭 賓反之⁷⁾ 卷加席 主人辭 賓反之 辭幣 降一等 主人從⁸⁾
受侑幣 再拜稽首 主人送幣亦然⁹⁾ 辭於主人¹⁰⁾ 降一等 主人從 卒食
徹¹¹⁾于西序端 東面再拜 降出¹²⁾ 其他皆如公食大夫之禮 ◑若不親
食¹³⁾ 則公作大夫朝服以侑幣致之¹⁴⁾ 賓受于堂¹⁵⁾ 無儐

1) 大夫相食親戒速(대부상사친계속) : 대부가 임금을 대신하여 사례(食禮)를
　　베풀어 주는 경우는 임금과 다르게 한다. 곧 대부 자신이 빈을 찾아가서 사례
　　가 있으니 참여해 달라고 청하고 음식이 차려지면 불러 초청한다.

2) 饗(향) : 대부가 향례(饗禮)를 하는 것과 같은 것인데, 지금은 없어졌다고 했
　　다. 향은 고문(古文)에 향(鄕)으로 되어 있다.

3) 侑幣束錦(유폐속금) : 유는 용(用)의 뜻이다. 속금은 대부가 빈에게 주는 예
　　물로 사례(食禮)를 대부가 주관할 때 쓰는 것이다. 속은 금문(今文)에는 글
　　자가 없다.

4) 降堂(강당) : 계단 위에서 중지함이다.

5) 賓止也(빈지야) : 주인이 세 계단을 내려오면 빈이 따르지 않고 중지한다.

6) 之西序端(지서서단) : 서쪽 서(序)의 끝으로 가다. 이는 감히 높은 곳에서 먹
　　을 수 없다는 뜻이다.

7) 賓反之(빈반지) : 가석(加席)을 그대로 둔다는 뜻.

8) 主人從(주인종) : 빈이 계단을 내려간 것에 대해 사양하고 주인도 빈을 따라

내려온 것이다.

9) 亦然(역연) : 또한 그렇게 하다. 빈이 한 것처럼 주인도 똑같이 한다는 뜻.

10) 辭於主人(사어주인) : 빈이 주인에게 사양하다. 그 식사에 임하는 것을 사양한 것이다.

11) 徹(철) : 몸소 철거함이다.

12) 降出(강출) : 사례를 끝마치고 대문 밖으로 나가는 것을 뜻한다.

13) 若不親食(약불친사) : 대부가 일이 있어서 사례(食禮)를 행해 주지 못할 때의 경우를 뜻함.

14) 公作大夫朝服以侑幣致之(공작대부조복이유폐치지) : 공(公)이 빈과 직급이 같은 다른 대부를 시켜 조복을 입고 예물을 사용하여 예를 이루게 하다의 뜻.

15) 賓受于堂(빈수우당) : 곧 임금에게 받는 예와 동일하게 하다.

■ 공사대부례(公食大夫禮)의 의의

가. 사례(食禮)를 행할 때에는…

사례(食禮)를 행한다고 미리 알리지 않는다. 사례(食禮)를 행할 것을 알린 후에는 다시 부르지 않는다.

궤(几)를 주지 않고 동쪽 계단 위에는 자리도 없다. 문 밖의 동쪽에서 음식을 삶아 익힌다. 사궁(司宮)은 궤(几)를 갖추고 부들로 엮고 검은 베로 가선을 두른 16자짜리 부들자리를 갖추어 놓는다. 그 위에는 물억새풀로 만들고 검은 비단으로 가선을 두른 8자짜리 자리를 마련한다. 모두 끝에서부터 만다. 재부(宰夫)가 연회석을 깔고 동방(東房)에서 나온다.

빈(賓)의 승거(乘車)는 대문 밖 서쪽에 두는데 북면하고 서 있는다.

형(鉶)에는 나물을 넣고 소고기에는 콩잎을 넣고 양고기에는 씀바귀를 넣고 돼지고기에는 고비를 넣는데 모두가 미끈거린다.

찬자(贊者)가 손을 씻고 도마를 따라서 당으로 오른다.

　보(簠)는 덮는 뚜껑이 있다. 무릇 구이에는 장(醬)이 없다.

　상대부는 부들자리에 물억새자리를 올리는데 그 가선은 모두 하대부의 자리에 가선을 두른 것처럼 가선을 두른다.

　경(卿)이 인도할 때에는 아래로부터 말미암는다. 당 위에서의 찬자는 하대부가 한다.

　상대부에게는 서수(庶羞)와 주음(酒飲)과 장음(漿飲)과 진헌하는데 서수(庶羞)를 먹게 한다. 사례(食禮)에서 폐백을 준 것에 감사의 절을 할 때는 모두 재배하고 머리를 조아린다.

記 : ○不宿戒[1] 戒不速[2] ○不授几 無阼席[3] 亨于門外東方[4] 司宮[5] 具几與蒲筵常 緇布純[6] 加萑[7]席尋 玄帛純[8] 皆卷自末 宰夫筵出自東房[9] ○賓之乘車[10] 在大門外西方[11] 北面立 ○鉶芼[12] 牛藿[13] 羊苦[14] 豕薇[15] 皆有滑[16] ○贊者盥 從俎升 ○簠有蓋幂[17] 凡炙無醬[18] ○上大夫[19] 蒲筵 加萑席 其純皆如下大夫純 ○卿擯由下[20] 上贊[21] 下大夫也 ○上大夫庶羞 酒飲漿飲[22] 庶羞可也 拜食與侑幣皆再拜稽首

1) 不宿戒(불숙계) : 사례(食禮)를 미리 알리지 않다. 사례는 가벼운 것이다.

2) 戒不速(계불속) : 알리고 부르지는 않는다. 사례에서는 아침 일찍 빈에게 알리면 빈이 알린 자를 따라오는 것이다. 따라오므로 다시 부르지 않는다.

3) 不授几無阼席(불수궤무조석) : 궤를 주지도 않고 동쪽 계단의 자리도 없다. 곧 단술의 예와 다르게 하고 임금도 앉지 않는다.

4) 亨于門外東方(팽우문외동방) : 문 밖의 동방에서 삶다. 대부가 행할 때의 일이다. 동방은 양(陽)을 주관하는 방위이다.

5) 司宮(사궁) : 태재(太宰)의 소속이며 궁묘(宮廟)의 일을 관장한다.

6) 常緇布純(상치포준) : 상은 16자이고 치포준은 검은 베로 가선을 두른 것.

7) 萑(환) : 금문에는 완(莞)으로 되어 있다. 물억새풀.

8) 尋玄帛純(심현백준) : 심은 8자이고 현백준은 검은 비단으로 가선을 두르다.

9) 出自東房(출자동방) : 재부가 자리를 깔고 동방에서 나오다. 천자와 제후는 좌우의 방이 있다.

10) 乘車(승거) : 빈이 타는 수레를 뜻한다.

11) 大門外西方(대문외서방) : 빈이 타는 수레가 문 안으로 들어오지 않는 것

은 널리 공경하는 마음에서이다.

12) 鉶芼(형모) : 고깃국에 채소를 썰어 넣어 끓인 국이다.

13) 牛藿(우곽) : 소고기국에 콩잎을 넣어 끓인 국이다.

14) 羊苦(양고) : 양고기국에 씀바귀를 넣어서 끓인 국이다. 고는 금문에는 하(苄)로 되어 있다.

15) 豕薇(시미) : 돼지고기국에 고비를 넣어서 끓인 국이다.

16) 有滑(유활) : 미끈거리는 것이 있다. 근환(菫荁)의 무리라 했다. 곧 제비꽃. 옛날에 조미료처럼 넣어 맛과 향을 더했던 것 같다.

17) 簠有蓋冪(보유개멱) : 보의 그릇에 덮개가 있다. 금문에 멱은 막(幕)으로 되어 있다.

18) 凡炙無醬(범자무장) : 구이는 이미 짠맛으로 조미가 되어 있기 때문이다.

19) 上大夫(상대부) : 삼명(三命)의 대부를 뜻한다. 고(孤)가 빈이 되면 왕골로 만든 돗자리를 까는데 가장자리가 화려하고 그 가장자리에 옥받침이 더하여 가선을 둘러 있다.

20) 卿擯由下(경빈유하) : 경을 인도할 때에는 아래에서부터 한다. 곧 당으로 오르지 않는다.

21) 上贊(상찬) : 당상에서 일을 돕다의 뜻.

22) 庶羞酒飮漿飮(서수주음장음) : 사례(食禮)에서 빈에게 서수와 청주와 장음을 제공하는데 빈이 서수와 함께 먹는다는 뜻이다. 곧 손님 접대를 넉넉하게 한다는 뜻.

제10편 근례(覲禮第十)

근례(覲禮)는 제후(諸侯)가 천자(天子)를 알현(謁見)하는 예이다.
정현(鄭玄)은 "근(覲)은 알현(謁見)하다이다. 제후가 가을에 천
자를 알현하는 예를 근례(覲禮)라고 한다."라고 했다.

1. 천자(天子)를 알현하는 예

천자(天子)를 알현하는 예(禮)이다.

제후(諸侯)가 왕성(王城)의 근교(近郊)에 이르면 왕(王:天
子)이 사람을 시켜서 피변(皮弁)을 입고 벽옥(璧玉)을 사용하여
위로하게 한다. 후씨(侯氏:제후) 또한 피변(皮弁)을 입고 유궁
(帷宮)의 밖에서 맞이하여 재배(再拜)한다.

사자(使者)는 답배하지 않는다. 드디어 제후가 옥(玉)을 가지
고 세 번 읍하고 계(階)에 이른다. 사자(使者)는 사양하지 않고
먼저 단(壇)에 오른다. 후씨(侯氏:제후)가 단(壇)에 올라 천자
의 명을 듣고 단에서 내려와 재배하고 땅에 머리를 조아린다. 드
디어 다시 단에 올라가 옥(玉)을 받는다.

사자(使者)가 왼쪽으로 돌아서 서 있으면 후씨(侯氏)가 벽옥
(璧玉)을 돌려준다. 사자가 이를 받는다. 후씨가 단에서 내려와
재배하고 머리를 조아린다. 사자가 이에 나간다.

후씨가 이에 사자를 머무르게 한다. 사자가 이에 다시 들어온
다. 후씨가 사자와 더불어 사양하며 단 위로 올라간다. 후씨가 먼
저 단 위에 올라가 궤를 준다.

후씨가 절하고 궤를 보내면 사자가 궤를 설치하고 답하여 절한
다. 후씨가 속백과 네 필의 말을 예물로 써서 사자(使者)에게 베
푼다. 사자가 재배하고 받는다. 후씨가 재배하고 폐백을 보낸다.
　사자가 단에서 내려와 좌참(左驂)을 이끌고 나간다. 후씨가 문
밖에서 전송하며 재배한다. 후씨가 드디어 사자의 뒤를 따라서 조
회에 이른다.

覲禮[1] : ◑至于郊[2] 王使人皮弁[3]用璧[4]勞[5] 侯氏[6]亦皮弁 迎于帷門[7]
之外 再拜 使者[8]不答拜[9] 遂執玉 三揖至于階 使者不讓 先升[10] 侯
氏升聽命[11] 降 再拜稽首 遂升受玉 使者左還[12]而立[13] 侯氏還璧[14] 使
者受 侯氏降 再拜稽首 使者乃出 侯氏乃止使者 使者乃入 侯氏與
之讓升 侯氏先升[15] 授几[16] 侯氏拜送几 使者設几 答拜 侯氏用束帛
乘馬儐使者[17] 使者再拜受 侯氏再拜送幣 使者降 以左驂[18]出 侯氏
送于門外 再拜 侯氏遂從之[19]

1) 覲禮(근례) : 후씨(侯氏)인 제후가 천자를 조회하고 알현하는 것이다.

2) 郊(교) : 근교(近郊)이다. 왕성에서 50리 떨어진 곳까지를 근교라고 한다. 소
　행인직(小行人職)에 이르기를 "무릇 제후가 왕성에 들어오면 맞이하여 기(畿)
　에서 위로하는데 교외에서 위로하는 자는 대행인(大行人)이다."라고 했다.

3) 皮弁(피변) : 피변복이다. 피변은 천자에게 조회할 때의 조복이다.

4) 璧(벽) : 속백(束帛)이 없는 것이다. 천자의 옥은 존귀한 것이다.

5) 勞(노) : 위로하다의 뜻.

6) 侯氏(후씨) : 제후를 뜻한다. 제후라고 하지 않고 후씨라고 한 것은 비록 국
　가가 다르고 집이 다를지라도 예를 대강하지 못하기 때문이다.

7) 帷門(유문) : 유궁(帷宮)이다. 곧 교외의 집이 좁고 작아서 휘장을 쳐서 만
　든 것을 유궁이라 한다.

8) 使者(사자) : 천자가 조회오는 제후를 근교에서 맞이하여 위로하도록 파견
　한 신하이다.

9) 不答拜(부답배) : 사자가 답하여 절하지 않는 것은 사자가 천자를 대신하여
　예를 행하기 때문이다.

10) 不讓先升(불양선승) : 곧 왕의 명을 받들고 있기 때문이다. 선승은 먼저 단

(壇)에 오른다는 뜻.

11) 聽命(청명) : 사자가 동면하고 천자의 명을 전달하면 제후는 동쪽 계단 위
    에서 서면하고 듣는다.

12) 左還(좌환) : 왼쪽으로 돌다. 돌아서 남면하여 장차 갈 뜻을 보인 것이다.

13) 而立(이립) : 서 있다. 곧 서서 제후를 보는 것은 장차 제후가 자신에게 일
    이 있으므로 이것을 기다리는 것이다.

14) 還璧(환벽) : 제후가 받은 환옥을 다시 사자에게 돌려주다. 이는 예를 중하
    게 여겨서이다.

15) 侯氏先升(후씨선승) : 후씨가 먼저 오르다. 이는 빈이 예를 통솔한다는 뜻.

16) 几(궤) : 빈을 편안하게 하여 높여, 우대하는 것이다.

17) 儐使者(빈사자) : 속백과 승마로써 사자에게 존경심을 나타낸 것이라는 뜻.

18) 左驂(좌참) : 제후가 사자에게 선물로 준 말 가운데 가장 왼쪽에 있는 말이
    다. 비마(騑馬)를 참(驂 : 좌우 곁말)이라 한다. 나머지 3마리 말은 후씨의
    사(士)가 이끌고 나가서 사자의 종자들에게 준다.

19) 從之(종지) : 드디어 사자를 따라서 조회에 이르는 것을 뜻한다.

2. 천자가 제후에게 관사를 주다

천자(天子)가 머무를 관사(館舍)를 하사한다.

말하기를 "백부(伯父), 그대가 왕명을 따라 왕소(王所)까지 왔
으므로 백부께 관사(館舍)를 하사합니다." 라고 한다.

제후가 재배하고 머리를 조아린다. 그리고 속백(束帛)과 네 필
의 말을 존경의 표시로 대접한다.

천자가 대부를 시켜서 알려 말하기를 "아무 날에 백부(伯父)
를 옛일에 따라 인솔하겠습니다." 라고 한다.

제후가 재배하고 머리를 조아린다.

제후들이 조회하기에 앞서 모두 외조(外朝)에서 관사(館舍)
를 받는다.

동성(同姓)의 제후들은 서면하여 북쪽을 위로 삼고 이성(異
姓)의 제후들은 동면하여 북쪽을 위로 삼는다.

◐天子賜舍[1] 曰[2] 伯父[3] 女[4]順命于王所[5] 賜伯父舍 侯氏再拜稽首 儐
之束帛乘馬[6] ◐天子使大夫[7]戒[8]曰 某日 伯父帥乃初事[9] 侯氏再拜稽
首 ◐諸侯前朝[10] 皆受舍[11]于朝[12] 同姓西面 北上 異姓[13]東面 北上

1) 賜舍(사사) : 관사를 하사하다. 사(賜)는 금문에 석(錫)으로 되어 있다. 천
   자가 부리는 사람은 사공(司空)과 소행인(小行人)이 승빈(承儐)이 된다.

2) 曰(왈) : 천자의 명을 사자가 제후에게 전하는 것이다.

3) 伯父(백부) : 제후를 뜻한다. 곧 천자가 제후를 부르는 칭호이다.

4) 女(여) : 여(汝)의 뜻이다.

5) 王所(왕소) : 천자의 왕성이 있는 곳의 뜻.

6) 儐之束帛乘馬(빈지속백승마) : 왕이 사람을 시켜서 관사를 준다고 명을 전
   달했을 뿐인데도 제후가 사자에게 속백과 승마를 선물로 준 것은 왕의 사자
   를 존경해서이다.

7) 大夫(대부) : 경(卿)이 아(訝)가 된 자이다.

8) 戒(계) : 고(告)와 같다.

9) 帥乃初事(솔내초사) : 이에 옛일에 따라서 인솔하다. 솔은 고문에는 솔(率)
   로 되어 있다. 초는 고(故)와 같다. 초사는 옛일과 같은의 뜻이다. 예로부터
   의 예에 따라 조회를 들라는 뜻.

10) 諸侯前朝(제후전조) : 제후가 조회하는 전날의 뜻. 앞에서 후씨라고 하다가
    여기서 제후라고 한 것은 조회온 사람들이 많다는 것을 밝힌 것이다.

11) 受舍(수사) : 조(朝)에서 관사를 내려주는 명을 받고 문왕의 묘문 밖에서
    임시 대기소를 받는다.

12) 朝(조) : 만나 뵙는 예이니 비록 간소하지만 그 온 마음은 조회를 온 것과 같
    은 마음으로 찾아온 것이다.

13) 同姓·異姓(동성·이성) : 동성과 이성을 분별한 것은 받는데 장차 선후가
    있기 때문이다. 동성의 제후가 이성의 제후보다 더 존대받는다.

3. 천자(天子)를 알현하는 초례(初禮)

제후가 비의(裨衣)를 입고 면류관을 쓰고 예(禰)에 폐백을 놓
는다.

　묵거(墨車)를 타고 용기(龍旂 : 교룡기)와 활과 활집을 수레에 싣고 이에 서옥(瑞玉)을 가지고 조회하는데 옥받침이 있다.

　천자(天子)가 호(戶)와 유(牖)의 사이에 부의(斧依)를 설치하고 좌우에는 궤를 놓아 둔다. 천자는 곤의(袞衣)를 입고 면류관을 쓰고 부의(斧依)를 등지고 서 있는다.

　색부(嗇夫)가 제후의 말을 받아 천자(天子)에게 보고한다.

　이에 천자가 말한다.

　"다른 사람이 아니라! 백부가 이에 왔으니 나 한 사람은 아름답게 여기는 바이다. 백부(伯父)는 들어오시오 나 한 사람이 장차 받아들일 것이다."

　제후가 문의 오른쪽으로 들어와 앉아서 규(圭)를 내려놓고 재배하고 머리를 조아린다. 빈자(擯者 : 上擯)가 보고한다. 제후가 앉아서 규(圭)를 취하여 당으로 올라가 자신이 온 까닭을 고한다. 천자가 제후의 규를 받는다. 제후가 당에서 내려와 계단의 동쪽에서 북면하여 재배하고 머리를 조아린다.

　빈자(擯者)가 앞으로 나아가 "당으로 오르십시오"라고 한다. 제후가 당으로 올라 재배하고 머리를 조아린 후 문으로 나간다.

◐侯氏裨冕[1] 釋幣于禰[2] ◐乘墨車[3] 載龍旂弧韣[4] 乃朝 以瑞玉[5] 有繅[6] 天子設斧依[7]于戶牖之間 左右几[8] 天子袞冕[9] 負斧依 嗇夫承命[10] 告于天子 天子曰 非他[11] 伯父實[12]來 予一人嘉之[13] 伯父其入 予一人將受之 侯氏入門右 坐 奠圭[14] 再拜稽首 擯者謁[15] 侯氏坐取 圭 升[16]致命 王受之玉 侯氏降 階東北面再拜稽首 擯者延[17]之曰 升 升成拜[18] 乃出

1) 裨冕(비면) : 비의(裨衣)를 입고 면류관을 쓰다. 면은 금문(今文)에는 문(絻)으로 되어 있다. 천자(天子)에게는 여섯 가지 의복이 있다. 대구(大裘)와 곤면(袞冕)과 별면(鷩冕)과 취면(毳冕)과 희면(希冕)과 현면(玄冕) 등이다. 이 중에서 대구(大裘)가 최상이며 나머지 다섯 가지를 비면(裨冕)이라 한다. 비는 낮다는 뜻이 있다. 이 다섯 가지는 제후들도 또한 입는다. 상공(上公)은 곤면을 입는데 승천하는 용의 장식이 없다. 후(侯)와 백(伯)은 별

면을. 자(子)와 남(男)은 취면을, 고(孤)는 희면을 경대부(卿大夫)는 현면
을 입는다. 이러한 복장의 분별은 사복(司服)이 관장한다.

2) 釋幣于禰(석폐우녜) : 폐백을 예에 진열하다. 장차 조회할 것을 알리기 위해
서이다. 예는 행주(行主)와 천주(遷主)를 뜻한다.

3) 墨車(묵거) : 대부가 타는 수레이다. 천자의 나라에 들어올 때는 거복(車服)
이 다 동일하지가 않다. 묵거는 전체를 검은색으로 칠하였고 문식이 없다.

4) 龍旂弧韣(용기호독) : 용기는 교룡이 그려진 기이고 구기(九旗) 가운데 하
나이다. 호는 활이다. 깃발을 펴는데 사용한다. 독은 활집이다.

5) 瑞玉(서옥) : 서옥은 공(公)은 환규(桓圭)이고 후(侯)는 신규(信圭)이고
백(伯)은 궁규(躬圭)이고 자(子)는 곡벽(穀璧)이고 남(男)은 포벽(蒲璧)
이다. 옥은 금문(今文)에는 규(圭)로 되어 있다.

6) 繅(조) : 옥받침이며 깔개이다. 금문에는 조(璪)로 되어 있다.

7) 斧依(부의) : 흰 명주로 포장한 병풍이다. 도끼 무늬가 장식되어 있어 위엄을
느끼게 한다. 부는 보(黼)와도 같다.

8) 几(궤) : 옥궤(玉几)이다.

9) 袞冕(곤면) : 곤의(袞衣)에 면류관을 쓰다. 비(裨)의 최상이다. 무늬를 놓고
수를 놓은 것들이 9장(九章)이 되고 용이 그려져 있다. 용의 문식은 승천하는
용과 하강하는 용이 모두 있다. 이 예복을 입고 제후가 조회 들기를 기다린다.

10) 嗇夫承命(색부승명) : 색부는 사공(司空)에 소속되어 있는 벼슬아치이다.
이 색부가 제후의 명을 듣고 상빈(上擯)에게 전달한다. 천자가 공(公)을 볼
때에는 빈자(擯者)가 5인이고 후와 백을 볼 때에는 빈자가 4인이고 자(子)
와 남(男)을 볼 때에는 빈자가 3인이다. 이는 모두 종백(宗伯)이 상빈(上擯)
이 되는 것이라 했다.

11) 非他(비타) : 남이 아니다의 뜻으로 친하려는 말이다.

12) 實(실) : 금문에는 식(寔)으로 되어 있다.

13) 予一人嘉之(여일인가지) : 나 한 사람이 아름답게 여긴다. 여일은 천자의
자칭이다. 가는 금문에는 하(賀)로 되어 있다.

14) 坐奠圭(좌전규) : 앉아서 규를 내려놓다. 지위가 낮은 사람은 지위가 높은
사람에게는, 예물을 내려 전시해 놓을 뿐 직접 주지 못한다.

15) 謁(알) : 고(告)와 같다.

16) 升(승) : 당으로 올라오라는 뜻.

17) 延(연) : 나아가다.

18) 成拜(성배) : 재배하고 머리를 조아려 예를 다하는 것.

4. 3번의 향례(享禮)를 하다

세 번의 잔치를 열어 주는데 모두가 속백(束帛)에 벽옥(璧玉)을 올린다. 정실(庭實)은 오직 나라에 있는 것으로 한다.

속백(束帛)을 받들고 한 필의 말에 국명을 써서 하는데 아홉 마리가 뒤를 따르게 하여 뜰 중앙에서 서쪽을 위로 하여 폐백을 벌여 놓고 재배하고 머리를 조아린다.

빈자(擯者)가 말하기를 "여일인(子一人 : 천자)이 장차 받으실 것입니다." 라고 한다.

후씨(제후)가 당으로 올라가 방문 목적을 아뢰면 천자는 옥[圭玉]을 어루만진다. 후씨가 서쪽 계단으로 당에서 내려와 동면하고 태재(太宰)에게 폐백을 건네 준다. 서쪽 계단 앞에서 재배하고 머리를 조아린다.

제후가 말을 끌고 나가서 천자의 기물을 담당하는 사람에게 주는데 아홉 마리의 말이 따라간다. 삼향의 일이 끝난다.

이에 사당문의 동쪽에서 오른쪽 팔을 걷어붙이고 문의 오른쪽으로 들어와 북면하고 서서 자신에게 관련된 일들을 보고한다.

빈자(擯者)가 그 내용을 천자에게 보고한다.

천자가 제후에게 사양하여 말하기를 "백부(伯父)에게는 아무 일이 없을 것입니다. 돌아가서 그대의 나라를 편안하게 하시오" 라고 한다. 제후가 재배하고 머리를 조아린다.

나와서 병풍의 남쪽에서부터 문의 서쪽으로 가 드디어 문의 왼쪽으로 들어가서 북면하고 서 있는다. 천자가 위로한다. 제후가 재배하고 머리를 조아린다.

빈자(擯者)가 앞으로 나가서 말하기를 "당으로 오르십시오" 라고 한다. 제후가 당으로 올라서 재배하고 머리를 조아린 후 당에서 내려와 나간다.

◑四享¹⁾皆束帛加璧 庭實唯國所有 奉束帛 匹馬卓上²⁾ 九馬隨之 中庭西上 奠幣 再拜稽首 擯者曰 予一人將受之³⁾ 侯氏升 致命 王撫玉⁴⁾ 侯氏降自西階 東面授宰幣 西階前再拜稽首 以馬出授人⁵⁾ 九馬隨之 事畢⁶⁾ ◑乃右肉袒⁷⁾于廟門之東 乃入門右 北面立 告聽事⁸⁾ 擯者謁⁹⁾諸天子 天子辭於侯氏曰 伯父無事 歸寧乃¹⁰⁾邦 侯氏再拜稽首 ◑出 自屛南¹¹⁾適門西 遂入門左 北面立 王勞之¹²⁾ 再拜稽首 擯者延之曰 升 升成拜 降出

1) 四享(사향) : 삼향(三享)의 오자라고 했다. 옛날의 사(四)는 삼(三)과 같이 횡선의 숫자로 표기하여 사(四 : 三)가 되었으므로 모양의 혼동에서 온 것 같다고 했다. 삼향(三享)에서 초향(初享)은 혹 말을 사용하고 혹 표범가죽을 사용하고, 차향(次享)은 소와 양과 돼지고기나 조미하여 말린 물고기나 변두(邊豆)의 음식을 사용하고, 말향(末享)은 정해져 올려지는 것이 없다고 했다. 그 밖의 것은 정해진 재화가 없다. 이 물건들은 한 나라에 능히 나는 것들은 아니다. 또 삼향(三享)에서는 모두 벽옥과 속백으로써 이루어지는 것이다.

2) 卓上(탁상) : 말의 출신지와 국가의 이름을 붙인 것을 뜻한다. 곧 흰 것으로 한 필의 말에 크게 명찰을 달았다는 뜻으로 보면 된다.

3) 予一人將受之(여일인장수지) : 또한 왕인 천자가 친히 받겠다는 뜻이다.

4) 王撫玉(왕무옥) : 왕이 옥을 어루만지는 것은 예만 귀하게 여기고 재물을 가볍게 여긴다는 뜻이다.

5) 以馬出授人(이마출수인) : 제후가 말을 끌고 문 밖으로 나가서 왕의 물품을 담당하는 관리에게 건네 준다는 뜻이다. 천자가 사람을 시켜서 말을 받지 않는 것은 향례에서 천자의 존귀함이 제후의 임금으로서 높여지고 제후는 낮아짐이 신하로서 더욱 낮아지는 것을 뜻하기 때문이다.

6) 事畢(사필) : 삼향(三享)의 일을 끝마치다.

7) 右肉袒(우육단) : 오른쪽 팔을 걷어붙여 살을 드러내다. 형벌이 오른쪽에 내려지는데, 장차 천자에게 자신의 잘못이 있는가 고하고 죄가 있으면 벌을 받겠다는 뜻이다. 무릇 모든 예에서 왼쪽 팔을 걷어올리고 들어와 번갈아 오른쪽으로 따르는 것은 신하는 더욱 순일한 것이다.

8) 告聽事(고청사) : 제후가 나라를 다스리는데 죄가 되는 일이 있는가를 천자에게 고한다는 뜻.

9) 謁(알) : 안녕함을 고하다.

10) 乃(내) : 여(女)와 같다. 너의 뜻.

11) 自屛南(자병남) : 왕이 사양하므로 왼쪽으로 나가지 못하고 마땅히 병풍에 숨어서 옷매무새를 정돈한다.

12) 王勞之(왕로지) : 천자가 바깥 병풍에서 위로하다. 먼 길을 찾아온 것에 대해 수고했다고 위로하는 것이다.

5. 거복(車服)과 조서(詔書)를 내리다

천자가 제후에게 수레와 의복을 하사하고 외문(外門) 밖에서 맞이하면 재배한다. 수레는 먼저 진열시키는데 서쪽을 위로 삼는다. 수레를 끄는 말 네 필은 그 다음 수레의 동쪽에 있게 한다. 좋은 것을 하사하는데 정해진 수량이 없으며 수레의 남쪽에 놓아 둔다.

제공(諸公)들이 상자에 들어 있는 명복(命服)을 받드는데 그 위에는 천자의 조서가 올려져 있다. 서쪽 계단으로 당에 올라 동면하는데 대사(大史)가 이에 오른쪽에 한다.

제후가 당으로 올라서 서면하고 서 있다. 대사(大史)가 왕의 명을 낭독한다. 제후가 당에서 내려와 양쪽 계단의 사이에 서서 북면하여 재배하고 머리를 조아린다. 당으로 올라서 또한 재배하고 머리를 조아려 성배(成拜)한다.

대사(大史)가 명복(命服) 위에 조서를 올려놓는다. 제후가 받는다. 사자(使者)가 나가면 제후가 전송하는데 재배하고 사자에게 예물을 준다. 제공(諸公)으로서 명복을 하사하는 일을 대신한 자에게 속백과 네 마리 말로 한다. 대사에게도 또한 똑같이 한다.

동성(同姓)인 대국(大國)의 임금에게는 '백부(伯父)'라고 칭한다. 이성(異姓)인 대국의 임금에게는 '백구(伯舅)'라고 칭한다. 동성인 작은 나라의 임금에게는 '숙부(叔父)'라고 칭한다. 이성인 작은 나라의 임금에게는 '숙구(叔舅)'라고 칭한다. 향례(饗

禮)와 사례(食禮)와 연례(燕禮)를 마치면 이에 귀국한다.

◗天子賜侯氏以車服[1] 迎于外門外[2] 再拜 路[3]先設西上 路下四[4]亞
之[5] 重賜無數[6] 在車南 諸公[7]奉篋服 加命書于其上 升自西階 東面
大史是[8]右 侯氏升 西面立 大史述命[9] 侯氏降 兩階之間北面再拜稽
首 升成拜 大史加書于服上 侯氏受[10] 使者出 侯氏送 再拜 儐使者[11]
諸公賜服者束帛四馬 儐大史亦如之 ◗同姓大國則曰伯父 其異姓
則曰伯舅 同姓小邦則曰叔父 其異姓[12]則曰叔舅 ◗饗禮[13] 乃歸

1) 車服(거복) : 수레와 의복. 수레는 동성에게는 금로(金路)를 주고 이성에게
   는 상로(象路)를 내린다. 의복은 곤(袞)과 별(鷩)과 취(毳) 등의 의복이다.

2) 迎于外門外(영우외문외) : 고문에는 '영우문외(迎于門外)'로 되어 있다.

3) 路(노) : 거(車)이며 수레를 뜻함. 대개 임금이 타는 수레를 노(路)라고 한다.

4) 路下四(노하사) : 네 마리의 말을 뜻한다.

5) 亞之(아지) : 두 번째의 수레는 동쪽에 진열한다는 뜻이다.

6) 重賜無數(중사무수) : 좋은 선물은 수량이 없다. 곧 하사하는 선물의 많고 적
   음은 은혜로 말미암는다는 뜻.

7) 諸公(제공) : 여러 공작(公爵)의 뜻이다. 여기서 제공(諸公)이라고 말한 것
   은 천자가 동시에 명을 나누어 제후에게 하사하라고 시킨 사람들을 뜻한다.

8) 是(시) : 고문(古文)에 씨(氏)로 되어 있다.

9) 大史述命(대사술명) : 대는 태(太)이다. 태사가 천자의 명을 낭독하다의 뜻.
   태사는 하대부(下大夫)를 임명하고 좌사(左史)라고도 한다.

10) 受(수) : 협복(篋服)이다.

11) 儐使者(빈사자) : 사자(使者)에게 선물을 주다. 곧 수고롭게 다시 예를 이
    루었으므로 선물을 주는 것이다.

12) 異姓(이성) : 이 밑에 소방(小邦)의 두 글자가 빠졌다고 했다. 어느 본에는
    소방(小邦)의 두 글자가 있다고 했다.

13) 饗禮(향례) : 향은 향례(饗禮)이고 예는 사례(食禮)와 연례(燕禮)이다. 여
    기서 향례만 언급한 것은 호문(互文)을 이루게 하기 위하여 생략한 것이다.
    주례(周禮)에서 장객(掌客)의 직분에 이르기를 '상공(上公)은 삼향(三饗)
    에 삼사(三食)에 삼연(三燕)이 있고 후백(侯伯)에게는 재향(再饗)과 재사

(再食)와 재연(再燕)이 있고 자남(子男)에게는 일향(一饗)과 일사(一食)
와 일연(一燕)이 있다.'고 했다.

6. 흙담의 궁에서 행하는 예

제후(諸侯)가 천자(天子)에게 조회하기 위해 와서 알현할 때
에는 궁(宮)을 만드는 데 사방으로 300보이고 네 개의 문이 있고
단(壇)의 높이는 96자(九十六尺)이다.

깊이(높이)는 4자이고 그 위에는 방명(方明 : 상하사방의 신명의
상)을 올려놓았다.

방명(方明)이란 나무이다. 사방으로 4자이고 여섯 가지 색을
칠했는데 동방은 청색(靑色)이고 남방은 적색(赤色)이고 서방
(西方)은 백색(白色)이고 북방은 흑색(黑色)이고 위는 현색(玄
色)이고 아래는 황색(黃色)이다.

여섯 가지 옥을 장식했는데 위는 규(圭)이고 아래는 벽(璧)이
고 남방은 장(璋)이고 서방은 호(琥)이고 북방은 황(璜)이고 동
방은 규(圭)이다.

상개(上介)는 모두 그 임금의 기를 궁(宮)에서 들고 왼쪽을 높
인다.

공(公)과 후(侯)와 백(伯)과 자(子)와 남(男)은 모두가 그 기
에 나아가서 서 있는다. 네 번에 걸쳐 명을 전달한다.

천자가 타는, 용마(龍馬)가 끄는 수레에는 대기(大旂 : 大常
旗)를 싣고 해와 달과 승천하는 용과 하강하는 용을 본떠 넣는다.
왕성을 나와서는 동문(東門)의 밖에서 태양에 절을 하고 돌아와
서 방명(方明)에 제사한다.

남문 밖에서는 태양에 예를 행하고 북문 밖에서는 달과 사독
(四瀆 : 江·河·淮·濟水)에 예를 행하고 서문 밖에서는 산천과 구
릉(丘陵)에 예를 행한다.

하늘에 제사할 때에는 땔나무를 쌓아서 불을 태워야 한다. 산에
제사할 때에는 구릉(丘陵)에 올라가야 한다. 개울에 제사할 때에

는 가라앉혀야 한다. 땅에 제사할 때에는 땅 속에 묻어야 한다.

●諸侯覲于天子 爲宮[1]方三百步 四門 壇十有二尋[2] 深[3]四尺 加方明[4]于其上[5] 方明者 木也 方四尺 設六色[6] 東方靑 南方赤 西方白 北方黑 上玄 下黃 設六玉[7] 上圭 下璧 南方璋 西方琥[8] 北方璜[9] 東方圭 上介皆奉其君之旂置于宮[10] 尙左[11] 公侯伯子男皆就其旂而立 四傳擯[12] 天子乘龍[13] 載大旂[14] 象日月 升龍降龍 出拜日於東門之外 反祀方明 禮[15]日於南門外 禮月[16]與四瀆[17]於北門外 禮山川丘陵於西門外 祭天[18]燔柴[19] 祭山丘陵升[20] 祭川沈[21] 祭地瘞[22]

1) 爲宮(위궁) : 임시로 궁(宮)을 만들다. 곧 천자는 네 계절 동안 사당에서 제후들의 조회를 받는데 이 궁은 때에 모임이 성대함을 말한다. 궁은 제단을 쌓아 놓은 담을 뜻한다. 봄의 회동은 동쪽에서 하고 여름의 회동은 남쪽에서 하고 가을의 회동은 서쪽에서 하고 겨울의 회동은 북쪽에서 한다.

2) 壇十有二尋(단십유이심) : 단은 12심이다. 사방 96자(尺)이다. 일심(一尋)은 8척(八尺)이다.

3) 深(심) : 고(高)의 뜻이다. 곧 위로 따르는 것을 심(深)이라 한다.

4) 方明(방명) : 상하(上下) 사방(四方)의 신명(神明)의 상이라고 했다. 또 상하사방의 신(神)이란 신명(神明)을 이른다고 했다.

5) 其上(기상) : 흙으로 만든 단(壇)을 뜻한다.

6) 六色(육색) : 그 신(神)을 상징한 것이다.

7) 六玉(육옥) : 예로써 위에 하는 것은 창벽(蒼璧)이 좋고 아래에 하는 것은 황종(黃琮)이 마땅하다. 상하의 신은 천지의 지극히 귀한 것은 아니다. 옥을 설치하는 것은 그 나무를 새겨서 나타내는 것이다.

8) 琥(호) : 호랑이 모양으로 조각한 옥.

9) 璜(황) : 벽옥(璧玉)이나 원(瑗)을 반으로 쪼갠 듯한 모양.

10) 置于宮(치우궁) : 기를 세워서 미리 그 임금(제후)이 천자의 위치를 보도록 하기 위한 것. 제공(諸公)은 중계(中階)의 앞에서 북면하고 동쪽을 위로 한다. 제후는 동계(東階)의 동쪽에서 서면하고 북쪽을 위로 한다. 제백(諸伯)은 서쪽 계단의 서쪽에서 동면하고 북쪽을 위로 한다. 제자(諸子)는 문의 동북면에서 동쪽을 위로 한다. 제남(諸男)은 문의 서북면에서 동쪽을 위로 한다.

11) 尙左(상좌) : 상은 고문에는 상(上)으로 되어 있다. 기를 세우는데 공(公)은 동상(東上)하고 후는 백(伯)보다 먼저하고 백은 자(子)보다 먼저하고 자는 남(男)보다 먼저 하여 자리가 모두 동방을 위로 한다는 뜻이다.

12) 四傳擯(사전빈) : 네 번에 걸쳐서 명을 전달하다. 천자가 이미 공후백자남(公侯伯子男)의 다섯 제후들에게 읍하고 단(壇)으로 올라서 빈자(擯者)를 정하여 제후들을 단 위로 오르게 하여 회동하게 한다. 회동한 제후들이 그 서옥(瑞玉)과 예물을 진열하고 천자에게 절하는데 공(公)은 상등(上等)에서 후백(侯伯)은 중등(中等)에서 자남(子男)은 하등(下等)에서 한다. 이에 빈자(擯者)가 매양 앞으로 나아가 당으로 오르라고 명을 전하면 제후들이 올라와서 천자의 명을 받는다. 이에 천자가 옥(玉)을 받아서 옥을 어루만지면 하등(下等)으로 내려와 절하고 제후들의 일을 아뢰고 나면 천자가 위로한다. 모두가 근례(覲禮)와 똑같이 한다. 이것을 기록하여 근(覲)이라고 한다. 곧 사전빈(四傳擯)은 매양 한 사람의 자리마다 예가 끝나면 빈자(擯者)가 이를 천자에게 고하고 이에 제후들이 다시 예물을 진열한 다음 차례로 오르게 하는데 공(公)과 후(侯)와 백(伯)이 각각 한 번씩이고 자남(子男)이 한 번으로 도합 네 번이라는 뜻이다. 전은 고문(古文)에는 부(傅)로 되어 있다.

13) 乘龍(승룡) : 용을 타다. 용 끄는 수레를 타다. 천자가 타는 말을 용이라 하는데, 용은 여덟 자 이상의 말을 뜻한다.

14) 大旂(대기) : 대상기(大常旗)이다. 천자는 대상기를 세우는데 깃발의 머리에는 해와 달이 그려져 있고 그 아래에는 승룡(升龍)과 강룡(降龍)이 그려져 있는 기이다.

15) 禮(예) : 예를 하다. 곧 제사를 지내다.

16) 禮月(예월) : 달에 제사하다. 달은 태음(太陰)의 정(精)으로 지신(地神)을 위한 것이다.

17) 四瀆(사독) : 강수(江水) 하수(河水) 회수(淮水) 제수(濟水)를 뜻한다.

18) 祭天(제천) : 천자가 순수(巡狩)하거나 제후들의 회동에서 지내는 제사.

19) 燔柴(번시) : 하늘에 제사 지낼 때 땔나무로 불을 피우는 것이다.

20) 升(승) : 산에 제사 지낼 때 구릉에 올라서 하는 제사.

21) 沈(침) : 물에 제사 지낼 때 물에 가라앉혀서 지내는 제사.

22) 瘞(예) : 땅에 묻는 제사이다. 예는 고문(古文)에는 에(殪)로 되어 있다.

■ 근례(覲禮)의 의의

가. 규(圭)는 옥받침 위에 올려놓아야 한다
궤(几)는 동상(東箱)에 놓아 둔다.
편가(偏駕)의 수레는 왕문(王門)으로 들어가지 못한다.
규(圭)는 옥받침 위에 올려놓아야 한다.

記 : ○几俟于東箱[1] ○偏駕[2]不入王門[3] 奠圭于繅上[4]

1) 俟于東箱(사우동상) : 천자가 자리로 나아가면 설치한다. 동상은 동협(東夾)
   의 앞이며 일이 있을 때까지 대기하는 곳이다.

2) 偏駕(편가) : 곁에 있어 자신과 함께 하는 것을 편(偏)이라 한다. 동성은 금
   로(金輅)이고 이성(異姓)은 상로(象輅). 사위(四衛)는 혁로(革輅)이고 번
   국(蕃國)은 목로(木輅). 곧 수레가 왕과 함께 하는 것을 편(偏)이라 한다.

3) 不入王門(불입왕문) : 수레는 천자의 문 안에 들어가지 못한다. 곧 묵거(墨
   車)를 타고 조회에 들어가는 것이 이를 뜻한다. 편가(偏駕)의 수레는 관사에
   머물러 있다.

4) 繅上(조상) : 고문(古文)에는 조가 조(璪)로 되어 있다. 조상은 옥을 땅에
   내려놓을 때는 옥받침에 올려서 놓는다는 뜻이다.

제11편 상복경전(喪服經傳第十一)

　상복경전(喪服經傳)은 편명(篇名)이면서, 상(喪)을 당했을 때 입는 복(服)의 형식과 상복의 기간과 친소(親疎) 관계에 따라서 복이 다른 것 등을 논하고 있다. 경(經)과 전(傳)이란 경은 경문(經文)이고 전은 경문을 해석한 내용이다.

　정현(鄭玄)은 "천자(天子)부터 아래까지 죽음이 있으면 서로 상복을 입는데 의복이나 연월이나 친하고 성긴 상태에서 융성하게 하고 간략하게 하는 예이다. 또 상사(喪事)에는 반드시 복(服)이 있고 복에 따라서 지극히 아픔을 꾸미는 것이 있게 되는 것이다."라고 말했다.

1. 상복(喪服)의 종류와 명칭

　상복(喪服)이다.

　참최(斬衰)의 상(喪)에는 상복이 최(衰)와 상(裳)과 수질(首経)과 요질(腰経)과 장(杖)과 효대(絞帶)와 갓의 승영(繩纓)과 간구(菅屨) 등등이다.

　전(傳)에 말했다.

　"도련하지 않은 상복(喪服 : 斬衰)이란 무엇인가? 자락의 끝을 접어 꿰매지 않은 것이다. 저질(苴経 : 수질과 요질)이란 마(麻 : 삼)의 씨앗이 있는 것이다. 저질(苴経)은 크게 눌러 좌본(左本)이 아래에 있게 하여 5분의 1을 버리고 띠를 만드는 것이다.

　재최(齊衰)의 질(経)과 참최(斬衰)의 띠〔帶〕는 5분의 1을 버리고 띠를 만든다. 대공(大功)의 질이나 재최(齊衰)의 띠는 5분

의 1을 버리고 띠를 만든다. 소공(小功)의 질이나 대공(大功)의
띠는 5분의 1을 버리고 띠를 만든다. 시마(緦麻)의 질이나 소공
(小功)의 띠는 5분의 1을 버리고 띠를 만든다.

저장(苴杖)은 대나무이고 삭장(削杖)은 오동나무이다. 장(杖)
은 각각 그 심(心 : 중앙)을 가지런히 하며 모두 밑이 근본이다.

장(杖 : 지팡이)이란 무엇인가? 신분을 나타내는 작위이다. 작위
가 없는데 장(杖)을 하는 자는 무엇 때문인가? 상주가 빌리는 것
이다. 상주가 아닌데도 장(杖)을 한 자는 무엇 때문인가? 괴로워하
다 병든 자를 돕는 것이다. 그렇다면 어린아이〔童子〕는 어찌하여
장(杖)을 하지 않는가? 능히 괴로움이 병이 되지 않기 때문이다.

부인(婦人)은 어찌하여 장(杖)을 하지 않는가? 또한 능히 괴
로워하다 병들지 않기 때문이다.

효대(絞帶 : 마로 꼰 끈)란 노끈의 띠이다. 관승영(冠繩纓)은 한
가닥의 관끈을 매는 것이며 관끈을 꿰맨 솔기가 오른쪽으로 가게
한다. 관(冠)은 6승(六升 : 매 승은 80올)이고 관의 앞뒤가 꺾여 솔
기의 빳빳한 것이 삐죽이 나온다. 두드려서 잿물에 빨지 않는다.

최(衰)는 3승(三升 : 240올)이다. 간구(菅屨)라는 것은 솔새로
만든 짚신이며 밖에서 들인다.

거상(居喪)하면서 여막 속에 있을 때는 거적자리에 눕고 흙덩
이를 베고 자며 밤낮으로 때없이 곡한다.

처음으로 죽을 마시는데 아침에는 한 움큼의 쌀을 끓여 먹고 저
녁에도 한 움큼의 쌀을 끓여 먹으며 질(経)과 띠를 벗지 않는다.

이미 우제(虞祭)를 지낸 후에는 주위의 풀을 가지런히 깎고 문
위의 가로댄 나무를 조금 버티게 하고 잘 때 자리를 깔고 거친 밥을
먹고 물을 마시며 아침에 한 번 곡하고 저녁에 한 번 곡할 따름이다.

이미 연제(練祭)를 마치면 밖의 침실에서 머무르고 비로소 채소
와 과일과 밥과 본래의 음식을 먹으며 곡은 아무때나 하지 않는다.

喪服 : ●斬衰裳[1] 苴絰杖[2] 絞帶[3] 冠繩纓[4] 菅屨者[5] 傳曰[6] 斬者[7]何 不
緝也 苴絰者 麻之有蕡者也 苴絰大搹[8] 左本在下 去五分一以爲帶 齊

衰之経⁹⁾ 斬衰之帶也 去五分一以爲帶 大功¹⁰⁾之経 齊衰之帶也 去五分一以爲帶 小功¹¹⁾之経 大功之帶也 去五分一以爲帶 緦麻¹²⁾之経 小功之帶也 去五分一以爲帶 苴杖¹³⁾ 竹也 削杖¹⁴⁾ 桐也 杖各齊其心 皆下本 杖者何 爵¹⁵⁾也 無爵¹⁶⁾而杖者何 擔¹⁷⁾主也 非主¹⁸⁾而杖者何 輔病也 童子何以不杖 不能病也 婦人何以不杖 亦不能病也 絞帶者 繩帶也 冠繩纓條屬¹⁹⁾ 右縫²⁰⁾ 冠六升²¹⁾ 外畢²²⁾ 鍛而勿灰²³⁾ 衰三升 菅屨者 菅菲²⁴⁾也 外納 居倚廬²⁵⁾ 寢苫枕塊²⁶⁾ 哭晝夜無時 歠粥 朝一溢²⁷⁾米 夕一溢米 寢不說²⁸⁾絰帶 既虞²⁹⁾ 翦屛柱楣³⁰⁾ 寢有席 食疏食³¹⁾ 水飮 朝一哭 夕一哭而已 既練³²⁾ 舍外寢 始食菜果 飯素食³³⁾ 哭無時³⁴⁾

1) 斬衰裳(참최상) : 참최의 아랫도리이다. 참최는 오복의 하나이며 거친 삼베로 짓고 아랫단을 꿰매지 않는다. 곧 외간상(外艱喪)이다. 무릇 상복은 윗도리는 최(衰)이고 아랫도리는 상(裳)이다.

2) 苴絰杖(저질장) : 저질은 수질(首絰)과 요질(腰絰). 장은 상장(喪杖), 일명 지팡이다. 질은 실(實)의 뜻이 있다. 수질(首絰)은 치포관(緇布冠)을 본떴다.

3) 絞帶(효대) : 저마(苧麻)로 꼰 띠. 혁대(革帶)를 본떴다.

4) 冠繩纓(관승영) : 갓끈을 드리우는 것이다.

5) 菅屨者(간구자) : 짚신을 뜻한다.

6) 傳曰(전왈) : 경문(經文)의 주해(註解)를 뜻함. 곧 앞의 경문을 해석한 것.

7) 斬者(참자) : 도련하지 않은 상복. 곧 끝자락의 둘레를 접어 꿰매지 않은 상복.

8) 苴絰大搹(저질대혁) : 수질과 요질을 크게 누르다. 혁은 액(扼)이라 했다. 중인(中人)의 액위(扼圍)는 9촌(九寸)인데 5분의 1로 삭감한 것은 오복(五服)의 수치를 본뜬 것이다.

9) 齊衰之絰(재최지질) : 재최는 오복의 하나이다. 3년복이 있다. 조금 굵은 생베로 지어 아래의 가를 좁게 접어서 꿰맨 상복. 질은 요질이다.

10) 大功(대공) : 오복의 하나이며 굵은 베로 지어 아홉 달을 입는 복.

11) 小功(소공) : 오복의 하나이며 가는 베로 지어 소공친(小功親)의 상사에 다섯 달 동안 입는 상복.

12) 緦麻(시마) : 오복의 하나이며 석 달 동안 입는 상복이다.

13) 苴杖(저장) : 검은 지팡이. 곧 대나무에 검은 칠을 한 상장(喪杖)이다.

14) 削杖(삭장) : 오동나무의 지팡이다. 상장(喪杖)이다.

15) 爵(작) : 천자(天子), 제후(諸侯), 경(卿), 대부(大夫), 사(士)를 뜻한다.

16) 無爵(무작) : 서인(庶人)이다.

17) 擔(담) : 가(假)와 같다. 벼슬이나 작위가 없는 자는 상장(喪杖)을 빌려서 그 상의 주인이 된 것을 높이는 것이다.

18) 非主(비주) : 중자(衆子)이다.

19) 條屬(조촉) : 한 가닥의 관끈을 단다는 뜻.

20) 右縫(우봉) : 관끈을 꿰맨 솔기를 오른쪽에 하다.

21) 升(승) : 80올로 된 베를 말한다. 마땅히 등(登)이라 하고 성(成)의 뜻이라 했다. 지금의 예에는 등(登)으로 승(升)을 삼아서 잘못 사용해 온 지 오래이다.

22) 外畢(외필) : 관의 앞뒤가 꺾이고 솔기의 빳빳한 것이 돌아 나오는 것이다.

23) 鍛而勿灰(단이물회) : 두드려서 잿물에 빨지 않는다는 뜻이다.

24) 菅菲(간비) : 짚신이다. 미투리.

25) 居倚廬(거의려) : 여막에 의지하여 거처하다.

26) 寢苫枕塊(침점침괴) : 침점은 거적자리를 깔다. 침괴는 흙덩어리를 베다.

27) 一溢(일일) : 20량(二十兩)이 일(溢)이라 했다. 쌀 한 되 24분의 1을 뜻한다. 한 움큼이다.

28) 說(탈) : 탈(脫)과 같다.

29) 旣虞(기우) : 이미 우제(虞祭)를 지내다. 우제는 부모의 장례를 마친 날 행하는 제사.

30) 剪屛柱楣(전병주미) : 병풍을 치우고 기둥을 세우고 벽을 바르는 일이다.

31) 疏食(소식) : 거친 음식이다.

32) 旣練(기련) : 소상(小祥)을 마친 것을 뜻한다.

33) 素食(소식) : 평소대로의 식사이다.

34) 哭無時(곡무시) : 아무 때나 하지 않는다는 뜻이다.

2. 각각에 따른 상례의 의의

◎ 아버지.

전(傳)에 말했다.

"아버지를 위하여 어찌하여 참최의 상복을 입는 것인가? 아버지는 지극히 존경스럽기 때문이다.

　◎ 제후가 천자(天子)를 위해서이다.

　전(傳)에 말했다.

　"천자(天子)는 지극히 높기 때문에 참최 3년을 입는 것이다."

　◎ 임금이다.

　전(傳)에 말했다.

　"임금도 지극히 높기 때문에 참최 3년을 입는 것이다."

　◎ 아버지가 장자(長子)를 위해서이다.

　전(傳)에 말했다.

　"아버지가 장자를 위해 어찌하여 3년상인가? 위로 몸체를 바르게 하고 또 이에 장차 중요한 것을 전하기 때문이다. 서자(庶子)들은 장자(長子)와 같이 3년상으로 하지 않는 이유는 선조를 계승하지 못하기 때문이다."

　◎ 사람의 후계자가 된 자.

　전(傳)에 말했다.

　"어찌하여 3년입니까? 거듭 받은 자는 반드시 존복(尊服)으로써 입는 것이다. 어찌하여 가히 뒤가 되는가? 사당을 함께 했으면 가히 뒤를 이을 수 있는 것이다. 어떠한 사람이 가히 사람의 후계가 되는가? 맏아들 이외의 지자(支子)가 가능한 것이다. 후계자가 되는 것은 조부모와 처와 처의 부모와 곤제(昆弟)와 곤제(昆弟)의 아들이 어린아이가 된다."

　◎ 아내가 지아비를 위해서이다.

　전(傳)에 말했다.

　"지아비는 지극히 높은 것이다."

　◎ 첩(妾)이 임금을 위해서이다.

　전(傳)에 말했다.

　"임금은 지극히 높은 것이다."

　◎ 딸이 출가하지 않고 집안에 있으면 아버지를 위하여 입는다.

　◎ 베로 머리를 묶고 대나무 비녀를 쓰고 복머리를 하고 참최(斬衰) 3년상을 하는 것이다.

전(傳)에 말했다.

"머리를 묶는 것은 6승(六升)으로 하고 길이는 6치(六寸)이며 대나무 비녀는 길이가 1자(一尺)이다. 길계(吉笄)는 1자 2치이다.

◎ 딸이 시집갔다가 돌아와서 아버지의 집에 있게 되면 아버지의 3년상을 입는다.

◎ 공사(公士)와 대부(大夫)의 중신(衆臣)은 그 임금을 위하여 띠를 끄르고 신끈을 맨다.

전(傳)에 말했다.

"공경(公卿)과 대부실로(大夫室老)와 사(士)는 귀신(貴臣)이고, 그 나머지 모두가 중신(衆臣)이다. 임금이란 토지(土地)를 둔 것을 말한다. 중신(衆臣)은 상장(喪杖)을 사용하지만 아침저녁으로 곡하는 자리에 나아가지 않는다. 근신(近臣)은 임금의 복을 이에 입는 것이다. 승구(繩屨)란 미투리이다."

❶父 傳曰 爲父何以斬衰[1]也 父至尊[2]也 ❶諸侯爲天子 傳曰 天子至尊也 ❶君[3] 傳曰 君至尊也 ❶父爲長子[4] 傳曰 何以三年也 正體於上 又乃將所傳重[5]也 庶子[6]不得爲長子三年 不繼祖也 ❶爲人後者 傳曰 何以三年也 受重者必以尊服服之 何如而可爲之後 同宗則可爲之後 何如而可以爲人後 支子[7]可也 爲所後者之祖父母妻 妻之父母 昆弟 昆弟之子 若子[8] ❶妻爲夫 傳曰 夫至尊也 ❶妾[9]爲君 傳曰 君至尊也 ❶女子子[10]在室[11]爲父 布總 箭笄[12] 髽[13] 衰 三年 ❶傳曰 總六升[14] 長六寸 箭笄長尺 吉笄尺二寸 ❶子嫁[15]反在父之室 爲父三年 ❶公士[16]大夫之衆臣 爲其君布帶繩屨 傳曰 公卿大夫室老[17] 士[18] 貴臣 其餘皆衆臣也 君謂有地者也 衆臣杖 不以卽位 近臣[19] 君服斯[20]服矣 繩屨者 繩菲也

1) 斬衰(참최) : 오복의 하나이며 부모상에 입는 상복이다.

2) 至尊(지존) : 지극히 높다. 지극히 존경하다의 뜻.

3) 君(군) : 천자(天子)나 제후(諸侯) 및 경대부(卿大夫)가 모두 토지인 영지(領地)를 거느리고 있으면 모두 군(君)이라 한다고 했다.

4) 長子(장자) : 적자(嫡子)이다. 적자라고 말하지 않는 것은 상하(上下)가 통

하기 때문이다. 적자(嫡子)를 세워서 장자(長子)로 삼는다.

5) 傳重(전중) : 선조의 제사를 후손에게 전하여 받들게 하는 것.

6) 庶子(서자) : 장자 이외의 형제들.

7) 支子(지자) : 맏아들 이외의 자식들.

8) 若子(약자) : 어린 아들. 곧 후사를 이을 자식을 뜻함. 곧 양자도 포함됨.

9) 妾(첩) : 지아비가 임금인 여인을 지칭함.

10) 女子子(여자자) : 딸을 지칭한다. 남자와 구별됨.

11) 在室(재실) : 집안에 있다. 시집가려고 허락되었는데 여자가 집에 있는 것.

12) 布總箭笄(포총전계) : 포총은 베로 묶은 머리. 전계는 가는 대로 만든 비녀.

13) 髽(좌) : 복머리이다. 부인이 상중에 하는 결발이다.

14) 總六升(총육승) : 머리 꾸미는 관을 본떠서 6승(六升)으로 하는 것이다.

15) 子嫁(자가) : 딸이 시집가다. 여자가 대부에게 시집가는 것을 가(嫁)라 하
고 사(士)나 서인(庶人)에게 시집가는 것을 적인(適人)이라 한다고 했다.

16) 士(사) : 경(卿)을 말한다.

17) 室老(실로) : 대부의 가상(家相)이다.

18) 士(사) : 읍재(邑宰)이다.

19) 近臣(근신) : 환관의 무리이다.

20) 君服斯(군복사) : 임금의 의복을 계승하다. 사는 차(此)의 뜻이다.

3. 3년상(三年喪)의 도구들

◎ 거친 참최(斬衰)의 상(裳)과 자최(齊衰)복과 모마질(牡麻経)과 관포영(冠布纓)과 삭장(削杖)과 포대(布帶)와 거친 신은 3년상(三年喪)에 쓰이는 것들이다.

전(傳)에 말했다.

"자최(齊衰)란 무엇인가? 꿰맨 상복이다. 모마(牡麻)란 모시와 삼이다. 모마질(牡麻経)은 오른쪽 밑이 위에 있는 것이다. 관(冠)이란 대공(大功)이다. 거친 신이란 기름사초풀로 만든 신이다."

◎ 아버지가 돌아가셨으면 어머니를 위해 3년상의 복을 입는다.

◎ 계모(繼母)는 어머니와 똑같은 것이다.

전(傳)에 말했다.

"계모(繼母)가 어찌하여 어머니와 똑같은 것인가? 계모도 아버지와 짝하였으므로 더불어 친어머니와 동일하게 하는 것이다. 그러므로 효자(孝子)는 감히 다르게 하지 않는 것이다."

◎ 자모(慈母)도 어머니와 같다.

전(傳)에 말했다.

"자모(慈母)란 누구인가? 전(傳)에 말했다. "첩(妾)으로 아들이 없는 자나 첩의 아들이 어머니가 없는 자를, 아버지가 첩에게 명하기를 '너의 자식으로 삼으라.' 라고 하고 아들에게 말하기를 '너의 어머니로 삼아라.' 라고 한 것이다. 이와 같이 되면 낳아서 길러 준 것과 같아서 그 몸을 마칠 때까지 어머니와 같이 여기고 죽게 되면 3년상을 치러 어머니와 같이 상복을 입는데, 이는 아버지의 명을 귀하게 여긴 것이다."

◎ 어머니가 장자(長子)를 위해서이다.

전(傳)에 말했다.

"어머니가 장자를 위하여 어찌하여 3년복을 입는가? 아버지가 강등하지 못하므로 어머니도 또한 감히 강등하지 못하는 것이다."

❶疏[1]衰裳 齊 牡麻絰 冠布纓 削杖 布帶 疏屨 三年者[2] 傳曰 齊者何 緝也 牡麻者 枲麻也 牡麻絰右本在上 冠者沽功[3]也 疏屨者 藨蒯之 菲也 ❶父卒則爲母 ❶繼母如母 傳曰 繼母何以如母 繼母之配父 與因[4]母同 故孝子不敢殊也 ❶慈母[5]如母 傳曰 慈母者何也 傳曰 妾之無子者 妾子之無母者 父命妾曰 女[6]以爲子 命子曰 女以爲母 若是 則生養之終其身如母 死則喪之三年如母 貴父之命也 ❶母爲長子 傳曰 何以三年也 父之所不降[7] 母亦不敢降也

1) 疏(소) : 거칠다. 추(麤)와 같다.

2) 三年者(삼년자) : 3년 상복(三年喪服)이라는 뜻이다.

3) 沽功(고공) : 고는 추(麤)의 뜻이다. 고공은 대공(大功)과 같다.

4) 因(인) : 친(親)과 같다.

5) 慈母(자모) : 대부(大夫)나 사(士)의 첩(妾)으로 아들이 없는 여인을 뜻함.

6) 女(여) : 여(汝)와 같다.

7) 不降(불강) : 내리지 못하다. 자기를 높여서 할아버지와 아버지의 정체(正體)를 하강시키지 못한다는 뜻이다.

4. 기년상(期年喪)의 도구들

◎ 거친 베로 지은 윗상복과 아랫상복의 자최(齊衰)와 모마질(牡麻絰)과 관포영(冠布纓)과 삭장(削杖)과 포대(布帶 : 베로 만든 띠)와 거친 신은 1년상(喪)의 기구들이다.

전(傳)에 말했다.

"어떤 이가 묻기를 '어찌하여 관을 합니까?' 라고 하여 이르기를 '자최(齊衰)와 대공(大功)에는 그 받는 것을 관으로 한다. 시마(緦麻)나 소공(小功)은 그 상웃으로 관을 한다. 띠에 가선을 둘러서 각각 그 관을 살피는 것이다.' 라고 하였다."

◎ 아버지가 계시면 어머니를 위하여 1년상이다.

전(傳)에 말했다.

"어찌하여 기년(期年)입니까? 절반을 꺾은 것이다. 지존(至尊)이 계시므로 감히 그 사사로운 존경을 펴지 못하는 것이다. 아버지는 반드시 3년상을 한 연후에야 장가들 수 있는데 이것은 아들의 뜻이 통한 것이다."

◎ 아내의 경우이다.

전(傳)에 말했다.

"아내를 위하여 어찌하여 기년인가? 아내는 지극히 친한 관계이기 때문이다."

◎ 집 나간 아내의 아들이 어머니를 위한 것이다.

전(傳)에 말했다.

"집 나간 아내의 아들이 어머니를 위하여 기년(期年)복을 입지만 외조부모(外祖父母)를 위해서는 복이 없다. 전(傳)에 말하기를 '절족(絶族 : 絶孫)한 집안은 복이 미치지 않고 살붙이의 친함은 이어진다. 집 나간 아내의 아들이 아버지의 후계자가 된 자

는 집 나간 어머니를 위해서 복이 없다.'라고 하고, 전(傳)에 이
르기를 '높은 자와 더불어 일체(一體)가 되면 감히 사친(私親 :
어머니)의 복을 입지 않는 것이다.'라고 했다."

　◎ 아버지가 돌아가시고 계모가 개가(改嫁)하여 따라갔으면
위하여 복을 입어서 갚는다.

　전(傳)에 말했다.

"어찌하여 기년(期年)인가? 그 끝마침을 귀하게 여긴 것이다."

❶疏衰裳 齊 牡麻絰 冠布纓[1] 削杖 布帶 疏屨 期者[2] 傳曰 問者[3]曰 何
冠也 曰 齊衰大功冠其受也 緦麻小功冠其衰也 帶緣[4]各視其冠 ❶父
在爲母 傳曰 何以期也 屈也 至尊在 不敢伸其私尊[5]也 父必三年然
後娶 達子之志也 ❶妻 傳曰 爲妻何以期也 妻至親也 ❶出妻之子爲
母 傳曰 出妻[6]之子爲母朞 則爲外祖父母無服 傳曰 絶族無施[7]服 親
者屬 出妻之子爲父後者 則爲出母無服 傳曰 與尊者爲一體 不敢服
其私親[8]也 ❶父卒 繼母嫁 從 爲之服 報 傳曰 何以期也 貴終[9]也

1) 冠布纓(관포영) : 금문(今文)에는 이 세 글자가 없다.
2) 期者(기자) : 기년(期年)의 상복(喪服)을 뜻한다. 1년의 상복을 입는 것.
3) 問者(문자) : 질문한 자가 참최(斬衰)가 그 두 가지가 있는데 그 관을 쓰는
　　것이 동일함을 나타낸 것이다. 지금의 재최(齊衰)에는 4장(四章)이 있다. 그
　　관의 동일하고 다른 것을 알지는 못한다.
4) 緣(연) : 심의(深衣)에 가선을 두르는 것과 같다는 뜻이다.
5) 私尊(사존) : 어머니를 뜻한다.
6) 出妻(출처) : 집을 나간 아내의 뜻. 출(出)은 거(去)이다.
7) 施(이) : 급(及)과 같다. 미치다.
8) 私親(사친) : 어머니의 뜻.
9) 貴終(귀종) : 그 은혜를 끝마치는 것을 귀하게 여긴다는 뜻.

5. 기년상(期年喪)의 범위
　◎ 상장(喪杖)은 하지 않고 마구(麻屨)만 신는다.(재최의 상에서)

◎ 조부모(祖父母)이다.

전(傳)에 말했다.

"어찌하여 기년(期年)인가? 지극히 높기 때문이다."

◎ 백부모(伯父母)와 숙부모(叔父母)를 위해서이다.

전(傳)에 말했다.

"백부(伯父)와 숙부(叔父)는 어찌하여 기년복(期年服)인가? 존귀한 사람과 일체(一體)이기 때문이다. 그렇다면 형제(兄弟 : 昆弟)의 자식이 어찌하여 또한 기년인가? 곁으로 존귀함이며 족히 존귀함을 더하지는 못하는 것이므로 보답하는 것이다. 아버지와 아들은 일체(一體)이고 부부(夫婦)도 일체이고 형제도 일체이다. 아버지와 아들은 머리와 발 같고 부부(夫婦)는 반쪽이 합한 것이요 형제는 사지(四肢)와 같으므로 형제의 의(義)는 나눔이 없다. 그러나 나눔이 있는 자는 자식의 사사로움을 피한 것이다. 자식이 그 아버지를 사사로이 하지 않으면 자식됨이 성취되지 못하는 것이다. 동궁(東宮)이 있고 서궁(西宮)이 있고 남궁(南宮)이 있고 북궁(北宮)이 있어서 다르게 살더라도, 재물을 함께 하고 여유가 있으면 종족에게 돌아가게 하고 부족하면 종족이 돕는 것이다.

백모(伯母)와 숙모(叔母)는 어찌하여 또한 기년(期年)상인가? 이름으로써 복을 입는 것이다.

◎ 대부(大夫)의 적자(適子 : 長子)가 아내를 위해서이다.

전(傳)에 말했다.

"어찌하여 기년복인가? 아버지가 강등하지 아니하므로 아들 또한 감히 강등하지 않는 것이다. 어찌하여 상장(喪杖)을 하지 않는가? 아버지가 계시면 아내를 위하여 상장을 하지 않는 것이다."

◎ 곤제(昆弟 : 兄弟)이다.

◎ 모든 아들들을 위해서이다.

◎ 곤제의 아들이다.

전(傳)에 말했다.

"어찌하여 기년상(期年喪)인가? 보답하는 것이다."

◑不杖 麻屨者[1] ◑祖父母 傳曰 何以期也 至尊也 ◑世父母 叔父
母 傳曰 世父叔父何以期也 與尊者一體也 然則昆弟之子何以亦期
也 旁尊也 不足以加尊焉 故報之也 父子一體也 夫妻一體也 昆弟
一體也 故父子首足也 夫妻牉合[2]也 昆弟四體[3]也 故昆弟之義無分
然而有分者 則辟子之私也 子不私其父 則不成爲子[4] 故有東宮 有
西宮 有南宮 有北宮 異居而同財 有餘則歸之宗[5] 不足則資[6]之宗 世
母[7]叔母何以亦期也 以名服也 ◑大夫之適子[8]爲妻 傳曰 何以期也
父之所不降 子亦不敢降也 何以不杖也 父在則爲妻不杖 ◑昆弟[9]
◑爲衆子[10] ◑昆弟之子 傳曰 何以期也 報之也

1) 不杖麻屨者(부장마구자) : 상장(喪杖 : 지팡이)를 짚지 않고 미투리만 신는
   다는 뜻. 곧 재최(齊衰)의 상복을 입고 있을 때의 행동이다.

2) 牉合(반합) : 반쪽이 합해지다.

3) 四體(사체) : 팔과 다리이다.

4) 子不私其父則不成爲子(자불사기부즉불성위자) : 자식은 그 아버지에게 친
   함이 있어야 자식이 되는 것이니 사사로이 친함이 없으면 자식으로서 대우를
   받지 못한다는 뜻.

5) 宗(종) : 세부(世父 : 伯父)는 소종(小宗)이 되어 종사(宗事)를 맡는다.

6) 資(자) : 취(取)의 뜻이다.

7) 世母(세모) : 백모(伯母)이다.

8) 適子(적자) : 적자(嫡子)이다.

9) 昆弟(곤제) : 형제(兄弟)이다. 자매(姉妹)도 집에 있으면 또한 같다.

10) 爲衆子(위중자) : 장자(長子)의 아우나 첩의 아들이나 딸로, 집안에 있으
    면 기년상이다.

6. 그 밖의 1년 상복을 입는 범위

◎ 대부의 서자(庶子)가 적자(適子)의 형제를 위해서이다.
전(傳)에 말했다.
"어찌하여 기년인가? 아버지가 강등하지 아니하니 자식이 또
한 감히 강등하지 못하는 것이다."

◎ 적손(適孫)의 경우이다.

전(傳)에 말했다.

"어찌하여 기년인가? 감히 그 적자(嫡子)를 강등하지 못한다. 적자가 있으면 적손(適孫)이 없다. 손부(孫婦)도 똑같다."

◎ 사람의 후계자가 된 자는 그 부모를 위하여 보답하는 것이다.

전(傳)에 말했다.

"어찌하여 기년인가? 거듭 참최(斬衰)를 하지 않는 것이다. 어찌하여 거듭 참최를 하지 않는 것인가? 대종(大宗)을 지중(持重)하게 하는 자는 그 소종(小宗)을 강등하지 않는다. 사람의 후계자가 된 자는 누구의 후계자인가. 대종의 후계자이다. 어찌 대종의 후계자가 되는가? 대종이란 높여서 거느리는 것이다. 새와 짐승은 어미를 알고 아비를 알지 못한다. 야인(野人)들이 말하기를 '부모를 무엇으로 계산하랴.' 라고 했다. 도읍(都邑)의 사(士)는 아버지 사당을 높일 줄을 알고, 대부나 학사(學士)는 할아버지를 높일 줄을 알고 제후는 그 태조(太祖)에 이르고 천자는 그 시조에서부터 나온 바를 알게 되는 것이다. 존자(尊者)는 먼 곳까지 거느려 높이고 낮은 자는 가까운 곳을 거느려서 높인다. 대종이란 높여서 통솔하는 것이다. 대종이란 피붙이를 거두는 것으로 가히 끊어지게 할 수 없다. 이에 족인(族人)들이 지자(支子)로써 대종의 후계자를 삼는 것이다. 적자(適子)는 대종의 후계가 되지 못하는 것이다."

❶大夫之庶子爲適昆弟[1] 傳曰 何以期也 父之所不降[2] 子亦不敢降也 ❶適孫[3] 傳曰 何以期也 不敢降其適也 有適子者無適孫 孫婦亦如之[4] ❶爲人後者爲其父母 報 傳曰 何以期也 不貳斬[5]也 何以不貳斬也 持重於大宗[6]者 降其小宗[7]也 爲人後者 孰後 後大宗也 曷爲後大宗 大宗者 尊之統也 禽獸知母而不知父 野人[8]曰 父母何算焉 都邑之士則知尊禰矣 大夫及學士則知尊祖矣 諸侯及其大祖[9] 天子及其始祖[10]之所自[11]出 尊者尊統上[12] 卑者尊統下[13] 大宗者 尊之統也 大宗者 收族[14]者也 不可以絶 故族人以支子後大宗也 適子不得後大宗

1) 爲適昆弟(위적곤제) : 두 가지 설이 있다. 적자(適子)이거나, 혹은 형이나 혹

은 동생이라는 뜻이 있다고 했다.

2) 不降(불강) : 대부가 비록 높더라도 그 적중(適重)을 강등하지는 못한다는 뜻.

3) 適孫(적손) : 주(周)나라의 제도에 적자(嫡子)가 죽으면 적손(適孫)을 세우는데 이 적손이 장차 위로 조후(祖後)가 된다. 장자(長子)가 있으면 모두 서손(庶孫)이 된다.

4) 孫婦亦如之(손부역여지) : 적부(嫡婦)가 있으면 또한 모두 서손부(庶孫婦)가 된다. 아버지의 후계자가 되더라도 장자(長子)가 아니면 모두 기년복이다.

5) 貳斬(이참) : 거듭 참최복을 하지 않다. 곧 중복을 하지 않는다는 뜻.

6) 大宗(대종) : 시조로부터 내려오는 적장자(嫡長子)이다.

7) 小宗(소종) : 대종(大宗)에서 갈라져 나온 방계(傍系)를 뜻한다.

8) 野人(야인) : 천한 사람들의 뜻.

9) 大祖(대조) : 처음 봉함을 받은 임금이다. 태조.

10) 始祖(시조) : 신령의 감화를 받아서 태어난 사람. 직(稷)과 설(契) 등이다.

11) 自(자) : 유(由)이다.

12) 上(상) : 원(遠)과 같다.

13) 下(하) : 근(近)과 같다.

14) 收族(수족) : 친소를 구별하고 소목(昭穆)을 차례 하는 것이다.

7. 여자들의 기년(期年) 상복

◎ 여자가 남에게 시집가면 그 부모를 위하여 기년복을 입고, 형제들 중 아버지의 후계자를 위하여 기년복을 입는다.

전(傳)에 말했다.

"아버지를 위하는데 어찌하여 기년(期年)인가? 부인(婦人)은 거듭 참최(斬衰)를 하지 않는 것이다. 부인이 거듭 참최복을 입지 않는 것은 무슨 이유인가? 부인에게는 삼종(三從)의 의(義)가 있고 전용(專用)하는 도가 없기 때문이다. 그러므로 시집가지 않아서는 아버지를 따르고 이미 시집을 가서는 지아비를 따르고 지아비가 죽으면 아들을 따르는 것이다. 그러므로 아버지는 아들의 하늘이요, 지아비는 아내의 하늘이다. 부인(婦人)은 두 번 참

최를 입지 않는 것은 가히 하늘을 거듭하지 않는다고 이르는 것
이며 부인이 능히 거듭 높이지 않는 것이다.

또 형제들 중 아버지의 후계자를 위해서 어찌하여 또한 기년
(期年)인가? 부인이 비록 밖에 있더라도 반드시 종(宗)으로 돌
아감이 있는 것을 가로되 소종(小宗)이라 한다. 그러므로 기년의
복을 입는 것이다."

◎ 계부(繼父)와 동거하는 사람이다.

전(傳)에 말했다.

"어찌하여 기년(期年)인가? 전(傳)에 이르기를 '지아비가 죽고
아내가 어리고 자식도 어린데 자식이 대공(大功)의 친척이 없으면
함께하여 남에게 시집간다. 시집간 곳이 또 대공(大功)의 친척이
없으면 시집간 곳에서는 재물로써 집과 사당을 장만해 주고 해마
다 제사 때 제사를 지내게 해 준다. 그러나 아내는 감히 함께 하지
않는다. 이와 같이 하는 것이 계부(繼父)의 도리이다.'라고 했다.

함께 살면 자최(齊衰)의 기년복(期年服)을 입고 따로 살게 되
면 자최(齊衰) 3개월의 복을 입는다. 반드시 일찍이 동거한 연후
에 따로 사는 것이 되고 일찍이 동거하지 않았다면 따로 사는 것
이 되지 않는다."

◎ 지아비의 임금을 위해서이다.

전(傳)에 말했다.

"어찌하여 기년인가? 따라서 복을 입기 때문이다."

◎ 고모와 손위 누이와 손아래 누이와 딸이 남에게 시집가 주인
이 없는 자는 고모와 손위 누이와 손아래 누이로 보답하는 것이다.

전(傳)에 말했다.

"주인이 없는 자는 그 제사를 받들 주인이 없는 것을 말한다. 어
찌하여 기년(期年)인가? 그 제주(祭主)가 없는 까닭에서이다."

●女子子適人者¹⁾爲其父母 昆弟之爲父後者 傳曰 爲父何以期也 婦
人不貳斬也 婦人不貳斬者何也 婦人有三從之義²⁾ 無專用之道 故未
嫁從父 旣嫁從夫 夫死從子 故父者子之天也 夫者妻之天也 婦人不

貳斬者 猶曰不貳天也 婦人不能貳尊也 爲昆弟之爲父後者何以亦
期也 婦人雖在外 必有歸宗³⁾ 曰小宗 故服期也 ◐繼父同居者 傳曰
何以期也 傳曰 夫死 妻穉 子幼⁴⁾ 子無大功之親⁵⁾ 與之適人 而所適
者亦無大功之親 所適者以其貨財爲之築宮廟⁶⁾ 歲時使之祀焉 妻不
敢與焉⁷⁾ 若是 則繼父之道也 同居則服齊衰期 異居則服齊衰三月⁸⁾
必嘗同居 然後爲異居 未嘗同居⁹⁾ 則不爲異居 ◐爲夫之君 傳曰 何
以期也 從服也 ◐姑姊妹女子子適人無主者¹⁰⁾ 姑姊妹報 傳曰 無主
者 謂其無祭主者也 何以期也 爲其無祭主故也

1) 適人者(적인자) : 남에게 시집간 여인을 뜻한다.

2) 三從之義(삼종지의) : 3가지를 따르는 여자의 의(義). 여자가 시집가기 전에는
   아버지를 따르고 시집가서는 남편을 따르고 남편이 죽으면 자식을 따르는 도

3) 歸宗(귀종) : 가묘(家廟)로 돌아가다의 뜻. 곧 아버지가 비록 죽더라도 그의
   살붙이로 돌아갈 수 있다는 뜻.

4) 妻穉子幼(처치자유) : 아내가 어리고 자식이 어리다. 곧 아내는 나이 50세 미
   만이고 아들은 나이 15세 이하일 때를 뜻한다.

5) 無大功之親(무대공지친) : 가까운 일가친척이 없다는 뜻. 곧 재물로 보호해
   줄 친척이 없다는 뜻.

6) 築宮廟(축궁묘) : 집과 사당을 지어 주다. 곧 아내의 전 남편의 집안 제사를
   지낼 수 있도록 집과 사당을 지어 준다는 뜻이다.

7) 妻不敢與焉(처불감여언) : 아내는 감히 전 남편의 제사에 참여할 수가 없다
   는 뜻. 여자는 개가하여 전 남편의 집안과는 가족 관계가 끊어졌으므로 제사
   에 참여할 수 없다.

8) 三月(삼월) : 어느 본(本)에는 밑에 야(也)자가 있다고 했다.

9) 未嘗同居(미상동거) : 동거하지 않았으면 상복을 입지 않는다는 뜻.

10) 無主者(무주자) : 제주(祭主)가 없는 자. 곧 자식이 없는 여자의 뜻.

8. 여자가 기년복을 입는 경우

◎ 임금이 아버지와 어머니와 아내와 장자(長子 : 태자)와 조
부모(祖父母)를 위해서이다.

전(傳)에 말했다.

"어찌하여 기년인가? 따라서 입는 것이다. 임금의 아버지와 어머니와 장자는 임금이 참최(斬衰)를 입고 아내는 소군(小君)이다. 아버지가 졸한 연후에 할아버지의 후계자가 된 자는 참최복을 입는다."

◎ 첩은 여군(女君 : 嫡妻)을 위해서이다.

전(傳)에 말했다.

"어찌하여 기년인가? 첩이 여군(女君)을 섬기는 것은 며느리가 시부모 등을 섬기는 것과 함께 하는 것이다."

◎ 며느리가 시부모를 위해서이다.

전(傳)에 말했다.

"어찌하여 기년인가? 따라서 입는 것이다."

◎ 지아비의 형제의 아들이다.

전(傳)에 말했다.

"어찌하여 기년인가? 보답하는 것이다."

◎ 공(公)의 첩이나 대부의 첩이 그 아들을 위해서이다.

전(傳)에 말했다.

"어찌하여 기년인가? 첩이 임금에게 체(體)를 얻지 못하기 때문에 그 아들도 드디어 따라서 얻게 되는 것이다."

◎ 여자자(女子子 : 딸)가 그 조부모(祖父母)를 위해서이다.

전(傳)에 말했다.

"어찌하여 기년인가? 감히 할아버지를 강등하지 못하는 것이다."

❶爲君¹⁾之父母妻長子祖父母²⁾ 傳曰 何以期也 從服也 父母長子 君服斬 妻則小君也 父卒然後爲祖後者服斬 ❶妾爲女君³⁾ 傳曰 何以期也 妾之事女君 與婦之事舅姑等 ❶婦爲舅姑 傳曰 何以期也 從服也 ❶夫之昆弟之子⁴⁾ 傳曰 何以期也 報之也 ❶公妾大夫之妾爲其子 傳曰 何以期也 妾不得體君 爲其子得遂也⁵⁾ ❶女子子爲其祖父母 傳曰 何以期也 不敢降其祖也⁶⁾

1) 君(군) : 이제 처음 봉함을 받은 것을 말한다.

2) 祖父母(조부모) : 처음 봉함받은 임금이 아버지가 있고 조부모상을 당했을 때.

3) 女君(여군) : 임금의 적처(適妻)이다. 여군은 첩에 대해 복이 없다.

4) 昆弟之子(곤제지자) : 남자와 여자 모두이다.

5) 公妾~爲其子得遂也(공첩~위기자득수야) : 공(公)과 대부(大夫)의 두 첩은 여군과 똑같은 신분을 얻지 못하기 때문에 그 아들을 강등하는 것이다. 여군은 임금과 일체이다. 오직 장자(長子)만 3년복이다. 그 나머지는 강등한다.

6) 女子子~降其祖也(여자자~강기조야) : 경문은 집안에 있는 것을 뜻한 것과 같고 전문(傳文)은 이미 시집간 것을 밝힌 것이나 비록 나가는 도가 있더라도 오히려 강등하지는 않는다.

9. 대부의 기년복은…

◎ 대부(大夫)의 아들이 백부모(伯父母)와 숙부모와 아들과 형제와 형제의 아들을 위하여, 고모와 손위 누이와 손아래 누이와 딸들 중에 제주(祭主)가 없는 자이거나 대부의 명부(命婦)를 위해서이다. 오직 아들이 보답하지 않는다.

전(傳)에 말했다.

"대부(大夫)란 그 남자(男子)가 대부가 된 자이다. 명부(命婦)란 그 부인이 대부의 아내가 된 자이다. 주인이 없다는 것은 명부(命婦)가 제주(祭主)가 없다는 것이다. 무엇을 말하여 오직 자식이 보답하지 않는다고 한 것인가? 여자가 남에게 시집간 자는 그 부모를 위하여 기년복을 입는 것이다. 그러므로 보답하지 않는다고 말한 것이다. 그 나머지는 모두 보답하는 것이다.

어찌하여 기년인가? 아버지가 강등하지 않았으니 자식이 또한 감히 강등하지 못하는 것이다. 대부가 어찌하여 명부(命婦)를 강등하지 않는 것인가? 지아비는 조정에서 높고 아내는 집안에서 귀하기 때문이다."

◎ 대부가 조부모를 위해서 하고, 적손(適孫)이 사(士)가 된 자를 위해서이다.

전(傳)에 말했다.

"어찌하여 기년(期年)인가? 대부가 감히 그 할아버지와 적손(適孫)을 강등하지 못하기 때문이다."

◎ 공(公)의 첩에서 사(士)의 첩에 이르기까지 그 부모를 위해서이다.

전(傳)에 말했다.

"어찌하여 기년인가? 첩이 군을 체(體)함을 얻지 못하는 신분이기에 그 부모를 위하여 이루는 것도 그 신분에 맞게 얻는 것이다."

❶大夫之子爲世父母叔父母子昆弟昆弟之子 姑姊妹女子子無主者爲大夫命婦¹⁾者 唯子不報 傳曰 大夫者 其男子之爲大夫者也 命婦者 其婦人之爲大夫妻者也 無主者²⁾ 命婦之無祭主者也 何以言唯子不報也 女子子適人者 爲其父母期 故言不報也 言其餘皆報也 何以期也 父之所不降 子亦不敢降也 大夫曷爲不降命婦也 夫尊於朝³⁾ 妻貴於室矣⁴⁾ ❶大夫爲祖父母 適孫爲士者 傳曰 何以期也 大夫不敢降其祖與適也 ❶公妾以及士妾爲其父母 傳曰 何以期也 妾不得體君 得爲其父母遂也

1) 命婦(명부) : 임금의 명(命)을 받은 여인이다. 사(士)로부터 상공(上公)에 이르기까지 구등(九等)의 군명(君命)이 있다. 그 지아비에게 임금의 명이 있으면 후부인(后夫人)으로 또한 그 부인에게도 명이 있게 된다. 이곳에서는 육명부(六命夫)와 육명부(六命婦)이다.

2) 無主者(무주자) : 시집간 고모와 손위 누이와 손아래 누이와 딸들 중에서 제주가 없는 자를 뜻한다.

3) 夫尊於朝(부존어조) : 지아비는 조정에서 높다. 곧 자신이 처와 더불어 함께 하다의 뜻.

4) 妻貴於室矣(처귀어실의) : 아내는 집안에서 귀하다. 대부의 작위를 따르다.

10. 3개월의 재최복(齊衰服)

◎ 거친 윗상복과 아랫상복의 자최(齊衰)에 모마질(牡麻絰)을 하는데 받는 것이 없다.

◎ 다른 나라에 의탁하고 있는 공(公)이 붙어사는 나라의 임금을 위해서이다.

전(傳)에 말했다.

"공(公)이 다른 나라에 의탁하는 이유는 무엇인가? 토지(국가)를 잃어버린 임금이다. 어찌하여 붙어사는 나라의 임금을 위해서 재최(齊衰) 3개월의 복을 입는가? 백성과 더불어 함께하는 것을 말한 것이다."

◎ 장부와 부인(婦人)이 종자(宗子)와 종자(宗子)의 어머니와 아내를 위해서이다.

전(傳)에 말했다.

"어찌하여 재최 3개월의 복을 입는 것인가? 조상을 높이는 것이다. 조상을 높이므로 살붙이를 공경하는 것이다. 살붙이를 존경하는 것이란 조상을 높이는 의(義)이다. 종자(宗子)의 어머니가 계시면 종자(宗子)의 아내에 대해 복을 입지 않는다."

◎ 옛 임금을 위하여 임금의 어머니와 아내를 위해서이다.

전(傳)에 말했다.

"옛 임금을 위한다는 것은 누구를 이른 것인가? 벼슬을 했다가 그만 둔 사람이다. 어찌하여 재최(齊衰) 3개월의 복을 입는 것인가? 백성과 더불어 함께하는 것을 말한 것이다. 임금의 어머니와 아내는 소군(小君)이다."

◎ 서인(庶人 : 일반 백성)들이 나라의 임금을 위해서이다.

◎ 대부가 밖에 있으면 그 아내와 장자(長子)가 옛 임금을 위해서이다.

전(傳)에 말했다.

"어찌하여 재최(齊衰) 3개월의 복을 입는가? 대부의 아내는 백성과 더불어 함께함을 말한 것이다. 장자(長子)는 나라를 떠나지 않은 것을 말한 것이다."

◎ 계부(繼父)를 위해, 동거하지 않을 때 입는다.

◎ 증조부모(曾祖父母)이다.

전(傳)에 말했다.

"어찌하여 재최(齊衰) 3개월의 복을 입는 것인가? 소공(小功)이란 형제(兄弟)의 복(服)이다. 감히 형제의 복으로 지존(至尊)은 복을 입지 않는 것이다."

●疏衰裳 齊 牡麻絰 無受者[1] ●寄公[2]爲所寓[3] 傳曰 寄公者何也 失地之君也 何以爲所寓服齊衰三月也 言與民同也 ●丈夫婦人[4]爲宗子[5]宗子之母妻 傳曰 何以服齊衰三月也 尊祖也 尊祖故敬宗 敬宗者 尊祖之義也 宗子之母在 則不爲宗子之妻服也 ●爲舊君君之母妻 傳曰 爲舊君者 執謂也 仕焉而已者也[6] 何以服齊衰三月也 言與民同也 君之母妻 則小君也 ●庶人[7]爲國君 ●大夫在外[8] 其妻長子爲舊國君 傳曰 何以服齊衰三月也 妻 言與民同也 長子 言未去也 ●繼父不同居者[9] ●曾祖父母 傳曰 何以齊衰三月也 小功者[10] 兄弟之服也 不敢以兄弟之服服至尊也

1) 無受者(무수자) : 이 복을 입고 벗으면, 가벼운 복은 받지 않고 입지도 않는다.

2) 寄公(기공) : 나라를 잃고 몸을 남의 나라에 의탁한 임금.

3) 寓(우) : 기(寄)의 뜻이다. 붙어살다. 의탁하다.

4) 婦人(부인) : 여자자(女子子)가 집안에 있거나 시집갔다 친정으로 돌아온 자.

5) 宗子(종자) : 대종(大宗)이며 백세 동안 변치 않은 종손을 뜻한다.

6) 仕焉而已者也(사언이이자야) : 늙어서 질병이 있어 치사(致仕)한 자이다.

7) 庶人(서인) : 백성이라 하지 않고 서인(庶人)이라 한 것은 서인이라도 혹 벼슬을 한 자를 뜻한다.

8) 在外(재외) : 외국에 나가 있는 자. 곧 자신의 나라를 떠나 있는 자이다.

9) 繼父不同居者(계부부동거자) : 일찍이 동거하다 지금은 동거하지 않는 경우.

10) 小功者(소공자) : 복의 수가 다섯 가지에서 다 하는데 고조는 시마(緦麻) 복이고 증조는 소공(小功)이 마땅하다.

11. 3개월의 재최(齊衰)복을 입는 예

◎ 대부(大夫)가 종자(宗子)를 위해서이다.

전(傳)에 말했다.

"어찌하여 종자를 위하여 재최 3개월의 복을 입는 것인가? 대부가 감히 그 종자(宗子)를 강등하지 못하기 때문이다."

◎ 옛 임금을 위해서이다.

전(傳)에 말했다.

"대부가 옛 임금을 위해 어찌하여 재최 3개월의 복을 입는가? 대부(大夫)가 떠날 때에는 임금이 그 종묘를 청소시키므로 재최 3개월의 복을 입는 것이다. 이는 백성과 함께하는 것을 말한 것이다. 어찌하여 대부라고 이른 것인가? 그 도(道)로써 임금을 떠났고 오히려 아직은 작록이 조정에서 끊어지지 않았기 때문이다."

◎ 증조부모가 사(士)가 된 자를 위하여 중인(衆人)과 같이 하는 것이다.

전(傳)에 말했다.

"어찌하여 재최 3개월의 복을 입는 것인가? 대부가 감히 그 선조를 강등하지 못하기 때문이다."

◎ 여자자(女子子)가 시집을 갔거나 시집가지 않은 자가 증조부모를 위해서이다.

전(傳)에 말했다.

"시집간 자는 그 대부에게 시집간 자이다. 시집가지 않은 자는 그 성인(成人)이 되었는데도 시집가지 않은 자이다. 어찌하여 재최 3개월의 복을 입는 것인가? 감히 그 선조를 강등하지 못하기 때문이다."

---

❶大夫爲宗子 傳曰 何以服齊衰三月也 大夫不敢降其宗也 ❶舊君[1] 傳曰 大夫爲舊君何以服齊衰三月也 大夫去 君掃其宗廟 故服齊衰三月也 言與民同也 何大夫之謂乎 言其以道去君[2] 而猶未絶也 ❶曾祖父母爲士者 如衆人 傳曰 何以齊衰三月也 大夫不敢降其祖也 ❶女子子嫁者未嫁者爲曾祖父母 傳曰 嫁者 其嫁於大夫者也 未嫁者 其成人[3]而未嫁者也 何以服齊衰三月 不敢降其祖也

1) 舊君(구군) : 옛 임금. 대부가 내쫓김을 기다리고 아직 떠나지 않은 자이다.
2) 以道去君(이도거군) : 세 번을 간해도 따르지 않아 교외에서 추방을 대기하

고 아직 인연이 끊어지지 않은 대부를 말한다.

3) 成人(성인) : 나이 20세를 뜻한다.

12. 대공(大功)의 9개월 복

◎ 대공(大功)의 굵은 베로 만든 윗상복과 아랫상복에, 모마질(牡麻絰)을 하는데 받는 것이 없다.

◎ 아들과 딸의 장상(長殤)과 중상(中殤)인 경우이다.

전(傳)에 말했다.

"어찌하여 대공(大功)으로써 하는가? 성인(成人)이 되지 못했기 때문이다. 어찌하여 받는 것이 없는가? 성인(成人)의 상(喪)에는 그 문채가 번거롭고 미성인(未成人)의 상(喪)에는 그 문채가 번거롭지 못한 것이다. 그러므로 상(殤)의 질(絰)은 늘어 뜨리지 않는 것이다. 대개 미성인(未成人)은 나이 16세에서 19세에 이르는 것을 장상(長殤)이라고 한다. 12세에서 15세까지를 중상(中殤)이라고 한다. 8세에서 11세까지를 하상(下殤)이라고 한다. 8세 미만의 아래에서는 상복이 없는 상(殤)이라 한다. 상복이 없는 상(殤)은 날을 달과 바꾸어 한다. 날을 달과 바꾸어 하는 상(殤)이란 상(殤)이라도 복이 없다. 그러므로 아들이 태어난 지 3개월이면 아버지가 이름을 짓고 죽으면 곡을 한다. 이름을 짓지 않았으면 곡을 하지 않는다."

◎ 숙부(叔父)의 장상(長殤)이나 중상(中殤), 고모와 손위 누이와 손아래 누이의 장상이나 중상, 형제의 장상이나 중상, 지아비의 형제의 아들이나 딸의 장상이나 중상, 적손(適孫)의 장상이나 중상, 대부(大夫)의 서자(庶子)가 적형제(適兄弟)들의 장상이나 중상을 위해서이다. 공(公)이 적자(適子)의 장상이나 중상을 위해서이다. 대부가 적자(適子)의 장상이나 중상을 위하여 대공(大功)을 입는다.

◎ 그 장상(長殤)은 모두 9개월이고 영질(纓絰)을 한다. 그 중상(中殤)은 7개월이고 영질(纓絰)을 하지 않는다.

◐大功布衰裳[1] 牡麻経 無受者 ◐子女子子之長殤[2]中殤 傳曰 何以
大功也 未成人也 何以無受也 喪成人者其文縟[3] 喪未成人者其文不
縟 故殤之経不樛垂[4] 蓋未成人也 年十九至十六爲長殤 十五至十二
爲中殤 十一至八歲爲下殤 不滿八歲以下[5]爲無服之殤 無服之殤以
日易月[6] 以日易月之殤 殤而無服[7] 故子[8]生三月則父名之 死則哭之
未名[9]則不哭也 ◐叔父之長殤中殤 姑姊妹之長殤中殤 昆弟之長殤
中殤 夫之昆弟之子女子子之長殤中殤 適孫之長殤中殤 大夫之庶
子爲適昆弟之長殤中殤 公[10]爲適子之長殤中殤 大夫爲適子之長殤
中殤 ◐其長殤皆九月 纓経[11] 其中殤七月 不纓経

1) 大功布衰裳(대공포최상) : 대공 상복이다. 최는 위에 입는 상복이고 상은 아
   래에 입는 상복이다. 대공의 상복은 두드려서 상복이 거칠어진 것이다.

2) 殤(상) : 남자나 여자가 관이나 비녀를 꽂지 않고 죽은 자들이다. 여자는 시
   집을 가면 상(殤)이 되지 않는다.

3) 文縟(문욕) : 문채가 번잡스럽다. 욕은 수(數)와 같다.

4) 樛垂(규수) : 늘어뜨리다.

5) 以下(이하) : 어떤 본(本)에는 이 아래에 개(皆)자가 있다.

6) 以日易月(이일역월) : 태어난 지 1개월이면 1일을 곡하고 태어난 지 3개월
   이면 3일을 곡한다는 뜻.

7) 殤而無服(상이무복) : 곡만 하고 복이 없다.

8) 子(자) : 남녀를 합하여 말한 것이다.

9) 未名(미명) : 이름을 짓지 않다.

10) 公(공) : 임금이다.

11) 纓経(영질) : 수질에 끈이 있는 것. 대공(大功) 이상부터 질(経)에 끈이 있
    다. 한 줄의 노끈이 있는 것이 소공(小功)이고 소공 이하에는 질에 끈이 없다.

I3. 대공(大功)의 상복

◎ 대공(大功)에서 굵은 베로 위에 입는 상복과 아래에 입는
상복을 만들고 모마질(牡麻経)을 하고 영(纓)이 있고 포대(布
帶)로 한다. 3개월에 소공(小功)의 상복을 이어받아 칡으로 나아

가고 9개월 동안 입는 것이다.

전(傳)에 말했다.

"대공의 상복은 9승(九升)이고 소공의 상복은 11승(升)이다."

◎ 고모와 손위 누이와 손아래 누이와 여자자(女子子)가 남에게 시집간 자를 위해 입는다.

전(傳)에 말했다.

"어찌하여 대공(大功)인가? 나갔기 때문이다."

◎ 종부형제(從父兄弟)들이다.

◎ 사람의 후계자가 된 자가 그 형제들을 위해서이다.

전(傳)에 말했다.

"어찌하여 대공(大功)복인가? 사람의 후계자가 된 자는 그 형제가 강등되기 때문이다."

◎ 서손(庶孫)들이다.

◎ 적부(適婦)이다.

전(傳)에 말했다.

"어찌하여 대공복인가? 그 적부(適婦)는 강등되지 않기 때문이다."

◎ 여자자(女子子)가 남에게 시집간 자가 여러 형제를 위해서 대공복이다.

◎ 남자 조카와 여자 조카이다. 보답하는 것이다.

전(傳)에 말했다.

"조카란 누구인가? 나를 고모라고 이르고 내가 조카라고 이르는 것이다."

◎ 지아비의 조부모와 백부모(伯父母)와 숙부모이다.

전(傳)에 말했다.

"어찌하여 대공복인가? 따라서 입는 것이다. 지아비의 형제는 어찌하여 복이 없는가? 그 지아비는 부도(父道)에 소속되고 처는 모두 모도(母道)이다. 그 지아비는 자도(子道)에 소속되고 아내는 모두 부도(婦道)이다. 아우의 아내를 이른 것이다. 부자(婦者)란 이 형수이니 또한 가히 어머니라 이를 것이다. 그러므로 이름한 것은 사람이 다스리는 대도(大道)이다. 가히 삼가지 않을 것인가?"

●大功布衰裳 牡麻経 纓 布帶 三月受以小功衰[1] 卽葛 九月者 傳曰
大功布九升 小功布十一升 ●姑姊妹女子子適人者 傳曰 何以大功
也 出[2]也 ●從父昆弟[3] 爲人後者爲其昆弟 傳曰 何以大功也 爲人
後者 降其昆弟也 ●庶孫[4] ●適婦[5] 傳曰 何以大功也 不降其適也
●女子子適人者爲衆昆弟[6] ●姪丈夫婦人[7] 報 傳曰 姪者何也 謂吾
姑者 吾謂之姪 ●夫之祖父母世父母叔父母 傳曰 何以大功也 從服
也 夫之昆弟何以無服也 其夫屬乎父道[8]者 妻皆母道也 其夫屬乎
子道者 妻皆婦道也 謂弟之妻婦者 是嫂[9]亦可謂之母乎 故名者 人
治[10]之大者也 可無愼乎

1) 受以小功衰(수이소공최) : 소공(小功)의 상복으로 잇는다. 수는 승(承)과
   같다. 이는 내려서 받는 것이다. 마질(麻経)에서 갈질(葛経)로 한다는 뜻.
2) 出(출) : 반드시 강등한 것이다. 대개 나에게 받아서 두텁게 한 것이다.
3) 從父昆弟(종부곤제) : 백부(伯父 : 世父)와 숙부의 아들들이다. 그 자매들
   도 미혼이면 똑같다.
4) 庶孫(서손) : 남자와 여자가 모두 하상(下殤)을 뜻한다.
5) 適婦(적부) : 적자(適子)의 아내이다.
6) 爲衆昆弟(위중곤제) : 아버지가 계시면 동일하고 아버지가 돌아가셨으면 이
   에 아버지의 후계자가 된 자는 기년의 복을 입는다.
7) 姪丈夫婦人(질장부부인) : 남자 조카와 여자 조카이다. 복이 동일하다.
8) 道(도) : 행(行)과 같다.
9) 嫂(수) : 형수의 뜻이다.
10) 人治(인치) : 사람의 도리이다.

I4. 대부의 대공(大功)은

◎ 대부(大夫)는 백부모(伯父母 : 世父母)와 숙부모(叔父母)
와 아들과 형제와 형제의 아들이 사(士)가 된 자를 위하여 대공
복을 입는다.

전(傳)에 말했다.

"어찌하여 대공(大功)인가? 높은 것이 동일하지 않은 것이다. 높은 것이 동일하면 그 친복(親服 : 期年)을 입게 되는 것이다."

◎ 임금의 서형제(庶兄弟)나 대부의 서자(庶子)가 어머니와 아내와 형제들을 위하여 대공복을 입는다.

전(傳)에 말했다.

"어찌하여 대공(大功)인가? 선군(先君)의 남은 존경에 가려져서 대공(大功)에 지나침을 얻지 못하는 것이다. 대부의 서자(庶子)는 대부를 따라서 내리는데 아버지가 내리지 않는 것은 자식도 또한 감히 내리지 않는 것이다."

◎ 모두가 그 종부형제(從父兄弟)가 대부(大夫)가 된 자를 위하여 대공복을 입는다.

◎ 지아비의 형제의 부인(婦人)의 자식(딸)으로 남에게 시집간 자를 위하여 대공복을 입는다.

◎ 대부의 첩이 임금의 서자(庶子)를 위하여 대공복을 입는다.

◎ 여자자가 시집간 자와 시집가지 않은 자가 백부모와 숙부모와 고모와 언니와 동생을 위하여 대공복을 입는다.

전(傳)에 말했다.

"시집간 자는 그 대부(大夫)에게 시집간 자이다. 시집가지 않은 자는 성인(成人)으로 시집가지 않은 자이다. 어찌하여 대공복인가? 첩이 임금의 당복(黨服 : 친척의 복)을 위해서는 여군(女君)과 함께 동일함을 얻는다. 아래 백부모와 숙부모와 고모와 손위 누이와 손아래 누이라고 말한 것은 첩이 스스로 그 사친(私親)을 위하여 복을 입는 것을 이른 것이다."

❶大夫爲世父母叔父母子昆弟昆弟之子[1]爲士者 傳曰 何以大功也 尊不同也 尊同[2]則得服其親服[3] ❶公之庶昆弟[4]大夫之庶子[5]爲母[6] 妻昆弟 傳曰 何以大功也 先君餘尊之所厭 不得過大功也 大夫之庶子則從乎大夫而降也[7] 父之所不降 子亦不敢降也 ❶皆[8]爲其從父昆弟之爲大夫者 ❶爲夫之昆弟之婦人子[9]適人者 ❶大夫之妾爲君

之庶子 ◑女子子嫁者未嫁者爲世父母叔父母姑姊妹 傳曰 嫁者 其
嫁於大夫者也 未嫁者 成人而未嫁者也 何以大功也 妾爲君之黨服
得與女君同 下言爲世父母叔父母姑姊妹者 謂妾自服其私親也

1) 子(자) : 서자(庶子)를 뜻한다.

2) 尊同(존동) : 또한 대부(大夫)가 된 자를 이른다.

3) 親服(친복) : 기년(期年)의 복이다.

4) 公之庶昆弟(공지서곤제) : 곧 아버지가 돌아가신 것을 뜻한다.

5) 大夫之庶子(대부지서자) : 곧 아버지가 계시는 것을 뜻한다.

6) 爲母(위모) : 첩자(妾子)를 이른다고 했다.

7) 從乎大夫而降也(종호대부이강야) : 아버지가 졸하고 국인(國人)과 같다.

8) 皆(개) : 모두의 뜻. 곧 서로의 복이 모두 존귀함이 동일하면 서로 강등하지
않는다는 뜻.

9) 婦人子(부인자) : 여자자(女子子)이다. 딸.

15. 대부가(大夫家)의 대공복(大功服)

◎ 대부와 대부의 아내와 대부의 아들과 공(公)의 형제가 고모
와 손위 누이와 손아래 누이와 여자자(女子子 : 딸)가 대부에게
시집간 자를 위해 대공복을 입는다. 임금이 고모와 손위 누이와
손아래 누이와 딸이 나라의 임금에게 시집간 자를 위해 입는다.

전(傳)에 말했다.

"어찌하여 대공(大功)인가? 높은 신분이 동일함이다. 높은 신
분이 동일하면 그 친복(親服)을 입는 것을 얻는다. 제후의 아들
이 공자(公子)로 일컬어졌더라도 공자(公子)가 선군(先君)의
사당을 얻지 못하고 공자(公子)의 아들이 공손(公孫)으로 일컬
어지더라도 할아버지에게 제사 올리는 것을 얻지 못하면 이것은
스스로 낮아져서 존자(尊者)와 구별되는 것이다.

만약 공자(公子)의 자손이 봉함을 받아 국가의 임금이 되었다
면 이 사람을 대대로 시조로 삼고 공자(公子)를 시조로 삼지 않
는 것이니 이것은 스스로 존귀해져서 낮은 자와 구별되는 것이다.

그러므로 처음 봉함을 받은 임금은 제부(諸父)와 형제를 신하로 하지 않고, 봉함을 받은 임금의 아들은 제부(諸父)를 신하로 하지 않고 형제를 신하로 하며 봉함을 받은 임금의 손자는 모두 제부(諸父)와 형제를 신하로 여기는 것이다. 그러므로 임금이 복을 입으면 자식이 또한 감히 복을 입지 않을 수 없는 것이다. 임금이 복을 입지 않으면 자식이 또한 감히 입을 수 없는 것이다.

●大夫大夫之妻大夫之子公之昆弟爲姑姊妹女子子嫁於大夫者 君爲姑姊妹女子子嫁於國君者 傳曰 何以大功也 尊同也 尊同則得服其親服 諸侯之子稱公子 公子不得禰先君[1] 公子之子稱公孫 公孫不得祖諸侯[2] 此自卑別於尊者也 若公子之子孫有封爲國君者 則世世祖是人也[3] 不祖公子[4] 此自尊別於卑者也 是故始封之君不臣諸父昆弟 封君之子不臣諸父而臣昆弟 封君之孫盡臣諸父昆弟 故君之所爲服 子亦不敢不服也 君之所不服 子亦不敢服也

1) 不得禰先君(부득녜선군) : 아비 사당인 선군(先君)의 사당에 제사를 지내지 못하는 것을 뜻함.
2) 不得祖諸侯(부득조제후) : 할아버지인 제후에게 제사를 올릴 수 없는 위치를 말한다.
3) 世世祖是人也(세세조시인야) : 이 사람을 대대로 시조로 모신다는 뜻.
4) 不祖公子(부조공자) : 공자를 조상으로 삼아 대대로 제사하지 않는다는 뜻.

16. 가늘고 성긴 베로 만든 세최상(繐衰裳)

◎ 가늘고 성긴 베로 위와 아래의 상복을 만들고 모마질(牡麻経)을 하는데 이미 장사를 지내면 없애는 것이다.
전(傳)에 말했다.
"세최(繐衰 : 가늘고 성긴 베로 만든 상복)란 무엇인가? 소공(小功)의 상에서 상복을 만들 때 사용하는 베이다."
◎ 제후의 대부가 천자(天子)를 위해서이다.
전(傳)에 말했다.

"어찌하여 세최(繐衰)의 복인가? 제후의 대부는 때때로 천자(天子)를 접견하기 때문이다."

◑繐[1]衰裳 牡麻絰 旣葬除之者[2] 傳曰 繐衰者何 以小功之繐也 ◑諸侯之大夫爲天子 傳曰 何以繐衰也 諸侯之大夫以時接見[3]乎天子

1) 繐(세) : 가늘고 성기게 짠 베이다. 소공의 상복을 만드는 베이다.

2) 除之者(제지자) : 벗다. 제거하다의 뜻.

3) 接見(접현) : 모여 뵙다. 제후의 대부가 시회(時會) 때마다 천자를 뵙는 것.

17. 소공(小功)의 상복은 5개월이다

◎ 소공(小功) 상복의 최상(衰裳)은 세(繐)로 하고 조마대질(澡麻帶絰)을 하며 5개월 동안 입는다.

◎ 숙부(叔父)의 하상(下殤)과 적손(適孫)의 하상(下殤)과 형제의 하상(下殤)이나 대부서자(大夫庶子)가 적형제(適兄弟)의 하상(下殤)을 위해 입는다. 고모와 손위 누이와 손아래 누이와 여자자(女子子)의 하상(下殤)을 위해서이다. 남의 후계자가 되어 그의 형제와 종부형제의 장상(長殤)을 위하여 소공복이다.

전(傳)에 말했다.

"묻는 사람이 말하기를 '중상(中殤)은 어찌하여 보이지 않습니까?' 라고 하였다. 대공(大功)의 상(殤)에서 중(中)은 상(上)을 따르고 소공(小功)의 상(殤)에서 중은 하(下)를 따르는 것이다."

◎ 지아비의 숙부(叔父)의 장상(長殤)을 위해서이다.

◎ 형제의 아들 딸이나 지아비의 형제의 아들 딸의 하상(下殤)과, 조카나 서손(庶孫)의 장부나 부인의 장상(長殤)이 소공이다.

◎ 대부나 공(公)의 형제와 대부의 아들이 그의 형제와 서자(庶子)와 고모와 손위 누이와 손아래 누이와 딸의 장상(長殤)을 위하여 소공복이다.

◎ 대부의 첩이 서자(庶子)의 장상(長殤)에 소공을 입는다.

◑小功布衰裳 澡[1]麻帶絰 五月者[2] ◑叔父之下殤 適孫之下殤 昆弟之下殤 大夫庶子爲適昆弟之下殤 爲姑姊妹女子子之下殤 爲人後者爲其昆弟 從父昆弟之長殤 傳曰 問者曰 中殤何以不見也 大功之殤 中從上[3] 小功之殤 中從下[4] ◑爲夫之叔父之長殤 ◑昆弟之子女子子夫之昆弟之子女子子之下殤 爲姪庶孫丈夫婦人之長殤 ◑大夫公之昆弟大夫之子爲其昆弟庶子[5]姑姊妹女子子之長殤 ◑大夫之妾 爲庶子之長殤

1) 澡(조) : 때를 제거하여 빨고 그 근본을 끊지 않는다.
2) 五月者(오월자) : 소공의 상복은 5개월이다.
3) 中從上(중종상) : 자최(齊衰)의 상(殤)이라 했다. 곧 대공(大功)의 상에서는 위를 따른다.
4) 中從下(중종하) : 소공에서는 중상(中殤)은 하(下)를 따른다는 것이다.
5) 庶子(서자) : 임금의 서자(庶子)이다.

18. 소공(小功) 5개월 복의 분류

◎ 소공(小功)의 상복 최상(衰裳)은 가늘고 성긴 베로 만들며 모마질(牡麻絰)을 하는데 곧 갈(葛)로 나아가서 5개월이다.

◎ 종조조부모(從祖祖父母)와 종조부모(從祖父母)는 소공복으로 갚는다.

◎ 종조형제(從祖兄弟)이다.

◎ 종부자매(從父姊妹)들이다.

◎ 손녀가 남에게 시집간 자이다.

◎ 남의 후계자가 된 자가 그 손위 누이와 손아래 누이가 남에게 시집간 자를 위하여 소공복을 입는다.

◎ 외조부모(外祖父母)를 위하여 소공복이다.

전(傳)에 말했다.

"어찌하여 소공복인가? 높은 것으로 보태는 것이다."

◎ 종모(從母 : 이모)의 아들과 딸에게 소공복으로 보답한다.

전(傳)에 말했다.

"어찌하여 소공복인가? 이름으로써 더하는 것이다. 외친(外親)의 복은 모두 시마(緦麻)복이다.(소공으로 더하는 것이다)"

◎ 지아비의 고모와 손위 누이와 손아래 누이와 손위 동서와 손아래 동서들에게 보답하는 것이 소공복이다.

전(傳)에 말했다.

"손아래 동서와 손위 동서라는 것은 동서의 어른이다. 어찌하여 소공복인가? 서로 더불어 집안에 살면서 소공(小功)의 친함이 발생한 것이다."

◎ 대부나 대부의 아들이나 공(公)의 형제들이 종부형제와 서손(庶孫)과 고모나 손위 누이나 손아래 누이나 딸로서 사(士)에게 시집간 자를 위하여 소공복을 입는다.

◎ 대부의 첩이 서자(庶子)가 남에게 시집간 자를 위하여 소공복을 입는다.

◎ 서부(庶婦)들이다.

◎ 임금 어머니의 부모와 종모(從母)이다.

전(傳)에 말했다.

"어찌하여 소공복인가? 임금의 어머니가 계시면 감히 복을 따라 입지 않을 수 없고 임금의 어머니가 계시지 않으면 복을 입지 않는다."

◎ 군자(君子 : 大夫)의 아들은 서모(庶母)가 자신을 사랑해 준 자를 위하여 소공복을 입는다.

전(傳)에 말했다.

"군자의 아들이란 귀인의 아들이다. 서모(庶母)를 위하여 어찌하여 소공복을 입는가? 이는 자신을 사랑해 준 것에 더한 것이다."

❶小功布衰裳 牡麻絰 卽葛[1] 五月者 ❶從祖祖父母[2]從祖父母 報
❶從祖昆弟[3] ❶從父姊妹[4] ❶孫適人者 ❶爲人後者爲其姊妹適人者
❶爲外祖父母 傳曰 何以小功也 以尊加也 ❶從母[5] 丈夫婦人[6] 報 傳
曰 何以小功也 以名加也 外親[7]之服皆緦也 ❶夫之姑姊妹娣姒婦 報
傳曰 娣姒婦者[8] 娣長也 何以小功也 以爲相與居室中 則生小功之親

焉 ◗大夫大夫之子 公之昆弟爲從父昆弟庶孫⁹⁾姑姊妹女子子適士
者 ◗大夫之妾 爲庶子¹⁰⁾適人者 ◗庶婦¹¹⁾ ◗君母¹²⁾之父母 從母¹³⁾ 傳
曰 何以小功也 君母在則不敢不從服¹⁴⁾ 君母不在則不服 ◗君子子¹⁵⁾
爲庶母慈己者 傳曰 君子子者 貴人之子也 爲庶母何以小功也 以慈
己加也¹⁶⁾

1) 卽葛(즉갈) : 갈질로 나아가다. 소공이 가벼워서 3개월에 마(麻)에서 갈(葛)
   로 바꾸다의 뜻.

2) 從祖祖父母(종조조부모) : 조부(祖父)의 형제들의 친척들.

3) 從祖昆弟(종조곤제) : 할아버지의 형제의 아들.

4) 從父姊妹(종부자매) : 아버지 형제의 딸들.

5) 從母(종모) : 어머니의 자매이며 이모들이다.

6) 丈夫婦人(장부부인) : 여기서는 이모의 아들과 딸들을 말한다.

7) 外親(외친) : 외가(外家)이며 이성(異姓)이다. 정복(正服)이 시마(緦麻)에
   지나지 않는다. 장부나 부인이나 자매의 아들딸도 동일하다.

8) 娣姒婦者(제사부자) : 제는 손아래 동서, 사는 손위 동서를 뜻한다. 곧 형제
   들의 아내들이다.

9) 從父昆弟庶孫(종부곤제서손) : 이들이 또한 사(士)가 된 자들이다.

10) 庶子(서자) : 임금의 서자이며 딸이다. 임금의 딸이 집에 있으면 대공(大功)
    이고 대부에게 시집을 갔을 때는 대공의 복이다.

11) 庶婦(서부) : 남편이 작위를 가지지 않은 자들이다.

12) 君母(군모) : 임금의 아버지의 적처(適妻)이다.

13) 從母(종모) : 임금의 어머니의 자매이다. 곧 임금의 이모들이다.

14) 不敢不從服(불감부종복) : 따라서 복을 입지 않을 수 없다. 그러나 은혜는
    실로 가볍다.

15) 君子子(군자자) : 군자는 대부를 지칭한다. 곧 대부(大夫)나 공자(公子)의
    정실부인의 아들. 군자자는 아버지가 계시다는 뜻이 있다. 아버지가 죽으면
    복을 입지 않는다.

16) 以慈己加也(이자기가야) : 군자의 아들이, 또한 자신을 사랑으로 키워준 서
    모에게 사례(士禮)로써 서모(庶母)의 시마복을 입는다.

19. 시마복(總麻服)은 3개월이다

◎ 시마복(總麻服)은 3개월이다.

전(傳)에 말했다.

"시마(總麻)란 15승(十五升)에서 그 반을 뽑아 그 올에 일이 있고 그 베에는 일이 없는 것을 시(總)라고 이른다."

◎ 족증조부모(族曾祖父母)와 족조부모(族祖父母)와 족부모(族父母)와 족형제(族兄弟)가 시마복이다.

◎ 서손(庶孫)의 며느리와 서손의 중상(中殤)이 시마이다.

◎ 종조고(從祖姑)와 종조자매로 남에게 시집간 자에게 보답하는 것이다. 종조부와 종조곤제의 장상(長殤)이 시마복이다.

◎ 외손(外孫)이 시마이다.

◎ 종부형제의 조카의 하상(下殤)이며 지아비의 숙부(叔父)의 중상(中殤)과 하상(下殤)이 시마복이다.

◎ 종모(從母)의 장상(長殤)에 보답하는 시마이다.

◎ 서자(庶子)가 아버지의 후계자가 된 자는 그 어머니를 위하여 시마복이다.

전(傳)에 말했다.

"어찌하여 시마복인가? 전에 이르기를 '존자(尊者)와 함께 일체(一體)가 되어 감히 그 사친(私親)에게 복을 입지 못하는 것이다.'라고 했다. 그러나 어찌 시마를 입는 것인가? 궁중(宮中)에서 죽은 사람이 있게 되면 위하여 3개월 동안 제사를 거행하지 않는데, 이로 인하여 시마복을 입는 것이다."

◎ 사(士)가 서모(庶母)를 위하여 시마복이다.

전(傳)에 말했다.

"어찌하여 시마복인가? 이름으로써 입어주는 것이다. 대부 이상은 서모(庶母)를 위하여 복이 없다."

◎ 귀한 신하나 귀한 첩이 시마복이다.

전(傳)에 말했다.

"어찌하여 시마복인가? 그 귀하기 때문이다."

◎ 유모(乳母)를 위해 시마복이다.

전(傳)에 말했다.

"어찌하여 시마복인가? 이름으로써 입어주는 것이다."

◎ 종조형제의 아들이 시마복이다.

◎ 증손도 시마이다.

◎ 아버지의 고모가 시마이다.

◎ 종모(從母)의 형제들이 시마이다.

전(傳)에 말했다.

"어찌하여 시마복인가? 이름으로써 복을 입어주는 것이다."

◎ 생질이 시마이다.

전(傳)에 말했다.

"생질이란 무엇인가? 나를 외삼촌이라 이르고 내가 생질이라고 이르는 것이다. 어찌하여 시마복인가? 보답하는 것이다."

◎ 사위가 시마이다.

전(傳)에 말했다.

"어찌하여 시마복인가? 보답하는 것이다."

◎ 아내의 부모가 시마이다.

전(傳)에 말했다.

"어찌하여 시마복인가? 따라서 입는 것이다."

◎ 고모의 아들이 시마이다.

전(傳)에 말했다.

"어찌하여 시마복인가? 보답하는 것이다."

◎ 외삼촌이 시마이다.

전(傳)에 말했다.

"어찌하여 시마복인가? 따라서 입는 것이다."

◎ 외삼촌의 아들이 시마이다.

전(傳)에 말했다.

"어찌하여 시마복인가? 따라서 입는 것이다."

◎ 지아비의 고모와 손위 누이와 손아래 누이의 장상(長殤)이

시마이다.

　◎ 지아비의 모든 조부모(祖父母)가 시마인데 보답하는 것이다.

　◎ 임금 어머니의 형제가 시마이다.

　전(傳)에 말했다.

　"어찌하여 시마복인가? 따라서 입는 것이다."

　◎ 종부형제의 아들의 장상(長殤)과 형제의 손자의 장상에 시마이다. 지아비의 종부형제의 아내를 위해서 시마복이다.

　전(傳)에 말했다.

　"어찌하여 시마인가? 서로 더불어 집안을 함께 하였으면 시마의 친함이 발생한다. 장상(長殤)이나 중상(中殤)은 한 등급을 내리고 하상(下殤)은 두 등급을 내린다. 재최(齊衰)의 상(殤)에서 중상(中殤)은 위를 따르고 대공의 상(殤)에서 중상은 아래를 따르는 것이다."

◑緦麻¹⁾三月者 傳曰 緦者²⁾ 十五升抽³⁾其半 有事其縷 無事其布日緦 ◑族曾祖父母⁴⁾族祖父母⁵⁾族父母⁶⁾族昆弟⁷⁾ ◑庶孫⁸⁾之婦 庶孫之中殤⁹⁾ ◑從祖姑姊妹適人者 報 從祖父從祖昆弟之長殤¹⁰⁾ ◑外孫¹¹⁾ ◑從父昆弟姪之下殤 夫之叔父之中殤下殤 ◑從母之長殤 報 ◑庶子爲父後者爲其母 傳曰 何以緦也 傳曰 與尊者爲一體 不敢服其私親也 然則何以服緦也 有死於宮中者 則爲之三月不擧祭 因是以服緦也 ◑士爲庶母 傳曰 何以緦也 以名服也 大夫以上爲庶母無服 ◑貴臣貴妾 傳曰 何以緦也 以其貴也 ◑乳母¹²⁾ 傳曰 何以緦也 以名服也 ◑從祖昆弟之子¹³⁾ ◑曾孫¹⁴⁾ ◑父之姑 ◑從母昆弟 傳曰 何以緦也 以名服也 ◑甥¹⁵⁾ 傳曰 甥者何也 謂吾舅者 吾謂之甥 何以緦也 報之也 ◑壻¹⁶⁾ 傳曰 何以緦也¹⁷⁾ 報之也 ◑妻之父母 傳曰 何以緦 從服¹⁸⁾也 ◑姑之子¹⁹⁾ 傳曰 何以緦 報之也 ◑舅²⁰⁾ 傳曰 何以緦 從服也 ◑舅之子²¹⁾ 傳曰 何以緦 從服也 ◑夫之姑姊妹之長殤 ◑夫之諸祖父母²²⁾ 報 ◑君母之昆弟 傳曰 何以緦 從服也 ◑從父昆弟之子之長殤 昆弟之孫之長殤 爲夫之從父昆弟之妻 傳曰 何以緦也 以爲相與同室²³⁾ 則生緦之親焉 長殤中殤降一等 下殤降二等 齊

衰之殤中從上 大功之殤中從下

1) 緦麻(시마) : 시마의 상복은 최상에 마질대(麻絰帶)를 한다.

2) 緦者(시자) : 그 올이 가늘어 실과 같은 것을 다스린다.

3) 抽(추) : 거(去)와 같다.

4) 族曾祖父母(족증조부모) : 증조형제의 친척들이다.

5) 族祖父母(족조부모) : 고조(高祖)의 손자들이다.

6) 族父母(족부모) : 고조의 3세손들. 7촌간.

7) 族昆弟(족곤제) : 8촌간을 뜻한다. 8촌간에도 복이 있다.

8) 庶孫(서손) : 성인(成人)이면 대공복이고 그 상(殤)이 중상이면 위를 따른다.

9) 中殤(중상) : 마땅히 이는 하상(下殤)이 되는데 중상을 말한 것은 글자의 잘
   못이라고 했다. 중(中)을 말함은 대개 상하(上下)의 연대를 말한다.

10) 長殤(장상) : 중상(中殤)이 보이지 않는 것은 중은 하상(下殤)을 따르기 때
    문이다.

11) 外孫(외손) : 여자의 아들. 곧 딸이 시집가 낳은 아들이다.

12) 乳母(유모) : 자신에게 젖을 먹여 길러준 사람이다. 대신 자신을 사랑해 준
    사람이다.

13) 從祖昆弟之子(종조곤제지자) : 7촌인 족부모(族父母)의 복과 같다.

14) 曾孫(증손) : 손자의 아들이다.

15) 甥(생) : 생질이다. 곧 손위 누이나 손아래 누이의 아들이다.

16) 壻(서) : 딸의 남편. 곧 사위이다.

17) 也(야) : 어느 본에는 야(也)자가 없다.

18) 從服(종복) : 아내를 따라서 복을 입다.

19) 姑之子(고지자) : 고모의 아들. 곧 지금의 고종사촌(姑從四寸) 형제들.

20) 舅(구) : 외삼촌. 어머니의 형제들.

21) 舅之子(구지자) : 외삼촌의 아들. 곧 외사촌(外四寸)들이다.

22) 諸祖父母(제조부모) : 지아비의 소공(小功)복이며 곧 종조조부모와 외조
    부모이다.

23) 同室(동실) : 집안을 함께 하다. 같이 산 것보다 못한 것이다.

■ 상복(喪服)의 의의

가. 공자(公子)는 연관(練冠)을 한다

◎ 공자(公子)는 그 어머니를 위하여 연관(練冠)을 쓰고 삼베질(絰)을 두르고 삼베옷은 엷은 붉은색으로 가선을 두른다. 그 아내를 위해서는 전관(縓冠)을 쓰고 갈질(葛絰)과 띠를 띠고 삼베옷을 붉은색으로 가선을 두른다. 모두 이미 장사를 마치면 벗는다.

전(傳)에 말했다.

"어찌하여 오복(五服)의 속에는 들어 있지 않은 것인가? 임금이 복을 입지 않으므로 자식이 또한 감히 입지 못하는 것이다. 임금이 복을 입게 되면 아들 또한 감히 입지 않을 수 없는 것이다."

◎ 대부나 임금의 형제와 대부의 아들은 형제들의 복을 한 등급을 내린다.

◎ 남의 후계자가 된 자는 형제는 한 등급을 내려서 보답하고 후계자가 된 형제들의 아들을 위하는 데는 아들과 같이 한다.

◎ 형제가 모두 다른 나라에 있으면 한 등급을 더한다. 부모가 일찍 돌아가시고 형제와 더불어 함께 살 때에는 한 등급을 올린다.

전(傳)에 말했다.

"어찌하여 가히 형제라고 이르는가? 전에 이르기를 '소공(小功)의 아래는 형제가 된다.'라고 했다."

◎ 붕우(朋友 : 벗)가 모두 다른 나라에 있으면 단문(袒免)하고 돌아오게 되면 그치는 것이다.

◎ 붕우(朋友 : 벗)는 시마의 질대(絰帶)를 한다.

記 : ○公子[1]爲其母[2] 練冠[3] 麻[4] 麻衣縓緣[5] 爲其妻縓冠[6] 葛絰帶 麻衣縓緣 皆旣葬除之 傳曰 何以不在五服之中也 君之所不服[7] 子亦不敢服也 君之所爲服[8] 子亦不敢不服也 ○大夫公之昆弟大夫之子

於兄弟[9]降一等 ○爲人後者於兄弟降一等 報 於所爲後之兄弟之子
若子 ○兄弟皆在他邦[10]加一等 不及知父母[11]與兄弟居加一等 傳曰
何如則可謂之兄弟 傳曰 小功以下爲兄弟 ○朋友皆在他邦 祖免[12]
歸則已[13] ○朋友麻[14]

1) 公子(공자) : 임금의 서자(庶子)이다.

2) 爲其母(위기모) : 첩의 아들을 뜻한다고도 했다.

3) 練冠(연관) : 누인 명주로 만든 관이다.

4) 麻(마) : 시마(總麻)의 질대(絰帶)라고 했다.

5) 麻衣縓緣(마의전연) : 마의는 소공(小功)의 상복인 심의(深衣)와 같으며 최
   상(衰裳)의 변화를 재단하지 않은 것. 전연은 붉은색으로 가선을 두른 것.

6) 縓冠(전관) : 옅은 붉은색으로 만든 관. 한 번 물들인 것을 전(縓)이라 한다.

7) 君之所不服(군지소불복) : 첩과 서부(庶婦)는 임금이 복을 입지 않는다.

8) 君之所爲服(군지소위복) : 대부와 적부(嫡婦). 제후의 첩이 귀한 자는 경과
   같이 예우하고 천한 자는 대부와 같이 예우한다. 3개월 만에 장사 지낸다.

9) 兄弟(형제) : 족친(族親)과 같다고 했다.

10) 皆在他邦(개재타방) : 모두가 타방에 있다. 벼슬하러 외국으로 나갔거나 원
    수를 피하여 나간 것과 같은 것이다.

11) 不及知父母(불급지부모) : 부모가 알지 못하다. 곧 일찍 돌아가셨다는 뜻.

12) 祖免(단문) : 상을 당하여 왼쪽 소매를 벗는 일과 관을 벗고 머리를 묶어 매
    는 일을 뜻함.

13) 已(이) : 지(止)의 뜻이다.

14) 朋友麻(붕우마) : 붕우는 친척의 개념이 없고 동도(同道)의 은혜만 있어서
    서로 시마(總麻)의 질대(絰帶)를 한다.

　　나. 임금이 형제의 복을 입을 때는
　　◎ 임금이 형제의 복을 입을 때 실로(室老)보다 한 등급 내린다.
　　◎ 지아비가 형제의 복을 입을 때 아내보다 한 등급 내린다.
　　◎ 서자(庶子)가 후계자가 된 자는 그 외조부모와 종모와 외삼
촌을 위해서는 복이 없으나, 후계자가 되지 않으면 나라 사람과

똑같이 복을 입는다.

◎ 종자(宗子)의 고(孤)가 상(殤)이 되면 대공(大功)의 상복과 소공의 상복이 모두 3개월이고 친척이면 달로 계산하고 나라 사람들과 똑같이 한다.

◎ 개장(改葬)할 때는 시마복(緦麻服)이다.

◎ 동자(童子)는 오직 당실(當室)하면 시마(緦麻)이다.

전(傳)에 말했다.

"당실(當室)하지 않았으면 시마복이 없다."

◎ 첩이 사형제(私兄弟)를 위해서는 나라 사람과 똑같이 한다.

◎ 대부가 명부(命婦)를 조상할 때는 석최(錫衰)를 하고 명부가 대부를 조상할 때에도 또한 석최를 한다.

전(傳)에 말했다.

"석(錫)이란 어떤 것인가? 삼베로 가늘고 고운 베가 있는 것이다. 석(錫)이란 15승(十五升)에서 그 반을 뽑아 그 올에는 일이 없고 그 베에 일이 있는 것을 석(錫)이라고 한다."

◎君[1]之所爲兄弟服 室老降一等 ◎夫之所爲兄弟服 妻降一等 ◎庶子爲後者爲其外祖父母從母舅無服 不爲後如邦人 ◎宗子孤爲殤[2] 大功衰小功衰 皆三月 親[3]則月算[4]如邦人[5] ◎改葬[6]緦 ◎童子唯當室[7]緦 傳曰 不當室則無緦服也 ◎凡妾爲私兄弟[8]如邦人 ◎大夫弔於命婦[9]錫衰 命婦弔於大夫[10]亦錫衰[11] 傳曰 錫者何也 麻之有錫者也 錫者十五升抽其半 無事其縷 有事其布曰錫

1) 君(군) : 공(公)이고 사(士)와 대부(大夫)의 임금이다.

2) 孤爲殤(고위상) : 고아로 상(殤)이 되다. 장상(長殤)이나 중상(中殤)이면 대공복을 입고 하상(下殤)이면 소공최(小功衰)이다.

3) 親(친) : 오속(五屬)의 내(內)이다.

4) 算(산) : 세다. 헤아리다의 뜻.

5) 如邦人(여방인) : 나라 사람들과 똑같이 하다.

6) 改葬(개장) : 분묘가 붕괴되어서 시신을 망실하게 되면 개장을 하는데 이때는 시복(緦服)으로 한다는 뜻이다. 3개월 만에 벗는다.

7) 童子唯當室(동자유당실) : 동자(童子)는 관을 쓰지 않은 자이다. 당실은 아버지의 후계자가 되어 가사를 이어받은 자이다.

8) 私兄弟(사형제) : 여자 쪽의 형제들이다.

9) 弔於命婦(조어명부) : 명부가 사망한 것을 뜻한다.

10) 弔於大夫(조어대부) : 대부가 죽었을 때를 뜻한다.

11) 錫衰(석최) : 가늘고 고운 베로 만든 상복.

다. 여자가 복머리를 하는 것

◎ 여자자(女子 : 딸)가 남에게 시집갔는데 그의 부모를 위하고 며느리가 시부모를 위해서는 악계(惡笄)를 머리에 꽂고 복머리를 한다. 졸곡(卒哭)한 후에 딸은 절계(折笄)를 비녀로 삼고 포총(布總)을 한다.

전(傳)에 말했다.

"머리에 꽂는 비녀로는 악계가 머리에 있다. 악계(惡笄)란 머리 빗는 빗으로 만든 비녀이다. 절계(折笄)를 머리에 한 것은 길계(吉笄)를 꺾어서 머리에 한 것이다.

길계(吉笄)란 비녀를 본뜬 것이다. 딸이 절계(折笄)를 머리에 했다고 하고 며느리가 했다고 말하지 않은 것은 끝마쳤기 때문이다.

◎ 첩이 여군(女君 : 임금의 부인)과 임금의 장자를 위하여 악계를 머리에 두고 포총(布總)한다.

◎ 무릇 윗상복인 최(衰)에는 밖에서 폭을 삭감하고 아랫상복인 상(裳)은 안에서 폭을 삭감하여 폭이 세 주름이다.

상복을 꿰매는 것은 상(裳 : 아랫상복)은 안쪽으로 하고 최(衰 : 윗상복)는 밖으로 한다.

부(負)는 넓이가 적(適 : 辟領, 옷깃의 동정)에서 1치나 나온다. 적(適)의 넓이는 4치(四寸)이고 최(衰)에서 나온다. 최(衰)의 길이는 6치이고 넓이는 4치이다. 의대(衣帶)는 한 자를 내린다. 임(衽 : 옷섶, 솔기)은 2자 5치이다. 소매는 폭(幅)에 이어져 있다. 의(衣 : 윗도리)는 두 자 2치이다.

◎ 소매통은 1자 2치이다.

◎ 최(衰)는 3승(三升)인데 3승 반도 있다. 그 관은 6승(六升)이다. 그 관으로써 받게 되는데 관을 받게 되면 7승(七升)이다. 자최(齊衰)는 4승(四升)이고 그 관은 7승(七升)이다. 그 관(冠)으로써 받게 되는데 관을 받게 되면 8승(八升)이다.

세최(繐衰)는 4승(四升) 반이고 그 관은 8승(八升)으로 한다.

대공(大功)은 8승(八升) 혹은 9승(九升)이고 소공(小功)은 10승(十升) 혹은 11승(十一升)이다.

○女子子適人者爲其父母 婦爲舅姑 惡笄[1]有首以髽[2] 卒哭 子折笄首以笄 布總 傳曰 笄有首者 惡笄之有首也 惡笄者 櫛笄也[3] 折笄首者 折吉笄之首也 吉笄者 象笄也 何以言子折笄首而不言婦 終之也 ○妾爲女君 君之長子惡笄有首 布總 ○凡衰外削[4]幅 裳內削幅 幅三袧[5] 若齊[6] 裳內衰外[7] 負[8]廣出於適[9]寸 適博[10]四寸 出於衰 衰長六寸 博四寸 衣帶下尺 衽二尺有五寸 袂屬幅 衣二尺有二寸 ○袪尺二寸 ○衰三升 三升有半 其冠六升 以其冠爲受 受冠七升 齊衰四升 其冠七升 以其冠爲受 受冠八升 繐衰四升有半 其冠八升 大功八升若九升 小功十升若十一升

1) 惡笄(악계) : 조잡한 비녀.

2) 髽(좌) : 부인이 상중에 하는 결발. 여기서는 복머리에 비녀는 착용한다는 뜻.

3) 櫛笄也(즐계야) : 머리 빗는 나무로 비녀를 만든 것이다.

4) 削(삭) : 줄이다. 삭감하다.

5) 幅三袧(폭삼구) : 폭이 세 주름이라는 뜻.

6) 齊(자) : 꿰매다의 뜻. 무릇 오복(五服)의 최(衰)는 한 번 잘라 네 번 깁는다.

7) 裳內衰外(상내최외) : 아랫도리를 꿰맨 것은 안으로 펼치고 윗도리를 꿰맨 것은 밖으로 펼친다는 뜻.

8) 負(부) : 등 위에 있는 것이다.

9) 適(적) : 피령(辟領)이다.

10) 博(박) : 넓이의 뜻.

제12편 사상례(士喪禮第十二)

사상례(士喪禮)는 사(士)가 행하는 상례(喪禮)이다.

정현(鄭玄)은 "사(士)가 그 부모를 잃고 처음 죽음에서부터 이미 시신을 입관하고 장사 지낼 때까지, 안치(安置)하는 예이다."라고 했다.

1. 사(士)의 상례(喪禮) 절차

사(士)의 상례(喪禮)이다.

적실(適室)에서 죽으면 염(斂)하는 이불을 사용하여 덮는다.

초혼(招魂 : 復者)하는 한 사람이 작변(爵弁)을 입고 폭을 연결한 아랫도리를 왼쪽에 메고 옷 한 벌과 띠를 거두어서 앞의 동쪽 비첨으로부터 지붕에 올라 집의 중앙에서 북면하고 옷으로써 말하기를 "아무개는 돌아오시오."라고 큰 소리로 세 번 부른다.

이에 옷을 앞으로 내려준다. 받는 사람이 대광주리를 사용하여 받아서 동쪽 계단을 통해 당으로 올라가 시체를 덮는다.

초혼을 한 자는 뒤쪽의 서쪽 비첨으로 내려온다.

설치(楔齒)에는 뿔수저를 사용하고 철족(綴足)은 연궤(燕几)를 사용한다.

육포와 육장과 단술을 진설하는데 동쪽 계단을 통해 당으로 올라가 시신의 동쪽에 진열한다.

휘장으로 치는 유당(帷堂)을 만든다.

이에 임금에게 알리는데 주인이 서쪽 계단의 동쪽에서 남면하여 부고하는 자에게 명하고 절하며 보낸다. 빈(賓)이 있으면 절한다.

들어와 상(牀)의 동쪽에 앉는데 모든 주인(主人)들은 그 뒤에 서 서면하고 있으며 부인(婦人)은 상(牀)을 끼고 동면하고 있고 친척들은 실(室)에 있는다. 모든 부인(婦人)들은 지게문 밖에서 북면하고 모든 형제들은 당(堂) 아래에서 북면하고 있는다.

士喪禮¹⁾ : ◑死于適室²⁾ 幠用斂衾³⁾ ◑復者⁴⁾一人 以爵弁服 簪⁵⁾裳 于衣 左何⁶⁾之 扱領于帶 升自前東榮 中屋⁷⁾ 北面 招以衣 曰 皋某 復 三⁸⁾ 降衣⁹⁾于前 受用篚¹⁰⁾ 升自阼階 以衣尸¹¹⁾ 復者降自後 西榮 ◑楔齒¹²⁾用角柶 綴足¹³⁾用燕几 ◑奠脯醢醴酒 升自阼階 奠于尸東¹⁴⁾ ◑帷堂¹⁵⁾ ◑乃赴¹⁶⁾于君 主人西階東 南面命赴者 拜送 有賓¹⁷⁾則拜 之 ◑入 坐于牀東 衆主人¹⁸⁾在其後 西面 婦人¹⁹⁾俠牀 東面 親者在 室²⁰⁾ 衆婦人²¹⁾戶外北面 衆兄弟堂下北面

1) 士喪禮(사상례) : 사(士)가 상(喪)을 치르는 예(禮)이다.

2) 適室(적실) : 정침(正寢)의 실(室)이다.

3) 斂衾(염금) : 대렴(大斂)할 때 함께 쓰는 이불이다.

4) 復者(복자) : 유사(有司)로, 초혼(招魂)하고 복백(復魄)하는 사람이다.

5) 簪(잠) : 연(連)의 뜻이다.

6) 何(하) : 하(荷)의 뜻이다.

7) 中屋(중옥) : 지붕의 중앙을 뜻한다.

8) 皋某復三(고모복삼) : 큰 소리로 아무개는 돌아오라 하고 세 번 부르는 것. 고는 긴 소리이다. 모는 죽은 사람 아무개의 뜻. 복은 반(反)의 뜻이다.

9) 降衣(강의) : 옷을 내려주다의 뜻.

10) 受用篚(수용비) : 대광주리에 받다. 어느 본(本)에는 비는 협(篋)으로 되어 있다. 수는 밑에서 받는 사람의 뜻이다. 곧 초혼하는 사람이 한 사람이고 옷을 받는 사람이 한 사람이라는 뜻이다.

11) 以衣尸(이의시) : 시체에 덮다. 혹 죽은 사람의 혼이 돌아올 것을 생각해서다.

12) 楔齒(설치) : 죽은 사람을 초혼한 뒤에 숟가락을 입에 넣어 입을 벌린 상태로 버티어 놓는 일.

13) 綴足(철족) : 사람이 죽은 뒤에 발을 눌러서 굽혀 놓는 일. 철은 구(拘)의 뜻이다. 신을 신길 때를 위해서이다.

14) 奠于尸東(전우시동) : 시체의 동쪽에 진설해 놓다. 곧 귀신이 형상이 없으 므로 옆에 진열하여 그 곳에 의지하라고 하는 것이다.

15) 帷堂(유당) : 휘장으로 둘러쳐서 만든 당(堂)이다. 작은 일들을 한다.

16) 赴(부) : 알리다. 고(告)의 뜻.

17) 賓(빈) : 동료들이나 친구 또는 사(士)의 무리들이다.

18) 衆主人(중주인) : 서형제(庶兄弟)이다.

19) 婦人(부인) : 처첩(妻妾)의 자손들이다. 적처(適妻)가 앞에 있다.

20) 親者在室(친자재실) : 대공(大功) 이상의 복을 입는 부형(父兄)이나 고모 자매의 자손들이 이 곳에 있다.

21) 衆婦人(중부인) : 중형제(衆兄弟)의 아내들. 소공(小功) 이하의 복을 뜻함.

2. 임금은 사람을 보내 조문한다

임금이 사람을 보내 조상(弔喪)하면 휘장을 철거한다. 주인이 침문(寢門) 밖에서 맞이하는데 빈(賓)을 보고 곡하지 않는다. 먼저 들어와 문의 오른쪽에서 북면(北面)한다.

조상(弔喪 : 문상)하러 온 자가 들어와 서쪽 계단을 통해 당에 올라 동면(東面)한다. 주인이 뜰의 중앙으로 나아간다. 문상 온 자가 임금의 명을 전한다. 주인이 곡을 하고 절을 하는데 이마가 땅에 닿도록 하고 성용(成踊)한다. 빈이 나가면 주인이 외문(外門)의 밖에서 절하고 전송한다.

임금이 사람을 시켜 수의(襚衣)를 보내면 휘장을 철거하고 처음에 하던 예와 똑같이 한다.

수의를 가져온 자는 왼손으로 옷깃을 잡고 오른손으로 허리를 잡고 들어와 당에 올라서 임금의 명을 전한다. 주인이 절을 하고 처음의 예와 똑같이 한다.

수의를 가져온 자가 들어와서 시신에게 입히고 나가면 주인이 절을 하고 보내는 것을 처음과 같이 한다.

오직 임금의 명이라야 나간다. 오르고 내릴 때에는 서쪽 계단으로 한다.

드디어 빈에게 절하는데 대부(大夫)가 있으면 특배(特拜)한다. 서쪽 계단 아래의 자리에 나아가서 동면하고 성용(成踊)은 하지 않는다. 대부는 사양하지 않고 들어간다.

◑君使人[1]弔 徹帷[2] 主人迎于寢門外 見賓不哭 先入門右 北面 弔者入 升自西階 東面 主人進中庭 弔者致命[3] 主人哭拜稽顙 成踊[4] 賓出 主人拜送于外門外 ◑君使人襚[5] 徹帷 主人如初 襚者左執領 右執要 入升致命[6] 主人拜如初 襚者入 衣尸 出 主人拜送如初 唯君命出[7] 升降自西階 遂拜賓 有大夫則特拜之[8] 卽位于西階下[9] 東面不踊 大夫雖不辭 入也

1) 使人(사인) : 사(士)이다. 예(禮)에 사람을 보낼 때에는 반드시 그 작위에 맞추어서 보낸다.

2) 徹帷(철유) : 휘장을 걷었다가 일이 끝나면 다시 친다.

3) 致命(치명) : 임금의 명령이 이르다. 임금이 그대의 상사(喪事)를 듣고 아무개를 보냈으니 어떤 것을 시작하지 못하는가. 곧 무엇이 불편한가라고 묻는 것.

4) 拜稽顙成踊(배계상성용) : 머리를 땅에 닿도록 절하고 슬퍼서 참새처럼 펄쩍펄쩍 뛰는 모습. 성용은 죽음을 슬퍼하여 참새처럼 도약하는 형태를 취하는 예.

5) 襚(수) : 수의이다. 곧 옷과 이불이다.

6) 致命(치명) : 임금이 아무개의 옷과 이불을 보내다의 뜻.

7) 唯君命出(유군명출) : 대부(大夫) 이하인 때에 와 수의로 조상하고 나가지 않는다는 뜻. 곧 처음 상을 당한 날은 슬픔이 심하여 집안에 있어야 하므로 나가서 빈에게 절을 하지 않는다는 뜻.

8) 特拜之(특배지) : 독배(獨拜). 사려배(士旅拜)와는 다르다. 늘어서서 절하다.

9) 卽位于西階下(즉위우서계하) : 아직 차마 주인의 자리에 있지 못하는 것.

3. 수의를 다 입히면

친척(親戚)들이 수의 입히는 것을 마치면 장차 명령이 없더라도 방 안에 진열해 놓는다.

서형제(庶兄弟)들이 수의 입히는 일을 마치면 사람을 시켜서 실(室)에서 명을 받들게 한다. 주인이 자리에서 절하고 옷을 시체의 동쪽 상(牀) 위에 쌓아 놓는다.

친구들이 수의를 입히게 되면 몸소 나아가며 주인이 절하고 옷들을 처음과 같이 쌓아 놓고 물러나 곡하고 성용은 하지 않는다.

의복을 거두어들이는 자가 수의를 드는 방식으로 옷을 들고 방으로 가지고 간다.

명정(銘旌)을 만드는 데는 비단으로 하고 없으면 검은 천으로 하는데 길이가 반폭(한 자)이고 붉은 빛깔의 끝의 길이는 종폭(두 자)으로 하고 넓이는 3치이다. 명(銘)을 끝에 쓰는데 이르기를 '아무개씨 아무개의 구(柩)'라고 한다.

대나무 깃대의 길이는 3자[尺]인데 처마쪽 서쪽 계단 위에 둔다.

전인(甸人)이 계단 사이에 구덩이를 파고 약간 서쪽으로, 서쪽 담장 아래에 흙덩이로 부뚜막을 만드는데 동쪽으로 향하게 한다.

새로운 동이와 쟁반과 병과 폐대(廢敦)와 무거운 솥을 모두 깨끗하게 씻어 서쪽 계단 아래에 이르도록 한다.

◑親者襚[1] 不將命[2]以卽陳[3] 庶兄弟[4]襚 使人以將命于室 主人拜于位 委衣于尸東牀上 朋友襚 親以進[5] 主人拜 委衣如初 退[6] 哭 不踊[7] 徹衣者執衣如襚以適房 ◑爲銘[8] 各以其物 亡[9]則以緇長半幅[10] 經末長終幅[11] 廣三寸 書銘于末曰 某氏某之柩[12] 竹杠[13]長三尺 置于宇[14] 西階上 甸人[15]掘坎于階間少西 爲垼于西牆[16]下 東鄉[17] ◑新盆槃瓶 廢敦重鬲[18] 皆濯[19] 造[20]于西階下

1) 親者襚(친자수) : 곧 친척들이 수의를 입히다의 뜻. 친척은 대공(大功) 이상이며 재물을 함께 하는 의(義)가 있는 친척들이다.

2) 不將命(부장명) : 사람을 시켜서 주인에게 이르도록 하지 않는 것이다.

3) 卽陳(즉진) : 방 안에 진열하여 놓는다는 뜻.

4) 庶兄弟(서형제) : 곧 중형제(衆兄弟)이다.

5) 親以進(친이진) : 친척의 은혜를 뜻한다.

6) 退(퇴) : 당에서 내려와 빈위로 돌아간 것이다.

7) 哭不踊(곡불용) : 곡만 하고 뛰지는 않는다. 곧 주인이 그냥 곡만 하고 성용

(成踊)을 하지 않는다.

8) 銘(명) : 명정(銘旌)이다. 명정은 잡백(雜帛)을 사용하고 대부(大夫)와 사
(士)를 위하여 세운다. 금문(今文)에는 명(名)으로 되어 있다.

9) 亡(망) : 무(無)이다. 명정이 없으면 명(命)을 받지 못한 사(士)이다.

10) 半幅(반폭) : 한 자(一尺)이다.

11) 終幅(종폭) : 두 자(二尺)이다.

12) 柩(구) : 관(棺)에 있는 것을 구(柩)라고 한다.

13) 竹杠(죽강) : 대나무 깃대이다. 명장(銘橦)이다.

14) 宇(우) : 처마이다. 여(梠)이다.

15) 甸人(전인) : 유사(有司)이며 전야(田野)를 담당하는 관리이다.

16) 垼于西牆(역우서장) : 역은 괴조(塊竈)이다. 흙덩이로 만든 부엌. 서장은
중정(中庭)의 서쪽이다.

17) 鄕(향) : 금문(今文)에는 면(面)으로 되어 있다.

18) 新盆槃甁廢敦重鬲(신분반병폐대중력) : 새 동이, 쟁반, 병(단지), 발이 없
는 쟁반, 무거운 솥 등이다.

19) 濯(탁) : 씻다. 깨끗하게 씻다.

20) 造(조) : 이르다. 곧 찬이 이르다의 뜻.

4. 의복을 진열하는 방법

의복을 방 안에 진열하는데 옷깃이 서쪽으로 가게 하고 남쪽을
위로 삼으며 꺾지 않는다. 명의(明衣)는 베를 사용한다. 결발할
때의 비녀는 뽕나무를 사용하는데 길이가 4치이고 비녀 중앙을
편하게 한다.

베 수건의 넓이와 길이는 뚫지 않는다. 머리를 싸는 데는 누인
비단으로 하는데 넓이는 종폭(終幅 : 2尺)으로 하고 길이는 5척
(五尺)으로 하며 그 끝을 쪼갠다. 귀막이는 흰 솜을 사용한다.

눈을 덮는 데는, 겉은 검은 것을 사용하는데 사방으로 1자 2치
이고 속은 붉은색이다. 가운데를 솜으로 채워서 끈으로 묶는다.

손에 움켜쥐게 하는 것은 겉은 검고 속은 분홍빛인 천을 사용

하는데 길이는 1자 2치이고 넓이는 5치이며 중앙부분의 1치를 깎
고 솜으로 채워서 끈으로 묶는다.

깍지는 좋은 왕극(王棘)이나 택극(檡棘)을 사용하는데 끈으
로 매고 솜을 사용하여 끼우고 손가락 두 개를 줄 위에 얹는다.

덮어씌우는 것은, 위를 덮는 것은 검은색이며 길이는 손의 가지
런함과 같다. 아래를 덮는 것은 붉은색이며 발을 가린다.

작변복(爵弁服)은 치의(純衣 : 검은 옷)이다. 피변복(皮弁服)
은 단의(緣衣)이다. 치대(緇帶)와 매겹(韠韐 : 가죽 슬갑)과 죽
홀(竹笏 : 대나무홀)이다.

여름에는 갈구(葛屨)이고 겨울에는 백구(白屨)인데 모두 검
은 끈으로 가선을 두르고 끈으로 발뒤꿈치에 들메 묶는다. 여러
수의를 이어서 진열하고 사용하지는 않는다.

조가비 3개를 폐백 상자에 담는다. 볍쌀 한 접시를 광주리에 넣
는다. 머리 감을 때 쓰는 수건 1개와 목욕할 때 쓰는 수건 2개는
모두 거친 칡베를 사용하는데 폐백상자에 넣는다. 머리 빗는 빗
은 상자에 담고 목욕옷은 대광주리에 담는다.

모두 서서(西序)의 아래에 차려놓는데 남쪽을 위로 삼는다.

◗陳襲事[1]于房中 西領 南上 不綪[2] 明衣裳用布 鬠笄[3]用桑 長四寸
緇中[4] 布巾環幅[5]不鑿 掩[6]練帛廣終幅 長五尺 析其末[7] 瑱[8]用白
纊幎[9]目用緇 方尺二寸 經緆[10] 著 組繫 握手用玄 纁裏 長尺二寸 廣
五寸 牢中旁[11]寸 著 組繫 決[12]用正王棘若檡棘[13] 組繫 纊極[14]二 冒[15]
緇質 長與手齊 經殺掩足 爵弁服純衣[16] 皮弁服[17] 緣衣[18] 緇帶[19]
韠韐[20] 竹笏[21] 夏葛屨 冬白屨 皆繶緇絇純[22] 組綦繫于踵 庶襚[23]繼陳
不用[24] 貝[25]三實于笲[26] 稻米一豆[27]實于筐 沐巾一 浴巾二 皆用綌 於
笲 櫛於簞[28] 浴衣於篋 皆[29] 饌于西序[30]下 南上

1) 襲事(습사) : 의복(衣服)을 말함. 위는 조금 펴지고 아래는 꺾이지 않는다는 뜻.

2) 綪(쟁) : 굽다의 뜻. 꺾다. 고문(古文)에는 정(精)으로 되어 있다.

3) 鬠笄(괄계) : 상투나 쪽을 질 때 쓰는 비녀. 여기서는 상가에서 결발할 때 쓰
는 비녀를 말한다.

4) 縫中(우중) : 비녀 중앙의 머리를 편하게 하는 것을 뜻한다.

5) 環幅(환폭) : 넓이와 길이를 뜻함. 고문(古文)에 환은 환(還)으로 되어 있다.

6) 掩(엄) : 머리를 싸다. 곧 덮어 씌우다의 뜻.

7) 析其末(석기말) : 그 끝을 가르다, 쪼개다의 뜻. 끝을 쪼개 턱 밑에서 매다.

8) 瑱(진) : 귀막이옥. 귀막이. 새 솜으로 싸서 막는다.

9) 幎(멱) : 고문에는 연(涓)으로 되어 있다.

10) 經裏(정리) : 속은 붉다는 뜻.

11) 牢中旁(뢰중방) : 뢰는 누(樓)와 같고 누는 삭(削)을 뜻하며 손의 중앙을
잡아매 손을 편안하게 한 것이다. 금문(今文)에는 누는 우(縷)로 되어 있고
방(旁)은 방(方)으로 되어 있다.

12) 決(결) : 활의 깍지이다. 활을 쏠 때 끼고 횡으로 시위를 잡는다.

13) 正王棘若檡棘(정왕극약택극) : 정(正)은 선(善)의 뜻. 왕극(王棘)과 택극
(檡棘)은 활깍지를 만드는 좋은 재료인 것 같다. 고문에 왕은 옥(玉)으로 되
어 있고 금문(今文)에 택(檡)은 택(澤)으로 되어 있다.

14) 極(극) : 방현(放弦)과 같다고 했다.

15) 冒(모) : 시신을 덮어씌우는 것으로 직선으로 된 주머니와 같은데 위의 것
을 질(質)이라 하고 아래의 것을 쇄(殺)라고 한다.

16) 純衣(치의) : 검은 옷을 뜻한다. 곧 살아 있을 때 입는 옷이다.

17) 皮弁服(피변복) : 평소 입는 옷. 그 옷을 포의소상(布衣素裳)이라 한다.

18) 褖衣(단의) : 검은 옷에 붉은 것으로 가선을 두른 것을 단이라 한다. 고문에
단이 연(緣)으로 되어 있다.

19) 緇帶(치대) : 검은 명주의 띠이다.

20) 靺韐(매겹) : 가죽으로 된 슬갑이다.

21) 竹笏(죽홀) : 대나무로 된 홀.

22) 繶緇絇純(억치구준) : 신 둘레를 검은 끈으로 가선 두르는 것을 뜻함. 구
(絇)는 신코 장식인데 연문(衍文)이라 했다.

23) 庶襚(서수) : 여러 가지 수의.

24) 不用(불용) : 껴입히지 않는다. 많이 진열해 놓은 것으로 영광을 삼는다는 뜻.

25) 貝(패) : 조가비. 곧 조개껍질. 옛날에는 이것을 돈으로 사용했다.

26) 笲(번) : 폐백 상자.

27) 一豆(일두) : 4되(四升).

28) 簞(단) : 갈대로 엮은 상자.

29) 皆(개) : 모두. 조가비 이하에서 목욕옷까지를 뜻한다.

30) 序(서) : 동쪽과 서쪽의 담을 서중(序中)이라 함. 그 남쪽을 당(堂)이라 함.

5. 관인(管人)이 물을 긷는다

관인(管人)이 물을 긷는데 두레박줄을 벗기지 않고 그대로 감아서 물을 퍼 준다. 하축(夏祝)이 쌀을 당(堂)에서 일어 남면하는데 동이를 사용한다.

관인이 계단을 다 올라 당(堂)에 오르지는 않고 쌀뜨물을 받아서 흙덩이로 만든 부엌에서 달이는데 중력(重鬲)을 사용한다.

축(祝)이 쌀을 쟁반에 담아서 조가비의 북쪽에 내려놓는다. 사(士)에게는 얼음이 있는데 이반(夷槃)을 사용하는 것이 옳다.

외어(外御 : 小臣)가 머리 감을 물을 받아서 들어온다. 주인이 모두 나가 호(戶) 밖에서 북면한다. 이에 머리를 감기고 빗질을 하고 수건을 사용하여 머리를 닦는다. 몸을 목욕시킬 때도 수건을 사용하고 목욕옷을 사용하여 닦는다. 목욕시키고 남은 물은 구덩이에 버린다.

손톱을 깎는 것도 살아 생전과 똑같이 한다. 헝클어진 머리를 묶는 데는 끈을 사용하고 이에 비녀를 꽂고 명의(明衣)를 진열한다.

주인이 들어와서 제자리로 나아간다.

상축(商祝)이 제복을 단정하게 입고 단의(褖衣)를 다음에 한다. 주인이 나가서 남면하고 왼쪽 소매를 벗고 모든 얼굴의 오른쪽을 걷어올리고 동이 위에서 씻고 조가비를 씻어서 가지고 들어온다. 재(宰)가 수저를 씻어서 쌀에 꽂아 가지고 따른다.

상축(商祝)이 수건을 가지고 따라 들어와 격자창을 마주하여 북면하고 베개를 거두고 수건을 놓고 문설주를 철거하고 조가비를 받아 시체의 서쪽에 내려놓는다.

주인이 발의 서쪽으로부터 상(牀) 위에 앉아 동면한다. 축이 또

쌀을 받아서 조개껍질의 북쪽에 내려놓는다. 재(宰)가 따라와 상
(牀)의 서쪽에 서서 오른쪽에 있는다. 주인이 왼쪽에서 쌀을 거
두어들여 오른쪽에 담기를 세 번 한다. 하나의 조개껍질을 채워
서 왼쪽에 하고 가운데도 또한 똑같이 한다. 또 쌀을 담는 것들은
오직 가득 채운다. 주인이 옷을 입고 제자리로 돌아간다.

❶管人[1]汲 不說繘[2] 屈之[3] 祝淅[4]米于堂 南面 用盆 管人盡階[5]不升
堂 受潘 煮于垼[6] 用重鬲 祝盛米于敦 奠于貝北 士有氷 用夷槃[7]可
也 外御[8]受沐入 主人皆出戶外 北面 乃沐櫛 挋用巾[9] 浴用巾 挋用
浴衣 澡濯[10]棄于坎 蚤揃如他日[11] 鬠用組[12] 乃笄 設明衣裳 ❶主人
入 卽位 商祝[13]襲祭服 褖衣次[14] 主人出 南面 左袒 扱諸面之右 盥
于盆上 洗貝 執以入 宰[15]洗柶 建于米 執以從 商祝執巾從入 當牖
北面[16] 徹枕 設巾[17] 徹楔 受貝奠于尸西 主人由足西牀上坐 東面 祝
又[18]受米奠于貝北 宰從立于牀西 在右 主人左扱米實于右 三實一
貝 左中亦如之 又實米 唯盈 主人襲[19] 反位[20]

1) 管人(관인) : 유사(有司)이며 관사(館舍)를 주관하는 관리이다.

2) 不說繘(불탈율) : 두레박줄을 벗기지 않는다.

3) 屈之(굴지) : 두레박줄을 끌고 가다의 뜻.

4) 祝淅(축석) : 축은 하축(夏祝)이라 했다. 석은 일다. 곧 쌀을 일다.

5) 盡階(진계) : 세 계단 위를 뜻한다.

6) 受潘煮于垼(수반자우역) : 쌀뜨물을 받아서 부엌에서 끓이다의 뜻.

7) 夷槃(이반) : 중반(中盤)과 같다.

8) 外御(외어) : 소신(小臣)이며 시종(侍從)이다.

9) 挋用巾(진용건) : 진은 닦아서 말리다. 고문(古文)에는 진(振)으로 되어 있
다. 용건은 닦는 데 사용하다.

10) 澡濯(난탁) : 목욕하고 남은 물.

11) 蚤揃如他日(조전여타일) : 손톱 자르는 것을 평소대로 한다는 뜻.

12) 鬠用組(괄용조) : 끈을 사용하여 머리를 묶는다. 고문(古文)에는 괄이 괄
(括)로 되어 있다.

13) 商祝(상축) : 축(祝)이 상례(商禮)를 익힌 자이다.

14) 次(차) : 함상(含牀)의 동쪽에 하다. 무엇을 물리는 상(牀)의 동쪽에 하다.

15) 宰(재) : 유사(有司)이다. 금문(今文)에는 재를 집(執)이라 말하지 않았다.

16) 當牖北面(당유북면) : 곧 시체의 남쪽에 두다의 뜻.

17) 設巾(설건) : 얼굴을 덮어 밥이 유실되고 쌀이 떨어지는 것을 막기 위한 것.

18) 又(우) : 어느 본에는 범(凡)으로 되어 있다.

19) 襲(습) : 부의(復衣)이다. 다시 입다.

20) 反位(반위) : 시신의 동쪽에 있다.

6. 상축(商祝)이 얼굴을 가리고 귀막이를 하다

상축(商祝)이 얼굴을 덮어서 싸고 귀막이를 하고 눈을 덮는 것을 마치고 이에 신을 신기는데 끈을 발등에서 묶어 신코로 연결시킨다. 이에 세 겹으로 껴입힌다. 명의(明衣)는 수치에 맞지 않아도 된다. 슬갑과 띠를 진열하고 홀을 꽂는다.

깍지를 설치하는데 팔뚝에 매어 엄지손가락 근본에 끼우고 손잡이를 설치하는데 이에 팔뚝에 연결시킨다. 모(冒)를 설치하는데 자루이며 이불을 사용하여 덮는다. 수건과 수저와 헝클어진 머리와 손톱은 구덩이에 묻는다.

중목(重木)은 끊어서 쪼갠다.

전인(甸人)이 중정(中庭)에 중(重)을 두는데 셋으로 나누어서 뜰에 하나를 두며 남쪽에 있게 한다.

하축(夏祝)이 반함하고 남은 쌀로 죽을 만드는데 서쪽 담장 아래에서 솥 2개를 사용한다. 덮개는 성긴 베를 사용하여 구멍을 막고 묶는 것은 대나무 껍질을 사용하고 중(重)에 매달아 둔다. 덮개는 위석(葦席)을 사용하는데 북면하여 왼쪽으로 깔고 띠는 대나무 껍질을 사용하여 올려놓고 뒤에서 묶는다. 축(祝)이 명(銘)을 취하여 중(重)에 둔다.

다음 날에 옷을 방에 진열하는데 옷깃을 남쪽으로 가게 하고 서쪽을 위로 삼는다. 천(綪)과 효(絞)는 가로로는 세 가닥이고 세로로는 한 가닥이다. 넓이는 종폭(終幅 : 2자)인데 그 끝을 갈라서 한다. 치금(緇衾)은 안이 적색이고 가선이 없다. 제복을 차례로 하고 산의(散衣)를 차례로 하여 무릇 19겹이다. 모든 수의를 진열하여 연결하는데 반드시 다 사용하지는 않는다.

◐商祝掩瑱¹⁾ 設幎目 乃屨 綦結于跗 連絇 乃襲三稱²⁾ 明衣不在算³⁾ 設韐帶⁴⁾ 搢笏 設決麗于掔⁵⁾ 自飯持之⁶⁾ 設握 乃連掔 設冒橐⁷⁾之 幠用衾⁸⁾ 巾柶鬠蚤埋于坎 ◐重木⁹⁾ 刊鑿之 甸人置重于中庭 參分庭一在南 夏祝鬻餘飯¹⁰⁾ 用二鬲¹¹⁾于西牆下 冪¹²⁾用疏布久¹³⁾之 繫用靲¹⁴⁾ 縣于重 冪用葦席 北面 左衽¹⁵⁾ 帶用靲賀¹⁶⁾之 結于後 祝¹⁷⁾取銘置于重 ◐厥明 陳衣于房 南領 西上 綪 絞¹⁸⁾橫三 縮一¹⁹⁾ 廣終幅 析其末 緇衾頹裏 無統²⁰⁾ 祭服次²¹⁾ 散衣次²²⁾ 凡十有九稱 陳衣繼之 不必盡用²³⁾

1) 掩瑱(엄진) : 먼저 턱 아래를 묶고 또 얼굴을 가려서 귀막이를 하고 눈을 덮어서 이에 돌려 목을 묶은 상태이다.
2) 三稱(삼칭) : 세 겹으로 하다.
3) 算(산) : 수(數)이다. 꼭 수치에 맞지 않아도 된다.
4) 韐帶(겹대) : 매겹(韎韐)과 치대(緇帶). 고문에 겹은 합(合)으로 되어 있다.
5) 麗于掔(여우완) : 팔뚝에서 매다. 베풀다. 여는 시(施)의 뜻.
6) 自飯持之(자반지지) : 엄지손가락으로부터 끼다의 뜻. 깍지는 가죽으로 깔개를 만들어 활고자에 있다. 활고자 안 끝이 외단(外端)을 매게 되어 횡대가 있다. 반은 엄지손가락의 근본이다.
7) 橐(고) : 자루. 많은 물건을 감출 수 있다. 금문에는 탁(橐)으로 되어 있다.
8) 衾(금) : 죽었을 때 염(斂)하는 이불이다.
9) 重木(중목) : 나무이며 물건을 달아놓는 것을 중(重)이라 한다. 사(士)의 중목은 길이가 3자〔三尺〕이다.
10) 鬻餘飯(죽여반) : 반함하고 남은 쌀로 죽을 만든다.
11) 二鬲(이력) : 사(士)는 두 개의 솥이다. 대부는 사력(四鬲)이고 제후와 천자는 팔력(八鬲)이다. 궤(簋)도 동일하다.
12) 冪(멱) : 고문(古文)에는 모두 밀(密)자로 되어 있다.
13) 久(구) : 구(灸)와 같으며 솥의 입구를 덮어 막는다.
14) 靲(금) : 대나무 껍질이다.

15) 左衽(좌임) : 서쪽 끝이며 위에 있다.

16) 賀(하) : 가(加)의 뜻이다.

17) 祝(축) : 주례(周禮)에 익숙한 사람이다.

18) 緇絞(천효) : 천은 꼭두서니빛의 비단. 효는 염할 때 시체를 묶는 끈.

19) 橫三縮一(횡삼축일) : 가로는 세 가닥이고 세로는 한 가닥이라는 뜻.

20) 無紞(무담) : 가선이 없다. 겉에 표식이 없다는 뜻.

21) 祭服次(제복차) : 작변복과 피변복이 차례다.

22) 散衣次(산의차) : 수의(襚衣) 이하 솜옷의 종류들이다.

23) 不必盡用(불필진용) : 알맞게 취하고 다 사용하지 않는다는 뜻.

7. 동당(東堂) 아래에 차려 놓다

동쪽 당하(堂下)에 육포와 육장과 단술을 차려 놓는다. 덮개는 공포(功布)를 사용하는데 상자에 담아서 찬(饌)의 동쪽에 놓아 둔다.

동이와 세숫대야를 찬(饌)의 동쪽에 놓아 두고 수건도 놓아 둔다.

저질(苴絰)은 대격(大鬲)하여 하본(下本)이 왼쪽으로 가 있게 하고 요질(要絰)은 작게 하고 산대(散帶)를 늘어뜨리는 길이는 3자이고 모마질(牡麻絰)은 우본(右本)이 위에 있고 또한 산대(散帶)도 늘어뜨린다. 이 모두를 동쪽에 늘어 놓는다.

부인의 대(帶 : 띠)는 모마(牡麻)로 밑을 묶어서 방에 놓아 두고 상자(牀笫)와 이금(夷衾)은 서쪽 잔대의 남쪽에 차려 놓는다. 서쪽의 세숫대야는 동쪽과 똑같이 놓는다.

한 개의 세발솥을 침문(寢門) 밖에 진열하는데 동숙(東塾)과 마주하여 조금 남쪽으로 서면(西面)하게 한다. 특돈(特豚)을 담는데 네 다리를 나누어 발굽을 제거하고 양쪽 어깨뼈와 등뼈와 허파를 채운다. 들막대기와 뚜껑을 설치하는데 뚜껑을 서쪽 끝에 둔다. 소조(素俎)를 세발솥의 서쪽에 있게 하는데 서쪽으로 늘어 놓으며 수저를 엎어서 놓되 자루가 동쪽으로 가도록 한다.

❶饌于東堂下 脯醢醴酒 羃奠[1]用功布[2] 實于篚 在饌東 設盆盥于饌
東 有巾 ❶苴絰[3]大鬲[4] 下本在左[5] 要絰小焉[6] 散帶垂長三尺 牡麻
絰[7]右本在上 亦散帶垂[8] 皆饌于東方[9] 婦人之帶[10]牡麻 結本 在房
牀笫[11]夷衾[12]饌于西坫南 西方盥如東方[13] 陳一鼎于寢門外 當東塾
少南 西面 其實特豚 四鬄[14] 去蹄 兩胉[15]脊肺 設扃鼏 鼏西末 素俎[16]
在鼎西 西順 覆匕 東柄

1) 奠(전) : 고문(古文)에는 준(尊)으로 되어 있다.

2) 功布(공포) : 두드려서 잿물에 빨아 손질한 베이다.

3) 苴絰(저질) : 참최(斬衰)의 질(絰 : 허리띠)이다.

4) 大鬲(대격) : 크게 조르다. 곧 중인(中人)의 손은 9치를 쥐는데 질대(絰帶)
   의 차이가 이로부터 나온다.

5) 下本在左(하본재좌) : 하본을 왼쪽에 둔다. 중복(重服)은 안에서 통제하는
   데 양(陽)에 근본한 것이다.

6) 要絰小焉(요질소언) : 5분(五分)에서 1을 제거하다.

7) 牡麻絰(모마질) : 재최(齊衰) 이하의 질(絰)이다. 모마질은 그 모습이 간편
   하여 복도 가볍다.

8) 右本在上亦散帶垂(우본재상역산대수) : 가벼운 상복은 음(陰)에 근본하여
   밖에서 통제한다. 산대(散帶)가 늘어진 것은 남자의 도는 문채가 변화가 많
   다는 것이다.

9) 饌于東方(찬우동방) : 동쪽 잔대의 남쪽이며 저질(苴絰)의 위가 된다.

10) 婦人之帶(부인지대) : 부인은 또한 저질(苴絰)이 있다. 다만 띠만 말한 것
    은 다르게 기록한 것이다. 재최부인(齊衰婦人)과 참최부인(斬衰婦人)도 또
    한 저질(苴絰)이다.

11) 牀笫(상자) : 평상에 대나무로 깐 것.

12) 夷衾(이금) : 시신을 덮는 이불이다.

13) 如東方(여동방) : 동이와 수건을 사용하는데 서당(西堂) 아래에 차리는 것.

14) 四鬄(사척) : 네 개의 다리를 해체하다. 나누다의 뜻. 금문(今文)에 척은 척
    (剔)으로 되어 있다.

15) 去蹄兩胉(거제양박) : 거제는 발굽을 버리다. 양박은 양쪽 어깨뼈이다.

16) 素俎(소조) : 소박한 도마.

8. 씻기고 염하는 예

사(士)를 세수시킬 때에는 두 사람이 나란히 하여 동면하고 서쪽 계단 아래에 서서 호내(戶內)에 자리를 펴는데 아래는 왕골로 하고 위는 대자리로 한다. 상축(商祝)이 효금(絞衾 : 이불)과 산의(散衣)와 제복을 펴 놓는다. 제복은 거꾸로 입히지 않는다. 아름다운 것은 속에 있게 한다.

사(士)를 들어서 시체를 옮겼다가 다시 제 위치에 돌려놓고 두 기둥 사이에 상자(牀笫)를 설치하고 요는 처음과 같이 하고 베개를 베게 한다.

염(斂)을 마치면 휘장을 거둔다. 주인은 서면(西面)하고 시신에 기대어 성용(成踊)을 무수(無數)히 한다. 주부(主婦)는 동면하고 기대어 또한 똑같이 한다.

주인은 머리를 묶고 윗옷의 왼쪽 소매를 걷으며 모든 주인들은 방에서 관을 벗고 머리를 묶는다. 부인은 실(室)에서 복머리를 한다.

사(士)를 드는데 남자와 여자가 시신을 받들어 당(堂)에 시신을 모시고 이금(夷衾)을 사용하여 덮는다. 남자와 여자는 실(室)의 자리에서 똑같이 하는데 성용(成踊)을 무수히 한다.

주인이 발쪽에서 나가 서쪽 계단을 통해 당에서 내려가고 모든 주인들은 동쪽에서 자리로 나아간다. 부인이 동쪽 계단 위에서 서면(西面)한다.

주인이 빈(賓)에게 절한다. 대부에게는 한 사람씩 절을 한다. 사는 늘어서서 절하고 자리로 나아가 성용(成踊)한다. 요질(要絰)은 서(序)의 동쪽에서 추스르고 제자리로 돌아간다.

◗士盥 二人以竝[1] 東面立于西階下 布席[2]于戶內 下莞 上簟 商祝 布絞衾散衣祭服 祭服不倒[3] 美者[4]在中 士舉遷尸[5] 反位 設牀笫于兩楹之間 衽[6]如初 有枕 卒斂[7] 徹帷 主人西面馮[8]尸 踊無算 主婦東面馮 亦如之 主人髻髮袒[9] 衆主人免[10]于房 婦人髽[11]于室 士舉 男

女奉尸 俵于堂[12] 幠用夷衾[13] 男女如室位 踊無算 主人出于足 降自
西階 衆主人東卽位 婦人阼階上 西面 主人拜賓[14] 大夫特拜 士旅之
卽位踊[15] 襲経于序東[16] 復位

1) 士盥二人以竝(사관이인이병) : 사(士)를 씻길 때는 두 사람이 함께 한다는
   뜻. 곧 서서 기다려 시신을 들다. 병은 금문(今文)에 병(倂)으로 되어 있다.

2) 布席(포석) : 유사(有司)가 염(斂)할 자리를 펴다의 뜻.

3) 祭服不倒(제복부도) : 제복을 거꾸로 하지 않는다. 곧 존중해야 한다는 뜻.

4) 美者(미자) : 좋은 옷이라는 뜻. 미(美)는 선(善)이다.

5) 遷尸(천시) : 시체를 옷 위로 옮기다의 뜻.

6) 袵(임) : 요를 뜻한다.

7) 卒斂(졸렴) : 시체에 옷 입히는 염이 모두 끝났다는 뜻.

8) 馮(빙) : 기대다의 뜻.

9) 髻髮袒(괄발단) : 괄발은 비녀로 머리 싼 것을 풀고 결발하다. 단은 상례에
   서 윗옷의 왼쪽 소매를 벗는 것.

10) 免(문) : 갓을 벗고 머리를 묶는 것.

11) 髽(좌) : 비녀를 제거하고 싸맨 머리를 풀어서 복머리를 하는 것.

12) 俵于堂(이우당) : 시신은 당(堂)에 모시다. 당은 기둥 사이의 상자(牀笫)
    위를 뜻한다. 금문(今文)에 이는 이(夷)로 되어 있다.

13) 夷衾(이금) : 시신의 널을 덮는 이불이다.

14) 拜賓(배빈) : 손님의 자리로 향하여 절을 하는 것이다.

15) 卽位踊(즉위용) : 곧 동쪽의 자리로 나아가서 성용(成踊)하다.

16) 序東(서동) : 동협(東夾) 앞이다.

9. 이 때부터 제수를 올린다

이에 제수를 올린다.

드는 사람이 손을 씻고 오른쪽은 수저를 가지고 물러나고 왼쪽
은 도마〔俎〕를 드는데 가로로 비껴 든다. 들어와 동쪽 계단 앞에
서 서면(西面)하게 놓아 두는데 도마는 북면하게 한다.

우인(右人)이 왼손에 수저를 잡고 들막대를 빼내 왼손으로 주

어서 함께 가지고 솥뚜껑을 취하여 세발솥의 북쪽에 쌓아 놓는다. 그 위에 가로막대를 올려놓고 앉지 않는다.

　이에 수저를 올리고 양쪽 넓적다리를 양쪽 끝에 올려놓고 양쪽 어깨를 다음에 하고 양쪽 어깨뼈를 다음에 하고 척추와 허파는 속에 놓아 둔다. 모두를 덮어서 밑으로 나아가서 가지고 기다린다.

　하축(夏祝)과 집사(執事)가 손을 씻고 단술을 먼저 하여 술과 육포와 육장을 가지고 도마를 따라서 당에 오르는데 동쪽 계단으로부터 한다. 장부(丈夫)들은 성용(成踊)한다.

　전인(甸人)은 세발솥을 거두고 공포(功布)를 가진 자는 동쪽 계단 아래에서 기다린다. 시체의 동쪽에 차려 놓고 단술을 가지고 북면하여 서쪽을 위로 삼는다. 두(豆)를 놓고 도마는 두(豆)의 동쪽에 놓고 도마의 북쪽에 서서 서쪽을 위로 삼는다. 단술을 두(豆)의 남쪽에 놓고 축이 공포(功布)를 받아서 덮는다.

　발이 있는 곳으로부터 당에서 내려오는데 서쪽 계단으로부터 한다. 부인이 성용(成踊)한다. 진열한 자가 중(重)의 남쪽으로부터 동쪽으로 하면 장부들이 성용(成踊)한다.

　빈(賓)이 나간다. 주인이 문 밖에서 절하고 보낸다. 이에 번갈아 곡을 하는데 관(官)으로써 하지는 않는다.

●乃奠¹⁾ 擧者盥²⁾右執匕卻之 左執俎橫攝³⁾之 入 阼階前西面錯⁴⁾ 錯俎 北面 右人左執匕 抽肩⁵⁾予⁶⁾左手兼執之 取羃委于鼎北 加肩 不坐 乃杙⁷⁾載 載兩髀⁸⁾于兩端 兩肩亞 兩胉⁹⁾亞 脊肺在于中 皆覆 進柢¹⁰⁾ 執而俟 夏祝及執事¹¹⁾盥 執醴先 酒脯醢俎從 升自阼階 丈夫踊 甸人徹鼎 巾¹²⁾待于阼階下 奠于尸東 執醴酒¹³⁾北面西上 豆錯 俎錯于豆東 立于俎北 西上 醴酒錯于豆南 祝受巾巾之¹⁴⁾ 由足降自西階 婦人踊 奠者由重南東 丈夫踊 賓出 主人拜送于門外¹⁵⁾ 乃代¹⁶⁾哭 不以官¹⁷⁾

1) 乃奠(내전) : 축(祝)과 집사(執事)가 올린다.

2) 擧者盥(거자관) : 희생을 드는 사람이 손을 씻고 문을 나가서 세발솥을 드는데 오른쪽 사람은 오른손으로 수저를 가지고 왼쪽 사람은 왼손으로 도마를 가진다는 뜻. 이는 그 편리함을 따른 것이다.

3) 攝(섭) : 가지다의 뜻.

4) 錯(조) : 조(措)와 같다. 두다의 뜻.

5) 抽扃(추경) : 들막대를 빼어 솥뚜껑을 취하여 솥뚜껑 위에 들막대를 올려놓는 것이다. 경은 금문(今文)에는 현(鉉)으로 되어 있다.

6) 予(여) : 고문(古文)에는 여(與)로 되어 있다.

7) 朼(비) : 고문에는 비(匕)로 되어 있다.

8) 牌(비) : 고문에는 비(脾)로 되어 있다.

9) 胉(박) : 금문에는 박(迫)으로 되어 있다.

10) 柢(저) : 본(本)이다. 근본. 밑. 금문(今文)에는 지(胝)로 되어 있다.

11) 執事(집사) : 모든 일을 맡아서 올리는 자이다.

12) 巾(건) : 공포(功布)라고 했다.

13) 執醴酒(집례주) : 곧 먼저 오르는 것은 높이는 것이다.

14) 巾之(건지) : 먼지를 덮는 것이다.

15) 門外(문외) : 사당문 밖이다.

16) 代(대) : 번갈아 행하다. 교대하다.

17) 不以官(불이관) : 관직이 높다고 슬픔이 많고 낮다고 슬픔이 적은 것은 아니라는 뜻이다.

10. 임금이 수의를 보내 오면…

수의를 가진 자가 있으면 임금의 명을 받든다.

빈자(擯者)가 나가서 묻고 들어와서 주인에게 고한다. 주인이 자리에서 기다린다. 빈자(擯者)가 나가서 기다린다고 고한다. 빈이 들어온다. 빈이 뜰의 중앙으로 들어와서 북면하고 임금의 명을 전달한다. 주인이 절하고 이마를 땅에 조아린다.

빈이 서쪽 계단을 통해 당으로 올라 발이 있는 쪽으로 나아가 서면하고 옷을 맡기는데 실(室)의 예와 똑같이 하고 당에서 내려와 나간다. 주인이 나가서 절하고 전송한다.

벗들이 몸소 수의를 입히는데 처음 할 때의 행동과 똑같이 한다. 서쪽 계단의 동쪽에서 북면하고 곡을 한다. 성용(成踊)을 세 번 하고 내려온다. 주인은 성용하지 않는다.

수의를 가진 자가 덧옷으로써 하면 반드시 아랫도리가 있으니 옷을 잡는 방식을 처음과 똑같이 한다. 옷을 거두어들이는 자도 또한 처음과 똑같이 한다. 오르고 내리는 것은 서쪽 계단으로부터 동쪽으로 한다.

밤에는 중정(中庭)에 화톳불을 놓는다.

그 다음 날에 화톳불을 끈다. 옷을 방(房)에 진열하는데 옷깃이 남쪽으로 향하게 하고 서쪽을 위로 하여 굽힌다. 이불은 효금(絞紟)과 금(衾)의 두 가지이다. 임금이 보낸 수의와 제복과 산의(散衣)의 여러 수의가 있는데 도합 30겹으로 한다. 홑이불은 계산에 넣지 않고 반드시 다 사용하지도 않는다.

동쪽에 차려진 찬(饌)에는 2개의 질그릇 단지에 예주(醴酒)를 채워 두고 각치(角觶)와 나무숟가락을 둔다. 하얀 두(豆) 2개에는 아욱절임과 토란과 고둥젓을 담아 둔다. 2개의 변(籩)에는 가선이 없다. 포건(布巾)에는 밤을 넣는데 추리지 않고 포(脯)는 4정(四脡)이다. 자리는 찬(饌)이 있는 북쪽에 펴 놓고 염석(斂席)은 그 동쪽에 있다.

구덩이를 판 곳에는 조그마한 요가 나타나 있다. 관이 들어가면 주인이 곡을 하지 않는다. 관을 올리는 데는 굴대를 사용하고 덮개는 아래에 있다.

메기장과 찰기장을 볶아서 각각 두 개의 광주리에 담고 물고기와 포[腊]가 있는데 서쪽 잔대의 남쪽에 둔다.

3개의 세발솥을 문 밖에 진열하는데 북쪽을 위쪽으로 한다. 돼지 희생은 좌우를 합하고 물고기는 전어(鱄魚)나 붕어가 아홉 마리이다. 포[腊]의 왼쪽에 희생의 몸체 반쪽이 있고 넓적다리는 올리지 않는다. 그 밖의 것들은 모두 처음과 똑같이 한다.

횃불은 찬(饌)의 동쪽에서 기다리고 있다.

●有襚者 則將命 擯者出請[1] 入告 主人待于位 擯者出告須[2] 以賓入 賓入中庭 北面致命 主人拜稽顙 賓升自西階 出于足 西面 委衣

如于室禮 降 出 主人出 拜送 朋友親襚 如初儀 西階東北面哭 踊三
降 主人不踊 襚者以褶³⁾ 則必有裳 執衣如初 徹衣者亦如之 升降自
西階 以東⁴⁾ ❶宵爲燎⁵⁾于中庭 ❶厥明滅燎 陳衣于房 南領 西上 綪
絞紟⁶⁾衾二 君襚祭服散衣庶襚 凡三十稱 紟不在算 不必盡用 東方
之饌⁷⁾ 兩瓦甒 其實醴酒 角觶 木枏毼⁸⁾豆兩 其實葵菹芋⁹⁾ 蠃醢¹⁰⁾ 兩
邊 無縢¹¹⁾ 布巾¹²⁾ 其實栗不擇 脯四脡 奠席在饌北 斂席在其東 ❶掘
肂見衽¹³⁾ 棺入主人不哭 升棺用軸¹⁴⁾ 蓋在下 熬¹⁵⁾黍稷各二筐 有魚腊
饌于西坫南 ❶陳三鼎于門外 北上 豚合升¹⁶⁾ 魚 鱄鮒九 腊左胖 髀
不升 其他皆如初¹⁷⁾ 燭¹⁸⁾俟于饌東

1) 擯者出請(빈자출청) : 인도하는 사람이 나가서 물어보고 안에 고하는 것. 상
   례에서는 위의(威儀)를 생략하는 것으로 이미 소렴(小斂)을 끝냈으면 빈자
   가 이에 사양하는 것을 사용한다. 나가서 물어보고 사양하는 말로 "고(孤) 아
   무개는 아무개를 시켜서 일을 묻다." 라고 한다.

2) 須(수) : 대(待)이다. 곧 나가서 고하여 말하기를 "고(孤) 아무개가 기다리
   고 있습니다." 라고 한다.

3) 褶(첩) : 비단으로 만든 덧옷. 솜이 들어 있지 않다. 고문에는 습(襲)으로 됨.

4) 以東(이동) : 숨어서 일을 기다리기 위해서이다.

5) 宵爲燎(소위료) : 밤에는 화톳불을 피우다의 뜻. 요는 대초(大燋)이다.

6) 絞紟(효금) : 홑이불. 단피(單被). 처음 죽었을 때의 염의(斂衣)이다.

7) 東方之饌(동방지찬) : 동당(東堂)의 아래에 있는 것이다.

8) 毼(갈) : 백(白)이다.

9) 葵菹芋(규저우) : 아욱절임과 토란이다.

10) 蠃醢(나해) : 고둥젓. 금문(今文)에 나(蠃)는 와(蝸)로 되어 있다.

11) 縢(등) : 가선 두르다. 고문(古文)에는 전(縜)으로 되어 있다.

12) 布巾(포건) : 변건(籩巾). 변두(籩豆)가 갖추어지면 건성(巾盛)이 있다.

13) 掘肂見衽(굴사현임) : 구덩이를 파고 작은 요가 나타나다의 뜻. 구덩이는
    관을 묻는 구덩이이다. 임은 소요(小要)이다.

14) 軸(축) : 관을 괴는 버팀목이다.

15) 熬(오) : 볶다. 왕개미나 하루살이 같은 것을 방지하기 위하여 볶는다.

16) 豚合升(돈합승) : 돼지의 희생은 좌우의 몸체를 합치다의 뜻.

17) 其他皆如初(기타개여초) : 돼지의 희생 몸체와 수저와 도마의 진열을 소렴 (小斂) 때의 네 다리를 합승하는 것과 똑같이 한다는 뜻.

18) 燭(촉) : 화톳불이다.

II. 세숫대야를 문 밖으로 치운다

축(祝)이 세숫대야를 문 밖으로 치운다. 들어와 동쪽 계단을 통해 당으로 오른다. 장부(丈夫)가 성용(成踊)한다. 축이 수건을 거두어 집사(執事)에게 주고 기다린다. 찬(饌)을 치우는데 먼저 예주(醴酒)를 취하고 북면한다. 그 나머지는 먼저 진열한 것을 취하여 시체의 발이 있는 쪽으로 나가 서쪽 계단으로 내려간다. 부인이 성용(成踊)한다. 서(序)의 서남쪽에 진열한 것을 서쪽 비첨과 마주하게 하여 당(堂)에 설치한 것과 똑같게 한다.

단술의 자리는 처음과 똑같다.

집사(執事)가 두(豆)의 북쪽에서 남면하여 동쪽을 위로 삼는다. 이에 찬(饌)이 있는 쪽으로 간다.

당(堂)의 휘장을 철거한다.

부인(婦人)이 시체의 서쪽에서 동면한다. 주인과 친척들이 서쪽 계단을 통해 당으로 올라 발쪽에서 나가 서면하고 윗옷의 왼쪽 소매를 벗는다. 사(士)의 씻는 위치는 처음과 같다. 자리를 펴는 것도 처음과 똑같이 한다. 상축(商祝)이 홑이불과 이불과 의복을 펴 놓는다. 좋은 것을 밖에 있게 한다. 임금이 보낸 수의는 거꾸로 하지 않는다.

대부가 있으면 고한다. 사(士)가 들어서 시체를 옮겨 제자리로 돌아간다. 주인이 성용(成踊)하는데 무수히 한다. 염(斂)을 마치고 휘장을 철거한다. 주인이 기대는 것을 처음과 똑같이 한다. 주부가 또한 똑같이 의지한다.

◑祝徹[1]盥于門外 入 升自阼階 丈夫踊 祝徹巾 授執事者以待 徹饌 先取醴酒 北面 其餘 取先設者 出于足 降自西階 婦人踊 設于序西

南²⁾ 當西榮 如設于堂³⁾ 醴酒位如初⁴⁾ 執事豆北 南面 東上 乃適饌⁵⁾
❶帷堂⁶⁾ ❶婦人尸西 東面 主人及親者升自西階 出于足 西面 袒 士
盥 位如初⁷⁾ 布席如初 商祝布絞紟衾衣 美者在外 君襚不倒 有大夫則
告⁸⁾ 士擧遷尸 復位 主人踊無算 卒斂 徹帷 主人馮如初 主婦亦如之

1) 祝徹(축철) : 축과 유사(有司)가 마땅히 소렴(小斂)의 전(奠)을 치운다. 소
   렴 때에는 세숫대야를 찬(饌)의 동쪽에 진설하는데 수건이 있다. 대렴 때에
   는 세숫대야를 문 밖에 진열하여 더욱 위의가 있다.

2) 設于序西南(설우서서남) : 서(序)의 서남쪽에 설치함. 일을 마치고 간다는 뜻.

3) 堂(당) : 시체의 동쪽을 뜻한다.

4) 如初(여초) : 그 단술은 북면하고 서쪽을 위로 삼는 것과 같이 한다.

5) 適饌(적찬) : 동쪽의 새로운 찬으로 간다는 뜻.

6) 帷堂(유당) : 일이 다 끝나서 드러내는 의식.

7) 士盥位如初(사관위여초) : 두 사람이 나란히 서쪽 계단 아래에 서 있는 것.

8) 有大夫則告(유대부즉고) : 뒤에 오는 자가 있으면 고하여 바야흐로 염(斂)
   을 한다고 하고 염하는 시기가 아니면 마땅히 내려와서 절을 해야 한다.

I2. 시체를 받들고 관에 염(斂)한다

주인이 시체를 받들어 관에 염(斂)하고 성용(成踊)하는데 처
음과 똑같이 한다. 이에 관을 덮는다.

주인이 내려와서 뒤늦게 이른 대부(大夫)에게 절하고 북면하
여 구덩이를 살핀다. 모든 주인들이 제자리로 돌아간다. 부인도
동쪽에서 제자리로 돌아간다. 볶은 메기장과 찰기장을 진열하는
데 사방의 곁에 한 광주리씩 놓고 관을 바른다. 성용(成踊)을 수
없이 한다. 바르는 일을 마치면 축이 명정을 취하여 관 위에 놓고
주인이 제자리로 돌아가서 성용(成踊)을 계속한다.

이에 진설한다. 촛불을 가지고 동쪽 계단을 통해 당으로 오른
다. 축이 수건을 가지고 자리를 가진 자를 따른다. 아랫목에 자리
를 깔고 동면한다. 축이 반대로 내려가 집사(執事)에게 이르러
찬(饌)을 잡는다. 사(士)가 손을 씻고 세발솥을 들고 들어와 서

면하여 북쪽을 위로 삼는데 처음과 똑같이 한다.

올라 있는 물고기는 머리를 왼쪽으로 가게 하고 등지느러미를 앞으로 가게 하여 세 줄로 하고 포〔腊〕는 밑이 앞으로 나아가게 한다. 축이 단술을 잡고 처음과 똑같이 한다. 술과 두(豆)와 변(籩)은 도마가 따르는데 당에 오르는 것을 동쪽 계단으로 한다. 장부는 성용(成踊)을 한다. 전인(甸人)이 세발솥을 치운다.

올리는 것은 기둥 안으로부터 실(室)로 들어간다. 단술은 북면하여 둔다. 두(豆)를 놓은 오른쪽에는 절인 음식을 놓고 절인 음식의 남쪽에는 밤을 놓고 밤의 동쪽에는 육포(肉脯)를 둔다. 돼지는 두(豆)와 마주하게 하고 물고기를 그 다음에 둔다. 포〔腊〕는 도마의 북쪽에 별다르게 두고 단술은 변(籩)의 남쪽에 둔다. 수건은 처음과 똑같이 둔다.

이미 놓아 둔 자는 나가서 호서(戶西)에 서 있는데 서쪽을 위로 삼는다. 축(祝)이 가장 뒤에 나오면서 호(戶)를 닫는다. 먼저 기둥의 서쪽으로 말미암아 서쪽 계단을 통해 당에서 내려간다. 부인이 성용(成踊)한다.

차려 놓은 자가 중(重)의 남쪽으로 말미암아서 동쪽으로 한다. 장부가 성용(成踊)한다.

빈(賓)이 나간다. 부인(婦人)이 성용을 한다.

주인이 문 밖에서 절하고 전송한다. 다시 들어와 형제에게 이르러 북면하고 빈소에서 곡한다. 형제들이 나간다. 주인이 문 밖에서 절하고 전송한다.

모든 주인들이 문으로 나가면 곡을 중지한다. 모두가 동쪽에서 서면하고 문을 닫는다. 주인이 읍하고 차(次)로 나아간다.

◐主人奉尸斂于棺[1] 踊如初 乃蓋 主人降 拜大夫之後至者 北面[2]視 斂 衆主人復位[3] 婦人東復位 設熬 旁一筐 乃塗[4] 踊無算 卒塗 祝取 銘置于肂 主人復位 踊 襲 ◐乃奠 燭升自阼階 祝執巾席從[5] 設于奧[6] 東面 祝反降 及執事執饌 士盥 擧鼎入 西面 北上 如初 載魚左首[7] 進 鬐[8] 三列 腊進柢 祝執醴如初[9] 酒豆籩俎從 升自阼階 丈夫踊 甸人徹

鼎 奠由楹內入于室 醴酒北面 設豆 右菹[10] 菹南栗 栗東脯 豚當豆 魚
次 腊特于俎北 醴酒在邊南 巾如初 旣錯者出 立于戶西 西上 祝後
闔戶 先由楹西降自西階 婦人踊 奠者由重南東 丈夫踊 賓出 婦人踊
主人拜送于門外 入 及兄弟北面哭殯 兄弟出 主人拜送于門外 衆主
人出門 哭止 皆西面于東方 闔門 主人揖就次[11]

1) 斂于棺(염우관) : 관에 염하다. 관이 구덩이 안에 있는데 시신에 염을 한다.
   곧 파묻는 것을 뜻한다.
2) 北面(북면) : 서쪽 계단의 동쪽이다.
3) 復位(복위) : 동쪽 계단 상하의 자리이다.
4) 塗(도) : 바르다. 나무로 관 위를 덮고 흙을 발라서 불이 날 것을 방지하는 것.
5) 祝執巾席從(축집건석종) : 축이 수건을 가지고 자리를 가진 자를 따르다.
6) 奧(오) : 아랫목이며 실(室)의 서남쪽 모퉁이를 뜻한다.
7) 魚左首(어좌수) : 물고기의 지느러미와 등뼈가 남쪽으로 있는 것이다. 수
   (首)자는 고문(古文)에는 수(手)로 되어 있다.
8) 鬐(기) : 고문에는 기(耆)로 되어 있다.
9) 如初(여초) : 축이 먼저 오른다는 뜻.
10) 右菹(우저) : 절인 음식들이 단술의 남쪽에 있는 것이다.
11) 次(차) : 참최복은 의려(倚廬)이고 자최는 악실(堊室)이고 대공(大功)은
    유장(帷帳)이 있고 소공(小功)과 시마(緦麻)는 상자(牀笫)가 있는 것이다.

13. 임금이 하사한 것이 있으면…

임금이 만약 은혜를 베풀 일이 있다면 몸소 대렴을 살펴보는 데
이미 옷을 벌려 놓았을 때 임금이 이른다.

주인이 외문(外門) 밖으로 나가 맞이하는데 임금이 탄 말의 머
리가 보이면 곡을 하지 않고 돌아서 문 오른쪽으로 들어와 북면
하고 모든 주인들과 더불어 윗옷의 왼쪽 소매를 벗는다.

무(巫)가 사당문 밖에 이르면 축(祝)이 대신한다. 소신(小臣)
두 사람이 창을 가지고 앞에 하고 두 사람은 뒤에 한다.

임금이 석채(釋菜)를 하고 문으로 들어오면 주인은 피한다.

임금이 동쪽 계단을 통해 당에 올라 서쪽으로 향한다. 축이 담을 등지고 남면하면 주인(主人)이 뜰의 중앙에 선다.

임금이 곡하면 주인은 곡하고 절하며 머리를 조아린다. 성용(成踊)하며 나간다. 임금이 다시 행사를 진행하라고 명하면 주인이 제자리로 돌아간다. 임금이 주인에게 당으로 오르라고 하면 주인이 서쪽 기둥의 동쪽에서 북면한다. 공(公)과 경(卿)과 대부(大夫)가 오르면 이어서 주인은 동쪽을 위로 삼는다. 이에 염(斂)을 한다. 염이 끝나면 공경대부(公卿大夫)는 올라올 때와 반대의 순서로 내려가 제 위치로 돌아간다. 주인이 내려가 나간다.

임금이 주인에게 돌아오라고 하면 주인이 중정(中庭 : 뜰의 중앙)에 있는다. 임금이 앉아서 어루만지며 주의를 기울이면 주인이 절하고 이마를 땅에 조아리며 성용(成踊)하고 나간다. 임금이 다시 돌아오라고 명하면 처음 자리로 돌아간다. 모든 주인들이 동벽(東壁)으로 피하여 남면한다. 임금이 내려가 서쪽으로 향하여 서서 주인에게 시신에 의지하라고 명한다. 주인이 서쪽 계단을 통해 당에 올라서 발이 있는 쪽으로 말미암아 서면하고 시신에 의지하되 임금이 있는 곳과 마주하지 않고 성용(成踊)한다. 주부(主婦)는 동면(東面)하고 시신에 의지하여 또한 똑같이 한다.

시신을 받들어 관에 염(斂)하고 이에 관을 덮는다. 주인이 당에서 내려와 나간다. 임금이 돌아오라고 하면 문의 왼쪽으로 들어와서 관(棺) 바르는 일을 살핀다.

임금이 당에 올라서 자리로 나아간다. 모든 주인들이 제자리로 돌아간다. 바르는 일이 끝나면 주인이 나간다. 임금이 전(奠)을 다시 올리라고 명하면 문의 오른쪽으로 들어온다. 이에 전(奠)을 올리는데 서쪽 계단을 통해 당에 오른다.

임금이 요절(要節)하게 성용하면 주인도 따라서 성용한다. 전(奠)을 마치면 주인이 나가고 곡하는 자는 중지한다. 임금이 문을 나가 사당의 중앙에서 곡하면 주인은 곡하지 않고 임금을 피한다.

임금이 식(式 : 수레에서 하는 경례)을 한다. 이거(貳車)에 모두 타면 주인이 곡하고 절하여 전송한다.

옷매무새를 추스르고 들어가 제자리로 나아간다. 모든 주인들도 옷매무새를 정돈한다.

뒤늦게 도착한 대부가 있으면 절하고 성용(成踊)한다. 빈이 나가면 주인이 절하고 전송한다.

◑君若有賜[1]焉 則視斂[2] 旣布衣 君至 主人出迎于外門外 見馬首不哭[3] 還入門右 北面 及衆主人袒 巫[4]止于廟門外 祝代之 小臣[5]二人 執戈先 二人後 君釋采[6] 入門 主人辟 君升自阼階 西鄕 祝負墉 南面 主人中庭[7] 君哭 主人哭拜稽顙 成踊 出 君命反行事[8] 主人復位 君升主人[9] 主人西楹東 北面 升公[10]卿大夫 繼主人 東上 乃斂 卒 公卿大夫逆降[11] 復位 主人降 出 君反主人 主人中庭 君坐 撫當心[12] 主人拜稽顙 成[13]踊 出 君反之 復初位 衆主人辟于東壁 南面[14] 君降 西鄕命主人馮尸 主人升自西階 由足 西面馮尸 不當君所 踊 主婦東面馮 亦如之 奉尸斂于棺 乃蓋 主人降 出 君反之 入門左 視塗 君升卽位 衆主人復位 卒塗 主人出 君命之反奠 入門右 乃奠 升自西階 君要節[15]而踊 主人從踊 卒奠 主人出 哭者止 君出門 廟中哭 主人不哭 辟 君式[16]之 貳車[17]畢乘 主人哭 拜送 襲 入卽位 衆主人襲拜 大夫之後至者 成踊 賓出 主人拜送

1) 賜(사) : 은혜를 베풀다. 곧 하사품이 있고 직접 상가를 방문하는 일.

2) 斂(염) : 대렴(大斂)이며 임금이 대렴을 살필 때는 피변복(皮弁服)에 갖옷을 껴입고 한다. 또 임금이 주인이 성복(成服)한 뒤에 오게 되면 석최(錫衰)로 한다. 석최는 부드럽고 고운 베로 지은 상복이다.

3) 不哭(불곡) : 임금이 싫어하므로 감히 사사로운 은혜를 퍼지 않는 것이다.

4) 巫(무) : 무당. 행차의 앞에서 질병 등을 제거해 달라고 푸닥거리하는 자이다.

5) 小臣(소신) : 임금의 법의(法儀)를 관장한다.

6) 釋采(석채) : 석채(釋菜)이며 나물을 놓고 하는 소박한 제사. 어느 본에는 채(菜)로 되어 있다. 축이 임금이 문신(門神)에 예를 표하는 것을 대신하는 것이라 했다. 임금이 아무 이유 없이 오지 않는다는 것을 밝힌 것이라 했다.

7) 主人中庭(주인중정) : 주인이 더욱 북쪽으로 나아간 것이다.

8) 反行事(반행사) : 대렴(大斂)의 일이다.

9) 君升主人(군승주인) : 임금이 주인에게 당으로 오르라고 명하는 것이다.

10) 公(공) : 대국(大國)의 고(孤)이며 사명(四命)을 받은 신하이다.

11) 逆降(역강) : 뒤에 온 자가 먼저 내려간다는 뜻이다.

12) 君坐撫當心(군좌무당심) : 임금이 책상을 어루만지며 주의하다의 뜻. 곧 시신에 의지하여 반드시 성용(成踊)하다의 뜻.

13) 成(성) : 금문(今文)에는 성(成)자가 없다.

14) 南面(남면) : 잔대와 마주하는 동쪽이다.

15) 要節(요절) : 분주하게 왔다갔다하는 행동인 것 같다.

16) 式(식) : 수레에 올라서 의식을 행하는 예이다.

17) 貳車(이거) : 부거(副車)이다. 임금을 수행하는 수레.

14. 3일 만에 성복(成服)하다

3일 만에 성복(成服)하고 상장(喪杖)을 갖춘다.

임금의 명을 받은 자나 모든 빈(賓)에게는 절을 하고 관(棺) 속에 넣을 물건을 받을 때에는 절하지 않는다.

아침저녁으로 곡하는데 자일(子日)이나 묘일(卯日)이라도 피하지 않는다. 부인이 당(堂)에 즉위하여 남쪽을 위로 삼아서 곡을 한다. 장부(丈夫)는 문 밖에 즉위하여 서면하고 북쪽을 위로 삼는다. 외형제(外兄弟)들은 그 남쪽에 서는데 남쪽을 위로 삼는다. 빈(賓)이 이어서 북쪽을 위로 삼는다. 문의 동쪽에서는 북면하고 서쪽을 위로 삼는다. 문의 서쪽에서는 북면하고 동쪽을 위로 삼는다. 서쪽에서는 동면하고 북쪽을 위로 삼는다.

주인이 자리로 나아갈 때는 문을 열어준다.

부인은 가슴을 어루만지고 곡은 하지 않는다.

주인이 빈(賓)에게 절을 하는데 세 방면으로 하고 오른쪽으로 돌아서 문으로 들어와 곡을 한다. 부인이 성용(成踊)한다.

주인이 당 아래에서 동서(東序)를 마주하고 서면(西面)한다. 형제들이 모두 자리로 나아가는데 밖의 위치와 똑같이 한다. 경(卿)과 대부는 주인의 남쪽에 있는다. 제공(諸公)은 문의 동쪽

에 있는데 조금 앞으로 나아간다. 타국(他國)에서 온 관작(官爵)
이 다른 자들은 문의 서쪽에서 조금 앞으로 나아가는데 마주하게
되면 타국(他國)의 빈들에게 먼저 절을 한다.

무릇 관작이 다른 자들은 모두 그 지위에 따라 절을 한다.

◑三日成服杖[1] 拜君命及衆賓 不拜棺中之賜[2] ◑朝夕哭 不辟子卯[3]
婦人卽位于堂 南上 哭 丈夫卽位于門外 西面 北上 外兄弟[4]在其南
南上 賓繼之 北上 門東 北面 西上 門西 北面 東上 西方 東面 北上
主人卽位 辟[5]門 婦人拊心 不哭 主人拜賓 旁三[6] 右還入門哭 婦人
踊 主人堂下直東序 西面 兄弟[7]皆卽位 如外位 卿大夫在主人之南
諸公門東 少進 他國之異爵[8]者門西 少進 敵則先拜他國之賓 凡異
爵者拜諸其位

1) 三日成服杖(삼일성복장) : 3일 만에 상복과 상장이 갖추어지다. 이미 빈(殯)
   을 한 다음 날인 3일 만에 처음으로 죽을 마신다.

2) 棺中之賜(관중지사) : 관 속에 들어가는 예물을 받을 때에는 절하지 않는다.

3) 不辟子卯(불피자묘) : 자일(子日)과 묘일(卯日)을 피하지 않는다. 자일은
   하나라 걸왕(桀王)이 망한 날이고 묘일은 은나라 주왕(紂王)이 망한 날이
   다. 예를 행할 때는 피하는 날인데 그 날도 피하지 않고 곡을 한다는 뜻.

4) 外兄弟(외형제) : 이성(異姓)의 형제들이며 복(服)이 있는 자들이다.

5) 辟(벽) : 개(開)의 뜻이다. 사당문은 일이 있으면 열고 일이 없으면 닫아 둔다.

6) 旁三(방삼) : 먼저 서면하여 절하고 남면하여 절하고 동면하여 절한다.

7) 兄弟(형제) : 재최복과 대공복의 형제들이다.

8) 異爵(이작) : 작위가 서로 다른 것. 곧 칭호가 서로 다른 것을 뜻한다.

15. 대렴(大斂)의 전(奠)을 거두다

대렴(大斂)의 전(奠)을 거두는 사람이 문 밖에서 손을 씻는다.
촛불이 먼저 들어온다. 동쪽 계단을 통해 당에 오른다. 장부(丈
夫)가 성용(成踊)한다. 축이 단술을 취하여 북면하고 술을 가진
사람은 그의 동쪽에 선다. 두(豆)와 변(籩)과 조(俎 : 도마)를 가

진 사람은 남면하고 서쪽을 위로 삼는다.

축이 먼저 나가면 술과 두(豆)와 변(籩)과 도마가 차례로 따른 다. 서쪽 계단으로 당에서 내려간다. 부인이 성용(成踊)한다.

서(序)의 서남쪽에 진열하는데 서쪽 비첨과 마주하게 한다. 단 술을 가진 자는 북면하여 서쪽을 위로 삼는다. 두(豆)는 서면하 여 놓아 두는데 두(豆)의 북쪽에 남면하여 선다. 변(籩)과 도마 는 이미 놓아 두고 두(豆)를 가진 자의 서쪽에 서서 동쪽을 위로 삼는다. 술을 놓고 제자리로 돌아간다.

단술은 서쪽에 놓고 드디어 먼저 하는데 주인의 북쪽으로부터 말미암아 찬(饌)으로 간다.

이에 전(奠)을 올리는데 단술과 술과 육포와 육장을 가지고 당 에 오르면 장부가 성용(成踊)한다. 들어와 처음과 같이 진열한다. 절인 음식과 밤은 없다. 놓아 둔 자가 나가서 호서(戶西)에 서는 데 서쪽을 위로 한다. 촛불을 끄고 나간다. 축이 호(戶)를 닫고 먼 저 서쪽 계단으로 내려간다. 부인이 성용한다.

전(奠)을 올린 자가 중(重)의 남쪽에서 말미암아 동쪽으로 간 다. 장부(丈夫)가 성용한다.

빈(賓)이 나가면 부인이 성용한다. 주인이 절하고 전송한다. 모 든 주인들이 나간다. 부인이 성용한다. 문을 나가면 곡을 중지한 다. 모두 제자리로 돌아간다. 문을 닫는다.

주인이 마침내 절하고 빈을 전송한다. 모든 주인들에게 읍(揖) 하고 이에 차(次)로 나아간다.

◗徹者[1]盥于門外 燭先入 升自阼階 丈夫踊 祝取醴 北面 取酒立于其 東 取豆籩俎南面 西上 祝先出 酒豆籩俎序[2]從 降自西階 婦人踊 設 于序西南 直西榮 醴酒北面 西上 豆西面錯 立于豆北 南面 籩俎旣 錯 立于執豆之西 東上 酒錯 復位 醴錯于西 遂先[3] 由主人之北適 饌[4] ◗乃奠 醴酒脯醢升 丈夫踊 入[5] 如初設[6] 不巾[7] 錯者出 立于戶 西 西上 滅燭 出 祝闔戶 先降自西階 婦人踊 奠者由重南東 丈夫踊 賓出 婦人踊 主人拜[8]送 衆主人出 婦人踊 出門 哭止 皆復位 闔門

主人卒拜送賓 揖衆主人 乃就次

1) 徹者(철자) : 대렴(大斂)의 묵은 전(奠)을 치우는 사람.

2) 序(서) : 차례이다.

3) 遂先(수선) : 축이 드디어 먼저 하다. 곧 다시 축이 자리에 하지 않는다는 뜻.

4) 適饌(적찬) : 새로 차려진 곳으로 가다. 곧 장차 다시 차린다는 뜻이다.

5) 入(입) : 실(室)로 들어가다.

6) 如初設(여초설) : 두(豆)가 먼저하고 변(籩)이 다음에 하고 주(酒)가 다음
   이고 단술이 다음이다.

7) 不巾(불건) : 절인 음식과 밤이 없다는 뜻. 절인 음식과 밤이 갖추어지면 도
   마가 있고 도마가 있으면 절인 음식과 밤이 있게 된다.

8) 拜(배) : 금문(今文)에는 배(拜)자가 없다.

16. 초하룻날에는 수퇘지를 쓴다

초하룻날에는 전(奠)으로 수퇘지와 물고기와 포[腊]를 사용한
다. 세발솥 3개를 진열하는데 처음과 똑같이 한다. 동쪽에 차리는
것도 또한 대렴(大斂) 때와 똑같이 한다.

변(籩)은 없고 메기장과 찰기장만 있는데 와대(瓦敦 : 질그릇
제기)를 사용한다. 덮개가 있으며 변(籩)을 두는 자리에 놓는다.
주인이 빈(賓)에게 절할 때, 아침저녁에 곡할 때와 똑같이 한다.
묵은 전(奠)을 모두 거둔다.

세발솥을 들고 들어와 당으로 오른다. 모두가 처음에 전(奠)을
올리던 의식과 똑같이 한다. 마침내 수저를 놓는다. 수저는 세발
솥에 놓고 도마가 행한다. 수저를 가진 자가 거꾸로 나간다. 전인
(甸人)이 세발솥을 철거한다. 그 단술과 절인 음식과 젓과 메기
장과 찰기장과 도마가 차례대로 행한다.

그것들을 실(室)에 진열한다. 두(豆)를 놓고 도마를 놓고 포
[腊]를 단독으로 놓고 메기장과 찰기장은 변(籩)의 자리에 놓는
다. 대(敦)를 열어서 뚜껑을 그 남쪽으로 물리치고 단술의 자리
는 처음과 같이 한다.

축(祝)이 두(豆)를 가진 자와 절인 음식과 밤을 가진 자와 함께 나간다. 주인이 요절(要節)하며 성용(成踊)한다. 모두 아침저녁으로 곡하는 의식과 똑같이 한다.

보름날에는 성대하게 전(奠)을 올리지 않는다.

새로운 것을 올릴 때에는 초하룻날에 올리는 전(奠)과 똑같이 한다. 초하룻날의 전(奠)을 치우는데 먼저 단술을 취한다. 그 나머지는 먼저 진열한 것들을 취한다. 대(敦)를 열어놓고 발쪽을 향하게 하고 차례대로 나가는데 들어올 때와 똑같이 한다.

밖에 진열하는 것을 실(室)과 똑같이 한다.

◑朔月¹⁾奠 用特豚魚腊 陳三鼎如初²⁾ 東方之饌亦如之 無籩 有黍稷³⁾ 用瓦敦 有蓋 當籩位 主人拜賓 如朝夕哭 卒徹⁴⁾ 擧鼎入升 皆如初奠之儀 卒朼 釋匕于鼎 俎行⁵⁾ 朼者逆出 甸人徹鼎 其序⁶⁾ 醴酒 菹醢黍稷俎 其設于室 豆錯 俎錯 腊特 黍稷當籩位⁷⁾ 敦啓會⁸⁾卻諸其南 醴酒位如初 祝與執豆者巾 乃出 主人要節而踊 皆如朝夕哭之儀 月半不殷奠⁹⁾ 有薦新¹⁰⁾ 如朔奠 徹朔奠 先取醴酒 其餘取先設者 敦啓會 面足¹¹⁾ 序出 如入 其設于外¹²⁾ 如于室

1) 朔月(삭월) : 달의 초하루. 대부(大夫) 이상은 15일에도 전(奠)을 올린다.

2) 如初(여초) : 대렴 때와 같이 한다는 뜻.

3) 黍稷(서직) : 술단지의 북쪽에 함께 한다. 이때부터 서직을 놓기 시작한다.

4) 徹(철) : 묵은 전(奠)을 치우는 것이다.

5) 俎行(조행) : 도마는 뒤에 가지다. 곧 도마를 가진 자가 솥을 옮기는데 그 차례대로 나가는 것이다.

6) 序(서) : 차례로. 당에 올라서 들어가는 차례이다.

7) 當籩位(당변위) : 도마의 남쪽에 메기장이, 메기장의 동쪽에 찰기장이 있다.

8) 敦啓會(대계회) : 대는 기장을 담는 제기이다. 회는 대의 뚜껑이다. 대계회는 대의 뚜껑을 열다의 뜻. 대는 금문(今文)에는 글자가 없다.

9) 月半不殷奠(월반불은전) : 15일에는 성대한 전을 올리지 않는다. 은은 성(盛)의 뜻.

10) 薦新(천신) : 오곡을 올리는 것이다. 또는 새로운 과일로 올리는 것이다.

11) 面足(면족) : 발이 있는 쪽으로 향하다의 뜻. 대(敦)에는 발이 있는데 대의
   형태가 지금의 주대(酒敦)와 같다.
12) 外(외) : 서(序)의 서남쪽이다.

17. 점치는 일은 총인(冢人)이 관리한다

산소 자리를 점치는 일은 총인(冢人)이 관리한다. 네 모퉁이를
파서 그 고운 흙을 밖으로 하고 중앙을 파서 그 고운 흙은 남쪽으
로 한다. 이미 아침의 곡을 마치면 주인은 모두 간다. 지경의 남쪽
에서 북면하고 요질을 벗는다.

점치는 사람에게 명하여 주인의 오른쪽에 있게 한다. 점치는 사
람은 동면하고 위의 점대통에서 점대를 빼내 두 손으로 잡고 남
면하여 명을 받는다.

명하여 이르기를 "애자(哀子 : 슬픈 아들) 아무개가 그의 아버
지 아무개 선생을 위하여 살 곳을 점치는데 이 유택(幽宅 : 무덤)
을 꾀하여 지경이 처음부터 뒤에까지 어려운 일이 없게 해 주십
시오."라고 한다.

점치는 사람이 이에 답하고 명을 따라서 반복하지는 않는다. 오
른쪽으로 돌아서 북면하고 중봉(中封)을 가리키며 점을 치는데
괘를 빼는 자는 왼쪽에 있다. 점치는 일을 마치면 점괘를 가지
고 점을 치라고 명령한 자에게 보인다.

점을 치라고 명령을 내린 자가 점괘를 받아보고 돌아와 동면하
면 모든 점치는 일을 끝마친다. 앞으로 나아가 점을 치라고 명령
한 자와 주인에게 함께 고하여 "점괘가 길합니다."라고 한다. 주
인이 질(絰)을 하고 곡하는데 성용(成踊)은 하지 않는다.

만약 길하지 않으면 땅을 가려서 점을 치는데 처음에 점치던 의
식과 똑같이 한다. 돌아와 빈소 앞에서 북면하여 곡하고 성용(成
踊)은 하지 않는다.

이미 관[椁]을 반듯하게 하고 주인이 서면하여 장인(匠人)에
게 절하고 왼쪽에서 관이 있는 쪽으로 돌아서 제자리로 돌아간다.

이에 곡하고 성용은 하지 않는다. 부인(婦人)이 당에서 곡한다.
재료들은 빈소의 문 밖에서 드리는데 서면하여 북쪽을 위로 하
고 굽힌다. 주인이 두루 살펴보고 관에서 곡하는 것과 같이 하고
소박한 것을 올리고 완성된 것을 올리는 것도 또한 똑같이 한다.

◗筮宅[1] 冢人營之[2] 掘四隅[3] 外其壤 掘中 南其壤 旣朝哭 主人皆往
兆[4]南 北面 免絰[5] 命筮者在主人之右 筮者東面抽上韇[6] 兼[7]執之 南
面受命 命曰 哀子某[8] 爲其父某甫[9]筮宅[10] 度玆[11]幽宅 兆基[12] 無有
後艱 筮人許諾 不述[13]命 右還 北面 指中封[14]而筮 卦者[15]在左 卒筮
執卦[16]以示命筮者 命筮者受視 反之 東面 旅[17]占卒 進告于命筮者
與主人 占之曰從[18] 主人絰 哭 不踊 若不從 筮擇[19]如初儀 歸[20] 殯前
北面哭 不踊 ◗旣井椁[21] 主人西面拜工[22] 左還椁 反位[23]哭 不踊 婦
人哭于堂 獻材[24]于殯門外 西面 北上 緒 主人徧視之 如哭椁 獻素
獻成[25]亦如之

1) 筮宅(서택) : 산소 자리를 점치는 것.
2) 冢人營之(총인영지) : 총인(冢人)은 유사(有司)이며 묘지와 묘지의 경계를
   관장하는 사람이다. 영지는 재는 것과 같다. 곧 경영하다의 뜻.
3) 掘四隅(굴사우) : 네 모퉁이를 파다. 곧 묘지를 사각형으로 파는 것이다. 장
   사 지낼 때는 장차 북쪽으로 머리를 한다.
4) 兆(조) : 지경(地境)이다. 땅의 경계.
5) 免絰(면질) : 수질(首絰)과 요질(腰絰)을 벗다.
6) 韇(독) : 점치는 대를 넣는 점대통이다.
7) 兼(겸) : 금문(今文)에는 겸자가 없다.
8) 哀子某(애자모) : 상주 아무개라는 뜻이다.
9) 某甫(모보) : 아무개 선생이나 그의 자(字)를 뜻한다.
10) 宅(택) : 거하다. 살다의 뜻.
11) 度玆(도자) : 도는 꾀하다. 자는 차(此)의 뜻이다.
12) 兆基(조기) : 조는 역(域)이다. 기는 처음, 또는 시작이다.
13) 述(술) : 순(循)과 같다. 주로 술(術)로 씌어 있다. 따라서 반복하다.
14) 中封(중봉) : 중앙의 고운 흙을 뜻한다.

15) 卦者(괘자) : 점괘의 효(爻)를 뜻한다. 곧 주역(周易)의 괘를 뜻함.

16) 卒筮執卦(졸서집괘) : 점괘를 쏟아서 주인에게 보이고 이에 받아서 잡는 것.

17) 旅(여) : 중(衆)의 뜻.

18) 從(종) : 길(吉)하다의 뜻.

19) 筮擇(서택) : 다시 땅을 선택하여 점치다의 뜻.

20) 歸(귀) : 돌아가서 자리를 바꾸어 곡함으로써, 정상적이지 못한 것을 밝히는 것이다.

21) 井椁(정곽) : 관을 반듯하게 하다.

22) 工(공) : 관을 만드는 장인(匠人)이다.

23) 反位(반위) : 절하는 위치이다.

24) 材(재) : 기기(器機)의 재료이다.

25) 成(성) : 다스려 끝마치다의 뜻.

18. 길일을 점칠 때의 의식

길일을 점치는 날에는 이미 아침에 곡을 한다. 그리고 모두 밖의 위치로 돌아간다.

점치는 복인(卜人)이 먼저 거북을 서숙(西塾)의 위에 진열하는데 머리를 남쪽으로 향하게 하고 자리도 마련한다.

초퇴(楚焞)는 초(燋 : 그을리는 것)와 마주하게 두는데 거북의 동쪽에 있게 한다. 족장(族長)인 이복(涖卜)과 종인(宗人)이 길복(吉服)을 입고 이르러 문의 서쪽에 서서 동면하고 남쪽을 위로 삼는다.

점치는 사람은 세 사람인데 그 남쪽에 있으며 북쪽을 위로 삼는다. 복인(卜人)이 초(燋)를 가지고 이른다. 자리를 들고 있는 자가 숙(塾 : 문 옆방)의 서쪽에 있는다. 동쪽 문짝을 닫고 주부(主婦)가 그 안에 선다. 문지방의 서쪽, 문지방의 밖에 자리를 깐다.

종인(宗人)이 일이 다 갖추어졌다고 고한다. 주인이 북면하고 질(絰)을 벗어서 왼쪽에 낀다. 이복(涖卜 : 族長)이 문의 동쪽에서 자리로 나아가 서면(西面)한다.

복인(卜人)이 거북과 초(燋)를 안아서 먼저 거북을 땅에 내려
놓는데 머리가 서쪽으로 가게 하고 초(燋)는 북쪽에 있게 한다.
종인(宗人)이 복인(卜人)의 거북을 받아서 높이 들어서 보인다.
이복이 받아서 살펴보고 다시 돌려준다.

종인(宗人)이 돌아서 조금 뒤로 물러나 명령을 받는다.

명하여 이르기를 "애자(哀子) 아무개가 내일 아무 날 그 아버
지 아무개 선생의 장지(葬地)를 점치는데 오르고 내리는 것이 가
까운 곳에서도 후회가 없도록 해 주십시오"라고 한다.

복인(卜人)이 답하고 명을 따라 반복하지는 않는다.

돌아서 자리로 나아가 서면하고 앉아서 거북에게 명령하고 일
어나 복인(卜人)에게 거북을 주고 동쪽 문짝을 등진다.

복인이 앉아서 거북을 불로 지져서 가지고 일어난다.

종인(宗人)이 거북을 받아 이복(涖卜)에게 보이면 이복이 받
아서 살핀 다음 돌려준다. 종인이 물러나 동면한다. 이에 점치는
모든 일을 끝마친다.

거북을 놓지 않고 이복(涖卜)과 주인에게 고하기를 "점에 이
르기를 '아무 날이 길하다.'라고 했습니다."라고 한다.

복인(卜人)에게 거북을 주고 주부(主婦)에게 고한다. 주부가
곡한다. 다른 작위(爵位)들에게도 고한다. 또 사람을 시켜서 중
빈(衆賓)에게도 고한다.

복인이 거북을 거두어들이고 종인(宗人)이 일이 끝났음을 알
린다.

주인이 질(絰)을 하고 들어가 곡하는데 묘지(墓地)를 점쳤을
때와 똑같이 한다.

빈(賓)이 나가면 절하고 전송한다.

만약 길하지 않다는 점괘가 나왔으면 날을 가려서 점을 치는데
처음 의식과 똑같이 한다.

◑卜日[1] 旣朝哭 皆復外位 卜人先奠龜于西塾上 南首 有席 楚焞[2]置
于燋[3] 在龜東 族長涖卜[4] 及宗人吉服[5]立于門西 東面 南上 占者三

人⁶⁾在其南 北上 卜人及執燋席者在墊西⁷⁾ 闔東扉 主婦立于其內 席
于闔西閾外 宗人告事具 主人北面免絰 左擁之 涖卜⁸⁾卽位于門東
西面 卜人抱龜燋 先奠龜 西首 燋在北 宗人受卜人龜 示⁹⁾高 涖卜受
視 反之 宗人還 少退 受命 命曰 哀子某 來日某 卜葬其父某甫 考降
¹⁰⁾無有近悔¹¹⁾ 許諾 不述命 還卽席 西面坐 命龜 興 授卜人龜 負東
扉¹²⁾ 卜人坐 作¹³⁾龜 興 宗人受龜示涖卜 涖卜受視 反之 宗人退 東
面 乃旅占 卒 不釋龜¹⁴⁾ 告于涖卜與主人 占曰 某日¹⁵⁾從 授卜人龜 告
于主婦 主婦哭 告于異爵者 使人告于衆賓¹⁶⁾ 卜人徹龜 宗人告事畢
主人絰 入 哭如筮宅 賓出 拜送 若不從 卜擇如初儀

1) 卜日(복일) : 날을 점치다. 곧 길일을 점치다.

2) 楚焞(초퇴) : 형퇴(荊焞)와 같다. 거북등을 뚫는 것.

3) 燋(초) : 불을 사르다.

4) 族長涖卜(족장이복) : 족장으로서 점치는 일에 임한 사람. 족장은 유사(有
   司)이며 친척들의 친소를 관장하는 관리이다. 이복은 점에 임한 사람.

5) 吉服(길복) : 현단(玄端)을 입은 것이다.

6) 占者三人(점자삼인) : 옥조(玉兆)와 와조(瓦兆)와 원조(原兆)를 관장하는
   것이다.

7) 在墊西(재숙서) : 남면하고 동쪽을 위로 삼는 것이다.

8) 涖卜(이복) : 족장(族長)이다.

9) 示(시) : 이복(涖卜)에게 보이다.

10) 考降(고강) : 오르고 내리다. 고는 등(登)이고 강은 하(下)이다.

11) 近悔(근회) : 가까이에서도 후회가 없도록 하는 것이다.

12) 負東扉(부동비) : 거북의 조짐을 기다리는 것이다.

13) 作(작) : 작(灼)과 같다. 불사르다.

14) 不釋龜(불석구) : 다시 가지다.

15) 某日(모일) : 고문에는 위일(爲日)로 되어 있다.

16) 衆賓(중빈) : 친구들 중 오지 않은 자들을 뜻한다.

제13편 기석례(旣夕禮第十三)

기석례(旣夕禮)는 먼저 장사 지내기 2일 전 저녁에 곡하는 예를 말한다고 했다.

정현(鄭玄)은 이르기를 "사상례(士喪禮)의 하편(下篇)이라 했다. 기(旣)는 이(已)이다. 장례 지내기 2일 전이며 이때 저녁이 곡하는 때이다." 라고 했다.

장사 지내기 하루 전은 상사(上士)의 이묘(二廟)와 같은즉, 이미 저녁에 곡하는 것은 장사 지내기 3일 전에 있는 것이라 했다.

I. 조묘(祖廟)의 문 밖에 세숫대야를 설치한다

이미 저녁에 곡(哭)을 한다. 여쭈어서 기약(期約)한 날짜를 열어서 빈(賓)에게 고한다.

일찍 일어나 조묘(祖廟)의 문 밖에 세숫대야를 설치한다. 세발솥을 진열하는데 모두 빈(殯)할 때와 똑같이 한다. 동쪽에 차려놓는 것 또한 똑같이 한다. 이상(夷牀)을 계단 사이에 늘어 놓는다.

촛불 2개가 빈(殯)의 문 밖에서 기다린다. 장부(丈夫)가 복머리를 하고 산대(散帶)를 드리우고 자리로 나아가는 것을 처음과 똑같이 한다.

부인(婦人)은 곡하지 않는다. 주인(主人)이 빈에게 절하고 들어가 자리로 나아가서 윗옷의 왼쪽 소매를 벗는다. 상축(商祝)이 관을 벗어 머리를 묶고 윗옷의 왼쪽 소매를 벗고 공포(功布)를 가지고 들어가 서쪽 계단으로 당에 오른다. 계단을 다 오르면 당

에 오르지는 않고, 세 번 신(神)의 소리를 내고 세 번은 신에게
알리고 곡을 하도록 명한다.

이때 촛불이 들어온다. 축(祝)이 내려와 하축(夏祝)과 더불어
계단 아래에서 교대하고 명정(銘旌)을 취하여 중(重)에 둔다. 성
용(成踊)을 무수하게 한다. 상축(商祝)이 공포(功布)를 사용하
여 관의 널을 털고 이금(夷衾)을 사용하여 덮는다.

조묘(祖廟)에 옮기는 데는 관의 굄목을 사용한다. 중(重 : 가신
주)이 먼저하고 전(奠)이 따르고 촛불이 따르고 관이 따르고 촛
불이 따르고 주인이 따른다. 관을 서쪽 계단을 통해 오르게 한다.
전(奠)은 아래에서 기다리는데 동면하고 북쪽을 위로 삼는다.

주인이 따라 오르고 부인이 올라서 동면한다. 모든 주인들이 동
쪽에서 자리로 나아간다. 관은 양쪽 기둥 사이에 바르게 놓는데
이상(夷牀)을 사용한다.

주인이 관의 동쪽에서 서면한다. 중(重)을 두는데 처음과 똑같이
한다. 자리를 올려서 관의 서쪽에 깐다. 전(奠)을 처음과 똑같이 진
설한다. 수건으로 덮는다. 오르고 내리는 것은 서쪽 계단으로 한다.

주인이 성용(成踊)을 무수하게 한다. 당에서 내려가 빈에게 절
하고 제자리로 나아가서 성용(成踊)하고 옷매무새를 정돈한다.
주부와 친척들은 발쪽으로 말미암아서 서면한다.

◑旣夕哭[1] 請啓期[2] 告于賓 ◑夙興 設盥于祖[3]廟門外 陳鼎 皆如殯[4]
東方之饌亦如之 夷牀[5]饌于階間 ◑二燭[6] 俟于殯門外 丈夫髽[7] 散帶
垂 卽位如初 婦人不哭 主人拜賓 入卽位 祖 商祝免 祖 執功布入 升
自西階 盡階 不升堂 聲三 啓三[8] 命哭 燭入 祝降[9] 與夏祝交[10]于階
下 取銘置于重[11] 踊無算 商祝拂柩[12]用功布 幠用夷衾 ◑遷于祖[13]用
軸[14] 重先 奠從 燭從 柩從 燭從 主人從 升[15]自西階 奠俟[16]于下 東面
北上 主人從升 婦人升 東面 衆主人東卽位 正柩于兩楹間[17] 用夷牀
主人柩東 西面 置重如初 席升設于柩西 奠設如初 巾之[18] 升降自西
階 主人踊無算 降 拜賓 卽位踊 襲 主婦及親者由足 西面

1) 旣夕哭(기석곡) : 기는 이(巳)이다. 이미 저녁에 곡을 하다. 곧 장사 지내기

3일 전에 하는 것이라고 했다.

2) 請啓期(청계기) : 장차 장사를 하여 관을 조묘(祖廟)에 옮기는데 유사(有司)가 장지의 구덩이를 파는 기간을 주인에게 청하여 빈(賓)에게 고하는 것. 빈들은 마땅히 그 시간을 알아야 한다. 금문(今文)에 계는 개(開)로 되어 있다.

3) 祖(조) : 왕부(王父)이다. 하사(下士)는 조녜(祖禰)가 공묘(共廟)이다.

4) 皆如殯(개여빈) : 개는 모두 삼정(三鼎)의 뜻. 여빈은 대렴(大斂)과 기빈(既殯)의 전(奠)과 똑같다는 뜻.

5) 夷牀(이상) : 시신을 올려놓는 상(牀)이다. 아침에는 관을 바르게 하기 위하여 이상을 쓴다.

6) 燭(촉) : 촛불이다. 일찍 어두워지므로 촛불을 사용한다.

7) 丈夫髽(장부좌) : 장부가 복머리를 하다. 곧 머리를 풀어 헤쳐 놓은 것을 뜻하는 것 같다. 부인이 복머리를 하고 남자는 관을 벗고 머리를 묶는다고 상복소기에 기록되어 있다.

8) 聲三啓三(성삼계삼) : 성삼은 신(神)의 소리를 세 번 내는 것이고, 계삼은 신에게 세 번 고하는 것이다.

9) 祝降(축강) : 축이 묵은 전(奠)을 거두어 내려가다의 뜻.

10) 與夏祝交(여하축교) : 하축과 서로 임무를 교대한다는 뜻. 이때 서로 오른쪽 어깨를 접한다. 서로 교차할 때 길사(吉事)에는 왼쪽을 스치고 흉사(凶事)에는 오른쪽을 스치는 것이다.

11) 取銘置于重(취명치우중) : 명(銘)을 취하여 중(重 : 가신주)에 두다. 명은 금문에 명(名)으로 되어 있다.

12) 拂柩(불구) : 관의 먼지를 털다.

13) 遷于祖(천우조) : 아침에 조묘(祖廟)로 옮기다.

14) 軸(축) : 굄목이다.

15) 升(승) : 관이 오르는 것이다. 자도(子道)를 사용하여 동쪽 계단으로 말미암지 않는다.

16) 俟(사) : 정구(正柩)이다.

17) 兩楹間(양영간) : 호유(戶牖)로 향하다. 이때는 관이 북쪽으로 머리를 한다.

18) 巾之(건지) : 수건으로 바람의 먼지를 막는 것이다.

2. 관을 수레에 올린다

수레가 앞으로 나오도록 한다. 동쪽 비첨과 일직선이 되게 하여 북쪽에 끌채를 단다. 날이 완전히 밝으면 촛불을 끈다.

치우는 사람이 올라오는 것을 동쪽 계단으로 하고 내려가는 것을 서쪽 계단으로 한다. 이에 전(奠)을 올리는데 처음과 똑같이 한다. 오르고 내리는 것은 서쪽 계단으로 한다.

주인이 요절(要節)하여 성용(成踊)한다. 말에 멍에를 올리고 말의 가슴걸이는 3가지 색으로 하여 문으로 들어와 북면한다. 말고삐를 주고받아서 어인(圉人)이 말을 이끈다.

말을 부리는 사람이 대쪽을 가지고 말의 뒤에 서 있는데 곡하고 성용(成踊)하며 오른쪽으로 돌아서 나간다. 빈이 나가면 주인이 문 밖에서 전송한다.

유사(有司)가 길제사 지내는 시기를 여쭌다. 이르기를 "해가 기울 때이다."라고 한다.

주인(主人)이 들어와 윗옷의 왼쪽 소매를 벗는다. 이에 관을 수레에 싣는다. 성용(成踊)을 수없이 한다. 수레에 묶는 것을 마치면 옷을 추스른다. 내려가 전(奠)을 올리는데 시체의 어깻죽지가 있는 쪽으로 마주한다.

상축(商祝)이 관을 꾸민다. 일지(一池)에는 앞에는 붉은 것으로 하고 뒤에는 검은 끈으로 맨다. 세 가지 채색을 가지런히 하는데 조개껍질은 없다. 피(披)를 진열하고 줄을 붙인다.

◐薦車[1]直東榮 北輈[2] 質明[3]滅燭 徹者[4]升自阼階 降自西階 乃奠如初 升降自西階 主人要節[5]而踊 薦馬[6] 纓三就[7] 入門 北面交轡 圉人[8]夾牽之 御者執策立于馬後 哭 成踊 右還出 賓出 主人送于門外 ◐有司請祖期[9] 曰 日側[10] ◐主人入 袒 乃載 踊無算 卒束[11] 襲 降奠當前束[12] ◐商祝飾柩 一池[13] 紐前纁後緇 齊三采 無貝 設披[14] 屬引[15]

1) 薦車(천거) : 수레가 앞으로 나오다. 곧 수레가 대기하다의 뜻. 살아 있을 때

타는 것과 같은 것.

2) 輈(주) : 끌채. 수레 뒤에 붙어 따르는 것.

3) 質明(질명) : 질은 정(正)이다. 곧 완전히 밝아지다의 뜻.

4) 徹者(철자) : 전(奠)을 치우는 사람. 곧 새로 올린 것들을 피하고 숙전(宿奠) 을 치우는 것.

5) 節(절) : 오르고 내리다의 뜻.

6) 薦馬(천마) : 말에 멍에를 얹다.

7) 纓三就(영삼취) : 영은 말의 가슴걸이이다. 가슴걸이는 3가지 색이라는 것.

8) 圉人(어인) : 마구간을 담당하는 관리.

9) 祖期(조기) : 길제사 지내는 시간을 뜻함. 조는 시(始)의 뜻이며, 길의 시작.

10) 日側(일측) : 해가 기울다의 뜻. 측은 질(昳)이다. 곧 한낮을 지난 때를 뜻함.

11) 卒束(졸속) : 수레에 관을 묶어 매는 것을 뜻함.

12) 當前束(당전속) : 시체의 어깻죽지에 해당하는 것과 같다. 곧 관을 싣는 수 레의 서쪽에 묶는 곳이 있는데 앞뒤가 있다고 했다.

13) 一池(일지) : 궁실(宮室)의 낙숫물이 떨어지는 곳을 본떠 대나무로써 그 모 양을 만든 것인데 소거(小車)의 영의(筊衣)를 푸른 베로서 하는 것과 같다. 일지(一池)를 버들가지 앞에 매달아 놓는다.

14) 披(피) : 끈의 한 종류라고 했다. 곧 관의 양쪽을 묶는 비단 끈.

15) 屬引(촉인) : 상여줄을 붙이다. 인은 불(紼)과 같다.

3. 승거(乘車)의 서쪽에 명기(明器)를 놓다

명기(明器)를 승거(乘車)의 서쪽에 진열한다.

절(折)은 가로로 덮어놓는다. 항목(抗木)은 가로로 3번 세로 로 2번을 막는다.

항석(抗席)은 3번을 더한다. 깔개를 올리는 데는 성긴 베로 하 는데 검고 얇은 것을 사용하며 폭에 가선이 있고 또한 항목(抗木) 은 세로로 2번 하고 가로로 3번 한다.

그릇은 서남쪽을 위로 하고 굽힌다. 깔개가 있다. 보자기 2개에 는 양고기와 돼지고기를 싸고 대그릇 3개에는 찰기장과 메기장과 보리를 넣는다. 항아리 3개에는 식초와 육장과 겨자 생강을 담고 성긴 베를 사용하여 덮는다.

술단지 2개에는 단술과 술을 담고 공포(功布)를 사용하여 덮는다. 모두 나무 도리〔桁〕에 버티도록 한다.

용기(用器 : 사용하던 그릇)는 활과 화살과 쟁기와 보습과 2개의 쟁반과 2개의 주전자와 낮은 쟁반과 손대야이다. 손대야는 낮은 쟁반 속에 채워 넣고 물 흐르는 곳이 남쪽으로 가게 한다. 제기(祭器)는 없다. 연음(燕飮)할 때의 악기(樂器)가 있어도 좋다.

역기(役器)는 갑옷과 투구와 방패와 전통으로 한다.

연기(燕器)는 지팡이와 삿갓과 부채들이다.

◉陳明器[1]于乘車之西 折[2]橫覆之 抗木[3]橫三縮二[4] 加抗席[5]三 加茵[6] 用疏布 緇翦[7] 有幅 亦[8]縮二橫三 器 西南上 綪 茵 苞二[9] 筲三[10] 黍 稷 麥 甕三 醯醢屑[11] 冪用疏布 甒二 醴酒 冪用功布 皆木桁[12]久之[13] 用器 弓矢耒耜兩敦兩杅槃匜 匜實于槃中 南流[14] 無祭器 有燕樂器可也 役器[15] 甲冑干笮 燕器[16] 杖笠翣[17]

1) 明器(명기) : 죽은 사람에게 쓰이는 기명(器皿)이다. 시신과 함께 묻는 그릇. 죽은 사람이 생전에 쓰던 물건과 비슷하게 만들어서 무덤 속에 넣는다.

2) 折(절) : 기(庪)와 같으며 장례의 도구이다.

3) 抗木(항목) : 막는 나무. 곧 방어의 나무. 흙을 막는 것이다. 그 가로 세로가 각각 광(壙)을 가리는 데 족하다.

4) 橫三縮二(횡삼축이) : 가로로는 3번이고 세로로는 2번을 막는다는 뜻.

5) 抗席(항석) : 먼지를 막아주는 자리이다.

6) 茵(인) : 깔개이다. 관(棺)에 까는 받침. 깔개.

7) 翦(전) : 천(淺)의 뜻이다. 금문(今文)에는 천(淺)으로 되어 있다.

8) 亦(역) : 항목(抗木)의 뜻이라 했다.

9) 苞二(포이) : 양고기와 돼지고기 두 가지를 쌓아 놓는다는 뜻.

10) 筲三(소삼) : 대그릇이 3개이다. 그 용량이 궤(簋)와 같다고 했다. 소는 분(畚 : 삼태기, 동구미)의 종류라고 했다.

11) 屑(설) : 겨자와 생강가루이다.

12) 桁(형) : 도리. 기둥과 기둥 사이에 둘러 얹히는 나무. 횃대의 역할을 한다.

13) 久之(구지) : 버티다.

14) 南流(남류) : 손대야의 입(물 흐르는 곳)이 남쪽으로 있는 것.

15) 役器(역기) : 군사의 일이나 사역의 기물. 군사를 부리던 기구.

16) 燕器(연기) : 평안하게 거할 때의 기물.

17) 翣(삽) : 어떤 본(本)에는 삽(箑)으로 되어 있다.

4. 건석(巾席)이 서쪽에서 기다린다

전(奠)을 거두어들이고 건석(巾席)을 든 사람은 서쪽에서 기다린다. 주인이 요절(要節)하여 성용(成踊)하고 윗옷의 왼쪽 소매를 벗는다. 상축(商祝)이 관을 운반한다. 이에 길제사를 지낸다. 주인이 성용을 하고 옷을 정돈하고 약간 남쪽으로 하여 시신의 어깨쪽과 마주한다.

부인이 내려가서 계단 사이의 자리로 나아간다. 길제사를 지내면 수레는 돌아오고 명기(明器)는 돌아오지 않는다. 축이 명(銘)을 취하여 깔개가 있는 곳에 둔다.

두 사람이 중(重 : 가신주)을 돌아서 왼쪽으로 돌아온다. 자리를 펴고 이에 전(奠)을 올리는데 처음과 같이 한다. 주인이 요절하여 성용을 한다. 말을 멍에에 채워서 처음과 똑같이 한다. 빈이 나가면 주인이 전송한다.

유사(有司)가 장사 지낼 날을 청한다. 들어와 제자리로 돌아간다.

공(公)이 검고 붉은 속백(束帛)과 말 두 필을 장사 지내는 예물로 보낸다.

빈자(擯者)가 나가서 물어보고 들어와 고한다. 주인이 상장(喪杖)을 놓고 묘문(廟門) 밖에서 맞이하는데 곡하지 않는다. 먼저 문의 오른쪽으로 들어가 북면하면 모든 주인들이 이르러 서면하고 윗옷의 왼쪽 소매를 벗는다.

말이 들어와 진열된다. 빈(賓)이 폐백을 받들고 말의 서쪽으로 말미암아 앞의 수레와 마주하여 북면하고 임금의 명을 전한다. 주인이 곡하고는 절하고 머리를 조아린다. 그리고 성용(成踊)한다.
 빈이 폐백을 영구 수레의 좌복(左服)에 내려놓고 나간다. 재
(宰)가 주인의 북쪽에서부터 폐백을 들고 동쪽으로 간다. 사(士)
가 말을 받아서 나간다.
 주인이 외문 밖에서 전송한다. 절을 하고 옷을 추스르고 들어와
상장(喪杖)이 있는 자리로 돌아간다.

◑徹奠 巾席俟于西方¹⁾ 主人要節而踊 袒 商祝御柩 乃袒 踊 襲 少南
當前束²⁾ 婦人降 卽位于階間 袒 還車 不還器 祝取銘置于茵 二人還
重左還 布席 乃奠如初 主人要節而踊 薦馬如初 賓出 主人送 ◑有司
請葬期 入復位 ◑公賵³⁾ 玄纁束 馬兩⁴⁾ 擯者出請 入告 主人釋杖 迎
于廟門外 不哭 先入門右 北面 及衆主人袒 馬入設⁵⁾ 賓奉幣⁶⁾由馬西
當前輅 北面致命 主人哭 拜稽顙 成踊 賓奠幣于棧左服⁷⁾ 出 宰⁸⁾由主
人之北舉幣以東 士⁹⁾受馬以出 主人送于外門外 拜 襲 入復位杖

1) 巾席俟于西方(건석사우서방) : 조전(祖奠)에 사용하려는 것이다.
2) 前束(전속) : 시신의 어깨쪽을 뜻한다.
3) 公賵(공봉) : 공은 나라의 임금이다. 봉은 주인을 돕기 위해 장사 때 보내는
   선물이다. 보통 거마(車馬)를 보내 돕는 것을 말한다.
4) 玄纁束馬兩(현훈속마양) : 현훈속은 검고 붉은 빛이 있는 비단 폐백. 양마는
   두 마리의 말이며 사(士)에게 주는 제도이다.
5) 馬入設(마입설) : 말이 뜰에 진열되어 중(重)의 남쪽에 있다.
6) 賓奉幣(빈봉폐) : 빈은 사자(使者)이다. 폐백은 현훈속(玄纁束)이다.
7) 棧左服(잔좌복) : 잔은 영구차를 말한다. 좌복은 왼쪽의 수레상자라는 뜻이
   라 했다. 잔은 금문(今文)에는 잔(轏)으로 되어 있다.
8) 宰(재) : 유사(有司)이다.
9) 士(사) : 서도(胥徒)의 장(長)이다. 곧 하급 관리의 장(長)이다.

5. 임금이 부의로 물건을 보내다
 봉(賵)을 가져온 빈(賓)이 임금의 명을 받든다. 빈자(擯者)가

나가서 물어보고 안으로 들어와 고한다. 다시 나가서 기다리고 있다고 고한다.

말이 들어와 진열된다. 빈이 폐백을 받든다. 빈자(擯者)가 먼저 들어오면 빈(賓)이 따라와서 임금의 명을 전하는 것을 처음과 똑같이 한다. 주인이 자리에서 절하고 성용(成踊)은 하지 않는다.

빈이 폐백을 내려놓는 것을 처음과 똑같이 한다. 폐백을 들고 가고 말을 받는 것도 처음과 똑같이 한다.

빈자(擯者)가 나가서 다른 일이 있는지 묻는다. 만약 올릴 것이 있으면 들어와서 고하고 나가면 빈이 들어와 임금의 명을 받드는데 처음과 똑같이 한다. 사(士)가 양(羊)을 받는데 말을 받는 것과 똑같이 한다.

또 물어보아서 만약 부(賻)가 있으면 들어와서 고한다. 주인이 문의 왼쪽으로 나가서 서면한다. 빈이 동면하고 명을 전한다. 주인이 절한다. 빈이 앉아서 쌓아 놓는다. 재(宰)가 주인의 북쪽으로 말미암아서 동면하여 든다. 제자리로 돌아간다. 만약 그릇이 없으면 마주 대하여 받는다.

또 물어본다. 빈이 일을 다 마쳤다고 고하면 절하여 전송하고 들어간다.

증(贈)의 물건을 가져온 자가 임금의 명을 전한다. 빈자(擯者)가 나가서 물어보고 빈을 들이는 것도 처음과 똑같은 예로 한다. 빈이 폐백을 내려놓고 처음과 똑같이 한다.

만약 좋은 기물이면 앉아서 명기(明器)의 진열과 같이 벌려 놓는다. 대저 예로 나아가 반드시 청한 후에 절하고 전송한다.

형제가 보내는 봉(賵)은 전(奠)에 가한 것이다. 아는 것이면 보낸 것을 내려놓지 않는다.

죽은 사람을 아는 자가 보내는 것을 증(贈)이라 하고 산 사람을 아는 자가 보내는 것을 부(賻)라고 한다. 봉(賵)은 판(板)에 기록하는데 9행으로 하고 혹은 7행으로 하고 혹은 5행으로 한다. 보내 온 것은 간편(簡片)에 기록한다.

이에 번갈아 곡을 하는데 처음과 똑같이 한다.

밤에는 문 안의 오른쪽에 화톳불을 만들어 놓는다.

◐賓賵者 將命 擯者出請 入告 出告須[1] 馬入設 賓奉幣 擯者先入 賓
從 致命如初[2] 主人拜于位 不踊 賓奠[3]幣如初 擧幣受馬如初 擯者
出請 若奠 入告 出 以賓入 將命如初 士[4]受羊如受馬 又[5]請 若賻[6]
入告 主人出[7]門左 西面 賓東面將命 主人拜 賓坐委之[8] 宰由主人
之北 東面擧之 反位[9] 若無器 則捂[10]受之 又請 賓告事畢 拜送 入
◐贈者 將命 擯者出請 納賓如初[11] 賓奠幣如初[12] 若就[13]器 則坐奠
于陳[14] 凡將禮 必請而后拜送 兄弟賵 奠可也 所知 則賵而不奠 知
死者贈 知生者賻 書賵於方[15] 若九 若七 若五[16] 書遣於策[17] 乃代哭
如初 宵 爲燎于門內之右

1) 告須(고수) : 맞이하지 않고 고(孤) 아무개가 기다리고 있다고 고한다.

2) 如初(여초) : 처음에 임금의 사자(使者)와 같이 한다는 것.

3) 奠(전) : 올릴 것이 있다는 것이다.

4) 士(사) : 또한 서도(胥徒)의 장(長)이다.

5) 又(우) : 부(復)이다. 다시.

6) 賻(부) : 보(補)이다. 조(助)이다. 곧 재물로 돕는 것을 부(賻)라 한다.

7) 主人出(주인출) : 부의는 주인에게 주는 것이기 때문이다.

8) 坐委之(좌위지) : 앉아서 쌓아 놓다. 곧 주인이 슬퍼서 사람의 물건을 받을
수 있을 것 같지가 않아서 옆에 쌓아 놓는다.

9) 反位(반위) : 주인이 뒤에 자리로 돌아가는 것이다.

10) 捂(오) : 자본(字本)에는 오(梧)로 되어 있다. 향하다의 뜻. 상대하여 받고
땅에 쌓아 놓지 않는다.

11) 如初(여초) : 그 들어와 고하고 나가서 기다리라고 고하는 것과 같이 하다.

12) 如初(여초) : 수레와 좌복에 폐백을 진열하는 것과 같이 한다는 뜻.

13) 就(취) : 선(善)과 같다.

14) 陳(진) : 명기(明器)의 진열과 같다는 뜻.

15) 方(방) : 판(板)이다.

16) 若九若七若五(약구약칠약오) : 혹은 9행, 혹은 7행, 혹은 5행이라는 뜻.

17) 遣於策(견어책) : 견은 송(送)이다. 책은 간(簡)이다.

6. 세발솥 다섯 개를 문 밖에 진열한다

다음 날, 세발솥 5개를 문 밖에 진열하는데 처음과 똑같이 한다.

그 솥 속에 채우는 것은 양(羊)의 왼쪽 몸체인데 뒤넓적다리는 오르지 않는다. 장(腸)이 다섯이고, 위가 다섯이고, 썰어놓은 허파이다. 돼지도 또한 이와 같이 하는데 돼지를 해체하여 장(腸)과 위(胃)는 없앤다. 물고기와 포〔腊〕와 새로잡은 짐승은 모두 처음과 똑같이 한다.

동쪽의 찬(饌)은 4두(四豆 : 네 접시)인데 지라를 가른 것과 조개젓과 아욱절임과 달팽이젓이다.

4개의 변(籩)에는 대추와 건량과 밤과 육포이며 예주(醴酒 : 단술)가 있다. 명기(明器)도 진열한다.

화톳불을 끄고 촛불을 가지고 수레 옆에서 북면한다. 빈(賓)이 들어온 사람은 절을 한다.

거두는 사람이 들어오면 장부(丈夫)가 성용(成踊)한다. 서북쪽에 설치하면 부인이 성용한다. 거두는 사람이 동쪽에 한다.

세발솥을 들여와 내려놓는다. 두(豆)의 남쪽을 위로 삼아서 굽힌다. 변(籩)은 달팽이젓의 남쪽에서 북쪽을 위로 삼아서 굽힌다.

도마는 2개가 함께 하는데 남쪽을 위로 하며 굽히지 않는다.

특별히 신선한 짐승을 진열한다.

단술은 변(籩)의 서쪽에 두는데 북쪽을 위로 삼는다.

전(奠)을 올린 자가 나가면 주인이 요절(要節)하여 성용(成踊)한다.

●厥明 陳鼎五¹⁾于門外如初²⁾ 其實 羊左胖³⁾ 觲⁴⁾不升 腸五 胃五 離肺⁵⁾ 豕亦如之⁶⁾ 豚解⁷⁾ 無腸胃 魚腊鮮獸⁸⁾ 皆如初 東方之饌 四豆 脾析⁹⁾蜱¹⁰⁾醢葵菹蠃¹¹⁾醢 四籩 棗糗¹²⁾栗脯 醴 酒 陳器¹³⁾ 滅燎 執燭俠輅 北面 賓入者 拜之 ●徹者入 丈夫踊 設于西北 婦人踊 徹者東 鼎入 乃奠 豆南上 綪 籩 蠃醢南 北上 綪 俎二以成¹⁴⁾ 南上 不綪¹⁵⁾ 特¹⁶⁾鮮

獸 醴酒在邊西 北上 奠者出 主人要節而踊

1) 鼎五(정오) : 세발솥이 5개이다. 곧 양과 돼지와 물고기와 포와 선수(鮮獸) 가 각각 1정(一鼎)씩이라는 뜻. 사례(士禮)는 특생(特牲)이 삼정(三鼎)인 데 성대히 장사 지낼 때에는 일등(一等)을 가하여 소뢰(少牢)를 사용한다.

2) 如初(여초) : 대렴(大斂)의 전(奠)을 할 때와 똑같이 한다는 뜻.

3) 左胖(좌반) : 반은 반쪽의 희생이다. 왼쪽 것을 뜻한다.

4) 髀(비) : 고문(古文)에 비(脾)로 되어 있다. 주(周)나라에서는 어깨쪽을 귀 하게 여기고 뒤넓적다리는 천하게 여겼다.

5) 腸五胃五離肺(장오위오이폐) : 창자가 다섯이고 위가 다섯이고 폐는 자른 것을 뜻한다. 곧 성대한 의식이다.

6) 如之(여지) : 양좌반(羊左胖), 비불승(髀不升), 이폐(離肺)의 의식과 같이 한다는 뜻.

7) 豚解(돈해) : 돼지를 해체하여 앞의 어깨와 넓적다리와 척추와 갈비만 쓰고 창자나 위는 없앤다. 군자는 뒷간의 기름기는 먹지 않는다.

8) 鮮獸(선수) : 새로 잡은 짐승이다. 사(士)는 토끼를 쓰는데 토끼고기이다.

9) 脾析(비석) : 비석은 모든 천엽이라 했다.

10) 蜱(비) : 방합. 씹조개. 방(蚌)이다.

11) 蠃(나) : 금문(今文)에는 와(蝸)로 되어 있다.

12) 糗(구) : 콩가루 건량이다.

13) 陳器(진기) : 명기(明器)를 진열함이다.

14) 成(성) : 병(併)과 같다.

15) 不縮(부쟁) : 굽히지 않다. 방형(方形)으로 놓지 않고 일렬로 늘어 놓다. 곧 물고기는 양의 동쪽에 있고 포는 돼지의 동쪽에 있다는 뜻.

16) 特(특) : 고문(古文)에는 조(俎)로 되어 있다.

7. 전인(甸人)이 중(重)을 든다

전인(甸人)이 중(重 : 가신주)을 들고 나가는데 문의 중앙 길 로 통해 나가 문 중앙 길의 왼쪽에 기대어 놓는다.

말에 멍에를 올려서 문의 중앙을 통해 말을 끌고 나간다. 수레

가 각각 그 말을 따른다. 문 밖에서 수레에 타고 서면하고 기다리
는데 남쪽을 위로 여긴다.

거두는 사람이 들어온다. 성용(成踊)하는 것을 처음과 똑같이
한다. 전(奠)을 덮은 수건을 거두고 희생을 포장하고 아랫부분의
고기를 취한다. 물고기와 포[腊]는 싸지 않는다.

명기(明器)를 보낸다. 깔개와 포장한 것과 그릇의 순서대로 따
른다. 수레도 따른다. 거두는 자가 나간다. 성용(成踊)하는 것을
처음과 똑같이 한다.

주인의 사(史)가, 보내온 물건의 기록을 낭독하게 해달라고 청
한다. 계산된 것을 가지고 따라서 관의 동쪽에 전속(前束)과 마
주하여 서면한다.

곡하지 말라고 명하지 않아도 곡하는 사람이 서로 그친다. 오직
주인과 주부(主婦)만 곡한다. 촛불을 오른쪽에 두고 남면한다.

선물의 내역을 읽고 계산을 시작하여 자리에 앉는다. 계산이 끝
나면 곡하라고 명한다. 촛불을 끄고 장부와 계산서를 함께 가지
고 반대 방향으로 나간다.

공(公)의 사(史)가 서쪽으로부터 동면하면 곡을 그치라고 명한
다. 주인과 주부도 모두 곡을 하지 않는다.

묘지에 보내는 것을 낭독하고 끝마치면 곡을 하라고 명한다.

촛불을 끄고 나간다.

◑匍人抗重[1]出自道[2] 道左[3]倚之 薦馬 馬出自道 車各從其馬 駕于
門外 西面而俟 南上[4] ◑徹者入 踊如初 徹巾 苞牲[5] 取下體[6] 不以
魚腊[7] ◑行器[8] 茵苞器序從 車從 徹者出 踊如初 ◑主人之史[9]請讀
賵 執算[10]從 柩東 當前束 西面 不命毋哭 哭者相止也 唯主人主婦
哭 燭在右 南面 讀書 釋算則坐 卒[11] 命哭 滅燭 書與算執之以逆出
公史[12]自西方東面 命毋哭 主人主婦皆不哭 讀遣[13] 卒 命哭 滅燭 出

1) 抗重(항중) : 가신주를 들다. 항은 거(擧)이다.

2) 出自道(출자도) : 문의 중앙을 따라서 나가다.

3) 道左(도좌) : 주인 위치이다.

4) 南上(남상) : 그 행동하는데 편리하게 한 것이다.

5) 苞牲(포생) : 포장해서 빈이 갈 때 주어 보내는 것이다.

6) 取下體(취하체) : 정강이뼈를 취하다.

7) 魚腊(어석) : 정생(正牲)이 아니다.

8) 行器(행기) : 장지로 가는 명기(明器)의 목록이 길에 나열된 순서이다.

9) 史(사) : 유사(有司)이다.

10) 算(산) : 고문(古文)에 책(筴)으로 되어 있다.

11) 卒(졸) : 이(已)이다. 마치다.

12) 公史(공사) : 임금의 예를 맡아 기록하는 관리이다.

13) 遣(견) : 광중에 넣을 물건들이다. 임금이 사(史)를 시켜 와서 읽어주게 하고 그 예의 바른 것을 얻어서 마치는 것이다.

8. 상축(商祝)이 공포(功布)를 가지다

상축(商祝)이 공포(功布)를 가지고 관을 운반하는데 비단 띠를 잡는다. 주인(主人)이 단(袒 : 윗옷의 왼쪽 소매를 벗는 것)하고 이에 영구차를 다루는데 성용(成踊)하는 것이 헤아릴 수가 없다. 궁을 나가서 성용하고 상복을 정돈한다.

성문(城門 : 邦門)에 이른다. 공이 재부(宰夫)를 시켜 현훈속(玄纁束)을 보낸다. 주인이 상장(喪杖)을 버리고 곡을 하지 않는다.

왼쪽으로 말미암아서 임금의 명을 듣는다. 빈(賓)이 오른쪽으로 말미암아서 임금의 명령을 전한다. 주인이 곡하고는 절하고 이마를 땅에 조아린다. 빈이 영구차에 올라서 덮개에 폐백을 담고 내려온다. 주인이 절하여 전송하고 제자리로 돌아가서 상장(喪杖)을 가지고 영구차를 따른다.

광중(壙中)에 이른다. 명기(明器)를 길의 동서쪽에 진열하는데 북쪽을 위로 삼는다. 깔개가 먼저 들어간다. 상여줄을 붙인다. 주인이 단(袒)하고 모든 주인들은 서면하여 북쪽을 위로 삼는다. 부인이 동면한다. 모두가 곡을 하지 않는다.

이에 하관한다. 주인이 곡하고 성용(成踊)을 무수하게 한다.

상복을 정돈하고 보내는데 8척(八尺)짜리 폐백과 현훈속(玄纁束)을 사용한다. 절하고 이마를 땅에 조아리며 성용하는 것을 처음과 똑같이 한다.

끝마치면 단(袒)을 하고 빈(賓)에게 절한다. 주부도 또한 빈에게 절한다. 자리로 나아가 번갈아서 3번의 성용을 하고 상복을 추스른다.

빈이 나가면 절하고 전송한다. 명기(明器)와 역기(役器)를 관 옆에 넣고 관에 장식을 보탠다. 희생을 포장한 것과 대그릇을 관 옆에 넣는다. 절(折)을 더하고 물러나서 항석(抗席)을 올려 덮고 항목(抗木)을 올린다.

흙을 3번 채운다. 주인이 고을 사람들에게 절하고 자리로 나아가서 성용(成踊)하고 상복을 정돈하는 것을 처음과 같이 한다.

◑商祝執功布以¹⁾御柩 執披 主人袒 乃行²⁾ 踊無算 出宮 踊 襲 ◑至于邦門³⁾ 公使宰夫贈⁴⁾玄纁束 主人去杖 不哭 由左聽命 賓由右致命 主人哭拜稽顙 賓升⁵⁾ 實幣于蓋 降 主人拜送 復位 杖 乃行 ◑至于壙 陳器于道東西 北上 茵⁶⁾先入 屬⁷⁾引 主人袒 衆主人西面 北上 婦人東面 皆不哭 ◑乃窆⁸⁾ 主人哭 踊無算 襲 贈用制⁹⁾幣玄纁束¹⁰⁾ 拜稽顙 踊如初 卒 袒 拜賓 主婦亦拜賓¹¹⁾ 卽位¹²⁾ 拾踊三 襲 賓出則拜送 藏器¹³⁾於旁 加見¹⁴⁾ 藏苞筲於旁¹⁵⁾ 加折卻之 加抗席覆之 加抗木 實土三 主人拜鄉人¹⁶⁾ 卽位 踊 襲 如初

1) 以(이) : 금문(今文)에는 이 글자가 없다.

2) 乃行(내행) : 영구차를 따라가는 것을 이른다.

3) 邦門(방문) : 성문(城門)이다.

4) 贈(증) : 송(送)의 뜻이다.

5) 升(승) : 영구차에 오르다.

6) 茵(인) : 관에 까는 깔개이다. 원사(元士)는 버팀목에 깔개를 더한다.

7) 屬(촉) : 고문(古文)에는 촉(燭)으로 되어 있다.

8) 窆(폄) : 관을 내리다. 곧 하관하다. 금문(今文)에는 봉(封)자로 되어 있다.

9) 制(제) : 열여덟 자를 뜻한다.

10) 束(속) : 36자(三十六尺)가 속이다.

11) 主婦亦拜賓(주부역배빈) : 주부는 여자 빈객에게 절을 한다.

12) 卽位(즉위) : 반위(反位). 제자리로 돌아가다.

13) 器(기) : 용기(用器)와 역기(役器)의 뜻이다.

14) 見(견) : 관을 꾸미는 것. 관을 꾸미게 되면 다시 볼 수가 없다는 뜻이다.

15) 苞筲於旁(포소어방) : 희생을 포장한 것과 대바구니를 관 옆에 놓아 두는 것.

16) 拜鄕人(배향인) : 고을 사람에게 절을 하다. 곧 수고스러움에 대한 감사의 절을 한 것이다.

9. 조묘(祖廟)로 돌아와 곡하고 들어온다

이에 반곡(反哭)하는데 조묘(祖廟)에서 곡한다.

들어와 서쪽 계단을 통해 당에 올라 동면한다. 모든 주인들이 당하(堂下)에서 동면하고 북쪽을 위로 삼는다.

부인(婦人)이 들어오고 장부(丈夫)가 성용(成踊)하고 동쪽 계단으로 당에 오른다. 주부(主婦)가 실(室)로 들어와 성용하고 나가서 자리로 나아간다. 장부들이 이르러 번갈아 세 번씩 성용(成踊)한다.

빈(賓)이 조상(弔喪)할 자는 당에 오르는데 서쪽 계단으로 올라 이르기를 "어찌합니까?"라고 한다. 주인이 절하고 이마를 땅에 조아린다.

빈이 당에서 내려와 나가면 주인이 문 밖에서 전송하는데 절하고 이마를 땅에 조아린다. 드디어 빈궁(殯宮)으로 간다. 모두가 자리로 인도함과 같이 하여 번갈아서 세 번씩 성용(成踊)한다.

형제들이 나가면 주인이 절하고 전송한다. 모든 주인들이 문을 나가면 곡을 중지한다. 문을 닫는다. 주인이 모든 주인들에게 읍하고 의려(倚廬)로 나아간다.

아침저녁으로 똑같이 곡하는데 전(奠)은 올리지 않는다.

삼우(三虞 : 初·再·三)제를 지내고 졸곡(卒哭)의 제를 지낸다.

다음 날에 차례에 맞춰 합사한다.

◑乃反哭[1] 入 升自西階 東面[2] 衆主人堂下 東面 北上 婦人入 丈夫
踊 升自阼階 主婦入于室[3] 踊 出 卽位[4] 及丈夫拾[5]踊三 賓弔者[6]升
自西階 曰[7] 如之何 主人拜稽顙 賓降出 主人送于門外 拜稽顙 遂
適殯宮 皆如啓位[8] 拾踊三 兄弟[9]出 主人拜送 衆主人出門 哭止 闔
門 主人揖 衆主人乃就次[10] ◑猶朝夕哭 不奠 三虞[11] 卒哭[12] 明日以
其班祔[13]

1) 反哭(반곡) : 그 조묘(祖廟)에서 하는데 동쪽 계단에서 서면하여서 하지는
   않는다. 서쪽은 신위(神位)이기 때문이다. 장사를 지내고 와서 정침(正寢)
   에서 곡하는 것이라 했다.

2) 西階東面(서계동면) : 그 일어난 곳으로 돌아온 것이다.

3) 入于室(입우실) : 그 기르는 바로 돌아온 것이다.

4) 出卽位(출즉위) : 당상(堂上)에서 서면(西面)하다.

5) 拾(겁) : 번갈아 행하다.

6) 賓弔者(빈조자) : 중빈(衆賓)의 장(長)이다.

7) 曰(왈) : 금문(今文)에는 이 글자가 없다.

8) 啓位(계위) : 부인이 들어와 당으로 오르고 장부가 중정(中庭)의 자리로 나
   아가는 것이다.

9) 兄弟(형제) : 소공(小功) 이하의 복(服)을 뜻한다. 성씨가 다른 집안의 대공
   (大功)도 또한 돌아간다.

10) 次(차) : 머무를 곳. 곧 의려(倚廬)이다.

11) 三虞(삼우) : 초우(初虞), 재우(再虞), 삼우(三虞)를 말한다. 삼우는 장사
    를 지내고 세 번째 지내는 제사이다. 초우는 장사 후 첫 번째로 지내는 제사.
    재우는 장사 지내고 두 번째로 지내는 제사. 우(虞)는 편안하다는 뜻이다.

12) 卒哭(졸곡) : 삼우제(三虞祭)를 지낸 뒤에 지내는 제사. 곧 사람이 죽은 지
    석 달이 되는 초정일(初丁日)이나 해일(亥日)에 지내는 제사.

13) 班祔(반부) : 반은 차(次)의 뜻이다. 부는 졸곡(卒哭)을 지낸 뒤 다음 날에
    지내는 제사 이름이다. 부는 붙다의 뜻이 있다. 금문(今文)에는 반은 반(胖)
    으로 되어 있다.

■ 기석례(旣夕禮)의 의의

가. 사(士)가 병이 있으면 침실로 간다

사(士)가 거처할 때는 침실로 가는데 침실에서는 북쪽 담장 아래에서 머리를 동쪽으로 한다.

병이 있으면 병이 있는 자는 재계한다. 병자를 보호하는 자도 모두 재계한다. 큰 거문고와 비파를 치운다. 질병이 있으면 밖과 안을 모두 청소한다. 더러운 옷들을 치우고 새로운 옷으로 입힌다.

어자(御者：侍從) 네 사람이 모두 앉아서 몸을 지탱시켜 준다. 임종(臨終：屬纊) 때에는 기(氣)가 끊어지는 것을 기다린다. 남자(男子)는 부인(婦人)의 손을 놓지 않고 부인은 남자의 손을 놓지 않는다. 이에 행하여 오사(五祀)에게 기도한다.

이에 운명하면 주인이 울고 형제가 곡을 한다. 상자(牀笫)를 설치하여 격자창과 마주하게 한다. 요를 까는데 아래는 왕골자리로 하고 위는 대자리로 하며 베개를 설치한다. 시신을 옮긴다.

記：○士處適寢[1] 寢東首于[2] 北墉下 有疾 疾者齊[3] 養者[4]皆齊 徹琴瑟 疾病[5] 外內皆埽 徹褻衣 加新衣 御者四人皆坐持體 屬纊[6]以俟絶氣 男子不絶於婦人之手 婦人不絶於男子之手 乃行禱于五祀[7] ○乃卒[8] 主人啼[9] 兄弟哭 設牀笫當牖 衽[10]下莞上簟 設枕 遷尸[11]

1) 士處適寢(사처적침)：사(士)가 질병이 있을 때는 침실에 든다는 뜻. 금문 (今文)에는 처는 거(居)로 되어 있다.

2) 于(우)：금문(今文)에는 어(於)로 되어 있다.

3) 齊(재)：정성(情性)을 바르게 하다. 곧 침실로 간 자가 재계하지 않았으면 그 침실에 있지 않는 것이다.

4) 養者(양자)：근심이나 우환이 있는 자이다. 병자를 모시는 자.

5) 疾病(질병)：질은 가벼운 병. 병은 병이 심한 것을 뜻한다.

6) 屬纊(속광) : 숨이 끊어질 때 솜을 코 밑에 대어 숨이 끊어졌나를 살펴보는 것.

7) 五祀(오사) : 넓게 말한 것이다. 사(士)는 이사(二祀)이다.

8) 卒(졸) : 운명하다. 졸하다.

9) 啼(제) : 어느 본(本)에는 체(諦)로 되어 있다.

10) 衽(임) : 눕는 자리이다. 와석(臥席)이다.

11) 遷尸(천시) : 격자창 아래로 옮기는 것. 이때 염의(斂衣)를 사용하여 덮는다.

    나. 초혼(招魂)하는 자는 조복(朝服)으로 한다

    고복(皋復 : 招魂)하는 자는 조복(朝服)을 잡는데 왼손으로 옷 깃을 잡고 오른손으로 허리쯤을 잡는다. 초혼(招魂)하고는 왼쪽 으로 한다.

    문설주는 모양이 멍에와 같고 양쪽 끝이 위로 했다. 발을 묶는 것은 연궤(燕几)를 사용하고 정강이는 남쪽에 있게 하고 시종(侍 從)은 앉아서 돕는다.

    상(牀)에 나아가 전(奠)을 올리는데 어깨와 머리쪽에 마주하 여 길기(吉器)를 사용한다. 혹은 단술로 하고 혹은 술로 하는데 덮는 수건이나 수저는 없다.

    부고(赴告)하여 말하기를 "임금의 신하 아무개가 죽었습니 다."라고 한다. 어머니나 아내나 장자(長子)가 죽어 부고할 때는 "임금의 신하 아무개의 아무개가 죽었습니다."라고 한다.

    실(室) 안에서는 오직 주인과 주부만 앉는다. 형제 중에서 명 부(命夫)와 명부(命婦)가 있다면 또한 앉을 수 있다.

    시신이 실(室)에 있으면 임금의 명이 있더라도 모든 주인들은 나가지 않는 것이다.

    수의(襚衣)를 입히는 자는 옷을 상(牀)에 쌓아 놓으며 앉지 않 는다. 그 실(室)에서 수의를 입히고 호(戶)의 서쪽에서 북면하고 명을 아뢴다.

○復者[1]朝服 左執領 右執要 招而左 ○楔貌如軛[2] 上兩末 綴足用

燕几 校³⁾在南 御者坐持之 ○卽牀而奠當腢⁴⁾ 用吉器 若醴若酒 無
巾柶 ○赴⁵⁾曰 君之臣某死 赴母妻長子則曰 君之臣某之某死 ○室
中唯主人 主婦坐 兄弟有命夫命婦在焉 亦坐 ○尸在室 有君命 衆
主人不出 ○襚者委衣于牀 不坐 其襚于室 戶西北面致命

1) 復者(복자) : 고복하다. 곧 초혼(招魂)하는 자를 말한다.

2) 軶(액) : 금문(今文)에는 액(厄)으로 되어 있다.

3) 校(교) : 정강이이다. 고문(古文)에는 지(枝)로 되어 있다.

4) 腢(우) : 어깨와 머리이다.

5) 赴(부) : 알리다. 부고(訃告)하다의 뜻. 달려가서 고하다의 뜻. 금문(今文)에
  는 부(訃)로 되어 있다.

다. 하축(夏祝)이 쌀을 일다

하축(夏祝)이 쌀을 일어 가려서 담는다.

어자(御者 : 侍從) 네 사람이 이불로 가려 막고 목욕시켜서 옷
통을 벗겨 대자리에 눕힌다. 그 어머니의 상이면 내어(內御 : 女
御)가 목욕시키고 결발시키는데 비녀는 없다.

명의(明衣)를 진열하는데 부인이면 중대(中帶)를 진열한다.
씻는 것을 마치면 폐백상자에서 조개껍질을 꺼내 씻어서 다시 넣
어 놓았다가 조개껍질을 채워 넣어 오른쪽의 단단한 이빨과 왼쪽
의 단단한 이빨을 버티도록 한다.

하축(夏祝)이 나머지 반(飯)을 거둔다. 귀막이 솜으로 귀를 막
는다. 구덩이를 파는데 남쪽으로 따라서 넓이는 1자, 세로로 2자,
깊이는 3자로 한다. 그 고운 흙은 남쪽으로 한다. 흙부뚜막은 흙
덩이를 사용한다. 명의(明衣)는 휘장 베〔幕布〕를 사용하고 소매
는 폭을 이어서 하고 길게 무릎까지 내려가게 한다. 앞과 뒤의 아
랫도리가 있는데 바르게 하고 길이는 발 등까지 이르도록 한다.

분홍빛으로 아랫도리를 장식하는데 폭을 꾸미고 아랫단을 두
른다. 검은 것으로 가선을 두른다.

손잡이를 설치하고 속으로는 살과 친하게 하고 중지(中指)에

갈고리를 매어서 팔뚝에 묶는다. 전인(甸人)이 구멍을 채우고 예
인(隸人)이 측간을 막는다.

○夏祝淅米差¹⁾盛之 御者四人抗衾²⁾而浴 禮笫³⁾ 其母之喪 則內御⁴⁾
者浴 髺無笄⁵⁾ 設明衣 婦人則設中帶⁶⁾ 卒洗貝 反于笄 實貝柱右齻⁷⁾
左齻 夏祝徹餘飯⁸⁾ 瑱塞耳⁹⁾ 掘¹⁰⁾坎南順 廣尺 輪¹¹⁾二尺 深三尺 南其
壤 垼用塊¹²⁾ 明衣裳用幕布¹³⁾ 袂屬幅¹⁴⁾ 長下膝¹⁵⁾ 有前後裳 不辟¹⁶⁾ 長
及轂¹⁷⁾ 縓綼緆¹⁸⁾ 緇純¹⁹⁾ 設握 裏親膚 繫鉤中指 結于掔²⁰⁾ 甸人築坅
坎²¹⁾ 隸人²²⁾涅厠²³⁾

1) 差(차) : 가리다.

2) 抗衾(항금) : 이불로 벌거벗은 것을 덮는다.

3) 禮笫(단자) : 웃통을 벗겨서 대자리에 눕히다.

4) 內御(내어) : 여어(女御)이다.

5) 無笄(무계) : 비녀가 없다. 장부는 관을 쓰지 않는 것과 같다.

6) 中帶(중대) : 지금의 잠방이가 늘어진 것과 같다.

7) 齻(전) : 이빨이 단단한 것을 뜻한다.

8) 飯(반) : 죽을 철거하는 것이다.

9) 瑱塞耳(진색이) : 귀막이로 귀를 막다. 죽은 자의 귀를 솜으로 막는다.

10) 掘(굴) : 금문(今文)에 금(坅)으로 되어 있다.

11) 輪(윤) : 종(從)의 뜻이다.

12) 垼用塊(역용괴) : 부뚜막을 만드는 데는 흙덩이를 사용한다는 뜻.

13) 幕布(막포) : 휘장을 두르는 베.

14) 屬幅(속폭) : 폭을 삭감하지 않고 계속 잇다.

15) 長下膝(장하슬) : 길이가 무릎 아래까지 하다의 뜻.

16) 不辟(불벽) : 질(質)의 뜻이다.

17) 轂(각) : 발등을 뜻한다.

18) 縓綼緆(전비석) : 분홍빛으로 폭을 꾸미고 아랫단을 두르다.

19) 緇純(치준) : 검은 것으로 가선을 두르다. 준은 옷깃과 소매부분을 꾸미는
    것을 말한다. 윗도리를 치(緇 : 검은색)로 꾸미고 아랫도리를 전(縓 : 분홍
    색)으로 꾸미는 것은 천지(天地)를 상징한다.

20) 掔(완) : 손바닥 뒤에서 마디까지의 중간을 뜻한다.
21) 坅坎(금감) : 구덩이이다.
22) 隸人(예인) : 죄인(罪人)이다. 노예를 뜻한다. 옛날에 노예들이 사역을 했다.
23) 涅厠(열측) : 측간을 막다. 냄새나는 곳을 막는다는 뜻.

라. 화톳불을 중정(中庭)에 밝힌다

이미 습(襲 : 옷 입히는 일)을 마쳤으면 밤에는 화톳불을 중정
(中庭)에 밝힌다. 그 다음 날에는 화톳불을 끄고 옷들을 진열한
다. 무릇 효금(絞紟)은 베를 사용하고 비교할 때는 조복(朝服)
과 똑같이 한다.

동쪽 당(堂)의 아래에 어(梡)를 설치하는데 남쪽으로 따라 잔
대를 가지런히 한다. 그 위에 차린다. 2개의 술 단지에 단술과 술
을 차려 놓는데 술은 남쪽에 있다. 대광주리는 동쪽에 두는데 남
쪽으로 차례 하여 각치(角觶 : 뿔잔) 4개와 나무숟가락 2개와 술
국자 2개를 채워 놓는다. 두(豆)는 술단지의 북쪽에 두는데 두 줄
로 나란히 하고 변(籩)도 또한 똑같이 한다.

변(籩)과 두(豆)에, 갖추어 진열한 것들을 채워서 모두 수건으
로 덮어 놓는다. 치(觶)는 때를 기다려 부어 놓고 숟가락을 올려
놓되 손잡이가 앞쪽으로 가게 한다. 이에 두는 곳에 이르면 세워
놓는다.

소렴(小斂)에는 전(奠)을 물리치고는 실(室)을 나가지 않는
다. 성용하는데 절도가 없다. 이미 시신이 의지했으면 주인이 단
(袒)을 하고 머리털을 묶고 효대(絞帶)를 하며 모든 주인들은 포
대(布帶)를 한다.

대렴(大斂)은 동쪽에서 한다. 대부가 서쪽 계단으로 당에 올라
계단의 동쪽에서 북면하고 동쪽을 위로 삼는다. 이미 시신이 의
지했으면 대부가 거꾸로 계단을 내려가 제자리로 돌아간다.

전(奠)을 수건으로 덮었으면 촛불을 가진 자가 촛불을 끄고 나
가는데 동쪽 계단을 통해 당에서 내려가 주인의 북쪽으로 말미암

아 동쪽으로 한다.

○既襲 宵[1]爲燎于中庭 厥明 滅燎 陳衣 凡[2]絞紟[3]用布 倫[4]如朝服
○設梜[5]于東堂下 南順 齊于坫 饌于其上 兩甒 醴酒 酒在南 篚在
東 南順 實角觶四 木柶二 素勺二[6] 豆在甒北 二以竝 邊亦如之 凡
邊豆[7]實具設 皆巾之[8]而酌 柶覆加之 面枋 及錯 建之 小斂
辟奠 不出室 無踊節 既馮尸 主人袒 髺髮 絞帶 衆主人[10]布帶 ○大
斂于阼 大夫升自西階 階東北面 東上 既馮尸 大夫逆降 復位[11] 巾
奠[12] 執燭者滅燭 出 降自阼階 由主人之北東

1) 既襲宵(기습소) : 이미 옷을 갈아입히는 일이 끝나면 밤에는의 뜻.

2) 凡(범) : 소렴과 대렴의 뜻.

3) 紟(금) : 금문에는 이 글자가 없다.

4) 倫(윤) : 비(比)의 뜻이다. 고문(古文)에는 윤(輪)으로 되어 있다.

5) 梜(어) : 지금의 여(舁)와 같다. 술그릇이나 음식을 올려놓고 나르는 판판한
판자.

6) 角觶四木柶二素勺二(각치사목사이소작이) : 저녁의 진설이며 단술과 함께
차려낸다. 작이는 단술이 각각 하나이다. 두변(豆邊)의 둘이 함께 하면 이는
대렴의 찬이다. 고문(古文)에는 각치는 각사(角柶)로 되어 있다.

7) 邊豆(변두) : 변과 두는 항상 짝으로 갖추게 되고 갖추어 차려지면 수건으로
덮어 놓는다.

8) 巾之(건지) : 수건을 꾸며서 덮어 놓은 것이다.

9) 時(시) : 아침과 저녁이다.

10) 衆主人(중주인) : 재최(齊衰) 이하의 친척들이다.

11) 復位(복위) : 중정(中庭)의 서면(西面)의 위치이다.

12) 巾奠(건전) : 전을 덮다. 곧 실(室)에서의 일은 끝나다의 뜻.

마. 이미 빈소(殯所)를 차리다

이미 빈소(殯所)를 차리면 주인이 머리를 푼다. 3일에는 성복(成
服)하고 요질(腰絰)을 늘어뜨린다. 관은 6승(六升)이고 밖의 솔기

는 홈질하고 끈 한 가닥을 굽혀 통하게 해서 아래로 늘어뜨려 엎는
다. 최마(衰麻)는 3승(三升)이다. 신은 밖이 넉넉하게 한다. 상장
(喪杖)은 근본을 아래로 하는데 대나무와 오동나무도 한 가지이다.

의려(倚廬)에 거하며 거적에서 자고 흙덩이를 베개로 벤다. 요
질(腰絰)은 벗지 않는다. 곡은 밤낮으로 때없이 한다. 상사(喪事)
에 대한 것이 아니면 말을 하지 않는다.

죽을 마시는데 아침에 한 움큼의 쌀로 죽을 쑤고 저녁에도 한
움큼의 쌀로 죽을 쑤어 먹으며 나물이나 과일은 먹지 않는다.

주인은 악거(惡車)를 타는데 흰 개가죽으로 덮개를 하고 부들
로 울타리를 한다. 수레를 운전하는 데는 부들을 깐다. 견복(犬
服)을 하고 목관(木錧)을 하고 검소한 끈과 검소한 고삐와 나무
재갈로 하고 말은 털을 다듬지 않는다.

주부의 수레도 또한 똑같이 하는데 휘장은 성긴 베로 한다. 이
거(貳車)는 흰 개가죽으로 가선을 두른다. 그 밖의 것은 모두가
승거(乘車)와 똑같이 한다.

초하루에는 동자(童子)가 비를 가지고 물러나 왼손으로 받들
고 거두는 사람을 따라서 들어간다. 전(奠)을 먼저 거두고 자리
를 들고 실(室) 안을 청소한다. 모든 구석으로 모아 놓고 자리를
펴서 처음과 똑같이 한다.

전(奠)을 마치면 청소하는 자가 비를 드는데 끝을 안쪽으로 갈
기처럼 드리우고 촛불을 가진 자를 따라서 동쪽으로 한다.

평소처럼 받들고 아침저녁으로 네 계절의 진미를 올리고 목욕
을 시키는 것을 다른 날과 똑같이 한다. 초하룻날에 만약 새로운
것을 올린다면 내당(內堂)에는 보내지 않는다.

장지를 점치는 날에는 총인(冢人)이 땅을 살핀다. 길일을 점치
는 날에는 길하면 주부를 따라가 고하고 주부는 곡한다. 부인들이
모두 곡한다. 주부가 당에 오르면 곡하는 자들은 모두 중지한다.

◯旣殯[1] 主人說髦[2] 三日絞垂[3] 冠六升 外縪 纓條屬[4]厭[5] 衰[6]三升
屨外納[7] 杖下本 竹桐一也 ◯居倚廬[8] 寢苫枕塊 不說絰帶 哭晝夜

無時 非喪事不言 歠粥 朝一溢米 夕一溢米 不食菜果 ◯主人乘惡
車[9] 白狗幦[10] 蒲蔽[11] 御以蒲菆[12] 犬服[13] 木錧 約綏[14] 約轡 木鑣[15] 馬
不齊髦[16] 主婦之車亦如之 疏布裧 貳車白狗攝服[17] 其他皆如乘車
◯朔月 童子[18]執帚卻之 左手奉之 從徹者而入 比[19]奠 擧席掃室 聚
諸窔[20] 布席如初 卒奠 掃者執帚垂末 內鬣 從執燭者而東 燕養 饋
羞[21]湯沐之饌如他日 朔月若薦新[22] 則不饋于下室[23] ◯筮宅 冢人物
土[24] 卜日吉 告從于主婦 主婦哭 婦人皆哭 主婦升堂 哭者皆止[25]

1) 旣殯(기빈) : 명(銘)을 묘지에 묻고 다시 위치로 돌아온 때이다.

2) 說髦(탈모) : 머리를 풀다의 뜻. 탈(說)은 금문에는 탈(稅)로 되어 있다.

3) 絞垂(효수) : 성복(成服)을 하고 요질을 늘어뜨린 것을 뜻한다.

4) 繹纓條屬(필영조촉) : 필은 갓의 흰 솔기이다. 영조촉은 갓의 한 줄 끈을 감
   아서 통하게 하여 잇는 것이다.

5) 厭(염) : 복(伏)이다.

6) 衰(최) : 최마의 상복이다.

7) 納(납) : 수여(收餘)이다. 곧 넉넉하다.

8) 倚廬(의려) : 중문(中門) 밖의 한 구석에 세운 여막.

9) 惡車(악거) : 목거(木車)이다. 고문(古文)에는 악은 악(堊)으로 되어 있다.

10) 白狗幦(백구멱) : 흰 개가죽으로 덮개를 하는 것이다. 먹은 종다래끼를 엎
    어놓은 것같이 생긴 것을 말한다.

11) 蒲蔽(포폐) : 울타리라고 했다.

12) 蒲菆(포추) : 부들깔개. 뜻이 달리는 데에 있지 않음을 보이는 것이다.

13) 犬服(견복) : 덮개 사이의 병복(兵服)으로, 개가죽으로 만들어 단단한 것을
    취한 것이다. 또한 흰 것이다. 금문에 견(犬)은 대(大)로 되어 있다.

14) 約綏(약수) : 검소한 끈. 곧 말을 탈 때 잡는 끈.

15) 木鑣(목표) : 나무로 만든 말의 재갈. 고문에는 표가 포(苞)로 되어 있다.

16) 齊髦(전모) : 털을 다듬는 것. 전은 전(翦)이다. 단(斷)의 뜻이다. 모는 금
    문에는 모(毛)로 되어 있다.

17) 攝服(섭복) : 가선을 두른 의복이다.

18) 童子(동자) : 종의 자제들이다. 또는 내수(內豎)와 시인(寺人)의 무리이다.

19) 比(비) : 선(先)의 뜻이다.

20) 窔(요) : 실(室)의 동남쪽 모퉁이를 뜻한다.

21) 燕養饋羞(연양궤수) : 연양은 평상시에 봉양하던 것들을 뜻한다. 궤는 아침 저녁의 식사. 수는 네 계절의 진미이다.

22) 薦新(천신) : 새로운 것을 올리다. 곧 새로 나는 과일이나 채소 등을 뜻한다.

23) 下室(하실) : 지금의 내당(內堂)이다.

24) 物土(물토) : 땅을 살피다. 물은 상(相)과 같다고 했다.

25) 皆止(개지) : 모든 일이 끝났다는 뜻이다.

바. 안과 밖에서 곡을 중지한다

이미 인도하여 새벽이 되면 안과 밖에서 곡을 하지 않는다. 이 상(夷牀)과 공축(輁軸)을 서쪽 계단의 동쪽에 차려 놓는다.

그 두 사당에는 예묘(禰廟)에 차려 놓는데 소렴(小斂) 때의 전 (奠)과 같이 하며 이에 인도한다. 예묘(禰廟)에 모여서 중(重) 은 문 밖의 서쪽에 멈추어 놓고 동면한다.

관이 들어오면 서쪽 계단을 통해 당으로 올라 관을 양쪽 기둥 사이에 바르게 놓고 전(奠)은 서쪽 계단 아래에서 중지시키고 동 면하여 북쪽을 위로 삼는다.

주인이 당으로 올라서 관의 동쪽에 하여 서면한다. 모든 주인들 이 동쪽에서 제자리로 나아간다. 부인이 따라 올라가 동면하고 전 (奠)을 올리는데 관의 서쪽에 진열한다. 오르고 내리는 것을 서 쪽 계단으로 하고 주인이 요절(要節)하여 성용(成踊)한다.

촛불을 들고 먼저 들어온 자는 당으로 올라서 동쪽 기둥의 남 쪽에서 서면한다. 뒤에 들어오는 자는 서쪽 계단의 동쪽에서 북 면하고 아래에 있는다.

주인이 내려가 제자리로 나아간다. 전을 거두고 이에 다시 전을 올리는데 오르고 내리는 것을 서쪽 계단으로부터 한다. 주인이 성 용을 하는데 처음과 똑같이 한다.

축(祝)과 집사(執事)가 전(奠)을 들고 건(巾)과 돗자리가 따 라서 내려가면 관도 따라서 가는데 순서는 처음과 똑같이 하여 조제(祖祭)하러 간다.

○啓[1]之昕 外內不哭 夷牀軸軸[2]饌于西階東 ○其二廟 則饌于禰廟
如小斂奠 乃啓 朝于禰廟 重止于門外之西 東面 柩入 升自西階 正
柩于兩楹間 奠止于西階之下 東面 北上 主人升 柩東西面 衆主人
東卽位 婦人從升 東面 奠升 設于柩西 升降自西階 主人要節而踊
燭先[3]入者升堂 東楹之南西面 後[4]入者西階東 北面 在下 主人降卽
位 徹 乃奠 升降自西階 主人踊如初 ○祝及執事擧奠 巾席從而降
柩從 序從[5]如初 適祖

1) 啓(계) : 고문(古文)에는 개(開)로 되어 있다.

2) 夷牀軸軸(이상공축) : 이상은 조묘(祖廟)에 차리고 공축은 빈궁(殯宮)에 차
   린다. 공은 고문에는 공(拱)자로 되어 있다.

3) 先(선) : 관에 먼저 한다.

4) 後(후) : 관에 뒤에 이른 자이다.

5) 序從(서종) : 주인 이하가 차례대로 간다. 금문에는 종(從)자가 없다.

사. 승거(乘車)를 대기시키다

승거(乘車)를 대기시키고 사슴의 여름 털가죽으로 수레 뚜껑
을 덮고 방패와 전통과 가죽 고삐와 전기(旜旗)를 싣고 피변복
을 싣고 끈과 고삐와 조가비로 장식한 말굴레를 수레의 형(衡)에
달고 도거(道車)에는 조복(朝服)을 싣고 고거(橐車)에는 도롱
이와 삿갓을 싣는다.

장차 다 실으면 축(祝)과 집사(執事)가 전(奠)을 들고 호(戶)
의 서쪽에서 남면하고 동쪽을 위로 삼는다. 속전(束前)을 끝마치
면 내려와 자리를 관의 서쪽에 내려놓는다. 수건이 올려지면 담
에서 관을 꾸민다.

항목(抗木)을 깎는다. 깔개를 붙이는데 띠 이삭을 사용한다. 채
우는 것은 생강이나 난초로 한다. 위포(葦苞)의 길이는 3자[三
尺]를 하나로 엮고 거적과 대그릇은 3개이며 그 곳에 채울 것들

은 데친다.

조(祖)에서 수레를 돌려도 자리를 바꾸지 않는다. 피(披)를 잡는 자는 사방으로 4명이다.

무릇 보내는 폐백은 정해진 것이 없다.

무릇 건량은 끓이지 않는다.

오직 임금의 명으로만 길에서 관을 중지시킬 수 있고 그 나머지는 중지시키지 못한다.

수레는 길의 왼쪽으로 이르고 북면하여 서서 동쪽을 위로 여긴다. 관이 광중에 이르면 염복(斂服)을 싣는다. 하관을 마치면 돌아가는데 수레는 몰지 않는다.

○薦乘車[1] 鹿淺[2]鞎 干笮革靷 載旜 載皮弁服 纓轡貝勒[3]縣于衡[4] 道車[5]載朝服 藁車[6]載蓑笠 ○將載 祝及執事擧奠 戶西 南面 東上 卒束前[7]而降 奠席于柩西 巾奠 乃牆○抗木刊[8] 茵著用茶[9] 實綏澤焉[10] 葦苞[11]長三尺一編 菅筲[12]三 其實皆瀹[13]○祖 還車不易位 執披者旁四人 ○凡贈幣無常 ○凡糗不煎[14] ○唯君命 止柩于垣 其餘則否 ○車至道左[15]北面立 東上 柩至于壙 斂服載之 卒窆而歸 不驅

1) 乘車(승거) : 잔거(棧車)이다. 대나무와 나무를 써서 만든 수레로 가죽을 대거나 칠을 하지 않은, 사(士)가 타는 수레.

2) 鹿淺(녹천) : 사슴의 여름털.

3) 貝勒(패륵) : 조가비로 장식한 말굴레.

4) 衡(형) : 수레의 가로나무이다.

5) 道車(도거) : 아침저녁으로 한가하게 들고나는 수레.

6) 藁車(고거) : 논이나 밭에 짚을 실어 나르는 수레이다.

7) 卒束前(졸속전) : 관의 서쪽이 앞과 마주하는 쪽을 묶는 것.

8) 刊(간) : 고문에는 간(笴)으로 되어 있다.

9) 茶(도) : 띠의 이삭이다.

10) 綏澤焉(수택언) : 수는 염강(廉薑)이고 택은 택난(澤蘭)이다. 모두 향기가 있는 것이다.

11) 葦苞(위포) : 갈대로 싸는 것.

12) 菅筲(관소) : 거적과 대그릇이다.

13) 瀹(약) : 데치다. 곧 끓이다의 뜻.

14) 不煎(부전) : 기름으로 볶지 않는다.

15) 道左(도좌) : 묘지에 이르는 길은 동쪽으로 먼저 이른다.

아. 임금이 염(斂)을 살피다

임금이 염(斂)을 살펴보고 만약에 전(奠)이 기다리지 않으면 덮개를 올려놓고 나간다. 염(斂)을 살펴보지 않았으면 덮개를 올려놓고 전이 이르게 되면 일을 마치는 것이다.

이미 관이 바르게 되면 빈(賓)이 나가고 수인(遂人)과 장인(匠人)이 수레를 계단 사이로 들인다.

축(祝)이 조전(祖奠)을 주인의 남쪽에 차리는데 전로(前輅)와 마주하여 북쪽을 위로 하여 덮어 놓는다.

활과 화살의 새로운 것은 거칠게 만든 것이다. 활은 꾸밈이 있다. 또한 시위를 얹는 것도 가능하다. 도지개도 있다. 의달(依撻)을 설치한다. 활집이 있다. 화살은 후시(猴矢) 4개에 뼈로 화살촉을 하고 깃을 짧게 두르며, 지시(志矢) 4개에 앞뒤의 무게를 고르게 하고 또한 깃을 짧게 한다.

○君視斂 若不待奠 加蓋而出 不視斂 則加蓋而至 卒事 ○旣正柩 賓出 遂匠¹⁾納車²⁾于階間 ○祝饌祖奠于主人之南 當前輅 北上 巾之 ○弓矢之新 沽功³⁾ 有弭⁴⁾飾焉 亦張可也 有柲⁵⁾ 設依撻⁶⁾焉 有韣 矢 猴矢一乘⁷⁾ 骨鏃 短衛⁸⁾ 志矢⁹⁾一乘 軒輖中¹⁰⁾ 亦短衛

1) 遂匠(수장) : 수인(遂人)과 장인(匠人)이다. 수인은 모든 사역을 이끌고 장인은 관을 싣고 하관하는 것을 주관한다.

2) 車(거) : 관을 실은 수레이다.

3) 沽功(고공) : 거친 공(功). 고는 금문에는 고(古)자로 되어 있다. 조악하게 만든 것. 실용품이 아니라는 것을 보여주는 것이다.

4) 弭(미) : 활에 가선 두른 것이 없는 것을 미(弭)라고 한다. 미(弭)는 골각(骨

角)으로써 꾸민 것이다.

5) 柲(비) : 활의 도지개이다. 활을 바로잡는 틀.

6) 依撻(의달) : 의는 얽는 줄이다. 달은 부측(附側)한 시도(矢道)이다. 모두 가
죽으로 만들었다. 달은 금문(今文)에는 섭(銛)으로 되어 있다.

7) 矢鍭矢一乘(시후시일승) : 앞의 시(矢)는 어느 본(本)에는 글자가 없다고
했다. 화살은 후시라는 화살 4개라는 뜻.

8) 骨鏃短衛(골촉단위) : 골촉은 뼈로 만든 화살. 또한 사용하지 않는다는 것을
보여준다. 생전에는 쇠로 화살촉을 한다. 단위는 화살깃을 짧게 두르는 것.

9) 志矢(지시) : 활쏘기를 익힐 때 사용하는 화살. 생시에는 뼈화살촉을 쓴다.

10) 軒輖中(헌주중) : 가벼운 것과 무거운 것이 균형을 이루다의 뜻. 화살은 앞
이 무겁고 뒤가 가벼워야 하는데 앞뒤가 균형을 이룬다는 것은 사용하지 않는
다는 것을 보여주는 것이다. 헌은 수레가 가벼운 것. 주는 무거운 것.

제I4편 사우례(士虞禮第十四)

사우례(士虞禮)는 사(士)가 부모의 장례를 모시고 신령을 맞이하여 돌아와서 한낮에 빈소(殯所)에서 제사 지내는 예이다.

정현(鄭玄)은 "우(虞)는 편안하다와 같다. 사(士)가 이미 그 부모의 장례를 치르고 정(精)을 맞이하여 돌아와서 한낮에 빈궁(殯宮)에서 제사를 모시고 편안하게 하는 예절이다."라고 했다.

I. 묘문(廟門) 밖 오른쪽에서 삶는다

사(士)의 우례(虞禮)이다.

수퇘지로 궤식(饋食)을 사용하는데 묘문(廟門) 밖의 오른쪽에서 동면하고 몸체 반쪽을 삶는다. 물고기와 포〔腊〕는 부엌에 차례 하는데 북쪽을 위로 삼는다.

기장으로 밥짓는 것은 부엌의 동벽(東壁)에서 하는데 서면(西面)한다. 씻는 곳은 서쪽 계단의 서남쪽에 설치하고 물은 씻는 곳의 서쪽에 둔다.

대광주리는 동쪽에 두고 준(尊:술잔)은 실(室) 가운데에서 북쪽 담 아래에 두어 호(戶)와 마주하게 한다. 술단지 2개에는 단술과 술이 있는데 술은 동쪽에 둔다. 받침대는 없다. 덮개는 고운 칡베를 사용한다.

국자를 올려놓고 손잡이가 남쪽으로 가게 한다. 흰 궤와 갈대 자리는 서서(西序)의 아래에 둔다. 깔개는 띠를 길이 5치로 잘라 묶어서 대광주리에 채워서 서쪽 잔대 위에 차려 놓는다.

2개의 두(豆)에는 절임과 육장을 넣어 서쪽 기둥의 동쪽에 차려 놓는다. 육장이 서쪽에 있고 하나의 형(鉶 : 국 담는 제기)이 다음에 한다.

주인을 따라서 두(豆) 2개를 올리는 것을 다음에 하고 2개의 변(籩)이 다음으로 하는데 북쪽을 위로 삼는다.

메기장과 찰기장을 담은 2개의 대(敦)는 계단 사이에 차리는데 서쪽을 위로 삼는다.

깔개는 갈대자리를 사용한다. 손대야의 물은 쟁반 가운데에 놓아 두고 입이 남쪽으로 가도록 하는데 서쪽 계단의 남쪽에 둔다. 밥그릇을 덮는 수건은 그 동쪽에 놓아 둔다.

세발솥 3개를 문밖의 오른쪽에 진열하는데 북면하여 북쪽을 위로 여긴다. 가로나무와 솥뚜껑을 설치한다. 수저와 도마는 서쪽에 두는데 숙(塾 : 문 옆방)의 서쪽에 놓아 둔다.

제육을 올리는 도마는 안쪽 서숙(西塾)의 위에 진열하는데 남쪽으로 따른다.

士虞禮：◑特豕饋¹⁾食 側亨²⁾于廟門外之右 東面 魚腊爨³⁾亞之 北上 饎⁴⁾爨在東壁 西面 設洗于西階西南 水在洗西 篚在東 尊于室中北 埔下當戶兩甒 醴酒 酒在東⁵⁾ 無禁 冪用絺布 加勺 南枋 素几⁶⁾葦席 在西序下 苴⁷⁾刌茅長五寸 束之 實于篚 饌于西坫上 饌兩豆 菹醢 于 西楹之東 醢在西 一鉶亞之 從獻豆⁸⁾兩亞之 四籩⁹⁾亞之 北上 饌黍 稷二敦于階間 西上 藉¹⁰⁾用葦席 匜水錯于槃中 南流¹¹⁾ 在西階之南 簟巾在其東 陳三鼎于門外之右¹²⁾ 北面 北上 設扃冪 匕俎在西塾之 西 羞燔俎在內西塾上 南順¹³⁾

1) 饋(궤) : 귀(歸)와 같다.

2) 側亨(측팽) : 희생 반쪽을 삶다의 뜻.

3) 爨(찬) : 부엌의 뜻.

4) 饎(치) : 메기장과 찰기장으로 밥을 짓는 것이다.

5) 酒在東(주재동) : 위에는 단술이 있다는 뜻이다.

6) 几(궤) : 궤가 있으면 비로소 귀신이 있다는 뜻이다.

7) 苴(저) : 깔개이다. 자(藉)와 같다.

8) 豆(두) : 두(豆)는 주인을 따라서 축(祝)에 올린다.

9) 籩(변) : 주부를 따라서 시축(尸祝)에게 올려진다.

10) 藉(자) : 천(薦)과 같다. 고문(古文)에는 석(席)으로 되어 있다.

11) 流(유) : 손대야의 물을 토해내는 입구이다.

12) 門外之右(문외지우) : 문의 서쪽이다.

13) 南順(남순) : 남면하여 쭈그리고 잡기 편리하게 한 것이다.

2. 주인과 형제가 장례의 복장과 같이 한다

주인(主人)과 형제가 장례 때 의복과 똑같이 입는다. 빈(賓)으로서 집사(執事)를 하는 자는 조문하던 의복과 똑같이 입는다. 모두가 문 밖의 위치로 나아가는데 아침저녁으로 임하던 자리와 같이 한다.

부인과 내형제(內兄弟)들도 복을 입고 당(堂)에서 위치로 나아가는데 또한 똑같이 한다.

축(祝 : 執事)이 문(免)하고 갈질대(葛絰帶)를 다스리고 실(室)의 중앙에 자리를 펴고 동면하여 궤의 오른쪽에 한다. 당에서 내려가 나가서 문 서쪽에 서 있는 종인(宗人)에게 이르러 동면(東面)하고 남쪽을 위로 삼는다.

종인(宗人)이 유사(有司)에게 갖추어진 것을 고한다. 드디어 청하여 빈에게 절하고 아침저녁으로 임하던 것과 같이 문 안으로 들어가 곡한다. 부인도 곡한다.

주인이 당(堂)으로 나아가 자리하면 모든 주인과 형제들과 빈이 서쪽으로 즉위하여 반곡(反哭)의 위치와 똑같이 한다. 축이 문으로 들어와 왼쪽에서 북면하고 종인(宗人)은 서쪽 계단 앞에서 북면한다.

축(祝)이 손을 씻고 당에 오른다. 깔개를 가지고 내려가 씻어서 당으로 오른다. 들어와 궤의 동쪽 자리 위에 설치하고 동쪽에서 세로로 내려가 치(觶)를 씻어 당으로 오르면 곡을 중지한다.

주인이 상장(喪杖)에 의지하여 들어와 축을 따라 왼쪽에 있으면서 서면한다.

찬(贊 : 일을 돕는 자)이 절임과 육장을 올리는데 육장은 북쪽에 있게 한다.

좌식(佐食 : 식사를 돕는 자)과 집사(執事)가 손을 씻고 나가서 세발솥을 드는데 장(長)이 왼쪽에 위치한다. 세발솥을 들고 들어와 서쪽 계단 앞에 놓는데 동면하고 북쪽을 위로 삼는다.

숟가락과 도마가 따라서 놓인다. 왼쪽 사람이 들막대와 솥뚜껑과 수저를 빼고 좌식(佐食)과 오른쪽 사람이 희생을 도마 위에 올린다. 올려놓는 것이 끝나면 수저를 든 자가 거꾸로 물러나서 다시 제자리로 간다.

도마가 들어가서 두(豆)의 동쪽에 진열된다. 물고기가 다음에 하고 포〔腊〕가 단독으로 있다.

찬(贊)이 2개의 대(敦)를 도마의 남쪽에 설치하는데 메기장의 동쪽에 찰기장을 놓는다. 형(鉶) 한 개를 두(豆)의 남쪽에 놓는다.

좌식(佐食)이 나가서 호서(戶西)에 선다. 찬자(贊者)가 솥을 거둔다. 축이 단술을 따르고는 좌식(佐食)에게 대(敦)의 뚜껑을 열라고 명한다. 좌식이 대답하고 뚜껑을 열어 대(敦)의 남쪽으로 물리치고 제자리로 돌아간다.

축이 치(觶)를 형(鉶)의 남쪽에 내려놓고 제자리로 돌아간다.

❶主人及兄弟如葬服[1] 賓執事者[2]如弔服 皆卽位于門外 如朝夕臨位 婦人及內兄弟服 卽位于堂 亦如之 祝免[3] 澡[4]葛絰帶 布席于室中 東面 右几 降出 及宗人卽位于門西 東面 南上 宗人告 有司具 遂請拜賓如臨[5] 入門哭 婦人哭 主人卽位于堂 衆主人及兄弟賓卽位于西方 如反哭位 祝入門左 北面 宗人西階前北面 祝盥升 取苴 降洗之 升 入設于几東席上 東縮[6] 降洗觶 升 止哭 主人倚杖入 祝從 在左 西面 贊薦菹醢 醢在北 佐食及執事盥 出擧 長在左[7] 鼎入 設于西階前 東面 北上 匕俎從設 左人抽扃冪 匕 佐食及右人載[8] 卒杙者逆退 復位[9] 俎入 設于豆東 魚亞[10]之 腊特 贊設二敦于俎南 黍 其東

稷 設一鉶[11]于豆南 佐食出 立于戶西[12] 贊者徹鼎 祝酌醴 命佐食啓
會[13] 佐食許諾 啓會卻于敦南 復位[14] 祝奠觶于鉶南 復位

1) 葬服(장복) : 장례 때의 의복. 장부는 복머리를 하고 산대(散帶)를 드리운다.

2) 賓執事者(빈집사자) : 빈객이 와서 일을 집행하는 자이다.

3) 祝免(축문) : 축이 관을 벗고 예를 행하는 것. 축은 곧 집사(執事)이다.

4) 澡(조) : 다스리다. 치(治)의 뜻.

5) 臨(임) : 아침저녁으로 곡을 하던 자리에 임하는 것이다.

6) 縮(축) : 종(從)이다. 고문(古文)에는 축(蹙)으로 되어 있다.

7) 長在左(장재좌) : 어른이 좌측. 곧 서방에 위치한 것이다.

8) 載(재) : 도마에 올려놓는 희생 고기이다.

9) 復位(복위) : 빈위(賓位)이다.

10) 亞(아) : 차(次)이다. 금문(今文)에는 없다.

11) 鉶(형) : 나물국을 담는 그릇이다.

12) 戶西(호서) : 금문(今文)에는 두 글자가 없다.

13) 啓會(계회) : 대(敦)의 뚜껑을 열다. 금문에 계(啓)는 개(開)로 되어 있다.

14) 復位(복위) : 주인(主人)의 왼쪽으로 돌아오다.

3. 좌식(佐食)에게 제사를 지내도록 한다

주인이 재배를 올리고 머리를 조아린다.

축(祝)이 흠향하게 하고 좌식(佐食)에게 명하여 제사를 지내
게 한다. 좌식(佐食)이 허락한다. 어깨를 걷어올리고 메기장과 찰
기장을 취하여 깔개에서 3번 제사를 지낸다. 살코기를 취하여 제
사하는데 처음과 똑같이 지낸다.

축(祝)이 내려놓은 치(觶)를 가지고 제사하는데 또한 똑같이
한다. 다 비우지 못하면 보태서 반대쪽으로 내려놓는다. 주인이
재배하고 머리를 조아린다.

축(祝)이 축을 마치면 주인이 절하고 처음과 같이 한다. 곡하
고 나와서 제자리로 돌아간다.

축(祝)이 시동(尸童)을 맞이한다. 한 사람이 최질(衰絰)을 하

고 대광주리를 받들어 곡하며 시동을 따른다. 시동이 문으로 들어오면 장부(丈夫)가 성용(成踊)하고 부인(婦人)이 성용한다.

물을 따라 주어 시동에게 씻게 한다. 종인(宗人)이 수건을 준다. 시동이 계단에 이르면 축이 시동에게 나아간다. 시동이 당에 오른다. 종인(宗人)이 성용하라고 하면 처음과 같이 한다. 시동이 호(戶)에 들어가면 성용(成踊)하는 것을 처음과 똑같이 한다. 곡을 중지한다. 부인(婦人)이 방으로 들어간다.

주인과 축이 절하여 시동을 편안하게 하면 시동도 절하고 드디어 앉는다.

◑主人再拜稽首 祝饗[1] 命佐食祭[2] 佐食許諾 鉤袒[3] 取黍稷祭于苴三 取膚祭 祭如初 祝取奠觶 祭亦如之 不盡益 反奠之 主人再拜稽首 祝祝[4]卒 主人拜如初 哭 出 復位 ◑祝迎尸[5] 一人衰絰奉筐 哭從尸 尸入門 丈夫踊 婦人踊 淳尸盥[6] 宗人授巾 尸及階 祝延[7]尸 尸升 宗人詔踊如初 尸入戶 踊如初 哭止[8] 婦人入于房 ◑主人及祝拜妥[9] 尸 尸拜 遂坐

1) 饗(향) : 신(神)에게 드시라고 고하는 것이다.
2) 祭(제) : 이 제사는 깔개에서 지내는 제사이다.
3) 鉤袒(구단) : 지금의 환의(攌衣)와 같다.
4) 祝祝(축축) : 축이 축사(祝辭)를 읽다.
5) 尸(시) : 시주(尸主)이다. 시동(尸童).
6) 淳尸盥(순시관) : 물을 따라 주어 시동에게 씻도록 권하는 것이다.
7) 延(연) : 나아가다. 곧 나아가서 당으로 오르라고 고하는 것이다.
8) 哭止(곡지) : 곡을 그치다. 시동을 존중함이다.
9) 妥(타) : 편안하게 앉아 있다.

4. 시동(尸童)이 차려진 것을 취하다

종자(從者)들이 대광주리를 시동(尸童)의 왼쪽 자리 위에 놓아 두고 그 북쪽에 서 있는다. 시동이 차려 놓은 것을 취하는데 왼쪽으로 잡는다.

절임을 취하여 육장을 묻혀 두(豆)의 사이에서 제사를 지낸다. 축이 좌식(佐食)에게 명하여 휴제(墮祭)를 지내게 한다.

좌식이 메기장과 찰기장과 폐제(肺祭)를 취하여 시동에게 주면 시동이 제사를 지낸다.

전(奠)에 제사하는데 축이 축을 읽으면 주인이 절하고 처음과 똑같이 한다.

시동이 단술을 맛보고 내려놓는다. 좌식이 허파와 척추뼈를 들어서 시동에게 준다. 시동이 받아서 진제(振祭)를 지내고 맛보는데 왼손으로 잡는다. 축이 좌식에게 명하여 대(敦)를 가까이 가져오라고 한다.

좌식이 메기장을 들어 자리 위에 놓는다. 시동이 형(鉶)에 제사를 지내고 형에 담긴 국을 맛본다. 태갱읍(泰羹湆)이 문으로부터 들어와 형의 남쪽에 진열된다. 고깃점 네 접시〔四豆〕를 왼쪽에 진열한다.

시동이 밥을 먹는데 남은 것은 대광주리에 뿌린다. 세 숟가락을 먹으면 좌식이 등뼈를 들어 시동에게 준다. 시동이 받아서 진제(振祭)를 지내고 맛보고는 대광주리에 채운다.

또 밥을 세 숟가락 뜨고 겨드랑이뼈를 들어 제사 지내는 것을 처음과 똑같이 한다. 좌식이 물고기와 포〔腊〕를 들어 대광주리에 채운다. 또 세 숟가락을 떠서 먹고 어깨뼈를 들어 제사 지내기를 처음과 똑같이 한다. 물고기와 포〔腊〕와 도마를 드는데 도마는 3개를 놓는다. 시동이 식사를 마치면 좌식(佐食)이 허파와 척추뼈를 받아서 대광주리에 넣는다. 다시 메기장을 처음과 같이 진설하여 놓는다.

◗從者錯筐于尸左席上 立于其北¹⁾ 尸取奠 左執之 取菹擩于醢 祭于豆間 祝命佐食墮²⁾祭 佐食取黍稷肺祭 授尸 尸祭之 祭奠 祝祝 主人拜如初³⁾ 尸嘗醴 奠之 佐食擧肺脊授尸 尸受 振祭 嚌之 左手執之 祝命佐食邇敦 佐食擧黍錯于席上 尸祭鉶 嘗鉶 泰羹湆自門入 設于鉶

南 胾⁴⁾四豆設于左 尸飯 播⁵⁾餘于篚 三飯 佐食擧幹 尸受振祭 嚌之
實于篚 又三飯 擧胳祭如初 佐食擧魚腊實于篚 又三飯 擧肩祭如初
擧魚腊俎 俎釋⁶⁾三个⁷⁾ 尸卒食 佐食受肺脊實于篚 反黍如初設

1) 北(북) : 자리의 북쪽이다.

2) 墮(휴) : 내리 제사하는 것을 뜻하며 휴(隳)의 뜻이다. 금문(今文)에는 휴
(綏 : 본음은 수)로 되어 있다.

3) 如初(여초) : 또한 축이 축을 마치면 이에 재배하고 머리를 조아리는 것이다.

4) 胾(자) : 고기를 자른 것이다.

5) 播(파) : 고문(古文)에 반(半)으로 되어 있다.

6) 釋(석) : 유(遺)와 같다.

7) 个(개) : 매(枚)와 같다.

5. 주인이 폐작(廢爵)을 씻는다

주인이 폐작(廢爵)을 씻어서 술을 부어 시동(尸童)에게 준다.
시동이 절하고 술잔을 받는다. 주인이 북면하고 답하여 절한다.
시동이 제사하고 술을 맛본다. 빈(賓)의 장(長)이 간(肝)을 시
동에게 드리는데 간을 도마 위에 올려서 세로로 놓고 오른쪽에 소
금을 놓는다.

시동이 왼손에 술잔을 잡고 오른손으로 간을 취하여 소금을 찍
어서 진제(振祭)를 지내고 맛을 보고 도마 위에 올린다.

빈이 당에서 내려가 도마를 서숙(西塾)의 자리에 다시 놓아 두
고 제자리로 돌아간다. 시동이 작(爵)의 술을 다 마시면 축이 작
을 받아 드는데 서로 작(爵)하지 않는다. 주인이 절하고 시동이
답하여 절한다.

축(祝)이 술을 따라서 시동에게 준다. 시동이 주인에게 잔을 돌
린다. 주인이 절하고 작을 받는다. 시동이 답하여 절한다. 주인이
앉아서 술을 제사 지내고 술을 다 마시고 절하면 시동이 답하여
절한다.

축(祝)에게 연회를 베풀 때에는 축이 남면한다. 주인이 축에게

잔을 올리면 축이 절하고 앉아서 작을 받는다. 주인이 답하여 절한다. 절임과 육장을 올리고 도마도 설치한다. 축이 왼손으로 작을 잡고 올린 것들을 제사 지낸다. 작을 내려놓고 일어나 허파를 취하여 앉아서 제사 지내고 허파를 맛본다. 일어나서 도마에 올려놓고 술에 제사를 지내고 맛본다. 간이 올려지면 축이 간을 취하여 소금을 찍어서 진제(振祭)를 지내고 맛본 뒤 도마에 올려놓는다. 작의 술을 다 마시고 절하면 주인이 답하여 절한다. 축이 앉아서 주인에게 준다.

주인이 술을 따라서 좌식(佐食)에게 드리면 좌식은 북면하여 절하고 앉아서 작(爵)을 받는다. 주인이 답하여 절한다. 좌식이 술에 제사를 지내고 술을 다 마시고 절한다. 주인이 답하여 절하고 작을 받아서 나간다. 대광주리에 작을 넣고 당에 올라 제자리로 돌아간다.

◗主人洗廢爵[1] 酌酒酳[2] 尸 尸拜受爵 主人北面答拜 尸祭酒 嘗之 賓長以肝從 實于俎縮[3] 右鹽 尸左執爵 右取肝[4] 擩鹽 振祭 嚌之 加于俎[5] 賓降 反俎于西塾 復位 尸卒爵 祝受 不相爵[6] 主人拜 尸答拜 ◗祝酳授尸 尸以醋[7]主人 主人拜受爵 尸答拜 主人坐祭 卒爵 拜 尸答拜 ◗筵祝[8] 南面 主人獻祝[9] 祝拜 坐受爵 主人答拜 薦菹醢 設俎 祝左執爵 祭薦 奠爵 興取肺 坐 祭 嚌之 興 加于俎 祭酒 嘗之 肝從 祝取肝擩鹽[10] 振祭 嚌之 加于俎 卒爵 拜 主人答拜 祝坐 授主人 ◗主人酳獻佐食 佐食北面拜 坐受爵 主人答拜 佐食祭酒 卒爵 拜 主人答拜 受爵 出 實于篚 升堂復位

1) 廢爵(폐작) : 술잔에 발이 없는 것을 말한다.

2) 酳(윤) : 술을 바치다. 편안하게 들게 하다. 고문에는 작(酌)으로 되어 있다.

3) 縮(축) : 종(從)이다. 간을 익혀서 세로로 도마에 올려놓는 것이다.

4) 取肝(취간) : 오른손으로 간을 잡는 것이다.

5) 加于俎(가우조) : 그 희생의 몸체를 가로로 하다.

6) 不相爵(불상작) : 작을 서로 하지 않다. 상례 제사의 예에서는 서로 작을 주는 것을 생략한다. 특생(特牲)을 송작(送爵)이라 하고 황시(皇尸)는 졸작

(卒爵)을 한다.

7) 醋(작) : 잔을 돌리다.

8) 筵祝(연축) : 축을 잔치해 주다의 뜻. 축은 신(神)과 접하는 사람이므로 존
경해 준다. 연에는 억새풀자리를 사용한다.

9) 獻祝(헌축) : 서면의 위치로 돌아오게 한다.

10) 擩鹽(유염) : 금문(今文)에는 두 글자가 없다.

6. 주부가 족작(足爵)을 씻는다

주부(主婦)가 방 안에서 족작(足爵)을 씻어 술을 따라서 시동
(尸童)에게 아헌(亞獻)하는데 주인이 하던 방식과 똑같이 한다.

스스로 돌아와 대추와 밤이 들어 있는 2개의 변(籩)을 대(敦)
의 뚜껑이 있는 남쪽에 설치하는데 대추를 서쪽에 둔다. 시동이
변(籩)에 제사하고 술에 제사하는데 처음과 똑같이 한다. 빈(賓)
이 번육(燔肉)을 가져와 올리는데 처음과 똑같은 방식으로 한다.
시동이 번육을 제사하고 작을 마시는데 처음과 똑같이 한다.

술을 따라서 축(祝)에게 올리면 변과 번육이 따른다. 좌식에게
드리는데 모두 처음과 똑같이 한다. 이에 빈 술잔을 들고 방으로
들어간다.

빈장(賓長)이 억작(繶爵)을 씻어서 삼헌(三獻)할 때에는 번
육(燔肉)이 따르는데 처음의 거동과 똑같이 행한다.

부인(婦人)이 제자리로 돌아간다. 축이 호(戶)를 나가서 서면
(西面)하고 봉양을 다 마쳤다고 고한다. 주인이 곡하고 모두가
곡한다. 축이 들어오고 시동이 일어난다. 종자들이 대광주리를 받
들고 곡하는데 처음과 똑같이 한다.

축이 시동을 인도하면 시동이 나가는데 이때 성용(成踊)을 처
음과 똑같이 한다. 당에서 내려가면 성용을 처음과 똑같이 한다.
문을 나가면 또한 똑같이 한다.

축(祝)이 되돌아 들어와서 거두어들이는데 서북쪽 모퉁이에
진열하되 그 진열했던 것과 똑같이 한다. 궤(几)는 남쪽에 두고

자리를 사용하여 숨긴다. 축이 자리를 올리면 거두는 사람이 방(房)으로 들어오고 축이 스스로 그 도마를 가지고 나간다. 찬(贊)이 유호(牖戶)를 닫는다.

주인이 내려오면 빈(賓)이 나간다. 주인이 문을 나가면 곡을 중지한다. 모두 제자리로 돌아간다. 종인(宗人)이 일을 다 마쳤음을 고한다. 빈이 나간다. 주인이 전송하여 절하고 머리를 조아린다.

◑主婦洗足爵[1]于房中 酌 亞獻尸 如主人儀 自反兩邊 棗栗 設於會南 棗在西[2] 尸祭邊 祭酒如初[3] 賓以燔從如初 尸祭燔 卒爵如初 ◑酌獻祝 邊燔從 獻佐食 皆如初 以虛爵入于房 ◑賓長洗繶爵[4] 三獻 燔從 如初儀 ◑婦人復位 祝出戶 西面告 利成[5] 主人哭 皆哭 祝入 尸謖[6] 從者奉篚 哭如初[7] 祝前[8]尸出戶 踊如初 降堂 踊如初 出門 亦如之 ◑祝反 入徹 設于西北隅 如其設也 几在南 厞[9]用席 祝薦席徹入于房 祝自執其俎出 贊[10]闔牖戶 ◑主人降 賓出[11] 主人出門 哭止 皆復位 宗人告事畢 賓[12]出 主人送 拜[13]稽顙

1) 足爵(족작) : 발이 있는 술잔이라는 뜻이다.

2) 棗在西(조재서) : 대추를 서쪽에 두다. 대추를 높이는 것은 대추는 아름답기 때문이다.

3) 如初(여초) : 처음에 주인이 하던 예의를 뜻한다.

4) 繶爵(억작) : 주둥이와 발 사이에 전서(篆書)가 있다고 했다. 장식을 더한 것.

5) 利成(이성) : 봉양을 다하다. 이(利)는 양(養)이고 성은 필(畢)의 뜻이다.

6) 謖(속) : 일어나다. 고문에는 휴(休)자로 되어 있다.

7) 如初(여초) : 곡하며 시동을 따르는 것이다.

8) 前(전) : 도(道)이다. 곧 인도하다.

9) 厞(비) : 은(隱)이다.

10) 贊(찬) : 좌식(佐食)이다.

11) 主人降賓出(주인강빈출) : 종인(宗人)이 주인을 불러서 내려오라고 하면 빈이 사당문을 나간다.

12) 賓(빈) : 집사(執事)이다.

13) 送拜(송배) : 대문 밖에서 전송한다.

■ 사우례(士虞禮)의 의의

가. 우제(虞祭)에는 목욕하고 빗질은 하지 않는다

우제(虞祭)는 목욕하고 머리는 빗지 않는다.

희생(犧牲)은 묘문(廟門) 밖에 진열하는데 머리를 북쪽으로 하고 서쪽을 위로 삼는다. 희생의 좌반(左胖)을 올린다. 한낮에 일을 행한다.

사당문의 서쪽에서 희생을 죽이는데 주인은 보지 않는다.

돼지를 해체한다. 국을 끓이고 삶는데는 왼쪽 어깨뼈와 앞다리뼈와 정강이뼈와 협골(頰骨)과 척추뼈와 옆구리뼈와 이페(離肺)를 올리고 부제(膚祭) 세 점을 왼쪽 목살 위에서 취하고 폐제(肺祭) 하나를 상정(上鼎)에 넣는다.

물고기는 전어(鱄魚)나 붕어를 아홉 마리 올리고 중정(中鼎)에 넣는다. 포〔腊〕와 왼쪽 반쪽의 몸체를 올리는데 뒤넓적다리는 올리지 않고 하정(下鼎)에 넣는다.

모두 들막대와 솥뚜껑을 설치하여 진열한다.

실을 때는 오히려 밑이 앞으로 나아가게 하며 물고기는 등지느러미가 앞으로 나아가게 한다.

축의 도마에는 넓적다리뼈와 목뼈과 등뼈와 갈비뼈와 이페(離肺)를 올리고 계단 사이에 진열하는데 대(敦)의 동쪽에 둔다.

물을 따라 주어 시동에게 씻기를 권한다. 쟁반을 가진 자는 서면하고 손대야를 가진 자는 동면하고 수건을 가진 자는 그 북쪽에 있어서 동면한다. 종인(宗人)이 수건을 건네 주고 남면한다.

주인이 실(室)에 있으면 종인(宗人)이 올라서 호(戶) 밖에서 북면한다. 좌식(佐食)이 일이 없으면 호(戶)를 나가서 호유(戶牖)의 사이를 등지고 남면한다.

記 : ○虞 浴¹⁾ 不櫛²⁾ ○陳牲于廟門外 北首 西上 寢右³⁾ 日中而行
事⁴⁾ 殺于廟⁵⁾門西 主人不視⁶⁾豚解⁷⁾ 羹飪⁸⁾ 升左肩臂臑肫骼脊脅 離
肺⁹⁾ 膚祭三 取諸左胉上 肺祭一 實于上鼎 升魚鱄鮒九 實于中鼎 升
腊左胖 髀不升 實于下鼎 皆設扃鼏 陳之 載猶進柢 魚進鬐¹⁰⁾ 祝俎
髀脡脊脅離肺 陳于階間敦東 ○淳尸盥 執槃西面 執匜東面 執巾在
其北 東面 宗人授巾南面 ○主人在室 則宗人升 戶外 北面 佐食無
事則出戶 負依¹¹⁾南面

1) 浴(욕) : 어느 본에는 목욕(沐浴)으로 되어 있다. 금문(今文)에는 목욕(沐
   浴)으로 되어 있다.
2) 不櫛(불즐) : 머리는 빗질을 하지 않다.
3) 寢右(침우) : 좌반(左胖)을 올리다.
4) 日中而行事(일중이행사) : 우제(虞祭)는 아침에 장사 지내고 한낮에 우제
   를 지내는데 군자(君子)가 거사(擧事)에는 반드시 진정(辰正)을 쓴다. 재
   우(再虞)와 삼우(三虞)는 다 날이 밝았을 때 한다.
5) 廟(묘) : 금문(今文)에는 묘(廟)자가 없다.
6) 主人不視(주인불시) : 주인은 희생을 죽이는 것을 보지 않는다는 뜻.
7) 豚解(돈해) : 돼지를 해체(解體)하다. 분해하다. 쪼개 나누는 것.
8) 羹飪(갱임) : 국을 끓이고 고기를 삶다의 뜻.
9) 脊脅離肺(척협이폐) : 정척(正脊)과 정협(正脅)과 거폐(擧肺)이다.
10) 鬐(기) : 물고기의 등지느러미. 고문(古文)에는 기(耆)로 되어 있다.
11) 負依(부의) : 호유(戶牖)의 사이에 서서 헛되이 있지 않는 것을 의(依)라
   고 한다.

나. 씀바귀국을 사용한다

　형(鉶)의 국을 끓일 때 넣는 나물로는 씀바귀나 고비를 사용하
는데 미끄러운 성질이 있다. 여름에는 아욱을 사용하고 겨울에는
오랑캐꽃을 사용하는데 수저가 있다. 두(豆)에는 아욱절임을 채
우는데 절임의 서쪽에는 달팽이젓이 있다. 변(籩)에는 조증(棗
烝)과 율택(栗擇)이 있다.

시동(尸童)이 들어오면 축(祝)이 시동을 따른다. 시동이 앉는
데 신은 벗지 않는다. 시동이 일어나면 축이 앞에서 인도하여 시
동쪽으로 향한다. 돌아서 호(戶)를 나가면 또 시동쪽으로 향한다.
돌아서 주인을 지나치면 또 시동쪽으로 향한다. 돌아서 계단을 내
려가면 또 시동쪽으로 향한다. 계단을 내려가 돌아서 문에 이르
면 호(戶)를 나갈 때의 예절과 같이 한다. 시동이 나간다. 축이 다
시 문의 왼쪽으로 들어와 북면하고 제 위치로 돌아간 연후에 종
인(宗人)이 내려오라고 알린다.

시동은 죽은 사람의 상복(上服)을 입는다. 남자는 남자 시동으
로 한다. 여자는 여자 시동으로 하는데 반드시 이성(異姓)을 시
키고 천한 사람을 시키지 않는다.

시동이 없으면 예는, 올리고 차려 놓는 것 모두 처음과 똑같이
한다. 이미 제사를 드렸으면 저(苴 : 깔개)에서 제사한다. 축이 축
을 마치면 휴제(綏祭)를 지내지 않고 태갱(泰羹)과 국과 썬 고
기로 종헌(從獻)하는 것도 없다. 주인이 곡하고 나가서 제자리로
돌아간다. 축(祝)이 유호(牖戶)를 닫고 내려가 제자리로 돌아가
는데 문의 서쪽에 한다. 남자와 여자가 번갈아 성용(成踊)을 세
번씩 하는데 먹는 시간과 같이 한다.

축이 당으로 올라서 곡을 중지시키는데 세 번 소리를 내고 호
(戶)를 연다. 주인이 들어가면 축이 따라 들어가 유(牖 : 격자창)
를 열고 향하는 것을 처음과 똑같이 한다.

주인이 곡하고 나가서 제자리로 돌아간다. 거두는 것을 마치면
축과 좌식(佐食)이 내려가서 제자리로 돌아간다. 종인(宗人)이
내려가라고 알리는 것을 처음과 똑같이 한다.

○鉶芼用苦[1] 若薇 有滑 夏用葵 冬用荁[2] 有柶 豆實葵菹 菹以西 嬴醢
薦棗烝栗擇[3] ○尸入 祝從尸 尸坐不說屨 尸諼 祝前[4] 鄉尸 還出戶
又鄉尸 還過主人 又鄉尸 還降階 又鄉尸 降階 還及門 如出戶 尸出
祝反入門左 北面復位 然後宗人詔降 ○尸服卒者之上服[5] 男 男尸
女 女尸 必使異姓[6] 不使賤者[7] ○無尸[8] 則禮及薦饌皆如初 旣饗祭

于苴祝祝卒 不綏祭⁹⁾ 無泰羹湆哉從獻¹⁰⁾ 主人哭 出復位 祝闔牖戶
降 復位于門西¹¹⁾ 男女拾踊三 如食間¹²⁾ 祝升 止哭 聲三¹³⁾ 啓戶¹⁴⁾ 主
人入 祝從 啓牖 鄉如初 主人哭 出 復位 卒徹 祝佐食降 復位 宗人
詔降如初

1) 苦(고) : 고도(苦茶)이다. 곧 지금의 씀바귀. 고문에는 고(枯)로 되어 있다.
   금문에는 하(苄)로도 되어 있다.

2) 荁(환) : 오랑캐꽃. 근류(菫類)이다. 말리면 미끄럽다. 여름과 가을에는 생아
   욱을 사용하고 겨울과 봄에는 말린 환(荁)을 사용한다.

3) 棗烝栗擇(조증율택) : 조증과 율택은 절어서 저민 것이라 했다.

4) 前(전) : 인도하다. 축이 시동을 인도하여 반드시 먼저 향하는 것으로 절도를
   삼는다.

5) 上服(상복) : 사(士)는 현단(玄端)이다.

6) 異姓(이성) : 며느리를 뜻한다. 시동은 반드시 적(適)자에게 하게 한다.

7) 賤者(천자) : 서손(庶孫)들의 첩을 뜻한다.

8) 無尸(무시) : 시동이 없다. 곧 손자의 반열에서 가히 시킬 자가 없다는 뜻.

9) 綏祭(휴제) : 제사 이름이다. 휴는 마땅히 휴(墮)가 되어야 한다고 했다. 곧
   시동을 섬기는 예의 하나이다.

10) 從獻(종헌) : 시동을 섬기는 예이다. 처음에는 휴제(綏祭)하고 마지막에는
    종헌하는 것이다.

11) 門西(문서) : 북면의 위치이다.

12) 食間(식간) : 시동이 한 번 식사하면 아홉 번을 먹는 시간을 뜻한다.

13) 聲三(성삼) : 희흠(噫歆)이다.

14) 啓戶(계호) : 신을 경각시키다. 금문에는 계가 개(開)로 되어 있다.

　　다. 우제(虞祭)에는 유일(柔日)을 사용한다
　　처음으로 우제(虞祭)를 지낼 때는 유일(柔日)을 사용한다. 이
에 이르기를 "애자(哀子) 아무개가 슬픔이 밝게 드러나 제사를
돕고자 아침 일찍 일어나고 밤늦게까지 이르러도 편안하지가 않
아, 감히 희생인 강렵(剛鬣)과 향합(香合)과 가천(嘉薦)과 보뇨

(普淖)와 명제(明齊)와 수주(溲酒)를 깨끗한 것을 사용하여, 슬픈 마음으로 협사(祫事)하여 올리니 그대의 황조(皇祖) 아무개 선생에게 가서 흠향하십시오.”라고 한다.

재우(再虞)에는 모두 초우(初虞)와 같이 하는데 그에 이르기를 “슬퍼하며 우사(虞事 : 편안한 일)를 올리나이다〔哀薦虞事〕.”라고 한다.

삼우(三虞)나 졸곡(卒哭)이나 그 밖의 일은 강일(剛日)을 사용하는데 또한 처음과 똑같이 하며 이르기를 “슬퍼하며 일이 이루어지도록 올리나이다〔哀薦成事〕.”라고 한다.

○始虞用柔日¹⁾ 曰 哀子某 哀顯相²⁾ 夙興夜處不寧 敢用絜牲剛鬣³⁾ 香合⁴⁾ 嘉薦普淖⁵⁾ 明齊溲酒⁶⁾ 哀薦祫事⁷⁾ 適爾皇祖某甫⁸⁾ 饗⁹⁾ 再虞皆如初 曰 哀薦虞事¹⁰⁾ 三虞卒哭他 用剛日¹¹⁾ 亦如初 曰 哀薦成事¹²⁾

1) 始虞用柔日(시우용유일) : 초우(初虞)에는 유일(柔日)을 사용한다. 곧 장사 지낸 날의 한낮에 우제를 지내는 것은 편안하게 하고자 함이다. 유일은 음(陰)이며 음은 정(靜)을 취하는 것이다. 십간(十干)에서 을(乙)·정(丁)·기(己)·신(辛)·계(癸)의 날이다.

2) 哀顯相(애현상) : 슬픔이 밝아서 돕는다. 곧 제사를 돕는다는 뜻. 현은 명(明)이고 상(相)은 조(助)이다.

3) 絜牲剛鬣(결생강렵) : 희생인 강렵을 깨끗하게 하다. 강렵은 돼지의 희생이다. 결은 깨끗이 하다의 뜻.

4) 香合(향합) : 기장이다. 합은 보뇨(普淖)이다. 향합은 기록한 자의 잘못인 것 같다고 했다.

5) 嘉薦普淖(가천보뇨) : 가천은 절인 젓 종류. 보뇨는 메기장과 찰기장이다. 보(普)는 크다이고 요(淖)는 화(和)이다. 덕이 능히 대화(大和)하여 메기장과 찰기장이 있으므로 이렇게 불렀다.

6) 明齊溲酒(명제수주) : 명제는 신수(新水)이다. 수주는 좋은 물로 술을 빚다의 뜻. 수(溲)는 금문에 수(醙)로 되어 있다.

7) 祫事(협사) : 선조의 사당에 합사하다의 뜻.

8) 爾皇祖某甫(이황조모보) : 이는 여(汝)의 뜻. 황조는 선조의 뜻. 모보는 선

조 아무개의 이름.

9) 饗(향) : 듣도록 강력하게 권하다.

10) 虞事(우사) : 일을 편안하게 하다의 뜻. 재우(再虞)의 축사는 '우사(虞事)'
2글자만 다르다.

11) 剛日(강일) : 강일은 양(陽)이다. 양은 그 동(動)을 취한다. 십간에서 갑
(甲)·병(丙)·무(戊)·경(庚)·임(壬)의 날이다.

12) 成事(성사) : 삼우(三虞)의 축문에서도 '성사(成事)'의 두 글자만 다르다.

라. 삼헌(三獻)을 마치고 철거하지 않는 이유

삼헌(三獻)의 예를 마치고 전(奠)을 거두지 않는 이유는 이에
전송하기 위한 것이다. 술잔과 2개의 술단지를 사당문 밖의 오른
쪽에서 약간 남쪽에 두고 물그릇은 술이 있는 서쪽에 두고 술국
자는 손잡이가 북쪽으로 가게 한다. 씻는 곳은 준(尊)의 동남쪽
에 두고 물은 씻는 곳의 동쪽에 두며 대광주리는 서쪽에 둔다. 변
(籩)과 두(豆)를 차리는데 포(脯)는 사정(四脡)으로 한다. 건육
(乾肉)이 절조(折俎)에 이윤(二尹)이 있는데 세로로 올린 반윤
(半尹)으로 제사하며 서숙(西塾)에 있다.

시동(尸童)이 나가면 궤(几)를 가지고 따르고 자리를 가지고
따른다.

시동이 문의 오른쪽으로 나가서 남면한다. 자리는 준(尊)의 서
북쪽에 진열하고 동면한다. 궤는 남쪽에 있다. 빈은 나가서 제자
리로 돌아간다.

주인이 나가서 문의 동쪽으로 즉위하여 조금 남쪽으로 한다. 부
인이 나가서 주인의 북쪽으로 즉위하는데 모두 서면한다. 곡은 그
치지 않는다. 시동이 자리로 나아가 앉으면 오직 주인만 곡하지
않고 폐작(廢爵)을 씻어서 술을 따라 시동에게 올린다. 시동이
절하고 받는다. 주인이 절하고 보내며 곡하고 자리로 돌아간다.
육포와 육장을 올리고 도마를 육포와 육장이 있는 동쪽에 진열한
다. 꺾은 포는 남쪽에 있다.

시동이 왼손으로 작을 잡고 포를 취하여 젓을 발라 제사 지낸다. 좌식(佐食)이 주어서 맛보게 한다. 시동이 받아서 진제(振祭)를 하고 맛을 보고 되돌린다. 술을 제사 지내고 작을 씻고 남쪽에 작을 내려놓는다. 주인과 형제들이 성용(成踊)하고 부인(婦人)도 또한 똑같이 한다.

주부(主婦)가 족작(足爵)을 씻어서 아헌(亞獻)하는데 주인의 예와 똑같이 한다. 따르는 것은 없다. 성용을 처음과 똑같이 한다.

빈장(賓長)이 억작(繶爵)을 씻어서 삼헌(三獻)하는데 아헌(亞獻)과 똑같이 하며 성용도 처음과 똑같이 한다.

좌식(佐食)이 도마를 취하여 대광주리에 담는다. 시동이 일어난다. 종자(從者)들이 대광주리를 받들고 곡하며 따른다. 축이 앞에서 인도하고 곡을 하는 자들은 모두 따른다. 대문 안에 이르러 성용(成踊)하는데 처음과 똑같이 한다.

시동이 문을 나가면 곡을 그친다. 빈(賓)이 나가면 주인이 전송하며 절하고 머리를 조아린다. 주부도 또한 빈(賓)에게 절한다.

장부(丈夫)가 사당문 밖에서 질대(絰帶)를 벗는다. 들어가 치우는데 주인은 함께 하지 않는다. 부인이 수질(首絰)을 벗고 띠는 벗지 않는다.

시동이 없으면 전송의 연을 하지 않는다. 오히려 궤석(几席)으로 나가 진설하는 것을 처음과 똑같이 한다. 번갈아 성용을 세 번씩 한다. 곡을 중지하면 일이 다 끝났음을 고한다. 빈이 나간다.

○獻畢[1] 未徹 乃餕[2] 尊兩甒[3] 于廟門外之右少南[4] 水尊在酒西 勺北枋 洗在尊東南 水在洗東 篚在西 饌籩豆 脯四脡[5] 有乾肉[6] 折俎二尹[7] 縮祭半尹 在西塾 尸出 執几從 席從 尸出門右 南面 席設于尊西北 東面 几在南 賓出 復位 主人出 卽位于門東少南 婦人出 卽位于主人之北 皆西面哭 不止 尸卽席坐 唯主人不哭 洗廢爵 酌獻尸 尸拜受 主人拜送 哭 復位 薦脯醢 設俎于薦東 胉[8]在南 尸左執爵 取脯 擩醢祭之 佐食授[9]嚌 尸受 振祭 嚌 反之[10] 祭酒 卒爵 奠于南方 主人及兄弟踊 婦人亦如之 主婦洗足爵 亞獻 如主人儀 無從 踊如

初 賓長洗繶爵 三獻 如亞獻 踊如初 佐食取俎實于篚 尸謖[11] 從者
奉篚哭從之 祝前 哭者皆從 及大門內 踊如初 尸出門 哭者止 賓出
主人送 拜稽顙 主婦亦拜賓[12] 丈夫說経帶于廟門外 入徹[13] 主人不
與[14] 婦人說首経 不說帶[15] 無尸則不餞 猶出几席[16] 設如初 拾踊三
哭止 告事畢 賓出

1) 獻畢(헌필) : 졸곡(卒哭)의 제사에서 이미 삼헌(三獻)을 했다는 뜻.

2) 餞(전) : 가는 사람을 전별하는 술이다. 고문에는 천(踐)으로 되어 있다.

3) 甒(무) : 고문(古文)에 무(廡)로 되어 있다.

4) 少南(소남) : 약간 남쪽으로 하는 것은 장차 북쪽에 일이 있다는 뜻이다.

5) 脡(정) : 고문(古文)에는 정(挺)으로 되어 있다.

6) 乾肉(건육) : 희생 몸체의 포(脯)이다.

7) 尹(윤) : 정(正)의 뜻이다.

8) 胊(구) : 포(脯)와 건육(乾肉)을 꺾은 것이다.

9) 授(수) : 건육을 받아서 제사하다.

10) 反之(반지) : 좌식(佐食)에게 돌려주면 좌식이 도마로 돌아가고 시동이 작
   을 내려놓으면 예가 끝난다.

11) 謖(속) : 일어나다. 고문(古文)에는 휴(休)로 되어 있다.

12) 賓(빈) : 여빈(女賓)이다. 위문(闈門 : 안방문) 안에서 절하고 송별하는데
   말은 하지 않는다. 위문은 지금의 동서의 액문(掖門)과 같다.

13) 入徹(입철) : 형제들 중 대공(大功) 이하의 복을 입은 자들이다.

14) 不與(불예) : 주인이 함께 하지 않는 것은 장부(丈夫)와 부인들이 그 속에
   있는 것을 알기 때문이다. 고문(古文)에는 예는 예(豫)로 되어 있다.

15) 不說帶(불탈대) : 재최나 참최에서 부인의 대(帶)는 불변이다.

16) 席(석) : 고문에는 연(筵)으로 되어 있다.

　마. 죽은 지 3일 만에 빈소(殯所)를 차린다

　사람이 죽은 지 3일 만에 빈소(殯所)를 차리고 3개월 만에 장
사를 지내고 드디어 졸곡(卒哭)을 한다.

　장차 아침에 협사(祫事)하려면 저녁에 제수를 올린다.

졸곡(卒哭)의 축사(祝辭)에 이르기를 "애자(哀子) 아무개는 내일 아무 시에 그대를 그대의 황조(皇祖) 아무개님에게 합사하여 오르도록 하려 하니 거의 다 흠향하십시오."라고 한다.

여자에게 이르기를 "황조비(皇祖妣) 아무개씨에게"라고 하고 며느리에게 이르기를 "손부(孫婦)를 황조고(皇祖姑) 아무개씨에게"라고 한다. 그 밖의 축사(祝辭)들은 한결같다.

흠향하라는 축사(祝辭)에 이르기를 "애자(哀子) 아무개는 깨끗이 재계하여 애달게 올리오니 흠향하십시오."라고 한다.

다음 날 차례에 맞게 합사하고 목욕을 하고 머리를 빗고 손톱을 자른다. 전적으로 살코기를 사용하여 절조(折俎)를 만들고 모든 목살을 취한다. 그 밖의 것들은 궤식(饋食)을 똑같이 한다.

이어서 시동을 쓰는데 이르기를 "효자(孝子) 아무개가 효도를 밝게 도와서 일찍 일어나고 밤늦게까지 처하여 조마조마한 마음으로 꺼리는 것을 두려워하고 그 몸을 게을리 하지 않고 편안하게 하지 못하며 윤제(尹祭)에 가천(嘉薦)과 보뇨(普淖)와 보천(普薦)과 수주(溲酒)를 사용합니다. 그대의 황조(皇祖) 아무개님에게로 가서 오르도록 그대의 손자 아무개님을 합사하니 거의 다 흠향하십시오."라고 한다.

기년(朞年)의 소상(小祥)에는 이르기를 "천차상사(薦此常事)"라고 하고 또 1년을 넘은 대상(大祥)에도 이르기를 "천차상사(薦此常事)"라고 한다. 대상을 지낸 다음 달에 담제(禫祭)를 지낸다. 이 달에는 길제(吉祭)이며 오히려 배향하지 않는다.

○死三日而殯[1] 三月而葬 遂卒哭 將旦而祔 則薦[2] 卒 辭[3]曰 哀子某 來日某 隮[4]祔爾于爾皇祖某甫 尙饗[5] 女子曰 皇祖妣某氏[6] 婦曰 孫婦于皇祖姑某氏 其他辭一也 饗[7]辭曰 哀子某 圭[8]爲而哀薦之 饗 明日[9]以其班[10]祔 沐浴 櫛 搔揃[11] 用專[12] 膚爲折俎[13] 取諸脰臇[14] 其他如饋食 用嗣尸 曰 孝子[15]某 孝顯相 夙興夜處 小心畏忌 不惰 其身不寧 用尹祭[16] 嘉薦普淖 普薦溲酒 適爾皇祖某甫 以隮祔爾孫 某甫 尙饗 ○朞而小祥[17] 曰 薦此常[18]事 又朞[19]而大祥曰 薦此常事

中²⁰⁾月而禫²¹⁾ 是月也²²⁾吉祭 猶未配

1) 死三日而殯(사삼일이빈) : 사(士)를 이른다. 대부는 3개월에 장사 지내고 5
개월에 졸곡하고 제후는 5개월에 장사 지내고 7개월에 졸곡한다.

2) 薦(천) : 졸곡의 저녁을 이른다.

3) 卒辭(졸사) : 졸곡(卒哭)의 축사이다.

4) 隮(제) : 오르다. 금문(今文)에는 제(齊)로 되어 있다.

5) 尙饗(상향) : 거의 모든 것을 흠향하십시오의 뜻.

6) 某氏(모씨) : 금문(今文)에는 두 글자가 없다.

7) 饗(향) : 강력하게 권하는 말이다.

8) 圭(규) : 결(絜)이다. 깨끗이 하다.

9) 明日(명일) : 졸곡의 다음 날이다.

10) 班(반) : 차례이다. 고문(古文)에는 변(辨)자로 되어 있고 금문(今文)에는
반(胖)자로 되어 있다.

11) 搔揃(소전) : 손톱을 깎다. 소(搔)는 조(爪)이다. 어느 본에는 전은 전(翦)
자로 되어 있다. 금문에 소는 조(蚤)로 되어 있고 전은 전(鬋)으로 되어 있다.

12) 專(전) : 후(厚)와 같다.

13) 折俎(절조) : 주부(主婦)가 도마를 내린 것이다.

14) 朐脄(두익) : 고문(古文)에는 두익(頭嗌)으로 되어 있다.

15) 孝子(효자) : 효자라고 하는 것은 길제(吉祭)이다.

16) 尹祭(윤제) : 포(脯)이다. 대부나 사(士)의 제사에서 포(脯)를 이른 것이
없는데 지금 희생을 호명하지 않고 윤제라고 이른 것은 또한 기자(記者)의
잘못이라고 했다.

17) 小祥(소상) : 죽은 지 1년 만에 지내는 제사이며 길제(吉祭)이다.

18) 常(상) : 고문에는 상(祥)으로 되어 있다.

19) 朞(기) : 고문(古文)에는 기(基)로 되어 있다.

20) 中(중) : 간(間)과 같다.

21) 禫(담) : 대상을 지내고 한 달 만에 지내는 제사. 담제(禫祭)이다. 담은 평
안(平安)의 뜻이 있다. 고문에는 도(導)로도 되어 있다.

22) 是月也(시월야) : 담제를 지내는 달을 뜻한다.

제15편 특생궤식례(特牲饋食禮第十五)

특생은 수소의 희생이고 궤식은 그 익힌 희생을 먹거나 싸서 보내는 예절이다. 정현(鄭玄)이 이르기를 "제후(諸侯)의 사(士)가 세시(歲時)에 그 조묘(祖廟)에 제사를 지내는 예이다."라고 했다.

1. 특생궤식(特牲饋食)의 예

특생궤식(特牲饋食)의 예(禮)이다.

날을 꾀하지 않는다. 점치는 날에 이르면 주인이 현관(玄冠)에 현단(玄端)을 입고 문 밖에 즉위하여 서면한다.

자성(子姓)의 형제가 주인의 의복과 똑같이 입고 주인의 남쪽에 서서 서면하고 북쪽을 위로 삼는다. 유사(有司)와 모든 집사(執事)들이 형제들의 의복과 똑같이 입고 동면하고 북쪽을 위로 여긴다. 문 가운데에 자리를 까는데 문지방 서쪽에서 문지방 밖으로 한다.

서인(筮人)이 서숙(西塾)에서 점대를 취하여 잡고 동면하여 주인에게 명(命)을 받는다. 재(宰)가 주인의 왼쪽으로부터 명(命)을 돕는다. 명하여 말하기를 "효손(孝孫) 아무개가 내일 아무 시에 점을 쳐서 이 어떤 일을 물으려 하니 그 황조(皇祖) 아무개님은 가서 거의 흠향하십시오."라고 한다.

점치는 사람이 허락하고 돌아서 자리로 나아가 서면하고 앉는다. 괘(卦)를 뽑는 자가 왼쪽에 있는다. 점치는 일을 끝마치면 괘를 그린다. 점친 사람이 그것을 가지고 주인에게 보여 준다. 주인이 받아서 보고 되돌려 준다. 점친 자가 돌아와서 동면한다.

장점(長占)을 마치고 주인에게 고하기를 "점에 이르기를 '길하다' 라고 했습니다."라고 한다.

만약 불길(不吉)하면 먼 날에 점을 치는데 처음의 행동과 똑같이 한다. 종인(宗人)이 일이 끝났음을 고한다.

特牲饋食¹⁾之禮 : ◑不諏²⁾日 及筮日 主人冠端玄³⁾ 卽位于門⁴⁾外 西面 子姓⁵⁾兄弟如主人之服 立于主人之南 西面 北上 有司群執事⁶⁾如兄弟服 東面 北上 席⁷⁾于門中閾西閾外 筮人⁸⁾取筮于西塾 執之東面 受命于主人 宰⁹⁾自¹⁰⁾主人之左贊命¹¹⁾ 命曰 孝孫某 筮來日某 諏此某事 適其皇¹²⁾祖某子 尙饗 筮者許諾 還卽席 西面坐 卦者在左 卒筮 寫卦 筮者執以示主人 主人受視反¹³⁾之 筮者還東面 長占¹⁴⁾卒 告于主人 占曰吉 若不吉 則筮遠日¹⁵⁾ 如初儀 宗人告事畢

1) 饋食(궤식) : 익힌 것부터 시작하는 것을 뜻함. 음식을 먹는 도(道)라고도 함.

2) 諏(추) : 묻다. 꾀하다의 뜻이다. 금문(今文)에는 조(詛)로 되어 있다.

3) 冠端玄(관단현) : 현관(玄冠)과 현단(玄端)을 뜻하는데, 아래의 현(玄)은 현관에 현단을 하지 않는 자가 있기 때문이다.

4) 門(문) : 묘문(廟門)이다.

5) 子姓(자성) : 제사 지내는 사람의 자손들이다. 곧 종자(宗子)가 제사를 지내면 족인(族人)이 모두 모신다.

6) 有司群執事(유사군집사) : 사(士)에 소속된 관리들이다.

7) 席(석) : 점치는 사람을 위하여 설치한다.

8) 筮人(서인) : 관직 이름. 서는 묻다. 그 소용되는 것을 신명(神明)에게 묻는다.

9) 宰(재) : 군리(群吏)의 장(長)이다.

10) 自(자) : 유(由)이다.

11) 贊命(찬명) : 명을 보좌한다. 명령하는 사람을 보좌한다는 뜻.

12) 皇(황) : 군(君)이다. 군조(君祖)라고 말한 것은 높인 것이다.

13) 反(반) : 환(還)이다.

14) 長占(장점) : 그 소속된 장유(長幼)가 늘어서서 점치는 것이다.

15) 遠日(원일) : 열흘의 밖.

2. 시동을 점치고 빈을 초청하다

기약된 날의 3일 전 아침에 시동을 점치는데 날을 구하는 의식과 똑같이 한다.

점치는 이에게 명하여 말하기를 "효손(孝孫) 아무개가 이 어떤 일을 묻습니다. 그 황조(皇祖) 아무개님은 가서 아무개의 아무개를 시동으로 삼으려고 점치는 일에 거의 흠향하십시오."라고 한다.

이에 시동에게 나아가게 한다.

주인은 시동이 있는 곳 외문 밖에 선다. 자성(子姓)의 형제들은 주인의 뒤에 서서 북면하고 동쪽을 위로 삼는다. 시동은 주인과 똑같은 옷을 입고 문의 왼쪽으로 나가서 서면한다. 주인이 피하여 모두 동면하고 북쪽을 위로 삼는다. 주인이 재배하면 시동이 답하여 절한다.

종인(宗人)이 인도하는 말을 하는데 처음과 똑같이 한다.

끝마치고 이르기를 "그대 아무개 시동을 위하여 점을 쳤는데 점괘에 이르기를 '길하다'라고 합니다. 감히 나아가시기를 청합니다."라고 한다. 축(祝)이 답하고 시동에게 명을 아뢴다.

시동이 허락하면 주인이 재배하고 머리를 조아린다. 시동이 들어오면 주인이 물러난다.

빈(賓 : 正賓)에게 참여해 줄 것을 요청한다. 빈은 주인의 의복과 똑같이 입고 문의 왼쪽으로 나가서 서면하고 재배한다. 주인이 동면하고 답하여 재배한다.

종인(宗人)이 안내하는 말을 하여 이르기를 "아무개가 세사(歲事)에 나아가는데 오자(吾子)가 장차 임하신 자리에서 감히 진행하겠습니다."라고 한다.

빈(賓)이 말하기를 "아무개가 감히 따라서 공경하지 않겠습니까?"라고 한다.

주인이 재배하면 빈이 답하여 절한다. 주인이 물러가면 빈이 절하고 보낸다.

◑前期三日之朝 筮尸 如求日之儀 命筮曰 孝孫某 諏此某事 適其
皇祖某子 筮某之某[1]爲尸 尙饗 乃宿[2]尸 主人立于尸外門外 子姓兄
弟立于主人之後 北面 東上 尸如主人服 出門左 西面 主人辟 皆東
面 北上 主人再拜 尸答拜 宗人擯辭[3]如初 卒曰 筮子爲某尸 占曰吉
敢[4]宿 祝許諾 致命 尸許諾 主人再拜稽首 尸入 主人退 ◑宿賓 賓如
主人服 出門左 西面再拜 主人東面答再拜 宗人擯曰 某薦[5]歲事 吾
子將涖之 敢宿 賓曰 某敢不敬從 主人再拜 賓答拜 主人退 賓拜送

1) 某之某(모지모) : 시동의 아버지 이름과 시동의 이름을 연속으로 부른 것.

2) 宿(숙) : 숙(肅)이 되고 진(進)의 뜻이다. 고문(古文)에는 수(羞)로 되어 있
   고 어떤 본에는 속(速)으로 되어 있고 주례에는 또한 숙(宿)으로 되어 있다.

3) 宗人擯辭(종인빈사) : 종인(宗人)이 안내하는 인사말을 하다의 뜻. 종인이
   주인의 인사말을 풀어 이야기하는 것이다.

4) 敢(감) : 금문(今文)에는 이 글자가 없다.

5) 薦(천) : 진(進)이다.

3. 다음 날 저녁에 솥을 문 밖에 진열한다

다음 날 저녁에 세발솥을 문 밖에 진열하고 북면하여 북쪽을 위
로 삼는다. 솥뚜껑을 둔다. 어(杻)는 그 남쪽에 있다. 남쪽으로 따
르며 그 위에 포[腊]를 담는데 머리를 동쪽으로 한다.

희생은 그 서쪽에 두는데 머리를 북쪽으로 하며 발은 동쪽으로
한다. 씻는 곳은 동쪽 계단의 동남쪽에 설치하고 호(壺)와 금(禁)
은 동서(東序)에 있고 두(豆)와 변(籩)과 형(鉶)은 동방(東房)
에 두는데 남쪽을 위로 삼는다. 궤(几)와 돗자리와 2개의 대(敦)
는 서쪽 당(堂)에 둔다.

주인과 자성(子姓)의 형제들이 문의 동쪽으로 즉위하는데 처
음과 똑같이 한다. 빈이나 중빈(衆賓)들은 문의 서쪽으로 즉위하
여 동면하고 북쪽을 위로 삼는다. 종인(宗人)과 축(祝)은 빈의
서북쪽에 서서 동면하고 남쪽을 위로 삼는다.

주인이 재배하면 빈이 답하여 재배한다. 중빈(衆賓)에게는 삼

배(三拜)를 하면 중빈들은 답하여 재배를 한다.

주인이 읍하고 들어가면 형제가 따른다. 빈과 중빈들도 따른다. 이에 당하(堂下)에서 즉위하는데 밖의 자리와 똑같이 한다.

종인이 서쪽 계단을 통해 당에 오른다. 호탁(壺濯)과 변두(籩豆)를 살펴보고 돌아 내려와서 동북면(東北面)하고 씻으라고 고하고, 갖추어 놓는다.

빈이 나가면 주인도 나가서 모두가 밖의 자리로 돌아간다. 종인(宗人)이 희생을 살펴보고 살이 쪘다고 고하면 옹정(雍正)이 돼지를 일으켜 본다. 종인이 짐승의 꼬리를 들어 갖추어졌다고 고하면 솥뚜껑을 들어서 깨끗하다고 고하고 기일을 정해 달라며 이르기를 "고깃국을 끓이고 고기를 익히겠습니다."라고 한다. 일을 다 마쳤음을 고하면 빈이 나가고 주인이 절하고 전송한다.

◗厥明夕[1] 陳鼎于門外 北面 北上 有鼏 椇[2]在其南 南順 實獸[3]于其上 東首 牲在其西[4] 北首東足[5] 設洗于阼階東南 壺禁在東序 豆籩鉶在東房[6] 南上 几席兩敦在西堂[7] 主人及子姓兄弟卽位于門東如初 賓及衆賓卽位于門西 東面 北上 宗人祝立于賓西北 東面 南上 主人再拜 賓答再拜 三拜衆賓 衆賓答再拜 主人揖 入 兄弟從 賓及衆賓從 卽位于堂下 如外位 宗人升自西階 視壺濯[8] 及豆籩 反降 東北面告濯具 賓出 主人出 皆復[9]外位 宗人視牲 告充[10] 雍正[11]作豕[12] 宗人舉獸尾告備 舉鼎鼏告絜 請期 曰 羹飪[13] 告事畢 賓出 主人拜送

1) 厥明夕(궐명석) : 그 밝은 날 저녁때. 다음 날 저녁.

2) 椇(어) : 가자이다. 그 생김새가 지금의 대목여(大木轝)와 같다.

3) 獸(수) : 석(腊)이다.

4) 其西(기서) : 어(椇 : 가자)가 있는 서쪽이다.

5) 東足(동족) : 오른쪽을 숭상해서이다. 희생은 가자를 쓰지 않으며 그 산 것으로써 한다.

6) 東房(동방) : 방중의 동쪽이며 협북(夾北)과 마주하는 곳이다.

7) 西堂(서당) : 서협실(西夾室)의 앞이며 남쪽에 가깝다.

8) 濯(탁) : 씻다. 개(漑)의 뜻.

9) 復(복) : 금문(今文)에는 반(反)으로 되어 있다.

10) 充(충) : 비(肥)와 같다.

11) 雍正(옹정) : 관명(官名). 희생의 몸체와 육물의 이름 등을 분별함.

12) 作豕(작시) : 소리와 기운을 살펴보는 것이다.

13) 羹飪(갱임) : 고깃국을 끓이고 고기를 익히다.

4. 주인이 옷을 처음과 똑같이 입는다

일찍 일어나 주인이 현단옷을 입는데 처음과 똑같이 한다. 문 밖의 동방에 서서 남면하고 희생을 도축하는 것을 살핀다. 주부는 서당(西堂) 아래에서 기장밥 하는 것을 살핀다.

문 밖의 동쪽에서 희생을 삶는데 서면하고 북쪽을 위로 삼는다. 국을 끓이고 고기를 익혀 세발솥에 담아서 문 밖에 진열하는데 처음과 똑같이 한다. 준(尊)은 호(戶)의 동쪽에 두고 현주(玄酒)는 서쪽에 있게 한다.

두(豆)와 변(籩)과 형(鉶)은 가득 채워서 방 가운데에 진열하는데 처음과 같이 한다. 집사의 도마는 계단 사이에 진열하는데 두 줄로 하여 북쪽을 위로 삼는다. 2개의 대(敦)는 기장을 가득 담아서 서당(西堂)에 진열한다. 깔개는 억새풀로 만든 것을 사용하고 궤석(几席)은 서당(西堂)에 진열하는데 처음과 똑같이 한다.

시동이 셋을 세숫대야의 물은 쟁반 속에 담아 두고 호리병은 수건으로 덮어서 문 안의 오른쪽에 둔다.

축(祝)은 자리와 궤(几)를 실(室) 안에 펴 놓고 동면한다.

주부는 머리를 싸서 비녀를 꽂고 소의(宵衣)를 입고 방 가운데에 서서 남면한다. 주인과 빈과 형제와 모든 집사들은 문 밖에서 즉위하는데 처음과 똑같이 한다. 종인(宗人)이 유사(有司)에게 모든 것이 갖추어졌다고 고한다.

주인이 빈에게 절을 하는데 처음과 똑같이 한다. 읍하고 들어가서 즉위하는데도 처음과 똑같이 한다. 좌식이 북면하고 뜰 가운데에 서 있는다.

주인과 축(祝)이 당으로 올라 축이 먼저 들어가고 주인이 따라 들어가 호내(戶內)에서 서면한다. 주부(主婦)는 방 안에서 손을 씻고 2개의 두(豆)에 아욱절임과 달팽이젓을 담아서 올리는데 달팽이젓은 북쪽에 놓는다.

종인(宗人)이 좌식(佐食)과 집사(執事)를 보내 손을 씻게 하고 나간다. 주인이 내려와 빈과 함께 손을 씻고 나간다. 주인은 오른쪽에 있고 좌식이 희생을 담은 세발솥을 들고 이른다. 빈장(賓長)이 오른쪽에 있고 집사가 물고기와 포(腊)가 들어 있는 세발솥을 들고 이른다. 솥뚜껑을 연다. 종인이 필(畢)을 가지고 먼저 들어가 동쪽 계단에 마주하여 남면한다.

세발솥은 서쪽으로 놓아 두고 우인(右人)이 들막대를 빼서 솥의 북쪽에 놓는다. 찬자(贊者)가 도마를 놓고 수저를 올린다. 이는 나무숟가락이다. 좌식이 적대(炙臺)를 올리고 솥뚜껑은 동쪽 계단의 서쪽에 진열한다. 올리는 것을 마치면 숟가락을 솥에 올린다.

주인이 당으로 올라 안으로 들어가 제자리로 돌아간다. 도마가 들어가 두(豆)가 있는 동쪽에 진열된다. 물고기가 다음에 하고 포(腊)는 도마의 북쪽에 특별히 놓는다.

주부가 2개의 대(敦)에 메기장과 찰기장을 담아 도마의 남쪽에 진열하는데 서쪽을 위로 삼는다. 2개의 형(鉶)에는 나물을 섞어 끓인 고깃국을 담아 두(豆)의 남쪽에 두는데 남쪽으로 진열한다.

축이 손을 씻고 술을 따라서 내려놓는다. 형(鉶)의 남쪽에 내려놓는다. 드디어 좌식(佐食)에게 대(敦)의 뚜껑을 열라고 명한다. 좌식이 뚜껑을 열어 대(敦)의 남쪽으로 물리고 나가 호서(戶西)에 서서 남면한다.

주인이 재배하고 머리를 조아린다. 축이 왼쪽에 있어 축을 읽어 끝마친다. 주인이 재배하고 머리를 조아린다.

●夙興 主人服如初 立于門外東方 南面 視側殺[1] 主婦視饎[2] 爨于西堂下[3] 亨于門外東方 西面 北上 羹飪實鼎 陳于門外如初[4] 尊于戶東[5] 玄酒[6]在西 實豆籩鉶 陳于房中如初[7] 執事[8]之俎陳于階間 二列[9]

北上 盛⁽¹⁰⁾兩敦陳于西堂 藉用萑⁽¹¹⁾ 几席陳于西堂如初 尸盥匜水實于槃中 簞巾在門內之右 ◗祝筵几于室中 東面 ◗主婦⁽¹²⁾ 纚笄⁽¹³⁾宵衣⁽¹⁴⁾立于房中 南面 主人及賓兄弟群執事即位于門外如初⁽¹⁵⁾ 宗人告有司具 主人拜賓如初 揖入 卽位如初 佐食⁽¹⁶⁾北面立于中庭 ◗主人及祝升 祝先入⁽¹⁷⁾ 主人從 西面于戶內 主婦盥于房中 薦兩豆 葵菹蝸醢醢在北 宗人遣佐食及執事盥出 主人降 及⁽¹⁸⁾賓盥出 主人在右 及佐食擧牲鼎 賓長在右 及執事擧魚腊⁽¹⁹⁾鼎 除羃 宗人執畢⁽²⁰⁾先入 當阼階南面 鼎西面錯 右人⁽²¹⁾抽扃 委于鼎北 贊者錯俎 加匕 乃杙⁽²²⁾佐食升肵俎⁽²³⁾ 羃之 設于阼階西 卒⁽²⁴⁾載 加匕于鼎 主人升 入 復位 俎入 設于豆東 魚次 腊特于俎北 主婦設兩敦黍稷于俎南 西上 及兩鉶⁽²⁵⁾ 芼設于豆南 南陳 祝洗 酌奠⁽²⁶⁾ 奠于鉶南 遂命佐食啓會 佐食啓會卻于敦南 出 立于戶西 南面 主人再拜稽首 祝在左 卒祝 主人再拜稽首

1) 側殺(측살) : 곁에서 죽이는 것. 곧 희생 한 마리를 옆에서 죽이는 것이다.

2) 饎(치) : 기장으로 밥을 짓는 것을 뜻한다. 고문(古文)에는 치(糦)로 되어 있고 주례(周禮)에는 치(鎮)로 되어 있다.

3) 西堂下(서당하) : 당(堂)의 서쪽 아래이다.

4) 初(초) : 깨끗하게 씻는 것을 보는 것이다.

5) 戶東(호동) : 실호(室戶)의 동쪽이다.

6) 玄酒(현주) : 물이다. 물은 서쪽을 높이는 것이며 준(尊)에 따른 것은 왼쪽에 놓는다.

7) 如初(여초) : 취하여 담고 이미 됐으면 되돌려 준다는 뜻.

8) 執事(집사) : 유사(有司)와 형제들이다.

9) 二列(이렬) : 두 줄. 그 자리를 따라서 동서로 있는 것이다.

10) 盛(성) : 담다. 곧 찰기장과 메기장을 대(敦)에 담는다.

11) 用萑(용환) : 가는 갈대를 사용하다. 용은 고문(古文)에 우(于)로 되어 있다.

12) 主婦(주부) : 주인의 아내이다. 비록 시어머니가 있더라도 제사를 주재한다.

13) 纚笄(사계) : 여자의 머리꾸미개이다.

14) 宵衣(소의) : 검은 비단으로 만든 옷이다. 부인들이 제사 때 입는 옷이다.

15) 初(초) : 시탁(視濯)이다.

16) 佐食(좌식) : 빈으로서 시동의 식사를 돕는 자이다. 종인(宗人)의 서쪽에

서 있는다.

17) 祝先入(축선입) : 신(神)을 접하려면 마땅히 앞에 있어야 한다.

18) 及(급) : 여(與)이다.

19) 魚腊(어석) : 물고기와 포. 물고기는 붕어를 사용하고 포는 순록고기를 사
   용하는데 사(士)는 토끼고기포를 사용한다.

20) 畢(필) : 희생을 꿰는 나무이다.

21) 右人(우인) : 주인(主人)과 두 사람의 빈(賓)이다.

22) 朼(비) : 나무숟가락. 상제(喪祭)에는 뽕나무로 만든 것을 사용하고 길제
   (吉祭)에는 대추나무로 만든 것을 사용한다.

23) 肵俎(기조) : 제사 지낼 때 희생의 심장이나 혀 등을 담는 적대(炙臺).

24) 卒(졸) : 이(已)이다. 마치다. 이미 도마에 올리는 것을 다 마쳤다는 뜻.

25) 鉶(형) : 어느 본(本)에는 형자가 또 있다.

26) 酌奠(작전) : 그 술잔을 내려놓다.

5. 축이 문 밖에서 시동을 영접한다

축(祝)이 시동(尸童)을 문 밖에서 맞이한다. 주인이 내려가 동
쪽 계단의 동쪽에 선다. 시동이 문의 왼쪽으로 들어와 북면하고
씻는다. 종인(宗人)이 수건을 준다. 시동이 계단에 이르면 축이
시동에게 나아간다. 시동이 당으로 오른다. 들어가면 축이 먼저하
고 주인이 뒤를 따른다.

시동이 자리로 나아가 앉으면 주인이 절하고 시동에게 편안히
앉도록 권한다. 시동이 답하여 절하고 전(奠)을 잡는다. 축이 들
라고 권하고 주인이 절하는 것을 처음과 똑같이 한다.

축(祝)이 시동에게 휴제(挼祭)를 명한다. 시동이 왼손으로 치
(觶 : 술잔)를 잡고 오른손으로 절임을 젓에 묻혀 들고 두(豆)의
사이에서 제사한다.

좌식(佐食)이 메기장과 찰기장과 폐제(肺祭)를 취하여 시동
에게 준다. 시동이 제사 지낸 뒤 술을 제사 지내고 술을 맛본다.
그리고 맛있다고 고한다. 주인이 절한다. 시동이 치(觶)를 내려

놓고 답하여 절한다.

형(鉶)을 제사 지내고 국을 맛보고 맛있다고 고한다. 주인이 절한다. 시동이 답하여 절한다. 축이 대(敦)를 가까이 가져다 놓으라고 명하면 좌식이 메기장과 찰기장을 자리 위로 가까이 가져다 놓는다. 대갱읍(大羹湆)을 젓의 북쪽에 진열한다.

허파와 등뼈를 들어서 시동에게 준다. 시동이 받아서 진제(振祭)를 지내고 맛을 보고 왼손으로 잡는다. 이에 먹는다. 식사를 하는 것이다.

주인이 기조(肵俎)를 포[腊]의 북쪽에 차린다. 시동이 세 번 밥을 뜨고 배불리 먹었다고 고한다. 축이 권하고 주인은 절을 한다.

좌식이 긴 갈비뼈를 들면 시동이 받아서 진제(振祭)를 지내고 맛을 본다. 좌식이 받아서 기조(肵俎)에 올려놓고 짐승을 말린 포의 갈비와 물고기 한 마리를 들고 또한 똑같이 한다. 시동이 저두(菹豆)에 허파와 등뼈를 담는다. 좌식이 여러 가지 음식 네 접시를 차려서 왼쪽에 진설하고 남쪽을 위쪽으로 삼는데 젓갈이 있다.

시동이 또 세 번 밥을 뜨고 배부르다고 고한다. 축이 권하는 것을 처음과 똑같이 한다. 정강이뼈 및 짐승의 포와 물고기를 들고 처음과 똑같이 한다.

시동이 또 세 번 밥을 뜨고 배가 부르다고 고한다. 축이 권하는 것을 처음과 같이 하는데 어깨뼈 및 짐승의 포와 물고기를 들고 처음과 똑같이 한다.

좌식(佐食)이 기조(肵俎)에 가득 담아 도마 3개를 놓는다. 허파와 등골뼈를 들어서 기조(肵俎)에 올려놓고 찰기장밥과 메기장밥을 다시 그 곳에 놓는다.

◐祝迎尸于門外 主人降 立于阼階東 尸入門左 北面盥 宗人授巾 尸至于階 祝延[1] 尸 尸升 入 祝先 主人從 ◐尸卽席坐 主人拜妥[2] 尸 尸答拜 執奠 祝饗[3] 主人拜如初 祝命[4] 按祭[5] 尸左執觶 右取菹擩于醢[6] 祭于豆間 佐食取黍稷肺祭[7] 授尸 尸祭之 祭酒 啐酒 告旨[8] 主人拜 尸奠觶答拜 祭鉶[9] 嘗之 告旨 主人拜 尸答拜 祝命爾[10] 敦 佐食爾黍稷

于席上 設大羹湇[11]于醢北 擧肺脊[12]以授尸 尸受 振祭 嚌之 左執之 乃食 食擧 主人羞肵俎[13]于腊北 尸三飯 告飽[14] 祝侑[15] 主人拜 佐食擧幹[16] 尸受 振祭 嚌之 佐食受 加于肵俎 擧獸幹[17]魚一 亦如之 尸實擧[18]于菹豆 佐食羞庶[19]羞四豆 設于左 南上 有醢 尸又三飯 告飽[20] 祝侑之如初 擧骼及獸魚如初 尸又三飯 告飽[21] 祝侑之如初 擧肩及獸魚如初 佐食盛肵俎 俎釋三个 擧肺脊加于肵俎 反黍稷于其所

1) 延(연) : 진(進)이다. 곧 나아가 뒤에 있는다는 뜻.

2) 妥(타) : 편안하게 앉다.

3) 饗(향) : 권하는 것을 강하게 하는 것이다.

4) 命(명) : 시동을 부르는 것이다.

5) 挼祭(휴제) : 휴제(墮祭)이다. 신(神)에게 식사하라고 제사하는 것이다.

6) 抨于醢(연우해) : 젓에 묻히다. 어느 본에는 우(于)자가 없다.

7) 肺祭(폐제) : 허파를 가르는 것을 뜻한다. 자른 허파.

8) 告旨(고지) : 맛있다고 말하다의 뜻.

9) 鉶(형) : 고기즙에 나물을 넣어 끓인 국을 뜻한다.

10) 爾(이) : 근(近)이다. 시동 앞으로 가까이 가져다 놓아 먹기 편하게 하는 것.

11) 大羹湇(대갱읍) : 육즙(肉汁)을 끓인 것이다. 간을 맞추지 않은 것을 귀하게 여긴다.

12) 肺脊(폐척) : 폐는 기를 주관하는 것이다. 척은 정체(正體)이기 때문에 귀하게 여긴다.

13) 肵俎(기조) : 시동이 주관하는 것이며 주인이 몸소 공경함이다.

14) 三飯告飽(삼반고포) : 예가 한 번 이루어진 것이다.

15) 侑(유) : 권하다.

16) 幹(간) : 장협(長脅)이다. 긴 갈비이다.

17) 獸幹(수간) : 수는 석(腊)이다. 순록이나 토끼 등을 말린 포에서 갈비를 말한다. 수석(獸腊)의 몸체 수는 희생과 같다.

18) 擧(거) : 허파와 등뼈를 뜻한다.

19) 庶(서) : 중(衆)이다. 돈육(豚肉)으로써 특이한 맛을 삼는다.

20) 又三飯告飽(우삼반고포) : 예가 두 번 이루어진 것이다.

21) 又三飯告飽(우삼반고포) : 예가 세 번 이루어진 것이다.

6. 주인이 각(角)을 씻는다

주인이 각(角)을 씻는다. 당으로 올라 술을 따라서 시동에게 넉넉하게 드린다. 시동이 절하고 받는다. 주인이 절하고 보낸다. 시동이 술을 제사 지내고 술을 맛본다. 빈장(賓長)이 간(肝)을 가지고 따른다.

시동이 왼손에 각(角)을 잡고 오른손으로 간을 취하여 소금에 찍어서 진제(振祭)를 지내고 간을 맛본다. 그리고 저두(菹豆)에 올려놓고 각(角)의 술을 다 마신다. 축이 시동의 각(角)을 받고 이르기를 "작을 보내니 황시(皇尸)께서 모두 마셨습니다."라고 한다. 주인이 절하고 시동이 답하여 절한다.

축(祝)이 술을 따라서 시동에게 준다. 시동이 주인에게 잔을 돌린다. 주인이 절하고 각(角)을 받는다. 시동이 절하고 보낸다. 주인이 물러나서 좌식(佐食)에게 주어 휴제(按祭)하게 한다.

주인이 앉아서 왼손에 각(角)을 잡고 제사할 것들을 받아서 제사 지낸다. 술을 제사하고 술을 맛본다. 앞으로 나아가서 대복(大福)을 기다린다. 좌식(佐食)이 메기장밥을 뭉쳐서 축에게 준다. 축이 시동에게 준다. 시동이 받아서 저두(菹豆)와 함께 하여 가지고 몸소 주인에게 복을 받게 한다. 주인이 왼손으로 각(角)을 잡고 재배하여 머리를 조아리고 각을 받아서 제자리로 돌아간다. 이어서 가슴 속에 품어 왼쪽 소매에 넣고 새끼손가락으로 걸어 각의 술을 다 마시고 절하면 시동이 답하여 절한다. 주인이 나가서 색(嗇)을 방(房)에 쏟으면 축이 변(籩)으로 받는다.

축을 잔치해 줄 때에는 축은 남면(南面)한다. 주인이 술을 따라서 축에게 올린다. 축이 절하고 각(角)을 받는다. 주인이 절하고 보낸다. 저해(菹醢)와 도마를 설치한다. 축이 왼손으로 각을 잡고 두(豆)를 제사한다. 일어나 허파를 취하여 앉아서 제사 지내고 맛을 본다. 일어나서 도마에 올려놓고 앉아서 술을 제사 지낸다. 술을 맛본다. 간이 따라간다. 축이 왼손에는 각(角)을 잡고

오른손에는 간(肝)을 취하여 소금에 묻혀서 진제(振祭)를 지내
고 간을 맛본다. 그리고 도마 위에 올려놓는다. 각(角)의 술을 다
마시고 절한다. 주인이 답하여 절한다.

　각을 받아서 술을 따라 좌식(佐食)에게 올린다. 좌식이 북면하
여 절하고 각을 받는다. 주인이 절하고 각을 보낸다. 좌식이 앉아
서 제사하고 각의 술을 다 마시고 절한다. 주인이 답하여 절한다.
그리고 각을 받아서 당에서 내려가 대광주리에 반납한다. 다시 당
으로 올라 들어와 제자리로 돌아간다.

◗主人洗角 升 酌醋[1] 尸 尸拜受 主人拜送 尸祭酒 啐[2]酒 賓長[3]以
肝[4]從 尸左執角 右取肝擩于鹽 振祭 嚌之 加于菹豆 卒角 祝受尸角
曰 送爵 皇尸卒爵 主人拜 尸答拜 ◗祝酌授尸 尸以醋[5]主人 主人拜
受角 尸拜送 主人退[6] 佐食授挼祭[7] 主人坐 左執角 受祭祭之 祭酒 啐
酒 進聽嘏[8] 佐食摶黍授祝 祝授尸受以菹豆 執以親嘏主人 主人左
執角 再拜稽首受 復位 詩[9]懷之 實于左袂 挂于季指 卒角 拜 尸答拜
主人出 寫嗇[10]于房 祝以邊受 ◗筵祝[11] 南面 主人酌獻祝 祝拜受角
主人拜送 設菹醢俎[12] 祝左執角 祭豆 興取肺 坐祭 嚌之 興 加于俎
坐 祭酒 啐酒 以肝從 祝左執角 右取肝擩于鹽 振祭 嚌之 加于俎 卒
角 拜 主人答拜 受角 酌獻佐食 佐食北面拜受角 主人拜送 佐食坐
祭 卒角 拜 主人答拜 受角 降 反于篚 升 入 復位

1) 醋(윤) : 넉넉하게 하다. 곧 시동에게 넉넉하게 올리다.
2) 啐(쵀) : 이 글자 밑에 금문(今文)에는 지(之)자가 있다고 했다.
3) 長(장) : 고문(古文)에는 이 글자가 없다고 했다.
4) 肝(간) : 구운 간이다.
5) 醋(작) : 갚다. 곧 잔을 돌려서 갚다. 고문(古文)에는 작(酢)으로 되어 있다.
6) 退(퇴) : 앞으로 나아가서 작을 받고 제자리로 돌아오는 것이다.
7) 挼祭(휴제) : 시동의 식사를 위한 제사이다. 휴는 금문(今文)에 혹은 타(妥)
　로 되어 있기도 하다.
8) 進聽嘏(진청하) : 앞으로 나아가서 대복(大福)을 기다리다. 청은 대(待)와
　같다. 복을 받는 것을 하(嘏)라고 한다. 하는 장(長)이며 대(大)의 뜻이다.

곧 시동이 복을 주는 것을 기다린다.

9) 詩(시) : 승(承)과 같다고 했다.

10) 嗇(색) : 농사의 성공을 뜻한다.

11) 筵祝(연축) : 축의 수고에 대한 잔치이다.

12) 設菹醢俎(설저해조) : 절임과 젓갈 등은 주부가 진열하고 도마는 좌식(佐食)이 설치한다.

7. 주부(主婦)가 아헌(亞獻)을 한다

주부(主婦)가 작(爵)을 방(房)에서 씻어 술을 따라서 시동에게 아헌(亞獻)을 한다. 시동이 절하고 받는다. 주부는 북면하여 절하고 보낸다.

종부(宗婦)가 2개의 변(籩)을 가지고 호(戶) 밖에 앉는다. 주부가 받아서 대(敦)의 남쪽에 진열한다. 축이 변제(籩祭)를 돕는다. 시동이 받아서 제사한다. 술을 제사 지내고 술을 맛본다.

형제의 장(長)이 번육(燔肉)으로 따른다. 시동이 받아서 진제를 지내고 맛을 보고 돌려준다. 번육(燔肉)을 올린 자가 받아서 기(胉)에 올려놓고 나간다. 시동이 작의 술을 다 마시면 축이 작을 받아 다시 보내며 다 마시라고 명하는데 처음과 똑같이 한다.

잔을 돌리는 일을 주인의 행동과 똑같이 한다. 주부는 방으로 가서 남면하고 좌식(佐食)은 휴제(挼祭)를 지낸다. 주부가 왼손에 작을 잡고 오른손으로 무제(撫祭)를 지낸다. 술을 제사하고 술을 맛보고 들어가 작을 다 마시는데 주인의 거동과 똑같이 한다.

축에게 잔을 올리면 변(籩)과 번육(燔肉)이 따르는데 처음의 거동과 똑같이 한다. 좌식(佐食)에 이르러서도 처음과 똑같이 한다. 마치면 작을 가지고 방(房)으로 들어간다.

◉主婦洗爵于房 酌 亞獻[1] 尸 尸拜受 主婦北面拜[2] 送 宗婦執兩籩[3] 戶外坐 主婦受 設于敦南 祝贊籩祭[4] 尸受祭之 祭酒 啐酒 兄弟長以燔[5]從 尸受 振祭 嚌之 反之 羞燔者受 加于胉 出[6] 尸卒爵 祝受爵

命送[7]如初 ◐酢[8]如主人儀 主婦適房 南面 佐食挼祭 主婦左執爵 右
撫祭[9] 祭酒 啐酒 入 卒爵 如主人儀 ◐獻祝 邊燔從 如初儀 及佐食
如初[10] 卒 以爵入于房

1) 亞獻(아헌) : 제사 때 두 번째로 주부가 잔을 올리는 예이다. 아는 차(次)이
   다. 차는 두 번째와 같다.

2) 北面拜(북면배) : 안의 남자들을 피하는 것이다. 대부의 아내가 대부에게 절
   할 때에는 북서면을 한다.

3) 兩邊(양변) : 대추와 밤을 담은 변이다.

4) 邊祭(변제) : 대추와 밤을 제사하다.

5) 燔(번) : 구운 고기이다. 번육(燔肉).

6) 出(출) : 뒤의 일을 기다리는 것이다.

7) 送(송) : 마신 작을 다시 보내다.

8) 酢(작) : 시동이 주부(主婦)에게 잔을 돌리는 의식을 주인에게 하던 행동과
   똑같이 한다는 뜻.

9) 撫祭(무제) : 휴제(挼祭)와 같고 몸소 제사하는 것이다.

10) 及佐食如初(급좌식여초) : 좌식에 이르러서도 처음과 같이 하다. 그 좌식에
    게 올리는 것도 주인이 북서면하고 절하는 것과 똑같이 한다는 뜻이다.

8. 빈(賓)이 삼헌(三獻)을 한다

빈(賓)이 삼헌(三獻 : 세 번째 올리다)하는데 처음과 똑같이 한
다. 번육(燔肉)이 따르는 것도 처음과 같다. 작(爵)을 중지한다.

호내(戶內)에 자리를 마련한다. 주부(主婦)가 작(爵)을 씻어
술을 따라서 작을 주인에게 바친다. 주인이 절하고 작을 받는다.
주부가 절하고 작을 보낸다.

종부(宗婦)가 두(豆)를 도와서 처음과 똑같이 한다. 주부가 받
아서 2개의 두(豆)와 2개의 변(邊)을 진열한다. 도마가 들어와
설치된다. 주인이 왼손에 작을 잡고 올린 것들을 제사한다.

종인(宗人)이 제사를 돕는다. 작을 내려놓고 일어나서 허파를
취하여 앉아서 절제(絶祭)를 지내고 맛본다. 일어나서 도마 위에

올려놓고 앉아서 손을 비벼 털고 술을 제사 지내고 술을 맛본다.

간(肝)이 따른다. 왼손으로 작(爵)을 잡고 간을 취하여 소금을 찍어서 앉아서 진제(振祭)를 지내고 간을 맛본다. 종인이 받아서 도마 위에 올려놓는다. 번육(燔肉)도 또한 똑같이 한다. 일어나서 자리의 끝에 가 앉아서 작의 술을 다 마시고 절한다.

주부가 답하여 절하고 작을 받아서 술을 부어 잔을 돌린다. 왼손으로 작을 잡고 절하면 주인이 답하여 절하고 앉아서 제사를 지내고 서서 마신다. 작을 다 비우면 절한다. 주인이 답하여 절한다. 주부가 나가 방(房)으로 돌아간다.

주인이 당에서 내려가 씻는 곳에서 작을 씻어 술을 따라서 작을 주부에게 바친다. 방(房) 안의 자리에서 남면한다. 주부가 절하고 작을 받는다. 주인이 서면하고 답하여 절한다. 종부(宗婦)가 두(豆)와 도마를 올리는데 따라서 드리는 것을 모두 주인과 똑같이 한다.

주인이 번갈아 작(爵)에 술을 따라서 작을 돌리면 작을 다 비우고 당에서 내려가 작을 대광주리에 담고 들어가 자리로 돌아간다.

삼헌(三獻)이 되면 일어나서 작(爵)을 돌리는 것을 중지한다. 시동이 작을 다 비우고 잔을 돌려 축(祝)과 좌식(佐食)에게 술을 따라서 올리고, 작을 씻어 술을 따라서 주인과 주부에게 바친다. 번육(燔肉)이 따르는데 모두가 처음과 똑같이 한다.

번갈아서 작을 주인에게 돌리고 끝마치면 제자리로 돌아간다.

◑賓三獻如初¹⁾ 燔從如初 爵止 ◑席于戶內 主婦洗爵酌 致爵于主人 主人拜受爵 主婦拜²⁾送爵 宗婦贊豆如初³⁾ 主婦受 設兩豆兩邊 俎入設⁴⁾ 主人左執爵 祭薦 宗人贊祭 奠爵 興取肺 坐絶祭⁵⁾ 嚌之 興 加于俎 坐挩⁶⁾手 祭酒 啐酒 肝從 左執爵 取肝擩于鹽 坐振祭 嚌之 宗人受 加于俎 燔亦如之 興 席末坐 卒爵 拜 主婦答拜 受爵 酌醋 左執爵 拜 主人答拜 坐祭 立飮卒爵 拜 主人答拜 主婦出 反于房 ◑主人降 洗酌 致爵于主婦 席于房中 南面 主婦拜受爵 主人西面答拜 宗婦薦豆俎 從獻皆如主人 主人更爵⁷⁾ 酌醋 卒爵 降 實爵于篚 入復

位 三獻作[8]止爵 尸卒爵 酢 酳獻祝及佐食 洗爵酳 致于主人主婦 燔
從皆如初 更[9]爵酢于主人 卒 復位

1) 如初(여초) : 아헌(亞獻)을 말한다.

2) 主婦拜(주부배) : 북면하고 절한다는 뜻.

3) 初(초) : 아헌을 돕는 것과 같이 하는 것이다.

4) 俎入設(조입설) : 좌식(佐食)이 설치하는 것이다.

5) 絶祭(절제) : 허파를 잘라 제사하는 것.

6) 挩(세) : 식(拭)과 같다. 씻다. 고문에는 모두 탈(說)로 되어 있다. 허파를 자
를 때 손에 묻은 더러운 것을 닦아내는 것이다.

7) 主人更爵(주인경작) : 주인이 번갈아 작을 돌린다. 남자에게 술을 따라서 준
작(爵)이 부인에게까지 이어지지 않는 것이다. 고문(古文)에 경(更)은 수
(受)자로 되어 있다.

8) 作(작) : 기(起)의 뜻이다.

9) 更(경) : 고문(古文)에는 수(受)로 되어 있다.

9. 주인은 동쪽 계단으로 오른다

주인이 동쪽 계단으로 내려가 서면하고 빈에게 절하는데 처음
과 똑같이 한다. 작(爵)을 씻으면 빈이 씻는 것을 사양하는 말을
한다. 주인이 씻는 것을 마치고 읍(揖)하고 사양하면서 당으로 올
라 술을 따라서 서쪽 계단 위에서 빈에게 작을 드린다.

빈이 북면하여 절하고 작(爵)을 받는다. 주인이 오른쪽에 있어
답하여 절한다. 육포와 육장을 올리고 절조(折俎)를 설치한다.

빈이 왼손에 작을 잡고 두(豆)를 제사하고 작을 내려놓는다. 일
어나서 허파를 취하여 앉아서 절제(絶祭)를 지내고 허파를 맛본
다. 일어나서 도마 위에 올려놓고 앉아서 손을 비벼 털고 술을 제
사하고 작의 술을 모두 마시고 절한다.

주인이 답하여 절하고 작을 받아서 술을 따라 작을 땅에 내려
놓고 절한다. 빈이 답하여 절한다.

주인이 앉아서 제사하고 술을 다 마시고 절한다. 빈이 답하여

절하고 읍(揖)한 다음 제수(祭需 : 脯·肺)를 가지고 내려가 서면
하고 그 자리에 내려놓는다. 위치는 처음과 같다. 육포와 육장을
올리고 도마가 따라서 설치된다.

중빈(衆賓)들이 당에 올라서 절하고 작(爵)을 받아 앉아서 제
사 지내고 서서 마신다. 육포와 육장을 올리고 도마를 그 자리에
두루 설치한다. 주인이 갖추어 답하여 절한다. 당에서 내려가 작
을 대광주리에 담는다.

준(尊)과 2개의 병은 동쪽 계단의 동쪽에 두고 국자를 올리는
데 손잡이가 남쪽으로 가게 한다. 서쪽에도 또한 똑같이 한다. 주
인이 치(觶)를 씻어 서쪽에 있는 준(尊)의 술을 부어서 서쪽 계
단의 앞에서 북면하고 빈에게 잔을 돌리는데 빈은 왼쪽에 있다.

주인이 치(觶)를 내려놓고 절하면 빈(賓)이 답하여 절한다. 주
인이 앉아서 제사를 지낸다. 치의 술을 다 마시고 절하면 빈이 답
하여 절한다.

주인이 치를 씻으면 빈이 사양의 말을 한다. 주인이 대답하여
사양하는 말을 한다. 치를 씻는 일을 마치면 술을 따라 서면한다.
빈이 북면하고 절한다. 주인이 치(觶)를 육포와 육장의 북쪽에 내
려놓는다.

빈이 앉아서 치를 취하여 돌아서 동면하고 절한다. 주인이 답하
여 절한다. 빈이 치를 육포와 육장의 남쪽에 내려놓고 읍하고 다
시 제자리로 돌아간다.

주인이 작(爵)을 씻어 동쪽 계단 위에서 장형제(長兄弟)에게
드리는데 빈에게 올리는 예와 똑같이 한다.

작을 씻어서 중형제(衆兄弟)에게 드리는 것도 중빈(衆賓)에
게 드리는 예의와 똑같이 한다.

작을 씻어서 내형제(內兄弟)에게 드릴 때는 방중(房中)에서
하는데 중형제(衆兄弟)에게 드리는 의식과 똑같이 한다.

주인이 서면하고 답하여 절하고 번갈아 작을 돌린다. 작의 술을
다 마시면 당에서 내려가 작을 대광주리 속에 넣고 들어가 제 위
치로 돌아간다.

◑主人降阼階 西面拜賓如初 洗[1] 賓辭洗 卒洗 揖讓升 酌 西階上獻
賓 賓北面拜 受爵 主人在右答拜 薦脯醢 設折俎[2] 賓左執爵 祭豆 奠
爵 興取肺 坐絶祭 嚌之 興加于俎 坐 挩手 祭酒 卒爵 拜 主人答拜
受爵 酌酢[3] 奠爵 拜 賓答拜 主人坐 祭 卒爵 拜 賓答拜 揖 執祭以
降 西面奠于其位 位如初[4] 薦俎從設 ◑衆賓升 拜受爵 坐祭 立飮[5]
薦俎設于其位 辯 主人備答拜焉 降 實爵于篚 ◑尊兩壺[6]于阼階東
加勺 南枋 西方亦如之 主人洗觶 酌于西方之尊 西階前北面酬賓 賓
在左 主人奠觶拜 賓答拜 主人坐祭 卒觶拜 賓答拜 主人洗觶 賓辭
主人對 卒洗 酌 西面 賓北面拜 主人奠觶于薦北 賓坐取觶 還 東面
拜 主人答拜 賓奠觶于薦南 揖 復位 ◑主人洗爵 獻長兄弟于阼階
上 如賓儀 ◑洗獻衆兄弟 如衆賓儀 ◑洗獻內兄弟[7]于房中 如獻衆
兄弟之儀 ◑主人西面答拜 更爵 酢 卒爵 降 實爵于篚 入 復位

1) 洗(세) : 금문(今文)에는 이 글자가 없다.

2) 折俎(절조) : 마디를 해체하는 것을 뜻한다. 곧 뼈를 자르는 도마이다.

3) 酌酢(작작) : 주인이 스스로 술을 따라서 마시는 것이다.

4) 位如初(위여초) : 그 자리에 돌아와서 동면하는 것이다.

5) 立飮(입음) : 지위가 천하여 예를 갖추지 못한 것이다.

6) 兩壺(양호) : 두 개의 술병이라는 뜻이다.

7) 內兄弟(내형제) : 내빈(內賓)과 종부(宗婦)를 뜻한다고 했다.

10. 장형제(長兄弟)가 고(觚)를 씻는다

장형제(長兄弟)가 고(觚)를 씻어 가작(加爵)으로 삼는데 처
음의 거동과 똑같이 한다. 좌식(佐食)이 이르지 않는다. 씻기를
처음과 똑같이 하여 주인과 주부에게 올린다. 따르는 것은 없다.

중빈(衆賓)의 장(長)이 가작(加爵)을 위하여 처음과 똑같이
하고 작(爵)을 중지시킨다.

후계자가 거전(擧奠)한다. 손을 씻고 들어가 북면하여 재배하
고 머리를 조아린다. 시동이 전(奠)을 가지고 앞으로 나아가 받
고 제자리로 돌아간다. 술에 제사하고 술을 맛본다.

시동이 간을 든다. 거전(擧奠)하는 자가 왼손으로 치(觶)를 잡고 재배를 하고 머리를 조아린다. 이에 앞으로 나아가 간(肝)을 받고 제자리로 돌아간다. 앉아서 간을 먹고 치의 술을 다 마시고 절한다. 시동이 모두에게 답하여 절한다.

거전하는 자가 치를 씻어 들어간다. 시동이 절하고 받으면 거전하는 자가 답하여 절한다. 시동이 술을 제사하고 술을 맛보고 내려놓는다. 거전하는 자가 나가서 제자리로 돌아간다.

형제와 제자(弟子)들이 치를 씻어 동쪽의 준(尊 : 술단지)에서 술을 따라 동쪽 계단 앞에서 북면하고 장형제(長兄弟)에게 치를 들게 하는데, 주인이 빈에게 술잔을 돌리는 예와 똑같이 한다.

종인(宗人)이 제사에 도마를 올리라고 고한다. 이에 음식이 차려진다.

◐長兄弟洗觚爲加爵[1] 如初儀 不及佐食[2] 洗致[3]如初 無從 ◐衆賓長爲加爵如初 爵止[4] ◐嗣[5]擧[6]奠 盥入 北面再拜稽首 尸執奠 進受 復位 祭酒 啐酒 尸擧肝 擧奠左執觶 再拜稽首 進受肝 復位 坐 食肝[7] 卒觶 拜 尸備[8]答拜焉 擧奠洗 酌 入 尸拜受 擧奠答拜 尸祭酒 啐酒 奠之 擧奠出 復位 ◐兄弟弟子[9]洗 酌于東方之尊 阼階前北面擧觶 于長兄弟 如主人酬賓儀 ◐宗人告祭脀[10] 乃羞[11]

1) 加爵(가작) : 삼헌(三獻) 외에 더하는 것이다.

2) 不及佐食(불급좌식) : 좌식이 이르지 않다. 곧 희생의 고기가 이르지 않은 것.

3) 致(치) : 주인과 주부에 이르는 것을 말한다.

4) 爵止(작지) : 시동의 작이 중지되다. 신의 은혜가 내정에 고르게 미쳤기 때문.

5) 嗣(사) : 주인의 후계자를 뜻한다.

6) 擧(거) : 음(飮)과 같다. 후계자에게 진열되어 있는 것을 마시게 한다는 뜻.

7) 食肝(식간) : 높은 자가 받는데 받아서 남기지 않는 것이다.

8) 備(비) : 진(盡)과 같다. 고문(古文)에는 복(復)으로 되어 있다.

9) 弟子(제자) : 후생(後生)들이다.

10) 脀(증) : 도마이다. 조(俎).

11) 乃羞(내수) : 여러 음식이 차려진 것이다.

11. 빈이 앉아서 치(觶)를 취한다

빈(賓)이 앉아서 치(觶)를 취하여 동쪽 계단 앞에서 북면하여 장형제(長兄弟)에게 치를 돌린다. 장형제는 오른쪽에 있는다. 빈(賓)이 치를 내려놓고 절을 한다. 장형제가 답하여 절한다. 빈이 서서 치를 다 마신다. 그의 준(尊)에서 술을 따라 동면하고 선다. 장형제가 절하고 치를 받는다. 빈이 북면하고 답하여 절하고 읍(揖)을 하고 제자리로 돌아간다.

장형제는 서쪽 계단 앞에서 북면한다. 중빈(衆賓)의 장은 왼쪽으로부터 돌려지는 잔을 받아 처음과 똑같이 한다. 장형제가 치의 술을 다 마시고 그 준에서 술을 따라 서면하고 서서 차례대로 받는데 받는 자는 절하고 받는다. 장형제가 북면하고 답하여 절한 다음 읍하고 제자리로 돌아간다.

중빈(衆賓)과 중형제(衆兄弟)가 서로 뒤섞여서 두루 하는데 모두가 처음의 예식과 똑같이 한다.

가작(加爵)을 위한 자는 일어나서 작(爵)을 중지시키는 것을 장형제가 하는 의식과 똑같이 한다.

장형제가 빈에게 잔을 돌리는 것은 빈이 형제들에게 작을 돌리는 의식과 똑같이 한다. 두루 잔이 돌아가 마지막으로 잔을 받은 자는 치(觶)를 대광주리 속에 담는다.

빈의 제자(弟子)와 형제의 제자들이 치를 씻어 각각 그들의 준(尊)에서 술을 따라 중정(中庭)에서 북면하고 서쪽을 위로 삼는다.

그의 장(長)에게 거치(擧觶)하는데 먼저 치를 내려놓고 절한다. 장(長)이 모두 답하여 절한다. 거치(擧觶)하는 자가 제사를 지내고 치의 술을 다 마시고 절한다. 장(長)이 모두 답하여 절한다. 거치하는 자가 잔을 씻어서 각각 그 준(尊)에서 술을 따라 처음의 위치로 돌아간다. 장(長)이 모두 절한다. 거치(擧觶)하는 자가 모두 치를 육포와 육장이 있는 오른쪽에 내려놓는다.

장(長)이 모두 술잔을 가지고 일어난다. 거치(擧觶)한 자들은

모두 제 위치로 돌아가서 답하여 절한다. 장(長)이 모두 치를 그
곳에 내려놓는다. 모두 그의 제자들에게 읍한다. 제자들은 모두 자
신의 자리로 돌아간다. 모두가 작을 계산하지 않고 무한정 마신다.

◉賓坐取觶 阼階前北面酬長兄弟 長兄弟在右 賓奠觶拜 長兄弟答
拜 賓立卒觶 酌于其尊[1] 東面立 長兄弟拜受觶 賓北面答拜 揖復位
長兄弟西階前北面 衆賓長自左受旅[2]如初 長兄弟卒觶 酌于其尊 西
面立 受[3]旅者拜受 長兄弟北面答拜 揖 復位 衆賓及衆兄弟交錯[4]以
辯 皆如初儀 ◉爲加爵者作止爵 如長兄弟之儀 長兄弟酬賓[5] 如賓
酬兄弟之儀 以辯 卒受者實觶于篚 ◉賓弟子及兄弟弟子洗 各酌于
其尊 中庭北面 西上 舉觶于其長 奠觶拜 長皆答拜 舉觶者祭 卒觶
拜 長皆答拜 舉觶者洗 各酌于其尊 復初位 長皆拜 舉觶者皆奠觶
于薦右[6] 長皆執以興 舉觶者皆復位 答拜 長皆奠觶于其所 皆揖其
弟子 弟子皆復其位[7] 爵皆無算

1) 其尊(기준) : 장형제(長兄弟)의 술잔이다. 이 술잔을 받는 자는 절하고 또한
   북면한다.

2) 旅(여) : 행(行)한다.

3) 受(수) : 행하여 잔을 돌리는 것이다. 처음에 빈이 장형제에게 술잔을 돌린다.

4) 交錯(교착) : 서로 뒤섞이다. 곧 동서(東西)로 뒤섞이다.

5) 長兄弟酬賓(장형제수빈) : 또한 앉아서 그 내려놓은 치를 취하는 것이다.

6) 觶于薦右(치우천우) : 금문(今文)에는 '전우천우(奠于薦右)' 라고 했다.

7) 復其位(복기위) : 동서면의 자리이다.

12. 좌식(佐食)이 산작(散爵)을 씻는다

좌식(佐食)이 산작(散爵)을 씻어서 시동에게 드린다. 잔을 돌
려서 축(祝)에까지 이르게 하는데 처음의 예식과 똑같이 한다. 당
에서 내려가 산(散)을 대광주리 속에 담는다.

주인이 나가서 호외(戶外)에 서서 서면한다. 축(祝)이 동면하
고 이성(利成 : 養成)을 고한다.

　시동이 일어나면 축이 앞에서 인도하고 주인은 내려간다.

　축이 다시 돌아와 주인에게 이르러 들어가서 제자리로 돌아간다. 좌식(佐食)에게 명하여 시동의 도마를 철거시키면 도마를 가지고 묘문(廟門)으로 나간다. 여러 가지 음식들을 거두어 서서(西序)의 아래에 진열한다.

　연회에서 자리를 마주하고 좌식(佐食)이 궤(簋)와 형(鉶)을 분리시켜 놓는다.

　종인(宗人)이 거전(擧奠 : 후계자)과 장형제(長兄弟)를 손씻는 곳으로 보내고 서쪽 계단 아래에 서서 동면하여 북쪽을 위로 삼게 한다.

　축이 밥을 맛보라고 하면 준자(養者 : 장형제)와 거전(擧奠)이 허락하고 당으로 올라서 들어가 동면한다.

　장형제가 마주하고 모두 앉는다. 좌식이 거(擧)를 주는데 각각 살 한 점씩이다. 주인이 서면하고 재배한다.

　축이 이르기를 "남긴 밥이 있어 오래합니다."라고 한다. 양준(兩養 : 후계자와 장형제)은 도마에 거(擧)를 올려놓고 허락한 뒤 모두가 답하여 절한다. 이와 같이 세 번을 한다. 모두가 거를 취하여 식(食)을 제사하고 거(擧)를 제사하고 이에 먹는다.

　형(鉶)에 제사를 지내고 거(擧)를 먹는다.

　식사를 마치면 주인이 내려가서 작(爵)을 씻는다. 재(宰)가 하나의 작을 도와 씻는다.

　주인이 올라서 술을 따라 상준(上養)에게 드린다. 상준(上養)이 절하고 작(爵)을 받는다. 주인이 답하여 절하고 하준(下養)에게 술을 드리는데 또한 똑같이 한다.

　주인이 절을 한다. 축(祝)이 이르기를 "술을 드리니 함께함이 있습니다."라고 하고 처음의 양식과 똑같이 한다. 양준(兩養)이 작을 들고 절한다. 술을 제사하고 술을 다 마시고 절한다. 주인이 답하여 절한다. 양준(兩養)이 모두 내려가 작을 대광주리에 담는다.

　상준(上養)이 작을 씻어 당으로 올라서 술을 따라 주인에게 돌린다. 주인이 절하고 작을 받는다. 상준이 즉위하고 앉아서 답하여 절한다. 주인이 앉아서 제사를 지내고 작의 술을 다 마시고 절한다. 상준이 답하여 절하고 작을 받아 내려가서 대광주리 속에 넣는다. 주인이 나가서 호외(戶外)에 서서 서면한다.

◑利¹⁾洗散 獻于尸 酢 及祝 如初儀 降 實散于篚 ◐主人出 立于戶外 西面 祝東面告 利成²⁾ 尸謖 祝前³⁾ 主人降 祝反 及主人入 復位 命⁴⁾佐食徹尸俎 俎出于廟門 徹庶羞 設于西序下 ◐筵對席 佐食分簋鉶 宗人遣擧奠及長兄弟盥 立于西階下 東面 北上 祝命嘗食 餕⁵⁾者擧奠許諾 升 入 東面 長兄弟對之 皆坐 佐食授擧 各一膚 主人西面再拜 祝曰 餕有以⁶⁾也 兩餕奠擧于俎 許諾 皆答拜 若是者三 皆取擧 祭食 祭擧 乃食 祭鉶 食擧 卒食 主人降 洗爵 宰贊一爵 主人升酌 酳上餕 上餕拜受爵 主人答拜 酳下餕亦如之 主人拜 祝曰 酳有與⁷⁾也 如初儀 兩餕執爵拜 祭酒 卒爵 拜 主人答拜 兩餕皆降 實爵于篚 上餕洗爵 升 酌 酢主人 主人拜受爵 上餕卽位坐 答拜 主人坐 祭 卒爵 拜 上餕答拜 受爵 降 實于篚 主人出 立于戶外 西面

1) 利洗散(이세산) : 이는 좌식(佐食)이다.

2) 利成(이성) : 이양(利養)과 같다. 공양(供養)의 예가 이루어진 것이다.

3) 前(전) : 인도하다.

4) 命(명) : 고(告)이다.

5) 餕(준) : 남은 밥. 대궁. 시동이 먹고 남긴 밥. 사(士)가 후계자와 형제에게 준(餕)하게 하는데 그 베풂이 족친(族親)을 넘지 않는다. 고문(古文)에는 준(餕)으로 되어 있다.

6) 以(이) : 어떻게 그렇게 오래하는가? 오래 한다는 뜻.

7) 與(여) : 함께하다. 더불어 하다. 예로써 서로 함께하다.

13. 축이 변두(籩豆)를 철거하라 명하다

축(祝)이 동쪽 계단의 도마와 두(豆)와 변(籩)을 거두어들이라고 명하면 동서(東序)의 아래에 진열한다. 축이 그 도마를 가지고 나가서 호서(戶西)에서 동면한다.

종부(宗婦)가 축(祝)의 두(豆)와 변(籩)을 거두어 방(房)으로 들어가면 주부(主婦)가 육포와 육장과 도마를 거두어들인다.

좌식(佐食)이 시동의 육포와 육장과 도마와 대(敦)를 거두어서 서북쪽 모퉁이에 진열한다. 궤는 남쪽에 두고 연(筵)을 사용하여 숨긴다. 하나의 준(尊)을 들이고 좌식이 유호(牖戶)를 닫고 내려간다.

축이 이성(利成)을 아뢰고 당에서 내려가 나간다. 주인이 당에서 내려가 자리로 나아간다. 종인이 일을 끝마쳤음을 고한다.

빈이 나가면 주인이 문 밖에서 전송하고 재배한다. 좌식이 동쪽 계단의 도마와 당 아래의 도마를 거두는데 일이 끝나면 나간다.

●祝命[1]徹昨俎[2]豆籩 設于東序下[3] 祝執其俎以出 東面于戶西 宗婦 徹祝豆籩入于房 徹主婦薦俎 ●佐食徹尸薦俎敦 設于西北隅 几在 南 扉用筵 納一尊 佐食闔牖戶 降 祝告 利成 降 出 主人降 卽位 宗 人告事畢 ●賓出 主人送于門外 再拜[4] 佐食徹昨俎 堂下俎[5]畢出

1) 命(명) : 좌식에게 명하다.
2) 昨俎(조조) : 주인의 도마이다.
3) 設于東序下(설우동서하) : 동서 아래에 설치하다. 장차 연회를 행하는 것이다.
4) 再拜(재배) : 송빈(送賓)이다. 무릇 떠나는 자는 답하여 절하지 않는다.
5) 堂下俎(당하조) : 좌식이 당 아래에 있는 빈의 도마를 치운다는 뜻. 형제와 중빈(衆賓)은 스스로 치우는데 빈의 도마를 유사가 치우는 것은 빈을 높인 것이다. 동쪽의 도마는 주인의 도마이다.

▓ 특생궤식례(特牲饋食禮)의 의의

가. 그 의복은 모두 조복(朝服)으로 한다

특생궤식(特牲饋食)에서 의복은 모두 조복을 입고 현관(玄冠)을 쓰고 치대(緇帶)를 하고 치필(緇韠 : 검은 슬갑)을 두른다. 오직 시동과 축(祝)과 좌식(佐食)은 현단(玄端)에 현상(玄裳)과 황상(黃裳)과 잡상(雜裳)이 가능하고 모두 작필(爵韠)을 한다.

세(洗 : 씻는 곳)를 설치하는 데는 남북으로 당(堂)의 깊이 만큼 하고 동서(東西)로 동쪽의 비첨과 마주하게 하며 물은 세(洗)의 동쪽에 있게 한다. 대광주리는 세(洗)의 서쪽에 두고 남쪽으로 따른다. 작(爵) 2개와 고(觚) 2개와 치(觶) 4개와 각(角) 하나와 산(散) 하나를 담아 놓는다.

호(壺)와 어(梸 : 가자, 음식 나르는 수레)와 금(禁 : 받침)은 동서(東序)에 차려 놓고 남쪽을 따른다. 2개의 호(壺)는 덮어 놓는다. 덮개는 남쪽에 있다. 다음 날에 전(奠)을 마치고 덮는 데는 고운 칡베를 사용하고 자리로 나아가 철거할 때에는 술국자를 올려 놓는다.

변(籩)을 덮는 수건은 고운 칡베를 사용하는데 속이 분홍빛이다. 변에는 조증(棗烝)과 율택(栗擇)을 담는다.

형(鉶)의 나물은 씀바귀나 고사리를 사용하는데 모두 미끄러운 성질이 있다. 여름에는 아욱을 쓰고 겨울에는 오랑캐꽃 나물로 한다. 대추나무의 심으로 숟가락을 만드는데 용머리를 새긴다. 희생을 익힐 때에는 묘문 밖의 동남쪽에서 한다. 물고기와 포[腊]를 익힐 때에는 그 남쪽에서 한다. 모두가 서면한다. 메기장밥과 찰기장밥을 지을 때에는 서벽(西壁)에서 한다.

기조(肵俎)에는 심장과 혀를 올려놓는데 모두가 본말(本末)을 버리고 종과 횡으로 갈라서 희생의 솥에 넣는다. 올릴 때는 심장은 세워놓고 혀는 세로로 도마에 놓는다.

빈과 장형제의 육포와 육장은 동방(東房)으로부터 하고 그 나머지는 동당(東堂)에 있게 한다.

記 : ○特牲饋食 其服皆[1]朝服 玄冠 緇帶 緇韠 唯尸祝佐食玄端 玄裳[2]黃裳[3]雜裳[4]可也 皆爵韠 ○設洗 南北以堂深 東西當東榮[5] 水在洗東 篚在洗西 南順[6] 實二爵[7]二觚[8]四觶[9]一角一散[10] ○壺梸禁饌于東序 南順 覆兩壺焉 蓋在南 明日卒奠 冪用絡 卽位而徹之 加勺

○邊巾以絺也 纁裏[11] 棗烝栗擇 鉶芼用苦若薇 皆有滑 夏葵 冬莒 棘
心匕 刻[12] 牲黌在廟門外東南 魚腊黌在其南 皆西面 饎[13]黌在西壁[14]
○胏俎心舌 皆去本末[15] 午割[16]之 實于牲鼎 載 心立 舌縮俎 ○賓與
長兄弟之薦自東房 其餘在東堂[17]

1) 皆(개) : 빈(賓)이나 형제들 모두이다.

2) 玄裳(현상) : 상사(上士)의 의복이다.

3) 黃裳(황상) : 중사(中士)의 의복이다.

4) 雜裳(잡상) : 하사(下士)의 의복이다.

5) 榮(영) : 집의 날개이며 비첨이라고 한다.

6) 順(순) : 종(從)이다. 곧 남쪽으로 따라서 당(堂)에서 거느리다.

7) 二爵(이작) : 빈을 위하여 작을 드리고 중지하면 주부에게 당연히 이른다. 작
은 1되이다.

8) 二觚(이고) : 장형제(長兄弟)가 중빈(衆賓)에게 돌리고 가작(加爵)을 위하
여 두 사람이 동반하여 마땅히 접함을 함께한다. 고는 2되 들이이다.

9) 四觶(사치) : 한 번 술을 따를 때 두세 개를 내려놓는데 장형제가 빈에게 잔
을 돌리고 마지막에 받는 자가 빈의 제자와 형제의 제자들이 그 장(長)에게
거치하는 예이다. 치는 3되 들이이다.

10) 一角一散(일각일산) : 1각은 4되 들이이고 일산은 5되 들이이다.

11) 纁裏(훈리) : 속이 분홍빛이다. 겉은 모두 검은색으로 입힌다.

12) 刻(각) : 새기다. 숟가락 손잡이에 용머리를 새기는 것.

13) 饎(치) : 밥을 짓다. 기장밥을 짓는 것을 뜻한다.

14) 西壁(서벽) : 당의 서쪽 담 아래이다.

15) 本末(본말) : 앞뒤의 발목을 뜻한다.

16) 午割(오할) : 종횡으로 잘라서 쓰는 것이다.

17) 東堂(동당) : 동협(東夾)의 앞으로 남쪽에 가깝다.

나. 한 사람이 시동에게 물을 따라 준다

물을 따라서 시동이 씻도록 하는 한 사람이 있다. 쟁반을 받든
자는 동면하고 세숫대야를 가진 자는 서면한다. 조금씩 물을 흐

르게 하고 수건을 가진 자는 세숫대야의 북쪽에 있는다. 종인(宗
人)이 동면하고 수건을 취하여 세 번 털고 남면하여 시동에게 준
다. 끝나면 수건을 가진 자가 받는다.

시동이 들어오면 주인과 빈(賓)이 모두 자리를 피하고 나가는
데 또한 똑같이 한다.

후계자가 전(奠)을 들고 좌식(佐食)이 두(豆)와 소금을 놓는다.

좌식이 일을 마주하면 호외(戶外)에서 남면하고 일이 없으면
중정(中庭)에서 북면한다. 무릇 축이 부르면 좌식은 허락한다.

종인(宗人)이 잔을 드리고 잔을 올릴 때 나이의 순서에 따라
중빈(衆賓)에게 행하며, 좌식이 잔을 돌릴 때 형제들에게 나이의
순서대로 한다.

준(尊)은 방안의 서쪽 담 아래에 두 병을 놓는데 남쪽을 위로
한다. 내빈(內賓)이 그 북쪽에 서서 동면하고 남쪽을 위로 삼는
다. 종부(宗婦)가 북당(北堂)에서 동면하고 북쪽을 위로 삼는다.

주부(主婦)와 내빈(內賓)과 종부(宗婦)도 또한 순서대로 서
면한다.

종부(宗婦)가 육포와 육장을 올리는 자를 도와서 가지고 호외
(戶外)에 앉아서 주부에게 준다.

시동이 식사를 마치고 치찬(饎爨)과 옹찬(雍爨)에 제사한다.

빈이 시동을 따르면 도마는 묘문(廟門)으로 나간다. 이에 자리
로 되돌아온다.

○沃尸盥者一人 奉槃者東面 執匜者西面 淳沃[1] 執巾者在匜北[2] 宗
人[3]東面取巾 振之三 南面授尸 卒 執巾者受 ○尸入 主人及賓皆辟
位 出亦如之 ○嗣擧奠 佐食設豆鹽 ○佐食當事[4]則戶外南面 無事
則中庭北面 凡祝呼[5] 佐食許諾 ○宗人獻與旅 齒於衆賓 佐食於旅
齒[6]於兄弟 ○尊兩壺于房中西墉下 南上 內賓[7]立于其北 東面 南上
宗婦[8]北堂 東面 北上 主婦及內賓宗婦亦旅西面 ○宗婦贊薦者 執
以坐于戶外 授主婦 ○尸卒食而祭饎爨雍爨[9] ○賓從尸[10] 俎[11]出廟
門 乃反位

1) 淳沃(순옥) : 차츰차츰 쏟아지다의 뜻. 금문(今文)에는 순(淳)자는 격(激)
   으로 되어 있다.

2) 匜北(이북) : 세숫대야를 가진 사람의 북쪽이며 또한 서쪽이다.

3) 宗人(종인) : 수건을 대신 주다.

4) 當事(당사) : 장차 일이 있는데 아직 이르지 않았다.

5) 呼(호) : 명(命)과 같다.

6) 旅齒(여치) : 나이 순서대로 하다.

7) 內賓(내빈) : 고자매(姑姉妹)이다.

8) 宗婦(종부) : 친척들의 부인이다.

9) 雍爨(옹찬) : 옹은 익힌 고기이다. 시동이 먹는 것인데 부엌에 공로가 있음을
   제사하는 것이다.

10) 賓從尸(빈종시) : 시동을 전송함이다. 곧 사(士)의 제사를 돕는 것은 그 일
    을 마치는 것이다.

11) 俎(조) : 시동의 도마이다.

    다. 시동의 도마에 올려지는 것들

　시동의 도마에는 오른쪽 어깨뼈와 앞다리 팔뚝뼈와 하퇴부뼈
와 광대뼈와 겨드랑이뼈와 정척(正脊) 2골(二骨)과 횡척(橫脊)
과 장협(長脅) 2골(二骨)과 단협(短脅)과 살코기 세 점과 이폐
(離肺) 하나와 촌폐(刌肺) 세 점과 물고기 15마리이다. 포〔腊〕
는 희생 뼈와 같다.

　축(祝)의 도마에는 넓적다리뼈와 정척(脡脊) 2골(二骨)과 갈
비뼈 2골(二骨)과 살코기 하나와 이폐(離肺) 하나이다.

　동쪽 계단의 도마에는 앞쪽 팔뚝뼈와 정척(正脊) 2골(二骨)과
횡척(橫脊)과 장협(長脅) 2골(二骨)과 단협(短脅)이다.

　주부의 도마에는 자른 뒷다리를 올리며, 그 나머지는 동쪽 계단
의 도마와 같다.

　좌식의 도마에는 자른 뒷다리와 척협(脊脅)과 살코기 하나와
이폐(離肺) 하나이다.

빈(賓)은 좌격(左骼)이고, 장형제와 종인은 자른 것이고 그 나머지는 좌식의 도마와 똑같다. 중빈과 종형제와 내빈과 종부는 만약 공유사(公有司)와 사신(私臣)이 있게 되면 모두가 뼈가 붙은 살을 담고 살코기 하나에 이폐(離肺)가 하나이다.

공유사(公有司)가 문의 서쪽에서 북면하여 동쪽을 위로 삼고 차례대로 중빈(衆賓)에게 잔을 올린다. 사신(私臣)이 문의 동쪽에서 북면하여 서쪽을 위로 삼고 차례대로 형제들에게 잔을 올린다. 당으로 올라서 받고 내려와 마신다.

○尸俎¹⁾右肩臂臑膞胳 正脊二骨 橫脊 長脅二骨 短脅 膚三 離²⁾肺一 刌³⁾肺三 魚十有五 腊如牲骨 ○祝俎髀 脡脊二骨 脅二骨 膚一 離肺一 ○胙俎臂⁴⁾ 正脊二骨 橫脊 長脅二骨 短脅 膚一 離肺一 ○主婦俎觳折⁵⁾ 其餘如胙俎 ○佐食俎 觳折 脊脅膚一 離肺一 ○賓骼⁶⁾ 長兄弟及宗人折 其餘如佐食俎 衆賓及衆兄弟內賓宗婦若有公有司⁷⁾私臣⁸⁾ 皆觳脅 膚一 離肺一 ○公有司門西 北面 東上 獻次衆賓 私臣門東 北面 西上 獻次兄弟 升受 降飲

1) 尸俎(시조) : 신(神)의 도마이다.

2) 離(이) : 규(捼)와 같다. 곧 작고 긴데 가로 세로로 엇갈려 잘라지다.

3) 刌(촌) : 저미다.

4) 臂(비) : 왼쪽 몸체의 팔뚝이다.

5) 觳折(각절) : 각은 뒷발. 절은 뒷발의 오른쪽 발을 나눈 것이다. 고문에 각은 곡(穀)으로 되어 있다.

6) 骼(격) : 좌격(右骼)이다. 겨드랑이살이라고도 했다.

7) 公有司(공유사) : 사(士)에 소속된 무리이다. 곧 임금의 명을 받은 자이다.

8) 私臣(사신) : 자신이 통행할 때 안내하는 사람.

제16편 소뢰궤식례(少牢饋食禮第十六)

소뢰(少牢)는 양(羊)과 돼지의 두 희생을 갖춘 제사를 뜻하고 궤
식은 제사를 지내고 나서 음식을 보내는 예이다.

정현(鄭玄)은 "제후의 경(卿)과 대부(大夫)가 그 할아버지와 아
버지의 사당에 제사를 지내는 예이다."라고 했다.

1. 소뢰궤식(少牢饋食)의 예

소뢰(少牢) 궤식(饋食)의 예(禮)이다.

날짜는 정일(丁日)이나 기일(己日)을 사용한다. 열흘 전에 점
을 쳐서 하나의 날을 정한다.

묘문(廟門)의 밖에서 점을 친다. 주인은 조복(朝服)을 입고 문
의 동쪽에서 서면한다. 사(史)가 조복을 입고 왼손에 점대를 잡
고 오른손으로 상독(上韇 : 점대통 윗부분)에서 뽑아 함께 합하여
점대를 가지고 동면하여 주인의 명을 받는다.

주인이 말하기를 "효손(孝孫) 아무개가 내일 정해(丁亥)일에
황조백(皇祖伯) 아무개님과 아무개님의 비(妃)인 배필 아무개
씨에게 세시(歲時)의 제사를 올리려 합니다. 거의 흠향하십시
오."라고 한다.

사(史)가 "예"라고 답한다. 문의 서쪽에서 서면하고 하독(下
韇)에서 빼내 왼손으로 점대를 잡고 오른손으로 겸하여 점대통
을 가지고 점대를 친다. 드디어 명을 이야기하여 말하기를 "그대
의 대서(大筮)가 떳떳함이 있는 것을 빌려서 효손(孝孫) 아무개

가 내일 정해(丁亥)일에 황조백(皇祖伯) 아무개님과 아무개의
비(妃)인 배필 아무개씨에게 세사(歲事)의 천(薦)을 하려 하오
니 거의 모두 흠향하십시오."라고 한다.

　이에 점대통을 내려놓고 점대를 세운다. 괘(卦)를 담당한 사람
이 왼쪽에 앉아 나무로 괘를 삼는다. 점치는 일을 마치면 나무로 그
린 괘를 그대로 그려서 주인에게 보이고 이에 물러나서 점을 친다.

　길하면 사(史)가 점대를 점대통에 넣고 겸하여 점대와 점괘를
가지고 주인에게 고하기를 "점에 이르기를 '길하다'라고 했습니
다."라고 한다. 이에 모든 관리에게 알리게 하고 종인은 제기들을
씻도록 명하고 재(宰)는 술을 마련하라고 명하고 이에 물러난다.

　만약 불길하다면 먼 날인 다음 정(丁)일에 이르러 또 날을 점
치는데 처음과 똑같이 한다.

少牢饋食之禮[1] ： ◑日用丁己[2] 筮旬[3]有一日 筮於廟門之外 主人朝
服 西面于門東 史[4]朝服 左執筮 右抽上韇 兼與筮執之 東面受命于
主人 主人曰 孝孫某 來日丁亥[5] 用薦[6]歲事于皇祖伯某[7] 以某妃[8]配
某氏[9] 尚饗 史曰 諾 西面于門西 抽下韇 左執筮 右兼執韇以擊[10]筮
遂述[11]命曰 假[12]爾大筮有常 孝孫某 來日丁亥 用薦歲事于皇祖伯某
以某妃配某氏 尚饗 乃釋韇 立筮[13] 卦者[14]在左坐 卦以木[15] 卒筮 乃
書卦于木 示主人 乃退 占[16]吉則史韇筮 史兼執筮與卦以告于主人
占曰從[17] 乃官戒[18] 宗人命滌[19] 宰命爲酒 乃退 若不吉 則及遠日[20]又
筮日如初

1) 少牢饋食之禮(소뢰궤식지례) : 소뢰는 양(羊)이나 돼지의 두 희생만을 갖
　춘 제사이다. 궤식은 제사를 지내고 음식을 보내는 예절이다. 곧 예에는 장차
　제사를 지내려면 먼저 희생을 선택하여 우리에 매어 양과 돼지에게 꼴을 먹
　이는 것을 소뢰(少牢)라고 한다. 제후의 경(卿)이나 대부(大夫)의 제사에서
　종묘에 쓰는 희생을 뜻한다.
2) 丁己(정기) : 천간(天干)에 정(丁)이나 기(己)가 들어가 있는 날.
3) 旬(순) : 10일이다.
4) 史(사) : 가신(家臣)으로 점치는 일을 주관하는 자이다.

5) 丁亥(정해) : 반드시 정해일을 말한 것은 아니다. 곧 정묘(丁卯)와 정축(丁丑)과 정유(丁酉)와 정미(丁未)와 정사(丁巳)일도 있다. 단 정해일이 최고의 길일이기 때문에 들어서 이야기한 것 뿐이다.

6) 薦(천) : 진(進)이다. 세시(歲時)의 제사를 올리는 것이다.

7) 伯某(백모) : 자(字)이다. 곧 대부는 자(字)를 쓰거나 시호를 쓴다.

8) 某妃(모비) : 아무개의 아내이다.

9) 配某氏(배모씨) : 합식(合食)함이다.

10) 擊(격) : 흔들어 치다. 곧 점대통을 쳐서 흔들다의 뜻.

11) 述(술) : 따르다. 곧 주인의 명을 따라서 점치는 내용을 이야기하다.

12) 假(가) : 차(借)의 뜻이다.

13) 立筮(입서) : 경과 대부의 시(蓍)의 길이는 5척(五尺)으로 점대를 세워서 편리하게 한다.

14) 卦者(괘자) : 사(史)의 무리이다.

15) 卦以木(괘이목) : 매양 한 개의 효(爻)를 땅에 그어서 여섯 효(爻)를 알게 되면 그것을 판(版)에 쓰도록 한다.

16) 退占(퇴점) : 동면하고 순서대로 점을 치다.

17) 從(종) : 길함을 구하여 길함을 얻어서 따른다는 뜻이다.

18) 官戒(관계) : 모든 관리에게 알리게 하다. 함께 제사 일을 담당하게 하다.

19) 滌(척) : 물로 제기를 세척하고 종묘를 소제하는 것이다.

20) 及遠日(급원일) : 먼 날에 이르다. 곧 뒷날의 정일(丁日)을 택하는 것.

2. 엄숙하게 진행하는 것이다

소뢰궤식을 알리는데 하루 전의 일일(一日)에 시동을 숙계(宿戒)시킨다. 다음 날 아침에 시동을 점치는데 날을 점치던 예와 똑같이 한다.

고하여 이르기를 "효손(孝孫) 아무개가 내일 정해(丁亥)일에 황조백 아무개님과 아무개님의 비인 배필 아무개씨의 세사(歲事)를 진행하려 하는데 아무개의 아무개를 시동으로 삼고자 합니다. 거의 모든 것을 흠향하십시오."라고 한다. 점대를 뽑고 점치는 방식을 처음과 똑같이 한다.

길하다고 하면 이에 드디어 시동을 편안하게 하고 축이 인도한다. 주인이 재배하고 머리를 조아린다.

축이 고하기를 "효손 아무개가 내일(來日) 정해일(丁亥日)에 황조백(皇祖伯) 아무개님과 아무개의 비인 배필 아무개씨의 세사(歲事)를 진행하려 하여 감히 엄숙하게 하나이다."라고 한다.

시동이 절하고 허락한다. 주인이 또 재배하고 머리를 조아린다. 주인이 물러나 시동을 전송하며 읍하는데 절은 하지 않는다. 만약 길하지 않다면 바꾸어 시동을 점치는 것이다.

이미 시동이 엄숙하게 재계했으면 돌아와 묘문(廟門) 밖에서 저녁때를 기약한다. 주인은 문의 동쪽에서 남면한다. 종인(宗人)이 조복을 입고 북면하여 이르기를 "제사의 기약을 청합니다."라고 하면 주인이 이르기를 "그대에게 의지한다."라고 한다. 종인(宗人)이 이르기를 "날이 밝으면 일을 행할 것입니다."라고 한다. 주인이 "승낙한다."라고 한다. 이에 물러간다.

다음 날 주인이 조복을 입고 묘문(廟門) 밖으로 즉위하여 동쪽에서 남면한다. 재(宰)와 종인(宗人)은 서면하고 북쪽을 위로 여긴다. 희생은 머리를 북쪽으로 하여 동쪽을 위로 삼는다. 사마(司馬)가 양을 가르고 사사(司士)가 돼지를 친다. 종인이 갖추어졌다고 고하고 이에 물러난다.

◗宿[1] 前宿一日 宿戒[2] 尸 明日朝筮尸 如筮日之禮 命曰 孝孫某 來日丁亥 用薦歲事于皇祖伯某 以某妃配某氏 以某之某[3]爲尸 尚饗 筮卦占 如初 吉則乃遂宿尸[4] 祝擯 主人再拜稽首 祝告曰 孝孫某 來日丁亥 用薦歲事于皇祖伯某 以某妃配某氏 敢宿 尸拜 許諾 主人又再拜稽首 主人退 尸送 揖 不拜 若不吉 則遂改筮尸 ◗既宿尸反爲期[5] 于廟門之外 主人門東 南面 宗人朝服 北面曰 請祭期 主人曰 比於子[6] 宗人曰 旦明[7] 行事 主人曰 諾 乃退 ◗明日 主人朝服 即位于廟門之外東方 南面 宰宗人西面 北上 牲北首 東上 司馬刲[8]羊 司士擊[9]豕 宗人告備 乃退

1) 宿(숙) : 숙(肅)과 같고 숙(肅)은 진(進)이다. 고문에는 수(羞)로 되어 있다.

2) 宿戒(숙계) : 알리다. 몸가짐을 바르게 하고 올 것을 통보한다는 뜻이 있다.

3) 某之某(모지모) : 자(字)이다. 곧 아무개의 아들 아무개이다의 뜻.

4) 宿尸(숙시) : 시동을 중요하게 여기는 것이다.

5) 爲期(위기) : 저녁때를 뜻한다. 곧 모든 관원이 엄숙하게 하고 모두가 이르러 제사의 일찍 하고 늦게 하는 기일을 정하는 것이다.

6) 比於子(비어자) : 그대에게 의지하다. 비는 차(次)이다. 늦게 하고 일찍 하는 것이 오직 시동에게 있다는 뜻이다.

7) 旦明(단명) : 아침 일찍 날이 밝은 것을 뜻한다.

8) 刲(규) : 칼로 희생의 배를 가르다.

9) 擊(격) : 도끼나 망치로 쳐서 죽이는 것이다.

3. 옹인(雍人)이 솥을 닦는다

옹인(雍人)이 솥과 수저와 도마를 옹찬(雍爨)에서 깨끗이 닦는다. 옹찬은 문의 동남쪽에 있으며 북쪽을 위로 삼는다.

늠인(廩人)이 시루와 시루솥과 수저와 대(敦)를 늠찬(廩爨)에서 깨끗이 씻는다. 늠찬은 옹찬의 북쪽에 있다.

사궁(司宮)이 두(豆)와 변(籩)과 국자와 작(爵)과 고(觚)와 치(觶)와 궤(几)와 세(洗)와 대광주리를 동당(東堂) 아래에서 씻어, 술국자와 작(爵)과 고(觚)와 치(觶)는 대광주리에 담는다.

깨끗이 씻는 일을 다 마치면 두(豆)와 변(籩)을 대광주리와 함께 방 안에 차리는데 서쪽에 의지하여 둔다.

동쪽 계단의 동남쪽에 세(洗)를 설치하는데 동쪽 비첨과 마주하게 한다.

◗雍人[1]摡鼎匕俎于雍爨 雍爨在門東南 北上 廩人[2]摡甑甗[3]匕與敦于廩爨 廩爨在雍爨之北 司宮[4]摡豆籩勺爵觚觶几洗篚于東堂下 勺爵觚觶實于篚 卒摡 饌豆籩與篚于房中 放[5]于西方 設洗于阼階東南 當東榮

1) 雍人(옹인) : 희생을 가르고 삶는 일을 담당하는 직책을 맡은 사람.

2) 廩人(늠인) : 쌀이 들어오면 저장을 맡은 관리.

3) 甑甗(증언) : 시루와 시루솥을 뜻한다. 고문에는 증은 증(烝)으로 되어 있다.

4) 司宮(사궁) : 제기를 관장하는 관리이다.

5) 放(방) : 의지하다와 같다.

4. 국을 만들고 솥을 걸다

갱(羹 : 국)이 다 이루어지면 옹인(雍人)이 세발솥 5개를 진열한다. 3개의 세발솥은 양(羊)을 삶는 가마솥의 서쪽에 있게 하고 2개의 세발솥은 돼지를 삶는 가마솥의 서쪽에 있게 한다.

사마(司馬)가 양(羊)의 오른쪽 반을 올리는데 뒤넓적다리는 올리지 않는다. 어깨뼈와 팔뚝뼈와 정강이뼈와 넓적다리뼈와 겨드랑이뼈와 정척(正脊) 하나, 정척(脡脊) 하나, 횡척(橫脊) 하나, 단협(短脅) 하나, 정협(正脅) 하나, 대협(代脅) 하나이다. 모두 2개의 뼈를 함께 하고 장(腸) 3개와 위(胃) 3개와 거폐(擧肺) 하나와 제폐(祭肺) 3개를 하나의 세발솥에 담는다.

사사(司士)는 돼지의 오른쪽 몸체 반을 올리는데 뒤넓적다리는 올리지 않는다. 어깨뼈와 팔뚝뼈과 정강이뼈와 넓적다리뼈와 겨드랑이뼈와 정척(正脊) 하나, 정척(脡脊) 하나, 횡척(橫脊) 하나, 단협(短脅) 하나, 정협(正脅) 하나, 대협(代脅) 하나이다. 모두 2개의 뼈를 함께 하고 거폐(擧肺) 하나와 제폐(祭肺) 3개를 하나의 세발솥에 담는다.

옹인(雍人)이 살가죽이 붙은 아홉 가지를 가려서 하나의 세발솥에 담는다. 사사(司士)가 또 물고기와 포〔腊〕를 올리는데 물고기는 15마리를 세발솥에 담고 포〔腊〕는 한 묶음 전체를 세발솥에 담는다. 포는 순록고기 말린 것을 사용한다.

담는 것을 마치면 모두 들막대와 솥뚜껑을 설치하고 이에 든다. 세발솥을 묘문 밖에 동쪽으로 진열하고 북면하게 하여 북쪽을 위로 삼는다.

　사궁(司宮)이 준(尊) 두 단지를 방호(房戶) 사이에 두는데 가
자도 함께 하고 모두 뚜껑이 있으며 술단지에는 현주(玄酒)가 있
다. 사궁이 세(洗)의 동쪽에 뇌수(罍水)를 설치하고 구기를 둔다.
세(洗)의 서쪽에는 대광주리를 설치하고 남쪽으로 늘어놓는다.

　두(豆)와 변(籩)을 방 안에 다시 차리며 남면하게 하는데 궤
(饋)의 설치와 같이 하며 두(豆)를 채우고 변도 채워 놓는다.

　소축(小祝)이 쟁반과 세숫대야와 상자와 수건을 서쪽 계단의
동쪽에 설치한다.

●羹定 雍人陳鼎五 三鼎在羊鑊之西 二鼎在豕鑊之西 司馬升[1]羊
右胖[2] 髀不升[3] 肩臂臑[4]膊骼[5] 正脊一 脡脊一 橫脊一 短脅一 正脅
一 代脅一 皆二骨以並 腸三 胃三 舉肺一 祭肺三 實于一鼎 司士
升豕[6]右胖 髀不升 肩臂臑膊骼 正脊[7]一 脡脊一 橫脊一 短脅一 正
脅[8]一 代脅一 皆二骨以並 舉肺[9]一 祭肺三[10] 實于一鼎 雍人倫膚[11]
九實于一鼎 司士又升[12]魚腊 魚十有五而鼎 腊一純[13]而鼎 腊用麇
卒脀 皆設局冪 乃舉 陳鼎于廟門之外東方 北面 北上 司宮尊兩甒[14]
于房戶之間[15] 同棜 皆有冪[16] 甒有玄酒 司宮設罍水[17]于洗東 有枓[18]
設篚于洗西 南肆 改[19]饌豆籩于房中 南面 如饋之設[20] 實豆籩之實
小祝設槃匜與簞巾于西階東

1) 升(승) : 상(上)과 같다.

2) 右胖(우반) : 상(上)의 오른쪽 반쪽을 주(周)나라에서는 귀하게 여겼다. 고
　문에 반은 변(辯)으로 되어 있다.

3) 髀不升(비불승) : 뒤넓적다리는 올리지 않는다. 항문이 가까워 천하게 여기
　다. 비(髀)는 고문에는 비(脾)로 되어 있다.

4) 肩臂臑(견비노) : 앞다리쪽의 뼈들이다. 견은 어깨뼈, 비는 어깨와 팔목 사이
　의 뼈, 노는 정강이 다리뼈이다.

5) 膊骼(순격) : 넓적다리 부분이며 다리의 상부이다. 곧 넓적다리뼈와 겨드랑
　이뼈. 격은 자본(字本)에는 각(胳)으로 되어 있다.

6) 豕(시) : 돼지는 창자와 위는 쓰지 않는다. 군자는 뒷간에 해당하는 기름진
　고기는 먹지 않는다.

7) 正脊(정척) : 앞쪽의 등뼈를 뜻한다.

8) 正脅(정협) : 갈비의 결 중앙을 정(正)이라 한다.

9) 擧肺(거폐) : 시동이 먹으며 먼저 드는 것이다.

10) 祭肺三(제폐삼) : 시동과 주인과 주부가 먹는 것으로 세 개다.

11) 倫膚(윤부) : 살코기를 가리다. 윤은 택(擇)이다. 부는 갈빗살과 가죽살에 서 맛있는 것을 고른 것이다.

12) 司士又升(사사우승) : 사사가 또 올리다. 다시 더하여 올리다의 뜻.

13) 一純(일순) : 좌우의 반(胖)을 순(純)이라 한다. 순은 전(全)과 같다.

14) 瓶(무) : 고문(古文)에는 무(庑)로 되어 있다.

15) 房戶之間(방호지간) : 방은 서실(西室)이고 호(戶)는 동쪽이다.

16) 冪(멱) : 금문에는 멱(羃)으로 되어 있다.

17) 罍水(뇌수) : 물을 받아 놓은 물그릇이다. 구름무늬가 있는 물그릇 단지.

18) 枓(두) : 술 따위를 푸는 국자이다.

19) 改(개) : 번가르다. 곧 다시 차리다의 뜻.

20) 如饙之設(여궤지설) : 그 진열하는 것을 좌우에 하는 것과 똑같이 하다의 뜻. 궤는 동쪽에 진설하다.

5. 사궁(司宮)이 아랫목에 자리를 깔다

주인(主人)이 조복(朝服)을 입고 동쪽 계단의 동쪽으로 즉위하여 서면한다. 사궁(司宮)이 아랫목에 연석을 편다. 축이 연석 위에 궤(几)를 설치하는데 오른쪽에 한다.

주인이 나가서 세발솥을 맞이하여 뚜껑을 연다. 사(士)가 손을 씻고 세발솥을 든다. 주인이 먼저 들어간다. 사궁(司宮)이 2개의 술국자를 대광주리에서 취하여 씻는다. 이에 함께 가지고 당으로 올라서 2개의 술단지 덮개를 열어 가자 위에 내려놓고 2개의 술국자를 2개의 술단지에 올려놓고 덮어 놓는다. 손잡이가 남쪽으로 가게 한다.

세발솥이 차례대로 들어온다. 옹정(雍正)이 하나의 수저를 가지고 따른다. 옹부(雍府)가 4개의 수저를 가지고 따른다. 사사(司

士)는 2개의 도마를 합하여 들고 따른다. 사사(司士)를 돕는 두 사람이 모두 2개의 도마를 합쳐서 서로 도와 따라 들어온다.

세발솥을 동쪽에 진열하여 서(序)와 마주하게 한다. 세(洗)의 서쪽에서 남쪽으로 모두 서면하게 하여 북쪽을 위로 삼는다.

살코기는 아래로 놓고 수저는 모두 세발솥에 올려서 손잡이가 동쪽으로 가게 한다. 도마는 모두 세발솥의 서쪽에 설치하여 서쪽으로 늘어 놓는다. 기조(胉俎)는 양조(羊俎)의 북쪽에 있게 하고 또한 서쪽으로 늘어 놓는다.

종인(宗人)이 빈(賓)을 보내 주인(主人)에게 나아가게 한다. 모두 세(洗)에서 손을 씻고 어른의 순서대로 수저를 든다.

좌식(佐食)이 위쪽이 이로운 것으로 소뢰(少牢)의 심장과 혀를 올려 기조(胉俎)에 싣는다. 심장은 모두 아래를 편하게 하고 위를 끊어서 가로와 세로로 잘라 분산시켜서 그 기조(胉俎)에 싣는다. 끝은 위에 있게 하고 혀는 모두 근본과 끝을 자르고 또한 가로와 세로로 잘라 분산시켜서 그 기조에 실어서 횡으로 놓는다. 모두가 처음에 부엌에서 한 것과 똑같이 한다.

좌식이 기조를 동쪽 계단의 서쪽으로 옮기는데 서쪽을 향하도록 세로로 옮기고 이에 돌아온다.

좌식이 두 사람 다 위쪽이 이로운 것으로는 양(羊)을 올리는데 우반(右胖)을 싣는다. 뒤넓적다리는 올리지 않는다.

어깨뼈와 팔뚝뼈와 정강이뼈와 넓적다리뼈와 겨드랑이뼈와 정척(正脊) 하나와 정척(脡脊) 하나와 횡척(橫脊) 하나와 단협(短脅) 하나와 정협(正脅) 하나와 대협(代脅) 하나이다. 모두 2개의 뼈를 함께 하고 장(腸) 3개와 위(胃) 3개이다. 길이가 모두 도마에 정강이의 횡절(橫節)이 이르는 거리와 상당하다. 거폐(擧肺) 하나와 장종폐(長終肺)와 제폐(祭肺) 세 개를 모두 자른다. 어깨뼈와 팔뚝뼈와 정강이뼈와 넓적다리뼈와 겨드랑이뼈는 양쪽 끝에 있게 하고 척추뼈와 갈비뼈와 폐와 어깨뼈는 위에 있게 한다.

아래쪽이 이로운 것으로 돼지를 올리는데 그 양(羊)을 싣는 것과 똑같이 싣는다. 창자와 위는 없애고 몸체를 도마 위에 실어서 모두 아래가 앞으로 나아가게 한다.

　사사(司士) 세 사람이 물고기와 순록고기포[腊]와 살코기를 올린다. 물고기는 붕어 15마리를 사용하여 도마에 올리는데 세로로 실어서 머리가 오른쪽으로 가게 하고 아랫배가 앞으로 가게 한다. 순록고기포는 일순(一純)을 도마에 올리는데 또한 아래쪽을 앞으로 가게 하며 어깨는 위에 있게 한다. 살코기는 아홉 점을 도마에 올리고 또한 뼈와 몸체를 가로로 올려서 껍질의 순서대로 한다.

◑主人朝服 卽位于阼階東 西面 ◑司宮筵于奧 祝設几于筵上 右之 ◑主人出迎鼎 除鼏 士盥 擧鼎 主人先入 司宮取二勺于篚洗之 兼執以升 乃啓二尊¹⁾之蓋鼏 奠於棜上 加二勺于二尊 覆之 南柄²⁾ 鼎序入 雍正³⁾執一匕以從 雍府⁴⁾執四匕以從 司士合執二俎以從 司士贊者二人 皆合執二俎以相⁵⁾從入 陳鼎于東方 當序南 于洗西 皆西面 北上 膚爲下 匕皆加于鼎 東枋 俎皆設于鼎西 西肆 胏俎在羊俎之北 亦西肆 宗人遣賓就主人 皆盥于洗 長枇⁶⁾ 佐食上利升牢⁷⁾心舌載于胏俎 心皆安⁸⁾下 切⁹⁾上 午割勿沒¹⁰⁾ 其載于胏俎 末在上 舌皆切本末 亦午割勿沒 其載于胏橫之 皆如初爲之于爨也 佐食遷胏俎于阼階西 西縮 乃反 佐食二人 上利升羊載右胖 髀不升 肩臂臑臑骼正脊一 脡脊一 橫脊一 短脅一 正脅一 代脅一 皆二骨以竝 腸三 胃三 長皆及俎拒¹¹⁾ 擧肺一 長終肺 祭肺三 皆切 肩臂臑臑骼在兩端 脊脅肺肩在上 下利升豕 其載如羊 無腸胃 體其載于俎 皆進下¹²⁾ 司士三人升魚腊膚 魚用鮒 十有五而俎 縮載 右首 進腴¹³⁾ 腊一純而俎亦進下 肩在上 膚九而俎 亦橫載 革順

1) 二尊(이준) : 두 개의 술단지이다.

2) 柄(병) : 고문(古文)에는 방(枋)으로 되어 있다.

3) 雍正(옹정) : 희생의 몸체와 육물의 이름 등을 분별하는 것을 관장하는 관리.

4) 雍府(옹부) : 옹정에 소속된 관리.

5) 相(상) : 조(助)의 뜻이다.

6) 長枇(장비) : 장빈(長賓)이 먼저 하고 차빈(次賓)이 뒤에 하는 것이다. 고문(古文)에 비는 비(匕)로 되어 있다.

7) 牢(뢰) : 양과 돼지이다. 곧 소뢰(少牢)이다.

8) 安(안) : 평(平)이다.

9) 切(절) : 금문(今文)에는 촌(刌)으로 되어 있다.

10) 勿沒(물몰) : 분산시키다.

11) 拒(거) : 떨어지다. 공간이 떨어져 있다.

12) 進下(진하) : 아래가 나아가다. 아래를 앞으로 향하게 하다. 식생(食生)이
변화한 것이다.

13) 右首進腴(우수진유) : 머리를 오른쪽으로 하고 아랫배가 앞에 한다. 또한
식생(食生)이 변화한 것이다.

6. 축(祝)이 세(洗)에서 씻는다

희생의 고기를 넣는 것을 마치면 축(祝)이 세(洗)에서 손을 씻
고 서쪽 계단을 통해 당으로 오른다. 주인이 손을 씻고 동쪽 계단
을 통해 당으로 오른다.

축이 먼저 들어가 남면(南面)하면 주인이 따라 들어와 호(戶)
안에서 서면(西面)한다. 주부(主婦)가 피석(被錫)하고 옷은 이
몌(移袂 : 侈袂)로 하고 동방(東房)으로부터 육장과 육젓을 올
리는데 부추절임과 육장과 젓갈을 앉아서 자리 앞에 내려놓는다.

주부를 돕는 한 사람이 또한 피석(被錫)하고 옷은 치몌(侈袂)
로 하고 아욱절임과 달팽이젓을 가지고 주부에게 준다. 주부는 일
어나지 않고 드디어 받아서 간수하여 동쪽으로 놓는다.

부추절임은 남쪽에 있게 하고 아욱절임은 북쪽에 있게 한다. 주
부가 일어나 방(房)으로 들어간다.

좌식(佐食)이 위쪽이 이로운 것으로는 양(羊)의 도마를 가지
고, 아래쪽이 이로운 것으로는 돼지의 도마를 가진다.

사사(司士) 세 사람이 물고기와 순록고기포와 살코기 도마를
가지고 차례로 서쪽 계단을 통해 당에 오르는데 서로 도와 따라
서 들어가 도마를 설치한다.

양(羊)은 두(豆)의 동쪽에 두고 돼지는 그 북쪽에 두고 물고기

는 양의 동쪽에 두고 순록고기포는 돼지의 동쪽에 두며 살코기는 단독으로 4개 도마와 마주하여 북쪽 끝에 둔다.

주부가 동방(東房)에서 메기장이 담긴 금대(金敦) 하나를 가지고 덮개로 덮는다. 앉아서 양을 올려놓은 도마의 남쪽에 진열한다. 부(婦)의 찬자(贊者)가 찰기장이 담긴 대(敦)를 가지고 주부에게 주면 주부는 일어나서 받는다. 앉아서 물고기를 올려놓은 도마의 남쪽에 진열한다. 또 일어나 찬자에게 메기장이 담긴 대(敦)를 받아 앉아서 찰기장의 남쪽에 진열한다. 또 일어나 찬자에게 찰기장이 담긴 대(敦)를 받아 앉아서 메기장의 남쪽에 진열한다. 대(敦)는 모두 남쪽으로 머리를 한다. 주부가 일어나 방(房)으로 들어간다.

축(祝)이 술을 따라서 내려놓고 드디어 좌식에게 명하여 대(敦)의 뚜껑을 열으라고 한다. 좌식이 뚜껑을 열어 덮개 2개를 포개서 대(敦)의 남쪽에 진열한다.

주인이 서면하고 축이 왼쪽에 있는다. 주인이 재배하고 머리를 조아린다.

축이 축을 읽어 이르기를 "효손(孝孫) 아무개가 감히 유모(柔毛)와 강렵(剛鬣)과 가천(嘉薦)과 보뇨(普淖)를 사용하여 황조백(皇祖伯) 아무개님과 아무개의 비(妃)인 배필 아무개씨의 세사(歲事)를 진행하오니 거의 모든 것을 흠향하십시오"라고 한다.

주인이 또 재배하고 머리를 조아린다.

◑卒肴 祝盥于洗 升自西階 主人盥 升自阼階 祝先入 南面 主人從戶內西面 主婦被錫[1] 衣移袂[2] 薦自東房 韭菹醓醢 坐奠于筵前 主婦贊者一人亦被錫 衣移袂 執葵菹蠃醢以授主婦 主婦不興遂受 陪設于東 韭菹在南 葵菹在北 主婦興 入于房 佐食上利執羊俎 下利執豕俎 司士三人執魚腊膚俎 序升自西階 相從入 設俎 羊在豆東 豕亞其北 魚在羊東 腊在豕東 特膚當俎北端 主婦自東房執一金敦黍 有蓋 坐設于羊俎之南 婦贊者執敦稷以授主婦 主婦興受 坐設于魚俎南 又興受贊者敦黍 坐設于稷南 又興受贊者敦稷 坐設于黍南 敦皆南首[3] 主婦興[4] 入于房 祝酌奠[5] 遂命佐食啓會 佐食啓會 蓋二以

重 設于敦南 主人西面 祝在左 主人再拜稽首 祝祝曰 孝孫某 敢用
柔毛⁶⁾剛鬣⁷⁾ 嘉薦⁸⁾普淖⁹⁾ 用薦歲事于皇祖伯某 以某妃配某氏 尙饗
主人又再拜稽首

1) 被錫(피석) : 피체(髲鬄)이다. 일종의 월자이다. 금문(今文)에는 석이 석
   (錫)으로 되어 있다.

2) 移袂(이몌) : 소매를 풍족하게 하다. 이는 치(侈)이며 타본(他本)에는 치로
   되어 있다. 아래에 이(移)자도 또한 같다.

3) 敦皆南首(대개남수) : 머리가 있는 것은 높은 사람들의 그릇을 장식한 것이
   다. 장식은 대개 거북을 본떠서 한다.

4) 興(흥) : 금문(今文)에는 이 글자가 없다.

5) 酌奠(작전) : 작주(酌酒)이다.

6) 柔毛(유모) : 양(羊)을 뜻한다.

7) 剛鬣(강렵) : 돼지를 뜻한다.

8) 嘉薦(가천) : 절임과 젓갈류이다.

9) 普淖(보뇨) : 메기장과 찰기장을 뜻함. 보는 대(大)이고 요는 화(和)이다.

7. 축(祝)이 시동(尸童)을 맞아들인다

축(祝)이 나가서 시동을 묘문의 밖에서 맞아들인다. 주인이 당
에서 내려와 동쪽 계단의 동쪽에서 서서 서면한다. 축이 먼저 문의
오른쪽으로 들어오고 시동이 문의 왼쪽으로 들어온다.

종인(宗人)이 쟁반을 받들고 뜰의 남쪽에서 동면한다. 한 사람의
종인이 세숫대야의 물을 받들고 쟁반의 동쪽에서 서면한다. 한 사
람의 종인은 작은상자와 수건을 받들고 쟁반의 북쪽에서 남면한다.

이에 시동에게 물을 따라 주고 쟁반 위에서 씻게 한다. 씻는 일
을 마치면 앉아서 상자를 내려놓고 수건을 취하여 일어나 3번 털
어서 시동에게 준다. 앉아서 상자를 가지고 일어나 시동의 수건
을 받는다.

축이 시동에게 나아가면 시동이 서쪽 계단으로 당에 올라 들어
가고 축이 따른다. 주인이 동쪽 계단으로 당에 오른다. 축이 먼저

들어가고 주인이 뒤를 따른다.

❶祝出迎尸于廟門之外 主人降立于阼階東 西面 祝先入門右 尸入
門左 宗人奉槃 東面于庭南¹⁾ 一宗人奉匜水 西面于槃東 一宗人奉
簞巾 南面于槃北 乃沃尸盥于槃上 卒盥 坐奠簞 取巾 興 振之三 以
授尸 坐取簞興 以受尸巾 祝延尸²⁾ 尸升自西階 入 祝從 主人升自阼
階 祝先入 主人從

1) 庭南(정남) : 낙숫물 떨어지는 곳이다.
2) 延尸(연시) : 시동에게 나아가다. 연은 진(進)이다.

8. 시동(尸童)이 연석(筵席)에 오르다

시동(尸童)이 연석(筵席)에 오른다. 축과 주인이 서면(西面)
하고 호내(戶內)에 서는데 축이 왼쪽에 있다. 축과 주인이 모
두 절하고 시동에게 편안히 있게 한다. 시동은 말을 하지 않는다.
시동이 답하여 절하고 드디어 앉는다. 축이 도리어 남면한다.

시동이 부추절임을 취하여 두루 3가지 두(豆)에 묻혀서 두(豆)
의 사이에서 제사한다.

상좌식(上佐食)이 메기장과 찰기장을 4개의 대(敦)에서 취한
다. 하좌식(下佐食)이 뢰(牢) 일체(一切)와 허파를 도마에서 취
하여 상좌식에게 준다. 상좌식은 메기장과 함께 하여 시동에게 준
다. 시동이 받아서 함께 두제(豆祭)를 지낸다.

상좌식이 뢰(牢)의 허파와 정척(正脊)을 들어 시동에게 준다.
상좌식이 위에 있는 대(敦)의 메기장을 연석의 위로 가까이 하여
오른쪽에 놓는다. 주인이 기조(肵俎)를 올리는데 동쪽 계단으로
올려 살코기의 북쪽에 마주하게 한다.

상좌식이 형(鉶) 2개를 올리는데 양(羊)의 형(鉶) 하나를 방
중(房中)에서 취하여 앉아서 부추절임의 남쪽에 진열한다.

하좌식이 또 돼지의 형(鉶) 하나를 방중(房中)에서 취하여 따
른다. 상좌식이 받아서 앉아 양(羊)의 형(鉶)이 있는 남쪽에 진

열하는데 모두가 나물국이고 모두에 수저가 있다.

　시동이 끼우는 것을 수저로써 하고 양형(羊鉶)에 제사한다. 드디어 시형(豕鉶)에도 제사하고 양형(羊鉶)을 맛본다. 먹기 시작한다. 기장밥 세 번을 뜬다.

　상좌식이 시동의 뢰(牢)에서 정척(正脊)을 들어서 주면 시동이 받아서 진제(振祭)를 지내고 맛을 본다. 좌식이 받아서 기(肵)에 올려놓는다. 상좌식(上佐食)이 저민 고기를 2개의 와두(瓦豆)에 올리는데 젓갈이 있다. 또한 와두(瓦豆)를 사용하는데 육장과 육젓은 두(豆)의 북쪽에 진열한다.

　시동이 또 식사를 하는데 저민 고기를 먹는다. 상좌식이 시동에게 올린 물고기 한 마리를 들어서 주면 시동이 받아서 진제(振祭)를 지내고 맛을 본다. 좌식이 받아서 기(肵)에 올려놓는데 가로로 놓는다.

　또 식사를 한다. 상좌식이 시동의 순록고기포와 어깨뼈를 들면 시동이 받아서 진제(振祭)를 지내고 맛을 본다. 상좌식이 받아서 기에 올려놓는다. 또 식사를 한다. 상좌식이 시동의 뢰(牢)에서 겨드랑이뼈를 들면 처음과 똑같이 한다.

　또 먹는다. 시동이 배부르다고 고하면 축이 주인의 남쪽에서 서면하여 홀로 권하고 절하지 않는다. 권하기를 "황시(皇尸)께서 배부르지 않으시면 더 드시지요."라고 한다.

　시동이 또 먹는다. 상좌식이 시동의 뢰(牢)에서 어깨뼈를 들면 시동이 받아서 진제를 지내고 맛을 본다. 좌식이 받아서 기(肵)에 올려놓는다.

　시동이 밥을 뜨지 않고 배가 부르다고 고한다. 축이 주인의 남쪽에서 서면한다. 주인이 말은 하지 않고 절하여 권한다. 시동이 또 세 번 밥을 뜬다. 상좌식이 시동의 뢰(牢)에서 허파와 정척(正脊)을 받아서 기(肵)에 올려놓는다.

◉尸升筵 祝主人西面立于戶內 祝在左 祝主人皆拜安[1] 尸 尸不言 尸答拜 遂坐 祝反 南面 尸取韭菹辯換于三豆 祭于豆間 上佐食取

黍稷于四敦 下佐食取牢[2]一切肺于俎 以授上佐食 上佐食兼與黍以
授尸 尸受 同[3]祭于豆祭 上佐食擧尸牢肺正脊以授尸 上佐食爾[4]上
敦黍于筵上 右之[5] 主人羞肵俎[6] 升自阼階 置[7]于膚北 上佐食羞
兩鉶 取一羊鉶于房中 坐設于韭菹之南 下佐食又取一豕鉶于房中
以從 上佐食受 坐設于羊鉶之南 皆芼[8] 皆有柶 尸扱以柶祭羊鉶 遂
以祭豕鉶 嘗羊鉶 食擧[9] 三飯 上佐食擧尸牢幹[10] 尸受振祭 嚌之 佐
食受 加于肵 上佐食羞胾兩瓦豆 有醢 亦用瓦豆 設于薦豆之北 尸
又[11]食 食胾 上佐食擧尸一魚 尸受振祭 嚌之 佐食受加于肵 橫之 又
食 上佐食擧尸腊肩 尸受振祭 嚌之 上佐食受加于肵 又食 上佐食
擧尸牢骼 如初 又食 尸告飽 祝西面于主人之南 獨侑[12]不拜 侑曰 皇
尸未實[13] 侑 尸又食 上佐食擧尸牢肩 尸受振祭 嚌之 佐食受 加于
肵 尸不飯 告飽 祝西面于主人之南 主人不言 拜侑 尸又三飯 上佐
食受[14]尸牢肺正脊加于肵

1) 拜妥(배타) : 시동에게 절하여 편안하게 앉게 하다.

2) 牢(뢰) : 양과 돼지의 희생이며 소뢰(少牢)이다.

3) 同(동) : 합(合)이다.

4) 爾(이) : 근(近)이다. 어떤 이는 이(移)라고도 한다.

5) 右之(우지) : 시동이 식사하기 편하게 한 것이다.

6) 羞肵俎(수기조) : 수(羞)는 진(進)이다. 기조는 공경하는 뜻이 들어 있다. 주
인이 친히 올려 시동에게 공경을 더하는 것이다.

7) 置(치) : 본래 글자는 직(直)으로 되어 있다.

8) 芼(모) : 야채로 끓인 국이다. 양(羊)은 씀바귀[苦茶]를 사용하고 돼지는 고
비를 사용하여 국을 끓인다.

9) 擧(거) : 뢰(牢)의 허파와 위쪽의 척추뼈를 뜻한다.

10) 幹(간) : 정척(正脊)이다. 위쪽의 등골뼈. 고문(古文)에는 간(幹)이 간(肝)
으로 되어 있다.

11) 又(우) : 부(復)이다. 다시.

12) 侑(유) : 권(勸)하다.

13) 實(실) : 포(飽)와 같다. 축이 이미 권하면 다시 되돌아와 남면한다.

14) 受(수) : 시동이 주어서 받는 것이다.

9. 시동에게 다시 술을 올린다

주인(主人)이 당(堂)에서 내려가 작(爵)을 씻어 당으로 올라가 북면하고 술을 따라서 이에 시동에게 올린다. 시동이 절하고 받으며 주인이 절하고 잔을 보낸다.

시동이 술을 제사 지내고 술을 맛본다. 빈장(賓長)이 뢰의 간(肝)을 올리며 도마를 사용하는데 세로로 도마를 잡고 간 또한 세로로 놓는다. 끝으로 나아가면 소금이 오른쪽에 있다.

시동이 왼손으로 작(爵)을 잡고 오른손으로 함께 하여 간을 취하여 도마의 소금을 묻혀서 진제(振祭)를 지내고 맛을 보고 절임이 담겨 있는 두(豆)에 올려놓고 작의 술을 다 마신다. 주인이 절하고 축이 시동의 작을 받는다. 시동이 답하여 절한다. 축이 술을 따라서 시동에게 주면 시동이 주인에게 잔을 돌린다.

주인이 절하고 작을 받는다. 시동이 답하여 절한다. 주인이 서면하고 작을 내려놓고 또 절한다. 상좌식(上佐食)이 4개의 대(敦)에서 메기장과 찰기장을 취한다. 하좌식(下佐食)이 뢰(牢)에서 일체의 허파를 취하여 상좌식에게 주면 상좌식이 휴제(綏祭)를 지낸다.

주인이 왼손으로 작(爵)을 가지고 오른손으로 좌식(佐食)에게 받는다. 앉아서 제사를 한다. 또 술을 제사하고 일어나지 않고 드디어 술을 맛본다.

축(祝)과 상좌식(上佐食)과 하좌식(下佐食)이 모두 나간다. 씻는 곳에 가서 손을 씻는다. 상좌식과 하좌식이 들어와 각각 하나의 대(敦)에서 메기장밥을 취한다. 상좌식이 함께 받아서 뭉쳐 시동에게 준다. 시동이 가지고 축에게 명한다.

축에게 명령하는 것을 마치면 축이 동쪽으로 받아서 호서(戶西)에서 북면하고 주인에게 복을 빌어 말하기를 "황시(皇尸)께서 공축(工祝)에게 명하여 '다복(多福)을 이어서 이르게 하고 그대의 효손(孝孫)들이 무강(無疆)하게 하라. 그대의 효손들이

복을 하사받아 그대들로 하여금 하늘에서 녹을 받게 하고 밭농사
에 마땅함이 있고 미수(眉壽) 만년(萬年)하여서 길이 폐지됨이
없게 하라.' 라고 하셨습니다."라고 한다.

　주인이 앉아서 작(爵)을 내려놓고 일어나 재배하고 머리를 조
아린다. 일어나서 메기장밥을 받아 앉아서 진제(振祭)를 드리고
맛을 본다. 이어서 가슴에 품고 왼쪽 소매에 담아서 새끼손가락
에 끼고 작을 가지고 일어났다 앉아서 술을 다 마시고 작을 가지
고 일어난다. 다시 앉아서 작을 내려놓고 절한다. 시동이 답하여
절한다. 다시 작을 가지고 일어나 나간다. 재부(宰夫)가 변(籩)
으로써 색서(嗇黍)를 받는다. 주인이 맛을 보고 안으로 들인다.

❶主人降洗爵 升 北面酌酒 乃酳[1]尸 尸拜受 主人拜送 尸祭酒啐酒
賓長羞牢肝用俎 縮執俎 肝亦縮 進末 鹽在右 尸左執爵 右兼[2]取肝
擩于俎鹽 振祭 嚌之 加于菹豆 卒爵 主人拜 祝受尸爵 尸答拜 祝酳
授[3]尸 尸醋主人 主人拜受爵 尸答拜 主人西面奠爵 又拜 上佐食取
四敦黍稷 下佐食取牢一切肺 以授上佐食 上佐食以綏[4]祭 主人左執
爵 右受佐食[5] 坐祭之 又祭酒 不興 遂啐酒 祝與二佐食皆出 盥于洗
入 二佐食各取黍于一敦 上佐食兼受 搏之以授尸 尸執以命祝[6] 卒
命祝 祝受以東 北面于戶西以嘏[7]于主人曰 皇尸命工[8]祝 承[9]致多福
無疆于女孝孫 來[10]女孝孫 使女受祿[11]于天 宜稼[12]于田 眉壽[13]萬年
勿替引[14]之 主人坐 奠爵 興 再拜稽首 興受黍 坐振祭 嚌之 詩[15]懷
之實于左袂[16] 挂于季指[17] 執爵以興 坐卒爵 執爵以興 坐奠爵 拜 尸
答拜 執爵以興 出[18] 宰夫以籩受嗇[19]黍 主人嘗之 納諸內

1) 酳(윤) : 술을 올리다. 선(羨)과 같다. 더하다. 이미 음식을 먹었는데 또 마시
　라고 올린 것은 즐겁게 하기 위한 것이다. 고문에는 작(酌)으로 되어 있다.
2) 兼(겸) : 양과 돼지를 겸하다의 뜻.
3) 授(수) : 글자가 혹 수(受)자가 아닌가 했다.
4) 綏(휴) : 혹은 휴(挼)로 되어 있고 휴는 휴(墮)가 된다. 고문(古文)에 휴(墮)
　는 기(胏)로 되어 있다.
5) 右受佐食(우수좌식) : 오른손으로 좌식(佐食)에게 휴(墮)를 받다의 뜻.

6) 命祝(명축) : 큰 복 받으라는 축사를 뜻한다.

7) 嘏(하) : 크다. 곧 주인에게 대복(大福)을 주다. 복받게 하다. 고문(古文)에
   는 격(格)으로 되어 있다.

8) 工(공) : 관(官)이다.

9) 承(승) : 전(傳)과 같다.

10) 來(내) : 이사(釐賜)이다.

11) 祿(녹) : 녹봉이다. 고문(古文)에는 복(福)으로 되어 있다.

12) 稼(가) : 밭을 갈아 씨 뿌리는 것을 가(稼)라고 한다.

13) 眉壽(미수) : 눈썹이 세고 길어지도록 오래 사는 것. 고문(古文)에는 미는
    미(微)로 되어 있다.

14) 勿替引(물체인) : 물은 무(無)와 같고 체는 폐(廢)와 같고 인은 장(長)과
    같다. 고문에 체는 결(袂)로 되어 있고 어떤 곳에는 질(戠)로 되어 있다.

15) 詩(시) : 승(承)과 같다.

16) 實于左袂(실우좌메) : 오른손이 편리하게 한 것이다.

17) 挂于季指(괘우계지) : 새끼손가락에 걸다. 고문에 괘는 괘(卦)로 되어 있다.

18) 出(출) : 호(戶)에서 나가다.

19) 嗇(색) : 거두어들이는 것을 색(嗇)이라 한다.

10. 주인이 축(祝)에게 술을 올리다

주인이 축에게 잔을 올리는데 자리를 깔고 남면한다. 축이 자리
위에서 절하고 앉아서 받는다. 주인이 서면하고 답하여 절을 한
다. 2개의 두(豆)에 아욱절임과 달팽이젓을 올린다.

좌식(佐食)이 도마를 진열하고 뢰(牢)의 넓적다리뼈와 횡척
(橫脊) 하나와 단협(短脅) 하나와 창자 하나와 위(胃) 하나와
살코기 세 점을 올리고 물고기 한 마리를 가로로 놓고 순록고기
포와 양쪽 넓적다리와 꽁무니를 이어 놓는다.

축이 절임을 취하여 젓에 묻혀서 두(豆) 사이에서 제사한다. 축
이 도마에도 제사한다. 술로 제사하고 술을 맛본다. 간의 뢰(牢)
가 따른다. 축이 간을 취하여 소금에 묻혀서 진제(振祭)를 지내

고 맛을 본다. 일어나지 않고 도마 위에 올려놓고 작(爵)의 술을 다 마시고 일어난다.

주인이 술을 따라 상좌식(上佐食)에게 드린다. 상좌식이 호내(戶內)의 격자창 동북면(東北面)에서 절하고 앉아서 작을 받는다. 주인이 서면하고 답하여 절한다. 좌식이 술을 제사 지내고 술을 다 마시고 절한다. 앉아서 작을 주고 일어난다. 도마를 양쪽 계단 사이에 진열한다. 그 도마에는 자른 등뼈와 하나의 살코기가 놓여 있다.

주인이 하좌식(下佐食)에게 술을 드리는데 또한 상좌식에게 드리는 방식과 똑같이 한다. 그 담은 것을 또한 계단 사이에 진열하는데 서쪽을 위로 여긴다. 또한 자른 등뼈와 하나의 살코기가 있다.

◑主人獻祝 設席南面 祝拜于席上 坐受 主人西面答拜 薦兩豆 葅醓[1] 佐食設俎 牢髀橫脊一短脅一 腸一 胃一 膚三 魚一橫之 腊兩髀屬于尻 祝取葅㨾于醓 祭于豆間 祝祭俎 祭酒 嚌酒 肝牢從 祝取肝㨾于鹽 振祭 嚌之 不興 加于俎 卒爵興 ◑主人酳獻上佐食 上佐食戶內牖東北面拜 坐受爵 主人西面答拜 佐食祭酒 卒爵 拜 坐授爵興 俎設于兩階之間 其俎折[2] 一膚 主人又獻下佐食 亦如之 其脊亦設于階間 西上 亦折 一膚

1) 葅醓(저해) : 아욱절임과 달팽이젓을 뜻한다.
2) 折(절) : 뢰(牢)에서 정체(正體)를 가려 취하고 나머지 뼈들을 잘라 나눠 사용하는 것들이다. 담아 놓고 올리지는 않는 것들이다.

II. 유사(有司)의 찬자(贊者)가 당으로 오르다

유사(有司)의 찬자(贊者)가 대광주리에서 작(爵)을 취하여 당으로 올라 주부(主婦)의 찬자에게 방호(房戶)에서 준다.

부(婦)의 찬자가 받아서 주부에게 준다. 주부가 방중(房中)에서 작을 씻는다. 나가서 술을 따라 호(戶)로 들어와 서면하고 절하며 시동에게 작을 올린다. 시동이 절하고 받는다. 주부(主婦)와 주인이 북서면(北西面)하고 절하고 작(爵)을 보낸다.

시동이 술을 제사하고 술을 다 마신다. 주부가 절한다. 축이 시동의 작을 받으면 시동이 답하여 절한다. 작을 바꾸어 씻어서 술을 따라 시동에게 준다. 주부가 절하고 작을 받으면 시동이 답하여 절한다. 상좌식(上佐食)이 휴제(綏祭)를 지낸다. 주부가 서면하고 주인의 북쪽에서 제(祭)를 받아서 제사한다. 그 휴제(綏祭)는 주인이 하는 예와 똑같이 한다. 큰 복을 내리지는 않는다. 술을 다 마시고 절하면 시동이 답하여 절한다.

주부(主婦)가 작(爵)을 가지고 나간다. 찬자(贊者)가 받고 작을 광주리에서 바꾼다. 주부에게 방안(房中)에서 준다.

주부가 작을 씻어서 술을 따라 축(祝)에게 드린다. 축이 절하고 앉아서 작(爵)을 받는다. 주부가 답하여 절하는데 주인의 북쪽에서 한다. 작을 다 비우고 일어나지 않는다. 앉아서 주부에게 작을 준다. 주부가 받아서 술을 따라 호내(戶內)에서 상좌식(上佐食)에게 드린다. 상좌식이 북면하여 절하고 앉아서 작을 받는다. 주부가 서면하고 답하여 절한다. 술을 제사하고 작의 술을 다 마신다. 앉아서 주부에게 작을 준다. 주부가 하좌식에게 술을 드리는데 또한 똑같은 방식으로 한다. 주부가 작을 받아 가지고 방(房)으로 들어간다.

빈장(賓長)이 작을 씻어 시동에게 올린다. 시동이 절하고 작을 받는다. 빈이 호(戶)의 서북면에서 절하고 작을 보낸다. 시동이 술에 제사하고 작을 다 비운다. 빈이 절을 한다. 축이 시동의 작을 받는다. 시동이 답하여 절한다.

축이 술을 따라서 시동에게 준다. 빈이 절하고 작을 받는다. 시동이 절하고 작을 보낸다. 빈이 앉아서 작을 내려놓고 드디어 절한다. 이에 작을 가지고 일어났다가 앉아서 제사한다. 드디어 마신다. 술을 다 마시면 작을 가지고 일어났다가 다시 앉아서 작을 내려놓고 절을 한다. 시동이 답하여 절한다.

빈(賓)이 술을 따라서 축에게 드린다. 축이 절하고 앉아서 작을 받는다. 빈이 북면하고 답하여 절한다. 축이 술에 제사하고 술을 맛본다. 그리고 그 연회석 앞에 작을 내려놓는다.

◑有司贊者取爵于篚以升 授主婦贊者于房戶 婦贊者受以授主婦 主
婦洗于房中 出 酌 入戶 西面拜[1] 獻尸 尸拜受 主婦主人之北西面拜
送爵 尸祭酒 卒爵 主婦拜 祝受尸爵 尸答拜 易爵[2]洗 酌授尸 主婦拜
受爵 尸答拜 上佐食綏祭 主婦西面于主人之北受祭 祭之 其綏祭如
主人之禮 不嘏[3] 卒爵 拜 尸答拜 主婦以爵出 贊者[4]受 易爵于篚 以
授主婦于房中 ◑主婦洗 酌獻祝 祝拜[5] 坐受爵 主婦答拜于主人之北
卒爵 不興 坐授主婦 主婦受 酌獻上佐食于戶內 佐食北面拜 坐受爵
主婦西面答拜 祭酒 卒爵 坐授主婦 主婦獻下佐食亦如之 主婦受爵
以入于房 ◑賓長洗爵獻于尸 尸拜受爵 賓戶西北面拜送爵 尸祭酒
卒爵 賓拜 祝受尸爵 尸答拜 祝酌授尸 賓拜受爵 尸拜送爵 賓坐 奠
爵 遂拜 執爵以興 坐祭 遂飮卒爵 執爵以興 坐 奠爵拜 尸答拜 ◑賓
酌獻祝 祝拜 坐受爵 賓北面答拜 祝祭酒 啐酒 奠爵于其筵前

1) 入戶西面拜(입호서면배) : 곧 편리하게 말미암도록 한 것이다.

2) 易爵(역작) : 남자와 여자가 작을 함께 쓰지 않기 때문이다.

3) 不嘏(불하) : 복을 내리지 않다. 부부는 일체이기 때문에 한번으로 끝난 것이다.

4) 贊者(찬자) : 유사(有司)의 찬자이다.

5) 祝拜(축배) : 금문(今文)에는 축배수(祝拜受)로 되어 있다.

12. 주인이 동쪽 계단 위에 서다

주인이 나가서 동쪽 계단 위에 서서 서면한다. 축이 나가서 서
쪽 계단 위에 서서 동면한다.

축이 알려 말하기를 "받드는 일을 마쳤습니다."라고 한다. 축이
들어오면 시동이 일어난다. 주인이 당에서 내려가 동쪽 계단의 동
쪽에 서서 서면한다. 축이 먼저 하여 시동을 인도하고 시동이 따
라 드디어 묘문(廟門)으로 나간다.

축이 되돌아와 실중(室中)에서 자리로 돌아간다. 주인이 또한
실(室)로 들어가 제자리로 돌아간다. 축이 좌식(佐食)에게 명하
여 기조(肵俎)를 철거하라고 한다. 가지고 내려가 당 아래 동쪽
계단의 남쪽에 진열한다.

사궁(司宮)이 좌식과 마주하여 진열한다. 이에 네 사람의 준
(養)이 있다. 상좌식(上佐食)이 손을 씻고 오르고 하좌식이 마
주한다. 빈장(賓長) 두 사람이 준비한다.

사사(司士)가 메기장밥이 든 하나의 대(敦)를 상좌식 앞에 가
져다 놓고, 메기장밥이 든 하나의 대(敦)를 하좌식 앞에 가져다
놓는다. 모두가 자리 위에서 오른쪽에 한다.

양(羊)의 도마 양쪽 끝에서 메기장밥을 덜어 양쪽 아래에 두는
데 이는 준(養 : 남은 밥)이다. 사사(司士)가 두루 거(擧)를 올린
다. 준자(養者)는 모두 메기장밥에 제사하고 거(擧)에도 제사한다.

주인이 서면하고 준자(養者)에게 3번 절한다. 준자는 거(擧)
를 도마에 내려놓고 모두 답하여 절한다. 모두 다시 거를 취한다.

사사(司士)가 형(鉶) 하나를 상준(上養)에게 올리고, 또 형
(鉶) 하나를 차준(次養)에게 올린다. 또 2개의 두(豆)와 고깃국
을 양쪽 아래에 올린다. 이에 모두가 먹는다. 거(擧)도 먹는다. 식
사가 끝나면 주인이 하나의 작(爵)을 씻어서 당으로 올라 술을 따
라서 상준(上養)에게 준다. 찬자(贊者)가 술잔 3개를 씻어 술을
따라서 주면 주인이 호내(戶內)에서 받는다. 이에 차준(次養)에
게 준다. 이와 같이 골고루 주는데 모두 절하지 않고 작을 받는다.

주인이 서면하고 준자(養者)에게 3번 절한다. 준자는 작을 내
려놓고 모두 답하여 절한다. 모두 술에 제사하고 술을 다 마신다.
작을 내려놓고 모두 절한다. 주인이 답하여 한 번 절한다. 준자 세
사람이 일어나 나간다.

상준(上養)이 머물러 있으면 주인이 상준의 작을 받아서 술을 따
라 호내(戶內)에서 잔을 돌리고 서면하고 앉아서 작을 내려놓고 절
한다. 상준이 답하여 절하고 앉아서 술을 제사하고 술을 맛본다.

상준(上養)이 몸소 복을 내리는 말을 하여 이르기를 "주인께
서는 제사의 복을 받으셔서 오래도록 장수하시어 가옥을 건강하
게 보전할 것입니다."라고 한다.

주인이 일어났다가 앉아서 작을 내려놓고 절한다. 작을 가지고
일어났다 다시 앉아서 술을 다 마시고 절한다. 상준이 답하여 절

한다. 상준이 일어나 나가면 주인이 전송하고 이에 물러난다.

●主人出 立于阼階上 西面 祝出 立于西階上 東面 祝告曰 利成¹⁾ 祝
入 尸謖²⁾ 主人降 立于阼階東 西面 祝先 尸從 遂出于廟門 ●祝反
復位于室中 主人亦入于室 復位 祝命佐食徹胏俎³⁾ 降設于堂下阼階
南 司宮設對席 乃四人餕⁴⁾ 上佐食盥升 下佐食對之 賓長二人備⁵⁾ 司
士進一敦黍于上佐食 又進一敦黍于下佐食 皆右之⁶⁾于席上 資⁷⁾黍
于羊俎兩端 兩下是餕⁸⁾ 司士乃辯擧⁹⁾ 餕者皆祭黍 祭擧 主人西面三
拜¹⁰⁾ 餕者 餕者奠擧于俎 皆答拜 皆反 取擧 司士進一鉶于上餕 又進
一鉶于次餕 又進二豆湆于兩下 乃皆食 食擧 卒食 主人洗一爵升 酳
以授上餕 贊者洗三爵 酳 主人受于戶內 以授次餕 若是以辯 皆不
拜受爵 主人西面三拜餕者 餕者奠爵 皆答拜 皆祭酒 卒爵 奠爵 皆
拜 主人答壹拜 餕者三人興 出 上餕止 主人受上餕爵 酳以醋于戶
內 西面坐 奠爵拜 上餕答拜 坐 祭酒 啐酒 上餕親嘏¹¹⁾曰 主人受祭
之福 胡壽保建家室 主人興 坐 奠爵拜 執爵以興 坐 卒爵 拜 上餕答
拜 上餕興 出 主人送¹²⁾ 乃退

1) 利成(이성) : 양필(養畢)이다. 받들어 봉양하는 것이 끝났다는 뜻이다. 곧 잔
   치가 끝났다는 말. 효자(孝子)의 봉양하는 예가 끝났다는 뜻.

2) 謖(속) : 일어나다. 속은 어떤 본에는 휴(休)로 되어 있다.

3) 徹胏俎(철기조) : 기조를 철거하다. 곧 철거한 기조는 문을 나가지 않고 시
   동을 인도한다.

4) 四人餕(사인준) : 대부의 예는 4명이라고 했다. 준은 은혜가 큰 것을 밝힘이다.

5) 備(비) : 준자(餕者) 4인이 갖추어지다의 뜻.

6) 右之(우지) : 동면하고 남쪽에 있다. 서면하면 북쪽에 있다.

7) 資(자) : 감(減)과 같다. 금문(今文)에는 재(齎)로 되어 있다.

8) 餕(준) : 어느 본에는 준(餕)으로 되어 있다.

9) 辯擧(편거) : 편은 금문에는 편(徧)으로 되어 있다. 거는 거부(擧膚)이다.

10) 三拜(삼배) : 차례대로 두루 보여주는 것이다.

11) 親嘏(친하) : 몸소 복을 말하다. 축을 시키지 않고 하는데 기장밥으로써 한다.

12) 送(송) : 좌식(佐食)을 전송하는 것이며 권하여 절하지 않는다.

제17편 유사(有司第十七)

유사(有司)편은 어느 본에는 유사철(有司徹)이라고 했다. 유사(有司)는 집안의 일을 도맡아 처리하는 직책이다.

정현(鄭玄)은 "대부(大夫)가 이미 제사를 지내고 시동을 당(堂)으로 인도하는 예이다."라고 했다.

1. 유사(有司)가 철거하다

유사(有司)가 철거한다. 당(堂)을 청소한다. 사궁(司宮)이 술그릇들을 닦고 정돈한다. 이에 시동의 도마를 따뜻하게 한다. 시동의 도마가 따뜻해지면 양(羊)과 돼지와 물고기들을 담은 세발솥 3개를 올린다. 순록고기포와 살코기는 없다. 이에 들막대와 솥뚜껑을 설치하고 문 밖에다 세발솥을 진열하는데 처음과 똑같이 한다.

이에 빈(賓) 가운데에서 유(侑 : 돕는 사람)를 가려 뽑는데 이성(異姓)으로 한다. 종인(宗人)이 유(侑)에게 알린다. 유(侑)가 나가서 묘문(廟門)의 밖에서 기다린다.

사궁(司宮)이 호(戶)의 서쪽에 연회석을 펴고 남면(南面)한다. 또 서서(西序)에 연회석을 펴고 동면한다. 시동과 유(侑)가 묘문(廟門) 밖에서 북면하고 서쪽을 위로 삼는다. 주인이 나가서 시동을 맞이한다. 종인이 인도한다.

주인이 절하면 시동이 답하여 절한다. 주인이 또 유(侑)에게 절하면 유(侑)가 답하여 절한다. 주인이 읍(揖)하고 먼저 문으로 들어가 오른쪽에 한다. 시동이 문으로 들어와 왼쪽에 한다. 유(侑)

가 따라와 또한 왼쪽에 한다. 읍하고 이에 사양한다.

주인이 먼저 동쪽 계단을 통해 당으로 오른다. 시동과 유(侑)
가 서쪽 계단을 통해 당으로 올라 서쪽 기둥의 서쪽에서 북면하
고 동쪽을 위로 삼는다.

주인이 동쪽 기둥의 동쪽에서 북면하여 절하고 이르면, 시동이
답하여 절한다. 주인이 또 유(侑)에게 절하면 유가 답하여 절한다.

●有司徹[1] 埽堂 司宮攝[2]酒 乃欱[3]尸俎 卒欱 乃升羊豕魚三鼎 無腊
與膚 乃設扃鼏 陳鼎于門外如初 ●乃議[4]侑于賓以異姓[5] 宗人戒侑[6]
侑出 俟于廟門之外 ●司宮筵于戶西[7] 南面 又筵于西序[8] 東面 尸
與侑北面于廟門之外 西上 主人出迎尸 宗人擯 主人拜 尸答拜 主
人又拜侑 侑答拜 主人揖 先入門右 尸入門左 侑從 亦左 揖 乃讓[9]
主人先升自阼階 尸侑升自西階 西楹西 北面 東上[10] ●主人東楹東
北面拜至 尸答拜 主人又拜侑 侑答拜

1) 有司徹(유사철) : 유사(有司)는 대부 집안의 일을 관리하는 사람. 철은 실중
(室中)의 궤식(饋食) 및 축과 좌식(佐食)의 도마를 치우는 것을 뜻한다. 경
대부(卿大夫)가 이미 제사를 지내고 빈(賓)과 시동을 높이는 예이다.

2) 攝(섭) : 금문(今文)에는 섭(聶)으로 되어 있다.

3) 欱(심) : 따뜻하게 하다. 곧 시동의 도마를 따뜻하게 한다는 뜻. 고문(古文)
에는 심(尋)으로 되어 있다.

4) 議(의) : 택(擇)과 같다. 빈 가운데에서 어진 이를 가리다의 뜻.

5) 異姓(이성) : 시동을 돕는 자를 쓰는데 이성(異姓)을 쓴다는 뜻. 존경의 뜻
을 넓힌다는 뜻.

6) 戒侑(계유) : 계는 고(告)와 같다. 유는 고문(古文)에 유(宥)로 되어 있다.

7) 筵于戶西(연우호서) : 시동의 자리이다.

8) 筵于西序(연우서서) : 돕는 사람의 자리이다.

9) 揖乃讓(읍내양) : 낙숫물 떨어지는 곳에서 서로 읍하고 계단에 이르면 또 사
양한다는 뜻.

10) 東上(동상) : 좌석을 통제함이다.

2. 사마(司馬)가 양정(羊鼎)을 든다

이에 세발솥을 운반한다. 사마(司馬)가 양이 들어 있는 솥을 들고 사사(司士)가 돼지가 들어 있는 솥을 들고 물고기가 들어 있는 솥을 들고 들어온다. 세발솥을 진열하는데 처음과 똑같이 한다.

옹정(雍正)이 수저 하나를 가지고 따르고 옹부(雍府)가 수저 2개를 가지고 따른다. 사사(司士)는 짝으로 된 2개의 도마를 합쳐서 가지고 따른다. 사사(司士)의 찬자(贊者)가 또한 짝으로 된 2개의 도마를 합쳐서 가지고 따른다. 수저는 모두 세발솥 위에 올려놓는데 손잡이가 동쪽으로 가게 한다.

2개의 도마는 양고기가 담긴 세발솥의 서쪽에 설치하는데 서쪽으로 세로로 놓고, 2개의 도마는 모두 2개의 세발솥의 서쪽에 설치하는데 또한 서쪽으로 세로로 놓는다.

옹인(雍人)이 짝으로 된 2개의 도마를 가지고 양고기 도마의 서쪽에 나란히 진열하는데 모두 서쪽으로 세로로 놓는다. 2개의 소비(疏匕)를 그 위에 엎어 놓는데 모두 세로로 도마에 놓고 손잡이는 서쪽으로 가게 한다.

주인이 내려온다. 재(宰)가 궤(几)를 받는다. 시동과 유(侑)가 내려온다. 주인이 사양의 인사를 하면 시동이 마주하여 답한다.

재(宰)가 궤(几)를 주면 주인이 받는다. 두 손을 가로로 하여 궤를 들고 시동에게 읍한다. 주인이 당에 오르면 시동과 유(侑)가 당으로 올라 제자리로 돌아간다. 주인이 서면하고 왼손으로 궤(几)를 잡아 세로로 놓고 오른손 소매로 밀어 궤의 먼지를 세 번 턴다.

두 손을 가로로 하여 궤를 들고 나아가 연회석 앞에서 시동에게 준다. 시동이 앞으로 나아가 두 손으로 손 사이에서 받는다. 주인이 물러난다. 시동이 궤를 돌려 세로로 한다. 오른손으로 밖의 모서리를 잡고 북면하여 연회석 위에 내려놓고 왼쪽으로 하여 남쪽으로 세로로 놓아두며 앉지는 않는다.

주인이 동쪽 기둥의 동쪽에서 북면하고 절한다. 시동이 제자리로 돌아간다. 시동과 유(侑)가 모두 북면하고 답하여 절한다.

◐乃擧[1] 司馬擧羊鼎 司士擧豕鼎擧魚鼎以入 陳鼎如初[2] 雍正執一
匕以從 雍府執二匕以從 司士合執二俎以從 司士贊者亦合執二俎
以從 匕皆加于鼎 東枋 二俎設于羊鼎西 西縮 二俎皆設于二鼎西 亦
西縮 雍人合執二俎 陳于羊俎西 竝 皆西縮 覆二疏匕[3]于其上 皆縮
俎 西枋 ◐主人降 受宰几[4] 尸侑降 主人辭 尸對 宰授几 主人受 二
手橫執几 揖尸 主人升 尸侑升 復位 主人西面 左手執几 縮之 以右
袂推拂[5]几三 二手橫執几 進授尸于筵前 尸進 二手受[6]于手間 主人
退 尸還几縮之 右手執外廉 北面奠于筵上左之[7] 南縮 不坐[8] 主人
東楹東 北面拜[9] 尸復位 尸與侑皆北面答拜[10]

1) 乃擧(내거) : 세발솥을 들다의 뜻.
2) 如初(여초) : 동쪽 계단 아래에서 서면하여 북쪽을 위로 삼는 것과 같다.
3) 疏匕(소비) : 수저의 손잡이에 무늬가 새겨져 있는 것이다.
4) 宰几(재궤) : 재는 '주례'에 태재(太宰)는 찬옥(贊玉)과 궤옥(几玉)을 관
   장하는 직책이라고 했다. 궤는 앉을 때 몸을 편안하게 하기 위한 것이다.
5) 推拂(추불) : 먼지를 털어서 새 것처럼 보이게 하는 일.
6) 受(수) : 손의 사이를 따라서 한다. 곧 겸손하게 함이다.
7) 左之(좌지) : 귀신에게 다르게 함이다. 산 사람은 양(陽)으로 왼쪽에서 자라
   고 귀신은 음으로 오른쪽에서 자란다.
8) 不坐(부좌) : 내려놓는 것에서 궤(几)는 가벼운 것이기 때문이다.
9) 拜(배) : 궤를 보내는 것이다.
10) 拜(배) : 돕는 이가 절하는 것은 시동을 따르기 때문이다.

3. 시동과 유(侑)가 내려간다

주인이 당에서 내려가 작을 씻으면 시동과 유(侑)가 당에서 내
려간다. 시동이 주인이 씻는 것에 대해 사양하는 말을 하면 주인
이 사양하며 답한다. 씻는 것을 마치면 읍하고 주인이 당으로 오
른다. 시동과 유(侑)도 당으로 오른다.

시동이 서쪽 기둥의 서쪽에서 북면하고 주인이 작을 씻은 수고에 대하여 절한다. 주인이 동쪽 기둥의 동쪽에서 북면하여 작을 내려놓고 답하여 절한다.

내려와서 손을 씻는다. 시동과 유(侑)도 내려온다. 주인이 사양의 말을 하면 시동이 답한다. 손을 다 씻으면 주인이 읍하고 당으로 오른다. 시동과 유(侑)도 당으로 오른다.

주인이 앉아서 작(爵)을 취하여 술을 따라서 시동에게 올린다. 시동이 북면하여 절하고 작(爵)을 받는다. 주인이 동쪽 기둥의 동쪽에서 북면하여 절하고 작(爵)을 보낸다.

주부가 동방(東房)으로부터 부추와 절임과 젓갈을 올린다. 앉아서 연회석 앞에 내려놓는다. 절인 음식은 서쪽에 있게 한다.

부(婦)의 찬자(贊者)가 창포뿌리와 절인 것과 젓을 가지고 주부에게 준다. 주부는 일어나지 않고 받아서 더하여 남쪽에 진열한다. 창포뿌리는 동쪽에 있게 한다. 일어나 방에서 변(籩)을 취하여 앉아서 볶은 보리와 삼씨를 두(豆)의 서쪽에 진설하는데 밖의 줄과 마주하게 한다. 볶은 보리는 동쪽에 있게 한다. 부(婦)의 찬자(贊者)는 흰 것(볶은 쌀)과 검은 것(볶은 기장)을 잡아 주부에게 준다. 주부는 일어나지 않고 받아서 처음 놓은 변(籩)의 남쪽에 진열한다. 흰 것은 서쪽에 있게 한다. 일어나 물러간다.

◑主人降洗 尸侑降 尸辭洗 主人對 卒洗 揖 主人升 尸侑升 尸西楹西 北面拜洗 主人東楹東 北面奠爵答拜 降盥[1] 尸侑降 主人辭 尸對 卒盥 主人揖 升 尸侑升 主人坐取爵 酌獻尸 尸北面拜受爵 主人東楹東 北面拜送爵 ◑主婦自東房薦韭菹醓 坐奠于筵前 菹在西方 婦贊者執昌[2] 菹醓以授主婦 主婦不興受 陪設于南 昌在東方 興 取籩于房 麷[3]蕡[4] 坐設于豆西 當外列[5] 麷在東方 婦贊者執白黑[6]以授主婦 主婦不興受 設于初籩之南 白在西方 興退[7]

1) 降盥(강관) : 흙 때문에 손이 더러워져서 술을 따를 수가 없기 때문이다.
2) 昌(창) : 창포뿌리이다.
3) 麷(풍) : 보리를 볶은 것이다.

4) 蕡(분) : 삼씨를 볶은 것이다.

5) 當外列(당외렬) : 국그릇을 피한 것이다.

6) 白黑(백흑) : 백은 쌀을 볶은 것이고 혹은 기장을 볶은 것이다.

7) 退(퇴) : 물러나 방 안으로 들어가다의 뜻.

4. 희생이 도마에 오른다

이에 희생을 도마에 올린다. 사마(司馬)가 수저를 양(羊)에 놓는다. 또한 사마(司馬)가 도마에 싣는다. 오른쪽 몸체의 어깨뼈와 팔뚝뼈와 광대뼈와 겨드랑이뼈와 정강이뼈와 정척(正脊) 하나와 정척(脡脊) 하나와 횡척(橫脊) 하나와 단협(短脅) 하나와 정협(正脅) 하나와 대협(代脅) 하나와 창자 하나와 위(胃) 하나와 제폐(祭肺) 하나를 하나의 도마 위에 올린다. 양고기국과 자른 정강이뼈와 정척(正脊) 하나와 정협(正脅) 하나와 창자 하나와 위(胃) 하나와 제폐(嚌肺) 하나를 남쪽 도마에 올린다.

사사(司士)가 수저를 돼지에 놓는다. 또한 사사가 도마에 싣는다. 또한 오른쪽 몸체의 어깨뼈와 팔뚝뼈와 광대뼈와 겨드랑이뼈와 정강이뼈와 정척(正脊) 하나와 정척(脡脊) 하나와 횡척(橫脊) 하나와 단협(短脅) 하나와 정협(正脅) 하나와 대협(代脅) 하나와 살코기 다섯 점과 제폐(嚌肺) 하나를 하나의 도마에 올린다.

유(侑)의 도마에는 양의 왼쪽 어깨뼈와 왼쪽 광대뼈와 정척(正脊) 하나와 갈비뼈 하나와 창자 하나와 위 하나와 절폐(切肺) 하나를 하나의 도마에 올린다. 유(侑)의 도마에는 돼지의 왼쪽 어깨뼈 자른 것과 정척(正脊) 하나와 갈비뼈 하나와 살코기 세 점과 절폐(切肺) 하나를 하나의 도마에 올린다.

동쪽 계단의 도마에는 양의 허파 하나와 제폐(祭肺) 하나를 하나의 도마에 올린다. 양고기국과 팔뚝뼈 하나와 척추뼈 하나와 갈비뼈 하나와 창자 하나와 위 하나와 제폐(嚌肺) 하나를 하나의 도마에 올린다. 돼지를 담는데 팔뚝뼈 하나와 척추뼈 하나와 갈비뼈 하나와 살코기 세 점과 제폐(嚌肺) 하나를 하나의 도마에 올린다.

　　주부의 도마에는 양의 왼쪽 정강이뼈와 척추뼈 하나와 갈비뼈
하나와 창자 하나와 위 하나와 살코기 한 점과 제양폐(嚌羊肺)
하나를 하나의 도마에 올린다.
　　사사(司士)가 숟가락을 물고기에 놓는다. 또한 사사가 도마에
싣는다. 시동의 도마에는 다섯 마리의 생선을 가로로 올려놓는다.
유(侑)와 주인의 도마에는 모두 물고기 한 마리씩을 또한 가로로
올려놓는다. 모두 그 위에 호제(膴祭)를 올린다.

●乃升¹⁾ 司馬枇羊 亦司馬載 載右體肩臂臑骼臑正脊一脡脊一橫脊
一短脅一正脅一代脅一腸一胃一祭肺一 載于一俎²⁾ 羊肉湇³⁾ 臑折⁴⁾
正脊一正脅一腸一胃一嚌肺⁵⁾一 載于南俎⁶⁾ 司士枇豕 亦司士載 亦
右體肩臂臑骼臑⁷⁾正脊一脡脊一橫脊一短脅一正脅一代脅一膚五嚌
肺一 載于一俎⁸⁾ 侑俎⁹⁾ 羊左肩左臑正脊一脅一腸一胃一切肺一 載
于一俎 侑俎 豕左肩折¹⁰⁾正脊一脅一膚三切肺¹¹⁾一 載于一俎 阼俎¹²⁾
羊肺一祭肺一 載于一俎 羊肉湇 臂一脊一脅一腸一胃一嚌肺一 載
于一俎 豕脊 臂一脊一脅一膚三嚌肺一 載于一俎 主婦俎 羊左臑脊
一脅一腸一胃一膚一嚌羊肺一 載于一俎 司士枇魚 亦司士載 尸俎
五魚 橫載之 侑主人皆一魚 亦橫載之 皆加膴祭¹³⁾于其上

1) 升(승) : 희생의 몸체를 도마에 올리는 것이다.
2) 一俎(일조) : 사사(司士)가 설치한 양정(羊鼎)의 서쪽에 있는 한 개의 도마.
3) 肉湇(육읍) : 고기가 즙 속에 있는 것. 금문에 읍은 즙(汁)으로 되어 있다.
4) 臑折(노절) : 정강이뼈를 자른 것이다.
5) 嚌肺(제폐) : 이폐(離肺)이다.
6) 南俎(남조) : 옹인(雍人)이 설치한 것이다. 이 아래로 11개의 도마가 있다.
　　모두 때를 기다린다.
7) 臑(노) : 아래에 있는 것으로 양(羊)을 따르는 것이다.
8) 一俎(일조) : 옹인(雍人)이 설치한 도마이며 북쪽에 있는 것이다.
9) 侑俎(유조) : 돕는 자의 도마이다. 왼쪽 몸체를 사용한다.
10) 豕左肩折(시좌견절) : 절은 절분(折分)이며 장형제의 도마이다.
11) 切肺(절폐) : 제폐(祭肺)이다.

12) 阼俎(조조) : 주인의 도마이다.

13) 膴祭(호제) : 호는 물고기의 배를 갈라 크게 저민 것이다. 제사에 사용한다.

5. 마침내 양(羊)이 도마에 오르다

마침내 양(羊)을 올린다. 빈장(賓長)이 양의 희생고기가 올려진
도마를 두(豆)의 남쪽에 설치한다. 빈이 당에서 내려오면 시동이
서쪽으로 연회석에 올라 자리에 앉는다. 왼손에 작을 잡고 오른손
으로 부추절임을 취하여 3가지의 두(豆)에 묻혀서 두(豆)의 사이
에서 제사 지낸다. 시동이 볶은 보리와 볶은 삼씨를 취한다. 재부
(宰夫)의 찬자(贊者)가 흰 것(볶은 쌀)과 검은 것(볶은 기장)을 취
하여 시동에게 준다. 시동이 받아서 겸하여 두제(豆祭)를 지낸다.

옹인(雍人)이 차빈(次賓)에게 소비(疏匕)와 도마를 주면 세
발솥의 서쪽에서 받는다. 왼손으로 도마의 왼쪽 모서리를 잡고 세
로로 놓는다. 물러나 오른손으로 수저의 손잡이를 잡고 도마 위
에 세로로 놓는다. 이에 동면하고 양정(羊鼎 : 양고기가 들어 있는
세발솥)의 서쪽에서 받는다. 사마가 양정(羊鼎)의 동쪽에 있으면
서 두 손으로 밀쳐서 수저의 손잡이를 잡고 국을 떠서 소비(疏匕)
에 쏟아 주는데 이와 같이 세 번을 한다.

시동이 일어나서 왼손에 작(爵)을 잡고 오른손으로 허파를 취
하여 앉아서 제사한다. 또 술에 제사를 하고 일어나서 왼손으로
작을 잡는다. 차빈(次賓)이 수저와 도마를 세로로 잡고 당으로
올라 이와 같이 하여 시동에게 준다. 시동이 물러나 손으로 수저
의 손잡이를 받아 앉아서 제사하고 맛을 본다. 일어나 손으로 덮
어서 빈에게 준다. 빈(賓)이 또한 손으로 덮어서 받는다. 수저를
도마 위에 세로로 놓고 내려온다.

시동이 자리 끝에 앉아서 술을 맛보고 일어났다 앉아서 작을 내
려놓고 절하며 맛있다고 고한다. 다시 작을 잡고 일어난다. 주인
이 동쪽 기둥의 동쪽에서 북면하고 답하여 절한다.

사마(司馬)가 양고기국을 올리는데 도마를 세로로 잡는다. 시

동이 앉아서 작을 내려놓고 일어나서 허파를 취하여 앉아서 절제(絶祭)를 지내고 맛본다. 일어나서 도로 도마 위에 올려놓는다.

사마(司馬)가 세로로 도마를 양고기국 도마의 남쪽에 내려놓고 이에 양조(羊俎)에 올려 싣는다. 도마에 올리는 것을 마치면 세로로 도마를 가지고 내려간다.

시동이 앉아서 작을 가지고 일어난다. 차빈(次賓)이 양고기 번육(燔肉)을 올리면 세로로 도마를 잡는다. 이에 하나의 번육(燔肉)을 도마 위에 세로로 놓는다. 소금은 오른쪽에 있다. 시동이 왼손으로 작을 잡고 번육을 받아서 소금에 찍어 앉아서 진제(振祭)를 지내고 맛을 보고 일어나서 양(羊)의 도마에 올려놓는다. 빈이 세로로 도마를 가지고 내려간다. 시동이 연석으로 내려가 서쪽 기둥의 서쪽에서 북면하고 앉아서 작의 술을 다 마신다. 작을 가지고 일어났다가 앉아서 작을 내려놓고 절한다.

다시 작을 가지고 일어난다. 주인이 동쪽 기둥의 동쪽에서 북면하고 답하여 절한다. 주인이 작을 받는다. 시동이 연회석으로 올라가 연회석의 끝에 선다.

●卒升[1] 賓長[2]設羊俎于豆南 賓降 尸升筵自西方坐 左執爵 右取韭菹擩于三豆 祭于豆間 尸取麷蕡 宰夫贊者取白黑以授尸 尸受 兼祭于豆祭 雍人授次賓疏匕與俎 受于鼎西 左手執俎左廉 縮之 卻右手執匕枋 縮于俎上 以東面受于羊鼎之西 司馬在羊鼎之東 二手執桃[3]匕枋以挹[4]清 注于疏匕 若是者三 尸興 左執爵 右取肺[5]坐祭之 祭酒 興 左執爵 次賓縮執匕俎以升 若是以授尸 尸卻手受匕枋 坐祭嚌之[6] 興 覆手以授賓 賓亦覆手以受 縮匕于俎上以降 尸席末坐 啐酒 興 坐奠爵拜 告旨 執爵以興 主人北面于東楹東[7]答拜 司馬羞羊肉湆 縮執俎 尸坐 奠爵 興取肺 坐絶祭 嚌之 興 反加于俎 司馬縮奠俎于羊湆俎南 乃載于羊俎 卒載[8] 縮執俎以降 尸坐 執爵以興 次賓羞羊燔 縮執俎 縮一燔于俎上 鹽在右 尸左執爵 受燔 擩于鹽 坐振祭 嚌之 興 加于羊俎 賓縮執俎以降 尸降筵 北面于西楹西坐 卒爵 執爵以興 坐 奠爵 拜 執爵以興 主人北面于東楹東答拜 主人受爵

尸升筵 立于筵末

1) 卒升(졸승) : 이미 싣다. 시동의 양을 도마에 올리다의 뜻. 졸은 이(已)이다.

2) 賓長(빈장) : 상빈(上賓)이다.

3) 桃(도) : 삽(歃)이라 이르고 읽기는 용(舂)이나 혹은 우(抌)로 본다고 했다.
   도(挑)로 되어 있다. 혹자는 도는 진(秦)나라 사람의 말이라 했다. 도는 밀치
   다의 뜻이 있다. 금문(今文)에는 침(抌)으로 되어 있다.

4) 挹(읍) : 흡(扱)과 같다. 거두어들이다의 뜻.

5) 肺(폐) : 양제폐(羊祭肺)를 말한다.

6) 嚌之(제지) : 고깃국을 맛본다는 뜻이다.

7) 東楹東(동영동) : 고문(古文)에는 동영지동(東楹之東)으로 되어 있다.

8) 載(재) : 이 글자 밑에 어느 본(本)에는 조(俎)자가 있는 것도 있다.

6. 주인이 유(侑)에게 술을 따른다

주인이 술을 따라서 유(侑 : 시동을 돕는 이)에게 드린다. 유(侑)
가 서쪽 기둥의 서쪽에서 북면하여 절하고 작(爵)을 받는다. 주
인이 그의 오른쪽에 있으면서 북면하고 답하여 절한다.

주부가 부추절임과 육장을 올린다. 앉아서 연회석 앞에 내려놓
는데 육장은 남쪽에 있게 한다. 부(婦)의 찬자(贊者)가 볶은 보
리와 볶은 삼씨가 들어 있는 2개의 변(籩)을 가지고 주부에게 준
다. 주부는 일어나지 않고 받는다. 볶은 보리는 육장의 남쪽에 내
려놓고 볶은 삼씨는 볶은 보리의 동쪽에 있게 한다.

주부가 방(房)으로 들어간다. 유(侑)가 연회석으로 올라오는
데 북쪽으로부터 한다. 사마(司馬)가 가로로 양의 도마를 가지고
당으로 올라와 두(豆)의 동쪽에 진열한다. 유(侑)가 앉아서 왼손
으로 작(爵)을 잡고 오른손으로는 절인 음식을 취하여 육장에 묻
혀서 두(豆)의 사이에서 제사 지낸다.

또 볶은 보리와 볶은 삼씨를 취하여 함께 두제(豆祭)를 지낸다.
일어나서 왼손에 작을 잡고 오른손으로 허파를 취하여 앉아서 제사
한다. 또 술을 제사한다. 일어나서 왼손으로 작을 잡는다. 차빈(次

賓)이 구운 양고기를 올리는데 시동에게 하는 예와 똑같이 한다.

　유(侑)가 연회석으로 내려가는데 북쪽으로부터 하여 서쪽 기둥의 서쪽에서 북면하고 앉아 작의 술을 다 마신다. 작을 가지고 일어났다 다시 앉아서 작을 내려놓고 절한다. 주인이 답하여 절한다.

●主人酌[1]獻侑 侑西楹西北面拜受爵 主人在其右 北面答拜 主婦薦
韭菹醢[2] 坐奠于筵前 醢在南方 婦贊者執二邊醴賁 以授主婦 主婦
不興受之 奠醴于醢南 賁在醴東 主婦入于房 侑升筵自北方 司馬橫
執羊俎以升 設于豆東 侑坐 左執爵 右取菹擩于醢 祭于豆間 又取
醴賁 同祭于豆祭 興 左執爵 右取肺坐祭之 祭酒 興 左執爵 次賓羞
羊燔 如尸禮 侑降筵自北方 北面于西楹西坐 卒爵 執爵以興 坐 奠
爵拜 主人答拜

1) 主人酌(주인작) : 주인이 술잔을 씻지 않고 술을 따르다. 씻지 않은 것은 올리는 데 일이 없다는 뜻.

2) 醢(해) : 육장이다. 육장이 남쪽에 있는 것은 서 있는 유(侑)가 시동을 위하여 정찬으로 통제함이다.

7. 시동(尸童)이 유(侑)의 작을 받다

　시동(尸童)이 유(侑)에게 작(爵)을 받아 당에서 내려가 작을 씻는다. 유(侑)가 내려가 서쪽 계단의 서쪽에 서서 동면한다. 주인이 동쪽 계단을 통해 따라 내려가서 시동이 씻는 수고에 대해 사양의 말을 한다. 시동이 앉아서 작(爵)을 대광주리 속에 내려놓고 일어나서 마주하여 사양의 인사를 한다.

　씻는 것을 끝마치면 주인이 당으로 오른다. 시동이 서쪽 계단을 통해 당으로 오른다. 주인이 씻은 수고에 대해 절을 한다. 시동이 서쪽 기둥의 서쪽에서 북면하고 앉아서 작을 내려놓고 답하여 절한다. 내려가서 손을 씻는다. 주인이 내려간다. 시동이 사례의 말을 하면 주인이 마주하여 인사를 한다. 손씻는 일을 마치면 주인이 당으로 오른다. 시동도 오른다. 앉아서 작을 취하여 술을 따른다.

사궁(司宮)이 동서(東序)에 자리를 펴고 서면한다. 주인이 동쪽 기둥의 동쪽에서 북면하여 절하고 작을 받는다. 시동이 서쪽 기둥의 서쪽에서 북면하고 답하여 절한다.

주부가 부추절임과 육장을 올린다. 앉아서 연회석 앞에 내려놓는데 절임은 북쪽에 있게 한다. 부(婦)의 찬자(贊者)가 볶은 보리와 볶은 삼씨를 담은 2개의 변(籩)을 가진다. 주부가 일어나지 않고 받는다. 볶은 보리는 절임의 서북쪽에 진열하고 볶은 삼씨는 볶은 보리의 서쪽에 있게 한다.

주인이 연회석으로 오르는데 북쪽으로부터 한다. 주부가 방(房)으로 들어간다.

장빈(長賓)이 양조(羊俎)를 두(豆)의 서쪽에 진열한다. 주인이 앉아서 왼손에 작(爵)을 잡고 두변(豆籩)을 제사하는데 유(侑)가 제사하는 것과 똑같이 한다. 일어나 왼손으로 작(爵)을 잡고 오른손으로 허파를 취하여 앉아서 제사한다. 술을 제사 지내고 일어난다.

차빈(次賓)이 수저와 고깃국을 올리는데 시동에게 올리는 예와 똑같이 한다. 좌석의 끝에 앉아서 술을 맛보고 작을 가지고 일어난다. 사마(司馬)가 양고기국을 올리는데 도마를 세로로 잡는다. 주인이 앉아서 작(爵)을 왼쪽으로 내려놓고 일어나서 허파를 받아 앉아서 절제(絶祭)를 지내고 맛을 본다. 일어나서 도로 국이 있는 도마 위에 올려놓는다.

사마(司馬)가 국이 있는 도마를 세로로 양조(羊俎)의 서쪽에 내려놓고 이에 올려 싣는다. 올려 싣는 일을 마치면 빈 도마를 세로로 가지고 내려간다.

주인이 앉아서 작을 취하여 일어난다. 차빈(次賓)이 번육(燔肉)을 올린다. 주인이 받아서 시동이 하던 예와 똑같이 한다. 주인이 북쪽으로부터 연회석으로 내려가 동쪽 계단 위에서 북면하고 앉아서 작의 술을 마신다. 다시 작을 가지고 일어났다가 앉아서 작을 내려놓고 절한다. 작을 가지고 일어난다.

시동이 서쪽 기둥의 서쪽에서 답하여 절한다. 주인이 앉아서 동서(東序)의 남쪽에 작을 내려놓는다.

유(侑)가 당으로 오른다. 시동과 유(侑)가 모두 서쪽 기둥의 서쪽에서 북면한다. 주인이 동쪽 기둥의 동쪽에서 북면하여 재배하고 술을 채운다.

시동과 유(侑)가 모두 답하여 재배한다. 주인과 시동과 유(侑)가 모두 당으로 올라서 연회석으로 나아간다.

◑尸受侑爵 降洗 侑降 立于西階西 東面 主人降自阼階 辭洗 尸坐
奠爵于篚 興對 卒洗 主人升 尸升自西階 主人拜洗 尸北面于西楹
西坐 奠爵 答拜 降盥 主人降 尸辭 主人對 卒盥 主人升 尸升 坐 取
爵酌[1] 司宮設席于東序 西面 主人東楹東北面拜受爵 尸西楹西北面
答拜 主婦薦韭菹醢 坐奠于筵前 菹在北方 婦贊者執二籩[2]糗蕡 主
婦不興受 設糗于菹西北 蕡在糗西 主人升筵自北方 主婦入于房 長
賓設羊俎于豆西 主人坐 左執爵 祭豆籩 如侑之祭 興 左執爵 右取
肺 坐祭之 祭酒 興 次賓羞匕湆 如尸禮 席末坐 啐酒 執爵以興 司馬
羞羊肉湆 縮執俎 主人坐 奠爵于左 興受肺 坐絕祭 嚌之 興 反加于
湆俎 司馬縮奠湆俎于羊俎西 乃載之 卒載 縮執虛俎以降 主人坐 取
爵以興 次賓羞燔 主人受 如尸禮 主人降筵自北方 北面于阼階上坐
卒爵 執爵以興 坐 奠爵拜 執爵以興 尸西楹西答拜 主人坐 奠爵于
東序南 侑升 尸侑皆北面于西楹西 主人北面于東楹東再拜崇酒[3] 尸
侑皆答再拜 主人及尸侑皆升就筵

1) 酌(작) : 장차 주인에게 잔을 돌리기 위한 것이다.
2) 二籩(이변) : 금문(今文)에는 이 두 글자가 없다.
3) 崇酒(숭주) : 술을 채우다. 숭은 충(充)과 같다. 시동과 유(侑)에게 절하고 술을 가득 따라서 사례하는 것이다.

8. 사궁(司宮)이 작(爵)을 취하다

사궁(司宮)이 대광주리에서 작(爵)을 취하여, 방(房)의 동쪽에서 부(婦)의 찬자(贊者)에게 주면 주부(主婦)에게 준다. 주부는 방(房) 안에서 작을 씻고 밖으로 나가 술을 채워서 준(尊)의 남쪽에서 서면하여 절하고 시동에게 작을 드린다. 시동이 절하고 연회석 위에서 받는다. 주부가 주인의 자리 북쪽에서 서면하고 절하여 작을 보낸다.

방으로 들어가 하나의 양형(羊鉶 : 양고기 국그릇)을 취하여 앉아서 부추절임의 서쪽에 내려놓는다. 주부의 찬자(贊者)가 시형(豕鉶 : 돼지고기 국그릇)을 가지고 따른다. 주부는 일어나지 않고 받아서 양형(羊鉶)의 서쪽에 진열하고 일어나서 방으로 들어가 건량과 단수(腶脩 : 육포)를 취하여 가지고 나와 앉아서 진열한다. 건량은 볶은 삼씨의 서쪽에 있게 하고 단수는 볶은 쌀의 서쪽에 있게 한다. 일어나서 주인의 자리 북쪽에 서서 서면한다.

시동이 앉아서 왼손에 작을 잡고 건량과 단수(腶脩)의 제사를 지내는데 함께 두제(豆祭)를 지내고 양형에서 수저로 양고기국을 뜬다. 드디어 돼지고기국도 떠서 두제를 지내고 술을 제사한다.

차빈(次賓)이 돼지고기에 수저와 고깃국을 올리는데 양고기에 수저와 고깃국을 올릴 때의 예와 똑같이 한다. 시동이 앉아서 술을 맛보고 왼손으로 작을 잡고 위에 있는 국그릇의 국을 맛본다. 작을 가지고 일어났다가 다시 앉아서 작을 내려놓고 절을 한다. 주부가 답하여 절한다. 다시 작을 가지고 일어난다.

사사(司士)가 돼지를 담아서 올린다. 시동이 앉아서 작을 내려놓고 일어나서 받아 양고기국의 예와 똑같이 하고 앉아서 작을 취하여 일어난다.

차빈(次賓)이 돼지고기의 번육을 올린다. 시동이 왼손으로 작을 잡고 번육을 받는데 양고기 번육의 예와 똑같이 하고 앉아서 술을 다 마시고 절한다. 주부가 답하여 절하고 작을 받는다.

술을 따라서 유(侑)에게 드린다. 유(侑)가 절하고 작을 받는다. 주부가 주인의 북쪽에서 서면(西面)하고 답하여 절한다. 주부가 건량과 단수[肉脯]를 올리는데 앉아서 건량을 볶은 보리의 남쪽에 내려놓고 단수는 볶은 삼씨의 남쪽에 있게 한다.

유(侑)가 앉아서 왼손으로 작을 잡고 건량과 단수를 취하여 함

께 두제(豆祭)를 지낸다. 사사(司士)가 세로로 시증(豕脀 : 돼지
고기를 담은 것)을 가지고 당으로 오른다. 유(侑)가 일어나 허파
를 취하여 앉아서 제사를 지낸다. 사사(司士)가 세로로 시증(豕
脀)을 양조(羊俎)의 동쪽에 내려놓고 양조(羊俎)에 올려 싣는
다. 싣는 것이 끝나면 이에 세로로 도마를 가지고 내려간다. 유
(侑)가 일어난다.

차빈(次賓)이 돼지고기 번육을 올린다. 유(侑)가 받아서 시동
이 하던 예와 똑같이 하고 앉아서 술을 다 마시고 절한다. 주부가
답하여 절하고 작(爵)을 받는다.

❍司宮取爵于篚 以授婦贊者于房東¹⁾ 以授主婦 主婦洗於房中 出
實爵尊南 西面²⁾拜 獻尸 尸拜于筵上 受 主婦西面 于主人之席北拜
送爵 入于房 取一羊鉶 坐奠于韭菹西 主婦贊者執豕鉶以從 主婦不
興 受 設于羊鉶之西 興入于房 取糗與腶脩³⁾ 執以出坐設之 糗在膴
西 脩在白西 興 立于主人席北 西面 尸坐 左執爵 祭糗脩 同祭于豆
祭 以羊鉶之柶扱羊鉶 遂以扱豕鉶 祭于豆祭 祭酒 次賓羞豕匕湆 如
羊匕湆之禮 尸坐 啐酒 左執爵 嘗上鉶 執爵以興 坐 奠爵拜 主婦答
拜 執爵以興 司士羞豕脀 尸坐 奠爵 興受 如羊肉湆之禮 坐 取爵興
次賓羞豕燔 尸左執爵 受燔 如羊燔之禮 坐 卒爵 拜 主婦答拜 受爵
❍酌獻⁴⁾侑 侑拜受爵 主婦主人之北西面⁵⁾答拜 主婦羞糗脩 坐奠糗
于膴南 脩在膴南 侑坐 左執爵 取糗脩兼祭于豆祭 司士縮執豕脀⁶⁾以
升 侑興 取肺坐祭之 司士縮奠豕脀于羊俎之東 載于羊俎 卒 乃縮執
俎以降 侑興 次賓羞豕燔 侑受 如尸禮 坐 卒爵 拜 主婦答拜 受爵

1) 房東(방동) : 방호(房戶) 밖의 동쪽이다.
2) 尊南西面(준남서면) : 절하기 편리한 곳으로 말미암은 것이다.
3) 腶脩(단수) : 육포(肉脯)를 말한다. 찧어서 생강과 계피로 양념하여 말린 고
　기. 금문(今文)에는 단은 단(斷)으로 되어 있다.
4) 酌獻(작헌) : 주부가 술을 따라서 올리다의 뜻.
5) 西面(서면) : 금문(今文)에는 두 글자가 없다.
6) 豕脀(시증) : 유(侑)에게 올리는 것에는 고깃국이 없다는 뜻이다.

9. 주인이 연회석상에서 절을 한다

작(爵)에 술을 따라서 주인(主人)에게 이르도록 한다. 주인이 연회석 위에서 절하고 작을 받는다. 주부가 동쪽 계단 위에서 북면하고 답하여 절한다. 주부가 2개의 국그릇과 건량과 육포(肉脯)를 진열하는데 시동에게 하는 예와 똑같이 한다.

주인이 그 건량과 단수(殷脩)를 제사하고 국그릇의 국에 제사하고 술에 제사하고 돼지고기와 수저와 국을 받고 술을 맛보는데 모두 시동이 행한 예와 똑같이 한다. 국그릇의 국을 맛보고 절은 하지 않는다. 그 돼지고기 담은 것을 받고 돼지고기 번육을 받으면 또한 시동이 하던 예와 똑같이 한다. 앉아서 술을 다 마시고 절한다. 주부가 북면하고 답하여 절하고 작을 받는다.

시동이 연회석에서 내려와 주부의 작을 받아 당에서 내려간다. 주인이 따라 내려가고 유(侑)도 따라 내려간다. 주부가 방(房)으로 들어간다. 주인이 씻는 곳의 동북쪽에 서서 서면한다. 유(侑)가 서쪽 계단의 서남쪽에서 동면한다.

시동이 대광주리에서 작(爵)을 바꾸어 손을 씻고 작을 씻는다. 주인이 시동과 유(侑)에게 읍한다. 주인이 오르면 시동이 서쪽 계단으로 당에 오른다. 유(侑)도 따른다.

주인이 동쪽 기둥의 동쪽에서 북면하고 선다. 유(侑)는 서쪽 기둥의 서쪽에서 북면하고 선다. 시동이 술을 따른다. 주부가 방(房)에서 나와 서면하여 절하고 작을 받는다. 시동이 유(侑)의 동쪽에서 북면하고 답하여 절한다.

주부가 방으로 들어간다. 사궁(司宮)이 방 안에 자리를 깔고 남면한다. 주부가 자리의 서쪽에 선다. 부(婦)의 찬자(贊者)가 부추절임과 육장을 올린다. 앉아서 연회석 앞에 내려놓는데 절임은 서쪽에 있게 한다.

부인(婦人)의 찬자(贊者)가 볶은 보리와 볶은 삼씨를 가지고 부(婦)의 찬자에게 준다. 부의 찬자(贊者)는 일어나지 않고 받

아서 볶은 보리를 절인 음식이 있는 서쪽에 진열하고 볶은 삼씨
는 볶은 보리의 남쪽에 있게 한다.

주부가 연회석으로 오른다. 사마(司馬)가 양조(羊俎)를 두(豆)
의 남쪽에 진열한다. 주부가 앉아서 왼손에 작을 잡고 오른손으로
절인 음식을 취하여 육장에 찍어 두(豆)의 사이에서 제사한다. 또
볶은 보리와 볶은 삼씨를 취하여 함께 두제(豆祭)를 지낸다.

주부가 작을 내려놓고 일어나 허파를 취하여 앉아서 절제(絶
祭)를 지내고 맛을 본다. 일어나서 도마 위에 올려놓는다. 앉아서
손을 비벼 털고 술을 제사 지내고 술을 맛본다.

차빈(次賓)이 구운 양고기를 올린다. 주부가 일어나서 고운 고
기를 받아 주인이 하던 예와 똑같이 한다. 주부가 작을 가지고 방
에서 나가 주인의 자리 북쪽에서 서면하고 서서 작의 술을 다 마
신다. 작을 가지고 절한다.

시동이 서쪽 기둥의 서쪽에서 북면하고 답하여 절한다. 주부가
들어가 방에서 선다. 시동과 주인과 유(侑)가 모두 연회석으로 나
아간다.

◑酌以致于主人 主人筵上拜受爵 主婦北面于阼階上答拜 主婦設
二鉶與糗脩 如尸禮 主人其祭糗脩 祭鉶 祭酒 受豕匕湆 啐酒 皆如
尸禮 嘗鉶 不拜 其受豕膮 受豕燔 亦如尸禮 坐 卒爵 拜 主婦北面答
拜 受爵 ◑尸降筵 受主婦爵以降 主人降 侑降 主婦入于房 主人立
于洗東北 西面 侑東面于西階西南 尸易爵于篚 盥 洗爵 主人揖尸
侑 主人升 尸升自西階 侑從 主人北面立于東楹東 侑西楹西北面立
尸酌 主婦出于房 西面拜受爵 尸北面于侑東答拜 主婦入于房 司宮
設席[1]于房中 南面 主婦立于席西[2] 婦贊者薦韭菹醢 坐奠于筵前 菹
在西方 婦人贊者[3]執虀賣以授婦贊者 婦贊者不興受 設虀于菹西 賣
在虀南 主婦升筵 司馬設羊俎于豆南 主婦坐 左執爵 右取菹擩于醢
祭于豆間 又取虀賣兼祭于豆祭 主婦奠爵 興 取肺 坐絶祭 嚌之 興
加于俎 坐 挩手 祭酒 啐酒 次賓羞羊燔 主婦興受燔 如主人之禮 主
婦執爵以出于房 西面于主人席北立卒爵 執爵拜 尸西楹西北面答

拜 主婦入 立于房 尸主人及侑皆就筵

1) 設席(설석) : 주부를 존중한 것이다.

2) 南面主婦立于席西(남면주부립우석서) : 금문(今文)에는 '남면립어석서 (南面立於席西)'로 되어 있다.

3) 婦人贊者(부인찬자) : 종부(宗婦)의 젊은이라고 했다.

10. 상빈(上賓)이 작(爵)을 씻는다

상빈(上賓)이 작(爵)을 씻어서 당으로 오른다. 작에 술을 따라서 시동에게 드린다. 시동이 절하고 작을 받는다. 빈(賓)이 서쪽 기둥의 서쪽에서 북면하여 절하고 작을 보낸다.

시동이 절인 음식과 육장이 있는 왼쪽에서 작을 내려놓으면 빈이 내려간다.

주인이 내려가서 치(觶)를 씻는다. 시동과 유(侑)가 내려간다. 주인이 작을 대광주리에 내려놓고 사양의 말을 한다. 시동이 마주하여 사양의 말을 한다. 주인이 씻는 것을 마치면 읍(揖)한다. 시동은 오르고 유(侑)는 오르지 않는다.

주인이 치(觶)에 술을 가득 따라서 시동에게 잔을 돌리는데 동쪽 기둥의 동쪽에서 북면하고 앉아서 작을 내려놓고 절한다. 시동이 서쪽 기둥의 서쪽에서 북면하고 답하여 절한다.

앉아서 제사하고 드디어 마시는데 술을 다 마시고 난 후에 절을 한다. 시동이 답하여 절한다. 씻는 곳으로 내려가면 시동이 내려와 사양하는 말을 한다. 주인이 작을 대광주리 속에 내려놓고 사양하는 말을 한다.

씻는 일을 마치면 주인이 당으로 오르고 시동도 당으로 오른다. 주인이 치에 술을 채운다. 시동이 절하고 작을 받는다. 주인이 제자리로 돌아가서 답하여 절한다. 시동이 북면하고 앉아서 작을 절인 음식과 육장이 있는 왼쪽에 내려놓는다.

시동과 유(侑)와 주인이 모두 연회석으로 오른다.

이에 여러 음식을 차린다.

　　재부(宰夫)가 방 안의 음식들을 시동과 유(侑)와 주인과 주부에게 올리는데 모두 오른쪽에 둔다.
　　사사(司士)가 여러 가지 음식을 시동과 유(侑)와 주인과 주부에게 올리는데 모두 왼쪽에 둔다.

　●上賓¹⁾洗爵以升 酌獻尸 尸拜受爵 賓西楹西北面拜送爵 尸奠爵于薦左 賓降 ●主人降 洗觶 尸侑降 主人奠爵于篚 辭 尸對 卒洗 揖尸升 侑不升²⁾ 主人實觶酬尸 東楹東北面坐 奠爵拜 尸西楹西北面答拜 坐祭 遂飮卒爵 拜 尸答拜 降洗³⁾ 尸降辭 主人奠爵于篚 對 卒洗 主人升 尸升 主人實觶 尸拜受爵 主人反位 答拜 尸北面坐 奠爵于薦左 尸侑主人皆升筵 ●乃羞⁴⁾ 宰夫羞房中之羞于尸侑主人 主婦皆右之 司士羞庶羞于尸侑主人主婦皆左之

1) 上賓(상빈) : 빈장(賓長)이다.
2) 侑不升(유불승) : 유(侑)는 오르지 않는다. 시동을 접대하는 예가 더욱 소홀해져서 따르지 않는다는 뜻.
3) 降洗(강세) : 주인이 내려가서 씻는다는 뜻.
4) 乃羞(내수) : 방 안의 여러 음식을 모두 차려낸다는 뜻.

１１. 중빈(衆賓)에게는 문의 동쪽에서 절한다

　　주인이 당에서 내려가 남면하고 문의 동쪽에서 중빈(衆賓)에게 절하는데 삼배(三拜)를 한다. 중빈들은 문의 동쪽에서 북면하고 모두 답하여 일배(壹拜)를 한다.
　　주인이 작을 씻는다. 장빈(長賓 : 빈의 우두머리)이 사양하는 말을 한다. 주인이 작을 대광주리에 내려놓고 일어나서 마주하여 사양의 인사를 한다. 작을 씻는 일을 마치면 당으로 올라가 술을 따라 서쪽 계단 위에서 빈에게 드린다. 장빈이 올라와서 절하고 작(爵)을 받는다.
　　주인이 그의 오른쪽에 있어 북면하고 답하여 절한다. 재부(宰夫)가 동방(東房)으로부터 포(脯)와 육장을 올리는데 육장은 서쪽에 있게 한다.

사사(司士)가 도마를 두(豆)의 북쪽에 설치한다. 도마 위에는 양의 겨드랑이살 일부와 창자 하나와 위 하나와 절폐(切肺) 하나와 살코기 한 점이 있다.

빈(賓)이 앉아서 왼손에 작(爵)을 잡고 오른손으로 포(脯)를 취하여 육장에 찍어서 제사한다. 작을 가지고 일어나 허파를 취하여 앉아서 제사한다. 술로 제사를 지내고 드디어 마신다. 다 마시면 작을 가지고 일어난다. 다시 앉아서 작을 내려놓고 절한 다음 작을 가지고 일어난다.

주인이 답하여 절하고 작을 받는다. 빈이 앉아서 제(祭)를 취하여 제사하고 당에서 내려와, 서면하고 앉아서 서쪽 계단의 서남쪽에 쌓아 놓는다.

재부(宰夫)가 포와 육장을 가지고 따라가서 제(祭)의 동쪽에 진열한다. 사사(司士)가 도마를 가지고 따라가서 포와 육장의 동쪽에 진열한다.

중빈(衆賓)의 장(長)이 당으로 올라서 절하고 작을 받는다. 주인이 답하여 절하고 앉아서 제사를 지낸다. 서서 술을 마시는데 작의 술을 다 마신다. 이미 다 마셨어도 절은 하지 않는다.

재부(宰夫)가, 주인이 술을 따르는 일을 돕는다. 이와 같이 하여 모두에게 골고루 다 돌아가도록 한다. 골고루 작을 받으면 그들에게 포(脯)와 육장과 담은 고기를 올리는데 그들의 자리에 진열한다. 그 자리는 이어져 있는데 상빈(上賓)이 남쪽에 하며 모두가 동면한다. 그 담은 고기의 몸체들은 가리는 것이다.

◗主人降 南面拜衆賓于門東 三拜[1] 衆賓門東北面皆答壹拜[2] 主人洗爵 長賓辭 主人奠爵于篚 興對 卒洗 升 酌 獻賓于西階上 長賓升拜受爵 主人在其右 北面答拜 宰夫自東房薦脯醢 醢在西 司士設俎于豆北 羊骼[3]一腸一胃一切肺一膚一 賓坐 左執爵 右取脯[4] 擩于醢祭之 執爵興 取肺 坐祭之 祭酒 遂飮卒爵 執[5]以興 坐 奠爵拜 執爵以興 主人答拜 受爵 賓坐 取祭[6]以降 西面坐 委于西階西南 宰夫執

薦以從 設于祭東 司士執俎以從 設于薦東 ◑衆賓長升 拜受爵 主
人答拜 坐祭 立飮卒爵 不拜既⁷⁾爵 宰夫贊主人酌 若是以辯⁸⁾ 辯受
爵 其薦脯醢與脀 設于其位 其位繼上賓而南 皆東面 其脀體 儀也⁹⁾

1) 三拜(삼배) : 중빈은 지위가 낮기 때문. 곧 전체에게 삼배(三拜)를 한다는 뜻.
2) 壹拜(일배) : 중빈은 지위가 낮아서이다. 일은 고문에 일(一)로 되어 있다.
3) 羊胳(양격) : 양의 왼쪽 겨드랑이살이다. 고문(古文)에는 격이 각(胳)으로 되어 있다.
4) 脯(포) : 어느 본에는 폐(肺)자로 되어 있다.
5) 執(집) : 어느 본에는 이 글자 아래에 작(爵)자가 있다고 했다.
6) 取祭(취제) : 포(脯)나 폐(肺)이다.
7) 旣(기) : 다하다.
8) 若是以辯(약시이편) : 금문에는 '약위여편(若爲如辯)'으로 되어 있다.
9) 儀也(의야) : 가리다. 또는 선택하다의 뜻이다. 금문(今文)에는 의는 모두 의(螣)나 혹은 의(議)로 되어 있다.

12. 장빈(長賓)이 당으로 오르다

이에 장빈(長賓)이 당으로 오른다. 주인이 술을 따라서 장빈(長賓)에게 돌리는데 서쪽 계단 위에서 북면한다. 빈(賓)이 왼쪽에 있는다. 주인이 앉아서 작을 내려놓고 절한 다음 작을 가지고 일어난다. 빈이 답하여 절한다. 앉아서 제사하고 드디어 마시는데 작의 술을 다 마신다. 작을 가지고 일어났다가 앉아서 작을 내려놓고 절한다. 빈이 답하여 절한다. 빈이 당에서 내려간다.

재부(宰夫)가 치(觶)를 씻어서 당으로 오른다. 주인이 치를 받아서 술을 따라 당에서 내려가 서쪽 계단의 남쪽에서 장빈(長賓)에게 작을 돌리는데 북면한다. 빈이 왼쪽에 있다.

주인이 앉아서 작을 내려놓고 절한다. 빈이 답하여 절한다. 앉아서 제사하고 드디어 술을 마신다. 작을 다 마시면 절을 한다. 빈이 답하여 절한다. 주인이 작을 씻는다. 빈이 사양의 말을 한다. 주인이 앉아서 작을 대광주리에 내려놓고 답하여 사양의 말을 한다.

씻는 일이 끝나면 당으로 올라 술을 따라서 가지고 당에서 내려
와 제자리로 돌아간다. 빈이 절하고 작을 받는다. 주인이 절하고
작을 보낸다. 빈이 서면하고 앉아서 포와 육장이 있는 왼쪽에 작
을 내려놓는다.

주인이 작을 씻어서 당으로 올라 술을 따라서 동쪽 계단의 위
에서 형제들에게 술을 올린다. 형제들의 장(長)이 당에 올라서 절
하고 작을 받는다. 주인이 그 오른쪽에 있으면서 답하여 절한다.
앉아서 제사하고 서서 술을 마신다. 이미 다 마셔도 절은 하지 않
는다. 모두가 이와 같이 하여 두루 잔이 돌아가도록 한다. 모두가
두루 작을 받는데 그 자리는 씻는 곳의 동쪽에 있으며 서면하고
북쪽을 위로 삼는다. 올라서 작을 받으면 그 담은 고기를 올려서
그 자리에 진열한다. 그 선생의 증(脅)에는 절협(折脅)이 하나
이고 살코기가 한 점이다. 그 무리들은 선택해서 한다.

주인이 작을 씻어 방 안에서 내빈(內賓)에게 드린다. 남면하여
절하고 작을 받는다. 주인이 그 오른쪽에서 남면하고 답하여 절
한다. 앉아서 제사하고 서서 마신다. 이미 작을 다 비우고 절은 하
지 않는다. 이와 같이 하는 것을 모두에게 두루 한다. 또한 증(脅)
을 올리는 것이 있다.

주인이 당에서 내려가 작을 씻어 당으로 올라서 동쪽 계단 위
에서 사인(私人)에게 작을 드린다. 사인은 아래에서 절하고 올라
와서 작을 받는다. 주인이 그 장(長)에게 답하여 절하면 이에 내
려가 앉아서 제사하고 서서 술을 마신다. 이미 작을 다 비우고도
절은 하지 않는다. 이와 같이 사인(私人)들에게도 두루 작이 돌
게 한다. 재부(宰夫)가 주인의 술 따르는 것을 돕는다. 주인이 그
많은 사인(私人)의 무리에게는 답배하지 않는다. 그 자리는 이어
져 있어 형제들의 남쪽에 하며 또한 북쪽을 위로 삼는다. 증(脅)
을 올리는 것이 있다. 주인이 연회석으로 나아간다.

❶乃升長賓 主人酌[1] 酢于長賓西階上 北面 賓在左 主人坐 奠爵拜
執爵以興 賓答拜 坐祭 遂飮卒爵 執爵以興 坐 奠爵拜 賓答拜 賓降[2]

●宰夫洗觶以升 主人受 酌[3] 降 酬長賓于西階南 北面 賓在左 主人
坐 奠爵拜 賓答拜 坐祭 遂飮卒爵 拜 賓答拜 主人洗 賓辭 主人坐奠
爵于篚 對 卒洗 升酌 降復位 賓拜受爵 主人拜送爵 賓西面坐 奠爵
于薦左 ●主人洗 升 酌獻兄弟于阼階上 兄弟之長升 拜受爵 主人
在其右 答拜 坐祭 立飮 不拜旣爵 皆若是以辯 辯受爵 其位在洗東
西面北上升受爵 其薦脀設于其位 其先生[4]之脀 折[5] 脅一 膚一 其衆
儀也 ●主人洗 獻內賓[6]于房中 南面拜受爵 主人南面于其右 答拜
坐祭 立飮 不拜旣爵 若是以辯 亦有薦脀 ●主人降洗 升 獻私人[7]于
阼階上 拜于下 升受 主人答其長拜 乃降 坐祭 立飮 不拜旣爵 若是
以辯 宰夫贊主人酌 主人于其群私人不答拜 其位繼兄弟之南 亦北
上 亦有薦脀 主人就筵

1) 主人酌(주인작) : 주인이 스스로 술을 따라서 차례대로 빈에게 돌리지만 빈
   들은 지위가 낮아서 감히 잔을 돌리지 못하는 것이다.
2) 降(강) : 자리로 되돌아가다의 뜻.
3) 酌(작) : 고문(古文)에는 작(爵)으로 되어 있다.
4) 先生(선생) : 장형제(長兄弟)이다.
5) 折(절) : 돼지의 왼쪽 어깨뼈를 자른 것이다.
6) 內賓(내빈) : 고자매(姑姉妹)와 종부(宗婦)들이다.
7) 私人(사인) : 가신(家臣)들이나 행사에 참여한 사람들이다.

13. 시동이 삼헌(三獻)의 작(爵)을 올린다

시동(尸童)이 삼헌(三獻)의 작(爵)을 올린다. 사사(司士)가
고깃국과 물고기를 올리는데 세로로 도마를 가지고 당으로 오른
다. 시동이 호제(膴祭 : 물고기의 배를 갈라 저민 것)를 취하여 제
사한다. 술을 제사하고 작의 술을 다 마신다.

사사(司士)가 세로로 도마를 양조(羊俎)의 남쪽에 내려놓고
가로로 양조(羊俎)에 올려 싣는다. 올려 싣는 일을 끝마치면 이
에 세로로 도마를 가지고 내려간다.

시동이 작을 내려놓고 절한다. 삼헌(三獻 : 上賓)이 북면하고

답하여 절한다.

사마(司馬)가 고깃국과 물고기 한 마리를 올리는데 시동에게 올리는 예와 똑같이 한다. 술을 다 마시고 절한다. 삼헌(三獻)은 답하여 절하고 작을 받는다.

술을 따라서 주인에게 이르게 한다. 주인이 절하고 작을 받는다. 삼헌(三獻)이 동쪽 기둥의 동쪽에서 북면하고 답하여 절한다. 사사(司士)가 고깃국 한 그릇과 물고기를 올리는데 시동에게 하는 예와 똑같이 한다. 작의 술을 다 마시고 절하면 삼헌(三獻)이 답하여 절하고 작을 받는다.

시동이 연회석에서 내려와 삼헌(三獻)의 작을 받는다. 술을 따라서 돌린다. 삼헌(三獻)은 서쪽 기둥의 서쪽에서 북면하고 절하여 작을 받는다. 시동은 그의 오른쪽에서 있으면서 준다.

시동이 연회석으로 올라서 남면하여 답하여 절한다. 앉아서 제사 지내고 드디어 마신다. 작을 다 비우면 절을 한다. 시동이 답하여 절한다. 작을 가지고 내려가 대광주리에 넣는다.

두 사람이 치(觶)를 씻는다. 당으로 올라가서 작에 술을 따라 서쪽 기둥의 서쪽에서 북면하여 동쪽을 위로 삼는다. 앉아서 작을 내려놓고 절하고 작을 가지고 일어난다. 시동과 유(侑)가 답하여 절한다.

앉아서 제사하고 드디어 술을 마신다. 작을 다 마시면 작을 가지고 일어났다가 다시 앉아서 작을 내려놓고 절한다. 시동과 유(侑)가 답하여 절한다.

모두 내려가서 작을 씻는다. 작을 씻어 당으로 올라 술을 따라서 제자리로 돌아간다. 시동과 유(侑)가 모두 절하고 작을 받는다.

거치자(擧觶者)는 모두가 절하고 보낸다. 유(侑)가 치를 오른쪽에 내려놓는다.

◯尸作三獻[1]之爵 司士羞湆魚 縮執俎以升 尸取膴祭祭之 祭酒 卒爵 司士縮奠俎于羊俎南 橫載于羊俎 卒 乃縮執俎以降 尸奠爵拜 三獻北面答拜[2] 司馬羞湆魚一 如尸禮 卒爵拜 三獻答拜 受爵 ◑ 酌致

主人 主人拜受爵 三獻東楹東 北面答拜 司士羞一淯魚 如尸禮 卒
爵拜 三獻答拜 受爵 ❶尸降筵 受三獻爵 酌以酢³⁾之 三獻西楹西
北面拜受爵 尸在其右以授之 尸升筵 南面答拜 坐祭 遂飲卒爵 拜
尸答拜 執爵以降 實于篚 ❶二人洗觶 升 實爵 西楹西北面東上坐 奠
爵拜 執爵以興 尸侑答拜 坐祭 遂飲卒爵 執爵以興 坐 奠爵拜 尸侑
答拜 皆降 洗 升 酌 反位 尸侑皆拜受爵 舉觶者皆拜送 侑奠觶于右

1) 三獻(삼헌) : 세 번째 술을 올리는 것이다. 상빈(上賓)에게 올리는 것이다.

2) 答拜(답배) : 타본(他本)에는 이 아래에 '수작작헌유유배수삼헌북면답배
   (受爵酌獻侑侑拜受三獻北面答拜)'의 14자가 더 있다고 했다.

3) 酢(작) : 어느 본(本)에는 작(醋)으로 되어 있다.

I4. 시동(尸童)이 치(觶)를 가지고 일어나다

시동이 드디어 치(觶)를 가지고 일어나 동쪽 계단 위에서 북면
하고 주인에게 잔을 보낸다. 주인은 오른쪽에 있다. 앉아서 작
을 내려놓고 절한다. 주인이 답하여 절한다. 제사 지내지 않고 서
서 술을 마신다. 작의 술을 다 마신다. 이미 다 마시고 절은 하지
않는다. 술을 따라서 동쪽 계단 위로 나아가 주인에게 잔을 보낸
다. 주인이 절하고 작을 받는다. 시동이 절하고 보낸다.

시동이 연회석으로 나아간다. 주인이 서쪽 기둥의 서쪽에서 유
(侑)에게 작을 보낸다. 유(侑)가 왼쪽에 있다. 앉아서 작을 내
려놓고 절하고, 작을 가지고 일어난다. 유(侑)가 답하여 절한다.
제사를 지내지 않고 서서 술을 마신다. 작의 술을 다 마신다. 이미
다 마시고 절은 하지 않는다. 술을 따라 주고 제자리로 돌아간다.

유(侑)가 절하고 받는다. 주인이 절하고 보낸다. 주인이 연회석
으로 돌아온다. 이에 장빈(長賓)이 올라온다. 유(侑)가 술잔을
돌리는데 주인이 하던 예와 똑같이 한다. 중빈(衆賓)에 이르고
드디어 형제에까지 이르러 또한 똑같은 예로써 한다. 모두가 위
에서 마신다.

드디어 사인(私人)에게까지 이른다. 절하고 받는 자는 당에 올

라서 받고 당에서 내려가 마신다. 술을 다 마시면 올라와서 술을
따르고 그 자리에서 서로 잔을 돌리는데 골고루 한다. 술을 마지
막으로 마신 자는 작을 대광주리 속에 담는다.

이에 여러 가지 음식들을 빈(賓)과 형제와 내빈(內賓) 및 사
인(私人)들에게 올린다.

형제들의 후생자(後生者)들은 그의 어른들에게 거치(擧觶)한다.
잔을 씻어 당으로 올라서 술을 따라 당 아래로 내려간다. 북면하고
동쪽 계단의 남쪽에 선다. 장(長)이 왼쪽에 있는다. 앉아서 작을 내
려놓고 절하고 작을 가지고 일어난다. 장(長)이 답하여 절한다.

앉아서 제사를 지내고 드디어 마신다. 작을 다 비운다. 작을 가
지고 일어났다가 다시 앉아서 작을 내려놓고 절하고, 작을 가지
고 일어난다. 장(長)이 답하여 절한다. 작을 씻어서 올라가 술을
따라가지고 내려온다. 장(長)이 절하고 그 자리에서 작을 받는다.
거작자(擧爵者)는 동면하고 답하여 절한다. 작을 중지한다.

빈장(賓長)이 시동에게 작을 드리는데 처음과 똑같이 한다. 고
깃국은 없다. 작(爵)을 중지하지 않는다.

빈(賓) 한 사람이 시동에게 거작(擧爵)하는데 처음과 똑같이
한다. 드디어 아래로 내려온다.

빈(賓)과 형제들이 뒤섞여 그 잔을 돌린다. 모두가 이루어지면
사인(私人)에게로 이른다. 술잔을 계산하지 않고 마신다.

시동이 나간다. 유(侑)가 따른다. 주인이 묘문(廟門)의 밖에서
전송하며 절한다. 시동은 돌아보지 않는다. 유(侑)와 장빈(長賓)
이 절을 하는데 또한 똑같이 한다. 중빈(衆賓)도 따른다.

사사(司士)가 시동과 유(侑)의 도마 앞으로 돌아간다. 주인이
물러난다. 유사(有司)가 거두어들인다.

◑尸遂執觶以興 北面于阼階上酬主人 主人在右 坐 奠爵拜 主人答
拜 不祭 立飮卒爵 不拜旣爵 酌 就[1]于阼階上酬主人 主人拜受爵[2]
尸拜送 尸就筵 主人以酬侑于西楹西 侑在左 坐 奠爵拜 執爵興 侑
答拜 不祭 立飮卒爵 不拜旣爵 酌 復位 侑拜受 主人拜送 主人復筵

乃升長賓 侑酬之如主人之禮 至于衆賓 遂及兄弟 亦如之 皆飮于
上³⁾ 遂及私人 拜受者升受 下飮 卒爵升 酌以之其位 相酬辯 卒飮
者實爵于篚 ●乃羞庶羞于賓兄弟內賓及私人 ●兄弟之後生⁴⁾者擧
觶⁵⁾于其長 洗 升酌 降 北面立于阼階南 長在左 坐 奠爵拜 執爵以
興 長答拜 坐 祭 遂飮卒爵 執爵以興 坐 奠爵拜 執爵以興 長答拜
洗 升酌 降 長拜受于其位 擧爵者東面答拜 爵止 ●賓長獻于尸如
初 無湆 爵不止 ●賓一人⁶⁾擧爵于尸如初 亦遂之于下 ●賓及兄弟
交錯其酬 皆遂及私人 爵無算⁷⁾ ●尸出 侑從 主人送于廟門之外 拜
尸不顧 拜侑與長賓亦如之 衆賓從 司士歸尸侑之俎 主人退 有司徹

1) 就(취): 주인이 서 있는 곳으로 간다는 뜻.

2) 爵(작): 어느 본에는 이 글자가 없다.

3) 上(상): 서쪽 계단 위이다.

4) 後生(후생): 나이가 적다는 뜻이다.

5) 觶(치): 고문(古文)에 작(爵)으로 되어 있었다. 뒤에 치로 교정했다.

6) 一人(일인): 차빈(次賓)의 장자(長者)이다.

7) 爵無算(작무산): 무수히 마셔도 된다는 뜻이다. 곧 한량없이 마신다는 뜻.

15. 시동(尸童)을 인도하지 않을 경우

만약 시동(尸童)을 인도하지 않으면 축(祝)이나 유(侑)도 또
한 똑같이 한다.

시동이 식사할 때에는 이에 도마에 정강이뼈와 어깨뼈와 광대
뼈와 정척(脡脊)과 횡척(橫脊)과 단협(短脅)과 대협(代脅)을
올리는데 모두 소뢰(少牢)이다. 물고기는 7마리이고 포〔腊〕는
두루 갖춘다. 넓적다리는 없다.

도마에 올리는 일을 끝내면 이에 뢰(牢)의 어깨뼈를 든다. 시
동이 받아서 진제(振祭)를 지내고 맛을 본다. 좌식(佐食)이 받
아서 기(肵)에 올려놓는다. 좌식이 하나의 도마를 당 아래에서 취
하여 들어와서 양조(羊俎)의 동쪽에 내려놓는다. 이에 물고기와
포〔腊〕의 도마에서 모아 도마에 3개(三个)를 올려놓고 그 나머

지는 모두 취하여 하나의 도마에 담아서 나간다.

축과 주인의 물고기와 포[腊]를 이 곳에서 취한다. 시동은 밥을 뜨지 않고 배부르다고 고한다. 주인이 유(侑)에게 절하고 말은 하지 않는다. 시동이 또 세 번 밥을 뜬다. 좌식이 뢰(牢)를 받아 올리는 것은 인도할 때의 예와 똑같이 한다.

주인이 작을 씻어 술을 따라서 시동에게 올린다. 빈이 간을 올리는데 모두가 인도할 때의 예와 똑같이 한다. 술을 다 마시고 주인에게 절한다. 축이 시동에게 작을 받는다. 시동이 답하여 절한다.

축이 술을 따라서 시동에게 준다. 시동이 주인에게 술을 돌리는데 또한 인도할 때와 똑같이 한다. 그 휴제(綏祭)를 지내고 그 큰 복을 빌어 치사하는 것도 또한 예로써 접대함과 똑같이 한다.

그 축(祝)과 상좌식(上佐食)과 하좌식(下佐食)에게 술을 드릴 때는 그의 자리에 그 증(脀)을 올리는데 모두가 인도할 때와 똑같이 한다.

주부가 그 작을 씻어서 시동에게 올리는데 또한 인도할 때와 똑같이 한다. 주부는 돌아가 방 안에서 변(籩)을 취하여 대추와 건량을 가지고 앉아서 진열한다. 대추는 찰기장의 남쪽에 두고 건량은 대추의 남쪽에 둔다. 부(婦)의 찬자(贊者)는 밤과 포(脯)를 가진다. 주부는 일어나지 않고 이를 받아서 진열하는데 밤은 건량의 동쪽에 두고 포(脯)는 대추의 동쪽에 둔다. 주부가 일어나서 제자리로 되돌아간다.

시동이 왼손에 작을 잡고 대추와 건량을 취한다. 축이 밤과 포를 취하여 시동에게 준다. 시동이 이를 겸하여 두제(豆祭)를 지낸다. 술로 제사하고 맛을 본다.

차빈(次賓)이 소뢰(少牢)의 구운고기를 올리는데 도마를 사용한다. 소금은 오른쪽에 있다. 시동이 겸하여 구운고기를 취하여 소금을 찍어 진제(振祭)를 지내고 맛본다. 축이 받아서 기(胏)에 올려놓는다. 작의 술을 다 마신다. 주부가 절한다. 축이 시동의 작을 받는다. 시동이 답하여 절한다.

◐若不賓尸¹⁾ 則祝侑亦如之 尸食 乃盛²⁾俎臑臂肺胳脊橫脊短脅代
脅皆牢 魚七³⁾ 腊辯 無髀⁴⁾ 卒盛 乃擧牢肩 尸受 振祭 嚌之 佐食受
加于肵 佐食取一俎于堂下 以入奠于羊俎東 乃撫于魚腊俎俎釋三
个 其餘皆取之實于一俎以出 祝主人之魚腊取于是 尸不飯告飽 主
人拜侑 不言 尸又三飯 佐食受牢擧⁵⁾ 如儐⁶⁾ ◐主人洗酌酳尸 賓羞
肝⁷⁾ 皆如儐禮 卒爵 主人拜 祝受尸爵 尸答拜 ◐祝酌授尸 尸以醋主
人 亦如儐 其綏祭 其嘏 亦如儐 ◐其獻祝與二佐食 其位 其薦脀 皆
如儐 ◐主婦其洗獻于尸亦如儐 主婦反取籩糗于房中 執棗糗坐設之
棗在稷南 糗在棗南 婦贊者執栗脯 主婦不興 受設之 栗在糗東 脯
在棗東 主婦興 反位 尸左執爵 取棗糗 祝取栗脯以授尸 尸兼祭于
豆祭 祭酒 啐酒 次賓羞牢燔用俎 鹽在右 尸兼取燔㨫于鹽 振祭 嚌
之 祝受 加于肵 卒爵 主婦拜 祝受尸爵 尸答拜

1) 不賓尸(불빈시) : 시동을 인도하지 않다. 시동이 하대부일 때. 그 희생의 물체
는 같지만 예를 다 갖추지 않는다. 어떤 본에는 빈이 빈(儐)자로 되어 있다.

2) 盛(성) : 기조(肵俎)에 올려 채우는 것이다.

3) 魚七(어칠) : 물고기 7마리. 도마에 올린 15마리의 반이다. 여기에서의 물고
기는 꼬리와 등지느러미가 없는 것을 말한다.

4) 腊辯無髀(석편무비) : 포도 역시 도마에 올린 것의 반으로 오른쪽 몸체이다.
비는 고문에는 비(脾)로 되어 있다.

5) 擧(거) : 허파와 등골뼈이다.

6) 如儐(여빈) : 상대부에게 행하는 예절과 똑같이 한다.

7) 肝(간) : 뢰(牢)의 간(肝)이다.

16. 축(祝)이 작(爵)을 바꾸다

축(祝)이 작(爵)을 바꾸어서 씻는다. 씻은 작에 술을 따라서 시
동에게 준다. 시동이 주부에게 작을 돌린다. 주부는 주인의 북쪽
에서 절하고 작을 받는다. 시동이 답하여 절한다. 주부가 제자리
로 돌아간다. 또 절을 한다. 상좌식(上佐食)이 휴제(綏祭)를 하
는데 인도할 때와 똑같이 한다. 작의 술을 다 마시고 절을 한다.

시동이 답하여 절한다.

주부가 축(祝)에게 작을 드린다. 그 술을 따르는 것을 인도할 때와 똑같이 한다. 절하고 앉아서 작을 받는다. 주부가 주인의 북쪽에서 답하여 절한다. 재부(宰夫)가 대추와 건량을 올리고 앉아서 대추를 절인 음식의 서쪽에 진설한다. 건량은 대추의 남쪽에 있다. 축이 왼손으로 작을 잡고 대추와 건량을 취하여 두제(豆祭)를 지내고 술에 제사하고 술을 맛본다. 차빈(次賓)이 구운고기를 올리는데 시동에게 올리는 예와 똑같이 한다.

작의 술을 다 마신다. 주부가 작을 받아서 술을 따라 상좌식과 하좌식에게 올리는데 또한 인도할 때의 예와 똑같이 한다. 주부가 작을 받아 방(房)으로 들어간다.

빈장(賓長)이 작을 씻어서 시동에게 드린다. 시동이 절하고 받는다. 빈이 호(戶)의 서쪽에서 북면하고 답하여 절한다. 작을 중지시킨다.

주부가 방 안에서 작을 씻어서 술을 따라 주인에게 이르게 한다. 주인이 절하고 받는다. 주부가 호(戶)의 서쪽에서 북면하고 절하여 작을 보낸다. 사궁(司宮)이 자리를 편다. 주부가 부추와 절임과 육장을 올린다. 앉아서 자리의 앞에 진열한다. 절임은 북쪽에 있다.

부(婦)의 찬자(贊者)가 대추와 건량을 가지고 따른다. 주부가 일어나지 않고 받는다. 대추는 절인 음식의 북쪽에 진열하고 건량은 대추의 서쪽에 둔다. 좌식(佐食)은 도마에 어깨뼈와 등뼈와 갈비뼈와 허파를 올려놓는데 모두가 뢰(牢)이다. 살코기 세 점과 물고기 한 마리와 왼쪽 어깨의 포[腊]이다.

주인이 왼손에 작을 잡고 오른손으로 절인 음식을 취하여 육장에 찍어서 두(豆)의 사이에서 제사한다. 드디어 변(籩)의 제사를 지내고 작을 내려놓고 일어난다. 뢰폐(牢肺)를 취하여 앉아서 절제(絶祭)를 지내고 맛을 본다. 일어나 도마 위에 올려놓고 앉아서 손을 비벼 털고 술에 제사하고 작을 가지고 일어난다. 다시 앉아서 작의 술을 다 마시고 절한다.

주부가 답하여 절하고 작을 받아서 술을 따라 잔을 돌리는데 호내(戶內)에서 북면하고 절한다. 주인이 답하여 절한다. 술을 다 마시고 절한다. 주인이 답하여 절한다. 주부가 작을 가지고 방으로 들어간다.

시동이 일어나서, 앞서서 빈장에게 받아 중지시켰던 작을 들고 술에 제사하고 작의 술을 다 마신다. 빈이 절한다. 축이 작을 받고 시동이 답하여 절한다. 축이 술을 따라서 시동에게 준다. 빈이 절하고 작을 받는다. 시동이 절하고 보낸다. 앉아서 제사하고 드디어 마신다. 작의 술을 다 마시고 절하면 시동이 답하여 절한다.

축(祝)과 상좌식과 하좌식에게 술을 올린다.

작을 씻어 주인에게 이르게 한다. 주인이 자리 위에서 절하고 작을 받는다. 빈이 북면하고 답하여 절한다. 앉아서 제사 지내고 드디어 술을 마신다. 작을 비우고 절한다. 빈이 답하여 절하고 작을 받는다.

◑祝易爵洗 酌授尸 尸以醋[1]主婦 主婦主人之北拜受爵 尸答拜 主婦反位 又拜 上佐食綏祭 如儐 卒爵 拜 尸答拜 ◑主婦獻祝 其酌如儐 拜 坐受爵 主婦主人之北答拜 宰夫薦棗糗 坐設棗于菹西 糗在棗南 祝左執爵 取棗糗祭于豆祭 祭酒 啐酒 次賓羞燔如尸禮 卒爵 主婦受爵 酌獻二佐食 亦如儐 主婦受爵以入于房 ◑賓長洗 爵獻于尸 尸拜受 賓戶西北面答拜 爵止 ◑主婦洗于房中 酌致于主人 主人拜受 主婦戶西北面拜送爵 司宮設席 主婦薦韭菹醓 坐設于席前 菹在北方 婦贊者執棗糗以從 主婦不興受 設棗于菹北 糗在棗西 佐食設俎 臂脊脅肺 皆牢 膚三 魚一 腊臂[2]主人左執爵 右取菹㨨于醓 祭于豆間 遂祭籩 奠爵 興取牢肺 坐絶祭 嚌之 興加于俎 坐挩手 祭酒 執爵以興 坐卒爵 拜 主婦答拜 受爵 酌以醋戶內 北面拜 主人答拜 卒爵 拜 主人答拜 主婦以爵入于房 ◑尸作止爵 祭酒 卒爵 賓拜 祝受爵 尸答拜 祝酌授尸 賓拜受爵 尸拜送 坐祭 遂飲卒爵 拜 尸答拜 ◑獻祝及二佐食 ◑洗致爵于主人 主人席上拜受爵 賓北面答拜 坐祭 遂飲卒爵 拜 賓答拜 受爵

1) 醋(작) : 금문(今文)에는 작(酢)으로 되어 있다.

2) 臂(비) : 좌비(左臂)이다.

17. 주부(主婦)에게 작(爵)을 바친다

술을 따라서 작(爵)을 주부에게 바친다. 주부는 북당(北堂)에 있는다. 사궁(司宮)이 자리를 펴고 동면한다. 주부가 자리의 북쪽에서 동면하여 절하고 작을 받는다.

빈이 서면하고 답하여 절한다. 부(婦)의 찬자(贊者)가 부추절임과 육장을 올린다. 절인 음식은 남쪽에 둔다. 부인의 찬자(贊者)가 대추와 건량을 가지고 부(婦)의 찬자(贊者)에게 준다. 부(婦)의 찬자(贊者)는 일어나지 않고 받는다. 대추는 절인 음식의 남쪽에 진열한다. 건량은 대추의 동쪽에 있다.

좌식(佐食)이 도마를 두(豆)의 동쪽에 설치한다. 양의 정강이뼈와 돼지의 절단한 뼈와 양의 등뼈와 갈비뼈와 폐 하나와 살코기한 점과 물고기 한 마리와 석노(腊臑 : 정강이살을 말린 포)가 있다.

주부가 연회석으로 올라가 앉아서 왼손에 작을 잡고 오른손으로 절인 음식을 취하여 육장에 찍어서 제사를 지낸다. 또 변(籩)의 제사도 지낸다. 작을 내려놓고 일어나서 허파를 취한다. 앉아서 절제(絶祭)를 지내고 맛본 후 도마 위에 올려놓는다. 앉아서 손을 비벼 털고 술을 제사한다. 작을 가지고 일어나 연회석의 북쪽에서 동면하여 서서 작의 술을 마시고 절한다. 빈이 답하여 절한다. 빈이 작을 받는다.

작(爵)을 대광주리에서 바꾸어서 씻는다. 술을 따라서 주인에게 돌린다. 호(戶)의 서쪽에서 북면하고 절한다. 주인이 답하여 절한다. 술을 다 마시고 절한다. 주인이 답하여 절한다. 빈이 작을 가지고 내려가 대광주리 속에 내려놓는다.

이에 음식을 차린다. 재부(宰夫)가 방 안에 있는 여러 가지 음식을 내놓는다. 사사(司士)가 여러 가지 음식을 시동과 축과 주인과 주부에게 올린다. 안에 차렸던 음식은 오른쪽에 있게 하고 여러 가지 음식들은 왼쪽에 있게 한다.

주인이 내려가 중빈(衆賓)에게 절하고 작을 씻어서 중빈에게 올린다. 그 증(脅)을 그의 자리에 올리고 그 잔을 주고받는 것들은 모두 인도할 때의 방식과 똑같이 한다.

주인이 작을 씻어서 형제와 내빈(內賓)과 사인(私人)들에게 드린다. 모두 인도할 때의 예와 똑같이 한다. 그 자리에 그 증을 올리는 것도 모두 인도할 때의 방식과 똑같이 한다.

마침내 빈(賓)과 형제와 내빈 및 사인(私人)에게 골고루 올린다.

빈장(賓長)이 시동에게 올린다. 시동이 작을 돌려서 축(祝)에게 드린다. 잔이 주인에게까지 이르도록 돌린다. 빈이 작을 가지고 내려가서 대광주리 속에 담는다.

빈과 형제들이 뒤섞여 작을 주고받는데 작을 계산하지 않고 마음껏 마신다.

◑酌致爵于主婦 主婦北堂[1] 司宮設席 東面 主婦席北[2]東面拜受爵 賓西面答拜 婦贊者薦韭菹醢 菹在南方 婦人贊者[3]執棗糗授婦贊者 婦贊者不興受 設棗于菹南 糗在棗東 佐食設俎于豆東 羊臑 豕折[4] 羊脊脅[5]肺一 膚一 魚一 腊臑 主婦升筵坐 左執爵 右取菹擩于醢祭 之 祭籩 奠爵 興取肺 坐絶祭 嚌之 興加于俎 坐挩手 祭酒 執爵興 筵北東面立卒[6]爵 拜 賓答拜 賓受爵 ◑易爵于篚 洗 酌醋于主人 戶西北面拜 主人答拜 卒爵 拜 主人答拜 賓以爵降 奠于篚 ◑乃羞 宰夫羞房中之羞 司士羞庶羞 于尸祝主人主婦 內羞在右 庶羞在左 ◑主人降拜衆賓 洗獻衆賓 其薦脅 其位 其酬醋 皆如儐禮 ◑主人洗獻兄弟與內賓 與私人 皆如儐禮 其位 其薦脅 皆如儐禮 ◑卒乃羞[7]于賓兄弟內賓及私人辯 ◑賓長獻于尸 尸醋 獻祝 致[8]醋 賓以爵降 實于篚 ◑賓兄弟交錯其酬 無算爵

1) 北堂(북당) : 중방(中房)의 이북이다.

2) 席北(석북) : 동면한 것이다. 북(北)이 아래가 된다.

3) 婦人贊者(부인찬자) : 종부(宗婦)의 제부(弟婦)들. 금문에는 '부야찬자집 조구수부찬자불흥수(婦也贊者執棗糗授婦贊者不興受)'로 되어 있다.

4) 豕折(시절) : 돼지의 절골(折骨)이다.

5) 脅(협) : 밑에 하나의 제(祭)자가 있다.

6) 卒(졸) : 이(已)이다.

7) 乃羞(내수) : 서수(庶羞)를 올린 것이다.

8) 致(치) : 작이 주인에게 이른 것이다.

18. 주인이 동쪽 계단 위에 선다

깨끗하게 작(爵)을 씻어서 시동에게 올린다. 시동이 작을 돌려서 축(祝)에게 올린다. 축이 받아서 술에 제사하고 술을 맛보고 내려놓는다.

주인이 나가서 동쪽 계단 위에 서서 서면한다. 축이 나가서 서쪽 계단 위에 서서 동면한다. 축이 주인에게 고하여 말하기를 "봉양이 이루어졌습니다.〔利成〕"라고 한다. 축이 들어온다.

주인이 당에서 내려가 동쪽 계단의 동쪽에 서서 서면한다. 시동이 일어난다. 축이 인도하고 시동이 따른다. 드디어 묘문(廟門)으로 나간다. 축이 되돌아와 실중(室中)에서 제자리로 돌아간다.

축이 좌식(佐食)에게 명하여 시동의 도마를 철수하라고 한다. 좌식이 이에 시동의 도마를 묘문(廟門) 밖으로 가지고 간다. 유사(有司)가 받아서 돌아간다. 동쪽 계단에 올려진 변두(邊豆)와 도마를 철수한다.

이에 준(養)하는데 인도할 때의 예와 똑같이 한다.

마침내 준(養)하고 유사와 관리가 궤(饋)를 철거하여 실중(室中)의 서북쪽 모퉁이에 남면하여 차려 놓는다. 궤(饋)의 진설과 똑같이 한다. 오른쪽의 궤(几)는 자리를 사용하여 숨겨 놓는다. 준(尊) 한 동이는 실중(室中)으로 들인다. 사궁(司宮)이 소제(埽祭)를 지낸다.

주인이 나가서 동쪽 계단 위에 서서 서면한다. 축이 그의 도마를 가지고 나가서 서쪽 계단 위에 서서 동면한다. 사궁(司宮)이 유호(牖戶)를 닫는다.

축이 이성(利成 : 봉양이 끝나다)을 고한다. 이에 도마를 가지고 묘문(廟門) 밖으로 나간다. 유사가 받아서 돌아간다. 중빈(衆賓)이 나간다. 주인이 절하여 묘문 밖에서 전송하고 이에 돌아온다. 부인이 이에 거두어들인다. 실중(室中)에 차려진 것들도 거두어들인다.

◗利洗爵獻于尸 尸醋 獻祝 祝受 祭酒 啐酒 奠之 ◗主人出 立于阼階上 西面 祝出 立于西階上 東面 祝告于主人曰 利成 祝入 主人降 立于阼階東 西面 尸謖 祝前 尸從 遂出于廟門 祝反 復位于室中 祝命佐食徹尸俎 佐食乃出尸俎于廟門外 有司受歸之 徹阼薦俎[1] ◗乃養如儐 ◗卒養 有司官徹饋[2] 饌于室中西北隅 南面 如饋之設 右[3]几扉[4]用席 納一尊于室中 司宮埽祭[5] ◗主人出 立于阼階上 西面 祝執其俎以出 立于西階上 東面 司宮闔牖戶[6] 祝告利成 乃執俎以出于廟門外 有司受 歸之 衆賓出 主人拜送于廟門外 乃反 婦人乃徹[7] 徹室中之饌

1) 徹阼薦俎(철조천조) : 동쪽 계단의 도마와 변두(籩豆)를 철거하는 것을 뜻한다. 곧 동서(東序)의 아래이다.

2) 官徹饋(관철궤) : 사마(司馬)와 사사(司士)와 거조(舉俎)와 재부(宰夫)와 대(敦)와 두(豆)를 취하는 사람들이다.

3) 右(우) : 고문에는 유(侑)로 되어 있다.

4) 扉(비) : 숨기다의 뜻. 고문(古文)에는 불(弗)로 되어 있다.

5) 埽祭(소제) : 치우겠다는 제사이다. 두(豆)의 사이에서 제사한다.

6) 闔牖戶(합유호) : 유호는 창문과 입구이다. 귀신들은 어두운 것을 좋아하므로 문을 닫는다는 뜻.

7) 徹(철) : 축의 천(薦)과 방중(房中)의 천조(薦俎)를 치우는 것이다.

원문자구색인(原文字句索引)

■ 동양학 100권 발간 후원인(가나다 순)

후원회장 : 유태전
후원회운영위원장 : 지재희

김경범, 김관해, 김기홍, 김소형, 김재성, 김종원, 김주혁, 김창선, 김태수, 김태식,
김해성, 김향기, 남기현, 박남수, 박문현, 박양숙, 박종거, 박종성, 백상태, 송기섭,
신성은, 신순원, 신용민, 양태조, 양태하, 오두환, 유재귀, 유평수, 이규환, 이덕일,
이상진, 이석표, 이세열, 이승균, 이승철, 이영구, 이용원, 이원표, 임종문, 임헌영,
전병구, 전일환, 정갑용, 정인숙, 정찬옥, 정철규, 정통규, 조강환, 조응태, 조일형,
조혜자, 최계림, 최영전, 최형주, 한정곤, 황송문

인 지
생 략

동양학총서〔56〕

의례(儀禮)

초판 인쇄　2004년 12월 22일
초판 발행　2004년 12월 27일

해역자 : 지재희·이지한
펴낸이 : 이준영

회장·유태전
주간·이덕일 / 편집·강유련 / 교정·홍유정 / 기획 영업·한정주
조판·태광문화 / 인쇄·천광인쇄 / 제본·기성제책 / 유통·문화유통북스

펴낸곳 : 자유문고
서울 영등포구 문래동6가 56-1 미주프라자 B-102호
전화·2637-8988·2676-9759 / FAX·2676-9759
홈페이지 : http://www.jayumungo.com
e-mail : jayumg@hanmail.net
등록·제2-93호(1979. 12. 31)

정가 25,000원

※잘못 만들어진 책은 구입하신 서점에서 바꿔드립니다.

ISBN 89-7030-071-6 04150
ISBN 89-7030-000-7 (세트)